크리스천과 함께 읽는
금강경

크리스천과 함께 읽는 금강경

초판 발행일 | 2005년 5월 1일
개정증보 초판 1쇄 인쇄일 | 2021년 12월 20일
개정증보 초판 1쇄 발행일 | 2021년 12월 25일

저자 | 김원수

발행처 | 도서출판 바른법연구원
주소 | 서울시 마포구 망원로 10길 21
등록번호 | 540-90-01473
등록일자 | 2020년 9월 1일
전화번호 | 02-337-1636
네이버 카페(백성욱박사 교육문화재단) | https://cafe.naver.com/buddhaland
유튜브 | https://www.youtube.com 백성욱박사 교육문화재단

표지작업 | 남경민

ISBN 979-11-974426-5-0 03220

값 18,000원

크리스천과 함께 읽는

금강경

◉

저자 김원수

바른법연구원

『크리스천과 함께 읽는 금강경』을
재발간하며

1961년 대학 1학년 때 금강경을 만나자마자 심취하였습니다. "위
타인설 기복덕 불가사량爲他人說 其福德 不可思量"이라는 금강경 구절
대로 금강경 가르침이 담긴 불교를 동료 학생들에게 알리고자 하였
습니다. 왜냐하면, 당시 나는 불교는 기독교나 유교와는 분명 다른
종교요, 불교는 이들보다 훨씬 우월하다고 확신하였기 때문입니다.

1967년 나는 더 고차원의 불교를 알고 싶어 당시 큰 도인으로 알
려진 전 동국대 총장 백성욱 박사의 문중으로 출가하여 금강경을 실
천 수행하였습니다. 금강경을 본격적으로 공부해 보니 불교는 기독
교나 유교와 상대가 되는 종교가 아니요, 어떤 형상이 있는 가르침
이 아님을 발견하였고, 따라서 불교는 다른 종교 또는 가르침과 충
돌할 그 무엇도 없는 텅 빈 진리임을 알게 되었습니다. 금강경 가르

침은 형상이 없고 텅 비어있기에 "모든 성인은 형상이 없는 진리로 현실 상황에 따라 다르게 설하신다—切賢聖 皆以無爲法 而有差別."이라는 말씀을 실감하였습니다. 불교의 진리를 깨친 도인은 당연히 획일적 설법이 아닌 수기설법隨機說法을 할 수밖에 없음을 알게 되었습니다. 즉 아함부 법문은 곧 유교와 하나도 다르지 아니하고, 방등부 법문이 기독교와 다르지 않음을 실감하였습니다.

그 후 금강경을 계속 공부하고 실천하자 금강경의 핵심진리인 일체유심조—切唯心造나 공空의 진리가 속속들이 알아지고 기독교는 금강경의 진리와 하나도 다르지 않음을 알게 되었습니다. 그래서 대담하게도 2005년 『크리스천과 함께 읽는 금강경』이라는 책을 발간하였습니다.

출간 이후 더욱 금강경 공부를 폭넓게 하고자, 10여 년 무료급식 등 조건 없이 베푸는 일을 행行하면서 '주는 것이 받는 것'이라는 불이不二의 진리를 깨우치게 되었습니다. 이러한 불이의 진리로 '번뇌와 보리가 다르지 않고, 재앙과 축복이 다르지 않음'도 알게 되었습니다. 이와 같은 불이의 진리에 대한 통찰은 나를 모든 불행에서 벗어나 행복의 길로 가게 하였고, 모든 무능과 무지에서 자유롭게 하였습니다.

나는 지금도 『크리스천과 함께 읽는 금강경』 책 쓴 것을 매우 자랑스럽게 생각합니다. 불자든 크리스천이든 이 책을 잘 읽고 이해하는 사람은 모든 고난의 세계를 훌쩍 뛰어넘어 단숨에 부처님 세계에 진입하게 될 것으로 확신하며, 이는 부처님께서도 기뻐하실 일로 생각합니다.

2021년 겨울
김원수 합장배례

40여 년 전, 대학교 2학년 때 신소천 스님의 금강경 해설서에서 '응무소주 이생기심應無所住 而生其心'을 설명한 부분을 읽으며 깊은 충격과 감동을 받았습니다. 당시 부처님의 말씀도 좋았지만 해설이 더욱 인상적이었기에, 매일 신소천 스님의 사진에 절하면서 금강경을 자주 독송하였습니다. 이때부터 불교를 알고 싶은 생각이 더욱 간절해져 다양한 불교 서적을 구입하여 탐독하였고, 스님들이 하시는 불교 강의를 듣기도 하였습니다. 대학을 졸업할 때쯤엔 금강경을 비롯하여 각종 불경을 누구 못지않게 잘 이해하고, 부처님께서 정하신 계율도 어느 승려 못지않게 잘 실천한다고 생각하였습니다.

이처럼 부처님을 좋아하였던 마음이 씨앗이 되었던가? 군대 생활을 마친 후 다행스럽게도 훌륭한 선지식을 만나 불교를 공부할 기회가 있었습니다. 선지식이 말씀하시는 불교는 모두 금강경에서 비롯된 것이지만, 그분이 말씀하신 금강경은 지금까지 알고 있던 금강경과는 근본적으로 달랐습니다. 선禪이란 '불립문자不立文字 교외별전敎外別傳'이라 하였는데 그분이 말씀하시는 금강경은 문자에 의지한 금강경이 아니요, 경전이나 조사어록을 인용한 말씀이 아니었습니다. 항상 모든 것을 자신의 마음속에서 구한다는 선禪의 진리에 근거하여, 문자를 떠나 뜻으로 말씀하셨고, 논리나 형식을 떠나 실질로 행동하셨습니다. 말하자면 그분의 언言과 행行은 교敎가 아닌 선禪이라 할 것입니다.

문자가 아닌 뜻을 중심으로 하신 말씀이기에 선지식이 말씀하신 금강경은 불자佛子뿐 아니라 불자가 아닌 보통사람들도 친할 수 있었고, 형식이 아닌 실질을 중심으로 한 말씀이기에 불교만이 유일한 진리가 아니요 아상我相을 타파하는 가르침이라면 다 진리가 되었습니다. 이로부터 불법은 실생활 속에 있고 깨달음은 근심 걱정 등 번뇌 속에서 찾을 수 있는 것임을 알게 되었는데, 이러한 진리를 터득하고 보니 지금까지 선지식의 지도 없이 형성된 내 인격이나 지식이란 것이 모두 거짓으로 꽉 차 있을 뿐 아니라 매우 깊은 병에 빠져 있음을 발견하였습니다. '자신의 업장이 태산 같은 줄 알아야 수도할 마음이 난다.'라는 보조 스님의 말씀을 깊이 공감하며 수도 생활을 하였습니다. 선지식을 모시고 한 3년 동안 참회의 공부를 하며 '그대의 생각은 모두 잘못된 것이다. 그대의 생각이 진실로 다 잘못인 줄 분명히 깨친다면 곧 부처님을 볼 수 있느니라凡所有相 皆是虛妄 若見諸相 非相 則見如來.'라는 금강경 말씀을 더욱 실감할 수 있었던 것은, 지금도 참 고맙고 소중한 체험이었습니다.

수도장에서 나와 수십 년 동안 많은 고난을 체험하며 절실히 느낀 것은, '고난이 우연이 아니요 무시겁으로 지어온 내 죄업이 불러온다는 것'입니다. 따라서 이 고난은 무시겁의 죄업이 지중함을 일깨워주는 신호이며 참회하라는 채찍이었습니다. 또 죄업의 참회를 통하여 참 기쁨과 행복이 있음도 알게 되었습니다. 금강경을 실천하면 생활이 불법이 될 수 있으며, 고난이 있기에 행복을 창조할 수 있다는 믿음이 확고해졌습니다. 고난이 많은 보통사람도 고난의 시련을 부처님이 주신 선물로 알고 싫어하지 않으며 감사하게 받을 때, 마침내 고난이 착각임을 깨닫고 영원한 행복의 세계를 맞이하며, 범부도 성인이 될 수 있다는 사실을 새삼 확인할 수 있었습니다.

금강경 가르침이 이처럼 소중하고 위대하다고 생각하여도 감히 책으로 엮어 펴낼 생각은 하지 못했습니다. 우선, 자신이 그럴 능력이 된다고 생각하지 못했고 책을 쓰는 일 자체가 아상의 연습이 될 가능성이 있어서 금강경 정신에 어긋난다고 생각하기 때문이었습니다.

그러나 사람들이 금강경을 잘만 실천한다면 점점 행복해지고 드디어는 구원이나 해탈을 얻을 뿐 아니라 국가사회의 발전과 세계평화에도 크게 기여할 것이라는 생각이 날이 갈수록 절실해졌습니다. '뜻과 실질로 된 금강경'을 해설해야 할 필요성을 느끼게 되었습니다. 가능한 한, 자유롭게 피어오르는 상상력과 모든 감정을 배제하고 한 단어 한 문장을 표현할 때마다 '선지식이 계신다면 어떻게 말씀 하셨을까'를 생각하였습니다. 내 소리가 아니라 부처님 음성이 되기를 기원하며 금강경을 해석하려 하였습니다. 그리고 많은 사람이 이 글을 읽고 모든 고난에서 영원히 벗어나고 행복하며 즐겁게 보살도 菩薩道를 실천하는 모습을 상상해 보았습니다.

　　책의 제목을 『크리스챤과 함께 읽는 금강경』으로 정한 것은, 금강 경을 실천하는 불자들이 충분히 참구參究할 가치가 있는 화두가 될 수 있다고 보았기 때문입니다. 불자들이 이 화두를 깨치고 마음속 아상의 벽을 허문다면, 불교만이 올바른 가르침이라는 생각도 사라 질 것이요 그리스도교가 불교와 다른 가르침이라는 생각에서도 벗 어날 것입니다. 그리고 그리스도교를 배타적 종교라고 생각했던 것 은 그리스도교가 배타적인 것이 아니라 '자신의 마음속에 오래전부 터 존재했던 배타심'이라는 분별심 때문이라는 진리를 깨치게 될 것 입니다. 이 진리를 깨친 사람은 부처님께서 칭찬할만한 불자로서의 길을 걷는 사람이라 할 수 있으며, 모든 차별과 갈등이 사라진 그 마음속에 참된 사랑과 참된 행복이 영원히 함께 있으리라고 생각합 니다.

2005년 봄

김원수 합장배례

목차

제2부

모든 것을 부처님 기쁘게 해 드리는 마음으로 하라

제3부

모든 이를 부처님으로 보는 연습을 하라

금강석과 같이 단단한 지혜로
밝음의 세계에 이르는 가르침

세상에는 행복의 길을 제시하는 여러 가르침이 있고, 다음과 같이 주장합니다.

"이 길을 따르라. 이 길이야말로 인간이 인간답게 사는 참된 길이다. 이 길을 걸으면 모든 괴로움에서 벗어나 영원한 행복을 얻으리라."

가르침마다 행복을 얻는 수행 방법들이 있어서 가르침을 믿고 수행하여 마음의 안정을 얻고 행복을 체험하기도 합니다. 그러나 대부분 사람들이 체험하였다고 주장하는 행복은 얼마 가지 않아 다시 불행해지는 상대적 행복일 뿐, 불행의 뿌리가 근본적으로 사라지는 절대적 행복은 아니라 하겠습니다. 만일 그들이 상대적 행복에서 벗어나 영원한 행복에 도달하였다면, 그들이 불교 신자이건 아니건 또는 부처님을 신봉하건 아니하건 관계없이 금강석과 같이 단단한 지혜 즉 '금강반야金剛般若'를 얻었다고 할 것입니다.

부처님께서 큰 깨달음을 이루시기 전, 6년 동안 여러 가르침에 따라 수도하셨습니다. 이들 수도는 각종 고행을 체험하거나 정신을 집중하는 수련이었습니다. 철저한 수도를 통해서 불가사의한 정신세계를 체험하셨지만, 삼매경三昧境에서 깨어나면 얼마 후 다시 중생심衆生心(어리석은 마음)으로 복귀하였기에 올바른 수행법이 아니요, 일시적으로 황홀한 현상을 체험한 것도 참된 해탈이나 열반이 될 수 없다고 판단하셨습니다.

부처님께서 말씀하시는 『금강반야바라밀경』은, 어떠한 경우에도 상대적 세계로의 후퇴나 중생심으로 되돌아가지 않는 방법으로, 상대적 인간 세계에서 벗어나 절대적 신의 세계로 들어서는 아주 희귀한 법문입니다.

그러면 어떤 방법으로 수행하여야 중생심으로 다시 돌아가지 않을까요?

근심 걱정이나 희로애락 등 중생의 속성에서 영원히 벗어나는 수행법은 어떠한 특성이 있어야 할까요?

부처님께서는 잘못된 길에서 벗어나 새로운 길을 찾는 사람이 과거의 잘못을 되풀이하지 않기 위해서는 어떤 원인으로 잘못된 길로 들어서게 되었는지 분명히 아는 것이 우선이며, 그런 뒤에 그 원인을 근본적으로 없애야 한다고 말씀하십니다. 근본적으로 없애기 위하여 우선 중생심의 정체에 대해서 알아야 합니다. 중생심의 정체를 깨치는 데 역점을 두지 아니한 수행법으로 수행한다면, 설령 깊은 경지에 몰입한 것 같아도 중생심의 세계로 되돌아갈 가능성이 있습니다. 아상을 진정으로 깨칠 때가 중생심으로 물러서지 않는 금강반야를 얻을 때입니다.

 금강반야에 도달할 때, 비로소 모든 희로애락의 장본인인 나我相의 정체를 확실히 알게 되고 '참나'를 발견하며, 다시는 그 세계에 물들지 않을 수 있을 것입니다(常). 지금까지 '참나'인 줄 알고 함께 지내왔던 이 '나'라는 것은 거짓이며 또 고통의 근본임을 알기에, 금강반야를 얻는 순간 모든 괴로움의 근본이 사라지고 참되고 영원한 행복에 도달할 것입니다(樂). 가짜 내가 '참나'인 줄로 착각하고 살 때는 이 세상이 뭐가 뭔지를 모르고 모든 것이 불확실합니다. 하지만 금강반야를 얻는 순간 이 세상 모든 것이 분명해지고, 우주의 비밀을 다 알게 되는 밝음의 세계가 펼쳐질 것입니다(淨). 이것을 부처님께서는 금강반야바라밀金剛般若波羅蜜, '금강석과 같은 단단한 지혜로 밝음의 세계, 정토淨土의 세계에 도달한다.'라고 말씀하셨습니다.

제1부

·

모든 생각을 부처님께 바쳐라

1
법회가 열리게 된 동기
法會因由分

내가 이처럼 들었으니,

如是我聞하사오니

이 구절은 부처님을 일생동안 곁에서 모신 시자이며, 전설적이라 할 만큼 천재적인 기억력의 소유자인 아난 존자의 표현입니다. '내가 이처럼 들었으니'라는 표현 속에는 '내가 기억한 것만을 적는다. 사실이 아닐지도 모른다. 내 선입견이 들어있을 수 있다.'라는 겸손한 내용이 포함되어 있습니다. 그러나 아난 존자는 그의 기억력에만 의존하여 단순히 들은 것을 옮겨 적는, 평범한 기록원의 수준이 아니었습니다. 그는 일생 부처님을 그림자처럼 모시고 그 뜻을 받들어 성심성의껏 여러 가지 일을 해 왔고, 오랜 세월 일심으로 부처님만을 향하고 있었기에, 부처님의 눈빛, 표정 하나만 보아도 부처님께서 무엇을 하고자 하시는지 금방 알아차릴 정도로, 누구보다도 부처님의 마음을 잘 헤아릴 수 있었습니다. 보통사람이 아닌 부처님과 같은 영감靈感의 소유자를 오래도록 모시는 과정에서, 그는 부처님의 영적인 축복을 많이 받아 대단한 영적 지혜를 얻었을 것입니다. 또한, 영감과 지혜가 가득한 아난 존자, 그는 이미 오래전부터 부처님의 한 분신이요, 화신이었을 것입니다. 그는 사려가 깊고 언행이 신중하였을 것이며, 먼 미래를 헤아리는 통찰력이 있었을 것입니다. 그가 적어 내려가는 금강경의 한 글자 한 글자가 다 깊은 의미가 있고, 용어 하나하나가 적재적소에 배치되어 있습니다. 아난 존자의 금강경 기록은, 분명 한 글자 한 문장이 깊은 진리의 메시지가 담긴 부처님의 음성으로 들어야 마땅합니다.

어느 때, 부처님께서 사위국 기수급고독원에서 1,250명의 비구 스님들과 함께 계셨다.
一時에 佛이 在舍衛國 祇樹給孤獨園하사 與大比丘衆千二百五十人으로 俱하시다.

사위국 기수급고독원은 숫달타라는 큰 부자가 사위국 태자인 기타에게 땅을 사서 지은 절의 명칭입니다. 숫달타는 돈이 매우 많아 큰 절을 지은 사람으로 알려져 있습니다만, 다음의 기록을 참조한다면 숫달타 장자는 단순히 돈만 많았던 것이 아니라, 부처님에 대한 타고난 신심과 대단한 지혜를 가진 사람이었던 것 같습니다.

숫달타 장자에게는 아들이 하나 있었다. 하루는 그가 아들의 혼사를 위하여 왕사성의 부호인 백근 장자의 집을 찾았다. 하지만 백근 장자는 모처럼 찾아온 손님을 접대할 겨를도 없이 집 안팎을 깨끗이 청소하고 꾸미며 준비하기에 분망했다. 숫달타 장자가 그 까닭을 물었더니, 백근 장자는 "내일 이 세상에서 가장 귀중한 손님을 초청하여 대접하기 위해서라네."라고 대답하였다.

"세상에서 가장 귀한 손님이라면? 그분은 임금인가? 사문인가? 브라만인가?"

"임금도 사문도 브라만도 아니고 카필라성 정반왕의 태자로서, 집을 떠나 6년간 수도하여 깨달음을 성취하신 부처님이라는 분이라네."

'부처님'이라는 말을 들은 숫달타 장자는 그 말만으로도 가슴 벅차게 기뻤다. 집에 돌아와서도 그 기쁨을 억누르지 못해 밤새 잠을 이루지 못하고 날이 새기만 기다리다가 서서히 창밖이 밝아오자 성문을 향해 발걸음을 옮겼다. 하지만 얼마를 가도 날은 완전히 새지 않고 주위는 아직 어둠이 남아 있는데, 한 줄기 광명이 어디선가 비춰왔다. 장자는 그 빛을 쫓아 나아가다가 저 멀리 참으로 잘생긴 부처님의 모습을 찾아내고는 달려가 부처님께 예배하며 "밤새 평안히 주무셨습니까?"라고 여쭈니 "근심도 기쁨도 여원 빈 마음이어야 맑고 편안하며, 영원히 나고 죽음이 없는 도를 깨달아 열반에 이르게 되느니라. 그런 사람만이 길이 편안한 잠자리를 얻느니라."라고 대답하셨다.

부처님의 말씀을 들은 숫달타는 마음이 맑아지고 지혜의 눈이 열리며 감격이 온몸에 넘쳤다. 환희심에 젖은 숫달타는 그때부터 부처님을 위하여 절을 세우기를 서원하였고, 그 길로 사위국으로 들어가 절 지을 장소를 찾게 되었다.

〈우리말 팔만대장경, 법통사〉

지식을 알고 있는 내용이라고 한다면 지혜란 아는 능력, 즉 슬기로움에 해당됩니다. 지혜는 선험적先驗的 창의력이라고도 할 수 있겠는데, 예전의 지혜롭다는 사람들은 배움의 학력과는 상관없이 사물의 도리를 잘 파악하였고 어려운 문제에 현명한 판단을 내리곤 하였습니다. 사람의 얼굴만 보고도 그의 마음을 알고 그의 운명까지 헤아릴 수 있었으며, 하늘의 별을 보고 국가의 운명을 예측하기도 하였습니다. 스승을 통하거나 책을 통하여 알기도 하였지만 스승이나 책 없이 스스로 알기도 하였습니다. 스승이나 책을 통해 배워서 아는 것을 학이지지學而知之라 하고, 책과 스승 없이 아는 것을 생이지지生而知之, 즉 선험적 지혜라 하였습니다. 예전에는 생이지지한 사람이 적지 아니하였던 모양이고, 수일 이내에 생사를 초탈한 성인의 경지인 아라한도를 얻었다고 하는, 불경 속에 등장하는 천재들은 모두 이와 같은 사람들이라 하겠습니다.

대단한 지혜의 소유자인 숫달타는 기타 태자가 가진 호화로운 정원을 보고 그 조경의 아름다움보다는 그 정원에 충만한 맑고 밝은 기운에 마음이 끌렸고, 그러한 기운이 솟는 것으로 보아 이 땅은 적어도 큰 성인을 오랫동안 모실만한 성지라고 판단하였습니다. 이와 같은 땅의 소리를 들은 숫달타는 땅 주인인 기타 태자의 무리한 요

구조건을 다 들어주더라도 반드시 사들이겠다고 생각하였습니다. 부처님을 지극히 사모하는 마음과 밝은 지혜의 직관! 이것이 결국 완고한 기타 태자의 마음을 움직이게 하였습니다. 이렇게 땅을 사서 지은 절이 바로 '기수급고독원'이며, 부처님께서는 일생 중 가장 오랜 기간인 25년을 이곳에서 보내십니다. 아난 존자가 경 속에서 사위국 기수급고독원의 이름을 분명히 밝히는 데는 이와 같은 특별한 뜻이 있습니다.

수년 전 음력 정월 대보름 새벽에 그곳을 찾았었습니다. 정신이 육체에 영향을 미치듯 부처님께서 25년이나 머무시던 성지여서 그러한가! 화려했던 옛 모습은 흔적도 없이 사라졌으나 어딘지 고요하고 범상치 않은 밝은 기운이 넘치는 듯하여, 그 느낌을 적어 보았습니다.

새벽 3시 한밤중이지만
맑은 하늘에 수많은 별이 새롭고
휴대 전등을 가지지 않아도
숲속의 길 환히 보이고
촛불 켜지 아니하여도
금강경 글자 또렷이 보입니다.

기수급고독원의 옛 절 다 없어지고
수많은 대중이 들끓던 모습 사라졌으며
아난이 심었다는 보리수 사이로

원숭이들이 오르락내리락 하지만
그러나 그 중에
세월의 허무만 있지 아니합니다.

아무도 지나지 않는 고요한 아침
만리 이역의 고장인데도
낯선 것 같지 않습니다.
털옷 아니 입고 모자 아니 써도
서울처럼 춥지 아니한 것
남쪽 나라 때문만도 아닌 듯합니다.

금강경 독송할 때
부처님과 수보리의 대화 속에
2500여 년 시간의 벽 조금씩 무너지고
무상의 발자취 사라져
기쁨이 넘칩니다.
하나가 됩니다.

부처님께서 때가 되어 옷을 입으시고, 밥그릇을 가지시고, 사위
성에 들어가셔서 걸식하신 후, 제자리로 돌아와오셔서 공양을 하
시고, 밥그릇을 거두시고, 발을 씻으시고, 가부좌하고 앉으셨다.
爾時에 世尊이 食時에 着衣持鉢하시고 入舍衛大城하사 乞食하실새
於其城中에 次第乞已하시고 還至本處하사 飯食訖하시고 收衣鉢하

시고 洗足已하시고 敷座而坐하시다.

'옷, 밥, 집' 경전과 아무 상관이 없을 듯한 표현이 어째서 경전의 처음에 등장하였을까요? 그 참뜻을 이해하는 일은 쉽지 않습니다. 그러나 아난 존자가 써놓은 금강경의 한 글자 한 문장에 깊은 진리가 담겨 있다고 굳게 믿으며 그 내용을 연구한다면, 간단한 글귀에서도 범상치 않은 내용을 발견할 수 있습니다. 이미 지혜로운 후학들은 아무 의미가 없는 듯한 이 글귀에서 부처님께서 전하고자 하시는 금강경의 참 뜻을 다 전하셨다고 판단하였습니다. 1분의 내용을 공부하는 것이 금강경을 다 공부한 것과 같다고 자신 있게 말하고 있습니다. 옷과 밥 그리고 집에 어떠한 내용이 담겨 있기에 그 속에 금강경이 전부 담겨 있다고 할 수 있을까요?

부처님 49년간의 설법은 탐내고, 성내고, 어리석은 마음을 닦아 밝아지는 데 있다고 요약할 수 있습니다.

탐심은 무엇이며 어떻게 하는 것이 탐내는 마음을 닦는 것일까요?

가진 것이 없는 사람이 밥때가 되어서 밥 먹고 싶은 마음이 나는데, 남의 것을 훔쳐 먹는 마음이면 이를 탐심이라 합니다. 그러나 밥때가 되어 밥 먹고 싶은 생각이 들더라도 주는 음식만을 먹으려 하며, 주는 음식을 받기 위해 그릇을 준비한다거나 급하지 않게 차례를 지킨다면, 이는 또한 분명히 탐심을 닦는 마음의 자세라 할 것입니다.

뛰어난 영감의 소유자인 아난 존자는 먹는 것은 탐심의 표현으로, 밥 먹을 때는 탐심이 발동할 때로 보았습니다. 탐심이 발동하여도 밥그릇부터 준비해야 하고, 주는 것만을 먹어야 하며, 차례차례로 해야 한다고 표현하여, 탐심을 깨치는 방법을 은유적으로 나타내고 있습니다. 탐심을 깨치는 행위를 '물건을 바라기에 앞서 받을 준비부터 하라持鉢. 상대가 마음 날 때를 기다려 취하라乞食. 무리하게 하지 말라次第乞己.'라고 해석한다면, 이는 현대에도 충분히 적용할 수 있는 경영철학이요, 경제원칙이 될 수 있습니다. 개인이 탐심을 깨치는 일은 사회적으로 원만한 경제활동을 이루는 길이라 하겠습니다.

밥을 탐심에 비유한 것처럼 아난 존자는 성내는 마음, 즉 진심嗔心을 옷에 비유하고 있습니다. 옷 없이 지내는 것은 무례함의 표시요, 옷을 잘 입는 것은 예절의 표현입니다. 예절을 갖추고 절차를 밟을 때, 무례함이 사라지고 거친 것이 사라지고 폭언폭력이 사라집니다. 아난 존자는 수도장에서는 정장을 하지 않던 사람들도 밥을 빌러 성으로 들어갈 때는 정장을 하고 거룩한 부처님의 말씀을 듣기 위해서는 더러워진 발을 씻어야 하는 예절을 갖추는 것을 강조하고 있습니다.

예절을 지키는 마음은 계를 지키는 마음과 같습니다. 계를 지니는 뜻은 마음이 미안에 머물지 않음을 의미합니다. 마음이 미안하지 않으면 성낼 수 있는 근거가 사라져 버립니다. 왜냐하면, 모든 성냄은 자신의 마음에 미안함을 건드릴 때 생기기 때문입니다. 이렇게 계를 지키고 예절을 갖출 때, 진심은 발붙일 자리를 찾지 못하고 마침내 마음속에서 제거될 수 있을 것입니다. 이러한 계와 예절은 개인적으로 성내는 마음을 닦아 마음의 평온을 얻게 하며, 나아가 사회적으로 원만한 법률생활을 하는 건전한 사회인이 되게 합니다.

마지막으로 아난 존자는 부처님께서 법회를 열어 치심을 닦는 것을 제시합니다. 가부좌하고 앉으시는 이유는 중생들에게 밝은 가르침을 주시는 법회를 하기 위함입니다. 밝은 가르침은 중생이 어리석음에서 벗어나게 하시고 밝음의 빛을 주십니다. 가부좌하고 앉으셨다는 표현은 어리석음을 제거할 준비를 하였다는 간접적 표현이요, 영적 표현입니다. 개인이 어리석음에서 벗어나는 일이란 지혜로워져서 궁극적 행복을 얻는 정신 활동이라 하겠지만, 사회적으로는 문화생활이라 이름 지을 수 있습니다.

경제생활, 법률생활, 문화생활은 탐내는 마음, 성내는 마음, 어리석은 마음을 깨친 결과로 나타나는 사회생활의 형태라 하겠습니다. 탐진치를 닦고 이 세 가지 생활을 원만히 함으로써 개인적으로는 밝아지고 사회적으로는 건강한 사회인이 되는 것임을 아난 존자는 이미 간파하였고, 이것이 부처님께서 금강경을 설하시는 중요한 목적이라고 보았던 것입니다. 탐진치를 식食의依주住로 절묘하게 표현한 아난 존자의 지혜! 아난 존자의 영감靈感이 담긴 글은 2분에도 계속되고 있습니다.

—

2

어진 이가 법을 청하다

善現起請分

그때 덕이 높고 지혜로운 수보리 존자가 대중 속에서 일어나, 가
사를 오른쪽 어깨에 걸쳐 메고 오른쪽 무릎을 땅에 대고 합장
하고 공경하며 부처님께 사뢰어 말씀드리기를,
"희유하신 부처님이시여, 부처님께서는 모든 보살을 잘 호념하
시고 잘 부촉하십니까?"

時에 長老須菩提 在大衆中하야 卽從座起하고 偏袒右肩하고 右膝
着地하고 合掌恭敬하야 而白佛言하되,
"希有世尊하, 如來 善_護念諸菩薩하시며 善_付囑諸菩薩하시나니까?"

수보리 존자는 부처님의 10대 제자 중 한 사람으로 특히 공의 도
리를 잘 해석한다고 하여 해공제일解空第一이라는 칭호를 가진 매우
지혜로운 분입니다. 수보리 존자와 같이 깊은 깨달음을 얻은 분들의

한마디 한 동작은 깊은 의미를 지니기 때문에, 지혜로운 사람들도 그 의미를 쉽게 알 수 없을 것입니다.

침묵과 고요 속의 1,250명 대중과 함께 있던 수보리 존자가 침묵을 깨고 일어서서 부처님께 말씀을 드리는 행위는 어떤 깊은 깨달음으로부터 출발한 것이 분명합니다. 수보리 존자는 부처님께서 금강경과 같은 희유한 진리의 가르침을 세상에 펴실 때가 되었음을 그의 혜안으로 간파하였을 것입니다. 아마도 수보리 존자의 심안心眼에는 고요히 가부좌하고 앉으신 부처님의 모습에서 평소 어느 때에도 발견할 수 없는 특이한 광명이 흘러나옴을 발견하였을 것입니다. 그 밝고도 밝은 광명은 부처님을 향하고 있는 모든 대중에게 말할 수 없는 편안함을 주고, 환희심을 불러일으키는 특이한 위력을 나타내었을 것이며, 이를 보고 지혜로운 수보리 존자는 부처님께서 큰 법을 설하실 때가 되었음을 알아차렸을 것입니다. 왜냐하면, 부처님께서 큰 진리의 가르침을 펴실 때 특이한 광명을 나타내셨기 때문입니다. 다음은 큰 진리의 말씀을 하실 때 부처님께서 광명의 위력을 나타내셨던 이야기입니다.

이때 부처님께서 미간백호상眉間白毫相에서 빛을 놓아 동방 1만 8천 세계를 비추어 그 빛이 이르지 않는 곳이 없었다. 아래로는 아비지옥에서 위로는 유정천有頂天에 이르렀다. 이 세계에 앉아서 그 나라 육도중생을 모두 보며, 또 그 나라 현재의 부처님도 보고, 부처님이 설하시는 법도 들을 수 있었다. 또 사부대중이 수행하여 도를 얻는 이도 보고, 모든 보살의 갖가지 인연과 여러 가지 믿고 아는 것, 온갖 모양과 보살도를 행하는 것을 보고, 부처님이 열반에 드시는 모습도 보고, 여러 부처님이 열반에 드신 뒤 부처님의 사리를 위하여 칠보탑을 세우는 것도 볼 수 있었다. 이러한 희귀한 모습이 대중 속 미륵보살의 눈에 띄었다. 미륵보살은 참 기이한 광경이라 생각하였고, 이 광경은 다른 사람의 눈에는 보이지 않아도 최고의 지혜를 가진 문수보살의 눈에는 띄었을 것으로 생각하고 문수보살에게 질문하였다. "어째서 이런 희유한 일들이 벌어집니까?" 이에 문수보살은 혜안으로 관찰한 후 부처님께서 희유한 법을 설하실 때가 되었다고 답변하였다.

〈법화경 서품〉

수보리 존자는 특이한 부처님 광명에 감동하였을 것이고, 이것이 희유한 진리의 가르침이 펼쳐질 때를 나타내는 징조임을 알았을 것입니다. 그래서 그는 누가 시키지 않았지만 스스로 앉은 자리에서 일어나, 당시의 관습대로 웃어른을 만났을 때 하는 최상의 경례인 오른쪽 어깨를 걷어 메고 오른쪽 다리를 땅에 대고 합장을 하는 예를 하였습니다. 부처님께 예배를 드리는 순간, 말할 수 없는 감동에 휩싸인 수보리 존자는 지금까지 세상에서 그 누구도 사용해본 적이 없는 가장 격조 높은 표현으로 부처님을 찬양하며 인사합니다.

"거룩하신 부처님! 부처님께서는 모든 보살을 잘 돌보시어 마음을 편안하게 하시고, 기쁨이 넘쳐흐르게 하시고, 모든 재앙을 소멸시키시어 마침내 발심에 이르게까지 하시는 것 같습니다. 그렇지 아니합니까?"

"부처님이시여, 사람들이 부처님의 뜻을 따라서 새롭게 태어나고자 한다면 어떻게 수도생활을 하여야 하오며, 어떻게 깨달음을 얻게 되겠습니까?"

"世尊하, 善男子善女人이 發阿耨多羅三藐三菩提心인데는 應_云何住며 云何降伏其心이니잇고?"

새롭고도 희유한 진리를 펴실 때가 됨을 안 수보리 존자는 "어떻게 공부해야 부처님처럼 완전한 행복을 얻겠습니까?"라고 질문의 방향을 분명히 잡은 것입니다. 발아누다라삼막삼보리심에는 두 가지 뜻이 포함되어 있습니다. 하나는 발심發心의 뜻입니다. 발심이란 큰 신심을 말합니다. 부처님의 가르침을 세세생생 몸과 마음을 다 바쳐 따르겠다는 정신적 서원을 말합니다. 또 다른 하나는 부처님이 제시하는 길을 적극적으로 실천하는 행동을 말합니다. 공경심이 동반되는 믿음과 이에 따르는 실천적 행동은 부처님처럼 되는 길, 완전한 행복을 얻는 길에 필요한 두 가지 요소라 하겠습니다. 수보리 존자는 부처님의 위대성을 발견하고 절대적 신심을 내었고, 부처님의 가르침을 따르며 실천하는 길만이 세상의 그 무엇보다 소중하다는 것을 알았을 것입니다.

수보리가 부처님께 여쭙니다.

"저희는 오직 부처님만을 믿고 따르렵니다. 시키시는 대로 잘 실천하겠습니다. 부처님이시여, 어떠한 마음으로 수도를 하여야 이 미혹과 미망에 물든 마음에서 벗어나, 부처님과 같은 절대적 행복을 얻게 되겠습니까?"

수보리가 부처님께 여쭈니 부처님께서 답하여 주셨습니다.

"착하고 착하도다. 수보리여, 그대가 말한 것처럼 부처님은 모든 보살을 잘 호념하시고 잘 부촉하신다. 잘 들어라. 그대를 위해 이야기하리라. 선남자선여인이 아누다라삼막삼보리의 마음을 낸다면, 이와 같이 머무르고 이와 같이 그 마음을 항복받는다."

佛言하사되,

"善哉善哉라. 須菩提야, 如汝所說하야 如來 善_護念諸菩薩하시며 善_付囑諸菩薩하시나니라. 汝今諦聽하라. 當爲汝說하리라. 善男子善女人이 發阿耨多羅三藐三菩提心인데는 應_如是住며 如是降伏其心이니라."

비록 1,250명이라는 많은 대중이 모인 자리이지만 부처님께서 분별심을 절대로 쉬신 것처럼 대중들 또한 분별심을 따라 쉬었을 것이니, 당시 사위국 기수급고독원의 분위기는 고요하기가 마치 만물이 생기기 전 태초의 정적과도 같았을 것입니다. 수보리 존자의 정성스런 질문을 들으시고 "착하고 착하도다."라고 칭찬하시는 부처님의 얼굴에는 분명 유쾌한 웃음이 감돌았을 것입니다. 부처님께서 수보리 존자의 공부가 매우 무르익어 희유한 진리의 가르침을 설할 때를 잘 알았고, 그 분위기에 걸맞게 질문하는 것을 아셨기 때문입니다. 따라서 "여래 선호념 제보살하시며 선부촉 제보살하시나니라."라고 간단히 대답하신 내용 속에는 다음과 같은 구체적 내용이 포함되어 있을 것입니다.

그래, 그대는 내 뜻을 잘 헤아렸도다. 그대들이 부처님을 향하기 오래 전부터 여래는 그대들을 진리의 길로 인도하기 위하여 늘 노력 하였다. 그대들이 부처님을 향하고 있지 않을 때는 부처님께 향하 도록 하였고, 부처님을 향한 후로는 그대들을 적극적으로 보호해서 부처님의 가르침에 접근하도록 하였다. 때로는 편안함으로, 때로는 자비로운 음성으로, 뜻하는 바를 이루고자 할 때는 소원성취로, 방 심할 때는 무서운 채찍으로, 심약해 있을 때는 격려의 모양으로 여 래는 여러 형태로 보살펴 왔다.

어느 한순간도 밝음의 길로 인도하는 데 방심하지 않았기에, 여래 는 선호념 선부촉하신다고 하였다. 그대들은 지금 그 어느 때 보다 신심이 성숙하였고, 작은 행복에 만족하지 않고 완전한 행복을 얻 어 부처님 같은 큰 성인이 되는 가르침을 받아들일 준비가 되었다. 그런데 그대가 마침 그때를 알고, 내가 이 세계에 와서 꼭 하고 싶었 던 이야기인 아누다라삼막삼보리법, 즉 부처가 되고 완전한 행복을 얻는 방법을 물었다.

부처님께서 말씀하시고자 하는 아누다라삼막삼보리법이란, 작은 행복을 얻는 가르침인 소승법에 만족한 제자들에게 큰 행복을 얻는 대승법의 가르침을 따르게 하여 부처님과 같은 큰 성인이 되게 하는 가르침입니다. 부처님의 10대 제자 중 한 사람인 사리불 존자의 이 야기를 들어 봅니다.

"부처님이시여! 저는 항상 숲속이나 나무 아래에 앉거나 거닐면 서 매번 이런 생각을 하였습니다. 우리도 같은 법성法性에 들어 있

는데 어째서 부처님께서는 소승법으로 제도하실까? 그러나 이것
은 저희의 허물이지 부처님의 허물은 아니었습니다. 왜냐하면, 아
누다라삼막삼보리를 성취하는 설법을 따랐다면 반드시 대승으로
제도하여 해탈을 얻었을 것입니다. 그러나 부처님께서 설하시는
법은 저희들이 공부가 된 정도에 따라 방편으로 설하시는 뜻을
알지 못하고, 처음 불법(소승법)을 듣고는 이것이 전부인 줄 알았습
니다. 부처님이시여! 저는 그전부터 늘 책망하고 뉘우쳐 왔습니다.
이제 모든 의심과 뉘우침이 끊어지고 몸과 마음이 태연하며 편안
함을 얻었습니다. 오늘에야 비로소 제가 부처님의 제자임을 알았
습니다. 부처님의 입으로부터 났으며 법에서 화하여 났습니다.

〈법화경 서품〉

부처님께서는 수보리 존자의 질문을 매우 반갑고 흐뭇하게 생각하
시고 이제야말로 당신께서 가장 하고 싶은 말씀, 가장 전해주고 싶
은 말씀을 하시게 된 것입니다. 아마도 부처님께서는 이렇게 말씀하
실 것입니다.

그러나 그대들이 언젠가 아누다라삼막삼보리의 마음을 내리라고
생각하며 기다리고 있었다. 이제 그 마음을 낼 때가 되었고, 다행히
그대는 그때를 잘 알았으며 그것을 성취하는 방법을 질문하게 되다
니, 참으로 기특하고 기특한 일이다. 수보리여! 그대가 이처럼 아누
다라삼막삼보리를 얻는 방법을 질문한 것이 내가 꼭 하고 싶은 이
야기, 또 그대들에게 줄 수 있는 최대의 선물인 부처가 되는 방법을

본격적으로 제시할 마음이 나게 하였다. 왜냐하면, 부처는 설사 무슨 말을 할 때가 되었다 하더라도, 질문할 때 이외에는 대답할 마음을 내지 않기 때문이다. 내가 지금부터 말하는 금강경으로부터 완전한 행복을 얻는 가르침, 부처가 되는 가르침 또한 새로이 탄생할 것이요. 그대들을 비롯한 말세 중생들이 이 가르침으로 구제될 수 있으리니 이 얼마나 뜻깊은 일이겠느냐? 이제 그대가 질문하였으니 내가 이제 그대들을 위하여 완전한 행복을 얻는 길을 제시하리라. 잘들을지어다.

"그렇습니다. 부처님이시여! 듣기를 원합니다."
"唯然이니이다. 世尊하, 願樂欲聞하나이다."

"아누다라삼막삼보리의 마음을 내는 사람은 어떻게 머무르며 어떻게 그 마음을 항복 받겠습니까?"라는 수보리 존자의 질문은 시의 적절한 당연한 질문이요 완전한 행복을 추구하는 모든 사람에게 꼭 필요한 질문일 뿐 아니라, 부처님께서 이 세상에 오신 뜻을 밝힐 수 있게 하는 역사적 질문이라 할 것입니다. 이에 대한 부처님의 답변으로 모든 사람을 다 구제하여 완벽한 행복을 얻게 하는 금강경의 말씀을 들을 수 있게 된 셈인데, 어떤 지혜로운 후학은 수보리 존자의 질문만으로도 부처님께서 이미 금강경을 다 설하셨다고 말합니다. 어째서 그러한 판단을 내릴 수 있을까요?

원효 스님은 그의 저술 〈대승기신론소〉에서 '원인과 결과가 때를 같이하기 때문에, 결과가 원인을 여의지 않는다如是因果俱時而有 故言

果不離因故.'라고 말하고 있습니다. 이는 참 지혜로운 사람이라면 씨앗을 봄과 동시에 그 열매를 본다는 내용입니다. 금강경의 첫 구절에 해당하는 아누다라삼막삼보리를 얻고 싶어 하는 수보리 존자의 질문은 '씨앗'입니다. 지혜로운 사람은 이 씨앗에서 아누다라삼막삼보리법으로 완전한 행복을 얻는 부처님의 가르침, 즉 '열매'를 이미 다 보았다는 뜻입니다. 그들은 지혜롭기에 금강경의 첫 문장에서 이미 금강경 전체를 읽습니다.

3
대승을 하는 바르고 핵심이 되는 길
大乘正宗分

부처님께서 수보리 존자에게 말씀하시기를,
"모든 보살은 이와 같이 그 마음을 항복받느니라."
佛告 須菩提하사되,
"諸菩薩摩訶薩이 應如是降伏其心이니"

수보리 존자의 질문은 머무르는 것이 먼저이며 항복기심은 나중이었습니다. 말하자면 '어떻게 수도를 하여야 아누다라삼막삼보리를 깨칠 수 있을까?'라고 생각하였습니다. 그러나 부처님께서는 이에 대해 응여시항복기심應如是降伏其心, 즉 깨치는 것이 먼저라고 말씀하셨습니다. '제대로 깨치고 수도를 하여라. 모르고 수도를 하면 어찌 참 깨달음에 도달하랴.'라는 말씀과 같다고 하겠습니다.

"중생의 종류에는 알로 까는 것, 태로 낳는 것, 습에서 낳는 것, 화해서 태어나는 것, 생각이 있는 것, 생각이 없는 것, 생각이 있지도 아니하고 생각이 없지도 아니한 것 등의 모든 중생을 다 남김없는 열반으로 멸도하리라하라."

"所有一切衆生之類 若_卵生 若_胎生 若_濕生 若_化生 若_有色 若_無色 若_有想 若_無想 若_非有想非無想을 我皆令入 無餘涅槃하야 而滅度之하리라하라."

부처님께서는 깨달음을 얻는 방법, 즉 마음 닦는 방법을 말씀하시기 위해서 공부를 매우 잘했던 기존 보살들이 범부였을 때 깨달음을 얻기 위해 공부했던 수도법을 다음과 같이 소개하셨습니다. 보살들은 깨달음을 얻기 위해 '모든 중생, 가령 알로 까는 중생, 태로 낳는 중생, 습한 곳에서 낳는 중생…… 등등을 다 제도하여 부처님 만들겠다고 하였다.'라고 말씀하고 계십니다. 무여열반에 넣어 멸도한다는 말은 부처님을 만든다는 뜻입니다.

중생을 부처님 만든다는 표현은 보살의 사홍서원四弘誓願 중 하나인, '중생의 수가 헤아릴 수 없이 많다고 하지만 다 제도하기를 기원합니다衆生無邊誓願渡.'와 내용이 매우 유사하므로, 자칫 잘못하면 깨달음을 얻기 위해서는 헤아릴 수 없이 많은 중생을 제도하여야 한다고 해석하기 쉽습니다. 그러나 깨달음을 얻지 못한 중생이 중생을 제도할 수 없는 일이기에, 깨달음을 얻기 위하여 중생을 제도한다는 해석은 분명 적합지 아니할 것입니다. 그러면 어떻게 해야 제대로 해석이 될까요?

여기서 중생이란 사람이나 짐승 등과 같이 마음 밖의 중생이 아니라 내 마음속의 중생 즉 탐내는 마음, 성내는 마음, 어리석은 마음을 비롯한 각종 분별심이라고 해석하여야 할 것이요, 부처님 만든다는 것은 분별심을 '부처님' 하는 마음과 바꾼다고 해석하여야 할 것입니다. 다음에 소개하는 한 선지식의 영감어린 해석은 종래의 금강경 해석과는 획기적으로 다릅니다. 항복기심이 깨달음을 얻는 수도법이 되도록 하는 적합한 해석입니다.

알로 깐 중생若卵生은 부모 관계를 알 수 없는 하나의 개체로 세상에 나오게 되는데, 이는 배은망덕한 용심用心의 결과이다. 태로 낳는 중생若胎生은 남에게 바라고 의지하는 용심의 결과이며, 물고기와 같이 습에서 난 중생若濕生은 늘 감추는 마음이 만든 결과이다. 화생化生이란 내세울 자격은 되지 못하면서 자신을 드러내는 마음이 만든 결과이다. 형상이 있는 것若有色이란 모양은 있어도 내용은 별로 없는 것이며, 형상이 없는 것若無色이란 모양은 없어도 작용을 하는 귀신과 같은 중생을 말한다. 우리의 몸 밖에 있는 이러한 중생들을 결과라 할 것 같으면, 우리 마음속에 있는 생각들은 그러한 결과를 가져오게 하는 원인이 되는 중생이라 할 것이다.

모든 중생을 남김없이 열반에 들게 하여 제도하겠다는 뜻은 무엇일까?

마음속에 있는 모든 생각들, 가령 배은망덕하는 마음이나 남에게 의지하는 마음이나 숨는 마음이나 자신을 드러내려는 마음이

나… 이런 마음을 모두 부처 만들겠다고 하라는 것이다.

그러나 중생이 어떻게 중생을 부처로 만들 수 있겠는가!

그 방법은 무슨 생각이든지 제도濟度하시는 부처님께 바치자, 즉 맡기자는 것이다. 생각을 부처님께 바친다는 것은 어두컴컴한 자기 생각을 부처님의 밝은 마음으로 바꾼다는 뜻이다. 자기 마음속의 망념을 부처님 마음으로 바꾸었는지라 제 마음은 비었을 것이며, 제 마음을 비웠다면 지혜가 날 것이다.

이와 같이 금강경 3분을 수도법으로 해석하면, 다음과 같이 보통 사람들도 일상생활에서 실천할 수 있고 수도도 할 수 있는 금강경이 됩니다.

나는 성불과 해탈을 위해서 모든 것을 부처님께 바치라고 말하고 싶다. 몸도 마음도 탐욕과 진심과 어리석음도 부처님께 바치고, 기쁨도 슬픔도 근심도 고통도 모두 바쳐야 한다. 모든 것을 부처님께 바칠 때 평안이 오고, 일체를 바치고 났을 때 법열이 생기는 것이다. 오욕五慾도 바치고 팔고八苦도 바쳐야 한다. 부처님께서는 우리가 바치는 모든 것을 기꺼이 받아 주신다. 그리고 이렇게 모든 것을 바침으로써 부처님의 가르침이 받아들여지는 것이다.

〈마음을 어디로 향하고 있는가, 김영사〉

"이와 같이 헤아릴 수 없이 많은 중생을 제도하였다지만, 실로 한 중생도 제도 받은 자가 없느니라."

"如是滅度 無量無數無邊衆生하되 實無衆生이 得滅度者니라."

이 말씀의 의미를 다음과 같이 정리해 봅니다. 중생의 눈에 보이는 헤아릴 수 없이 많은 중생이란 실은 마음속에 일어나는 갖가지 생각을 말합니다. 미운 사람, 좋은 사람, 괴로움, 즐거움이 다 마음속의 갖가지 생각입니다. '여시멸도 무량무수무변중생'이라는 표현은 보살이 깨닫기 전의 중생 세계를 말하는 것으로, 헤아릴 수 없이 많은 생각이나 꼭 있는 것 같은 분별심을 부처님께 바치는 행위를 말합니다. '실무중생 득멸도자'는 깨닫고 난 후의 보살의 경지를 말하는 것입니다. 마음속의 각종 분별심을 부처님께 모두 바치니 깨닫게 되었는데, 깨닫고 보니 있는 것으로 알았던 나의 생각들이 본래 없는 것이었다는 말씀입니다. 우리가 좀 더 이해하기 쉽게 표현하여 봅니다.

깨닫기 전에는 제도하여야 할 중생이 무수히 많다고 생각하였다. 끊어야 할 번뇌가 많은 것 같고, 해결해야 할 문제도 무수히 많은 것 같았다. 그래서 중생이라는 생각도, 번뇌도, 고통도, 일어나는 생각도 다 부처님께 바쳤다. 이렇게 부처님께 바치는 일이 끝이 없을 줄 알았다.

그러나 계속 정성스럽게 부처님께 그 생각을 바치다 보니 결국 깨닫게 되었다. 깨닫고 보니 부처님께 바쳐야 할 것이 하나도 없고 바쳐진 중생 또한 하나도 없음을 알았다. 전에는 이를 깨닫지 못해서 수많은 문제가 있었다. 깨치고 보니 모를 것이 없고 괴로울 것도 없더라.

이를 간단한 시로 정리해 보았습니다.

수많은 걱정, 근심, 괴로운 일로
한순간도 편한 날이 없었습니다.
부처님께 바치라는 금강경 말씀 따라
바치고 또 바치고 쉴 새 없이 바쳤습니다.

도저히 아니 바쳐질 것 같은 근심, 걱정,
영원히 아니 되어질 것 같은 수많은 난제
바치면 또 튀어나오고 바치면 또 튀어나오고
그런데 정성이 통했던가 갑자기 문제가 없어졌습니다.

부처님의 선물도, 기적도 아니고,
진실한 신심과 성의 있는 실천으로
이기심이 줄어든 것, 탐진치 소멸한 것
아상이 없어진 것, 내가 바뀐 것

외부의 상황 하나 변한 것 없어도
근심 걱정 착각인 줄 알고 즐거워졌고
아니 될 일, 어려운 일 저절로 없어져
즐겁고 희망 넘치고 세상이 보입니다.

모든 화려한 보배, 구족한 부처님의 세계

마음속에 있다는 부처님 말씀 실감하고
바쳐야 할 각종 번뇌 또한 착각이니
실무중생 득멸도자 말씀 깨우칩니다.

"왜냐하면 수보리여, 만일 보살이 아상 인상 중생상 수자상이
있으면 보살이 아니기 때문이니라."
"何以故오 須菩提야, 若菩薩이 有我相 人相 衆生相 壽者相이면 卽
非菩薩이니라."

아상我相이 '나'라는 생각이라면 인상人相은 '남'이라는 생각이라고
할 수 있습니다. 중생상衆生相은 남에게 일어나는 분별심으로 '미숙
하다', 수자상壽者相은 '능숙하다'는 뜻으로 해석할 수 있을 것입니다.
'나'라는 생각이 있기에 남이라는 생각이 날 수 있으며, 남이라는 생
각이 있기에 못난 놈, 잘난 놈으로 다시 세분할 수 있지요. 그렇다면
인상과 중생상, 수자상의 뿌리는 '나'라는 생각, 즉 아상이라는 결론
에 도달합니다. 금강경이 아상을 없애는 공부라면, 아상이 무엇인가
좀 더 구체적으로 검토하는 것이 바람직합니다.
　까마득한 오래전에 우리는 부처님과 다르지 않았고, 따라서 나니
부처님이니 하는 구별심이 없었음은 물론, 일체의 근심 걱정이 없는
극락에서 생활하였다고 합니다. 이처럼 우리는 부처님과 조금도 다
름이 없는 존재임에도 불구하고, 부처님과 동일한 존재임을 자각하
지 못한 것 즉, 무명無明이 큰 문제가 되어 애욕이 생겼습니다. 애욕
에서 무엇을 가지고 싶은 마음이 생기니, 가지고 싶지 않았을 때에

는 없는 것처럼 생각되던 것들이 꼭 필요한 가치有로 생각되었습니다. 이렇게 되자 본래는 없던 '나'라는 것이 생기고 '남'이라는 것이 생기게 된 것입니다. 그리하여 근심이 생기고 괴로움이 생기고 죽음이 생기게 된 모양입니다(無明→行→識→名色→六處→觸→受→愛→取→有→生→老死의 十二因緣).

이처럼 본래 없었던 '나'라는 것이 생겨 고생하는 사람들을 중생이라 한다면, 부처님의 가르침을 실천하여 내가 본래 없음을 깨우친 사람을 보살이라 하겠습니다. 법화경에서는 중생이 부처님의 가르침을 만나 고통의 근원인 나를 해탈하는 전 과정이 잘 나타나 있습니다. 법화경에서 가섭 존자는 부처님을 큰 부자인 장자에 비유하였고, 중생은 장자의 아들로 비유하며 다음과 같이 이야기합니다.

어떤 사람이 어릴 때 아버지를 버리고 도망하여 다른 나라에 산 지 50여 년. 점점 늙어가고 더욱 궁하고 가난해져서 여기저기 돌아다니며 의식衣食을 구하다 우연히 본국으로 돌아왔습니다.

그의 아버지는 아들을 찾지 못하고 성에 머물렀습니다. 아버지는 아주 넉넉해서 재물과 보배가 그득하였고 시종과 일꾼들이 많았습니다. 이때 아들이 여러 시골과 도시를 거쳐서 마침내 아버지가 계시는 성에 머물게 되었습니다.

아버지는 '몸은 늙고 재물과 진귀한 보배가 창고에 가득하나, 물려줄 자식이 없으니 내가 죽으면 재물은 하루아침에 흩어지고 말 것이다.' 하며 은근히 아들을 그리워했습니다. 그리고 이런 생각도 했습니다. '내가 만일 아들을 찾아서 재물을 물려주게 되면,

마음이 가벼워서 다시는 더 근심이 없으리라.'

그때 아들이 품팔이로 돌아다니다가 우연히 집 대문 곁에 서서 멀리 바라보니, 큰 세력이 있음을 보고 공포심이 생겨 거기에 왔던 것을 후회하고 속으로 생각했습니다. '저이가 혹시 임금이거나 임금과 같은 사람은 아닐까? 여기는 나 같은 사람이 품팔이할 곳이 아니로구나. 차라리 가난한 마을에 가서 힘껏 일할 곳에서 의식衣食을 얻는 것이 쉽겠다. 만일 여기 오래 있다가 혹시 눈에 띄어 붙들리면 강제로 잡아 부릴지도 모른다.' 그는 이런 생각을 하며 빨리 도망치려 했습니다.

이때 장자는 아들을 곧 알아보고 마음으로 크게 기뻐하였습니다. '나의 재물을 이제야 맡길 곳이 생겼구나. 내가 늘 아들을 생각하였으나 만나볼 도리가 없었는데, 뜻밖에 스스로 오니 이제 나의 소원이 이루어지는구나.' 장자는 곧 곁에 있는 사람을 보내어 급히 데려오게 하였습니다. 명을 받은 사람이 쫓아가서 잡으니, 아들은 크게 놀라 "나는 조금도 죄가 없는데 어째서 잡으려는 것입니까?"라고 부르짖었습니다. 심부름꾼은 그를 붙들기에 급급하여 더욱 강제로 끌고 돌아왔습니다. 이때 아들은 스스로 생각하기를, 죽게 될 것 같아 더욱 겁을 먹고 기절했습니다.

아버지는 멀리서 이를 보고 심부름꾼에게 말했습니다. "그 사람을 쓰지 아니할 것이니 강제로 끌어오지 말라. 얼굴에 찬물을 뿌려 깨어나게 하고 다시 말하지 말라."라고 하였습니다. 왜냐하면, 아버지는 아들의 마음이 얕고 졸렬함을 알고 또 자신의 부유한 것이 아들의 마음을 놀라게 한 것임을 잘 알았기 때문입니다.

그래서 다른 사람에게는 내 아들이라고 말하지 않고, 얼굴빛이 초췌하고 덕이 없는 자 두 사람을 비밀리에 보내어 "아들에게 조심스럽게 말하라. 여기 일할 곳이 있으니 품삯은 배로 준다고 하여 그가 허락하거든 데려다가 일을 시켜라. 만약 무엇을 시키느냐 묻거든, 우리와 함께 똥거름을 친다고 하여라."고 시켰습니다. 두 사람은 곧 아들을 찾아가 이런 말을 일러주니, 아들은 품삯을 먼저 받고 똥거름 치는 일을 하였습니다.

그의 아버지는 아들을 보고 불쌍히 생각하여 안타까워했습니다. 어느 날 창가에서 멀리 아들을 보니 몸이 말라 초췌하고 먼지투성이로 있으므로, 곧 보배로 꾸민 부드러운 옷과 장신구를 벗어 놓고, 떨어지고 냄새나는 옷으로 갈아입고, 오른손에는 거름 치는 그릇을 가지고 성낸 얼굴로 일꾼들 보는 앞에서 말하기를, "너는 항상 여기서만 일하고 다른 곳에는 가지 마라. 너에겐 품삯을 더 주리라. 소용되는 모든 물건에 조금도 어려운 생각을 하지 말라. 늙은 일꾼을 쓸 일이 있으면 부리라. 스스로 마음을 편히 가져 나를 네 아버지와 같이 생각하고 걱정하지 말라. 어째서 그러냐 하면, 나는 늙고 너는 젊은데 네가 일할 때 다른 일꾼처럼 속이거나 원망하는 말이 없구나. 그래서 이제부터 친아들같이 하리라."하고 장자는 그 자리에서 아들의 이름을 다시 지어 주면서 그를 아들이라고 하였습니다.

아들은 이러한 대우를 기뻐하기는 하였으나, 아직도 그 자신은 객으로 온 천한 사람이라고 생각했습니다. 이런 연유로 20년 동안 늘 똥거름을 치고, 믿고 친해져서 출입은 어렵지 않게 했으나,

그가 머무르는 곳은 아직도 본래 있던 곳이었습니다.

그때 장자는 병들어 오래지 않아 죽을 것을 알고 아들을 불러 이렇게 말했습니다. "나에게는 많은 금은과 진귀한 보배가 창고에 가득 찼으나, 그중에 많고 적음을 네가 다 알아서 해라. 내 마음이 이와 같으니 이 뜻을 알아서 처리하라. 왜냐하면, 지금 나는 너와 다르지 아니하니 주의하여 빠져나감이 없도록 할 것이다." 아들은 가르침을 받고 여러 가지 물건과 보물, 모든 창고를 맡아 가졌으나 조금도 그것을 취할 생각이 없었으며, 여전히 본래 있던 곳에 머물러 있었습니다. 이는 비열한 마음을 아직도 버리지 못한 까닭입니다.

다시 얼마가 지나 아들의 마음이 비열하였음을 깨달은 줄 알고, 임종할 때를 당하여 그 아들에게 분부해서 친족과 국왕이며 귀족들을 다 모이게 하고 선언하였습니다. "여러분은 이렇게 알아주십시오. 이 이는 곧 나의 친아들입니다. 어릴 때 나를 버리고 도망하여 갖은 고생한 지 50여 년, 그 본이름은 아무개이고 내 이름은 아무개입니다. 지금 내 소유인 모든 재물은 이 아들의 소유입니다."

〈법화경〉

이 이야기 속에서 아버지를 버리고 달아난 탕자가 고생을 하게 된 근본 원인은, 자신의 고집과 이기심 때문입니다. 가섭 존자는 중생들도 이 비유처럼 자신의 고집과 이기심 때문에 부처님 곁을 떠나 하염없는 고생을 하게 된다고 보았으며, 결국은 부처님께서 베푸시는 끊임없는 자비원력에 의해 열등의식에서 벗어나 제정신이 들어 자신이 부처님의 큰 재산을 상속받는 아들임을 깨친다고 보았습니다. 자신이 부처님의 아들이라는 사실을 망각한 것은 가짜 나를 '참 나'로 착각하였다는 것과 같으며, 이 착각이 모든 고생의 근본이 되는 셈인데 이 고생은 모두 애욕 또는 아상이 만든 허구의 작품이라 하겠습니다.

탕자의 이야기를 비유로 들며 부처님(절대자)의 자비에 의한 구원을 설명한 것은 성경의 탕자의 비유와 매우 유사합니다.

예수께서 또 말씀하셨다. "어떤 사람이 두 아들을 두었는데 작은 아들이 아버지에게 제 몫으로 돌아올 재산을 달라고 청하였다. 그래서 아버지는 재산을 갈라 두 아들에게 나누어주었다. 며칠 뒤에 작은 아들은 자기 재산을 다 거두어가지고 먼 고장으로 떠나갔다. 거기서 재산을 마구 뿌리며 방탕한 생활을 하였다. 그러다가 돈이 떨어졌는데 마침 그 고장에 심한 흉년까지 들어서 그는 알거지가 되고 말았다.

하는 수 없이 그는 그 고장에 사는 어떤 사람의 집에 가서 더부살이를 하게 되었는데 주인은 그를 농장으로 보내어 돼지를 치게 하였다. 그는 하도 배가 고파서 돼지가 먹는 쥐엄나무 열매로라도 배를 채워보려고 했으나 그에게 먹을 것을 주는 이는 아무도 없었다.

그제야 제정신이 든 그는 이렇게 중얼거렸다. '아버지 집에는 양식이 많아서 그 많은 일꾼들이 먹고도 남는데 나는 여기서 굶어

죽게 되었구나! 어서 아버지께 돌아가, 아버지, 제가 하늘과 아버지께 죄를 지었습니다. 이제 저는 감히 아버지의 아들이라고 할 자격이 없으니 저를 품꾼으로라도 써주십시오 하고 사정해 보리라.'

마침내 그는 거기를 떠나 자기 아버지 집으로 발길을 돌렸다. 집으로 돌아오는 아들을 멀리서 본 아버지는 측은한 생각이 들어 달려가 아들의 목을 끌어안고 입을 맞추었다.

그러자 아들은 '아버지, 저는 하늘과 아버지께 죄를 지었습니다. 이제 저는 감히 아버지의 아들이라고 할 자격이 없습니다.' 하고 말하였다.

그렇지만 아버지는 하인들을 불러 '어서 제일 좋은 옷을 꺼내어 입히고 가락지를 끼우고 신을 신겨주어라. 그리고 살진 송아지를 끌어내다 잡아라. 먹고 즐기자! 죽었던 내 아들이 다시 살아왔다. 잃었던 아들을 다시 찾았다.' 하고 말했다. 그래서 성대한 잔치가 벌어졌다.

밭에 나가 있던 큰아들이 돌아오다가 집 가까이에서 음악 소리와 춤추며 떠드는 소리를 듣고 하인 하나를 불러 어떻게 된 일이냐고 물었다. 하인이 '아우님이 돌아왔습니다. 그분이 무사히 돌아오셨다고 주인께서 살진 송아지를 잡게 하셨습니다.' 하고 대답하였다. 큰아들은 화가 나서 집에 들어가려 하지 않았다. 그래서 아버지가 나와서 달랬으나 그는 아버지에게 '아버지, 저는 이렇게 여러 해 동안 아버지를 위해서 종이나 다름없이 일을 하며 아버지의 명령을 어긴 일이 한 번도 없었습니다. 그런데도 저에게는 친구들과 즐기라고 염소 새끼 한 마리 주지 않으시더니 창녀들한테 빠져서 아버지의 재산을 다 날려버린 동생이 돌아오니까 그 아이를 위해서는 살진 송아지까지 잡아주시다니요!' 하고 투덜거렸다.

이 말을 듣고 아버지는 '얘야, 너는 늘 나와 함께 있고 내 것이 모두 네 것이 아니냐? 그런데 네 동생은 죽었다가 다시 살아왔으니 잃었던 사람을 되찾은 셈이다. 그러니 이 기쁜 날을 어떻게 즐기지 않겠느냐?'하고 말하였다."

〈누가복음 15장〉

성경의 비유는 자기고집→이기심→육신의 욕심→영적 빈곤→비천함→굶주림의 과정을 거쳐 타락함으로 나타나고, 깨달음→결심→회개→돌아옴→화목→새 옷을 입음→ 즐거움의 과정을 거쳐 회복하여 돌아오게 됩니다. 고집과 이기심으로 타락하여 고생하고 아버지의 한량없는 자비심으로 회개하여 새 옷을 입게 되는 전 과정은, 법화경의 비유와 매우 유사하며 한결같이 이기심이나 고집, 즉 아상이 모든 괴로움을 일으키는 장본인으로 지적하고 있습니다.

우리 마음속에 아상이 만들어낸 가지가지의 착각 증세인 번민(중생)들을 부처님께 바칠 때마다 번민들은 힘을 잃고 소멸합니다. 꾸준히 우리의 생각(중생)을 부처님께 바치다 보면, 차츰 착각 증세는 소멸되고 드디어는 병이 뿌리째 없어질 때도 오겠지요. 이 순간이 바로 아상이 소멸하는 순간이요, 깨달음의 순간입니다. 따라서 깨친 사람은 아상이 없으니, 아상에서 생겨난 인상 중생상 수자상 또한 없다 하겠습니다.

아개영입 무여열반 이멸도지,
모든 생각 부처님께 바치라는 말씀일세.

근심 걱정 다 바치면 부처님은 다 받으시어
평안 얻고 법열 얻어 모든 고통 해탈하네.

부처님께 바치는 순간 부처님과 함께 하니
이는 그리스도교와 다르지 않아,
부처님을 절대 공경하니 무신론이라 할 수 없고,
부처님 뜻대로 이루어지니 자력 종교라 할 수 없네.

유신론이면 어떠하고, 타력이면 어떠한가.
탐진치와 멀어지고 마음이 평온하고
분별심이 줄어들면 이 아니 정법인가.

유신론 무신론 모두 정확한 답 아니며
자력 타력 모두 아상이 만든 허구의 작품.

아상이 없는 것만이 오직 진실이라면
두 손 모아 정성스럽게 부처님 공경하세.

—
4

묘한 행은 무주로 한다

妙行無住分

수보리 존자의 두 가지 질문, 즉 머무르는 일(수행)과 항복기심(깨달음)의 질문 중 부처님께서는 3분에서 항복기심에 대해서 우선 답변하셨습니다. 이는 수행을 하되 깨친 후에 하라는 말씀으로 받아들일 수 있겠습니다. 깨친 후에 하는 수행은 보조 스님이 말씀하신 돈오점수頓悟漸修에 비유할 수 있는데, 보조 스님의 〈수심결〉 내용을 살펴보면, 이러한 비유가 타당하다는 것을 명확히 느낍니다.

단박 깨친다頓悟, 범부가 미혹하였을 때에 사대(地, 水, 火, 風)로써 몸을 삼고 망상으로 마음을 삼아서, 제 성품이 바로 진리의 몸眞法身인줄 모르고, 자기의 영지靈知가 참 부처인줄 모르고, 마음밖의 부처를 찾아 이리저리 헤매다가 홀연히 선지식의 지시를 받아 한 생각 빛을 돌리어回光返映 자기 본성을 보게 되면, 이 성품이 본래 번뇌가 없고 샐 것이 없는 지혜의 성품이 저절로 구족되어 모든 부처님의 법문까지도 다르지 않기 때문에 단박 깨친다고 함이다.

돈오를 설명한 이 말씀은 3분의 항복기심, 즉 깨달음에 대해 설명한 말이요, 착각증세에서 벗어남을 의미하는 내용이라 하겠습니다.

차차 닦는다漸修, 비록 본래 성품은 부처와 다름이 없지만, 끝없는 과거로부터 익혀온 버릇을 단박 없애기가 어려우므로, 깨달음에 의하여 닦아서 차차 익혀 성태聖胎(성인을 잉태했다는 뜻)를 길러, 오랜 뒤에 성인이 되기 때문에 차차 닦는다고 함이다.

점수漸修에 대한 이 설명은 바로 머무르는 일에 대한 설명과 같으며, 부처님께서는 이에 대해 4분에서 무주상보시를 예로 들며 답변하셨습니다. 그러면 4분의 내용이 무엇인가? 깨달은 후에는 어떻게 수행하여야 부처님과 같은 완전한 성인이 될 수 있는가? 부처님 말씀에 신심으로 경청해 봅니다.

"수보리여, 보살은 베푸는 일을 할 때에는 머무르는 바 없이 색에 주하지 아니하고 베풀며, 소리, 냄새, 맛, 부드러움 그리고 이해타산에 머물지 말고 베풀어라. 보살은 베풀되 머물지 아니하고 베풀지니라."
"復次 須菩提야, 菩薩은 於法에 應無所住하야 行於布施니 所謂不

住色布施며 不住聲香味觸法布施니라. 須菩提야, 菩薩은 應_如是
布施하야 不住於相이니"

보살은 깨친 중생이라고 번역합니다. 깨침이란 각종 번민이란 실
은 착각증세일 뿐 본래는 없는 줄 알았다는 것實無衆生 得滅度者을
의미합니다. 그래서 지혜로워졌고 행복해졌다는 것입니다.

중생이란 뜻은 무엇이냐? 각종 번민이 실제로 존재하는 줄 아는
사람을 뜻합니다. 중생의 수행은 어떠한가? 중생은 번민이 꼭 있는
줄 알고 괴로워하며 이를 없애려고 수행을 합니다. 번민이 꼭 있는
줄 아는 수행은 난행 고행의 수행이요, 가시밭길의 수행이 되기 쉽
습니다. 그러나 번민의 뿌리가 본래 없는 것을 깨친 보살의 수행은
즐거운 수행이요 기쁨의 수행입니다.

보시布施란 탐심과 같은 이기심을 소멸하기 위한 불교적 수행을 말
합니다. 하지만 각종 번민이 한낱 분별일 뿐 본래는 없는 것임을 모
르는 중생의 경우에는 보시를 하는 경우에도, 가시적인 것色이나, 소
리聲, 향기로움香, 맛味, 부드러움觸, 알음알이法 등 마음 밖의 상相
이 꼭 있는 줄 알고 보시하는 것이 그 특징이며, 따라서 보시의 맛과
베푸는 기쁨을 알기 어렵습니다. 보시의 기쁨을 모르는 사람은 보시
행을 즐길 수 없기에, 탐욕의 뿌리를 근본적으로 뽑는 데는 성공할
수 없습니다. 다음과 같은 역사적 사실을 회고하며 검토해봅니다.

예전에 중국의 양나라 임금 무제는 수많은 절을 짓고 수많은
경을 찍고 수많은 승려를 키워냈다. 아마 중국 역사상 이 임금만

큼 불사佛事를 많이 한 임금도 없으리라. 그래서 그는 부처님 시봉하는 데는 누구보다도 자부심이 있었으며 많은 공덕을 지었다고 생각했다. 그래서 당시 천하를 다 안다는 도인 달마대사에게 물었다. 불심이 돈독한 임금이라 매우 겸손하게 질문하였다.

"내가 임금이 된 이래 수많은 불사를 하였습니다. 다소나마 공덕이 있겠습니까?"

"실질적 공덕은 하나도 없습니다."

달마대사는 본 대로 대답하였다. 비록 불심이 강하고 스님을 존경하였던 임금이지만 그는 매우 섭섭하였다. 대사가 간 후 달마대사를 모셔온 스님에게 물었다.

"달마대사의 참뜻이 무엇이냐? 내가 그동안 수많은 공을 들여한 불사가 다 물거품이란 말이냐?"

"수많은 불사를 한 것은 복은 되지만, '내가 했다'는 생각으로 불사를 하신 것은 아상의 연습이라, 복은 될지언정 업장이 소멸되지 아니하여, 결국 남는 공덕은 없다 하겠습니다. 달마대사의 말은 옳습니다. 노여워하실 것 없습니다."

양무제는 자기 소유란 본래 없다는 것을 알지 못했기에 순수하고 즐거운 마음의 보시를 할 수 없었을 것입니다. 즐겁게 하지 못했기에 보시를 했다는 자만심을 내게 되었으며, 따라서 탐욕심의 뿌리를 뽑지 못했습니다. 그러나 보살은 자기의 소유란 본래 없는 것임을 알기에 즐겁고 자발적으로 보시함으로써 양무제의 경우와는 달리 탐욕심과 소득심所得心의 뿌리를 뽑아 완전한 성인이 될 수 있을 것입니다.

상에 주住하지 않는 보시란 아상이 없이 하는 보시를 말합니다.

그러면 어떻게 아상이 없는 보시를 할 수 있을까요?

아상, 즉 이기심이나 선입견의 뿌리가 조금이라도 자신도 모르게 스며있는 한, 아상이 없는 보시는 할 수 없을 것입니다.

이에 아상이 없이 하는 보시를 제대로 실천할 수 있는 새로운 해석이 요구됩니다. 즉 내 자신의 생각에 의존한 보시가 아니요, 내 경험을 토대로 한 보시가 아닌 부처님의 가르침을 절대로 따르는 보시 또는 지공무사하신 부처님의 뜻을 기쁘게 하는 보시를 해야 할 것입니다. 내가 하는 보시가 아니라 부처님 기쁘게 해 드리기 위한 보시를 할 때라야 아상이 소멸하며 참 공덕이 됩니다. 상에 주하지 않고 보시하라는 내용을 좀 더 구체적으로 표현하면, '그대 자기 뜻에 따라 보시하지 마라. 부처님 뜻을 따르고 부처님 기쁘게 해 드리기 위해서 보시하여라.'라는 뜻입니다.

"왜냐하면, 머무름이 없이 베풀면 그 복은 불가사량할 것이기 때문이다. 수보리여, 어떻게 생각하는가. 동쪽 하늘이 얼마나 넓은지 다 헤아릴 수 있는가?"

"헤아릴 수 없습니다. 부처님이시여."

"수보리여, 남쪽 서쪽 북쪽 그리고 그사이 그리고 위아래의 하늘의 넓이를 모두 헤아릴 수 있겠는가?"

"헤아릴 수 없습니다. 부처님이시여."

"수보리여, 보살의 무주상보시의 복덕은 하늘의 넓이를 헤아릴 수 없는 것과 같이 넓고 크다. 수보리여, 보살은 마땅히 이처럼 무주상보시를 해야 한다."

"何以故오 若_菩薩이 不住相布施며는 其福德은 不可思量하리라. 須菩提야, 於意云何오 東方虛空을 可思量不아"

"不也니다. 世尊하"

"須菩提야, 南西北方四維上下虛空을 可思量不아"

"不也니다. 世尊하"

"須菩提야, 菩薩의 無住相布施福德이 亦復如是하야 不可思量이니라. 須菩提야, 菩薩은 但應如所教住니라."

머무름이 없이 베푼다면 그 복덕은 상상할 수 없이 많다고 하셨고, 그 상상할 수 없이 많음을 실감 나게 이해시키시기 위해서 이 온 우주의 하늘이 광대함에 비유하십니다. 무주상 보시 즉 늘 부처님과 함께하는 보시를 행하는 것은 아상의 뿌리를 없애는 행위입니다. 아상이 뿌리째 없어질 때 자신 속의 부처님 성품 즉 '참나'가 드러납니다.

이미 깨달음을 얻은 혜능 대사가 홍인 대사 문중에서 방아를 찧고 장작 쪼개기를 8개월 동안 한 것은 바로 4분의 무주상 보시의 실천이라 할 것입니다. 그는 방아를 찧는 동안 순수하게 일에만 전념하였다고 하기보다는, 일하는 동안 떠오르는 이기심이나 선입견을 부지런히 부처님께 바치면서 부처님을 기쁘게 해 드렸다고 해야 할 것입니다. 이와 같은 무주상 보시의 실천결과 그는 다시 큰 깨달음을 얻었습니다. 그 깨달음을 다음과 같이 표현하였습니다.

어찌 제 성품이 본래 청정함을 알았으리까?
어찌 제 성품이 본래 나고 죽지 않음을 알았으리까?
어찌 제 성품이 본래 구족함을 알았으리까?
어찌 제 성품이 본래 흔들림이 없음을 알았으리까?
어찌 제 성품이 능히 만법을 냄을 알았으리까?

이는 무주상 보시를 실천하므로 하늘과 같은 광대한 공덕을 체험한 말씀이라 하겠습니다.

무주상 보시는 집착 없는 보시라 해석하는데
제 아무리 집착 없는 보시를 하려 하여도
집착심에 빙의憑依된 중생들에겐 불가능한 말씀이라.
이기심과 선입견의 뿌리 제거할 수 없고,
마침내 행복의 길 깨달음의 길 갈 수 없네.

어떤 밝은 선지식은
집착 없이 보시하여라 말씀하지 않으시고
내 생각에 따라 보시하는 것 다 상에 주함이니
부처님 뜻을 따라 기쁘게 해 드리려고 보시하여라.
결코 내가 한다 하지 말라 하셨네.

—
5

부처님을 옳게 보아라

如理實見分

"수보리여, 어떻게 생각하는가. 몸뚱이를 부처님이라고 생각하는가?"

"須菩提야, 於意云何오 可以身相으로 見_如來不아?"

부처님께서는 수보리 존자에게, "그대는 지금 거룩한 부처님의 모양을 대하고 있다. 지금 그대 눈에 보이는 부처님의 거룩한 모양이 부처님의 참모습이라 생각하는가?"라고 묻습니다.

금강경은 전체가 모두 보통사람들의 상식으로는 이해하기 쉽지 않은 내용으로 일관되어 있는데, 특히 금강경의 대의가 가장 잘 압축되어 있는 5분의 내용은 더욱 그 뜻을 알기 쉽지 않습니다. 부처님의 마음이 담겨 있고 이해하기 어려우며 대답 또한 쉽지 않은 법문을 선법문禪法門이라 하는데, 마치 선법문과도 같은 부처님의 말씀, "이 몸뚱이를 부처님으로 생각하느냐?"에 대해 슬기로운 수보리 존자는 어떤 대답을 할 수 있을까요.

"아닙니다. 부처님이시여. 몸뚱이를 부처님으로 볼 수 없습니다. 왜냐하면, 부처님께서 말씀하신 몸뚱이는 몸뚱이가 아니기 때문입니다."
"不也니다. 世尊하, 不可以身相으로 得見如來니 何以故오 如來所說 身相이 卽非身相이니이다."

수보리 존자는, "그렇지 않습니다. 분별심이 없으신 부처님께서는 부처님의 몸을 보시되, 항상 변하지 않는 부처님의 진신眞身만을 보시지만, 분별심에 뒤덮인 보통사람들은 부처님의 몸은 보되, 영원한 몸은 보지 못하고 무상한 육신만을 볼 뿐입니다. 부처님이 보시는 것과 보통사람들이 보는 것은 이처럼 다릅니다."라고 답변하였습니다.
이 답변은 지혜로운 무학 대사의 다음 이야기와 매우 유사함을 알 수 있습니다.

태조와 무학 대사가 회룡사에서 휴식하고 있었다. 태조는 무학 대사와 함께 농담이라도 하면서 한번 웃고 싶었다.
"스님! 오늘 이 고요한 산속에 있고 보니 심심하기도 하고 무슨 해학(유머)이라도 하면서 시간을 보내고 싶소이다. 이 자리에는 아무도 없으니 상대방을 가장 못생긴 것으로 조롱하는 농담을 합시다."

"그렇게 하시지요."

태조는 무학 대사를 향해서 "과인이 스님을 보니 멧돼지가 산비탈을 시고 가는 모양 같소." 하자 무학대사는 "예, 그러하옵니까? 산승은 마마를 바라보니 꼭 부처님 같사옵니다." 하였다.

태조는 불쾌한 표정을 지으면서, "오늘 이 자리는 서로 욕지거리라도 하면서 한번 웃자는 것인데 어찌 그 약속대로 하지 않습니까?" 하니 무학 대사는 "예, 부처님 눈으로 보면 부처로 보이는 것입니다. 용의 눈으로 보면 용으로 보이구요." 하였다.

태조는 무학 대사의 지혜로움에 깜짝 놀랐다.

〈소설 무학대사, 감로당〉

수보리 존자의 대답은 부처님 눈으로 보면 모두 부처님으로 보이고, 돼지의 눈에는 돼지만 보인다는 이야기와도 같은 내용인데, 이는 보통사람들의 지혜와는 다른 매우 통찰력이 있는 답변입니다. 수보리 존자는 어떻게 해서 이처럼 지혜로운 답변이 가능하였을까요?

보통사람들은 종鍾소리를 종에서 나온 소리로 듣습니다. 그러나 아상이 엷어진 지혜로운 사람이라면 종소리가 종에서 나온 소리가 아니고 자신의 선입견에 의한 소리임을 알고, 자신의 감정이 담긴 소리로 듣습니다. 따라서 그는 어떤 현상을 대할 때 겉모습보다는 거기에 붙어 있는 자신의 선입견을 보고, 이 선입견이란 아상의 그림자이며 올바르지 않음을 압니다.

따라서 지혜로운 사람은 아상을 소멸한 만큼 선입견이 없습니다. 선입견이 없기에 사물의 참모습을 봅니다. 선입견이 있을 때는 부모

형제나 애인이라 하였지만 선입견이 사라지는 순간 참모습을 발견하게 되며, 드디어 그들을 부처님의 모습으로 볼 수 있게 됩니다.

부처님께서 수보리 존자에게 말씀하시기를,
"모든 상은 다 허망한 것이라."
佛告 須菩提하사되
"凡所有相은 皆是虛妄이라."

부처님께서는 이러한 수보리 존자의 대답에 화답하여 말씀하십니다. "그래 대답 잘했다. 그대가 보는 이 육신뿐 아니라, 그대가 보는 모든 현상 또한 다 그대의 선입견이라는 아상이 만들어낸 허상일 뿐이다."

달리 말하면 '정신병에 걸린 어떤 사람이 분명히 보고 들은 것이 있다고 주장한들 그렇게 보고 들은 것이 어찌 제대로 된 것일까? 모두 다 병적 현상에서 본 허황된 견해였을 것이다.'라는 말씀과 동일하다 하겠습니다.

"만일 모든 상을 보되 그것이 분별로서 만들어진 상으로 볼 것 같으면 비로소 여래를 볼 수 있느니라."
"若見諸相이 非相이면 則見如來니라."

그러면 어떻게 하여야 아상에 빙의憑依된 보통사람들이 참의 세계, 깨달음의 세계, 부처님의 세계로 진입할 수 있을까요? 그래서 새롭게 태어나 행복한 삶을 살 수 있을까요? 바야흐로 부처님께서는 범부의 세계를 벗어나 성인의 세계로 나아가는 확실한 방법을 제시하십니다.

여기서 제상諸相이란 겉에 나타난 현상이라고 하여야 하겠지만 실은 '자신의 마음속에 아상이 만들어낸 모든 생각'을 말하는 것이며, 비상非相이란 '참이 아니라는 판단'이 될 것입니다.

아상으로 출발한 그대들의 생각은 다 옳지 않다. 선입견으로 사물을 보는 습관이 있는데 이 또한 매우 잘못된 습관이다. 꼭 옳다고 믿었던 모든 것이 실은 다 착각이요, 정신병적 증세이다. 그대들의 생각 또는 선입견이 다 옳지 않다고 생각할 때라야만 비로소 아상이 소멸될 수 있을 것이요, 자신의 아상이 소멸될 때 비로소 지혜의 눈이 뜨여 참 부처님 모습을 볼 수 있는 것이다.

다음은 아상이 일러주었던 모든 기존의 관념을 수도를 통하여 근본적으로 다 잘못됨을 알고, 부처님의 세계를 체험했다는 한 수도인의 실감나는 이야기입니다. 이 이야기를 통하여 "아상이 일러주는 생각은 모두 다 잘못이다. 그 생각을 모두 부처님께 바쳐라."라는 금강경의 말씀을 실감하실 것을 기대해 봅니다.

… 스님을 여의고 출가한 후로는 여인의 접촉을 삼가고 일심으로 수도하였습니다. 이미 20여 년 전부터는, 세상에서는 본능이라 하여 어쩔 수 없다는 남녀의 성문제에 대해 별도의 감각이 따

로 가져지지 않게 되었습니다. 이제 나는 남녀 성에 대하여 도리어 혐오를 느끼게 됩니다.

그것은 수도 과정에서 지나치는 일일 뿐 결코 정상은 아닙니다. 세속 사람들은 본능本能이니 천성天性이니 하여 도저히 고쳐지지 않는 것으로 알지만, 사실 본능이란 오래오래 해서 아니할 수 없게 된 것을 말함이요, 사실 천성이라 하는 것도_이것을 혼魂이라고도 하지만_ 늘 익혀서 능숙하게 된 일, 곧 습관화된 것일 뿐입니다.

사실 본래부터 되어 있었던 것이 아닌데, 세상 사람들은 천품을 본래 있었던 것으로 오인하고 있습니다. 혼이 마음인데 마음은 조석으로 변한다면서 혼인들 어찌 달라지지 않을 것이겠습니까? 우리는 본능을 좌우할 수 있고 천성을 임의로 고칠 수 있는 그 공부를 하는 것입니다. 혼적魂的 사랑을 여의게 되어야 사랑의 본체 곧 일체 애력, 곧 혼과 천성을 부리는 힘을 얻게 되는 것입니다.

혼적 사랑은 남녀 간에 소위 참된 사랑이라는 그것이든지 부모가 자식을 자비로 대하는 등의 사랑인데 "네 병을 내가 대신 앓아주마! 네 죽을 목숨을 내 목숨으로 바꾸어 주마" 등 칙살맞은 그 정인데 아주 작고 아주 좁은 정입니다. 내 사랑! 내 부모! 내 자식만 아는 상대적인 그 사랑은 장차 원수가 되는 날이 있게 되는 것입니다. 그런 단계를 뛰어넘어 일체 애력을 얻은 불교적 사제 간이나 지혜의 동지는, 혹시나 타락하는 친구가 있으면 천만 목숨도 아끼지 않고 백 년 천 년 고생도 돌아보지 않고, 서로 제도하기에 조건을 붙이지 않게 됩니다. 그것이 대아적大我的 사랑이요 평등적 자비라는 것입니다.

〈청춘을 불사르고, 김영사〉

이 수도자는 수도하는 과정을 통하여 도저히 고칠 수 없다고 여겨지는 성품인 천성이나 혼 그리고 본능들을 모두 허망한 것으로 인식하게 되었습니다. 우리는 이 실례를 통해 더욱 금강경의 "그대들의 생각은 모두 허망하다."라는 말씀을 실감할 수 있을 것입니다.

—

6

올바르게 믿는다는 것이
얼마나 드문 일인가

正信希有分

수보리 존자가 부처님께 말씀드리기를,

"부처님이시여, 부처님께서 말씀하신 글귀를 듣고 참다운 믿음을 내는 중생이 있겠습니까?"

부처님께서 말씀하시기를,

"그런 소리 하지 말아라. 부처님이 세상을 떠난 후, 후오백세에도 계를 가지고 마음을 닦는 이가 있어, 이 글귀에 믿는 마음을 내어, 이것이 참이라고 하는 사람이 있다면, 이 사람은 과거 한두 부처님 전에 선근을 심은 것이 아니라, 한없이 많은 부처님 전에 선근을 심었기에, 이 글귀를 듣고 한 생각이나마 깨끗한 믿음을 내게 된 것이다."

須菩提 白佛言하되,

"世尊하, 頗有衆生이 得聞如是言說章句하고 生_實信不잇가?"

佛告 須菩提하사되,

"莫作是說하라. 如來滅後後五百歲에 有_持戒修福者 於此章句에 能生信心하야 以此爲實하면 當知是人은 不於一佛二佛三四五佛 而種善根이라. 已於無量千萬佛所에 種諸善根하고 聞是章句하고 乃至一念이나 生_淨信者니라."

나의 정체가 무엇이냐? 나라는 존재는 참 알 수 없는 것이어서 나라는 존재의 규명은 인류 생성 이래로 계속 베일에 가린 영원한 숙제였을 것입니다. 과연 나의 정체는 무엇이며, 나라는 특성이 없어진 세계 저편에는 무엇이 있나?

대개 사람들은 내가 없는 곳에는 죽음과 적막밖에 없다고 생각하기 쉽습니다. 그러나 부처님의 말씀은 아상의 '나'가 사라지는 순간에 적막과 죽음이 나타나는 것이 아니라 참나가 나타난다고 하셨습니다. 반갑고 고마운 말씀임은 분명하지만 참 알기 어렵고 믿기 어려운 이야기라 하겠습니다.

수보리 존자는 이처럼 생각하는 사람들의 마음을 헤아리며 부처님께 질문하였습니다. "부처님이시여, 사람들이 이 말씀을 매우 믿기 어렵겠습니다. 믿을 사람이 과연 있겠습니까?" 이때 부처님께서는 "그런 소리 하지 말아라!"라고 큰소리로 꾸짖으셨습니다.

물론 부처님께서도 아상이 없어진 곳에 참나가 나타난다는 사실을 보통사람이 믿기 어렵다는 것을 모르지 않으셨을 것입니다. 그러나 부처님께서는 "그래 수보리여, 잘 깨달았다. 그대 말이 옳다."고 하시지 않았습니다. 반대로 "무슨 소리냐. 그렇지 않다. 이 말을 믿는 사람들이 분명히 있다." 하셨습니다. 이 말씀 속에는 다음과 같은 고맙고도 자비로운 진리의 메시지가 담겨 있습니다.

아상을 떠난 부처님에게는 '어려움'이 존재하지 않습니다. 어려울 일 하나 없고 안 될 일 하나 없습니다. 다 가능한 일이요 되어질 일 뿐입니다. '어렵다, 안 된다'라는 생각은 중생의 아상이 만들어낸 허구의 작품임을 잘 알고 계셨을 것입니다.

이처럼 허구의 작품 속에 묻혀 사는 중생들의 귀에 "그대 말이 옳다. 참 알기 어렵고 믿기 어려우리라."고 부처님께서 동의하신다면, 이는 중생에게 희망을 위축시키는 일이 됨을 잘 아시고, 희망과 밝음을 주기 위하여 어떤 말씀을 해야 할까 생각하셨을 것입니다. 우선 중생의 입장에서 지극히 상식적이요 당연한 논리인 '어렵다, 안 된다.'라는 생각을 깨뜨리고 부처님의 밝은 마음을 전해야 할 필요성을 느끼셨을 것입니다.

즉 막작시설莫作是說의 소식은 나도 밝아질 수 있다는 희망과 용기의 메시지이며, 부처님의 가르침이 중생들에게 두루 전개되는 큰 의미가 있는 고마운 말씀이라 하겠습니다.

이어서 "이 믿음을 낸 사람들은 무시겁 오랜 세월 동안 수많은 부처님을 모시고 복 짓고 공부해서 선근을 쌓아온 사람이다."라고 설명하셨습니다.

그런데 부처님 가르침은 어렵지 않다고 하시면서 또 동시에 노력을 많이 해야 한다는 양면성은 무슨 뜻일까요?

'공부가 어렵다, 안 된다.'는 생각은 성내는 마음 즉 진심嗔心에 기인합니다. 또 공부를 속히 하고자 하는 마음은 탐심貪心에서 기인합

니다. 부처님께서 '가능하다. 된다.'라고 말씀하신 배경에는 중생의
진심을 타파하는데 그 뜻이 있습니다. "단번에 하려 하지 말아라.
많은 부처님 처소에서 복을 짓고 선근을 심어라."라는 표현을 쓰신
것은 속히 하겠다는 탐심을 타파하기 위한 것입니다. 불안감을 말끔
히 씻어 주고 가능성을 심어주며, 동시에 부처님 공부는 진실한 자
세로 꾸준히 노력해야 함을 강조하신 것입니다. 다음과 같이 부처님
의 말씀을 정리합니다.

> 공부를 어서 하겠다고 하면 탐심, 공부가 어렵다. 왜 아니 되느
> 냐 하면 진심, 공부가 잘된다고 하면 치심이니, 이 세 가지 아니하
> 는 것이 수도일 진댄 꾸준히만 하되 아니하지만 말 것이니, 고인古
> 人은 사가이면면斯可以綿綿 불가이근근不可以勤勤이라 했지요.
>
> <마음을 어디로 향하고 있는가, 김영사>

"수보리여, 부처님은 이 믿음을 낸 중생이 헤아릴 수 없이 많은 복
과 덕을 얻음을 다 알고 본다. 왜냐하면 이 중생은 다시는 아상 인
상 중생상 수자상이 없으며 법상도 없고 비법상도 없기 때문이다."
"須菩提야, 如來 悉知悉見 是諸衆生이 得_如是無量福德이니 何以
故오 是諸衆生은 無復 我相 人相 衆生相 壽者相이며 無法相이며 亦
無非法相이니이라."

어떤 지혜로운 이가 중생의 삶을 맑은 수정에 붉은 색종이를 댄
것에 비유하였습니다. 붉은 색종이는 아상이요 '가짜 나'이며, 맑은

수정은 '참나'입니다. 붉은 색종이를 댄 수정은 비록 붉게 보이지만 사실 수정이 붉게 물든 것이 아닙니다. 붉은 색종이만 치우면 맑고 투명하며 본래의 모습이 나타납니다. 깨끗한 믿음은 능히 붉은 색종이를 치울 수 있게 할 것입니다.

붉은 색종이를 치우면 맑은 수정의 모습 즉, 참나의 모습이 드러나는데 드러난 참나의 공덕은 그야말로 무량무변합니다. 모든 것을 다 알고 뜻하는 모든 것을 다 이룰 수 있습니다. 영원하며常 기쁨에 충만하고樂 본래의 불변하는 모습我이고 참 깨끗淨합니다. 고인은 참나의 공덕이 무량무변함을 필설로 다 표현할 수 없다 하여 다음과 같은 시귀로 찬양했습니다.

중생의 수없이 많은 마음을 다 헤아릴 수 있고
큰 바닷속의 물 모두 다 마실 수 있고
하늘을 헤아리고 바람을 묶을 수 있어도
부처님의 공덕만은 다 알 수 없어라.
찰진심념가수지刹塵心念可數知
대해중수가음진大海中水可飮盡
허공가량풍가계虛空可量風可繫
무능진설불공덕無能眞說佛功德

〈화엄경 입법계품〉

계를 지니고 복을 지으면 차츰 아상이 엷어지고 믿음은 더욱 굳건해져서 드디어는 깨달음을 얻게 되는데, 깨닫게 되면 마치 붉은 색종이를 치우면 맑은 수정이 나타나듯 무량한 공덕이 나타나며, 일체에 걸림이 없는 대자유인이 된다고 하겠습니다. 이 대자유인이 되는 것은 수도함으로 아상이 뿌리까지 없어졌기 때문이라고 부처님은 말씀하십니다. 인상 중생상 수자상 법상 비법상은 역시 아상의 산물이며, 이들이 모두 없다는 것은 아상이 그 뿌리째 완전히 없어졌다는 뜻입니다.

이처럼 아상은 모든 병의 원천이며 모든 고통의 근원으로서, 제정신을 잃어버리고 언제부터인가 부처님의 곁을 떠나 탕자의 길을 걷게 한 근원입니다. 모든 것이 다 아상의 탓이라는 설명은 계속됩니다.

"왜냐하면 이 모든 중생이 마음에 상을 취하면 곧 아인중생수자를 착着함이 되며, '이것이야말로 참 진리다.'라는 생각을 가져도 또한 아인중생수자에 착着한 것이며, 왜냐하면 이는 진리가 아니라는 생각을 가져도 아인중생수자에 착着함이 되기 때문이다."

"何以故오 是諸衆生이 若心取相이면 則爲着我人衆生壽者며 若取法相이라도 卽着我人衆生壽者니 何以故오 若取非法相인데는 卽着我人衆生壽者니라."

중생이 마음에 좋다든지 언짢다든지 그래서 괴롭다는 생각을 가지게 되면, 이는 곧 아상이 문제를 일으키는 것입니다. 그가 이러한 생각을 떨쳐 버리고 부처님 믿고 열심히 수도해서 마음의 평화를 얻었을 때, 그는 아마도 모든 고통에서 벗어나 마음의 평화를 얻는 가장 좋은 방법은 부처님의 가르침을 따라 수도하는 길이며 이것이 유일한 진리의 길이라고 굳게 믿을 가능성이 있습니다. 하지만 이러한 생각 또한 아상의 그림자라 할 것입니다. 달라이라마도 이와 비슷한 견해를 다음과 같이 이야기하였습니다.

가설에 의존하는 과학을 비롯하여 이 세상은 절대적 진리란 없습니다. 부처님의 말씀도 절대적 진리는 아닙니다. 물론 불경에 보면 절대적이고 영원한 진리, 이러한 말들로 가득 차 있습니다. 그런데 이런 말들을 사람들이 매우 잘못 이해하고 있습니다. 부처님의 깨달음이 연기緣起인 한 절대적 진리는 있을 수 없습니다. … 불교에 있어서 구태여 절대적 진리를 말하자면 공이라는 한마디밖에는 없습니다. … 궁극적으로 비존재는 없지만 실체는 존재하지 않습니다. 그것이 공空입니다. … 그러나 공이라는 것을 또 하나의 절대적 진리로 생각하면 그것은 공이 아닌 것입니다. … 우리가 영어로 절대적 진리absolute truth라고 말할 때에 이미 우리는 그 말이 지닌 역사적 인식의 포로가 되어 버립니다. 마치 절대적 진리가 없으면 이 세상은 살 수 없는 것처럼, 그리고 이 우주에는 절대적인 그 무엇이 있어야만 하는 것처럼 어떤 중압감의 포로가 되어 버린다는 것입니다. 이것은 기독교의 유일신론적 사유가 지어낸 서구적 발상의 일대 오류라고 생각합니다.

〈달라이라마와 도올의 만남, 통나무〉

'부처님 말씀은 꼭 옳은 것이다. 영구불변의 진리이다.'라는 판단 역시 아상의 그림자이며, '이것이 참 진리다. 생명을 걸고 보호해야 한다.'라는 주장 역시 아상의 그림자이니 잘못된 줄 알라는 말씀이며, 진리란 없는 것이라고 주장한다면 이것 역시 아상의 그림자라는 것입니다.

"그래서 진리도 취하지 말고, 진리 아닌 것 또한 취하지 말아라. 이런 연고로 부처님은 너희 비구들에게 내가 설한 진리란 마치 강을 건너는 뗏목과 같으니, 진리도 당연히 버려야 할 것인데 진리 아닌 것은 말해 무엇 하겠느냐고 말한 것이다."

"是故로 不應取法이며 不應取非法이니 以是義故로 如來常說하사되 汝等比丘는 知我說法을 如筏喩者니 法尙應捨온 何況非法이랴."

그러니 진리이건 아니건 마음을 붙이지 마라. '이 진리가 최고다.' 라고 자만하지 말 것이요, '진리란 없는 것이다.'라고도 하지마라不應 取非法. 내가 그대들에게 이야기하는 이 가르침 또한 묵묵히 실천하여 밝아지기만 하면 될 뿐이다. 그러나 실은 밝게 하려고 이런저런 예를 들었지만, 그대들을 구제하기 위해서 실제는 있지도 않은 것을 억지로 진리처럼 만든 것임을 알아야 한다.

따라서 부처님 말씀까지도 버릴 때가 되면 다 버려야 깨달음이 오는 것이요, 새롭게 태어나는 것이라는 말씀입니다. 이러한 가르침에 대한 실천으로 고인은 '부처님 계신 곳이라 하더라도 머물지 말며, 부처님 아니 계신 곳은 더욱 급히 지나가라有佛處莫得住 無佛處急走過.'

고 하였습니다.

아무리 훌륭하고 아름다운 정신이라 하더라도 그것이 인간을 삶의 길로 몰기보다 죽음의 길로 몰아가며, 행복의 길로 나아가기보다 불행의 길로 유도한다면, 성인들은 '그러한 가르침은 아무리 올바르고 아름답게 보여도 따르지 말아라.' 하실 것입니다. 부처님께서는 현실에 사는 중생들에게 다음과 같은 말씀을 하실 것입니다.

그대들이 진정 밝아지는 데 도움이 된다면 부처님의 가르침도 버려라. 부처님의 가르침이란 무엇이냐? 그대들을 밝게 해주고 구제하는 데 필요한 수단일 뿐, 부처님의 가르침이 그대들이 지켜야 하는 목표가 결코 될 수 없다. 밝아지는 데 도움이 되는 과정일 뿐이다.

이것이야말로 부처님의 위대성이요, 크나큰 자비 정신입니다. "나도 밟고 지나가라知我說法 如筏喩者."라는 부처님의 말씀은, 다른 종교에서 받들어도 좋을 진리의 말씀이요, 진리를 위해 순교하겠다는 사람들에게도 매우 고마운 말씀이라 하겠습니다. '지아설법 여벌유자'의 가르침이 얼마나 사람을 지혜롭게 하며 행복하게 하는가를 다음의 글에서 살펴봅니다.

"일본에서 기독교의 박해가 심해지자, 심한 고문 때문에 예수의 거룩한 얼굴이 새겨져 있는 성화 위에 더러운 발을 올려놓고 말았다는 포루트갈 선교사 훼데라의 소문이 삽시간에 유럽에 퍼졌습니다. 그 이야기를 듣고 가장 실망했던 사람은 이분의 젊은 제자인 로도리코 신부였습니다.

로도리코 신부는 신념을 가지고 더욱 확실한 선교를 위하여 유럽에서 일본으로 왔습니다. 산속에 숨어서 신도들과 엄밀하게 접촉하여 오던 로도리코 신부는 어느 날 체포되어 감옥에 갇혔습니다. 신부는 하나님을 따르려는 것 이외에는 아무 죄도 없는 신도들이 감옥에서 차례차례로 피 흘리며 죽어가는 것을 목격하였습니다. 견딜 수 없어서 열심히 기도하였습니다.

'하나님 왜 침묵만 하십니까? 이슬비 내리는 해안가에서 햇빛이 쏟아지는 정원에서 신도가 살해당할 때도 당신께서는 아무 말씀이 없으셨습니다. 그때까지도 나는 참을 수 있었습니다. 그러나 지금은 그렇지 않습니다. 이 신음에 왜 당신께서는 언제까지나 침묵만 하십니까? 하나님께서 분명히 계시다는 것을 온 세상 사람들이 알게 하기 위해서라도 무엇인가 말씀해 주십시오.'

기도하고 또 기도하였습니다. 드디어 로도리코 신부도 평생 동안 가장 신성하다고 믿었던 분, 무수한 인간들의 이상과 꿈으로 가득 채워져 있었던 분, 예수의 얼굴에 발을 올려놓아야 할 차례가 되었습니다.

그의 마음속의 갈등은 어떠했을까? 그러나 그 순간 기적이 일어났습니다. 그림 속의 예수님은 침묵을 깨고 "나를 밟아도 좋다."고 하셨습니다. "밟아도 좋다. 네 발의 아픔을 내가 잘 알고 있다. 밟아도 좋다. 나는 너에게 밟히기 위하여 이 세상에 왔으며 이 아픔을 나누기 위하여 십자가를 진 것이다."

〈사람 삶 사랑 대학교회 설교집, 이화대학 출판부〉

자신의 얼굴을 밟더라도 로도리코 신부를 살리는 마음, 이것이
참 성인의 마음일 것이요, 자비의 정신이요, 활구일 것입니다.

7

얻은 바도 없고 설한 바도 없다

無得無說分

"수보리여, 어떻게 생각하는가. 부처님이 아누다라삼막삼보리를 얻었는가? 부처님은 설할 법이 있는가?"

"須菩提야, 於意云何오 如來 得阿耨多羅三藐三菩提耶아? 如來 有所說法耶아?"

보통사람들은 깨달았다는 이야기를 들으면 당연히 깨달은 사람이 있고 깨달은 대상이 있다고 생각합니다. 왜냐하면, 사람들은 미워할 때 미워하는 사람과 미워하는 대상이 있으며, 좋아할 때 좋아하는 사람과 좋아하는 대상이 분명히 있는 것처럼, 잠재의식에서 깨달을 때도 깨달은 사람과 깨달은 대상이 반드시 있을 것으로 생각하기 때문입니다. 그들은 자신들의 경험에 비추어 부처님께서도 최고의 진리를 깨치셨다고 하니 깨친 그 무엇이 있을 것으로 생각하기 쉽습니다. 보통사람에게 이러한 생각이 너무 당연하지만, 부처님께서는 이와 같은 생각이 크게 잘못됨을 아시고, 깨친 그 무엇도 없다는 사실을 일깨워주시기 위하여 수보리 존자에게 "부처님이 아누다라삼막삼보리를 얻은 것이라고 생각하느냐?" 하고 물으시면서 그 무지를 해소하려 하십니다. 무지를 해소해야만 신심이 더욱 자랄 수 있고, 신심이 자라야 발심할 수 있다고 생각하셨을 것입니다.

수보리 존자가 대답하기를,
"제 생각으로는 아누다라삼막삼보리란 정해진 모양이 없고 또 정해진 모양이 없는 법을 부처님께서 설하셨습니다."
須菩提言하되,
"如我解佛所說義로는 無有定法을 名阿耨多羅三藐三菩提며 亦無有定法을 如來可說이니"

부처님께서 중생들에게 가장 가르쳐 주고 싶은 것이 있다면 당신이 깨달으신 최고의 지혜 즉 아누다라삼막삼보리를 전해주는 일일 것입니다. 그러나 가르침을 받는 중생들이 부처님의 큰 가르침을 받아들일 준비가 되지 않았다면, 아무리 부처님께서 위대한 진리를 가르쳐 주시려 해도 받을 수 없겠지요.
중생들이 받아들일 준비가 된 만큼 부처님께서는 말씀하십니다. 중생들이 육체적 또는 정신적 괴로움이 심해서 다른 일에 신경 쓸 여유가 없을 때 부처님께서는 우선 괴로움을 해결하는 진리를 가르쳐 주셨습니다. 괴로움이 많은 사람에게 비추는 부처님의 아누다라삼막삼보리의 광명이 곧 부처님의 49년 설법 중 처음 12년 동안의 법문인 아함부阿含部 경전입니다. 괴로움이 많은 사람은 아함경을 통하여 괴로움을 해탈하고 행복해집니다.

육체적 또는 정신적 괴로움은 견딜만하나 사회 불평등과 계급차별에 한恨이 맺힌 사람들에게는 그 한을 풀어 주는 일이 무엇보다도 중요하였습니다. 부처님께서는 그들에게 '사회 불평등이나 계급 차별은 실은 전생에 원인 지어서 받은 결과이니 지금 좋은 원인을 심으면 앞으로는 좋은 결과를 얻으리라.'라는 뜻의 방등부方等部 법문을 아함부 법문 후 8년간 말씀하시어 한을 풀고 행복을 얻게 하십니다. 방등부의 법문이란 한 많은 사람에게 비추는 아누다라삼막삼보리 광명이라 하겠습니다.

고통의 문제, 사회 불평등의 문제가 모두 해결되자 마음 닦아 성불하는 가르침인 반야부般若部 법문을 21년간 본격적으로 말씀하시게 됩니다. 이 반야부의 가르침대로 실천하면 보살이 됩니다. 이처럼 중생들은 근기가 다르고 받아들일 자세가 제각각 다르기에 동일한 부처님의 아누다라삼막삼보리의 광명이 때로는 아함경으로, 때로는 방등경으로, 때로는 반야경으로 나타났던 것입니다. 이것을 아는 수보리 존자는, "제 생각으로는 아누다라삼막삼보리법은 정해진 법이 없으며, 부처님께서는 중생의 근기에 따라 그들에게 적합한 아누다라삼막삼보리의 광명을 주시어, 그들이 받을 수 있는 만큼 행복을 얻게 하시고 밝음을 주셨습니다."라고 대답하였습니다.

원효 스님도 그의 책 〈법화경 종요〉에서 "부처님이 삼승三乘을 설하신 것은 사람의 차별일지언정 승乘의 차별은 아니다. 불법 가운데

승의 차별은 없다. 왜냐하면 법계법法界法은 차별이 없기 때문이다."
라고 하였고, 같은 시대 의상 스님은 "중생을 돕는 보배의 비가 온
하늘에 꽉 찼는데, 중생이 받을 준비된 것만큼 도움을 받네雨寶益生
滿虛空 衆生隨器得利益."라 하였습니다.

이처럼 부처님은 누구에게나 한량없는 행복과 광명을 주시려 하
지만 중생들이 자기 복력 만큼 받는 것은 부처님의 탓이 아니요, 중
생의 그릇 탓이라고 설명합니다.

"왜냐하면 부처님이 설하신 법은 모두 취할 수 있는 것이 아니
며, 설명할 수 있는 법이 아니며, 진리라고 할 수도 없고, 진리 아
니라고 할 수도 없습니다."
"何以故오 如來 所說法은 皆不可取며 不可說이며 非法이며 非_非
法이니이다."

부처님께서는 고통에 신음하는 중생을 위하여 아함경을 설하시
어 많은 사람을 구체하여 행복을 얻고 번뇌가 없는 성인인 아라한
阿羅漢이 되게 하셨고, 마음에 한 맺힌 사람들을 위하여 방등경을
설하시어 마음의 한을 풀고 큰 행복을 얻어 연각緣覺이라는 성인이
되게 하셨습니다. 따라서 아라한도를 얻은 사람들, 그리고 연각의
과를 얻은 사람들은 이제는 공부를 다 마쳤으며 밝음을 다 이루었
다고 생각하기 쉽습니다. 그러나 부처님의 진정한 목적은 모든 중생
에게 아누다라삼막삼보리의 밝은 법을 다 전수하시어 부처가 되게
하는 일이었습니다. 아마도 부처님께서는 아라한이나 연각 또는 보

살의 행이 전부인 줄 아는 사람들에게 다음과 같이 말씀하실 것입니다.

그것이 나의 가르침의 전부라 하지 말라. 이야기하고 싶은 것은 그것이 아니다. 내가 진정으로 하고 싶은 이야기는 또 있다.

예전에 내가 아함경이나 방등경 또는 반야경을 설했던 그 말에 집착하지 말아라皆不可取. 그때 내가 아함경을 설할 수밖에 없었던 것은 그대들이 고통에 신음하고 있었으며, 따라서 그대들은 아누다라삼막삼보리법을 받아들일 준비가 되지 않았기 때문이었다.

이제 고통에서 벗어나서 큰 행복을 얻었지만, 그 행복만으로는 완전하다고 할 수 없다. 그대들 준비 정도에 따라 더욱 큰 행복을 받을 수 있을 것이요, 더 위대한 가르침도 받을 수 있을 것이다. 이처럼 나의 설법은 정해져 있지 않아 그대들의 용심이나 받아들일 준비 여하에 따라 변하므로, 정형이 없는 이 가르침을 설명하려고 할 것도 없는 것이다不可說. 왜냐하면, 가르침이 문제가 아니라 사람들의 마음이 제각각 다른 것이 문제이기 때문이다.

또 내 가르침은 영원불변의 진리라고 하여서도 아니된다非法. 그대들의 그릇 또는 받아들일 자세에 따라 변할 수도 있기 때문이다. 하지만 항상 그대들에게 행복을 주고 밝음을 준다는 뜻에서 꼭 필요한 이야기非非法임에 틀림없다.

다음의 부처님 말씀으로 이 내용을 더욱 확실히 이해할 수 있습니다.

세간에 이승二乘으로 멸도를 얻을 수 없으니 오직 일불승一佛乘으로서만 멸도를 얻을 것이다. … 비유하면 오 백 유순이나 되는 험난하고 멀리 있는 길에 인적도 끊어져 겁이 나고 두려운 곳이 있는데, 많은 사람이 이 길을 지나서 진기한 보배가 있는 곳에 이르려고 한다. 한 도사가 총명한 지혜로 밝게 통달해서 이 험난한 길이 통하고 막혀 있는 실정을 잘 알아, 여러 사람을 거느리고 그 길을 지나고자 한다. 사람들이 중도에서 피곤하고 게으름이 나서 말하기를, "우리는 몹시 피곤하고 무서워서 더는 갈 수 없습니다. 앞길은 아직도 멀고 하니 되돌아갔으면 좋겠습니다."라고 한다. 여러 가지 방편이 많은 도사는 '불쌍하구나. 어째서 크고도 진기한 보배를 버리고 물러가려 할까.' 생각하고서는 방편의 힘으로써 험난한 길 삼 백 유순을 지난 도중에 한 성을 거짓으로 화하여 만들어 놓고 사람들에게 말하였다. "너희들은 겁내거나 물러서지 말라. 지금 이 큰 성 중에 머물만하니 뜻에 따라 하라. 만일 이 성에 들어가면 안온함을 얻으리라. 그리고 앞으로 보배가 있는 곳에 가려면 또한 능히 갈 수도 있을 것이다." 이때 피곤한 사람들이 크게 기뻐하며 미증유未曾有라 찬탄하였다. "우리는 지금 이 험난한 길을 모면하고 편안함을 얻었다." 이 모든 사람이 앞에 있는 화성에 들어가 이미 목적지에 도달했다는 생각을 내어 안온한 모양이었다. 그때 도사는 이 사람들이 휴식을 얻어 다시 피곤함이 없어짐을 알고 곧 화성을 없애고 말하였다. "너희들은 이제 떠나자. 보배가 있는 곳에 가까이 왔다. 앞서 있던 큰 성은 내가 지어서 한때 휴식시키고자 한 것이다."

비구들이여, 만일 중생들이 일불승만 듣는다면 곧 부처님을 보고자 아니하며, 친견하고자 아니하고 이런 생각을 할 것이다. '불도는 멀고 아득하여 오래도록 부지런히 고행을 하여야 성취함을 얻으리라.'고… 비구들이여, 너희들이 머무르는 경지는 부처님 지혜와 가까우나 진실이 아니다. 부처님은 방편의 힘으로 일불승을 분별하여 삼승으로 설한 것이다.

〈법화경 화성품〉

"모든 깨달은 분들은 무위법으로 차별을 나타내시기 때문입니다."
"所以者何오 一切賢聖이 皆以無爲法에 而有差別이시니이다."

모든 밝은 분들의 깨친 법無爲法은 다 동일하며 차이가 없지만, 중생의 용심이 다 다르고 받아들일 준비 역시 제각각 다르므로, 모든 밝은 분이 중생에게 베푸는 가르침은 당연히 거기에 맞는 다른 형태로 나타날 수밖에 없다는 것입니다. 이 내용을 시로 정리해 보았습니다.

고통으로 신음하는 중생들에게는
고통을 면하도록 하셨고,
마음의 한이 많은 중생에게는
한을 풀어 주는 법비 내리시네.

극락세계 찬양하는
아미타불 염송을 권하시며
관음보살을 소개하여
자비심을 가르치시고
유마경을 통해
불이법문不二法門 제시하시지만

이 모든 법문, 실은 다 한 맛이라
본질적으로 다르지 아니하니,
중생들의 용심用心 따라
다르게 표현되나
부처님의 자비광명 다르지 않네.

성경 말씀, 논어 이야기
다른 듯 보이지만
어두운 사람들 밝게 해 주시려는
성인의 뜻이
사람들의 용심用心과 분위기 따라
다르게 표현된 것

그 근본은 오직 하나, 밝음
아무 분별 내지 말고
일심으로 성인을 시봉하자.

옳은 것도 버리고, 진리도 버리고
모든 사람 다 부처님으로 보라는
금강경 가르침만 따른다면

종교의 모든 장벽 무너지고
마음에 걸림 없고
한없는 기쁨과 평화 속에
최고의 행복 도달하네.

8

모든 진리는 이 가르침으로부터

依法出生分

"수보리여, 만일 어떤 사람이 삼천대천세계에 가득 찬 칠보를 다른 사람을 위해 베푼다면 이 사람이 얻는 복덕이 많은가?"

"須菩提야, 於意云何오 若人이 滿三千大天世界七寶로 以用布施하면 是人의 所得福德이 寧爲多不아?"

삼천대천세계란 옛날 인도사람들의 우주관으로, 수미산이라는 큰 산을 기준으로 하여 우리가 지금 살고 있는 이곳, 즉 수미산 남쪽을 남섬부주라는 세상으로 보았습니다. 북쪽에 북구로주, 서쪽에 서구다니주, 동쪽에 동승신주라는 세상이 있다고 보았습니다. 이렇게 수미산을 중심으로 한 동서남북 네 개의 세상이 모여서 하나의 세계를 이룬다고 보았고, 이러한 세계 천 개가 모이면 소천세계, 소천세계 천 개가 모이면 중천세계, 중천세계가 천 개 모이면 대천세계가 된다고 합니다. 삼천대천세계란 천을 세 번 했다고 하여 삼천대천세계라 합니다.

보통사람들은 보시 즉 주는 것은 물건이 내게서 나가니까 손해로 알고, 받는 것은 물건이 나에게로 들어오니까 이익으로 압니다. 따라서 부자가 되려는 사람은 재물을 긁어모으려고 하기 쉽습니다. 그러나 세상 사람들의 통념과는 반대로 부처님께서는 보시가 복의 근원이라고 말씀하십니다. 부처님 말씀을 잘 몰라도 돈을 많이 벌고 활발하게 경제 활동하는 사람들은 돈을 모으는 방법이 긁어모으는 것이 아니라 베푸는 데 있음을 실감합니다. 대야에 담긴 물을 상대방 쪽으로 내밀면 물은 상대 쪽으로 가지 않고 도리어 자기 쪽으로 오듯, 남에게 베풂은 손해가 아니요, 이익이라고 믿습니다. 작은 베풂도 복이 될 수 있는데 천문학적으로 많은 재화를 다른 사람들에게 베풀어서 발생하는 복은 이루 말할 수 없이 크겠지요.

부처님께서는 베푸는 일의 씨앗이 금생에 복이 되어 돌아오지 않는 경우 그것이 사라지는 것이 아니라 내생에라도 반드시 복이 되어 돌아온다고 말씀하십니다. 〈인과경因果經〉이라는 불경에는 좋은 일을 하여 좋은 과보를 받고, 나쁜 일을 하여 나쁜 과보를 받는다는 이야기가 많이 있습니다. 그렇지만 인과를 잘 믿지 않는 현대사회에서는 보시의 선행이 내생까지 이어진다는 이야기를 믿기 어렵습니다. 다음 이야기는 심어놓은 보시의 씨앗이 내생에까지 이어진다는 내용을 실감 나게 합니다.

현재 우리나라 유수의 대기업 회장으로 있는 임 모씨의 실화입니다. 임씨의 할아버지는 전북 부안에서 3천 석 부자였는데 마음 또한 넉넉했던 모양입니다. 어느 날 그 할아버지가 마을에 나갔다가 우연히 산모가 먹을 것도 없고 추운 방에서 땔감도 없이 고생하는 것을 보고 측은한 마음이 들어 쌀 서 말과 미역을 사 주었습니다. 또 가난한 사람이 죽어 장례 치를 비용이 없어 시신을 수숫대로 감싸 지게에 지고 가는 것을 보았을 때도, 그는 관과 짚신 등을 마련해 주었습니다. 그러한 소문이 인근에 퍼지자 형편이 어려운 집에서는 너도나도 그 할아버지에게 손을 벌리게 되었습니다. 그러나 그 할아버지는 이러한 많은 일에도 싫증을 내지 않고 계속 이들을 돌보았습니다. 수많은 가산을 다 탕진하도록 도와주는 일을 쉬지 않았습니다.

그러다 할아버지는 세상을 떠나고, 어느 날 임씨 어머니의 꿈속에서 그 할아버지가 자신의 등에 업히려는 것이었습니다. 비록 꿈이기는 해도 민망스러워서 "아버님, 왜 이러세요?" 하며 뒤를 보니 어느새 아이의 모습으로 등에 업혀 있었습니다. 이 태몽으로 시아버지가 다시 이 집에 태어난다는 소문이 동네에 퍼지게 되었고, 태어난 아들은 무명의 청년일 때에도 "지금은 임씨가 가난하지만 그 지은 바대로 크게 성공할 것이다."라는 소문이 있었습니다.

과연 그 청년은 제조업을 바탕으로 성공하여 대기업을 이룩하였고, 지금은 세계적인 기업으로 계속 번성일로에 있습니다. 그리고 주목해야 할 것은 회사의 주요 간부에서부터 잡역 일까지 정읍 부근의 사람들이 많다는 것입니다.

〈인과의 세계, 원불교출판사〉

수보리 존자가 대답하기를,

"매우 많습니다. 왜냐하면 부처님이시여, 이 복덕은 복덕성이 아니므로 부처님께서는 복덕이 많다고 말씀하신 것입니다."

須菩提言하되,

"甚多니다. 世尊하, 何以故오 是福德이 卽非福德性일새 是故로 如來 說 福德多니이다."

복덕성이란 무엇인가? 혜능 대사는 "복덕성이란 물질적 복이 아니라 정신적 복이며, 정신적 복 중에서도 분별망상에서 속지 않을 수 있는 능력의 복이다令自性不墮諸有 是名福德性."라고 하십니다. 좀 더 쉽게 표현하면 어떠한 스트레스도 이겨낼 수 있는 능력을 말합니다. 재앙을 당하여도 설사 죽음이 닥쳐도 마음이 근심 걱정에 휩싸이지 않는 능력을 말합니다. 어떤 재앙에도 마음이 흔들리지 않으면 그는 어떠한 난관도 돌파할 수 있습니다. 슬픔을 기쁨으로 만들 수 있고, 불가능을 가능으로 만들 수 있고, 무지를 지혜로 바꿀 수 있습니다. 이처럼 복을 창조할 수 있는 능력이기에 복덕의 성품이라고 하였을 것입니다.

삼천대천세계에 가득 찬 칠보를 베풀면 상상할 수 없을 정도의 큰 복이 되어 되돌아오지만, 그 복은 사람으로 하여금 각종 절망감에 빠지지 않게 할 정도의 복은 아니라는 것입니다. 재앙을 피할 수 없는 복이요, 한계가 있는 복이라 하겠습니다. 인류 역사상 보시의 복을 가장 많이 지은 사람을 꼽으라면 중국의 양무제梁武帝(464~549)를 당할 사람이 없을 것입니다. 그는 부처님 전에 그렇게 좋은 일을 많이 했음에도 불구하고, 행복한 삶을 살지 못했습니다.

양무제는 재위 46년간 그 어떤 임금도 해낼 수 없는 불사를 했다. 그가 세운 사찰의 수는 무수히 많고, 키워낸 승려의 수가 10만 명을 넘었다. 그러한 불사 이외에도 그는 부처님의 계율을 철저히 지키고 불교의 교리를 깊게 탐구하며 승복을 걸치고 방광반야경 대반열반경의 대승경전을 직접 강의하였을 뿐 아니라, 훌륭한 정치, 인재의 등용, 대학을 다수 세우는 등 선정을 베풀기도 하여, 국가는 문화적으로 경제적으로 번영을 구가하였다. 그러나 이와 같은 유례없는 큰 불사에도 불구하고 말년에는 왕족 왕자들의 방종을 허락하고 폭군으로 가렴주구苛斂誅求하였으며, 그 결과로 자신이 거두어들인 장수 후경에 의해 감옥에 갇히는 신세가 되었고 결국 옥 속에서 우사憂死하였다.

〈신동아, 98. 3.〉

이 사실을 본다면, 부처님 전에 좋은 일을 많이 한 것만으로는 완전한 행복에 이르지 못할 뿐 아니라, 병이나 죽음 등 재앙을 만나면 아무런 도움이 되지 못함을 일깨워줍니다. 삼천대천세계에 가득 찬 칠보로 보시해서 얻은 복이란, 이처럼 제한적이요, 일시적이요, 상대적이어서 참 복덕의 성품이 될 수 없다 하겠습니다.

"만일 어떤 사람이 이 경 내용 중 최소한 사구게라도 수지독송하여 다른 사람에게 이야기할 것 같으면 그 복이 더욱 많으니,

왜냐하면 모든 부처님과 부처님이 깨달으신 진리가 모두 이 경에서 나왔기 때문이다."

"若復有人이 於此經中에 受持 乃至 四句偈等하야 爲他人說하면 其福이 勝彼니 何以故오 須菩提야, 一切諸佛과 及諸佛阿耨多羅三藐三菩提法이 皆從此經이 出이니라."

옛 어른들의 공부 방법은 매우 간단했습니다. 소리 내어 읽고 외우고 쓰는 것이 전부였습니다. "독서백편의자현讀書百遍義自見"이라는 표현처럼 비록 뜻이 난해해도, 읽고 또 읽으면 뜻이 알아지고 문리文理가 생겼습니다. 학문의 발달과 더불어 각종 효과적이라는 교육 방법이 등장하고 있는 현대사회에서도, 고전을 공부하는데 읽고 외우고 쓰는 것만큼 효과적인 교육 방법도 없다는 것이 많은 전문가의 의견입니다. 옛 어른들은 지혜로운 사람이 되기 위해서 사서삼경을 소리 내어 읽었고, 훌륭한 군인이 되기 위하여 손자병법을 소리 내어 읽었으며, 훌륭한 의사가 되기 위하여 황제내경을 읽었습니다. 천 번 읽고 만 번 읽어 저자와 한마음이 되어서 주공이나 공자와 같은 성인군자가 되고, 제갈량과 같은 대 전략가가 되고, 편작이나 화타와 같은 큰 의사가 된다고 믿었습니다.

사구게四句偈란 금강경의 내용을 포함하고 있는 간단한 글귀입니다. 부처가 되는 길, 부처님의 법식法式을 써 놓은 금강경을 독송함은 물론 금강경의 뜻을 포함하는 사구게라도 수지독송한다면, 우리는 그 순간 부처님과 한마음이 될 수 있습니다. 부처님과 한마음이 되는 순간 우리는 탐욕에서 벗어날 수 있으며, 성냄에서 벗어날 수 있으며, 어리석음에서 벗어날 수 있습니다. 부처님을 닮아 인격이 향상되고, 마음이 지혜로워져서 생사 문제를 비롯하여 각종 재앙에 대처할 능력이 생길 수 있을 것입니다. 마음속에는 모른다는 생각이 없어져서 다 알게 되고, 안 된다는 생각이 없어져서 모든 일을 성취할 수 있는 능력이 생깁니다.

늘 최고의 지혜이신 부처님과 함께 있으므로 인생이나 사물의 번성함과 쇠락함이 반복하는 사이클에 있지 않으며, 설사 역경에 처하더라도 늘 행복을 창조할 수 있게 됩니다. 말하자면 복덕성을 얻은 것입니다. 복덕의 성품을 얻었으니 삼천대천세계에 가득 찬 칠보로 보시해서 얻은 복보다 훨씬 많다 하겠지요. 그럴 때는 '부처님! 참 감사합니다.'라는 생각도 들 것이고, '이 경을 읽어서 이처럼 내가 행복해지니 다른 사람을 위해서 이야기하자.'라고 생각할 수 있습니다. 그리하여 마음에서 우러나와 금강경 대의를 다른 사람들에게 말해 줄 마음이 날 것입니다.

"수보리여, 세상 사람들이 말하는 불법이란 참 불법이 아니다."
"須菩提야, 所謂佛法者는 卽非佛法이니라."

세상 사람들은 보시가 불법인 줄 알고, 지계가 불법인 줄 압니다. 그래서 다른 사람에게 두루 베풀고 부처님께서 제정하신 계를 지키면 불법을 잘 실천했다고 합니다. 그러나 부처님께서 보시하고, 계를 지키라고 하신 참뜻은 무엇일까요?

보시의 뜻은 탐심을 없앰에 그 뜻이 있고, 지계의 뜻은 진심을 제거함에 그 뜻이 있습니다. 아무리 많은 사람에게 수많은 재화를 보시하였어도, 마음속에 탐심이 그득할 수 있습니다. 아무리 겉으로 계율을 잘 지키는 것 같아도 그 성내는 마음을 다 닦았다 할 수 없습니다. 탐심과 진심을 닦지 않은 채 겉으로 드러나게끔 보시를 하고 지계를 하는 행위를 '소위 불법자'라 표현할 수 있습니다.

세상에서 행해지는 불법이란 대개 이와 같은 이름만의 불법이며 참 불법이 되지 못하는 경우가 대부분입니다. 이러한 불법으로는 마음속에 탐진치를 근본적으로 소멸할 수 없으므로, 진정한 마음의 평화와 행복을 얻을 수 없습니다. 그러나 겉으로 드러나는 화려한 선행을 하지 않았어도 마음속의 때 즉 탐진치가 본래 공空하여 없는 것을 알고, 자기의 할 일만을 하는 사람이라면 이 사람은 참 불법을 행行하는 사람이라 할 것입니다. 참 불법을 행하여 탐심이 제대로 깨쳐지고 진심이 닦아지면 진정 큰 힘을 얻게 됩니다.

다음 이야기는 겉으로 불법을 합네 하면서 진정으로 힘을 얻지 못한 경우와 겉보다는 실제로 불법을 행하여 진정 힘을 얻는 경우를 비교한 훌륭한 사례입니다.

중국 역사에는 여자 임금이 딱 한 사람 있다. 바로 당나라의 측천무후이다. 측천무후는 훌륭한 남자를 늘 곁에 두고 국정에 관한 의견을 듣고 싶었지만, 아무래도 주위의 눈총이 두려웠다. 그래서 그는 좋은 꾀를 생각해 내었다. 당대에 덕망 높기로 유명한 두 스님을 궁궐로 초대한 것이었다. 한 스님은 당시 국사로 있던 충국사였고 또 한 스님은 신수 대사였다. 함께 있으려면 조금이라도 여색을 탐해서는 아니 되겠기에, 측천무후는 두 스님 중 좀 더 여색에 초연한 스님을 고르려는 것이었다.

"스님들도 때로는 여자 생각이 나십니까?" 측천무후가 떠보았다. 이에 충국사는 "우리는 절대 그런 일이 없습니다."라고 대답하였다. 그러나 신수 대사는 "몸뚱이 있는 한 그런 생각이 없을 수 없겠지만 다만 방심치 않을 뿐입니다."라고 대답하였다. 측천무후는 두 스님을 목욕탕으로 들려 보냈다. 그러고는 반반해 뵈는 몇몇 궁녀를 홀딱 벗겨서 스님의 때를 닦아 드리게 하였다. 그런 후 자신은 목욕탕 꼭대기 유리문을 통해 스님들을 관찰하였다. 그런데 이게 어찌된 일인가. 절대로 여색에 동하지 않는다는 충국사는 몹시 흥분하여 어쩔 줄 몰라 했고, 몸뚱이 착이 없을 수 없다던 신수 대사는 여여如如하여 조금도 달라짐이 없었다. 측천무후는 '물에 들어가니 길고 짧음을 알겠더라.'하는 시를 짓고 이후 신수 대사를 곁에 늘 모시고 국정을 논하였다.

〈마음을 어디로 향하고 있는가, 김영사〉

9
진리는 한 모양이지만 그 형상이 없다
一相無相分

"수보리여, 수다원이 정말 수다원이 되었다면 내가 수다원의 경지를 얻었다는 생각을 내겠는가?"

수보리 존자가 대답하기를

"아닙니다. 부처님이시여, 수다원이라고 하는 것은 성인의 반열에 들었다는 뜻이지만 드는 바도 없고 색성향미촉법에 물들지도 않으므로 수다원이라 합니다."

"수보리여, 어떻게 생각하는가. 사다함이 정말 사다함의 경지를 얻었다면 내가 사다함의 경지를 얻었다는 생각을 내겠느냐?"

"아닙니다. 부처님이시여, 왜냐하면 사다함은 이름이 일왕래이지만, 실제로는 왕래가 없기 때문에 사다함이라 하는 것입니다."

"수보리여, 어떻게 생각하는가. 아나함이 정말 아나함의 경지를 얻었다면 내가 아나함의 경지를 얻었다고 생각하겠느냐?"

"아닙니다, 부처님이시여, 아나함은 이름이 불래不來지만 실제로는 불래도 없기 때문에 아나함인 것입니다."

"수보리여, 어떻게 생각하는가. 아라한이 아라한의 경지를 얻었다면 내가 아라한 도를 얻었다고 생각하겠느냐?"

"아닙니다. 부처님이시여, 왜냐하면 실로 법이 있지 않으므로 아라한이라 하는 것입니다. 부처님이시여, 만일 아라한이 내가 아라한 도를 얻었다는 생각을 한다면 이는 곧 아인중생수자에 착함이 되는 것입니다."

"須菩提야, 於意云何오 須陀洹이 能作是念이면 我得須陀洹果不아?"

須菩提言하되,

"不也니다. 世尊하, 何以故오 須陀洹은 名爲入流로되 而無所入하야 不入色聲香味觸法이 是名須陀洹이니이다."

"須菩提야, 於意云何오 斯陀含이 能作是念이면 我得斯陀含果不아?"

須菩提言하되,

"不也니다. 世尊하, 何以故오 斯陀含은 名이 一往來로되 而實無往來ㄹ새 是名斯陀含이니이다."

"須菩提야, 於意云何오 阿那含이 能作是念이면 我得阿那含果不아?"

須菩提言하되,

"不也니다. 世尊하, 何以故오 阿那含은 名爲不來로되 而實無不來ㄹ새 是故로 名이 阿那含이니이다."

"須菩提야, 於意云何오 阿羅漢이 能作是念이면 我得阿羅漢道不아?"

須菩提言하되,

"不也니다. 世尊하, 何以故오 實無有法을 名이 阿羅漢이니이다. 世尊하,

若阿羅漢이 作是念하되 我得阿羅漢道라 하면 卽爲着我人衆生壽者
니이다."

범부가 분별심이 많고 고통 속에서 사는 사람이라면, 성인은 분별
심이 적고 재앙에서 벗어나 행복의 세계에 머무르는 사람을 말합니
다. 마음을 닦는다는 것은 마음속의 각종 분별심을 없애는 것을 말
합니다. 분별심은 재앙의 근원이므로 분별심을 닦으면 재앙이 소멸
하는 것은 너무나 당연합니다.

불쾌함을 느끼는 것, 고통으로 느껴지는 것, 이것이 다 재앙이요,
사랑하는 사람과 헤어지는 것, 싫은 사람과 함께 사는 것이 다 재앙
이요, 병으로 고생하고 늙고 죽음을 싫어하는 것이 다 재앙이라 하
겠습니다. 이러한 재앙의 근원이 바로 마음속에 일어나는 각종 분별
심이나 생각입니다. 이 생각이나 궁리들을 부처님 만들고(3분 실천),
모든 것을 부처님 기쁘게 하는 마음으로 하며(4분 실천), 모든 사람을
다 부처님으로 보는 연습을 한다면(5분 실천), 마음속의 각종 분별심
은 점차 맥을 잃고 드디어는 소멸하여 생로병사를 비롯한 모든 불쾌
한 일들이 다 사라지게 될 것입니다. 그리고 보이는 사람이 다 부처
님으로 보이고, 하는 일마다 부처님 일처럼 즐거우므로 이 세상은 고
해에서 극락세계로 변할 것이며, 마음속의 궁리와 악심은 완전히 사
라지고 부처님에 대한 신심과 공경심으로 충만할 것입니다.

그러나 분별심이 쉰 정도나 죄업을 소멸한 정도에 따라 부처님의
세계를 실감하는 정도도 달라지니, 바로 성인에도 여러 등급이 생기
게 되었다 하겠습니다.

제일 첫 등급은 성인의 흐름流에 갓 들어온 수다원입니다. 그는 한때 범부였으나 발심하여 탐내고 성내고 잘난 척하는 분별심을 닦고, 까마득한 옛적부터 지어온 업장을 소멸하여 범부를 초월하였기에 성인의 류에 들었다고 합니다. 이처럼 성인의 류에 든 사람을 수다원이라 하는데, 수다원보다 더욱 죄업이 소멸하여 내생까지만 죄업의 대가를 치르면 모든 고통을 다 면하는 성인을 사다함이라 합니다. 죄업이 더욱 소멸하여 금생에서만 죄업의 대가를 치르면 내생에는 모든 고통을 면하게 되는 성인을 아나함이라 하며, 모든 분별심이 다 없어져 생사를 완전히 초탈한 성인을 아라한이라 합니다.

이렇게 성인을 분별심이 쉰 정도에 따라 네 등급으로 나눌 수 있는데, 이처럼 네 등급으로 나누는 것은 물론 본인 스스로 정하는 것이 아니며, 다른 사람이 정해주는 것도 아닙니다. 부처님께서 그 사람의 죄업이 소멸한 정도를 보시고, 수다원, 사다함, 아나함, 아라한의 깨달음을 얻었다고 인정해 주어도 흔들리지 아니할 정도가 되면, 그에 상응하는 성인의 등급을 정해 주시는 것입니다.

다음 이야기는 수도하는 과정에서 종종 나타날 수 있는 현상으로서, 새로운 경지를 볼 때 흔들리지 아니하여야 참 수도인으로 자격을 갖춘다는 이야기이며, 만일 흔들리면 수도인으로서의 자격이 상실된다는 교훈적인 이야기라 하겠습니다.

어떤 수도승이 방에 앉아 수도하는데, 산 너머 묵정밭에서 노루가 잠을 자는 광경이 환히 보였다. 그럴 때 밝은 스승을 만나 옳은 길을 제시받았으면 좋았을 것이다. 그러나 계제가 없었던 그는, 분명히 노루가 잠자는 광경이 나타나는데 그게 사실인지를 확인하고 싶어졌다. 그는 방을 나와 개울을 지나고 둑을 넘어 묵정 밭에 당도하였다. 과연 노루가 잠을 자고 있었다. 그는 스스로 너무도 신통하고 대견스러워서 "맞구나!" 하고 냅다 소리를 질렀다. 그랬더니 그 소리에 놀라 잠이 깬 노루가 후다닥 달아나 버렸다. 노루 등에 붙어 있던 수도승의 마음과 함께⋯⋯. 껍질만 남은 그 수도승은 어찌 되었을까?

수도하며 무엇인가 알아져도, 그것 역시 부처님께 바칠 뿐 절대로 가지지 말아라.

<마음을 어디로 향하고 있는가, 김영사>

"부처님이시여, 부처님께서 제가 다른 사람과 다툼이 없는 삼매를 얻었으므로 깊은 삼매 공부하는 사람 가운데서도 제일 공부 잘하고 있다고 하신다면, 그것은 공부하는 사람 가운데 제일인 아라한이라는 뜻일 것입니다. 그러나 부처님, 저는 제가 깨끗한 아라한의 경지를 얻었다고 생각지 않습니다."

"世尊하, 佛說我得無諍三昧하야 人中最爲弟一이라 하시면 是弟一 離欲阿羅漢이니이다. 我不作是念하되 我是離欲阿羅漢이니이다."

성인의 류에 들었다는 칭찬의 소리만 들어도 마음이 들뜨는 사람이 있다면, 이 사람은 분별심 즉 죄업이 별로 소멸되지 않았음을 뜻합니다. 그 들뜨는 마음이 한낱 분별이요, 본래 없는 것임을 알지 못하는 것입니다. 이 사람은 정신이 건강하지 않은 사람으로 성인의 류에 들지 못했음은 너무나 자명합니다. 반대로 성인의 류에 든 사람은 성인이라는 생각을 하지 않을 정도로 분별심이 많이 소멸된 사람이라 하겠습니다.

'내가 이만큼 되었다.'는 소득심은 마음속의 한, 열등감이 많을 때 커집니다. 한恨많은 사람, 열등감이 많은 사람이 그 한이나 열등감을 소멸하는 과정을 거치지 않고 갑자기 훌륭한 사람이라는 칭호를 듣게 된다면, 이 사람은 반드시 소득심을 가지게 됩니다. 하지만 마음속에 한이나 열등의식이 줄어들고 단계적으로 행복감을 맛볼 수 있다면 소득심은 줄어듭니다. 따라서 수다원, 사다함, 아나함, 아라한이라는 성인의 등급은 입류, 일왕래, 불래라는 이름보다는 한이나 죄업이 차츰 줄어 들어가는 정도로 표현하는 것이 오히려 바람직하며 이해가 쉬울 것입니다.

한이나 죄업이 줄어들수록 소득심도 비례하여 줄어들 것이며, 한이나 죄업이 완전히 없어질 때에는 최고 성인의 과果를 얻었다고 하여도, 어떠한 칭찬을 들어도 자만심이나 소득심을 내지 않게 됩니다. 그래서 수보리 존자가 다음과 같이 말한 것입니다.

"부처님께서는 저에게 다툼이 없는 삼매를 얻은 사람 중에서 최고라 칭찬하셨습니다만, 이것은 바로 제가 아라한 중에서도 가장 훌륭한 아라한이라는 뜻입니다. 그러나 부처님이시여, 저는 이러한 칭찬을 듣고서도 제일 훌륭한 아라한이라는 생각을 조금도 하지 않습니다. 왜냐하면, 제 마음속에 모든 죄의식과 한이 다 사라졌기 때문입니다."

"부처님이시여, 내가 만일 아라한도를 얻었다고 생각하며 다소라도 들뜬 생각을 낸다면, 부처님께서는 수보리가 아란나행을 좋아한다고 말씀하시지 않았을 것입니다. 그러나 수보리가 아라한도를 얻었다고 생각하지도 않고 들뜨지도 아니했기에 참 아란나행을 좋아한다고 칭찬하신 것입니다."

"世尊하, 我若作是念하되 我得阿羅漢道라 하면 世尊하, 則不說須菩提가 是樂阿蘭那行者니 以須菩提實無所行일새 而名須菩提 是樂阿蘭那行이니다."

아란나阿蘭那는 무쟁처無諍處의 뜻으로 재앙이 없는 곳을 말합니다. 각종 불쾌함은 다 재앙에 속합니다. 빈곤이 재앙이요, 질병이 재앙입니다. 믿었던 사람으로부터 배신을 당한다면 이것도 재앙입니다. 원하는 것을 이루지 못할 때 실망스럽고 낙심이 됩니다. 이 또한 재앙입니다.

이러한 모든 재앙의 원인은 환경의 탓도, 다른 사람의 탓도, 외부의 그 어떤 탓도 아닙니다. 바로 제 마음속의 각종 궁리 즉 분별심이 모든 재앙을 불러옵니다. 부처님의 말씀은 말할 것도 없거니와, 공자님 말씀인 〈주역〉에서도 적선지가에 필유여경積善之家 必有餘慶, 적불선지가에 필유여앙積不善之家 必有餘殃이라 했습니다. 착한 일을 하는 집안에는 반드시 경사가 남고, 악한 일을 하는 집에는 반드시 재앙이 남는다는 말씀입니다. 반드시 필必자를 썼듯이 좋은 일에는 반드시 경사가 있고, 나쁜 일에는 재앙이 반드시 뒤따른다는 것입니다. 다만 시간의 간격이 있을 뿐입니다. 그런데 이 시간의 차 즉 좋은 행위와 경사스러운 일이 일어나는 사이, 그리고 나쁜 일과 재앙이 일어나는 간격은 수도하는 사람에게서 그 간격이 좁아집니다. 아상이 엷어질수록 업과 과보의 시간은 그만큼 단축됩니다.

도통을 희망하는 사람들이 수도 과정을 통하여 아상이 소멸되면, 매우 짧은 시간에 즉 금생에 도통이라는 대업도 성취할 수 있게 될 것입니다. 임금 노릇을 하고자 원하는 사람이 수도를 통해 아상이 엷어지면, 내생이 아닌 금생에도 임금 노릇을 할 수 있을 것입니다. 얼굴이 매우 추하게 생긴 사람이 성형수술을 아무리 잘 받은들 금생에 어찌 절세미인이 되겠습니까? 그러나 추하게 생긴 사람도 미인이 되기를 희망하면서 수도하여 아상이 없어진다면, 금생에 절세미인이 될 수 있을 것입니다. 다음은 〈현우경〉에 나오는 이야기입니다.

부처님이 사위국 기수급고독원에 계실 때이다. 당시 프라세나지트왕의 딸 파사라는 얼굴이 추악하고 살갗은 거칠어서 낙타 가죽과 같았으며 머리털은 억세어 말총과 같았다. …

파사라 공주는 스스로 못생김을 다음과 같이 한탄하였다. "나는 전생에 무슨 죄를 지었기에 모양이 이처럼 추해져서 다른 사람은 물론 남편에게까지 미움을 받아 항상 어두운 방에 갇혀 있으면서, 해도 달도 보지 못하는 신세가 되었을까?" 그리고 이렇게 생각하였다. "지금 부처님이 세상에 계시면서 일체중생을 이익되게 하시므로 괴로운 이는 모두 구원을 입는다는데…." 여인은 지극한 마음으로 멀리서 부처님께 예배하며 빌었다. "원컨대 저를 가엾이 여기시어 제 앞에 나타나 가르쳐 주소서."

파사라의 정성과 공경하는 마음은 참으로 순수하고 돈독하였다. 부처님은 그 뜻을 아셨던가! 그 집으로 오시어 부처님의 검푸른 머리털을 나타내어 그 여인이 보게 하였다. 여인은 크게 기뻐하였다. 그러자 그 여인의 머리털도 저절로 가늘고 부드러워지며 검푸른 색으로 변하였다. 부처님은 다시 얼굴을 나타내었다. 그 여인이 기뻐하자 여인의 얼굴은 단정해지며 거친 피부는 사라졌다. 다시 상반신을 나타내시어 금빛처럼 빛나는 몸을 보게 하시었다. 여인이 기뻐하자 추악한 몸은 사라지고 몸이 단정하고 엄숙하여졌다. 마치 천녀처럼 기묘하여 이 세상에 아무도 따를 자가 없었다. 부처님은 온몸을 나타내셨다. 여인이 기뻐하자 여인의 추악한 모습은 흔적도 없이 사라졌다.

〈현우경〉

이 이야기는 마치 전설 같은 이야기이지만 부처님의 신통력이 대단하다는 느낌이 들게 합니다. 그러나 전설도 아니요. 부처님의 신통력이 대단하다는 이야기도 아닙니다. 죄업이 참회되어 아상이 없어지면 모든 불가능이 사라진다는 고마우신 말씀입니다.

파사라 공주가 부처님을 향하여 자신의 죄를 참회하며 추악한 모습에서 벗어나기를 기원하는 동안, 파사라 공주의 아상의 벽은 얇아졌을 것입니다. 아상이 얇아졌다는 것은 금생에는 도저히 이 추한 모습을 벗을 길이 없다는 생각이 고정불변의 진리가 아니라는 것에 대한 깨달음입니다. 무엇이 안 된다는 생각이나 이것이 나에게는 불가능하다는 관념의 벽이 무너지는 순간, 안될 일 또한 없어져 버린 것입니다. 불가능이 없어지니 금생에 미인도 될 수 있다는 믿음이 생겼을 것입니다. 이 믿음이 무르익자 드디어 오랫동안 지녀온 추한 모습이라는 재앙의 굴레를 벗어나게 된 것입니다.

수도하는 사람은 이처럼 분별심이 적어지고 아상이 없어지므로 생각이 현실로 되는데 걸리는 시간이 매우 짧아진다는 이야기가 되겠습니다. 따라서 아상이 엷어진 수도인들은 생각이 바로 현실이 되므로 생각이 일어나는 것을 극히 조심하게 됩니다. 자만하지 않고 들뜨지 않습니다. 공부가 무르익으면 무르익을수록 한시도 방심할 수 없기에, 실무소행하여야 하고 오로지 부처님만을 절대로 공경하게 된다고 하겠습니다. 수도하는 사람들이 방심하는 것은, 마치 밝은 태양 아래 진한 응달을 만드는 것 같습니다. 내가 아란나를 잘 실천한다고 생각하면, 이는 방심하는 것이요, 밝은 빛 아래의 응달 즉 재앙을 만드는 행위입니다. 그러나 실제로 아란나를 실천하면서도 내가 했다고 하지 않으면 바로 실무소행이 되며, 이것이 모든 재앙의 원인을 만들지 않는 참 아란나행이라 하겠습니다.

10
세계를 정토화하는 방법
莊嚴淨土分

부처님께서 수보리 존자에게 말씀하시기를

"수보리여, 어떻게 생각하는가. 부처님이 예전의 연등부처님 처소에서 깨달음을 얻은 바 있는가?"

"아닙니다. 부처님이시여, 부처님께서는 연등부처님 처소에서 깨달음을 얻은 바 없나이다."

佛告 須菩提하사되

"於意云何오 如來 昔在然燈佛所에 於法에 有所得不아?"

"不也니다. 世尊하, 如來 在然燈佛所에 於法에 實無所得이시니이다."

이 내용을 이해하기 위하여, 분별이라는 말의 뜻을 검토해보겠습니다. 드는 정은 몰라도 나는 정은 안다는 속담처럼 헤어질 때 비로소 그 사람에 대해 정든 것을 새삼스럽게 알게 됩니다. 새삼스레 정든 것을 느낄 때 분별을 일으킨 것입니다. 자신을 괴롭히는 사람에게 미워하는 마음을 낸다면 이 또한, 분별입니다. 큰일을 성취했을 때 사람들은 노력 끝에 어려운 일을 해냈다고 생각하며 자긍심을 갖게 됩니다. 이와 같은 성취감이나 자긍심도 또한, 분별입니다. 사물이나 사람을 처음 대할 때 자신도 모르게 가지고 있는 선입견도 분별심입니다. 심지어는 사소한 생각이 떠오르는 것도 분별이 일어난 것입니다.

분별을 잘 일으키는 것이 범부의 특징인데, 이는 정신이 건강치 못해서 생기는 현상입니다. 반면 분별을 잘 일으키지 않는 것이 보살의 특징이며, 이는 아상이 소멸하여 나타나는 건강한 정신 현상입니다. 분별심을 낼 가능성과 그 정도는 사람에 따라 매우 다릅니다. 한이 많고 열등감이 심한 사람 즉 정신이 건강하지 못한 사람일수록 분별심을 일으킬 가능성은 더욱 크고, 분별의 양 또한 매우 많습니다. 아무리 정신이 건강치 못한 사람도 마음속에 탐진치를 부지런히 닦아서 아상을 소멸하면, 어떤 상황에서도 마음이 흔들리지 않고 분별심에 휩싸이지 않게 됩니다.

분별심이 쉬면 우선 마음이 평화로워집니다. 분별이 쉰 사람은 사람을 대할 때 '좋다, 언짢다'라는 선입견이 없으므로 제대로 사람을 알게 되며, 일을 대할 때 '어렵다, 싫다'라는 생각이 없으므로 지혜로운 판단으로 일할 수 있습니다. 일에 대한 성취감을 소득심이라 합니다. 보통사람이라면 큰일을 성취한 후 소득심을 갖는 것은 너무나 당연합니다. 그러나 분별심이 쉬어 정신이 건강한 사람은 소득심을 내지 않습니다. 또한, 보통사람들이 크게 낙심할 상황에서 쉽게 낙심하지 않고, 승리감에 도취할만한 경사가 있어도 여여부동如如不動합니다.

석가모니 부처님께서는 숙세에 연등부처님이 출현하셨을 당시에 수행자 노릇을 하셨던 모양이고, 그때 마음을 닦아 깨달음을 얻으셨던가 봅니다. 이 깨달음이란 각종 분별심에서 벗어나 정신이 건강해짐을 의미합니다. 따라서 깨친 사람은 소득심이라는 병적 상태를 일으키지 않습니다. 또 반대로 깨쳤다고 자랑하며 소득심을 내는 사람이 있다면, 이는 분별이 일어난 것으로 제대로 깨치지 못한 것입니다. 전생의 석가모니 부처님께서는 정신이 건강하고 지혜로운 수행자로서 깨달음이라는 생애 최고의 선물을 얻으셨어도 소득심이라는 착각상태를 재현하지 않은 것은 너무나 당연합니다.

"수보리여, 어떻게 생각하는가. 보살이 부처님의 국토를 장엄하겠는가?"
"아닙니다. 부처님이시여, 왜냐하면 부처님 국토를 장엄하는 것은 곧 장엄이 아니고 그 이름이 장엄일 뿐입니다."
"須菩提야, 於意云何오 菩薩이 莊嚴佛土不아?"
"不也니다. 世尊하, 何以故오 莊嚴佛土者는 則非莊嚴일새 是名莊嚴이니이다."

장엄불토란 무엇일까요?
깨달음의 관문을 통과하면, 보통사람은 보살로서 새롭게 태어난다고 하겠습니다. 깨달음을 얻은 보살은 아상이 소멸하였기에 '나와 너'라는 분별심이 없습니다. 나의 일을 남의 일처럼 객관적으로 볼 수 있기에 지혜로워지며, 남의 일을 내 일처럼 생각할 수 있기에 자비심이 생깁니다. 지혜와 자비를 갖춘 보살은 남의 고통을 소멸하는 것이 곧 자신의 고통을 소멸하는 것이며, 남이 밝아지는 것이 곧 내가 밝아지는 것으로 압니다. 나와 남이 다르지 않음을 깨달았기에, 그들은 항상 중생들과 함께 재앙에서 벗어나 밝음으로 가는 행위를 하게 되는데, 보살의 이러한 행위를 '장엄불토'라 합니다.

보살들은 정신이 건강하여 자신이 이룩한 각종 업적에도 분별심을 일으키지 않는 힘이 있기에, 장엄불토를 하여도 장엄불토를 하였다는 생각을 하지 않는 것은 너무도 당연합니다. 다른 사람들이 "어찌 당신은 다른 사람들이 하지 못하는 거룩한 일을 잘하십니까?"라고 칭찬한다면, 아마도 그는 "당신들의 눈에는 거룩한 일처럼 보이지만 나에게는 당연한 일이요, 즐거운 일입니다." 하고 말할 것입니다. 설사 세상 사람들이 위대한 일을 성취하였다고 칭찬하여도, "내가 한 일은 위대한 일도 아니며 또 소득심을 가져야 할 어떠한 이유도 없습니다."라고 대답할 것입니다. 이것이 "장엄불토자 즉비장엄 시명장엄"의 내용이 될 것입니다.

"그러므로 수보리여, 참 보살은 마땅히 색 소리 냄새 맛 촉감 알음알이에 머물러 마음을 내지 말 것이니 마땅히 머무르는 바 없이 그 마음을 낼 것이다."

"是故로 須菩提야, 諸菩薩摩訶薩이 應如是生_淸淨心하되 不應住色生心이며 不應住聲香味觸法生心이며 應無所住하야 而生其心이니라."

성인의 첫 단계는 수다원이고 최종단계는 부처님입니다. 부처님께서는 9분에서 분별심에 뒤덮인 보통사람들이 마음을 닦아 수다원이 되고, 사다함, 아나함의 과정을 거쳐서 아라한이라는 성인이 됨을 말씀하셨습니다. 10분에서는 보살의 깨달음을 언급하신 후, 보살행(장엄불토)을 하여 최고의 성인이 되는 과정을 말씀하셔서 밝아지는 전 과정을 차례로 밝히셨습니다.

그런데 부처님께서는 범부에서 정신적으로 성장하여 보살이 되기까지 성인의 과를 얻고 성인의 행을 하는, 각 과정에서 한결같이 '소득심이 없어야 함'을 강조하십니다. 달리 표현하면 좀 더 고차원의 성인이 되기 위해서는, 단계마다 다 '수행하는 것 같지 않게 수행'하여야 도의 진전이 가능하다는 것입니다. 수행하는 것 같지 않게 수행한다는 말은 순수하게 좋아서 하는 수행이라는 뜻이요, 수행 자체를 즐기면서 하는 수행을 말합니다. 말하자면 아상이 없이 수행하는 것을 말합니다.

이런 점은 수도의 과정뿐 아니라 세상일에도 동일하게 적용됩니다. 목표를 빨리 달성하기보다 과정 자체를 순수하게 즐길수록 목표에 빨리 그리고 확실하게 접근할 수 있을 것입니다. 평범한 지능으로 천재가 되려 하고 가난한 사람이 큰 부자가 되려 하면 요행을 기대할 수 없음은 물론이요, 피나는 노력을 기울여도 꼭 이루어지지는 않습니다. 목표를 꼭 이루겠다는 불같은 집념으로 노력하기보다는 그 과정만을 순수하게 즐길 수 있을 때 그 목표를 달성할 가능성이 훨씬 크다고 하겠습니다. 그래서 공자께서도 〈논어〉에서 "단순히 방법을 알기만 하는 사람은 방법을 좋아하며 실행하는 사람만 못하고, 방법을 좋아하며 실행하는 사람은 방법을 즐기며 실행하는 사람만 못하다知之者 不如好之者 好之者 不如樂之者."라고 하였습니다. 순수하게 즐기는 일은 집념을 가지고 노력하는 일보다 아상을 가장 엷게 하는 일이어서, 세상일이든 수도이든 그 성취를 용이하게 합니다.

천재가 따로 있나 즐겨 공부하세.
부자가 되려거든 일하기 즐겨하세.
외롭지 않으려면 남 돕기 즐겨하고,
행복 속에 살려거든 감사를 즐겨하세.

절대적 가치인 깨달음 원하여도,
다른 방법 있지 아니하네.
내가 깨닫겠다 하지 말고,
부처님 기뻐하실 일 즐거이 하여보세.

수도인이 깨달음을 얻고자 하거나 부처님과 같은 위대한 인물이 되려고 한다면, 부처님이나 깨달음은 수도인의 목표가 될 것입니다. 그러나 그 목표를 달성하기 위해서는 그 목표를 꼭 달성하겠다는 마음을 내지 않는 것이 더욱 좋습니다. 부처님을 사람처럼 생각하며 무엇을 바라거나 요구하여서는 더욱 안 될 것입니다. 부처님의 가르침에 대한 믿음을 굳건히 해야 할 것이며 부처님 가르침을 즐겁게 실천해야 할 것입니다. 즉 부처님 기쁘게 해 드리겠다고 발원하면 매우 좋을 것입니다. 이렇게 마음 닦는 과정을 정리한다면, 부처님께서는 "마음 잘 닦았던 보살들은 이렇게 수행해 왔노라. 그대들도 마땅히 이렇게 수행하여야 부처님의 밝음을 얻을 것이다."라고 하시며 다음과 같이 말씀하실 것으로 생각합니다.

그대들은 이 세상에서 각종 화려하고 매력적인 일들이 많이 벌어지고 있음을 보고 있다. 그 일들이 설사 아무리 화려하고 매력적이라 하더라도 자신의 이기적 목적을 위해서 그 일을 추진하려 하지말아라不應住色生心 不應住聲香味觸法生心. 반대로 부처님 시봉하기 위해서 부처님을 즐겁게 해 드리기 위해서 일을 추진하여라應無所住 而生其心.

자기 자신이 참나라고 생각하느냐? 그러나 자기 자신이란 참나가 아닌 가짜 나인 것이다. 자기 자신을 참나로 보는 것 자체가 큰 착각인데, 자기 자신을 위해 아무리 화려한 일을 한들 그것은 착각의 연습을 더욱 심화시키는 것이다. 그러나 반대로 부처님 기쁘게 해 드리려고 각종 매력적인 일들을 추진한다면, 참나를 드러내는 일이며 착각 현상에서 벗어나는 일이기에 정말 부처님이 기뻐하실 일이라 할 수 있다.

여기에 부처님께서 '응무소주應無所住'라고 '마땅히應'라는 표현을 쓰신 것을 유념해야 합니다. 부처님께서는 '밝아지는 방법, 수행하는 방법에는 여러 형태, 참선 염불 위파사나 명상 요가 등이 있다. 어떤 방법으로 수행을 하든지 자기가 수행한다고 하지 말고, 부처님 기쁘게 해 드린다는 대원칙은 반드시 지켜야 한다.'라고 말씀하십니다.

탐貪

본능대로 사는 것 쉬운 일이지만 괴로우며,

부처님 뜻 시봉의 일, 희생이나 행복이네.

진嗔

불평하며 사는 일 자연스러우나 재앙이요,

모든 일에 감사함은 어려우나 축복일세.

치癡

나 잘난 것 과시하면 재미있으나 어두웁고,

부처님 기쁘게 해 드리면 기쁨 얻고 밝아지네.

또 다음은 구원과 해탈을 위해서 제시하신 대원칙이라고 할 수 있습니다. 자기가 한다고 하지 않고 반드시 절대자를 따르고 기쁘게 해 드린다는 대원칙은 동서고금에 두루 걸쳐 영원한 수행법임을 새롭게 알 수 있습니다.

나더러 '주여, 주여!' 하는자마다 다 천국에 들어갈 것이 아니요 다만 하늘에 계신 내 아버지의 뜻대로 행하는 자라야 들어가리라.

〈마태복음 7장 21절〉

"수보리여, 비유하면 몸이 수미산만큼 큰 사람이 있다고 하자. 이 사람의 몸이 크다고 하겠느냐?"

"須菩提야, 譬如有人이 身如須彌山王하면 於意云何오 是身이 爲大不아?"

사람의 몸이 수미산처럼 크다는 표현은 그의 위력이 커서 세상에서 여러 사람에게 미치는 영향력의 범위가 한량없이 넓다는 뜻을 상징적으로 나타낸 것입니다. 쉽게 표현하면 어떤 사람이 가지는 영향력이 온 세상을 덮을 만큼 크다면, 그는 '내가 노력해서 이만큼 되었다'고 할 수 있겠느냐는 것입니다.

수보리 존자가 말하기를,
"매우 큽니다. 부처님이시여, 왜냐하면 부처님께서 '몸 아님이 곧 큰 몸'이기 때문이라 하셨기 때문입니다."
須菩提言하되,
"甚大니다. 世尊하, 何以故오 佛說 非身이 是名大身이니이다."

'몸 아님이 큰 몸非身 是名大身'이라는 표현이 무엇일까요?
근면하면 작은 부자는 될 수 있으나, 큰 부자는 하늘이 낸다는 옛말처럼, 세상에서 이루는 큰일이란 어떤 인위적 노력으로 이루어지는 것이 아니고, 자신이 알 수 없는 하늘의 뜻에 따라 이루어진다는 말씀입니다. 이런 뜻을 생각한다면 부처님께서 말씀하시는 '몸 아님이 큰 몸'이라는 말씀에서 다음과 같은 것을 알 수 있습니다.

작은 성공은 그대의 노력이라고 할 수 있다. 그러나 정말 큰일은 자신의 노력만으로는 불가능하다. 불가사의한 큰일은 어떻게 이루어지나. 그것은 인간적 노력과는 무관하다. 부처님 기쁘게 하는 마음應無所住 而生其心이 될 때만 가능한 것이다. 불가사의한 위대한 일은 모두 이처럼 아상이 소멸한 마음에 의해서만 이룰 수 있다.

다음과 같은 실례는 보이지 않는 힘 즉 '몸 아님'이 정말 큰 몸'이라는 것을 설명하는 이야기 중의 하나입니다.

미국 텍사스주의 한 운수회사의 운전기사로 일하고 있는 로이케비는 트럭을 몰고 하이웨이를 달리다 술에 취해 운전하는 차와 정면충돌을 피하려다가 그만 큰 가로수를 들이받고 말았다. 핸들은 그의 허리를 강타하였으며 발은 뒤틀린 브레이크와 클러치 페달 사이에 끼고 말았다. 그는 운전대에 갇히는 몸이 되었다. 운전대의 문은 심하게 찌그러져서 동료들이 밖에서 그를 구하려 하였으나 구해 낼 방법이 없었다. 차는 이미 불타고 있었지만 소화기를 구비하고 있지 않았으므로, 문이 열리지 않은 트럭은 불덩어리가 될 수밖에 없었다. 다른 운전자나 경관들의 구조도 헛되었고, 로이가 살아 있는 것은 기껏해야 1~2분일 것이라고 생각했다. 그런데 그때 체격이 우람한 한 흑인이 불타고 있는 트럭으로 다가갔다. 그는 문을 두 손으로 잡고, 찌그러진 손잡이와 문틀을 부수고 그것을 비틀어서 떼어 버렸다. 그런 다음 그는 운전대 안으로 몸을 집어넣어 매트를 뜯어내고, 로이 발밑의 불길을 맨손으로 비벼 껐다. 그다음에 핸들을 잡고 마치 그것이 고무라도 되는 양, 쉽게 로이의 가슴에서 떼어 놓았다. 그는 냉정하게 그리고 정확하게 한 손으로 구부러진 브레이크 페달을 누르고, 다른 한 손으로 클러치를 펴서, 로이의 다리를 자유롭게 해 주었다. 그래도 로이는 차에서 나올 수가 없었다. 차는 그를 전후로도 압박하고 있었던 것이다. 잠시 그 흑인은 뒤로 물러나 찌그러진 차를 점검하고 있었다. 넋을 잃고 지켜보던 사람들은, 그 상태를 보고 로이의 구조가 불가능하다고 생각했다. 하지만 그 흑인은 별안간 미친 듯이 앞으로 달려가, 열 사람 분의 힘을 내어 등을 활처럼 굽히고 팔과 등의 근육에 힘을 주어, 찌그러진 운전대를 펴 올리기 시작했다. 믿을 수 없는 이 광경을 지켜보고 있던 사람들 앞에서 일그러진 차의 지붕이 점점 들어 올려졌다. 그들은 그 흑인의 무시무시한 힘에 의해 금속의 삐걱대는 소리를 들었다. 로이 케비의 몸이 움직일 수 있게 되자, 그는 다른 한 손으로 그를 차에서 꺼내 주었다. 그와 동시에 불길은 트럭의 잔해를 삼켜 버렸다.

정말 초인적인 힘으로 로이를 트럭에서 구조한 사람은 33세의 테니스 존스라는 사람이었다. 그는 어디서 그런 무서운 힘이 나왔느냐는 질문에 이렇게 대답하였다. "나는 다만 기도를 드렸을 뿐입니다. 신이여! 이 사람을 불더미에서 구할 힘을 저에게 주십시오."라고.

〈기도의 힘, 태종출판사〉

이 이야기 중에 테니스 존스의 내가 없는 기도는 몸 아님非身이고, 거기서 나온 위력은 큰 몸大身이 아닐까.

11

무위복이 유위복보다 더 낫다

無爲福勝分

"수보리여, 항하의 모래 수도 많은데 그 모래 수와 같은 항하의 모래 수는 또 얼마나 많겠는가?"

수보리 존자가 대답하기를,

"매우 많습니다. 부처님이시여, 항하 모래 수 만큼의 항하도 많기가 헤아릴 수 없이 많은데, 하물며 그 강의 모래 수는 말할 것도 없이 많겠습니다."

부처님께서 말씀하시기를,

"내가 참다운 말로 이르노라. 마음을 닦으려고 하는 사람이 이와 같이 많은 수의 삼천대천세계에 가득 채운 칠보를 가지고 보시를 한다면 그 복덕이 많겠는가?"

수보리 존자가 대답하기를,

"매우 많습니다. 부처님이시여,"

부처님이 수보리 존자에게 말씀하시기를,

"만일 마음을 닦으려는 남자나 여인이 이 경 가운데 사구게 등이라도 수지독송하여 남을 위하여 이야기해 준다면, 그 복덕은 앞서 말한 복덕보다 많으니라."

"須菩提야, 如恒河中所有沙數 如是沙等恒河를 於意云何오 是諸恒河沙가 寧爲多不아?"

須菩提言하되,

"甚多니다. 世尊하, 但諸恒河도 尙多無數온 何況其沙리니이까?"

"須菩提야, 我今에 實言으로 告汝하노니 若有善男子善女人이 以七寶滿_爾所恒河沙數三千大天世界以用布施하면 得福이 多不아?"

須菩提言하되,

"甚多니다. 世尊하,"

佛告 須菩提하사되,

"若善男子善女人이 於此經中에 乃至 受持四句偈等하야 爲他人說하면 而此福德은 勝前福德하리라."

씨 한 알이 땅에 떨어지면 100배 이상의 열매를 수확하듯이, 남에게 베푼 보시의 결과는 여러 배의 보답으로 반드시 되돌아오게 되어있습니다. 이것이 부처님께서 말씀하신 선인선과善因善果, 즉 착한 원인을 심어서 착한 결과가 돌아온다는 인과응보의 원리입니다. 소량의 재화를 베풀어도 되돌아오는 복은 상당한 양이 되는데, 하물며 이 세계에 가득 찬 보배의 엄청난 양! 이것을 다 보시한다면 되돌아오는 결과는 말할 것도 없이 천문학적 양이 될 것입니다.

그런데 그것도 한 세계가 아니라 수많은 세계에 가득 찬 보배로 보시한 결과는, 그 양이 가히 절대적일 뿐 아니라 질도 불가사의하다 하겠습니다. 양과 질에서 나무랄 데가 없는 구족한 복을 누리는 사람은 비록 고통이 많은 사바세계에 살고 있지만, 마음만은 아미타불이 계신 극락세계에 살고 있다 할 수 있습니다. 그런데 아미타불의 극락세계에 사는 복을 가진 사람이라 하더라도, 그 희망이 금생이 아닌 내생에 가서야 달성된다면 그 복은 구족한 복이라 할 수 없습니다. 현재 현재 실감을 느낄 수 있고, 내생이 아닌 금생에 극락세계를 체험해야 그 복이 참 구족한 복이라 할 수 있습니다.

그러나 금강경의 단 한 구절이라도 성실하게 독송하고 실천하면, 한 걸음 한 걸음 부처님께 접근하고 현재에 실감으로 연결됩니다. 금강경은 아상을 없애는 가르침이기에 금강경을 독송하는 순간 아상이 없어지며, 순간 순간에 실감으로 연결되기 때문입니다. 아상이 없어진 그 자리에는 참나가 발현하여 부처님의 극락세계를 이룹니다. 이다음 언젠가가 아니고, 지금 당장 이 자리에서 부처님 광명을 받습니다. 다음은 금강경의 내용을 일부라도 실천함으로 이다음이 아닌 바로 지금 그 공덕의 일부를 실감했다는 이야기입니다.

사위국 기수급고독원을 지은 큰 부자 숫달타 장자의 며느리가 난산으로 생사의 기로에 있었다. 숫달타 장자는 비록 천하의 큰 부자이지만 이러한 난관에서는 어찌할 수 없었던 모양이다. 속수무책의 숫달타 장자는 이런 경우에 어떻게 해야 하는지 여쭤보려고 부처님께 달려갔다. 부처님께서는 주장자를 주시면서 이 주장자를 며느리의 몸에 대고 "나는 무시겁으로 살생한 일이 없노라." 하라고 말씀하셨다. 숫달타 장자는 부처님께서 시키시는 대로 하였고, 그 결과 며느리는 기적과 같이 아기를 순산하게 되었다.

〈미린다왕문경〉

이 말씀에서 주장자는 기적을 나타내는 도구가 아니요, 신심을 말하는 것입니다. 며느리가 순산한 것은 "살생의 죄업은 다만 분별일 뿐 본래 없는 것이다."라는 깨침 즉 아상의 소멸입니다. 아상이 없어지는 순간에 들어오는 부처님의 광명, 이 광명은 불가사의한 기적을 창조합니다. 이처럼 금강경의 공덕은 아상이 있는 자가 짓는 복이 아무리 커도 그 실감도에서는 도저히 비교할 수 없이 큽니다.

—

12

올바른 가르침을 존중하라

尊重正敎分

"또 수보리여, 금강경의 사구게 만이라도 설하는 곳이라면 모든 세계 하늘나라 사람 아수라 등이 모두가 공경하기를 부처님 탑과 같이할 것이어늘,"

"復次 須菩提야, 隨說是經하되 乃至 四句偈等하면 當知此處는 一切世間 天人 阿修羅 皆應供養을 如佛塔廟온"

선가에서는 화두를 주시는 분을 생불로 믿고 참구해야 깨달음을 얻을 수 있다는 말이 전해지고 있습니다. 깨달음을 얻기 위해서는 제대로 된 가르침을 수행해야 하겠지만, 그 가르침을 주시는 분에 대한 절대적 믿음이 그에 못지않게 중요하다는 것입니다.

마찬가지로 '금강경을 수지독송하라. 그러면 그 공덕이 크니라.' 하신 말씀은 금강경을 일러주신 부처님에 대한 절대의 믿음, 절대 공경심이 반드시 필요하다는 것을 전제합니다. 금강경 3분의 내용인 무슨 생각이든지 부처님께 바치라는 말씀은 밝아지는 데 꼭 필요한 말씀입니다만, 큰 공덕으로 연결되기 위해서는 가르침을 주신 부처님에 대한 절대적 믿음이 꼭 필요합니다. 숫달타 장자가 "나는 무시겁으로 살생한 적이 없노라."라고 선언할 때에는 그 말씀을 주신 부처님의 말씀에 대한 절대적 신뢰가 동반되었습니다. 아상을 없애는 가르침을 주신 분에 대한 절대적 믿음으로 아상이 소멸되었기에 무량무변공덕을 얻게 된다는 말씀입니다.

여기서 '수설시경 내지 사구게 등'의 표현은 어떤 사람이 부처님께 늘 순수하게 믿는 마음을 내지는 못해도, 적어도 '순수한 믿음을 가지는 순간만은'의 뜻이라 하겠습니다. 우리가 부처님에 대한 믿음을 가지고 금강경을 읽거나 금강경에 관한 말씀을 나누는 순간, 아상의 벽이 허물어지며 부처님과 하나가 됩니다. 죄악에 가득 찬 범부들, 영원히 밝음과는 거리가 먼 사람들도 부처님을 향하고 있는 순간만은 때로는 천사처럼 때로는 영웅처럼 때로는 성인처럼 됩니다. 부처님을 향하는 순간에는 천사나 영웅이나 성인들이 가지고 있는 덕성이 중생의 몸에 그 작용을 나타내기 때문입니다. 하늘나라 사람, 인간, 아수라 등 지혜 있는 중생들은 그 사람이 부처님을 믿고 향할 때 발생하는 힘에 알지 못하게 위력을 느끼고, 공경 공양하기를 부처님 계신 것처럼 한다는 말씀입니다.

"하물며 성심성의껏 수지독송하는 사람은 어떻겠느냐? 수보리여, 이 사람은 반드시 가장 희유한 법을 성취하게 될 것이다. 이

경은 신령한 경! 이렇게 신령스러운 경이 모셔져 있는 곳은 부처님이나 거룩한 제자가 있는 것과 같다 할 것이다."

"何況有人이 盡能受持讀誦이랴. 須菩提야, 當知是人은 成就最上第一希有之法이니라. 若是經典所在之處에는 則爲有佛커나 若尊重弟子니라."

'진능수지독송'이란 방심하지 않고 성심성의껏 금강경을 독송한다는 뜻입니다. 방심하지 않고 금강경을 독송하는 것은 늘 부처님과 함께한다는 뜻입니다. 그러면 그는 부처님과 하나가 되어 최상의 깨달음을 얻을 것을 약속한다는 말씀입니다. '당지시인 성취 최상제일 희유지법'은 이 경을 수지독송하는 곳은 곧 부처님이 계신 곳과 같으며 하늘나라, 인간, 아수라들이 모두 부처님이나 거룩한 제자, 즉 천사 영웅 성인 등이 있는 것처럼 존중한다는 말씀입니다.

부처님 잘 향하면
아상의 벽 허물어져,
법의 향기 진동하고
인연 중생에 전달되네.

나무들이 알아 듣고
산새들이 소식 알고,
들짐승도 알아 보고
모르는 사람들도 기뻐하네.

덕은 결코 외롭지 않아德不孤
반드시 이웃이 있다는 말씀처럼必有隣
일체의 천인아수라도
다 공경하네.

금강경 잘 읽으면
시공을 뛰어넘어,
온 누리에 두루 미치는 밝은 빛
모든 중생 찬양하네.

제2부

·

모든 것을 부처님
기쁘게 해드리는 마음으로 하라

13

이 경을 진리로 받아 가져라

如法受持分

금강경 11분과 12분에서 부처님께서는 금강경의 내용이 포함된 간단한 글귀라도 수지독송한다면 그 공덕이 불가사의함을 설명하셨습니다. 금강경을 수지독송하면 아상이 소멸되므로, 구태여 부처님께서 그 공덕이 불가사의하다고 말씀하시지 않아도 큰 행복을 얻게 될 터인데, 어째서 부처님께서는 이렇게 간곡한 표현을 쓰시고 다양한 실례를 들어서 금강경 독송의 공덕을 강조하셨을까요? 범부들로 하여금 금강경에 대해 종교적이라 할 만큼 절대적인 믿음을 불러일으키고, 깊은 공경심과 자긍심을 갖게 하는 것이 필요하다고 보셨기 때문입니다.

왜 절대적인 믿음을 불러일으키는 것이 꼭 필요할까요?

건전한 육체에서 건전한 정신이 나온다는 말처럼 사람들은 부귀영화나 건강으로부터 행복이 오는 것으로 압니다. 또 빈곤이나 병 또는 불화 등에서 불행이 생기는 것으로 압니다. 그러나 '각종 마음이 생기니 이에 따라서 각종 현상이 나타난다種種心生 種種法生.'는 원효 스님의 말씀처럼, 사실은 마음이 행복해야 행복한 결과가 오게 되며, 우울한 마음이 불행한 결과를 불러오게 된다고 보는 것이 정확한 표현이라 할 것입니다.

지혜로우신 부처님께서는 우리가 금강경을 수지독송하여 아상을 소멸하고 큰 행복을 얻게 해 주십니다. 이에 더하여 독송의 공덕을 반복 예찬하시어 확고한 믿음을 심어 주셔서, 수지독송하는 공덕에 버금가는 소중한 공덕을 얻게 하려 하십니다. 이처럼 부처님께서는 금강경 내용을 처음부터 끝까지 두 갈래의 줄거리로 나누어 말씀하셨는데, 우선 절대적 행복에 이르게 하는 금강경 수지독송의 실천 수행을 강조하셨고, 이어서 그 공덕을 예찬하심으로써 큰 공덕에 대한 확고한 믿음의 자세를 가지도록 해 주셨습니다.

수보리 존자가 부처님께 말씀드리기를,

"부처님이시여, 이 경의 이름은 무엇이며 우리들은 어떻게 받들어 가져야 하겠습니까?"

부처님께서 수보리 존자에게 말씀하시기를,

"이 경은 금강반야바라밀이라 이름하니, 이런 이름으로 그대들은 마땅히 받아 지녀라."

爾時에 須菩提 白佛言하되,

"世尊하, 當何名此經이며 我等이 云何奉持니잇고"

佛告 須菩提하사되,

"是經은 名爲金剛般若波羅蜜이니 以是名字로 汝當奉持하라."

금강은 단단함, 반야는 지혜, 바라밀은 분별심의 세계를 뛰어넘어 무심의 세계로 들어가는 행위를 말합니다. 금강반야바라밀의 뜻은 튼튼한 깨달음을 얻어 괴로움의 세계에서 행복한 세계로 진입하는 것을 말합니다.

부처님께서는 능엄경에서 50가지 마魔를 경계하시면서, "아무리 묘妙하게 깨친 것 같다 하더라도 성인의 경계에 들었다는 자만심을 낸다면, 묘한 깨침은 다 사라지고 중생심으로 복귀하리라." 하고 말씀하셨습니다. 내가 이렇게 깨달았다는 자만심, 이것이 곧 아상입니다. 다시 말하면 나라는 생각, 즉 아상이 존재하는 어떠한 깨침도 참다운 깨침이 될 수 없습니다. 이처럼 부처님께서는 궁극적으로 닦아야 할 것이 아상임을 아셨기에, 아상을 본격적으로 소멸하게 하고 불퇴전의 깨달음을 얻게 해서, 길이 행복하도록 하고자 때를 기다리시어 금강경을 말씀하셨습니다.

부처님께서는 지금 말씀하시는 경을 수지독송하면 다시는 중생심으로 복귀하지 않는 튼튼한 깨달음을 얻게 될 것을 아셨기에 경의 이름을 '금강반야바라밀경'이라 지으셨을 것입니다. 금강과 같이 단단한 지혜란 튼튼한 지혜, 다시는 마장에 빠지지 않는 불퇴전의 지혜입니다.

"어째서 그러한가 하면 부처님께서 말한 반야바라밀은 그대들이 생각한 반야바라밀과는 다르게 형상이 없다. 그 이름이 반야바라밀이니라."

"所以者何오 須菩提야, 佛說 般若波羅蜜이 則非般若波羅蜜일새 是
名般若波羅蜜이니라."

부처님께서 금강경을 말씀하실 때 중생들은 한없이 편안해지고
신심을 내어 발심합니다. 분별심 많은 보통사람이 금강경을 이야기
할 때는 도저히 발견할 수 없는 특이한 현상입니다. 부처님께서 말
씀하신 반야바라밀은 즉비반야바라밀이라는 말씀은, 즉 내가 말한
금강경은 보통사람들이 말하는 금강경과 같지 않고 다르다는 뜻이
라 하겠습니다. 같지 않고 다르다고 해서 즉비반야바라밀이라 하였
습니다.

보통사람들이 말하는 금강경은 분별로 된 금강경으로, 형상이 있
기에 사람을 편안하게 할 수 없지만, 분별이 없는 부처님께서 말씀
하시는 금강경은 형상이 없어서 사람들을 편안하게 하며 깨달음에
이르게 하는 위력을 나타내므로, 억지로 그 이름을 반야바라밀이라
고 설명하신 것입니다.

"수보리여, 어떻게 생각하는가. 부처님이 이야기할 것이 있다고
생각하는가?"

수보리 존자가 대답하기를,

"부처님이시여, 부처님께서는 아무 하실 말씀이 없습니다."

"須菩提야, 於意云何오 如來 有所說法不아?"

須菩提 白佛言하되,

"世尊하, 如來 無所說이시니이다."

사람은 어느 경우에 말할까요?

자신의 몸 또는 마음이 뭔가 필요로 할 때 말합니다. 외로울 때나 억울할 때 자신을 과시하고 싶을 때 말하는 것은 자신이 무엇인가 부족한 것이 있을 때라 하겠습니다. 그러나 부처님께서는 모든 것을 구족하셨기에 몸과 마음에 어떤 필요를 느끼는 것이 없으며, 자신을 드러내고 싶은 일도 없습니다. 따라서 부처님께서는 하실 말씀이 없습니다.

그러면 고통이니 무아니 열반이니 팔만사천의 수많은 법문을 말씀하신 것은 무엇일까요? 그 많은 말씀은 당신이 무엇을 필요로 하거나 자신을 나타내기 위해서 하신 것이 아닙니다. 고통에 시달리는 중생들이 하소연할 때, 밝아지고자 하는 정성이 지극할 때 그들을 위해 말씀하시고 질문하는 내용에 따라 답변하신 것뿐입니다. 따라서 부처님께서 하신 수많은 말씀은 그 모두 중생에게 필요한 진리요, 그들의 고통을 면하게 하거나 밝아지는 데 꼭 필요한 정답만 말씀하셨기에, 수보리 존자는 "부처님께서는 말씀하실 어떤 것도 없습니다."라고 대답하였습니다.

"수보리여, 어떻게 생각하는가? 삼천대천세계의 미진이 많겠는가?"

"매우 많습니다. 부처님이시여."

"수보리여, 부처님이 말한 모든 미진이 미진이 아니요 그 이름이

미진이요, 부처님이 말한 세계는 세계가 아니라 그 이름이 세계
인 것이다."

"須菩提야, 於意云何오 三千大千世界 所有微塵이 是爲多不아?"

須菩提言하되,

"甚多니다. 世尊하"

"須菩提야, 諸微塵을 如來說 非微塵이 是名微塵이니라. 如來說 世
界가 非世界ㄹ새 是名世界니라."

세계나 미진에 대해 마음 닦는 차원에서 근본적으로 해석해 봅니
다. 우리는 우리를 둘러싸고 있는 대자연의 큰 부분은 세계이고 그
것이 나누어진 작은 부분은 미진이라 생각하며, 이들은 모두 분명
히 '마음 밖에 존재하는 현상'이라고 믿습니다. 그러나 부처님께서는
우리가 생각하는 미진이나 세계는 마음 밖에 존재하는 현상이 아니
라 '우리가 만들어낸 분별심'이라고 말씀하십니다. 미진이 많다고 판
단하는 것은 실제로 미진이 많기보다는 분별심이 많다고 주장하는
것이며, 미진과 세계가 실제로 질량 몇 그램의 무게로 존재하는 것
이 아니라, 우리 분별심이 그것을 있는 것으로 볼 뿐 실은 허상이라
는 말씀입니다. 〈능엄경〉에 있는 부처님의 말씀을 들어봅니다.

아난이여, 진리를 모르는 그대들의 허망한 생각이 원인이 되어
어리석음과 애욕이 생겨나고, 두루 혼미한 탓으로 허공이 생기었
으며, 혼미하여 변화하는 것이 쉬지 아니하므로 세계가 생겼나니,
이 우주의 헤아릴 수 없이 많은 국토가 모두 이러한 허망한 생각

으로 생긴 것이니라. 저 허공이 그대의 마음에서 생긴 것이 마치 한 조각 구름이 맑은 하늘에 일어난 것과 같거늘, 하물며 모든 세계는 말할 것도 없다.

이해하기 힘든 이야기지만 우리가 생각하는 미진은 우리가 지어낸 분별심 때문이라 할 것이며, 우리가 보는 세계란 우리의 업장이 만들어낸 무질서한 세계요 고통의 세계라 할 것입니다. 그러나 분별심이 없으신 부처님께서 말씀하신 미진이란 무심한 마음이며, 분별심이 없으신 부처님께서 말씀하신 세계는 질서정연한 세계요 극락세계입니다. 따라서 부처님께서 말씀하신 미진은 우리가 생각하는 미진과 같지 않습니다. 분별심에서 나온 것이 아니므로 미진이라 할 수 없으나 억지로 이름하여 미진이라 할 것이며, 부처님이 말씀하신 세계 역시 우리가 생각하는 그런 분별심의 세계가 아닌 질서정연한 세계이므로 이름 지을 수 없으나 억지로 세계라 할 것입니다.

그러면 도대체 부처님께서 어째서 이와 같은 말씀을 하셨을까요?

그것은 아마도 중생으로 하여금 이러한 부처님의 말씀을 따르도록 하시고, 부처님의 법식이 무엇인가를 알게 하여 지혜롭게 하시고, 부처님의 광명이 무엇인가를 느끼게 하여 밝아지도록 하시는데 그 뜻이 있을 것입니다. 위의 내용을 다음과 같이 비교적 쉽게 해석해 봅니다.

우리는 삼천대천세계에 있는 미진이 매우 많다고 생각한다. 이 많다는 생각은 적다는 생각에 대한 분별임이 틀림없다. 우리는 세상의 여러 현상이 모두 동일하지 않고 차별이 있다고 본다. 그러나 실은 세상에 어떤 차별이 실제로 있는 것이 아니라, 우리 마음의 분별심이 세상을 그렇게 보이게 할 뿐이다. 그러나 마음에 분별심이 없는 부처님의 세계는 어떠한 차별도 없이 질서정연하다. 따라서 부처님이 말씀하시는 미진은 우리가 보는 미진이 아니며 이름만 미진일 뿐이며, 세계 또한 우리가 느끼는 것과 같은 세계가 아니며 억지로 이름하여 세계라 할 뿐이다. 그러므로 우리 마음에 분별심만 없애면 분별심으로 인한 모든 고통의 세계가 사라지고 도처가 극락세계임을 발견하리라.

"수보리여, 어떻게 생각하는가. 32가지의 거룩한 모습을 가진 사람을 부처님이라 하겠는가?"
"아닙니다. 부처님이시여, 32가지의 거룩한 모습을 가진 사람을 부처님이라 할 수 없습니다. 왜냐하면, 부처님께서 말씀하신 32가지 거룩한 모양은 형상이 아니요 마음이기에 그 이름이 32가지 모양이라 할 뿐입니다."
"須菩提야, 於意云何오 可以三十二相으로 見_如來不아?"
"不也니다. 世尊하, 不可以三十二相으로 得見如來니 何以故오 如來 說 三十二相이 卽是非相일새 是名三十二相이니이다."

수보리여, 부처님을 대할 때에는 어떠한 판단이나 분별심을 내지 마라. 거룩한 모습이 부처라고 한다면 이는 사실이 아니요, 그대 속에 있는 업장(분별심)이 만들어낸 허구의 작품일 뿐이다. 부처님의 모습이 거룩하게 보이고 평화롭게 느껴도 이 또한 부처님의 실상을 본 것이라고는 할 수 없다. 부처님께서 말씀하시는 거룩한 32가지 모양 이란 그대들이 분별심으로 보는 32가지 모양과는 근본적으로 다르 다. 부처님 세계에는 분별심이 없기에 부처님은 32가지 모양을 형상 으로 보지 않는다. 32가지 모양이란 부처님의 청정한 본래 마음을 나타낸 것이다. 부처님의 거룩한 모습 32상이란 모양이 아니니 부처 님의 모습이 거룩하다고 상상하지 말라. 무조건 공경하며 조건 없이 신심을 내어라.

"수보리여, 만일 착한 남자나 착한 여인이 중생을 위해 헤아릴
수 없이 많은 목숨을 희생한 공덕은 매우 크다지만, 이 경 또는
사구게 등이라도 수지독송하여 다른 사람에게 이야기해주는
공덕이 더 크다 할 것이다."

"須菩提야, 若有善男子善女人이 以_恒河沙等身命으로 布施하고 若
復有人이 於此經中에 乃至 受持四句偈等하야 爲他人說하면 其福이
甚多니라."

사람은 재물이나 명예, 애정을 희생할 수는 있어도 생명을 희생 하기는 매우 어렵습니다. 따라서 생명을 희생한 공덕은 재물이나 명 예, 애정을 희생한 공덕보다 훨씬 더 크다고 하겠습니다.

공덕이란 무엇인가? 공덕이란 복덕과는 다른 말로써, 아상이 소 멸한 곳에 부처님의 광명이 비추어 얻어진 영원한 행복을 말합니다. 생명을 희생한 공덕이 크다는 것은 다른 어느 것을 희생할 때보다

아상이 많이 소멸하기 때문입니다. 한 생명을 희생할 때에 아상이 많이 소멸할 것인데, 하물며 여러 생에 걸쳐 한 생명도 아니고 헤아릴 수 없이 많은 생명을 희생한다면, 무시겁으로 연습한 아상의 벽이 무너지고 아상의 벽이 무너진 틈 사이로 무량한 부처님의 광명이 비출 것입니다. 그 공덕이 매우 크겠지요.

그런데 금강경을 수지독송하면 그 공덕이 더 크다는 뜻은 무엇일까요?

남을 위해 자신의 생명을 희생하는 행위는 단순히 금강경을 독송하는 행위에 비하여 훨씬 더 많이 아상을 소멸할 수 있을 것입니다. 그러나 생명을 희생하여 아상을 크게 소멸해도 아상의 소멸이 계속 진행되지 못하기 때문에 아상을 뿌리째 뽑는 것은 어렵습니다. 반면 금강경을 수지독송하여 아상이 소멸하는 것은 마치 낙숫물이 바위를 뚫는 것과 같이 영원히 아상을 사라지게 할 수 있습니다. 금강경의 내용이 담긴 간단한 글귀를 수지독송하면 아상이 소멸하고 불가사의한 공덕을 얻게 된다는 것입니다.

금강경, 부처님, 아상, 수지독송 등의 단어에 대한 선입견을 부처님께 바치면서 이 말씀을 다음과 같이 해석해 봅니다.

'밝은이가 하신 말씀 중 아상을 소멸하는 내용이 담긴 글귀라면 믿음으로 쉬지 말고 염송하여라. 그러면 드디어 아상이 소멸하여 깨달음을 얻고 불가사의한 공덕을 체험할 수 있을 것이다.'

이러한 실천사례가 있을까요? 불교와 다른 가르침이라 하여 분별심을 내지 않는다면, 다음의 예도 훌륭한 실천사례라고 생각됩니다.

'주 예수 그리스도, 나에게 자비를 베푸소서'라는 간단한 성구를 하루에 만 번 이상 우직하게 실천하기를 14년. 하다 보니, 이 기도가 저에게 너무나도 황홀한 기쁨을 주어 '이 세상에서 저보다 더 행복한 사람이 있을 수 있을까!' 하는 생각이 들었습니다. 심지어는 천국에서인들 어찌 이보다 더 크고 깊은 만족감을 얻을 수 있을까! 상상할 수가 없었습니다. 저는 이 모든 것을 제 내면에서 체험했을 뿐만 아니라 주변에 있는 모든 것이 신비롭게 보이고, 절대자의 사랑과 감사함을 느꼈습니다. 사람, 나무, 풀, 동물 등이 모두 하나라는 일체감, 이 모두가 예수 그리스도의 이름을 새겨서 지니고 있음을 발견하였습니다. 때때로 저는 너무나도 가벼워 몸이 없는 것처럼, 땅에 걸어 다니는 것이 아니라 마치 신나게 공중을 떠다니는 느낌이었습니다. 저는 다른 것에 대해서는 전혀 생각지 않고 오로지 무한한 기쁨으로 가득 차 있었습니다. 어느 때는 심장이 더할 수 없는 즐거움으로 거품이 넘쳐흐르는 것 같으면서, 말할 수 없는 홀가분함, 자유, 위로로 채워지는 느낌이 들어, 저는 완전히 변화된 채 황홀한 기쁨에 둘러싸였습니다. 또 어떨 때는 예수 그리스도에 대한, 그리고 하나님이 지으신 모든 피조물에 대한 불타는 사랑으로 제가 완전히 사라지는 것 같았습니다. 저 같은 죄인에게 베풀어 주신 주님의 자비로 말미암아, 주님께 대한 뜨거운 감사의 눈물이 걷잡을 수 없이 용솟음쳤습니다.

또 어느 때는 내면으로 완전히 들어가 제 속에 있는 오장육부를 다 훤히 보기도 해서, 인체를 창조하신 그 지혜에 놀라워하기도 했습니다. 때로는 기쁨이 너무나 커서, 마치 임금이라도 된 기분이 들기도 했습니다.

〈기도:영적 삶을 풍요롭게 하는 예수의 기도(대한기독교서회, 2003)〉

불가사의한 공덕을 얻었다고 할 이 체험의 글은, 금강경 내용이 담긴 간단한 글귀를 쉬지 않고 수지독송하면 그 공덕이 얼마나 클 것인지 곰곰이 생각하게 하는 글이라 하겠습니다.

14

모든 상을 떠나 길이 평안을 얻으라

離相寂滅分

이때 수보리 존자가 이 경을 설하시는 것을 듣고, 그 뜻을 깊이 헤아리며 감격하여 눈물을 흘리고 부처님께 사뢰어 말씀하시되, "희유하신 부처님이시여! 부처님께서는 이와 같이 매우 의미가 깊고 깊은 경전을 설하시니, 제가 예로부터 얻은바 지혜의 눈으로는 일찍이 이와 같은 말씀을 듣지 못했습니다."

爾時에 須菩提 聞說是經하고 深解義趣하고 涕淚悲泣하야 而白佛言하되,

"希有世尊하, 佛說如是 甚深經典하시니 我從昔來에 所得慧眼으로는 未曾得聞 如是之經이니이다."

분별심이 많은 보통사람의 이야기를 들을 때에는 지혜를 얻기보다 새로운 분별심이 일어나거나 새로운 궁리를 얻기 쉽습니다. 왜냐

하면, 듣는 사람이 이야기하는 사람의 마음을 따라가기 때문입니다. 그러나 아무런 분별심이 없으신 부처님의 말씀을 들을 때에는 마음의 평안과 지혜를 얻습니다. 아상이 없는 부처님의 말씀을 듣는 순간 무심의 광명이 전이되기 때문입니다. 부처님께서는 아무 때나 말씀하시지 않습니다. 상대가 물을 때에 말씀하십니다. 듣는 사람이 부처님에 대한 믿는 마음이 크다면 부처님의 간단한 말씀에서도 큰 깨달음을 얻을 수 있습니다. 하지만 혹 듣는 이의 신심이 부족하여도 업장이 녹고 아상이 엷어질 것은 분명합니다. 이것이 부처님의 설법과 보통사람들의 이야기와 근본적 차이라 하겠습니다.

신심이 깊고 지혜로운 수보리 존자는 부처님의 금강경 설법을 듣고 그 뜻을 알아차림과 동시에, 부처님의 광명을 받아 아상의 벽을 허물었고, 아상의 벽이 무너진 세계에서 일찍이 체험해보지 못한 깊은 감동을 얻으며, 마음이 열리어 새로운 진리를 터득하였을 것입니다. 그리고 별천지에 들어선 수보리 존자는 감당할 수 없는 기쁨을 이기지 못하여 걷잡을 수 없는 눈물을 흘렸습니다.

"부처님이시여, 참 거룩하시고 훌륭하십니다. 심심 미묘한 말씀 깊이 감사드립니다. 기쁨이 샘솟으며 새로운 지혜의 눈이 열리는 것 같습니다." 하며 부처님을 찬양합니다.

"부처님이시여! 만약 어떤 사람이 이 경을 얻어듣고 믿는 마음이 깨끗하여 진리의 실상을 깨달을 것 같으면, 이 사람은 제일가는 드문 공덕을 성취하는 것입니다. 부처님이시여! 이 진리의 실상이라는 것은 모양이 아닌 고로 부처님께서는 실상이라고 설하셨습니다."

"世尊하, 若復有人이 得聞是經하고 信心이 淸淨하야 則生實相하면 當知是人은 成就第一希有功德이니이다. 世尊하, 是實相者 則是非相일새 是故로 如來說 名實相이니이다."

분별심과 악심으로 뒤덮인 중생의 마음 중에 유일하게 부처님을 닮은 것이 있다면 그것은 신심일 것입니다. 신심이란 무엇인가? "신심불이 불이신심信心不二 不二信心"이라는 승찬 대사의 말씀처럼, 둘이 아닌 마음이요 순일한 마음이 신심입니다. 믿는 마음이 깨끗하다는 말은, 부처님의 말씀에 어떤 분별심도 내지 않는다는 말이요 절대로 하심下心하는 자세를 말합니다. 부처님의 어떠한 말씀이라도 다 받아들일 마음의 준비가 된 사람은 평범한 부처님의 말씀에서도 큰 진리를 발견할 수 있을 것입니다.

진리의 실상이란 아상의 소멸로 드러난 참나의 모습을 말합니다. 아상의 모습은 탐진치 등으로 꽉 찬 분별심 덩어리이나, 참나는 텅 비어있어 아무것도 존재하지 않는 것이 그 모습의 특징입니다. 그렇다고 하여 아예 없지도 않고 묘하게 있으므로 진공묘유眞空妙有라 하며, 억지로 이름하여 실상, 참 모습이라 합니다.

"부처님이시여! 제가 이제 이와 같은 경전을 듣고 믿고 해석하여 받아 지니기는 어렵지 않지만, 만약 어떤 중생이 돌아오는 후오백세에 이 경을 믿고 뜻을 이해하고 받들면, 이 사람은 매우 희유합니다. 왜냐하면, 이 사람은 아상도 없고 인상 중생상 수자상도 없을 것이니, 왜냐하면 아상이 상이 아니고 인상 중생상 수자상도 상이 아니기 때문입니다. 왜냐하면, 일체의 모든 상을 다 떠나야 부처라 하기 때문입니다."

"世尊하, 我今에 得聞如是經典하고 信解受持는 不足爲難이어니와 若當來世 後五百歲에 其有衆生이 得聞是經하고 信解受持하면 是人은 則爲第一希有니 何以故오 此人은 無我相 無人相 無衆生相 無壽者相이니 所以者何오 我相이 卽是非相이며 人相 衆生相 壽者相이 卽是非相이니 何以故오 離一切諸相하면 則名諸佛이니이다."

보통사람들은 근심, 걱정, 불안, 초조 등 각종 번뇌가 꼭 있는 줄 압니다. '있는 것'으로 알기에 괴롭습니다. 그러나 꼭 있는 줄 알았던 이러한 번뇌를 모두 부처님께 드리면, '번뇌가 본래 없는 것'이라는 사실을 깨닫게 되어 모든 괴로움에서 벗어날 수 있습니다. 번뇌란 아상의 또 다른 모습이라, 번뇌가 본래 없음을 깨달은 보살은 아상 역시 본래 없는 것임을 알게 될 것이요, 인상 중생상 수자상 또한 분별일 뿐 본래는 없는 것임을 알게 됩니다.

아상이 소멸하여 참나가 드러남을 깨달음이라 합니다만, 중생이 깨달음을 얻어 보살이 되어도 미세한 망념까지 없어진 것은 아니라 하겠습니다. 원효 스님은 〈기신론〉에서 깨달음을 얻은 보살이 미세한 망념을 제거하기 위하여 부지런히 수도하면, 결국은 미세한 망념까지 해탈할 수 있게 되는 구경각을 얻게 되는데 이를 부처님의 경지라고 하였습니다. 以遠離微細念故 得見心性 心卽常住 名究竟覺.

부처님께서 수보리 존자에게 말씀하시기를,

"그렇고 그렇다. 만일 어떤 사람이 이 경을 듣고 놀라고 무서워하고 두려워하지 않는다면, 이 사람은 매우 희유한 사람이라 할 것이다. 왜냐하면 수보리여, 부처님이 말씀하시는 제일바라밀이 곧 제일바라밀이 아니요, 이름이 제일바라밀이기 때문이니라. 수보리여, 인욕바라밀은 곧 인욕바라밀이 아니니라."

佛告 須菩提하사되,

"如是如是니라. 若復有人이 得聞是經하고 不驚不怖不畏하면 當知是人은 甚爲希有니 何以故오 須菩提야, 如來說 第一波羅蜜이 非第一波羅蜜일새 是名第一波羅蜜이니라. 須菩提야, 忍辱波羅蜜을 如來說 非忍辱波羅蜜이니라."

여기서 '득문시경'은 단순히 청력이 있어 듣는다는 것이 아니요 잘 이해한다는 뜻이며, 들어서 실감이 난다는 뜻입니다.

이 몸이 불행하여 아버님께서 일찍 작고하시고 늙은 어머님을 홀로 모시어 남해로 이사하였는데, 거기서 나무 장사로 가난한 살림을 겨우 지탱하여 나가는 형편이었다. 하루는 어느 객점에서 나무를 팔고 나오다가 한 손님이 경을 읽는 것을 듣고 마음이 후련히 열리어 그 손님에게 , "손님께서 읽으시는 것이 무슨 경이옵니까?" 물으니 "금강경이라는 불경일세." 대답하였다.

〈육조단경(법보원, 1970)〉

여기서 혜능 대사가 금강경을 읽는 것을 듣고 마음이 후련히 열렸다고 하였는데, 이 듣는다는 표현 역시 단순히 알아듣는 것이 아니요, 실감나게 이해되었다는 뜻일 것입니다. 보통사람들이 잘 알아듣지 못하는 이야기를 실감 나게 들을 수 있는 사람은, 신심이 깊은 사람이거나 상대의 말을 잘 들을 준비가 되어 있는 사람입니다. 부처님께서 말씀하신 금강경을 실감 나게 듣는 사람은, 아상이 소멸되며 일찍이 체험하지 못하였던 새로운 경지를 체험하게 되는데, 이에 대한 준비가 부족한 사람은 놀라고 두려워할 가능성이 있나 봅니다. 불경불포불외란 새로운 경지에 대한 준비가 되어 있는 사람에게 해당하는 말로, 금강경을 공부하는 사람이 새로운 경계를 접하더라도 놀라거나 두려워하지 않았다는 말씀이라 하겠습니다. 예를 들어 보겠습니다.

예전에 어떤 사람이 밤중에 공부하는데, 자정쯤 되어 갑자기 배 없는 귀신이 나타났다. 보통사람 같으면 기절초풍을 하련만 이 사람은 조금도 놀라지 않았다. "배가 없는 녀석이니 배 아플 걱정은 없겠군." 그냥 중얼거리면서 하던 공부를 계속할 뿐이었다. 그는 평소에 배가 자주 아팠던 것이다. 그러자 귀신은 사라졌다. 다시 얼마가 지났을까. 이번에는 머리 없는 귀신이 나타났다. 이번에도 그는 정신을 빼앗기지 않고 "이 귀신은 머리가 없어서 머리 아플 일이 없겠군." 하며 그저 하던 공부를 계속하였다. 그는 평소에 머리도 자주 아팠던 것이다. 어느 틈엔지 머리 없는 귀신도 없어졌고 더는 귀신은 나타나지 않았다. 마음 밖의 경계에 따라다니며 일희일비一喜一悲하지 말고 줏대를 세워 자기중심대로 살아라.

〈마음을 어디로 향하고 있는가(김영사, 1990)〉

부처님께서는 불경불포불외하는 이유로, 제일바라밀은 제일바라밀이 아니요 이름이 제일바라밀이며 인욕바라밀은 인욕바라밀이 아니기 때문이라고 하셨습니다. 다시 말하면 불경불포불외할 수 있었던 것은 새로운 체험에 대한 준비가 있었기에 가능했을 것입니다. 어떠한 시험이 닥치더라도 놀라고 두려워하지 않으려면, '여래설 제일바라밀 비제일바라밀 시명제일바라밀 인욕바라밀 여래설 비인욕바라밀'이라고 선법문처럼 간략하게 말씀하셨습니다. 이해하기 좋게 해석해 봅니다.

탐욕이 분별이요 본래 없는 것이므로 탐욕을 해결하는 길第一波羅蜜 또한 본래 있는 것이 아니며, 이름만 탐욕을 해결하는 길이니 이렇게 알면 마음에 놀랄 일이 없을 것이며, 성냄 또한 허깨비 같아 하나의 분별일 뿐 본래는 없는 것인데 성냄을 해결하는 길忍辱波羅蜜 역시 본래 있는 것이 아니니 이렇게 알면 두려워할 일 없으리라.

제일바라밀이란 보시바라밀의 뜻으로 베푸는 마음의 완성이며 인욕바라밀은 욕됨을 견디는 마음의 완성으로 해탈과 구원을 얻음을 말합니다.

경을 들으면 환희심 날 텐데
불경불포불외가 웬일일까?
사람들은 의아해하네.

아상은 몇 겹, 정체 알기 어려워
아상 속에 인상 있고
인상 속에 중생상 수자상 있네.

수도의 과정에서
한 껍질 한 껍질 벗을 때마다
이해하기 힘든 현상 나타나고,

큰 깨달음을 얻기 전에
죽음과 같은 큰 두려움
체험하는 사람 많네.

수행의 과정에서
공포를 체험함은 아상의 소멸과정
이상할 것 하나 없네.

부처님께 복 지은 사람
불경불포불외 실현하고
마침내 큰 깨달음 얻어
천·인·아수라 모두 찬탄하네.

"왜냐하면 수보리여, 내가 예전에 가리왕이라는 임금에게 몸이 갈래갈래 잘려나갈 때에도 아상이 없었고 인상 중생상 수자상도 없었느니라. 내가 마디마디 잘려나갈 때, 만약 아상 인상 중생상 수자상이 있었다면 마땅히 성을 내고 한을 품었을 것이다."

"何以故오 須菩提야, 如我昔爲歌利王의 割截身體할새 我於爾時에 無我相 無人相 無衆生相 無壽者相이니 何以故오 我於往昔節節支解時에 若有我相 人相 衆生相 壽者相이면 應生嗔恨하리라."

앞에서 말씀하신 '인욕바라밀은 여래설 비인욕바라밀'의 배경을 설명하십니다. 우리가 어떠한 용심을 가지느냐에 따라 외부에서 오는 육체적 자극에 대한 통증을 커지게 또는 작아지게 할 수 있습니다. 두려움, 공포, 죄책감, 외로움, 무력감은 모두 통증을 커지게 할 수 있는 마음입니다. 반대로 통증을 느끼면서 감사하는 마음을 가질 수 있다면, 이때 통증이 현저하게 감소함을 감지할 수 있습니다. 이처럼 마음의 자세가 고통을 느끼고 견디는 능력에 영향을 준다는 생각은, 이론적으로만 설명되는 것이 아니라 많은 과학적인 연구와 실험을 통해서도 입증되고 있습니다.

다시 정리하면 우울함, 외로움 등 아상은 외부 자극에 통증을 더욱 커지게 하며, 따라서 성내는 마음, 원망하는 마음도 더 커지게 됩니다. 반대로 감사하는 마음, 자비로운 마음 등 아상을 소멸하는 마음은 외부의 큰 자극에도 통증을 감소시키고, 따라서 원망심도 줄어들게 됩니다. 아상이 소멸하고 참나가 분명히 드러난 세계는 보통사람이 상상할 수 없는 별천지로, 그 세계에서는 고통스러운 상황도 고통으로 느껴지지 않으며, 원망심이 일어날 상황에서도 전혀 원망할 마음이 나지 않습니다. 그 세계 사람들 즉 보살들에게 인욕바라밀은 보통사람들이 생각하는 것 같은 인욕바라밀이 아니며 억지로 이름하여 인욕바라밀이라 하는 것입니다. 보살들은 다음과 같은 경전의 내용처럼 성낼 일이 전혀 없는 것입니다.

"과거세에 가리왕이라는 심성이 고약한 임금이 있었다. 그 임금이 산속으로 사냥을 나왔는데 당시 나는 그 산속에서 인욕행忍辱行의 수도를 하고 있었다. 가리왕이 식후 곤히 잠들었는데 왕과 함께 왔던 궁녀들이 왕이 잠든 틈을 타서 수도 중인 내 주위로 몰려들었다. 잠을 깬 가리왕이 궁녀들을 찾다가 그들이 나를 둘러싼 모습을 보고 질투하여 불같이 화를 내었다. '너는 어찌하여 나의 궁녀를 탐하느냐?' '나는 모든 여색을 탐하지 아니한다.' '어찌하여 여색을 탐하지 않는다고 하느냐?' '나는 계를 가지노라.' '계를 가진다는 것은 무엇을 말하는가?' '인욕을 닦는 것이니 이는 곧 계를 가짐이다.'

이때 왕이 칼을 빼어 나의 몸을 베었다. '아프냐?' '아프지 않다.' 왕이 곧 나의 몸의 마디마디를 자르고 묻기를 '원망스럽고 화나는 마음이 없느냐?'고 하였다. 나는 '원한이 없거늘 화내는 마음이 어디 있겠느냐?' 이때 하늘이 노하여 돌비를 내리니, 왕은 두려워하고 나의 몸은 상처 하나 없이 여전하였다."

이 불경의 내용 중, 여색을 탐하지 않음은 아상이 소멸하였다는 증거요. 아상이 소멸한 사람은 몸에 칼을 대도 보통사람이 생각하는 것처럼 통증을 느끼지 않을 것이요, 따라서 성내거나 원망심이 생기지 않을 것입니다. 원망심이 없는 사람은 누가 "당신은 큰 인욕행을 하였소" 하여도 인욕행을 했다는 자만심을 내지 않습니다.

"수보리여, 또 생각해보니 과거 오백 생 전에 나는 인욕선인 노릇을 하였다. 그때에도 나는 아상도 없었고 인상 중생상 수자상도 없었느니라."
"須菩提야, 又念하니 過去於_五百世에 作忍辱仙人할새 於爾所世에 無我相 無人相 無衆生相 無壽者相이니"

가리왕 이야기는 부처님께서 전생에 수행자 노릇을 하실 때 이야기로써, 모두 확신에 찬 체험의 말씀이요 생명이 있는 법문이라 하겠습니다. 가리왕에게 온몸이 갈기갈기 찢기기도 하며 오백 생 전에는 인욕선인 해 보니, 세상의 모든 두려움, 성냄, 괴로움이란 것이 마음 밖의 그 무엇이 아니라 마음속의 탐진치 즉 아상(인상 중생상 수자상 포함) 때문이더라는 말입니다. 내가 과거 생에 인욕선인 노릇을 할 때 아상을 잘 닦았더니, 정말 어떤 경우에도 성낼 일도 없고 누가 상해를 가해도 아프지 않은 것을 확실히 알겠다는 이야기입니다. 아상이 곧 모든 문제의 핵심이니 아상을 잘 닦으라는 당부의 말씀이기도 합니다. 다음은 이와 같은 부처님의 말씀을 잘 실천하여 행복에 도달한 티벳의 승려 이야기입니다.

1959년 티벳에서 중국에 대항하는 봉기가 일어났을 때 나는 노블랑카에 있는 티벳 부대에 소속되어 있었다. 봉기는 제압되고 결국 중국인에게 잡혀 나는 세 형제와 함께 감옥에 갔다. 나의 세 형제는 감옥에서 죽음을 당했고 나머지 두 형제도 중국인들의 손에 죽었다. 부모님은 강제 노동 수용소에 끌려가서 돌아가셨다. 중국인에 대해서 큰 원망심이 날만 하였다. 나는 감옥에서 지금까지 승려로 살아온 인생을 되돌아보며, 아직 자신이 훌륭한 승려가 되지 못함을 반성했다. 그리고 진정한 승려가 되기로 다짐하며 부지런히 수행했다. 나는 감옥에서 고문이나 구타를 심하게 당했으나 그때마다 이 고난은 내 죄업의 소멸이거니 하고 생각하며 그들을 원망하지 아니하고 감사했다. 따라서 나는 몸은 고통스러웠어도 마음만은 아주 행복했다.

〈달라이라마의 행복론(김영사, 2001)〉

여기서 고문하고 구타한 그들을 원망하지 않았다는 것 그리고 행복을 얻었다는 것은 아상 인상 중생상 수자상이 없었다는 이야기라 하겠습니다.

"그러므로 보살은 마땅히 모든 상을 떠나서 아누다라삼막삼보리의 마음을 내되,"

"是故로 須菩提야, 菩薩은 應離一切相하고 發阿耨多羅三藐三菩提心일새,"

여기서 일체의 상이란 마음 밖의 상相이 아니라 마음속에서 각종 생각들 즉 아상이 지껄이는 소리를 말합니다. "발아누다라삼막삼보리심"은 부처님을 사모하며 닮으려는 마음이라 할 수 있겠습니다. 따라서 이 내용은 다음과 같이 해석할 수 있습니다.

그러므로 보살들이여, 마음속에 '가짜 나'인 아상이 지껄이는 소리에 속지 말아라. 아상이 지껄이는 소리란 "놀자. 빨리 하자. 왜 안 되나. 잘된다. 심심하다" 등 희로애락의 소리인 것이다. 부처님 향하지 않고 이러한 소리에 빠져든다면, 이는 불행과 고난의 길, 악도의 길을 가는 것이다. 아상이 지껄이는 소리가 들릴 때 그런 생각을 모두 부처님께 바쳐라. 부처님 뜻을 따르려, 부처님 기쁘게 해 드리려 하고, 부처님을 닮으려 하여라.

부처님을 사모하고 부처님을 기쁘게 해 드리려 하면, 다음 수도인의 시구와 같이 저절로 부처님을 닮을 수 있을 것입니다.

임에게는 아까운 것이 없어
무엇이나 바치고 싶은 이 마음
나는 거기서 보시布施를 배웠노라.

임께 보이고자 애써
깨끗이 단장하는 이 마음
거기서 나는 지계持戒를 배웠노라.

임이 주시는 것이면
때림이나 꾸지람이나 기쁘게 받는 이 마음
거기서 나는 인욕忍辱을 배웠노라.

천하에 하고많은 사람 중 오직
임만을 사모하는 이 마음
거기서 나는 선정禪定을 배웠노라.

자나 깨나 쉴 새 없이
임을 그리워하고 임 곁으로 도는 이 마음
거기서 나는 정진精進을 배웠노라.

내가 임의 품에 안길 때에
기쁨도 슬픔도 임과 나의 존재도 잊을 때에
나는 살바야薩婆若를 배웠노라.

이제 알았노라 임은
이 몸에 바라밀을 가르치려고
짐짓 애인의 몸을 나툰 부처시라고.

〈춘원 이광수, 애인 육바라밀〉

"색을 보되 선입견이 없어야 할 것이며, 소리·향기·맛·촉감·알음알이를 대하더라도 또한 선입견이 없어야 할 것이다. 만일 선입견을 가지고 대한다면 이는 잘못된 길을 가는 것이다."

"不應住色生心이며 不應住聲香味觸法生心이며 應生無所住心이니 若心有住면 則爲非住니라."

우리는 주위의 현상을 대할 때, 비록 처음 보는 현상이라 하여도 언젠가 심어진 선입견에 의해 이미 호불호好不好를 판정하고 있습니다. 소리 냄새 등 주위에 느껴지는 모든 것들이 비록 처음 받는 느낌이라도, 대개는 이에 대해 우리는 이미 어떤 주관적 판단을 하고 있습니다. 우리가 현상을 대할 때, 이미 현상에 대한 선입견이 있는 한 주住하지 않는 마음을 낼 수 없습니다.

어떻게 불응주색생심이나 불응주성향미촉법생심이 될 수 있을까요?

현상에 대한 우리의 선입견 즉 좋아하고 싫어하는 마음을 부처님께 바치는 것을 말합니다. 좋아하고 싫어하는 마음을 부처님께 바치면 어떻게 될까요? '주위에 있는 현상을 대할 때 좋고 싫은 우리의 선입견을 제거해야 세상의 도리가 잘 보일 것이다但莫憎愛 洞然明白.'라는 승찬 대사의 말씀과 같이 만일 마음에 어떤 선입견이 있다면 이는 보살이 가져야 할 자세가 아니라 하겠습니다.

"그러므로 부처님께서는 보살은 마땅히 색에 주해서 보시하지 말라 하셨느니라. 수보리여, 보살은 마땅히 모든 중생을 이익되게 하기 위하여 보시해야 한다. 여기서 부처님께서 말씀하신 모양이란 실은 모양이 아니요, 또 부처님께서 말씀하신 중생이란 또한 중생이 아니니라."

"是故로 佛說菩薩은 心不應住色布施니라. 須菩提야, 菩薩은 爲利益
一切衆生하야 應如是布施니라. 如來說 一切諸相이 卽是非相이며
又說一切衆生이 則非衆生이니라."

그러하니 보살들아! 어떤 선입견에 이끌려 베풀지 마라. 티 없
이 베풀고 계산 없이 베풀라. 수보리여, 보살은 중생들에게 어떻
게 보시를 하는가? 그들에게 진정한 도움을 주기 위하여 보시할
뿐이다. 순수하게 계산하는 마음 없이 베풀 때 그 순수한 마음에
동화되어 중생들은 부처님께 좋은 마음을 낼 수 있는 것이다.

중생이란 어리석다 그리고 불쌍하다는 뜻이 포함되어 있으나,
모든 선입견이 사라진 보살에게는 중생이라는 표현, 어리석다거나
불쌍하다는 표현을 사용하지 않는다. 왜냐하면, 이 표현들은 다
선입견에서 나온 주관적 판단이기 때문이다. 따라서 보살은 중생
을 어리석거나 불쌍한 존재로 보지 않음은 물론, 자신과 별개의
존재로도 보지 않는다. 어리석음이나 불쌍함이라는 선입견이 모
두 소멸된 보살은 중생을 부처님과 다르지 않은 존재로 여기게 되
는 것이다. 중생이 보기에 마음, 부처, 중생 이 셋은 달라 보이지
만 부처님이 보기에는 다 똑같다心佛及衆生 是三無差別.

〈화엄경〉

"수보리여, 부처님은 항상 참말을 하며, 실속 있는 말만 하며, 시
종일관하게 말을 한다. 허튼 소리나 이랬다저랬다 하지 아니한

다. 수보리여, 부처님께서 얻으신 진리는 실함도 없고 허함도 없느니라.”

“須菩提야, 如來는 是眞語者며 實語者며 如語者며 不_誑語者며 不_異語者니라. 須菩提야, 如來所得法은 此法이 無實無虛니라.”

수보리여, 보통사람들은 내 말에 믿는 마음을 내기 참 어려울 것이다. 그러나 수보리여, 내 말은 참이니라. 참 이익이 되는 말이니 반드시 실행하라. 이랬다저랬다 하는 것처럼 보이는 것은 그대들의 선입견으로 인해 나의 말을 잘못 들었기 때문이다.

'여래 소득법'이란 부처님의 사상이나 법식을 의미합니다만, 부처님의 사상이니 법식이니 하는 표현 즉 사람에게 사용하는 표현을 부처님께 사용하는 것은 적합하지 않습니다. 부처님은 사람이 아니고 전지전능한 신神이기 때문입니다.

그러나 부처님께 사람의 요소를 전혀 발견할 수 없다면 사람들과 감정을 함께 공유하며 친해질 수 없음은 물론이려니와, 사람들에게 부처님의 뜻을 실감 나게 전달할 수도 없을 것입니다. 사실 부처님의 사상이나 행동 양식은 도저히 인간이 이해할 수 있는 말로 다 설명할 수 없고, 인간의 잣대로는 잴 수 없다는 뜻에서 '무실'이라 하셨고, 그러나 인간에게 아무런 영향을 미치지 않는 것이 아니라 상당한 영향을 주기 때문에 '무허'라고도 하신 것입니다.

즉 당신의 인격은 인간이 상상할 수 있는 어떤 특징이 있다 할 수 없어도無實 중생들에게 감동을 주고無虛, 당신이 가지고 있는 사상이나 철학이 없는 것 같아도無實 사람들에게 어떤 사상가나 철학자보다 깊은 지혜를 주며無虛, 부처님의 행동은 아무 티가 없고 물 같고 바람 같지만無實 대단한 위력이 있다無虛는 뜻입니다. 무실무허는 마음을 잘 닦는 사람들의 일상생활에서도 쉽게 찾을 수 있습니다.

자꾸자꾸 달라 하면 더욱 얻지 못하고
두루두루 주려 하면 도리어 많이 얻네.
남 흉보기 좋아함은 마음속 진심의 탓
흉볼 때 시원해도 지나가면 허탈하네.

사람들에게 경천 당해도 여여부동하다면
성인들이 칭찬하고 무연환희無緣歡喜 샘솟네.
세상이 잘못이라 원인분석 하지 말고
제 마음에 분별 쉬면 도처가 극락일세.

잘난 마음 지속하면 지혜의 싹 소멸하며
배우는 맘 연습하면 지혜 광명 비추네.
세상의 모든 이치, 둘이 아니며
유실有實이 알찬 듯해도 실로는 무력하며
무실無實이면 무력無力인 듯 한없이 위력있네.

무실무허 성인의 뜻 잘 받들어 실행하면
부처님을 닮아가며 드디어는 성불하네.

윗글에서 탐내고 성내고 어리석음은 유실에 해당하고, 분별심이 쉬는 것은 '무실', 지혜 광명과 행복은 '무허'에 해당한다고 하겠습니다. 부처님께서는 무실무허를 좀더 구체적으로 설명하십니다.

"수보리여, 만일 보살이 마음에 선입견을 가지고 보시한다면, 이 사람은 어둠 속에 들어간 것과 같이 아무런 지혜 없음과 같고, 만일 보살이 마음에 아무 선입견 없이 순수하게 보시한다면, 이 사람은 눈을 뜬 사람이라 밝은 낮에 여러 색을 보는 것과 같으니라."

"須菩提야, 若菩薩이 心住於法하고 而行布施하면 如人이 入闇에 則無所見이니라. 若菩薩이 心不住法하고 而行布施하면 如人이 有目하고 日光이 明照하야 見_種種色이니라."

"수보리여, 만일 보살이 사람들에게 어떤 선입견을 가지고 베푼다면, 이 사람은 어두워서 아무것도 보지 못하게 되는 것과 같다." 이는 유실이므로 지혜가 없어진다는 설명입니다. 만일 보살이 사람들에게 아무 선입견 없이 순수하게 베푼다면, 이 사람은 밝은 낮에 눈으로 사물을 똑똑히 구분할 수 있는데, 이는 그의 마음이 무실이 되었기에 능력은 무허에 도달할 수 있다는 설명입니다. 즉 중생들은 마음 밖에 무엇이 있는 줄 알고 집착하므로有實 지혜가 없게 되지만, 밝은이는 마음 밖에서 무엇을 구하지 않고 따라서 집착하지 않으므로無實 지혜의 위력을 나타낸다고無虛 하겠습니다. 유실즉허 무실즉무허有實卽虛 無實卽無虛라는 말씀이 일상생활에서 주는 교훈은

다음과 같으며, 이를 통해 더욱 행복한 삶을 창조하라는 메시지가
포함되어 있습니다.

"수보리여, 미래세에 선남자선여인이 이 경을 수지독송하면 부
처님의 지혜로 이 사람이 무량무변공덕을 얻는 것을 다 보고 다
아느니라."
"須菩提야, 當來之世에 若有善男子善女人이 能於此經에 受持讀誦
하면 則爲如來 以佛智慧로 悉知是人하시며 悉見是人이 皆得成就
無量無邊功德이니라."

수보리여, 이 경 속에는 부처님의 마음이 담겨있다. 고귀한 인격
과 심오한 사상이 여러 곳에 펼쳐져 있다. 부처님의 불가사의한 법
식도 담겨 있다. 신심을 내어 이 글을 읽을 때 바로 부처님을 닮아
가리라. 신념으로 그 말씀을 다른 사람들에게 이야기해 주어라. 부
처님은 확실히 약속한다. 이 사람은 무량무변 공덕을 성취할 것을.

뜻 모르고 경 읽어도 부처님 향해져
아상이 줄어들고 마음이 상쾌하네.
뜻 알고 경 읽으며 부처님 공경 함께하면

아상의 벽 무너진 틈 부처님 광명 비추고,
재앙은 소멸하고 소원이 성취되며
마음속은 항상 기쁨, 최상의 행복 얻네.

아상이 사라진 곳 선입견 소멸되어
지혜가 충만하고 큰 불사 이룩하며,
자비심 두루 갖춰 많은 중생 도와주네.

금강경 책만 보아도 마음 절로 쉬고,
부처님 더욱 닮아 무량공덕 이룩하며,
부처님의 결정 얻어 큰 밝음 성취하네.

—

15

금강경을 수지독송하는 공덕이 매우 크다

持經功德分

한 스승 밑에서 큰 깨달음을 목표로 공부하는 두 수도자가 있다고 합시다. 두 수도자는 그야말로 생명을 거는 초인적인 노력으로 수도 생활을 하는 중이었습니다. 어느 날 스승은 그들 중 한 수도자에게 다가와서, "너는 큰 깨달음을 얻을 수 있는 충분한 소질이 있다. 시간문제이며 언젠가 반드시 깨치고야 말 것이다."라고 말씀하셨습니다. 스승의 말씀에 절대적인 믿음을 가지고 있는 그 수도자는 그 말씀을 듣고 대단히 기뻐하였고 희망이 넘쳐흘렀습니다.

스승의 격려를 들은 수도자와 그렇지 않은 수도자 중 어느 경우가 먼저 깨달음을 얻을까요? 우리는 금강경 15분에서 부처님께서 주시는 격려와 희망의 메시지를 발견할 수 있을 것입니다.

"수보리여, 만약 선남자선여인이 하루 중 오전에 항하의 모래 수

만큼의 많은 생명을 남에게 보시하고, 오후에 다시 항하의 모래 수만큼 많은 생명으로 남을 위하여 보시하고, 저녁에 다시 항하의 모래 수만큼 많은 생명으로 남을 위하여 보시하기를 한량없는 세월 동안 태어날 때마다 계속하였다. 여기 어떤 사람이 이 금강경 내용을 듣고 믿는 마음이 변치만 않아도, 그 공덕은 앞에서 말한 공덕보다 더 크나니, 하물며 이 금강경을 쓰고 지니고 읽으며 다른 사람을 위하여 그 내용을 이야기하는 공덕은 얼마나 크겠느냐? 수보리여, 요약하건데 이 경은 불가사의한 큰 공덕이 있느니라."

"須菩提야, 若有善男子善女人이 初日分에 以恒河沙等身으로 布施하고 中日分에 復以恒河沙等身으로 布施하고 後日分에 亦以恒河沙等身으로 布施如施 無量百千萬億劫에 以身布施하고 若復有人이 聞此經典하고 信心이 不逆하면 其福이 勝彼니 河況書寫受持讀誦하야 爲人解說이랴. 須菩提야, 以要言之컨데는 是經이 有不可思議不可稱量無邊功德이니"

지상에서 가장 소중한 가치는 생명입니다. 따라서 생명을 부처님께 드리는 행위는 어떤 고귀한 물건을 부처님께 드리는 행위보다 더욱 거룩한 일이 되며 따라서 그 공덕이 더욱 크다고 하겠습니다. 공덕이 위대한 이유는 아상이 더 많이 소멸되며, 많은 부처님 광명이 흘러들어오기 때문입니다. 아상이 소멸하는 크기에 있어서 생명을 드리는 행위는 신심불역이 동반되지 않는 금강경 독송의 행위를 훨씬 압도할 수 있을 것입니다. 그리고 한 생명도 아닌 무수히 많은 생명을, 그것도 하루에 세 번씩이나 각각 갠지스강의 모래 수만큼 보시한다고 하면, 아상이 모두 소멸하여 큰 밝음을 이룩할 수 있겠지요. 중생을 위하여 많은 목숨을 바친 공덕은, 다음의 글처럼 보통사람을 부처님으로 되게 하는 공덕이 됩니다.

… 내가 석가모니 부처님을 뵈오니 한량없는 오랜 세월 동안 어려운 일을 행하시어 공을 쌓으시고 덕을 쌓아 보살도를 구하시기를 잠시도 그치지 아니하셨습니다. 삼천대천세계의 넓은 땅 중 어떤 작은 겨자 씨만한 땅일지라도 이 보살이 중생을 위하여 목숨을 버리지 아니한 곳이 없습니다三千大千世界 無有芥子許地非是菩薩捨身命處. 중생을 위하여 이렇게 한 뒤에야 겨우 깨달음을 이루셨거늘 …

〈법화경 제바달다품〉

그러나 부처님께서는 이 금강경을 믿는 마음이 변치 않는다면, 그 공덕은 무수히 많은 생명을 쉴 새 없이 보시한 공덕보다 더 크다고 하십니다. 참 이해하기 어려운 말씀입니다. 하지만 이해하기 어려운 이 말씀을 이해할 수 있는 핵심은 바로 '신심불역' 즉 금강경을 믿는 마음이 변치 않는 데 있습니다.

여기서 부처님께서 말씀하시는 신심불역이란 무슨 뜻일까요?

금강경 3분에 "실무중생득멸도자實無衆生得滅度者"라 하신 것처럼, 아상은 분별의 산물이며 본래 없는 것이므로 우리는 본래 부처님과 조금도 다르지 않은 위대한 존재라 할 것입니다. 우리가 본래는 부처님과 조금도 다르지 않다는 사실에 대한 믿음, 그것이 바로 '신심 불역'이라 하겠습니다. 생명을 드리는 행위를 쉬지 않고 계속하면 당연히 아상이 소멸되고 드디어는 부처가 됩니다만, 아상을 소멸하는 행위를 하여도 우리가 부처와 다르지 않은 존재라고 믿고 실행하는 경우와 부처와 다른 존재라고 생각하며 실행하는 경우와는 그 성과 면에서 상당한 차이가 있을 것입니다. 금강경에서 부처님께서는 누누이 우리는 부처님과 다르지 않은 존재임을 일깨워주셨고, 금강경을 수지독송하면 반드시 밝음을 얻을 수 있으리라는 결정의 말씀도 하셨습니다.

결정이란 무엇인가? 결정이란 어떤 근거나 경험에 의존하여 내린 판단이 아니라, 그 말씀에 의지해서 그대로 전개되는 것이 특색입니다. 부처님께서 제자들에게 수기受記를 주시는 장면이 법화경에 여러 번 등장하는 데 이것은 일종의 결정이라 하겠습니다. 그 수기는 어떤 뚜렷한 근거에 의존하여 주셨다고 할 수 없으며, 반대로 그 말씀에 비롯하고 의지해서 부처가 된다고 할 것입니다. 따라서 결정의 말씀은 해석하면 안 됩니다. 이 말씀에 의존하여 공덕이 창조된다고 할 뿐입니다.

'신심 불역'하면 갠지스강의 모래 수보다 더 많은 생명을 보시한 복보다 더 많다는 뜻은, 희망의 메시지 없이 공부하는 사람이 제아무리 열심히 공부해도, 희망의 메시지를 품고 공부하는 사람이 공부 성과가 더 크다는 말씀입니다. 금강경에 대한 최고의 예찬이요 획기적인 말씀이라 하겠습니다. 이러한 부처님의 희망의 메시지를 생각하면 누구나 금강경을 만난 것에 대해 깊이 감사드리는 마음이 날 것입니다.

부처님께서 결정하신 법, 참으로 감사하여라.
어둠 속에서 광명의 빛 찾을 수 있고
불가능 속에서 '가능'의 희망 찾네.

논리가 없고 근거 없다 하여도
부처님의 말씀 분별의 대상 아니며
경험을 말씀하시면 그대로 믿고
비유로 설명하시면 즐겁게 받아들이고
자신의 경험과 다르고 상식과 달라도
의심하거나 분별심을 내지 마세.

본래 부처 모양이 영험한 것 아니요,
도인 계신 절에 부처님이 영험하듯,
좋은 말씀이 공덕이 아니라
부처님이 말씀하셨으니 공덕이라.

부처님 아니 계시면 불법 아니니
말이 화려해도 그 말만 따르지 말라.
'금강경' 하는 소리에도 신심 낼 때
참 공덕이 함께 하리.

"부처님의 이 가르침은 대승의 마음을 낸 사람이나 최상승의 마음을 낸 사람을 위해서 이야기 한 것이다."

"如來 爲發大乘者說이시며 爲發最上乘者說이시니라."

금강경 15분에서 부처님께서는 유례없이 경전의 공덕이 장엄함을 말씀하셨습니다만, 이는 단순히 경의 공덕이 위대함을 설명하셨다기보다 경에 대한 새로운 선언과 약속을 하셨다고 보아야 합니다. 이 경을 수지독송하면 수많은 생을 살아오며 지은 업보업장을 모두 잘 닦아 이번 생에 부처님이 될 것이라는 결정의 말씀을 하신 것입니다. 그런데 이 결정의 말씀은 아무에게나 적용되는 것이 아니고 대승의 마음을 낸 사람이나 최상승의 마음을 낸 사람, 즉 부처님의 말씀을 받아들일 준비가 되어있는 사람에게만 축복이 된다는 말씀입니다.

대승자란 그 용심이 자기가 잘되는 데 있지 않고 부처님 시봉에 있는 사람을 의미하며, 최상승자는 대승자보다 더욱 부처님을 기쁘게 해 드리기 위한 삶을 사는 사람, 즉 부처님만이 절대인 사람을 의미한다고 하겠습니다. 자신의 일보다 부처님 시봉에 더욱 마음을 내는 사람, 부처님을 절대로 아는 사람만이 보배로운 법비의 축복을 다 받을 수 있다는 뜻이겠지요. 의상 스님의 〈법성게〉에서도, '중생에게 이익이 되는 보배로운 비가 온 우주에 가득하건만, 받아들일 준비가 된 정도에 따라서 제각각 받아들여지네雨寶益生滿虛空 衆生隨器得利益.'라 하였는데, 이는 아무리 좋은 법비라도 받아들일 준비가 된 사람에게만 축복을 내린다는 뜻이라 하겠습니다.

"만일 어떤 사람이 이 금강경을 수지독송하고 널리 다른 사람을 위하여 설명하여 줄 것 같으면, 부처님은 그 사람이 헤아릴 수 없고 말할 수 없고 끝이 없는 불가사의한 공덕을 성취하는 것을 확실히 알고 보시나니, 마치 부처님의 아누다라삼막삼보리를 감당한다 할 것이다."

"若有人이 能受持讀誦하야 廣爲人說하면 如來 悉知是人하시며 悉見是人이 皆得成就不可量 不可稱 無有邊 不可思議功德이니 如是人等은 則爲荷擔 如來 阿耨多羅三藐三菩提니라."

부처님께서는 경을 수지독송하면 이번 생에 부처가 되리라는 결정의 말씀을 계속하고 계시는데, 위의 구절을 알기 쉽게 의역하면 다음과 같습니다.

만일 어떤 사람이 이 경을 신심으로 읽고 기쁨과 신념에 넘쳐 널리 다른 사람들에게 그들의 진정한 행복을 위하여 즐겁게 이야기해 줄 수 있다면, 이 사람은 말할 수 없이 한량없고 끝도 없는 공덕을 이룰 것이다. 나는 분명히 약속한다. 이 사람은 부처님께서 주시는 최상의 선물, 즉 아누다라삼막삼보리도 감당할 사람이라는 것을.

"왜냐하면 수보리여, 만일 작은 진리를 좋아하는 사람은 아견 인견 중생견 수자견에 집착하므로, 이 금강경을 제대로 이해하거나, 받아들이거나, 독송하거나, 남들이 알아듣도록 설명하지도 못할 것이다."

"何以故오 須菩提야, 若樂小法者는 着我見 人見 衆生見 壽者見일새, 則於此經에 不能聽受讀誦하야 爲人解說이니라."

왜냐하면, 소승법을 좋아하는 사람은 이기적이어서 이러한 가르침을 받아들일 준비가 되어있지 않으므로, 설사 이 경을 들어도 잘 들리지도 않을 것이며 따라서 신심도 나지 않아 신념에 도달할 수 없을 것이다. 또한 다른 사람에게 밝아지도록 이야기해 줄 수 없음은 물론이다. 소승법을 좋아하는 사람이란, 자신의 문제나 고통, 구원에만 관심이 있을 뿐 다른 사람의 문제나 고통 그리고 구원에는 관심이 없는 사람을 말합니다. 즉 부처님 시봉이나 부처님 기쁘게 해 드리는 각종 불사에는 관심이 없다 하겠습니다. 따라서 이러한 사람은 부처님의 가르침을 속속들이 받아들일 준비가 되어 있지 않을 것입니다.

대승과 소승은 어떻게 구분할까요? 한 스님의 칼럼을 예로 들어보겠습니다.

예전에 가톨릭 재단의 대학교에서 700여명의 청중 앞에서 강연한 적이 있었다. 한 시간 남짓한 강연에 이어 청중들과 질의 응답시간을 가지게 되었고 쏟아지는 흥미로운 질문들에 최선을 다해 답변하고 있었다. 갑자기 강당 2층 끝에 있는 한 학생이 손을 번쩍 들더니 말한다. "스님들은 세상에서 가장 이기적인 존재예요. 그래서 저는 스님이 싫어요. 왜냐? 스님들은 부모님도 떠나고 가족이나 사회에 대해서도 무관심하고 자기 자신만을 챙기거든요. 어떻게 이 어려운 시기에 가족을 저버릴 수 있어요? 그럴 게 아니라 가족과 함께 살다 결혼도 하고 가정도 꾸려가면서 사회에 일조해야 하는 것 아닌가요? 어떻게 생각하세요?" 황당한 듯 여기저기서 웃음이 터져 나온다. 앞쪽에 있는 청중들은 누구인지 궁금해 하며 뒤돌아본다. 정말 용감하거나 아니면 무례하기 짝이 없다는 생각이 든 모양이다. 나는 그냥 웃기만 했다. 당시 강당에는 수녀님 여남은 분과 신부님 대여섯 분이 계셨다.

이러한 학생의 질문에 대하여 나는 다음과 같이 답변하였다. "학생이 스님이 싫다면 수녀님들도 싫어해야 합니다. 왜냐하면, 수녀님들도 스님들과 마찬가지로 출가하였기 때문입니다. 스님이나 수녀님들도 싫다면 신부님도 싫어해야 하지요. 이들은 학생들을 위하여 출가하였습니다. 그리고 스님, 수녀님, 신부님이 싫으면 예수님, 부처님도 싫어해야 합니다. 이 두 분은 저희에게 부모, 가족 그리고 집을 떠나라고 말한 장본인이시거든요." (중략) 신부님께서는 설교단에서 "예수님께서는 나를 위해 자기 부모와 아내와 자녀와 형제자매를 떠나라고 하셨습니다."라고 강론하셨고, 이 말은 내게 유도탄이 되어 회색 승복을 입고 수행의 길을 걷게 하였습니다.

〈조선일보 칼럼, 2003. 10. 6〉

스님의 출가는 이기적이 아닌 이타행이라는 근거로 제시한 논리입니다. 그 스님은 신부님이나 수녀님이 자기 자신만을 위해 성직자가 된 것이 아니라 예수님의 뜻을 기쁘게 해 드리기 위하여 출가하였기에 이기적이 아닌 것처럼, 스님들의 출가도 부처님의 뜻을 따라 출가

하였기에 이기적이 아니라는 논리의 이야기입니다.

부처님의 뜻을 따르고 부처님 기쁘게 해 드리려는 마음은, 아상을 소멸하는 마음이요 대승의 정신이라 할 것입니다. 아무리 좋은 말씀도 그것이 부처님을 기쁘게 해 드리기 위해 행하는 것이 아니라면 소승법이고 이기적이며 아상을 키우는 법이 되기 쉽습니다. 출가를 하되 자신의 도통을 목표로 하기 보다는 부처님 뜻을 따르고 기쁘게 해 드리며 이타행을 실천할 때, 아상의 벽이 허물어지고 무량무변 공덕을 성취할 수 있을 것입니다. 반대로 출가하되 내가 수도하여 도통하겠다고 한다면 이것은 소승의 정신이 되기 쉽습니다. 이러한 용심은 아상을 소멸하기보다는 아상을 키우는 결과가 되기 쉬우므로, 주위 사람들에게 아무런 도움도 주지 못함은 물론 밝아지기도 어려울 것입니다.

"수보리여, 어디든지 만약 이 금강경이 있는 곳이라면 그곳은 모든 세계의 인간, 하늘나라 사람, 아수라가 으레 와서 공양하게 될 것이다. 마땅히 알아라. 그곳은 곧 부처님 모신 탑과도 같으니라. 모두 공경하며 절하고 주위를 돌며 아름다운 꽃과 향으로 그곳에 뿌릴 것이다."

"須菩提야, 在在處處에 若有此經하면 一切世間 天人 阿修羅 所應供養하리니 當知此處는 則爲是塔이라. 皆應恭敬作禮圍遶하야 以諸華香으로而散其處니라."

부처님께서는 이 경을 수지독송하는 사람은 수없이 많은 생을 살아오면서 지은 업보업장을 모두 잘 닦아 이번 생에 부처님이 될 것을 선언하시고 약속하셨습니다. 그 사람은 곧 밝아질 사람, 그가 있는 곳은 부처님이 계시는 곳과 다름없다고 하십니다. 따라서 모든 지혜 있는 중생들(모든 세계의 인간, 하늘나라 사람, 아수라)이 공경 공양할 것이며 꽃과 향으로 장엄할 것이라고 증언하십니다.

—
16
능히 업장을 닦아 맑게 함
能淨業障分

"다시 수보리여, 선남자선여인이 이 경을 수지독송하여도 다른 사람에게 가볍고 천한 대우를 받는다하자. 이 사람이 금강경을 수지독송하지 않았다면, 선세에 지은 죄업으로 인하여 반드시 후세에 악도에 떨어지리라. 그러나 금강경을 수지독송하면 경천의 보를 받음으로 전생에 지은 죄업이 소멸되어 내생에도 악도에 떨어지지 않음은 물론, 반드시 아누다라삼막삼보리를 얻게 되느니라."

"復次 須菩提야, 善男子善女人이 受持讀誦此經하되 若爲人輕賤하면 是人은 先世罪業으로 應墮惡道언마는 以今世人이 輕賤故로 先世罪業을 則爲消滅하고 當得阿耨多羅三藐三菩提니라."

부처님께서 2,500여 년 전 하신 말씀이지만, 부처님께서 오늘날 현대사회에 오셨다면 우리를 위하여 알기 쉽게 자세히 풀어 말씀하실 것입니다. 다음과 같이 상상해 봅니다.

수보리여, 그대들은 태어나면서부터 괴로움을 느꼈고, 좋아하는 사람을 못 만나 괴로워했으며, 싫어하는 사람과 함께 사는 것도 괴로워하였다. 부귀영화를 구하지 못하여 괴로워했고, 이로 인한 근심, 걱정, 번민이 많아서 괴로웠다. 늙어가며, 병들어서 괴로웠고, 죽음에 대한 공포로 괴로웠다. 그래서 그대들은 이 세상을 고해라 하였다.

어이하여 이 세상은 이토록 괴로움이 많을까? 이 괴로움이란 다른 사람이 주는 것이 아니요, 그대들이 오랜 세월 전부터 지어온 한량없는 죄업이 불러온 결과일 뿐이다. 남에게 업신여김을 받는 것, 천대를 받는 것, 다 자신이 저지른 죄업의 결과이다. 그대들은 본래 나와 똑같은 위대한 존재요, 한량없는 복을 누릴 자격을 갖춘 존재요, 죄업과는 무관한 존재였다. 그러나 아주 오랜 세월 전에 자신이 부처님과 똑같이 위대한 존재임을 망각하였고, 중생다운 것을 좋아하는 마음이 생겼다. 이 좋아하는 마음이 점점 발전하여 본래는 있다고 생각지 않았던 '나'라는 존재를 있는 것으로 착각하고, '나'가 있으니 상대가 존재한다고 착각하며 각종 괴로움이 꼭 존재하는 것처럼 여기게 되었다.

수보리여, 그대들이 지금 금강경을 독송하더라도 다른 사람들로부터 멸시를 받는다고 하자. 그러면 이 경천의 괴로움이 본래 존재하는 것이냐? '나'니 상대니 하는 것이 착각일 뿐 실로는 없는 것이라면 경천의 괴로움이 어디 있다 하겠느냐? 그러나 괴로움이 분별일 뿐 본래 없다는 부처님의 가르침을 받아들이지 않고 괴로움이 꼭 있다고 생각하는 것은, 그대들의 죄업이 너무 깊게 물들었기 때문이다 於諸欲染 貪著深故.

그대들이 금강경을 수지독송하는 것은 무슨 뜻이냐? 바로 '내가 겪고 있는 경천의 괴로움은 다 내가 지은 죄업의 탓이다. 하지만 그 죄업이 착각일 뿐 본래는 없는 것이요, 그로 인한 경천의 괴로움 또한 다 착각이다.'라고 선언하는 것과 같다. 이러한 선언인 금강경의 수지독송은 그대들의 죄업을 소멸케 하고 경천의 괴로움에서 벗어나 안락하게 한다.

그러나 수보리여, 경천의 괴로움이 본래 없으므로 또한 싫어해야 할 이유도 없다. 죄업이 많은 중생이 경천의 괴로움이 있었기에 자신의 죄업이 있는 것을 알게 되니, 경천의 괴로움이란 마치 자기 죄업의 모습을 비추어 주는 거울과도 같다. 경천의 괴로움을 겪지 않았다면 경천의 근본인 죄업을 발견할 수도 죄업의 뿌리를 뽑을 수도 없었을 테니, 경천의 괴로움을 싫어하지 말고 오히려 감사해야 할 것이다. 경천의 괴로움을 받음으로써 죄업이 소멸하여 밝아지는 데 장애가 없어지며, 금강경을 독송하므로 부처님과 조금도 다르지 않은 위대한 존재임을 확인하여 반드시 최고의 행복을 얻게 되리라 當得阿耨多羅三藐三菩提.

만일 그대들이 금강경의 부처님 말씀을 만나지 못하면 어떠하였을까? 그대들은 경천의 괴로움을 야기시킨 죄업을 발견할 수 없고 소멸하는 방법도 알지 못하였기에, 이 세상을 괴롭다고 원망하다가 각종 재앙을 당하고 드디어는 악도에 떨어지고야 말 것이다 應墮惡道.

경천의 고통이 자신의 죄업임을 알아 그 죄업을 수도로써 극복하고 드디어 밝은 행복을 맛본 사람을 요사이에도 발견할 수 있습니다. 다음은 중국 공산당 체제에서 아무런 이유 없이 20년 동안 감옥 생활하며 심한 고문을 받아 제대로 걸을 수도 없었던 티벳의 한 스님 이야기입니다.

고문한 사람에게 감사합니다. 나는 그분들에게 인욕과 자비를 배웠습니다. 지난 20년 동안 나는 행여나 그들을 대할 때 그들에 대한 자비심을 잊어버릴까 두려워했습니다. 그런 나를 두고 다른 사람들은 20년 동안 감옥살이의 험악한 상황에서도 얼굴이 변하지 않고 여전히 젊다고 합니다.

〈법보신문, 2004. 10.〉

감옥에 20년 동안 갇힌 것 그리고 고문과 구타를 당한 것은 선세 죄업에 해당될 것입니다. 말하자면 이 스님은 언제인가 이처럼 고통을 당할 만한 죄를 지었음이 틀림없습니다. 그러나 이 스님은 그 고통이 자신이 선세에 저지른 죄업의 결과임을 알고, 또 이 기회가 선세죄업을 참회할 기회임을 알며, 원망하지 않고 고문한 사람에게 감사했습니다. 그 결과 선세죄업을 소멸하였고 따라서 한없는 행복을 맛보았다 할 것입니다.

죄가 많다고 참회하는 순수한 티벳의 스님
그 스님보다 더 나을 자신이 없다면

누구나 많은 죄를 지었을 것입니다.
이것이 무시겁 업보 업장이라 할 터인데
그리스도교의 원죄와 다르지 않아 보입니다.

이것 때문에 무상을 느끼고
이것 때문에 온갖 고통을 느끼고
이로부터 근심 걱정 생기며
종교의 필요성을 느끼고
수도를 하게 됩니다.

수도의 목표인 깨달음이란
자기 죄가 없어지고 아상이 소멸되는 것.
병적인 착각 증세가 사라지며
제정신 돌아와 정신이 건강해지고
고향에 돌아와 부처님 만나는 것입니다.

모든 생각 부처님께 바치는 일 실천하면
경천을 당함으로 경천인연 해탈하고
근심 걱정을 통하여 참 행복을 찾게 되고
아상 속에서 참나를 찾으니
승과 속이 다르지 않고
정법과 사법을 구분하지 않습니다.

보통사람들은 경천을 고난으로 보고 싫어하지만 보살은 경천을 고난으로 보지 않고 싫어하지도 않습니다. 선세죄업이 소멸되어 존귀해질 때가 온 것으로 알고 감사합니다. 이처럼 보살은 경천과 존귀를 다르지 않게 볼 수 있으며 마찬가지로 고통과 즐거움을 다르지 않게 보며 나아가서는 번뇌와 보리, 중생과 부처를 다르지 않게 봅니다. 이러한 불이不二의 정신이 곧 보살의 정신이요, 만인에게 존경받고 사랑받는 정신입니다. 불이의 정신을 실천하는 보살은 정신이 건강해져 많은 사람의 사랑을 받고 의지처가 되는 것을 다음 수행자의 시 속에서 발견할 수 있습니다.

내가 당신을 사랑하는 것은 까닭이 없는 것이 아닙니다.
다른 사람들은 나의 홍안紅顔만을 사랑하지만
당신은 나의 백발도 사랑하는 까닭입니다.

내가 당신을 그리워하는 것은 까닭이 없는 것이 아닙니다.
다른 사람들은 나의 미소만을 사랑하지만
당신은 나의 눈물도 사랑하는 까닭입니다.

내가 당신을 기다리는 것은 까닭이 없는 것이 아닙니다.
다른 사람들은 나의 건강만을 사랑하지만
당신은 나의 죽음도 사랑하는 까닭입니다.

〈사랑하는 까닭에〉

한용운 스님의 시 〈사랑하는 까닭에〉에서 당신은 홍안과 백발, 미소와 눈물, 건강과 죽음을 평등하게 볼 수 있는 튼튼한 정신의 소유자, 즉 보살을 말한다고 하겠습니다.

"수보리여, 내가 생각하니 과거 오랜 옛날 연등부처님 이전에 8백4천만 억 나유타의 수 즉 이루 헤아릴 수 없이 많은 부처님을 뵈올 수 있었고, 그 많은 부처님을 다 공양하고 섬기기를 한 분도 빠뜨리지 않았느니라.

만약 훗날 말세에 이 경을 받아서 능히 독송하는 사람이 있다면, 그가 얻는 공덕은 내가 모든 부처님께 공양하여 얻은 공덕이 그 공덕의 백 분의 일, 천만 억 분 의 일도 안되며 그 어떤 큰 수로 비교해도 능히 미칠 수가 없다.

수보리여, 만일 말세에 선남자선여인이 이 경을 수지독송하여 얻을 공덕을 내가 다 이야기한다면, 너무나 그 공덕이 크고 위대한 것에 놀라고 두려워 의심하고 믿지 않을 것이다. 왜냐하면, 이 금강경이 가지고 있는 뜻이 불가사의한 것처럼 과보 또한 불가사의하기 때문이니라."

"須菩提야, 我念하니 過去無量阿僧祇劫에 於然燈佛前에 得値八百四千萬億那由他諸佛하야 悉皆供養承事하야 無空過者니라. 若復有人이 於後末世에 能受持讀誦此經하면 所得功德은 於我所供養諸佛功德이 百分에 不及一이며 千萬億分乃至算數譬喻에 所不能及이니라.

須菩提야, 若善男子善女人이 於後末世에 有受持讀誦此經하면 所得功德을 我若具說者ㄴ데는 或有人이 聞하고 心則狂亂하야 狐疑不信하

리라. 須菩提야, 當知是經義가 不可思義일새 果報도 亦不可思議니라."

부처님께 공양한 공덕이 얼마나 클까요? 그 공덕을 금강경을 수지 독송한 공덕과 비교한다면?

백 명의 악한 사람에게 공양하는 것보다 선한 사람 한 명에게 공양하는 것이 낫다.

천 명의 선한 사람에게 공양하는 것보다 오계를 지키는 한 명에게 공양하는 것이 낫다. 만 명의 오계를 지키는 사람에게 공양하는 것보다 한 명의 수다원에게 공양하는 것이 낫다. 백만의 수다원에게 공양하는 것보다 한 명의 사다함에게 공양하는 것이 낫다. 천만의 사다함에게 공양하는 것보다 한 명의 아나함에게 공양하는 것이 낫다. 일억의 아나함에게 공양하는 것보다 한 명의 아라한에게 공양하는 것이 낫다.

십억의 아라한에게 공양하는 것보다 한 명의 벽지불에게 공양하는 것이 낫다.

백억의 벽지불에게 공양하는 것보다 한 명의 삼세제불에게 공양하는 것이 낫다.

천억의 삼세제불에게 공양하는 것보다 생각도 없고 주함도 없으며 닦지도 아니하고 증득도 아니한 한 분을 공양하는 것이 낫다.

〈사십이장경四十二章經〉

이 경의 말씀 중 생각도 없고 주함도 없으며 닦지도 아니하고 증득도 아니한 한 분의 공양이란 바로 '금강경 수지독송'이라 하겠습니다. 부처님께서 결론적으로 말씀하신 "당지시경의가 불가사의하고 과보도 불가사의하다."에서, 다음과 같이 신심의 필요성과 축복의 당위성이 담긴 메시지를 발견할 수 있습니다.

금강경의 내용을 자세히 해석하기에 앞서 우선 잘 믿어라. 그리고 기쁘게 수지독송하여라. 그러면 영원히 악도에 떨어지지 않는 불퇴전不退轉의 행복을 얻으리라.

모든 이름 남성화하를
모든 연령을 갖아라

·

제3부

17

결국 나라는 것은 없다

究竟無我分

　　부처님께서는 부처님 말씀을 잘 알아듣지 못하는 사람들을 더 잘 일깨워 주시기 위하여 금강경 내용을 3회 반복하여 말씀하셨다고 합니다. 금강경 17분은 3분의 내용을 그대로 반복한 것처럼 아주 유사함을 알 수 있으며, 금강경이 마지막으로 잘 정리되는 느낌입니다.

　　그때 수보리 존자가 부처님께 말씀드리기를,
　　"선남자선여인이 아누다라삼막삼보리의 마음을 낼 때 어떻게 머무르며 어떻게 그 마음을 항복받겠습니까?"
　　爾時에 須菩提 白佛言하되,
　　"世尊하, 善男子善女人이 發阿耨多羅三藐三菩提心인데는 云何應住며 云何降伏其心이니잇고."

보통사람들은 "부처가 되려면 어떻게 수도해야 합니까?" 하고 자기 분수를 모르는 질문을 할 수 있습니다. 그러나 수보리 존자와 같이 지혜로운 분이라면, 겸손하고 배우는 사람답게 질문하였을 것입니다.

"부처님이시여, 죄업으로 뒤덮인 중생들이 부처님께 깊은 신심을 내고 부처님의 위대함에 깊이 존경하는 마음을 내어, 부처님을 따르고 닮고 싶다면 어떤 마음으로 수도해야 하겠습니까?"

부처님께서 수보리 존자에게 말씀하시기를,
"사람들이 부처님을 닮고 그 길을 따르려 한다면 마땅히 다음과 같이 마음을 내어야 한다. 내가 마땅히 모든 중생을 제도하겠다 하여라. 모든 중생을 다 제도한 후에는 실로 한 중생도 제도받은 자가 없느니라."
佛告 須菩提하사되,
"善男子善女人이 發阿耨多羅三藐三菩提者ㄴ데는 當生如是心하되 我應滅度 一切衆生하리라하라. 滅度一切衆生已코는 而無有一衆生이 實_滅度者니라."

부처님께서는 이 내용을 다음과 같이 알기 쉽게 풀어서 말씀하실 것으로 생각해 봅니다.

나는 그대들의 삶에서 일어나는 모든 문제 그리고 가지가지의 고통이 모두 자신의 마음(죄업)에서 비롯함을 알지 못하는 것을 늘 안타까워하였다. 그러나 이제 그대들의 공부 수준도 상당히 높아져, 주위에서 일어나는 각종 사건이 다 마음에서 비롯된다는 일체유심조一切唯心造의 진리를 이해할 수 있게 되었다.

그대들은 중생이나 멸도라는 것이 마음 밖의 현상이 아니요, 자기 마음속의 중생이요, 마음속의 멸도임을 알만큼 되었기에, 내가 "일체 중생을 멸도하겠다고 하여라."라고 말하였어도 그 참뜻은 그대들의 모든 생각이나 감정을 다 부처님 만들라는 뜻임을 잘 알 것이다.

생각이나 감정을 부처님 만든다는 것은 무엇을 뜻하느냐?

바로 자기 생각이나 감정을 '부처님!' 하는 마음과 바꾸는 것을 말한다. 자기 생각을 '부처님!' 하는 마음과 바꾸기 위해서 어떻게 할까? 모든 생각을 부처님께 바치면 된다. 여기서 부처님이란 그대들이 상상할 수 있는 어떤 형상이 아님은 물론이다.

수보리여, 나로부터 출발한 모든 생각 그리고 감정이란 다 착각으로 만들어진 허구의 작품이므로, 그 생각을 가지고 있는 한 그대들은 영원히 괴로움을 떠날 수 없을 것이요, 어두움을 면할 수 없다. 그러니 그대들이 진정 부처님을 닮고 싶다면, 자신의 생각이 모두 옳지 않은 줄 알고 부처님께 잘 바쳐라. 부처님께 바치는 순간부터 어두컴컴한 아상의 그림자는 사라지고 그 대신 밝은 부처님 광명이 함께할 것이다.

부처님의 광명이 비추어 참나가 드러날 것이요我, 도처에 극락세계를 발견할 것이요樂, 영원한常 행복의 길淨로 들어설 것이다. 그 세계에는 허구의 작품인 나와 너, 제도하는 사람과 제도받는 중생이 존재하지 않는다. 나누어 보는 마음이 없는 세계, 그 세계는 참 밝고 아름다운 세계이다.

이 글의 내용은 다음의 성경 말씀과 유사합니다.

"네 짐을 여호와께 맡기라. 그가 너를 붙드시고 의인의 요동함을 영원히 허락하지 아니하시리로다." 〈시편 55장 22절〉

"왜냐하면, 수보리여 만일 이 사람이 아상 인상 중생상 수자상이 있으면 참 부처님 뜻을 따르는 자가 아니니라."

"何以故오 須菩提야, 若菩薩이 有我相 人相 衆生相 壽者相이면 則非菩薩이니라."

왜냐하면, 수보리야 보통사람은 당연히 자신과 타인이 꼭 있는 줄 알고 이를 다르게 생각한다. 그러나 자신이 존재한다고 생각하는 것(아상) 그리고 자신과 타인을 다르게 보는 것(인상)은 다 이미 말한 바와 같이 심각한 착각 증세이다.

보살이란 무엇인가? 이 착각에서 벗어난 사람을 말한다. 따라서 보살은 자신이 꼭 존재한다고 믿지 않을 뿐 아니라 자신과 타인을 구분하지도 아니한다. 반대로 자신과 타인이 꼭 존재한다고 믿고 이를 구분하는 사람이 있다면, 이 사람은 보살이라고 할 수 없다.

"왜 그러하냐? 실제로는 아누다라삼막삼보리의 마음을 낼 법이 없기 때문이니라."

"所以者何오 須菩提야, 實無有法일새 發阿耨多羅三藐三菩提者니
라."

왜 그렇게 되는 줄 아느냐? 부처님을 닮으려고 뜻을 세운 사람들
은 이미 보통사람들이 아니다. 무엇인가 깨달음이 있었던 사람이다.
그들은 자신의 모든 생각이 착각이요 본래 없는 것임을 알았기에,
부처님을 닮는다거나 또는 부처님과 같은 존재가 되는 일이 가능하
다고 생각했다. 그들이 자신이나 자기 생각이 꼭 있는 것으로 믿는
한, 부처님을 닮겠다는 마음을 낼 수 없었을 것이다.

"수보리여, 내가 연등부처님 처소에서 수도 생활을 할 때 아누다
라삼막삼보리의 진리를 얻었는데, 진리를 얻은 표시가 있다 하
겠는가?"
"須菩提야, 於意云何오 如來 於然燈佛所에 有法하야 得阿耨多羅
三藐三菩提不아?"

내가 연등부처님 처소에서 수도하여 아누다라삼막삼보리를 얻었
다는 것은 착각에서 벗어났다는 것이요, 어둠 속에서 밝음으로 나
왔다는 뜻과도 같다. 밝음으로 나오니 보이지 않던 것이 보이고 답
답하던 것이 시원해졌다.
수보리여, 그대는 어떻게 생각하는가? 내가 아누다라삼막삼보리
를 얻었다고 하면 그 무엇인가 얻은 표시를 낸다고 생각하는가?

"아닙니다. 부처님이시여, 제가 부처님의 뜻을 헤아려 본다면 부처님께서는 연등부처님 처소에서 아누다라삼막삼보리의 진리를 얻으실 때, 진리를 얻은 표시는 그 무엇도 없습니다."

부처님께서 말씀하셨다.

"그렇고 그러하다. 수보리여, 실로 부처님께서는 아누다라삼막삼보리의 진리를 얻은 어떠한 표시도 없었느니라."

"不也니다. 世尊하, 如我解佛所說義로는 佛이 於然燈佛所에 無有法하야 得阿耨多羅三藐三菩提니이다."

佛言하사되,

"如是如是니라. 須菩提야, 實無有法일새 如來 得阿耨多羅三藐三菩提니라."

그러하다. 내가 이미 이야기한 것처럼 아누다라삼막삼보리를 얻었다는 것은 착각의 세계에서 벗어나 제정신이 들었다는 뜻이요, 어두움에서 벗어나 밝은 세계로 들어왔다는 뜻이다. 제정신이 들었으니 '나'라는 존재가 무엇임을 알 것이요, 주위가 밝으니 세상의 이치를 알 것이다. 모든 괴로움과 한의 뿌리가 빠졌기에 마음은 한없이 즐겁고 평화로우며, 돌아와야 할 고향에 돌아온 것이다. 따라서 더이상 욕심낼 일도 화낼 일도 자랑할 일도 없다. 아누다라삼막삼보리의 진리를 얻은 사람은 이처럼 분별심을 낼 어떤 것도 없기에 진리를 얻은 어떤 표시도 하지 않는다.

"수보리여, 만일 내가 아누다라삼막삼보리의 진리를 얻었을 때,

아누다라삼막삼보리를 얻었다는 표시를 내었다면 연등부처님께서 나에게 그대는 내세에 부처가 되어 그 이름을 석가모니라 할 것이라는 수기를 주시지 않았을 것이다. 그러나 나는 아누다라삼막삼보리의 진리를 얻었다는 어떤 표시도 내지 않았기에, 연등부처님께서는 그대는 내세에 부처가 되어 이름을 석가모니라 할 것이라고 말씀하셨던 것이다."

"須菩提야, 若有法하야 如來 得阿耨多羅三藐三菩提者ㄴ데는 然燈佛이 則不與我受記하사되 汝於來世에 當得作佛하면 號를 釋迦牟尼라하리라하라. 以實無有法일새 得阿耨多羅三藐三菩提니 是故로 然燈佛이 與我受記하시고 作是言하사되 汝於來世에 當得作佛하면 號를 釋迦牟尼라하리라하라."

수보리여, 정말 아누다라삼막삼보리의 진리를 얻은 사람이라면 아누다라삼막삼보리의 진리를 얻었다고 표시할 어떤 필요도 이유도 없다. 반대로 어떤 사람이 아누다라삼막삼보리의 진리를 얻었다는 표시를 한다면, 이 사람은 자신이 잘났다고 선전하는 것이며 아상이 있다는 증거이고 아직도 착각 속에서 사는 것이다. 따라서 아누다라삼막삼보리의 진리를 얻었다고 표시하는 사람은, 아상을 가지고 있는 한 아무리 수도를 열심히 하여도 부처가 될 희망은 없을 것이다. 그러나 나는 아누다라삼막삼보리의 진리를 얻었다는 어떤 표시도 하지 않았고 또 표시할 어떤 이유도 없었기에, 연등부처님께서는 나를 아상이 소멸한 사람으로 확인하시고 수기를 주시며 내세에 석가모니라는 이름을 가진 부처가 될 것이라고 말씀하셨다.

"왜냐하면 부처님이란 우주의 뜻 그대로이기 때문이다."

"何以故오 如來者는 卽諸法에 如義니라."

수보리여, 어두움에서 벗어나 밝음을 찾은 사람은 밝아지는 길을 다 알기에 다시는 어두운 연습을 하지 않을 것이다. 이런 사람은 밝음만 연습할 것이며 따라서 최종의 종착지는 당연히 부처님 자리일 것이다. 이러한 사람에게 부처가 되리라는 결정의 말씀을 하시는 것은, 어떤 사심에서 비롯한 결정이 아니고 당연한 일로써 우주의 질서를 따르는 행위이다. 부처님은 오직 우주의 뜻만을 나타낸다고 하였다.

"만일 어떤 사람이 부처님께서는 아누다라삼막삼보리를 얻었다고 말한다면 수보리여, 부처님께서 아누다라삼막삼보리를 얻었다는 티를 내지 않았기에 아누다라삼막삼보리를 얻었다고 할 것이다."

"若有人이 言如來 得阿耨多羅三藐三菩提라 하면 須菩提야, 實無有法일새 佛이 得阿耨多羅三藐三菩提니라."

수보리여, 참 아는 사람은 자신이 안다거나 깨쳤다고 말하지 않는다. 그럴 필요도 이유도 없다. 참 깨친 사람은 이처럼 티를 내지 않기에, 주위에서는 그가 깨친 사람인지 알 수 없다. 그대들이 정녕 깨친 사람을 찾으려면 이처럼 티를 내지 않는 사람을 찾아라. 이 사람이야말로 참 아누다라삼막삼보리의 진리를 얻은 사람이라 할 수 있다.

다음의 역사적 이야기에서 깨달은 척하지 않는 사람이야말로 참 깨친 사람임을 실감할 수 있습니다.

… 원효의 봄은 찬 겨울을 지난 후의 봄이었다. 파계승이 되고 거지가 되어 산간벽지를 배회하면서 그는 한없는 쓰라림을 맛보았다. 그는 강원도 어느 절간에서 밥 짓고 청소하고 빨래하는 머슴이 되었다. 3년간을 작정하고 일하며 자기를 죽여가고 있었다. 절간의 젊은 학승들은 불도를 배우기에 열심이었다. 그들이 아침저녁으로 옷깃을 여미고 읽는 글은 원효가 해석한 〈금강삼매경〉 주석이었다. 원효는 그들을 위해서 밥을 짓고 요강을 닦았다.

그 절의 주지는 별로 하는 일도 없이 밤낮 먹고 뒹구는 게으른 주지였다. 고작 하는 일이란 하루에 한 번씩 젊은 중들이 공부하러 들어간 틈을 타서, 부엌에 찾아와 누룽지를 얻어가는 것뿐이었다. 비가 오나 눈이 오나 끊임없이 누룽지를 얻어갔다.

원효는 이 절간에서 해 보고 싶은 일을 다 해 보았다. 그는 또다시 새 일터를 찾아서 떠난다. 절간에서 공부하는 모든 중이 원효가 떠나는 것을 아쉬워했다. 이렇게 충실한 머슴을 또다시 구할 수 있을 것 같지 않았다. 더욱이 눈시울이 뜨거워지도록 섭섭한 이는 누구보다도 주지 스님이었다. 그는 원효가 나가면 자기를 위해서 누룽지를 마련할 사람이 없을 것 같다고 안타까워하였다. 그에게는 누룽지 이외에는 아무것도 없는 것 같았다.

배웅 나온 젊은 중들을 뒤로하고 길을 떠나는데, 늙은 주지는 계속 따라와 결국 마을 밖의 언덕까지 따라오게 되었다. 날은 무

더웠고 얼마 안 되는 뇌산자 보따리 때문에 원효의 등에는 땀방울이 맺혔다. 주지는 숨이 차서 원효더러 언덕 위에서 잠시 쉬어 가자고 했다. 원효도 길가에 놓인 돌 위에 주저앉고, 주지도 나무 그늘에서 땀을 거두었다. 원효는 멀리 희미하게 보이는 절간을 뒤돌아보았다. 아무것도 배운 것이 없고 고생만 했지만, 그래도 무엇인지 마음에 끌리는 데가 있어 얼빠진 사람처럼 멀리 절간을 바라보고 있었다.

그때 돌연 하늘이 터지는 듯 무서운 목소리로 "원효!" 하고 자기를 찾는 사람이 있었다. 깜짝 놀라 정신을 가다듬고 자기 자신으로 돌아와서 사방을 둘러보았으나 주지 이외에는 아무도 없었다. 원효를 부른 것은 주지였다.

원효에게는 청천벽력이었다. 3년 동안 자기를 아는 이가 아무도 없는 줄 알았는데, 자기가 멸시한 이 주지가 자기가 누구인 줄 알고 있었다니…. 원효는 주지 앞에 무릎을 꿇고 엎드려 "당신은 누구십니까?" 하고 물었다. 주지는 얼굴에 미소를 띠며 대답했다. "원효, 숨으려면 귀신도 모르게 숨어야지 나 같은 것한테 들켜서야 어디 살 수 있겠소?" 그는 아무 말 없이 가 버렸다. 이 한마디에 원효의 목은 땅에 떨어지는 것 같았다.

〈삼국유사〉

원효 스님은 보통사람의 눈에 띄지 않을 만큼 티를 내지 아니하였으나, 주지 스님의 눈에 띌 만큼의 아상이 남아 있었습니다. 귀신의 눈에도 띄지 않을 만큼 완전히 티가 없고 아상이 없어진 사람이 있다면 아마 그를 부처님이라 할 것입니다.

성경에도 티를 내지 않는 것이야말로 하나님의 뜻을 잘 받드는 것이라는 다음과 같은 표현이 있습니다.

"너는 자선을 베풀 때에는, 오른손이 하는 일을 왼손이 모르게 하여"

〈마태복음 6장 3절〉

"수보리여, 부처님께서 얻으신 아누다라삼막삼보리는 실다움도 없고 헛됨도 없는 것이다."

"須菩提야, 如來所得 阿耨多羅三藐三菩提는 於是中이 無實無虛니라."

바람은 그 특징이나 형상도 발견할 수 없지만, 물질이 움직이는 것을 보고 그 존재를 알게 되며, 광명 또한 그 정체를 알 수 없으나 물체가 보이는 정도에 따라 그 존재를 파악합니다. 부처님께서 깨치신 아누다라삼막삼보리도 바람이나 광명과 같이 모양이 없기에 무실이고, 그 작용은 분명 존재한다는 점에서 무허라 할 것입니다. 이처럼 '무실무허'라는 표현은 아누다라삼막삼보리의 특징을 나타내는 말이기도 하지만, 중생들에게는 "부처님의 깨치신 법, 그 모양은 알 수 없으니(무실) 아무런 분별내지 말고 오직 시봉하라. 그 가르침은 분명 헛되지 않아(무허) 그대를 밝음으로 인도하며 호념 부촉하시나니라."라는 교훈의 말씀이기도 합니다. 따라서 이 말씀은 다음과 같이 정리할 수 있습니다.

수보리여, 부처님이 얻으신 아누다라삼막삼보리는 작용은 나타나지만 그 정체는 알 수 없다. 아누다라삼막삼보리가 무엇인가 분별내지 마라. 분별로써 알아질 대상이 아니니라. 그러나 아무것도 없는 것이 아니니 그대들을 밝음으로 인도하느니라.

"그러므로 부처님께서 말씀하신 모든 것은 다 불법이라 할 것이다."
"是故로 如來說 一切法이 皆是佛法이니라."

바람은 스스로 그 모습을 드러내지 아니하지만 물질의 이동을 통해서 작용을 알 수 있듯, 아누다라삼막삼보리 역시 스스로 그 정체를 드러내지 아니하지만 부처님의 언행이나 일거수일투족에서 그 위력이 나타납니다. 부처님의 일거수일투족에서 발산하는 광명은 심심 미묘하며, 모두 중생을 호념부촉하는 불법이라 할 것입니다. 그래서 다음과 같이 말씀할 수 있습니다.

부처님께서 깨치신 아누다라삼막삼보리는 바람과 같고 밝음과 같아 형상이 없지만 물체를 통해 그 존재가 드러나듯, 아누다라삼막삼보리의 밝음도 비록 정체가 드러나지 않아도 내가 말하는 모든 가르침을 통해서 그때그때 작용이 나타난다. 나의 모든 언행 그리고 가르침은 그대들을 밝게 해 주고 호념하고 부촉하는 불법이다.

마조 스님이 '평상심이 곧 도'라고 하신 것은 '부처님이 말씀하신 것은 모두 불법'이라는 말씀과 궤를 같이하는 것으로서, 마조 스님과 같은 도인의 평상심은 도가 되지만 보통사람의 평상심은 도가 되지 않을 것임은 물론입니다.

"수보리여, 일체법이라고 이야기한 것은 일체법이 아닌 연고로 그 이름이 일체법이니라."

"須菩提야, 所言一切法者는 卽非一切法일새 是故로 名이 一切法이니라."

이름이 왜 필요하며 이름을 왜 지을까요? 이름에 의존하지 않고도 그에 관련된 일을 잘 안다면 이름이 필요 없고, 이름 지을 필요도 없습니다. 수학을 모르는 사람에게 수학을 알게 하려고 전문용어가 필요하며, 과학을 잘 모르는 사람에게 과학을 잘 알게 하려고 전문용어가 등장합니다. 이름과 사실이 동시에 존재하는 게 아니라, 사실이 먼저이고 그 사실을 모르는 사람들에게 전달하는 수단이 필요하니 그 후에 이름이 등장하는 것입니다. 사람 간에 서로 자연스럽게 의사가 이심전심으로 통하는 세상이라면 모든 이름은 필요 없을 것입니다.

잘 모르는 사람이 알기 위한 수단으로 이름이 등장하게 되었다고 한다면, 부처님은 모든 것을 다 아시기에 부처님의 마음에는 이름이 존재하지 아니합니다. 부처님께서는 사람들이 이름이 꼭 필요한 것으로 생각하여 이름에 집착하고, 이름에 집착하므로 사물을 파악하는 지혜가 더욱 어두워짐을 볼 때마다 분명 딱한 마음이 드셨을 것입니다. 그리고 사람들이 지혜가 밝아 세상을 잘 알고, 모든 이름이 필요하지 않도록 하고 싶으셨을 것입니다. 그래서 다음과 같이 정리하여 말씀하실 것입니다.

수보리여, 내가 지금 일체법이라 하지만 어디 일체법이라는 것이 실제로 있어서 일체법이라 하는 줄 아느냐? 그렇지 않다. 이는 그대들을 밝게 해 주기 위해서 잠시 빌려 쓴 이름에 불과하다. 실제로 존재하는 것이 아니고 그대들의 이해를 돕기 위하여 억지로 일체법이라 이름 붙인 것이다. 이름과 문자에 집착하지 마라.

문자를 떠나고不立文字 말씀을 떠나고教外別傳 형식을 떠나 실질적으로 마음을 수련시켜直指人心 밝음으로 인도見性成佛 하십니다.

"수보리여, 비유하면 사람의 키가 큰 것과 같다."
"須菩提야, 譬如人身이 長大니라."

세상을 다 아는 사람에게는 일체법이 실제로 존재하지 않지만, 모르는 사람에게는 일체법이라는 이름이 실감 납니다. 잘 따져보면 세상에는 키가 큰 사람은 사실 실제로 존재하지 않습니다. 키가 큰 사람은 자신이 키가 큰 줄 전혀 실감하지 못합니다. 혼자 있을 때는 물론, 여러 사람과 함께 있을 때도 누가 키가 크다고 해야 그때 비로소 내가 큰가? 생각할 뿐입니다. 따라서 실제로 '키가 크다'라는 것은 존재하지 않습니다. 그러나 사람들은 자신들의 필요 또는 각종 분별심에 따라서 여러 이름을 만들어냅니다. 이름을 지은 후 그 이름이 실제로 존재한다고 생각하며 집착하고, 집착하므로 더욱 어두워집니다. 부처님께서는 다음과 같이 말씀하실 것입니다.

잘 보아라. 실제로 키가 큰 사람이 존재하느냐? 실로 키 큰 사람은 존재하지 않는다. 키 큰 사람은 없지만, '키가 크다'라는 것이 실제로 존재한다고 생각하며 집착하는 것이다.

수보리가 말씀드리기를
"부처님이시여, 부처님께서 말씀하신 사람의 몸이 큼은 큰 몸이 아니며 그 이름이 큰 몸입니다."
"수보리여, 보살도 이와 같이 내가 헤아릴 수 없이 많은 중생을 멸도한다고 하면 이는 보살이라 할 수 없을 것이다. 왜냐하면 수보리여, 모든 분별심이 사라진 것을 보살이라 하기 때문이니라."
須菩提言하되,
"世尊하, 如來說 人身長大는 則爲非大身일새 是名大身이니이다. 須菩提야, 菩薩도 亦如是하야 若作是言하되 我當滅度 無量衆生이라하면 則不名菩薩이니 何以故오 須菩提야, 實無有法을 名爲菩薩이니라."

그러나 밝은 사람은 이름을 짓지 않을 뿐 아니라 없는 사실에 이름을 붙이고 집착하지도 않습니다. 뿐만 아니라 밝은이의 표현은 항상 실질적 가치요, 절대적 가치를 나타낼 뿐입니다. 예를 들어 봅니다. 밝은이가 저 사람이 배가 고프다고 표현했다면, 이는 배가 부른 사람과 비교한 상대적 표현이나 일시적 표현이 아니라 그 마음의 배가 고프다, 즉 궁하다는 뜻입니다. 이는 다른 사람과 비교하여 상대

적으로 궁하다는 뜻이 아니라, 그 사람의 실질적 궁한 정도를 나타
내는 형이상학적 표현입니다. 따라서 부처님께서 말씀하신 '키가 크
다'는 실제로 키가 큰 것이고 그것은 육신의 큰 키가 아니요, 정신적
이나 영적으로 큰 것이며 그 사람이 미치는 영향력이 실제로 크다는
것을 의미합니다.

보살은 모든 사물의 이치를 통달하여 아는 사람이요, 밝은 사람
입니다. 그들은 행동도 진실할 뿐 아니라 말에도 허구가 없습니다.
보살은 중생이 만들어낸 나니 무량이니 멸도니 중생이니 하는 단어
는 상대적 표현이요, 실제는 존재하지 아니하며 말로만 존재하는 단
어임을 잘 압니다. 이처럼 보살은 중생이 사용하는 단어인 나, 멸도,
무량, 중생 등이 무의미함을 알기에 집착하지 않습니다. 만일 집착
한다면 참 보살이라 할 수 없을 것입니다.

수보리여, 만일 어떤 사람이 '나는 헤아릴 수 없이 많은 중생을 제
도했노라.'라고 표현한다면, 이러한 말을 하는 것만으로 이 사람은
보살의 반열이 아니라는 것을 잘 알아야 한다. 수보리여, 참 보살은
세상 사람들이 사용하는 모든 단어는 말만 있을 뿐 실제로 존재하
지 않음을 알아 집착하지 아니하며, 따라서 그러한 표현도 사용하
지 않느니라.

"그러므로 부처님께서 말씀하신 모든 가르침은 다 아인중생수
자가 없느니라."
"是故로 佛說 一切法이 無我 無人 無衆生 無壽者니라."

나와 너가 실제로 존재하는가? 중생이 보기에는 실제로 존재하는 것 같지만, 부처님이 보시기에는 중생이 지어낸 말만 있을 뿐 실제로 존재하지 않는다고 보십니다. 불경에 자주 나오는 토끼의 뿔, 거북의 털과 같이 실제로 존재하지 않는데 표현이 있는 것처럼, 나와 너도 실제로는 없는데 사람의 궁리로 이름을 만들고 집착을 하여 마치 있는 것처럼 착각하고 있다고 하십니다. 부처님과 같이 밝으신 분이 말씀하시는 모든 단어에 상대적이요 허구의 개념은 하나도 없고, 실질이요 오직 진실뿐입니다. 부처님께서는 중생들에게 알려서 지혜롭게 해 주고 싶으셨을 것입니다. 그래서 '부처님께서 하신 말씀은 모두 나니 너니 하는 허구가 없는 진실한 말씀뿐이노라.' 하신 것입니다. 부처님께서는 중생들을 말의 허구에서 벗어나 지혜롭고 밝게 해 주시기 위하여 다음과 같은 말씀을 하실 것입니다.

실제는 없는 '공부'라는 말 만들고 그 이름에 집착하며,
'성취 하겠다' 말만 하며 실제로 공부하지 아니하고,
'왜 아니 될까' 하면서도 실제로 공부하지 아니한다.
약간 공부가 진행되는 것처럼 보일 때,
다 된 것으로 오인해 쉽게 자만해 버린다.

이 모두 실질 아닌 허구의 삶,
허구를 연습하면 지혜는 점점 어두워지고,
인생은 점점 모르겠는데 어느덧 죽음은 다가온다.
이것을 되풀이하는 것이 윤회의 삶,

지혜는 성장하지 아니하고 나의 진면목은 모른다.

그러나 공부를 참 좋아하는 사람은,
'하겠다' 설치지 않고
'왜 아니 되느냐' 투정 부리지도 않는다.
공부라는 이름에 집착하지 않고 실제로 공부한다.
공부의 맛을 알게 되고 기쁨이 넘친다.
행복해진다.

사물의 윤곽이 점차 뚜렷이 드러나고 지혜로워져서,
즐거움 속에서 영적 성장 이룩한다.
이 큰일은 세상 사람들의 큰일과 다르다.
실제로 큰일이요, 참 지혜가 바탕이다.

부처님 사업은 실제로 큰일, 내 말을 굳게 믿고
부처님 전에 복 많이 짓기를 발원하여라.

"수보리여, 만일 보살이 내가 장엄불토 한다고 하면 이 사람은
보살이라 할 수 없다."
"須菩提야, 若菩薩이 作是言하되 我當莊嚴佛土라하면 是不名菩薩이니"

중생은 사물을 대할 때 어쩔 수 없이 선입견이라는 아상을 가집니
다. 선입견이 없을수록 지혜롭고 엷을수록 편안합니다. 그러나 애욕

또는 성냄과 같은 병적 현상 때문에 어쩔 수 없이 선입견이 생겨납니다. 사물을 대할 때 어쩔 수 없이 생기는 선입견 때문에 현실에 없는 고정관념이 생깁니다. 고정관념이 만들어지면 자신도 모르게 거기에 집착합니다. 실제로 존재하지 않는데 존재하는 것처럼 여기는 고정관념이 있는 한, 사물의 정체를 제대로 파악하기 쉽지 않습니다.

종이나 종소리와 같이 우리와 이해관계가 적은 자연현상의 경우에는 비교적 선입견의 정도가 덜하지만, 삼국지의 등장인물인 유비나 관우와 같이 호불호好不好가 있는 사람의 이야기를 들을 때에 선입견으로 인한 고정관념이 더욱 형성되기 쉽습니다. 더 나아가 불교나 기독교와 같이 자신이 속해 있는 집단의 이름을 듣는 순간에 형성되는 선입견은 매우 강하며, 이로부터 형성되는 고정관념은 그 정체를 파악하는 것을 매우 어렵게 합니다. 중생이 선입견으로 듣는 종소리나 중생이 선입견으로 생각하는 유비나 관우, 불교, 기독교 등이 생각과 실제가 매우 다른 것처럼, 중생이 생각하는 장엄이니 불토는 실제와는 매우 다릅니다. 보살과 같이 깨달은 사람은 실제와 이름에 집착할 일이 없습니다.

수보리여, 만일 어떤 사람이 부처님 국토를 장엄했다고 하면, 이는 이름에 집착한 것이며 이 사람은 지혜가 없는 사람이므로 보살이라 할 수 없느니라.

"왜냐하면 부처님께서 말씀하신 장엄불토란, 보통사람들이 생각하는 장엄이 아니요, 그 이름이 장엄이라 할 것이다."

"何以故오 如來說 莊嚴佛土者는 卽非莊嚴일새 是名莊嚴이니라."

몹시 가물었을 때 비가 오기를 기원하면서 "비여, 어서 오십시오. 비여, 어서 오십시오." 하며 빈다고 농부의 뜻대로 비가 내리는 것은 아닙니다. 왜 그럴까요? '비야, 오너라.'라는 관념에 집착하고 현실이나 실질을 연습하지 않았기 때문이요, 생각과 현실이 동일하지 않기 때문입니다. 관념과 현실의 장벽을 만드는 것은 곧 아상이며, 이 관념이라는 아상이 사라질 때 관념은 현실이 될 수 있습니다. 만일 사람들이 그 관념이라는 아상을 수도하여 소멸한다면, 관념과 실질이 다르지 않고 생각과 현실이 다르지 않게 됩니다. 언어가 관념이 아닌 실질이요, 생각이 공상이 아닌 현실이 됩니다. 이러한 사람은 마치 절대능력자와도 같이 "비여, 오시오." 하고 말하면 말이 곧 현실로 나타날 수 있습니다. 잘 믿어지지 않는 이런 이야기의 이해를 돕기 위하여 재미있는 사례가 있습니다.

중국 당나라 중기 조주에 태전 선사라는 고승이 축령봉에서 수년간 수도에만 전념하여 생불로 추앙받고 있었다. 어느 여름 장마가 지루하게 오랫동안 계속되는데 집도 절도 길도 다 물바다여서 길이 몹시 미끄러웠다. 태전선사가 정定에 들었다가 잠시 외출하는 데 길이 미끄러워 그만 넘어졌다. 태전 선사의 입에서는 저절로, "웬 비가 이렇게 오래도록 오나."라는 불평이 잠깐 터져 나왔다. 그리고는 그만 무심해졌다. 그런데 어쩐 일인가! 태전 선사가 이 한마디 불평한 이후로 장마는 바로 그치고 뙤약볕이 3개월이나 지속하였다. 모든 곡물이 말라 죽고 지하수가 고갈되었다. 당시 조주에는 하늘이 태전 선사의 심기를 불편하게 하여 이런 벌을 받는다는 소문이 돌았다.

당시 조주 자사였던 한퇴지(당송팔대가 중 한 사람, 768-824)는 이 말을 듣고 정말인가 의심하였다. 불교를 심히 배척하는 극단적인 배불 사상가인 한퇴지는 미인계를 써서 태전 선사의 도력을 시험하고 싶었다. 한퇴지는 조주에서 으뜸가는 미인인 기생 홍련을 불렀다. 자사는 홍련에게 "지금 비가 오지 않아 나라가 온통 걱정이다. 이 모두 태전 선사 때문이라니, 네가 10일 이내로 태전선사를 파계시킬 수 있겠느냐? 만일 스님을 파계시키고 비가 오게 하면 네게 후한 상을 내리겠으나, 만일 그렇지 못하면 엄한 벌을 줄 것이다. 어떻게 생각하느냐?" 하였고, 홍련은 자기의 미모에 자신이 있었으므로 자신 있게 승낙하였다. 다음 날 스님이 계시는 암자로 찾아가 "오래 전부터 고명하신 스님의 덕을 흠모하였습니다. 이제 스님의 시중을 들며 백일기도를 하고자 하오니 허락하여 주시옵소서." 하였다.

선사의 승낙을 받은 홍련은 암자에 머물며 스님의 시중을 들면서 기회를 엿보고 있었다. 그러나 한 달이 지나도록 선사는 거들떠보지도 않았다. 마음이 다급해진 홍련은 온갖 교태를 부리며 선사를 유혹하려 하였으나 선사의 태도는 추호의 흔들림도 없어 보였다. 만일 선사를 파계시키지 못하면 엄한 벌을 받아야 한다고 생각하니 온몸이 오싹해졌다. 드디어 홍련은 태전 선사에게 가뭄 때문에 찾아왔다고 이야기하고 자신의 목숨을 구해달라고 사정하였다. 태전선사는 그제야 가뭄이 자신의 불평 때문인 것을 발견하고, 울고 있는 홍련에게 "가뭄도 그대의 목숨도 걱정하지 말라. 내가 한대감에게 벌을 받지 않도록 해 줄 것이다."하고 홍련의 치맛자락에다 다음과 같이 써 주었다.

축융봉 내려가지 않기를 십 년
색을 보고 공을 보니 색이 곧 공인데
어찌 조계의 물 한 방울을
홍련 잎사귀에 떨어뜨릴 것인가.
십년불하축융봉 十年不下鷲融峰
관색관공즉색공 觀色觀空卽色空
여하조계일적수 如何曹溪一適水
긍타홍련일엽중 肯墮紅蓮一葉中

놀랍게도 이내 곧, 하염없이 비가 내려 홍련의 생명도 구하고 가뭄도 해갈되었다.

중생들의 말은 궁리요 관념일 뿐인데 비하여, 밝은이의 말은 실질이요 위력이기 때문입니다. 밝은이는 함부로 생각하고 함부로 말하지 않지만, 그들이 말하거나 생각하는 순간 그 위력은 바로 현실이되어 나타납니다. '가물어라' 하면 가물고 '비가 오너라' 하면 비가 옵니다. 우리가 말하는 장엄불토는 이름만 있는 것이요 실제는 없는 것이지만, 부처님과 같은 밝은 분이 장엄불토라고 말한다면 이는 중생들이 이야기하는 장엄이나 불토와는 달리 절대적 가치를 나타냅니다. 그래서 그 뜻을 밝히고자 부처님께서는 다음과 같이 말씀하십니다.

"부처님이 말씀하시는 장엄불토는 중생들이 말하는 장엄불토와는 다르다. 중생들이 말하는 장엄불토는 현실이 아니며 상대적 가치일 뿐이지만, 부처님이 말씀하시는 장엄불토는 실질적이요 절대적 가치다. 절대적 가치는 형상이 아니므로 이름을 붙일 수는 없다. 억지로 장엄불토라 한 것이다."

부처님께서는 "관념에 빠지지 마라. 관념이라는 아상이 소멸할 때 그것이 곧 실질적 가치가 있는 현실이 되리라."라고 말씀하실 것입니다. 그리스도교에서도 다음 비유와 같이 아상이 죽어야 실질적인 현실이 되는 것을 강조합니다.

내가 진실로 진실로 너희에게 이르노니 한 알의 밀이 땅에 떨어져 죽지 아니하면 한 알 그대로 있고, 죽으면 많은 열매를 맺느니라. 자기의 생명을 사랑하는 자는 잃어버릴 것이요 이 세상에서 자기의 생명을 미워하는 자는 영생하도록 보전하리라.

〈요한복음 12장 24~25절〉

이 세상에서의 자기 목숨을 미워한다는 말은 곧 아상이 소멸된다는 뜻과 같다 할 것이요, 영생토록 그 목숨을 보존한다는 것은 절대적 가치를 얻는다는 뜻이 될 것입니다. '아상을 없애라, 그러면 영생을 얻으리라.' 하는 점에서 불교나 그리스도교나 그 근본정신이 동일합니다.

"수보리여, 만일 보살이 내가 없는 진리를 통달하였다면 부처님께서는 이 사람을 참 보살이라 할 것이다."

"須菩提야, 若菩薩이 通達無我法者ㄴ데는 如來說 名眞是菩薩이니라."

"수보리여, 만일 모든 행위에 나라는 것이 없음을 깨치는 사람이 있다면 그를 참 보살이라 할 것이다."와 같은 표현은 학자가 보살의 정의를 내릴 때 사용하는 표현입니다. 그러나 부처님께서는 이와 같은 소극적 표현은 아니 하실 것이요, 중생들을 밝게 해 주시는 적극적 표현을 사용하실 것입니다. 따라서 위의 글은 다음과 같이 해석하여야 할 것입니다.

중생들이여, 보살의 길을 따르라. 보살이란 내가 없는 사람을 말한다. 어떻게 하면 내가 없어질까? 선지식을 찾아 그 지시를 듣고 '나는 무엇인가'를 탐구하는 일이다. 나를 탐구하는 일은 혼자서 하기 어렵다. 반드시 선지식을 찾아야 하느니라. 선지식을 통해서 나란 본래 이름뿐이요 본래 없다는 것을 깨칠 수 있으니, 이때가 참 보살로 태어나는 때이니라. 그러나 선지식을 찾을 수 없을 때, 부처님의 가르침을 절대로 알고 아상을 모두 부처님께 바치는 연습을 하여야 한다. 아상을 부처님께 바치는 연습이 익숙해지면, 나란 이름뿐이고 본래 없는 것임을 실감할 것이다. 훌륭하다.

—

18
모든 사람을 부처님으로 보라
一體同觀分

　부처님께서는 "일체 상대적 가치를 추구하지 않고 오직 절대적 가치만을 추구하는 사람이야말로 참 보살이다"라고 말씀하셨습니다. 그러나 중생들은 오직 상대적 가치만을 추구합니다. 중생들이 추구하는 부귀영화, 육신의 건강 그리고 마음의 평온까지도 다 상대적 가치일 뿐입니다. 그들은 너무나 상대적 가치에만 익숙해져 있기에 아는 것, 보이는 것, 들리는 것이 모두 상대적 가치뿐입니다. 그들은 절대적 가치가 무엇인지도 모르기에 추구하지도 못합니다.

　부처님께서는 중생들이 이처럼 상대적 가치에 치우치는 것을 딱하게 여기셨습니다. 상대적 가치만을 추구한 결과는 어두움이고 재앙이며, 파괴만이 있을 뿐이기 때문입니다. 그래서 중생에게 절대적 가치를 추구하게 하여 참된 행복과 지혜를 얻게 해 주시고 싶으셨을 것입니다. 중생의 법식이 상대적 가치만을 추구한다면 부처님의 법식은 절대적 가치를 추구합니다. 금강경의 모든 내용은 중생들이 부처님의 법식을 배우고 닮게 하여, 오래도록 상대적 가치에 익숙해진 중생의 법식을 떨쳐버리게 하는 데 그 목적이 있습니다.

"수보리여, 어떻게 생각하느냐? 부처님은 눈이 있느냐?"
"그렇습니다. 부처님이시여, 부처님께서는 눈이 있으십니다."
"須菩提야, 於意云何오 如來 有肉眼不아?"
"如是니다. 世尊하, 如來 有肉眼이시니이다."

"수보리여, 어떻게 생각하느냐? 부처님은 눈이 있느냐?"라고 물으신 것 역시 중생의 상대적 사고방식을 부처님과 같은 절대적 사고방식으로 바꾸는 데 그 목적이 있습니다. 우리가 생각하는 눈은 늙으면 허약해지는 눈입니다. 병이 생기면 흐려지고 날카로운 칼에 상처를 입으면 실명할 수도 있는 눈을 말합니다. 우리는 이와 같은 상대적인 눈만 생각하므로, 부처님께서는 이러한 사고방식을 깨뜨려 주시기 위하여 부처님은 육신의 눈이 있느냐고 말씀을 시작하셨습니다. 부처님께서는 육신의 눈을 말씀하시지만, 그 눈은 중생들이 생각하는 상대적 눈이 아님을 알려주시고 싶으셨던 것입니다.

부처님이 말씀하시는 눈은 밝음의 정도를 나타내는 눈이며, 집착의 정도를 나타내는 눈이며, 약화되지 않는 시력을 갖춘 눈입니다. "반야바라밀을 수행하여 처음으로 미迷한 마음을 없애는 것을 이름하여 육안이라 한다念念修行 般若波羅蜜法 初除迷心 名爲肉眼."라는 혜능 대사의 말씀에도 나옵니다.

어떻게 우리는 참 시력, 변함없이 밝은 시력일 수 있나요?

사물을 판별하는 중요한 원동력은 남을 해롭지 않게 하는 용심에서 비롯합니다. 만일 우리 마음이 미迷해져서 악심이 발동하면 눈에 병이 생기고 때에 따라서 시력을 잃을 수도 있습니다. 그러나 우리 마음에 미함이 없고 남을 추호도 해롭게 하는 마음이 없다면, 우리의 시력 또한 변함없을 것입니다. 변함없는 시력이란 좋은 약을 먹거나, 수술을 받아서가 아니라, 마음의 상태가 미하지 않고 밝은 것을 의미합니다.

마음의 상태가 미함에서 벗어난 눈은 수시로 시력이 변하는 보통사람들의 눈과는 다른 눈입니다. 부처님의 눈이 그러한 눈입니다. 상대적 개념에 익숙한 중생은 그 상상력이 부처님 눈에까지 미칠 수 없습니다. 부처님께서는 당신의 눈을 예로 들어 부처님의 육안, 변함없는 시력이 무엇인 줄 모르는 우리를 한 걸음씩 부처님 세계, 절대의 세계로 접근하게 하십니다. 이 구절을 읽을 때 우리는 부처님 세계로 한 걸음 더 나아간다고 하겠습니다.

"수보리여, 어떻게 생각하는가? 부처님은 천안이 있는가?"

"그렇습니다. 부처님이시여, 부처님께서는 천안이 있으십니다."

"수보리여, 어떻게 생각하는가? 부처님은 혜안이 있는가?"

"그렇습니다. 부처님이시여, 부처님께서는 혜안이 있으십니다."

"수보리여, 어떻게 생각하는가? 부처님은 법안이 있는가?"

"그렇습니다. 부처님이시여, 부처님께서는 법안이 있으십니다."

"수보리여, 어떻게 생각하는가? 부처님은 불안이 있는가?"

"그렇습니다. 부처님이시여, 부처님께서는 불안이 있으십니다."

"須菩提야, 於意云何오 如來 有天眼不아?"

"如是니다. 世尊하, 如來 有天眼이시니이다."

"須菩提야, 於意云何오 如來 有慧眼不아?"

"如是니다. 世尊하, 如來 有慧眼이시니이다."

"須菩提야, 於意云何오 如來 有法眼不아?"

"如是니다. 世尊하, 如來 有法眼이시니이다."

"須菩提야, 於意云何오 如來 有佛眼不아?"

"如是니다. 世尊하, 如來 有佛眼이시니이다."

사람들은 천안이란 산 넘어 무엇이 있는가를 볼 수 있는 마음의 눈, 혜안은 사물의 도리를 판단하는 밝은 눈, 법안은 진리를 아는 눈, 불안은 우주 이면의 도리까지 다 아는 눈이라고 이해합니다. 그리고 약간의 수도를 하여 산 너머 무엇이 있는가 보기도 하고 미래를 알기도 하고 진리를 깨우친 것 같은 체험을 이야기합니다. 자신의 경험으로 '저 사람은 천안을 얻었네, 혜안을 얻고 법안을 얻었네, 저이는 깨달은 사람이네'라고 판단하기도 합니다. 대부분 사람이 이야기하는 체험이나 아는 것은 지극히 제한적이며 상대적일 뿐이요, 천안 또한 참 천안이 아니며 기력이 쇠할 때 없어지는 상대적 가치일 뿐입니다.

그러나 부처님께서 말씀하시는 천안 혜안 법안 불안은 아상을 소멸하여 나타나는 절대적 가치를 의미합니다. 영원하며 변함이 없습니다. 즉 천안이란 단순히 산 너머 무엇이 있는가를 보는 작용만을 의미하는 것이 아니라 아상이 소멸한 정도를 나타내며, 혜안 법안 불안 또한 겉으로 보이는 능력이 아니라 아상이 소멸하여 부처님이 함께 계시는 정도를 나타냅니다. 따라서 오안五眼의 참 가치란 밝음의 정도, 집착이나 해탈의 정도를 나타내는 것입니다.

혜능 대사는 〈금강경 오가해 해설서〉에서 다음과 같이 말씀하셨습니다.

"일체중생이 다 불성이 있음을 보아 연민의 마음을 일으키는 것이 천안이며, 어리석은 마음을 내지 않는 것이 혜안이며, 법에 착著하지 않는 마음을 내는 것이 법안이며, 혹惑이 다해서 원명圓明해 두루 비치는 것을 불안이라 한다."

이와 같은 마음 상태나 인격적 정도가 동반되지 않으면, 소위 육안을 비롯한 천안 혜안 법안 불안의 능력은 모두 상대적 가치일 뿐 참 가치가 아니라는 뜻입니다.

"수보리여, 어떻게 생각하느냐. 항하에 있는 모래를 부처님이 모래라 말씀하셨느냐?"

"그렇습니다. 부처님이시여, 부처님께서는 모래라고 말씀하셨습니다."

"수보리여, 어떻게 생각하느냐? 한 항하의 모래 수와 같이 많은 항하가 있고, 이 많은 항하에 있는 모래 수와 같은 부처님 세계가 있다면 이런 부처님 세계는 얼마나 많을까?"

"매우 많겠습니다. 부처님."

"須菩提야, 於意云何오 如恒河中所有沙를 佛說 是沙不아?"

"如是니다. 世尊하, 如來說 是沙니다."

"須菩提야, 於意云何오 如一恒河中所有沙有如是等恒河 是諸恒河 所有沙數佛_世界如是가 寧爲多不아?"

"甚多니다. 世尊하,"

혜능 대사의 해석에 의하면, 부처님께서는 오안을 중생들이 생각하는 것처럼 화려한 초능력의 세계로 생각지 않으시고, 아상이 소멸한 정도나 부처님이 함께 계시는 정도 또는 참나가 드러난 정도로 생각하신 것 같습니다. 그중에 불안佛眼은 최고의 마음 상태, 즉 모든 업장이 다 소멸하고 모든 것을 다 아는 최고의 밝음을 나타내는 것입니다. 어째서 부처님께서는 모든 일을 다 아실까? 그 이유를 다음과 같이 설명하십니다.

부처님께서 수보리 존자에게 말씀하시기를
"그렇게 많은 세계에 있는 중생들의 갖가지 마음을 부처님은 다 아신다. 왜냐하면, 내가 이야기하는 모든 마음은 마음이 아니고 이름이 마음이기 때문이다."
佛告 須菩提하사되
"爾所國土中 所有衆生의 若干種心을 如來悉知하시나니 何以故오 如來說 諸心이 皆爲非心일새 是名爲心이니라."

부처님께서는 모든 중생의 마음을 다 아신다고 말씀하셨고 그 이유로는 "여래설 제심 개위비심 시명위심"이라 하셨습니다. 그러나 모든 마음은 마음이 아니고 이름이 마음일 뿐으로 해석한다면 '부처님께서 아신다'는 이유를 알기 어렵습니다. 우리는 이 세상에 일어나는 가지가지 일들의 배경을 알지 못합니다. 그러나 전혀 알 수 없는 일도 어느 때 다소 알아지고 깨쳐지는 때가 있기는 합니다.

몰랐던 일이 어느 때 알아질까요?

전혀 알 수 없는 다른 사람의 마음이나 도저히 모르는 일이 알아지는 때는, 대개 자신의 들뜬 감정이 사라졌을 때나 자신이 꼭 옳다고 생각하는 것이 허물어질 때입니다. 자신의 주장을 내세우는 한 다른 사람의 마음을 알 수 없습니다. 자신의 사고방식이나 사고의 틀이 꼭 옳다고 믿는 한 진리의 발견이나 학문의 발전은 있을 수 없습니다. 다른 표현으로 사람의 마음이나 또는 세상의 갖가지 일을 잘 알기 위해서는 자신의 주견主見, 선입견 또는 고정관념을 빨리 없애야 합니다. 부처님께서 '그대의 생각이 다 잘못인 줄 안다면 곧 여래를 보느니라'고 하신 말씀이나, 선가禪家에서 '깨져야 깨친다'는 말씀은 자신의 선입견이나 자신의 논리가 허물어져야 세상일을 다 안다는 것입니다.

즉 아상이 소멸해야 지혜가 생기는 것입니다. 아상이 소멸하면 바로 그 자리에 부처님의 광명이 임하십니다. 부처님의 광명은 아무 형상이 없으나 위력이 있기에 '무실무허'라 했습니다. 그 위력은 곧 지혜와 능력으로 나타납니다. 많은 수도인들이 아상을 소멸하여 천안을 얻고 혜안을 얻고 법안을 얻습니다. 천안 혜안 법안이란 바로 지혜요 능력입니다.

"그 까닭은 무엇이냐. 과거의 마음도 찾을 수 없고, 현재의 마음도 찾을 수 없고, 미래의 마음도 찾을 수 없기 때문이다."

"所以者何오 須菩提야, 過去心不可得이며 現在心不可得이며 未來心不可得이니라."

이제 "제심諸心이 비심非心"인 이유를 설명하십니다. 왜 그대의 생각이 허망하며, 왜 당연히 부처님께 바쳐야만 하는지, 그 이유로 "과거심불가득 현재심불가득 미래심불가득"을 말씀하십니다. 이해할 수 있게 해석해 봅니다.

과거를 생각지 마라. 그리고 괴로워하지 마라. 과거는 지나간 것으로 이미 찾을 수 없는 것, 미래는 아직 오지 아니한 것으로 현재에 없는 것이다. 현재의 마음 또한 순간순간 머무르지 않는다. 이처럼 덧없는 과거 그리고 존재하지 않는 미래를 생각하는 것, 이 모두 가공적인 생각이나 상대적 가치를 연습하는 마음이다. 그런 마음을 계속하는 것은 허무나 죽음을 연습하는 것과 같아 그들의 미래는 반드시 어둡고 불행하리라. 반면 과거에 마음을 두지 않고 미래 또한 생각지 않고 현재 현재에 올라오는 생각을 부처님께 바치는 연습을 하는 것은, 실질적 가치나 절대적 가치를 창조하는 것이며 이는 부처님 뜻을 받들며 사는 것과 다름없다. 따라서 그들의 미래는 완전하며 길이 행복하리라.

그리스도교의 가르침에서도 이와 비슷한 말씀이 있습니다.

그러므로 염려하여 이르기를 무엇을 먹을까 무엇을 마실까 무엇을 입을까 하지 말라. 이는 다 이방인들이 구하는 것이라. 너희 하늘 아버지께서 이 모든 것이 너희에게 있어야 할 줄을 아시느니라.

그런즉 너희는 먼저 그의 나라와 그의 의를 구하라. 그리하면 이 모든 것을 너희에게 더하시리라. 그러므로 내일 일을 위하여 염려하지 말라. 내일 일은 내일이 염려할 것이요 한 날의 괴로움은 그날로 족하니라.

〈마태복음 6장 31~34절〉

이 걱정하지 말라는 말씀은 모든 걱정을 부처님께 바치라는 말씀이요, 모든 것을 곁들여 받게 될 것이라는 말씀은 부처님께 걱정을 바칠 때 걱정을 받아주시고 실질적 가치를 주신다는 말씀과도 같습니다.

19

법계는 두루 통해 있다

法界通化分

"수보리여, 어떻게 생각하는가? 만일 어떤 사람이 삼천대천세계의 넓은 땅에 가득 채운 칠보를 모두 사용하여 보시하면, 이 인연으로 얻어지는 복이 많다 하겠는가?"

"그렇습니다. 부처님이시여, 이 사람은 이 인연으로 얻는 복이 매우 많겠습니다."

"수보리여, 그 복이 형상이 있다면 아무리 많아도 부처님께서는 복이 많다고 하지 않느니라."

"須菩提야, 於意云何오 若有人이 滿三千大千世界七寶로 以用布施하면 是人이 以是因緣으로 得福이 多不아?"

"如是니다. 世尊하, 此人은 以是因緣으로 得福이 甚多니다."

"須菩提야, 若福德이 有實인데는 如來 不說得福德多니"

우리가 복을 많이 지어도 '내가 복을 지었다'라는 생각을 가지는 한, 아상과 함께하는 것이며 부처님이 계시지 않으므로 그 복이 많다고 할 수가 없습니다.

"형상이 없는 복이야말로 복이 많은 것이라고 한다."
"以福德이 無故로 如來說 得福德多니라."

복을 지으며 '내가 복을 지었다'는 생각을 자신이 가지지 않고 부처님께 드렸다면, 그 사람은 복을 많이 지은 것이라는 의미입니다. 복을 지었다는 생각을 부처님께 바치는 것은 아상이 소멸되는 것입니다. 아상이 소멸되는 순간 부처님 광명이 임하며 절대적 가치, 영적 가치가 창조됩니다. 절대적 가치나 영적 가치야말로 영원한 복이요 진정한 복입니다. 이 사람은 늘 부처님이 함께하시는 영광이 있을 것입니다.

20

일체의 색과 상을 떠나라

離色離相分

부모님의 꾸중은 단순히 자신의 잘못된 모습을 한번 되돌아보게 하지만, 도인의 꾸중은 자신의 무시겁 업보와 업장을 녹인다고 합니다. 부모님의 꾸중에서 얻는 교훈이 상대적 가치라면 도인의 꾸중에서 얻는 것은 절대적 가치입니다.

우리가 말하거나 생각하는 '구족색신具足色身'은 상대적인 가치인데 부처님께서 말씀하시는 '구족색신'은 절대적 가치입니다. 부처님의 말씀은 중생들이 여하한 경우에도 일시적 가치를 지향하지 않고 절대적 가치를 얻게 하는 데 그 목적이 있습니다. 절대적 가치란 영원성이 있는 가치를 말합니다. 물질적 육체적 가치가 아닌 정신적 영적 가치이며, 내생에만 받을 가치가 아니라 금생에도 받을 가치입니다.

이 구절 역시 학자가 진리를 객관적으로 설명하듯 해석하여서는 안 될 것입니다. 중생들에게 신심 즉 절대적 가치를 불어 넣어서 새로운 사람으로 태어나도록 하는 해석이어야 합니다. 부처님을 기쁘게 하는 해석은 어떤 해석일까요?

"수보리여, 어떻게 생각하는가? 부처님을 완전하게 잘생긴 사람이라 볼 수 있겠는가?"

"아닙니다. 부처님이시여, 부처님을 완전하게 잘생긴 사람이라 볼 수 없습니다. 왜냐하면, 부처님께서 말씀하신 잘생겼다는 것은 우리가 생각하는 것과 같은 잘생김이 아니기 때문입니다. 억지로 이름하여 잘생긴 모습이라 할 것입니다."

"수보리여, 어떻게 생각하는가? 부처님을 모든 덕상이 구족한 분으로 보겠느냐?"

"아닙니다. 부처님이시여, 왜냐하면 부처님께서 말씀하신 모든 덕의 상이 구족했다는 것은 우리가 생각하는 덕상이 구족했다는 것과 다르기 때문입니다. 억지로 이름 지어 덕상이 구족했다 할 것이기 때문입니다."

"須菩提야, 於意云何오 佛을 可以具足色身으로 見不아?"

"不也니다. 世尊하, 如來를 不應以具足色身으로 見이니 何以故오 如來說 具足色身은 卽非具足色身일새 是名具足色身이니이다."

"須菩提야, 於意云何오 如來를 可以具足諸相으로 見不아?"

"不也니다. 世尊하, 如來를 不應以具足諸相으로 見이니 何以故오 如來說 諸相具足은 卽非具足일새 是名諸相具足이니이다."

천하의 명산 금강산을 한번 보기만 하여도 악도에 떨어지지 않는다는 말이 있습니다. 무슨 근거로 이런 말이 생겼을까요? 어느 시인이 "금강에 살으리랏다. 금강에 살으리랏다. 운무와 더불어 금강에 살으리랏다. 세상에 섞은 영리야 아는 체나 하리요"라고 읊은 것처럼, 평범한 산을 보는 데만 익숙한 사람들이 보통 산에서 도저히 발견할 수 없는 거대한 석벽, 기암괴석, 다양한 모양의 폭포 등의 절경을 대할 때 그 수려함과 웅장함, 다양함에 감탄하여 세상의 영화에서 마음이 떠나고 모든 악심에서도 순간적으로 벗어날 수 있겠지요. 이것으로 금강산을 보면 악도惡道에 떨어지지 않는다는 설명이 이해됩니다. 산삼은 모양이 다르게 생겨서 전문가가 아닌 보통사람들도 쉽게 식별할 수 있다고 합니다. 부처님의 구족하신 잘생긴 모습 역시 거룩함, 고요함, 자비로움에 처음 뵙는 사람들도 환희심 내기에 충분한 모습이요, 그 환희심은 금강산의 대자연에서 오는 환희심보다 훨씬 차원 높은 역동적 환희심일 것입니다.

그러나 금강산에서 느끼는 환희심이나 훌륭한 모습을 구족하신 부처님께 느끼는 환희심이나 모두 마음 밖의 가치요 상대적 가치일 뿐입니다. 오래 가지 않아 그 감동과 흥분은 사라지고 탐진치가 가득한 본래 자신의 마음으로 되돌아갈 것이 분명합니다. 우리 눈으로 대하고 마음으로 느낄 수 있는 것은 인물, 자연 그 무엇이든, 또 외부의 존재이든 자신 마음의 분별이든, 진선미가 다 구족하게 느껴진다고 해도 이것은 우리가 생각한 구족색신이요 구족제상입니다. 이는 다 순간적 가치요 상대적 가치일 뿐입니다. 그러나 부처님께서 말씀하시는 구족색신과 구족제상은 우리 눈으로 보고 마음으로 느끼는 가치와는 다른 절대적 가치입니다. 탐욕과 성냄 그리고 오만의 뿌리를 다 뽑은 상락아정의 가치요, 영원성이 있는 영적 가치입니다.

　진선미성인眞善美聖仁
　인간이 생각하는 최고의 가치이나
　실로는 허구의 작품, 다 상대적 가치
　무상하여 믿을 수 없네.

　근심 걱정 우울한 짐 다 내려놓고
　평화롭고 즐거우며 영원성 있는 이 맛을 보아라.
　아상의 귀신 몰아내고 부처님과 함께하라.

　이 밝은 빛이 보이느냐.
　받을 준비를 하고 있느냐?
　지금은 그대 생애의 최고의 시간
　다시 그런 기회가 없으니
　卽時現今 更無時節

　이 자리에서 주인공이 되어
　영원한 행복 누리어라.
　隨處作主 立處皆眞

부처님의 사자후라 할 수 있습니다.

지혜로우신 문수보살의 게송으로 이 내용을 정리합니다.

　물건의 성품을 보는 힘으로
　부처님을 뵈려 하는 것은
　삼이 선 눈으로 잘못 보는 것
　이것은 참된 법을 못 보는 까닭

　부처님의 몸매와 잘생긴 모양
　세상 사람들은 볼 수 없는 일
　억천만겁에 생각하여도
　묘하신 위신력 그지없어라.

　모양과 몸매는 부처 아니니
　모양을 여의고 고요하건만
　온갖 모양을 모두 갖추어
　원하는 대로 나타나시다.

　살로 된 몸은 부처 아니니
　겉모양 떠나서 참 모양 본다면
　자재한 힘 얻어 보게 될꺼나
　말로나 생각으로 할 수 없는 일

　주위의 환경 분명히 알고

허망한 생각 나지 않으면

그의 즐거움 한량이 없어

중생도 세계도 걸림이 없다.

<화엄경>

21

부처님께서 하신 말씀은
당신의 말씀이 아니다

非說所說分

부처님께서 수보리 존자에게 말씀하셨다.

"수보리여, 내가 설한 진리가 있다고 하지 말아라. 절대적 가치이
신 부처님께 아무 분별심 내지 마라. 절대적 가치이신 부처님께
서 상대적 가치인 진리를 설한다느니 중생을 제도하느니 하는
것은 다 부처님을 비방하는 것이다."

"수보리여, 설법이란 무엇이냐? 별도로 설할 법이 없는 것, 이를
설법이라 한다."

"須菩提야, 汝勿謂하라. 如來 作是念하되 我當有所說法하라. 莫作
是念하라. 何以故오 若人이 言如來 有所說法이라하면 卽爲謗佛이며
不能解我所說故니라."

"須菩提야, 說法者는 無法可說이 是名說法이니라."

진리를 설하는 사람이라면 별도의 자기주장이 없어야 합니다. 자기 생각도 없어야 합니다. 물음에 대한 답변일 뿐이요, 상대의 용심에 대한 부응일 뿐이며 하늘이 정해준 때에 이야기할 뿐입니다. 즉 분별심을 내지 않고, 선입견이 없이 설법합니다.

자유란 무엇입니까?

보통사람들이 생각하는 자유는 자기 마음대로 선입견에 따라 움직이는 것입니다. 그러나 보살이 생각하는 자유는 조금도 '자기 마음대로'가 없고 반대로 '부처님 뜻대로' 입니다. 자기 마음대로 하는 것은 선입견의 노예가 되는 것이요, '자기 마음대로' 에서 벗어날 때란 참 진리와 하나가 됨을 뜻합니다. 보살은 부처님의 뜻을 따르고 우주의 명을 받을지언정 일체의 사적 자유를 생각지 아니합니다. 교통규칙을 지키지 아니하고 자신의 마음대로 자동차를 몰 때 자동차의 자유는 실종되고, 교통규칙을 잘 지킬 때 자동차의 흐름이 자유롭듯, 보살은 법을 설할 때도 우주의 뜻대로 부처님의 뜻대로 말할 뿐입니다. 이때 걸림이 없고 활기찬 설법이 됩니다.

부처님의 설법을 수기설법이라 합니다. 사람에 따라서 설법이 다르며 그 근기에 알맞게 설법하십니다. 부처님의 설법을 자세히 살펴보면 어느 곳에도 당신의 주장은 전혀 없고 오직 질문하는 사람 또는 듣는 사람이 행복해지는 내용으로만 이루어져 있습니다. 오직 질문자의 물음에 대해 거울처럼 비추고 메아리처럼 자연스럽게 반응하실 뿐, 부처님께서는 인위적이라 할 어떠한 분별심도 없습니다. 그래서 팔만사천대장경의 모든 부처님 법문이 모두 당신의 소리가 아니요. 중생의 소리이기에, 부처님께서는 "실로 내가 설한 바 없다. 부처님 말씀은 우주의 뜻 그대로이다無法可說, 如來者 卽諸法 如義."하셨습니다.

아상이 없는 부처님이나 보살들은 부처님의 뜻대로 말씀하시며 부처님의 뜻대로 살기를 권합니다.

그리스도교에서도 자기 뜻대로 살기를 바라지 말고 진리의 뜻대로 살라고 하며 다음과 같이 이야기합니다.

아버지여 만일 아버지의 뜻이거든 이 잔을 내게서 옮기시옵소서 그러나 내 원대로 마시옵고 아버지의 원대로 되기를 원하나이다.

〈누가복음 22장 42절〉

공부 잘하는 수도자이어도 부처님이 절대가 되고 내가 완전히 없어지는 경지에 이르지 아니하는 한 부처님께서 말씀하시는 무법가설의 심경을 공감할 수 없습니다. 그래서 수보리 존자는 다음과 같이 질문하였습니다.

그때 지혜로운 수보리 존자가 부처님께 말씀드렸다.
"부처님이시여, 미래세에 어떤 중생이 이 이야기를 듣고 믿음을 내겠습니까?"
부처님께서 말씀하시기를
"믿는 마음을 낸 그 사람은 중생이 아니고 또 중생 아님도 아니니"
爾時에 慧命 須菩提 白佛言하되
"世尊하, 波有衆生이 於未來世에 聞說是法하고 生_信心不잇가?"

佛言하사되

"須菩提야, 彼非衆生이며 非不衆生이니"

여기서 부처님께서 말씀하시는 중생이란 "무법가설 시명설법無法可說 是名說法"이라는 이야기를 듣고 공감을 한 중생을 말합니다. 부처님께서는 이 중생을 중생이 아니라고 하셨고, 또 중생 아님도 아니라고 하셨습니다. 잘 알기 어려운 말씀입니다. 무슨 뜻일까요?

보살처럼 수도하여 아상을 소멸한 사람이라면 사물을 대할 때 아무 선입견이 없습니다. 어리석은 중생이 한없는 우문愚問을 던지더라도 화를 내지 않음은 물론 도리어 그 마음을 잘 어루만질 수 있는 데, 이것은 선입견이 없어서 가능합니다. 이 사람은 중생과 대화할 때 상대방과 한마음이 되어 정성껏 이야기를 잘 들어서 이에 알맞은 답변만을 하려 합니다. 이렇게 자신의 주장을 비우고 상대 관점에서 대하여 몇 번이고 상대를 편안하게 해 주었다면, 그 사람은 자신의 답변은 질문에 대한 단순히 거울이며 메아리일 뿐, 자신은 상대를 가르치기 위하여 한 번도 분별심을 내지 않았노라고 할 것입니다. 만일 이런 체험을 한 사람이 "무법가설 시명설법無法可說 是名說法"의 말씀을 들었다면 '아! 바로 내가 저런 경험을 했는데 실감 나는 말씀이다'라고 생각하며 신심을 낼 것입니다. 그 사람은 이미 오래전 숙세에서도 체험을 하였음이 분명하니 이를 보통사람과 똑같은 중생이라 할 수 있겠습니까? 이 사람을 미迷한 중생이라 할 수 없습니다. 그러나 아직 닦을 일이 많이 남아 있으니 중생 아님도 아니라고 하신 것입니다.

"왜냐하면 수보리여, 중생 중생하지만 중생이란 실로 중생이 아니고 그 이름이 중생일 뿐이니라."

"何以故오 須菩提야, 衆生衆生者는 如來說 非衆生이 是名衆生이니라."

부처님께서 중생이라는 표현을 두 번 사용하였습니다만 먼저 중생이건 나중의 중생이건 실은 다 중생이 아니고 이름이 중생일 뿐이라는 말씀입니다. 중생이라는 것이 무엇입니까? 미하고 욕심에 가득찬 사람을 중생이라 합니다. 그러나 마음에 미함과 욕심이 없어진 사람의 눈에는 어떤 못난 것도 보이지 않습니다. 부처님과 같이 마음속에 모든 분별심이 사라진 분에게는 중생은 없고 오직 부처님만이 존재할 뿐입니다. 그래서 부처님께서는 "중생이 아니다. 분별심으로 이름 지어 중생이라 할 뿐이다"라고 말씀하신 것입니다. 또 부처님께서는 "그대 마음속에만 못난 것이 있을 뿐 세상에는 실로 못난 것이 없느니라. 그대 마음속에 못났다는 생각을 부처님께 바칠 때 모든 사람이 정녕 부처님으로 보일 것이다"라고 가르쳐 주십니다.

—

22

법을 가히 얻은 바가 없다

無法可得分

수보리 존자가 부처님께 아뢰었다.

"부처님이시여, 부처님께서는 최고의 지혜를 얻으셨지만 얻으셨다는 생각이 없으시지요?"

須菩提 白佛言하되

"世尊하, 佛이 得阿耨多羅三藐三菩提가 爲無所得耶잇가?"

이는 다소 추상적 설명이지만 실생활과 관련지어 보면 좀 더 실감나는 이야기가 됩니다. 공부하는 것, 즉 수도하는 것을 싫어하지 않고 즐겨할 수 있다면, 인생의 최대 과제인 도통이라는 큰 과제도 쉽게 해결될 수 있을 것입니다. 사람들이 다 어려워하는 공부도 즐길수 있는 사람이라면 어렵지 않게 세상의 모든 이치를 통달하고 생사를 해탈하여 구경究竟의 행복에 도달할 수 있다는 말씀입니다. 문제는 공부를 싫어하고 수도를 싫어하는 것, 즉 아상입니다.

공부를 '어서 하겠다' 하면 탐심이요, 공부가 '왜 아니 되느냐' 하면 진심, '공부가 잘된다' 하면 치심입니다. 공부가 싫어지는 것은 공부를 어서 하겠다는 탐심에서 비롯됩니다. '공부 하겠다'는 탐욕심이 없으면 공부란 본래 즐겁게 마련입니다. 탐심 또한 아상입니다. '배우고 때로 익히니 또한 즐겁지 아니한가學而時習之 不亦說乎'라는 공자의 말씀처럼 세상의 이치를 터득하는 것은 참 즐거운 일입니다. 공부를 한꺼번에 내 마음대로 하려는 마음이 문제인데, 이러한 용심이면 공부가 좀 되었다 하여도 '공부가 되었다! 깨달았다!'라는 소득심, 즉 치심을 내게 됩니다. '깨쳤다'라는 소득심이 남아 있는 한 제대로 깨친 것이 아니요, 깨쳤다는 생각까지 없어져야 제대로 깨친 것입니다. 보통사람들은 대부분 도통을 하겠다는 마음, 즉 탐심으로 공부를 시작하기에, 설사 깨쳤어도 소득심을 동반합니다. 소득심 또한 아상입니다.

그러나 아주 드물게 순수한 마음의 소유자는 부처님의 정법을 만난 것만으로도 감사하여 수도를 즐겁게 할 뿐, 최고의 지혜를 꼭 성취하려는 탐욕심을 내지 않습니다. 순수한 사람은 최고의 지혜에 대한 동경심과 공경심만으로 수행과정을 즐깁니다. 단기간에 끝내려 하지 않고 천년만년 공부하려 합니다. 공부를 즐기는 마음이라면 설사 크게 깨쳐도 소득심을 낼 이유가 없습니다. 생사를 해탈하고 아누다라삼막삼보리를 얻어도 얻었다는 생각을 낼 근거가 없어집니다. 그래서 수보리 존자는 다음과 같이 질문하십니다.

"부처님께서는 마음 닦는 과정을 아무 바라는 것 없이 순수하고 즐겁게 하셨기에, 비록 생사를 해탈하시고 세상의 모든 일을 다 아셨어도 '생사를 해탈했다'라는 생각이나 '안다'는 생각을 하실 까닭이 없을 것 같습니다. 그러하시지요?"

부처님께서 말씀하셨다.

"그렇다! 바로 그렇다! 수보리여, 나는 최고의 지혜뿐 아니라 어떤 조그마한 진리도 얻었다는 마음을 내지 않노라. 이래야 최고의 깨침이라 할 수 있노라."

佛言하사되

"如是如是니라. 須菩提야, 我於阿耨多羅三藐三菩提에 乃至 無有小法可得일새 是名阿耨多羅三藐三菩提니라."

부처님께서는 생사해탈의 대도를 추구하시기보다는 즐기셨을 뿐, 즉 세상의 작은 일도 외면하거나 싫어하지 않고 즐거이 하셨다는 말씀입니다. 그리하여 생사해탈의 큰일은 물론 세상의 대소사도 다 알게 되었으며 '안다'는 생각까지 없게 되었는데 이래야 진정으로 아누다라삼막삼보리를 얻은 것이라는 말씀입니다.

"일통一通이면 다통多通"이라는 말씀이 있지요. 마음을 닦는 사람이 도를 깨달으면 세상의 모든 이치를 다 안다는 뜻이기도 합니다. 자신의 마음에 일어나는 각종 탐심을 깨칠 때 경제의 원리를 통달할 수 있습니다. 마음속에 성냄의 분별심 사라졌을 때 법률의 도道, 정치의 도를 알 수 있습니다.

공자님은 정치학을 배우지 않았어도 정치의 도를 알았습니다. 경제학을 공부하지 않았어도 부국강병의 길을 알았습니다. 과학을 배우고 실험을 하지 않았으련만 이미 2,500년 전에 〈주역〉에서 "물질은 에너지로부터 만들어진다精氣爲物"는, 20세기 후학이 겨우 알 과학의 이치까지 벌써 알았던 것입니다. 한마음, 탐진치를 깨치면 이처럼 모든 것을 다 아는 것입니다. 또 모든 것을 다 아는 깨침이어야 제대로 된 깨침이라고 하겠습니다.

23

무소득의 마음으로 좋은 일을 하라

淨心行善分

"다시 수보리여, 이 가르침은 평등하여 위아래가 없기에 그 이름을 아누다라삼막삼보리라 하느니라."

"復次 須菩提야, 是法이 平等하야 無有高下ㄹ새 是名阿耨多羅三藐三菩提니라."

아누다라삼막삼보리는 무상정등정각 즉 모든 것을 다 아시는 부처님의 능력을 말합니다. 다 아신다면 한쪽은 잘 알고 다른 쪽은 모르실 리 없습니다. 마치 태양빛이 사람과 동물, 산과 강 등을 차별 없이 평등하게 비추듯 부처님의 아시는 능력은 비단 출세간의 일에 국한되지 아니하고 세간의 모든 일에도 평등하게 적용됩니다. 부처님께서는 혜안 법안 불안 등의 형이상학적 지혜도 갖추셨지만, 정치 경제 사회문제나 자연과학 등의 형이하학적 진리까지도 다 훤히 아시기에 평등하다고 하십니다. 반대로 공의 진리를 잘 해석하면서도 세상의 고민과 난제를 해결하는 지혜가 없다면 그러한 지혜는 평등하다 할 수 없습니다.

'아누다라삼막삼보리의 지혜는 두루 다 아는 지혜이다. 세간의 일, 출세간의 일 다 안다. 그래서 평등하다.'라고 해석해 봅니다. 문제는 어떻게 중생이 부처님의 지혜 즉 아누다라삼막삼보리에 도달하느냐가 문제인데, 그 방법까지 부처님께서 친절하게 말씀하셨습니다.

"나니 너니, 잘났느니 못났느니 하는 생각 없이 모든 착한 일을 한다면 바로 아누다라삼막삼보리를 얻느니라."

"以無我 無人 無衆生 無壽者하고 修一切善法하면 則得阿耨多羅三藐三菩提니라."

탐진치를 악법惡法이라 한다면 탐진치를 닦는 법은 선법善法이라 할 것입니다. 탐진치를 연습하는 것은 아상의 연습이요 모르는 마음의 연습입니다. 탐심을 닦기 위하여 우리는 보시행布施行을 합니다. 진심을 닦기 위하여 지계행持戒行을 닦습니다. 자신의 잘난 마음을 닦기 위해서 인욕행忍辱行을 닦습니다. 이렇게 부지런히 연습하는 것을 정진精進이라 하는데, 정진의 결과 마음이 즐거워지고禪定 드디어는 아는 마음智慧이 발생하는데, 이러한 육바라밀의 수행은 바로 모르는 마음에서 아는 마음으로의 전환이라 하겠습니다.

"탐진치를 닦되 무아 무인 무중생 무수자 하라" 하신 것은 자기 자신의 행복만을 위해서 보시 지계 인욕을 행하는 것이 아니라, 부처님 잘 모시기 위해서, 부처님 즐겁게 해 드리기 위해서 보시 지계 인욕 등의 선법을 행하라는 말씀입니다. 즉 단순히 보시만 할 것이 아니라 부처님 기쁘게 해 드리는 보시인 보시바라밀이 되어야 하고, 단순한 지계가 아닌 부처님 기쁘게 해 드리는 지계 즉 지계바라밀이 되어야 한다는 것입니다. 자신이 밝아지기 위해서라기보다 부처님 즐겁게 해 드리기 위해서 보시바라밀, 지계바라밀, 인욕바라밀이 될 때 우리 마음속에 가렸던 한없는 열등감 즉 모르는 생각이 아는 마음으로 바뀝니다. 천안이 열리고 숙명을 알 뿐 아니라 정치, 경제, 사회 등 세상의 모든 일과 우주의 비밀도 의심 없이 알게 됩니다.

다음과 같은 세계는 범부들도 잘하면 체험할 수 있는 아누다라삼막삼보리의 한 모습일 것입니다.

밤새껏 금강경 읽으면서도 자신도 모르게 잠들지언정, 일부러 잠을 청하지는 말아라. 이것이 습관이 되면 '어둡다거나 밝다' 하는 구분이 없어지고, 깨어 있는 상태와 잠드는 상태가 다르지 않게 된다. 그리고 모른다는 마음의 분별이 사라지고 아는 마음으로 바뀐다. 아는 마음의 세계는 모르는 마음의 세계와는 사뭇 다르다. 모른다는 분별이 없어지면 환희심이 나고 세상이 별 것 아닌 것 같이 느껴지기도 한다.

〈마음을 어디로 향하고 있는가(김영사, 1990)〉

"수보리여, 지금 말한 선법이란 것은 선법이 아니요 그 이름이 선법인 것이니라."

"須菩提야, 所言 善法者는 如來說 卽非善法이 是名善法이니라."

수보리여, 내가 지금 이야기하는 선법은 부처님 시봉하는 마음으로 행하는 선법이다. 이는 그대들이 생각하는 도덕적으로 훌륭한 일이나 세상에서의 착한 일과는 근본적으로 다르다. 그대들이여! 세상에 좋은 일을 하되 좋은 일 했다는 마음도 바쳐라. 잘 바치면 당장이라도 부처님 세계, 깨달음의 세계가 눈앞에 전개되리라. 이것이야말로 바로 사람 살리는 법이요 이름만이 아닌 참다운 선법이니라.

—

24

지혜는 매우 커서 복과 비교가 안 된다

福智無比分

"수보리여, 만일 삼천대천세계중 수미산왕만한 칠보의 무더기를 어떤 사람이 보시하고, 또 다른 사람이 이 반야바라밀경 또는 이 경의 대의를 포함하고 있는 간단한 사구게 등을 수지독송하여 다른 사람을 위하여 이야기해 준다면, 수미산왕만한 칠보로 보시를 한 복덕이 백 분에 일에도 미치지 못하며, 백천만억 분내지 어떠한 산수적인 수로도 비교할 수 없느니라."

"須菩提야, 若三千大千世界中 所有諸須彌山王 如是等 七寶聚로 有人이 持用布施하고 若人이 以此般若波羅蜜經 乃至 四句偈等을 受持讀誦하야 爲他人說하면 於前福德은 百分에 不及一이며 百千萬億分 乃至 算數譬喻에 所不能及이니라."

이 내용 중의 수미산왕 칠보는 보통의 칠보와는 다른 의미의 칠보로서 정신적 가치를 지닌 보배라 하겠습니다. 따라서 수미산왕 칠보로 보시한다는 뜻은 정신적 가치를 베푸는 일이라 할 것이며, "반야바라밀경 수지독송 위타인설"은 "실무중생 득멸도자"의 실천이요 몸뚱이 착을 없애고, 참나를 세우는 일로 해석할 수 있을 것입니다. 부처님께서는 이렇게 구체적이며 이해할 수 있게 말씀하실 것입니다.

수보리여, 귀한 물건(칠보)은 자기가 가지고 싶을지언정 남에게 주기는 싫다. 칠보를 남에게 베푸는 일은 다른 사람을 물질적으로 도와주는 것은 물론이려니와, 아까워하는 마음 즉 탐심을 제거하는 일도 된다. 따라서 칠보를 보시한 결과 물질적으로 풍요로워지고 정신적으로도 안락을 얻게 되리라. 그러나 아무리 많은 물질로 베푼다고 해도, 그보다는 정신적 가치를 베푸는 것이 자신이나 다른 사람들에게 더욱 도움이 되리라. 그 공덕은 생사를 해탈하게 하여 결국 밝음에 이르게 할 것이기 때문이다.

그러나 물질로 다른 사람에게 베푸는 일이든, 진리를 설법하는 일이든, 그 행위를 어떠한 용심으로 행하느냐에 따라 결과는 매우 다르다. 범부가 하는 것은 물질이든, 정신적 가치를 베푸는 일이든, 대개 '자신을 위하는 마음' 즉 '아상'으로 출발할 가능성이 높다. 아상이 붙어 있는 한 아무리 위대한 일이나 거룩한 일을 하더라도 참나는 드러나지 않으며, 부처님 광명도 임하지 아니하리라. 자신이 잘되려는 마음으로 출발한다면 가슴이 벅차는 성과를 바로 지금, 금생에 기대하기 어려우리라. "금강경 잘 읽어서 부처님 기쁘게 해 드리기를 발원"하거나 "모든 사람이 고통을 해탈하여 평화와 안락의 세계로 가기를 발원" 하면서 금강경을 독송하라. 그대들은 먼 미래가 아닌 지금, 당장 구원의 손길이 필요하다.

'참나'를 바로 세우는 것은 무엇일까?

그대 속의 묻혀있던 부처님을 세우는 것이다. 그대 속의 부처님 즉 '참나'는 청정하여 일찍이 탐심에 물든 바도 없고, 진심 그리고 치심에도 물든 바 없다. 살생, 도둑질, 음행 그리고 거짓 등 일체 죄업에도 물든 바 없다. "나는 무시겁으로 죄지은 적이 없노라"라고 선언하는 것은 바로 참나를 세우는 일이다. 다른 곳도 아닌 이곳 그리고 바로 지금 부처님 '참나'의 광명을 받아들이는 것이며, 자신의 참모습을 보는 것이다. 그대들 속의 참나는 너무 오랫동안 부귀영화를 좋아하는 마음, 불평하는 마음, 또는 편안함에 안주하는 마음속에 묻혀 그 정체를 드러내지 못했다. 생로병사 속의 육신을 참 자기인 줄 알았고, 탐진치 속에 방황하는 정신을 내 마음으로 착각하였다.

그대들이여! 금강경에서 "그대 생각은 모두 가짜 나, 즉 아상의 그림자이기에 모두 부처님께 바쳐라(3분)" 하였고, "일하되 자신이 잘되기 위해서 하지 말며 부처님을 즐겁게 해 드리기 위하여 일하라(4분)" 하였으며, "모든 사람을 부처님처럼 보라(5분)"고 하였다. 이 금강경의 근본정신을 실천하려 하면서 틈나는 대로 금강경을 독송하라.

수보리여, 그리고 말세 중생들이여! 아침 일찍부터 금강경을 독송하라. 한가한 시간에는 늘 금강경을 독송하라. 밤에도 잠을 적게 자고 독송하라. 금강경 속에서 생활하라. 독송하는 순간 부귀영화에 묻혀서 드러나지 못했던 그대 속의 '참나'가 드러날 것이며, 반대로 '가짜 나'인 아상은 절로 사라지리라. 참나인 부처님 광명이 임하리

라. 지금 당장, 모든 근심 걱정에서 벗어나 마음이 상쾌해지고 기쁨
이 넘치리라. 모든 육체적 고통과 정신적 착각 상태에서 벗어나리라.
순간순간 밝아지며 순간순간 지혜가 임하리라. 사금강四金剛이 옹호
하며 팔보살八菩薩이 찬양하리라. 드디어는 무량한 세월 동안에 한
량없이 받았던 고통의 세계에서 근본적으로 탈출하리라. 생사의 악
몽에서 해탈하리라.

　금강경 수지독송의 공덕이여! 어찌 어떤 세상의 물질적 정신적 복
과 비교할 수 있으랴. 아상으로 하는 모든 행위가 비록 위대하게 보
여도 금강경을 수지독송하는 일에 비하면, 그 복은 백 분의 일도 되
지 못할 것이며, 어떠한 산수의 비유에도 미치지 못할 것이다. 수보
리여, 그리고 말세 중생들이여! 부디 금강경을 수지독송하라.

제도한다는 생각이 없어야 제도가 된다

化無所化分

"수보리여, 그대들은 부처님이 중생을 제도했다고 생각하는가? 아니다. 왜냐하면, 실제로 부처님이 실로 제도하신 중생은 없기 때문이다. 만일 부처님이 제도하신 중생이 있다면 부처님도 아인중생수자가 있게 되는 것이니라."

"須菩提야, 於意云何오 汝等은 勿謂하라. 如來作是念하되 我當度 衆生하라. 須菩提야, 莫作是念하라. 何以故오 實無有衆生을 如來度 者니라. 若有衆生을 如來度者ㄴ데는 如來도 則有我人衆生壽者니 라."

부처님 말씀을 21세기 현실에 맞고 더 쉽고 실감 나게, 자비하신 메시지로 중생제도의 길을 재구성해 봅니다.

수보리여, 많은 사람이 부처님을 만나고 가지가지의 고통에서 벗어남은 물론이고, 나쁜 사람이 변해서 착한 사람이 되며, 범부가 변해서 성인으로 환골탈태한다. 이를 보고 '부처님께서는 큰 자비와 큰 능력으로 수많은 사람을 제도하시는구나'라고 생각할 것이다. 그러나 수보리여! 실로 부처님께서는 한 중생도 제도하신 바 없으며, 또한 한 중생도 제도받은 자가 없느니라. 수보리여, 고통과 행복, 나쁜 사람과 착한 사람, 범부와 성인 등은 그대 마음 밖의 어떤 현상이 아니다. 이 모두 이름뿐이며 실제는 없는 허상인데 꼭 있는 것처럼 여겨지는 것은, 그대 마음속의 분별심 때문이다. 그대 마음속에 분별심이 생기면 제도해야 할 중생도 또한 이처럼 새롭게 생기는 것이다.

"수보리여! 부처님이 말하는 '나'란 '참나'를 말하므로 범부들이 생각하는 아상의 '나'와는 다르다."
"須菩提야, 如來說 有我者는 則非有我언마는 而凡夫之人이 以爲有我하나니라."

그러나 그대 마음속 분별심의 파도를 부처님께 바쳐 평온해져서 참나가 드러나고 분별심이 사라진다면, 제도해야 할 중생 또한 사라진다. 그대가 수도해서 발견하는 참나는 그대나 그대 주위의 중생에게 소속한 것이 아니며 자타自他가 없다. 그대 마음속에서 참나가 드러날 때 그대 마음을 평온하게 할 뿐 아니라 인연 중생의 분별심도 소멸시키는 힘이 있으니, 실로 참나는 자타를 다 평온하게 하는 큰 위력이 있다.

따라서 중생들이 부처님을 만남으로써 새사람으로 태어나는 이유를 알 수 있으리라. 중생이 착한 마음을 내는 경우는 물론, 악심을 내는 경우라도 부처님을 향하는 순간, 향한 것만큼 부처님 광명 즉 참나가 중생에게 임하니 객기인 아상이 맥을 잃고 드디어는 사라지기 때문이다. 이러한 원리로 중생들이 스스로 자신을 제도할 뿐, 부처님께서 심혈을 기울인 노력으로 중생을 제도하였다고 할 수 없느니라.

수보리여, 말세 중생이여! 사람이 고약하다고 하여 훌륭한 사람 만들려 하지 마라. 우선 그대들 마음속에 그들이 고약하다고 생각하는 마음을 부처님께 바치어라. 비록 천하에 고약한 사람도 모두 성인이 되는 훌륭한 소질을 가지고 있어, '부처님의 광명'만 만나면 싹이 트고 성장하며 외부 도움 없이도 새사람이 되느니라. 그대가 고약하다고 생각하는 마음을 부처님께 바치면 참나가 드러나고, 이때 제도하시는 '부처님의 광명'이 우선 그대의 고약한 마음을 제도하고 동시에 그들의 고약한 마음을 제도한다. 마찬가지로 믿지 아니하는 사람을 부처님 믿게 하려고 애쓰지 마라. 교화하려는 마음을 부처님께 바치어라. 이때 '참나'라는 '부처님 광명'이 드러나서 그들을 비추며 크나큰 감화의 능력을 발휘하리라.

수보리여! 말세 중생이여! 마찬가지로 이웃이나 사회를 개혁하려 힘쓰지 마라. 사회를 개혁하기보다는, 사회가 어둡다고 보는 그대의 마음을 부처님께 바쳐라. 그리하여 그대 마음속에 사회를 어둡게 보는 마음 대신 '참나'가 들어서게 하여라. 이 '참나'는 아무 말 없이 조용한 것 같아도 차근차근 순리를 밟아 가며 주위를 정화시키고, 사회를 개혁하는 큰 위력을 나타낼 것이다. 제도는 사람이 하는 것이 아니다. 제도는 오직 참나, 부처님만이 할 뿐이다.

"수보리여! 부처님이 말하는 범부는 그대들이 생각하는 범부와는 다르다."
"須菩提야, 凡夫者는 如來說 則非凡夫니라."

육신을 가진 부처님은 일체 허물이 없기에 남의 허물을 보지 않는다. 따라서 세상에서는 범부라 하여도 범부로 보지 아니한다. 중생은 허물이 있고 또 남의 허물을 보는 용심이 있기에 사람이 범부로도 보이고 때로는 성인처럼 보이기도 하지만, 부처님의 눈에는 모두 완전무결한 부처인 것이다. 이름만 범부라 할 뿐이다.

26

법신은 모양이 없다

法身非相分

"수보리여, 어떻게 생각하는가. 32상이 있으면 부처님이라고 볼수 있겠는가?"

수보리 존자가 대답하기를

"예, 그렇습니다. 32상이 있으면 부처님이라 할 수 있습니다."

부처님께서는 이 이야기를 들으시고 말씀하시기를,

"32상으로 여래를 볼진대 전륜성왕도 곧 부처님이겠구나."

그러자 수보리 존자가 다시 말씀드렸다.

"제가 부처님 뜻을 해석하기로는 32상으로 부처님이라 할 수 없겠습니다."

그러자 부처님께서는 게로써 말씀하시기를

"만일 모양으로 참나를 보려 하거나 음성으로 참나를 구한다면, 이 사람은 몸뚱이 착이 있음이라, 참나를 볼 수 없느니라."

"須菩提야, 於意云何오 可以三十二相으로 觀_如來不아?"

須菩提言하되

"如是如是니이다. 以三十二相으로 觀_如來니이다."

佛言하사되,

"須菩提야, 若以三十二相으로 觀_如來者ㄴ데는 轉輪聖王이 則是如來니라."

須菩提 白佛言하되

"世尊하, 如我解佛所說義로는 不應以三十二相으로 觀_如來니이다."

爾時에 世尊이 而說偈言하사되,

"若以 色見我커나 以音聲求我하면 是人은 行邪道라 不能見如來니라."

부처님은 중생을 사랑하시기에 아마도 설법은 친절하며, 지혜로 우시기에 어렵지 않으며, 듣는 사람이 밝아지는 데 알맞게 말씀하실 것입니다. 그러나 위와 같은 해석은 지혜가 부족한 요즘 사람에게는 꼭 쉽지도 않고 실감도 나지 않습니다. 요즈음 사람들에게 자비로운 부처님의 말씀은 어떤 것일까 생각해 보았습니다.

수보리여, 부처님의 32가지 거룩한 몸매가 부처님의 특징이 아니라고 이미 이야기 한 바 있다. 그때 그 이야기를 듣고 그대는 쉽게 알아듣고 공감하였다(13분). 그러나 수보리여, 그대와 같이 지혜 있는 사람도 32가지 거룩한 몸매의 배경이 되는 고귀한 덕의 성품만은 부처님의 특징이 될 수 있으리라고 생각할 수 있다. 자비심, 용기, 지혜로움 등 세상 사람들이 말하는 훌륭한 덕성을 연습하면 부처님과 똑같은 32가지의 거룩한 몸매가 형성되므로, 그대들은 고귀한 덕의 성품이 바로 부처라는 말에 동의하지 않을 수 없으리라.

그러나 이 또한 잘못이다. 내가 이러한 잘못을 일깨워 주기 위하여 그대에게 '32가지 덕의 성품으로 부처님을 볼 수 있느냐'고 물었다. 수보리여, 전륜성왕은 자비롭고 용기가 대단하며 매우 지혜로우며 또 자비심, 용기 등의 감정이 있다. 그러나 부처님은 비록 중생의 눈에 자비롭고 용기가 대단하며 매우 지혜롭게 보여도 아무 감정이 없고 무심하다. 따라서 수보리여, 부처님께서 자비롭고 용기 있고 지혜롭다고 하여 세상에서 가장 훌륭한 '사람'인 전륜성왕의 자비나 용기 또는 지혜로움과 같다고 하면 안 된다. 부처님의 특징은 이처럼 아무 형상이 없는 것이다. 이제 그 뜻을 구체적으로 설명하노라.

그대들의 본래 모습, 참나를 찾으려면
겉모양 따르지 말고 자기 자신을 관찰하라.
근심, 걱정, 외로운 마음, 고달픈 마음, 열등감
모두 참나의 모습 아니니 부처님께 바쳐라.

금강경 지송하고 부지런히 바치는 연습하면
근심, 걱정, 외로운 마음 어느덧 사라지고
기쁜 마음, 씩씩한 마음으로 행복이 솟구친다.
주위 사람 항상 웃고 열등감 사라진다.

재앙이 소멸되며 하는 일이 잘 풀리고
마음은 언제나 푸르고, 온 세상 부처님 얼굴
내가 바뀌고 세상이 바뀌며
기적이 창조되고 금강경이 실감 난다.

그러나 좋은 감感이 남아 있는 한
본고장에 온 것 아니고
부처님과 함께 하지 못한 것
금강경 읽고 또 읽으며 그 마음 바치어라.

기쁨의 감도, 행복의 감도 다 바치고
평화의 감도, 거룩한 감도 다 바쳐 무심이 되고
무심 또한 바쳐질 때 부처님과 함께 하는 것
참 본고장에 온 것이다.

27
끊을 것도 멸하여 없어질 것도 없다

無斷無滅分

"수보리여, 부처님께서 아누다라삼막삼보리를 얻으심이 부처님의 원만 구족한 모습과 무관하다고 생각하는가? 수보리여, 부처님께서 아누다라삼막삼보리를 얻으심이 당신의 원만 구족한 모습과 무관하다고 하지 말지어다."

"須菩提야, 汝若作是念하되 如來 不以具足相故로 得阿耨多羅三藐三菩提하라. 須菩提야, 莫作是念하라. 如來 不以具足相故로 得阿耨多羅三藐三菩提니라."

이러한 부처님 말씀을 업보 속에 사는 우리 일상생활과 관련하여 살펴 봅니다.

수보리여, 사람들이 마음속의 탐심, 진심, 치심을 부처님께 바치면 마음이 평화로워지고 지혜가 생김은 물론, 탐진치로 물들었던 자신의 피부세포 뼈세포 뇌세포 등이 차츰 변화하여 피부가 부드러워질 뿐 아니라, 얼굴에 악기나 사기가 사라지고 골상 또한 차츰 원만해진다. 따라서 육신이 원만한 사람은 용심도 원만하며 숙세에 많이 수도하였던 선근이 있음을 알 수 있다. 이런 사람이라면 부지런히 수도하면 어렵지 않게 부처님의 아누다라삼막삼보리를 얻을 것이다.

그러나 마음에 늘 탐심이나 진심 또는 치심 속에서 사는 사람은 얼굴에 악기惡氣가 돌고 외모는 점점 사악해진다. 따라서 외모가 원만치 못한 사람은 틀림없이 용심도 원만치 않으며, 숙세의 무거운 짐을 지고 온 것이 분명하다. 이런 사람은 상당히 노력해도 밝아지기가 쉽지 않다. 역대의 도인을 보아라. 그들은 대개 원만한 풍모를 지니고 있다. 이것이 부처님의 아누다라삼막삼보리가 원만한 외모와 무관하지 않은 이유이다.

"수보리여, 아누다라삼막삼보리를 얻고자 하는 사람은 모든 법을 끊고 없앤다고 생각하지마라. 왜냐하면 아누다라삼막삼보리의 마음을 낸 사람은 끊고 없앤다는 생각이 없기 때문이니라."
"須菩提야, 汝若作是念하되 發阿耨多羅三藐三菩提者는 說諸法에 斷滅相하라. 莫作是念하라. 何以故오 發阿耨多羅三藐三菩提心者는 於法에 不說斷滅相이니라."

수보리여, 사람을 극히 좋아하거나 싫어하지 말라. 사람을 좋아하거나 싫어하고 미워하는 용심은 그 자체가 큰 선입견이 되어 사람을 제대로 보는 눈을 가린다. 이 사랑과 미움의 용심은 대체로 전생에 상대로부터 해로움을 당했다는 쇼크에서 비롯하며 이러한 쇼크를 한恨이라고도 한다. 이러한 한이 깊으면 깊을수록, 그 사고방식은 자신에게 주어지는 일들에 대해 항상 호好 아니면 불호不好, 전부 아니면 전무가 되어 중도의 사상을 갖기가 쉽지 않고 항상 극단적 사고방식을 가지게 되리라 說諸法 斷滅相 莫作是念. 너무 좋아하는 마음은 곧 너무 싫어하는 마음이다. 애증의 그 마음을 부지런히 부처님께 바쳐라. 그러면 배신이나 이별과 같은 재앙에서 벗어나리라. 마음속 애증을 부처님께 잘 바치는 사람은 단절이니 결별이니 하는 단어에 아무런 감정도 느끼지 않는다.

수보리여, 사물도 마찬가지다. 배우는 일이나 공부가 왜 싫다고 하겠느냐? 공부를 어서 하겠다느니, 공부가 왜 아니 되느니 하는 '분별심'이 공부를 싫게 하는 장본인이며, 이 마음이 영원히 공부를 지겹게 하며 공부와의 인연을 끊게도 한다. 그러나 싫은 마음을 부처님께 잘 바친다면 배우는 일은 한량없이 즐거운 일이 되리라. 공부나 그 외 모든 주어진 환경이 마음에 들지 않아도 원망하거나 뿌리치지 마라. 그 싫은 마음을 부처님께 바쳐 본래 없는 것을 깨치도록 하여라. 그러면 하기 싫던 공부는 즐거워지고, 괴롭히기만 하던 주위 환경은 어느새 변하여 훌륭한 안식처가 되고 의지처가 될 것이다 不說斷滅相.

—

28

복덕을 가지지도 탐하지도 않는다

不受不貪分

"수보리여, 만일 어떤 사람이 항하의 모래만큼 많은 세계에 가
득 찬 칠보를 보시하고, 또 다른 사람이 일체의 법이 내가 없음
을 알아서 그것을 연습하여 습관이 된다면 이 사람은 먼저 사람
이 얻은 공덕보다 더 낫다."

"須菩提야, 若菩薩이 以滿恒河沙等 世界七寶로 持用布施하고 若復
有人이 知一切法無我하야 得成於忍하면 此菩薩은 勝前菩薩의 所
得功德이니"

알기 쉬워야 믿는 마음이 날 수 있고, 믿는 마음이 나야 발심할
수 있습니다. 부처님께서 다음과 같이 쉽게 풀어서 말씀하신다면 많
은 사람이 금강경과 더욱 친밀해져 신심발심할 것입니다.

수보리여, 보시란 아름다운 선행, 씨 한 알을 심어 백 이상의 열매를 얻듯 보시의 복과 덕은 크다. 만일 어떤 사람이 헤아릴 수 없이 많은 칠보를 여러 사람에게 베풀어 주는 선행을 한다면 그로 인해 얼마나 큰 복을 받겠는가?

수보리여, 그러나 그렇게 위대한 선행도 부처님께 굳은 신심을 내지 않고 자신의 판단이나 감정에 이끌리어 행한다면, 그 선행이 아무리 위대하여도 절대적 행복이나 영적인 행복에는 이르지 못하니라.

수보리여, 부처님께 신심발심하지 아니한 사람은 어떤 사람이냐? 자기의 마음 즉 '가짜 나'의 생각이나 느낌에 좌지우지되는 사람이다. 자신의 생각이나 감정이 아무리 고상한 듯 또 무심한 듯해도 이것은 부처님 모습이 아니요 다 '가짜 나'의 모습일 뿐이다. 수보리여, 그대들이 일으키는 모든 생각이 근본적으로 허망하다. 그 생각이란 가짜 나가 일으키는 허상일 뿐 참 그대의 모습이 아니다. 그대들은 언젠가 부처님과 똑같은 본래 모습을 잃어버리고 가짜 나에 의해 조종되는 가련한 존재가 되었으며 그로 인하여 한없이 고통을 받았다.

그대들의 모든 생각을 부처님께 바쳐라. 아무리 옳은 것 같이 믿어져도 주장하지 말라. 그리고 주장하고 싶은 마음을 부처님께 바쳐라. 다른 사람이 터무니없는 누명을 씌워도 '아니'라고 말하지 말고 그 억울함을 부처님께 바쳐라. 미인이 그대에게 호감을 보이거나 주위 사람들이 그대에게 부귀영화를 제의하여도 들뜨지 말고 그 마음을 부처님께 바쳐라.

'아니'라고 하면서 자신의 주장을 세우는 마음은 다 그대들의 참 주장이 아니다. 다 가짜 나가 중얼거리는 허망한 속삭임일 뿐이다知一切法無我. 무슨 일을 하든 항상 부처님과 함께하며, 자신의 이익보다는 부처님 기쁘게 해 드리기 위해 일하라. 항상 '나는 부처님 시봉하는 사람'이라 생각하고 금강경을 수지독송하라. 몸에 배도록 금강경 읽고 그대의 혼이 감동하도록 금강경을 독송하라得成於忍. 그리하여 오랜 세월 동안 친했기에 참나로 오인하였던 가짜 나의 굴레에서 벗어나라! 그러면 모든 근심과 걱정 그리고 미래에 대한 공포에서 벗어나리라. 한없는 희열을 느끼며 무한한 고요와 평화를 느끼며 영원한 행복을 맛보리라勝前菩薩 所得功德.

"이는 복덕을 받지 않은 연고니라."
수보리 존자가 부처님께 사뢰기를
"부처님이시여, 복덕을 받지 않는다는 것이 무슨 뜻이옵니까?"
"수보리여, 보살은 지은 바 복덕을 탐착하지 않으므로 복덕을 받지 않는다고 한다."
"須菩提야, 以諸菩薩이 不受福德故니라."
須菩提 白佛言하되
"世尊하, 云何菩薩이 不受福德이니잇고?"
"須菩提야, 菩薩의 所作福德을 不應貪着일새 是故로 說不受福德이니라."

수보리여, 보살은 내가 없다. 생시에도 내가 없고 꿈에도 내가 없다. 줄 때도 내가 준다고 생각지 않는다. 주어야 할 사람이 받아야 할 다른 사람에게 자연스럽게 전달한다고 생각한다. 받을 때도 내가 받았다고 생각지 않는다. 내가 받았으니 내 물건이라고도 생각지 않는다. 잠시 보관했다가 줄 사람에게 주는 것이다. 어려운 일이나 기적적인 일을 성취하여도 내가 한 일이라고 생각지 않는다. 주위사람의 도움으로 한 것이며 부처님께서 하신 것으로 확실히 알고 감사한다.

부처님의 위의는 적정하다

威儀寂靜分

"수보리여, 만일 어떤 사람이 이야기하기를 부처님께서 오신다든지 가신다든지 누우신다든지 한다면,

이 사람은 내가 이야기한 뜻을 해석하지 못한 것이다.

왜냐하면 여래라고 하는 것은 온 바가 없으며, 갈 바 또한 없기 때문에 이름하여 여래라 하느니라."

"須菩提야, 若有人이 言如來 若來 若去 若坐 若臥라하면

是人은 不解我所說義니

何以故오 如來者는 無所從來며 亦無所去ㄹ새 故名如來니라."

중생들의 눈에는 부처님께서 열반하시는 것처럼 보여도 이는 참 열반이 아니요, 중생과 멀지 않은 곳에서 함께 계시며 중생이 밝아지도록 늘 설법을 하신다고 합니다. 다음 글을 읽어 보도록 합니다.

중생을 제도하기 위하여爲度衆生故

방편으로 열반을 나타내었으나方便現涅槃

실로 열반에 들지 아니하는 것而實不滅度

항상 이곳에서 머물며 설법한다常住此說法.

나는 항상 이 곳에 머물러 있지만我常住於此

…

그대들은 가까이 있으나 보지 못하는데雖近而不見

…

중생들이 믿는 마음이 커지고衆生既信伏

그 뜻이 부드럽고 연하게 되면質直意柔軟

…

그때 나는 보살들과時我及衆生

영취산에서 함께 출현할 것이다俱出靈鷲山.

〈법화경 여래수량품〉

　부처님께서는 '가시지 않는다, 간절히 뵙고자 하면 나타나신다'라고 하셨습니다. 탐욕, 성냄, 어리석음과 함께하면 부처님은 가까이 계신 듯해도 아주 멀고, 탐욕, 성냄, 어리석음을 부처님께 잘 바치면 항상 부처님은 우리와 함께하시며 우리를 편안하게 해주신다는 해석이 가능합니다. 이렇게 해석하면 우리는 부처님께 잘 바치는 순간 언제나 부처님과 함께 계신 것을 느낄 수 있을 것입니다.

　수보리여, 그대들은 고통 속에서 생로병사의 무상함無常으로 덧없음을 느끼며 산다. 그대들은 고통에서 벗어나 행복하기를 추구한다.

그대들의 본연의 모습은 참 아름다움이요, 영원한 행복이다. 그대들은 당연히 이 무한한 행복을 가질 권리가 있다. 현실이 주는 고통이란 그대들의 생각이 꾸며놓은 한낱 허상일 뿐이다. 그대들은 이러한 고통의 의미를 모르니 고진감래라 하고, 슬픔의 날을 참고 견디면 기쁨의 날이 돌아오리니! 하면서 희망과 기대 속에서 살고 있다. 그러나 이런 사고방식을 가지고 있는 한, 참 행복을 얻기란 쉽지 않으리라 不解我所說義.

수보리여, 고통에서 자유로울 수 있는 시간, 그리고 행복을 창조할 수 있는 시간은 미래에 있지 않다. 바로 지금, 바로 여기에 있다. 과거에 누구에게 당했던 불쾌한 생각이 떠오르거든 지금 그 생각을 부처님께 드려라. 드리는 순간 부처님이 함께하시며 고통은 사라지기 시작할 것이다. 그대들은 언젠가 들이닥칠 고난을 두려워하며 미리 공포에 떨고 있다. 미래에 대한 두려움을 부처님께 바쳐라.

그대들의 생각을 부처님께 바치는 순간부터 부처님이 함께 하시어 그대들은 공포에서 헤어나기 시작할 것이며, 문제를 해결할 지혜가 임할 것이다. 부처님은 어디 가시지 않는다. 부처님께 바치는 그 사람의 마음에 항상 계신 것이다. 그대들 마음의 문을 더욱 열어라. 그러면 부처님 말씀이 잘 들릴 것이다. 말씀을 잘 들어 보아라.

30

하나로 된 이치

一合理相分

"수보리여, 만일 삼천대천세계를 부수어서 미진을 만들면, 이 미진이 대단히 많지 않겠는가?"

"須菩提야, 若善男子善女人이 以三千大千世界를 碎爲微塵하면 於意云何오 是微塵衆이 寧爲多不아?"

이러한 해석은 언뜻 보면 마음 닦는 것과는 무관하게 보기 쉽습니다. 위 내용을 잘 해석하기 위하여 다음 〈유마경〉의 내용을 살펴보도록 합니다.

비야리성에 보적이라는 한 장자의 아들이 부처님께 사뢰어 여쭙기를 "부처님이시여, 원하옵니다. 부처님 국토의 청정함을 얻는 방법을 듣고자 합니다." 부처님께서 대답하시기를 "보적아 보살이 정토를 얻으려면 마땅히 자신의 마음을 청정하게 가져야 할 것이니, 자신의 마음이 청정하면 곧 부처님의 국토가 청정하여지느니라."라고 말씀하셨다. 그때 사리불이 '보살의 마음이 청정하면 국토가 청정하여진다고 하셨는데, 우리 부처님의 마음이 어찌 청정하지 않으신가! 그런데도 부처님이 계신 이 국토가 청정하지 못하니 왜 그러한가?'하고 의심하는 마음을 갖자, 이를 아신 부처님께서 말씀하시기를 "해와 달이 어찌 청정하지 않을까만 눈먼 자가 스스로 보지 못하고 청정하지 않다고 말한다면 누구의 허물이냐?"고 하였다. "부처님이시여, 이는 눈먼 자의 허물이지 해와 달의 허물이 아닙니다."라고 사리불이 대답하였다. 그러자 부처님께서 "사리불이여, 부처님 국토가 장엄하고 청정함을 보지 못하는 것도 이와 같으니 이것은 부처님 잘못이 아니다. 사리불아, 내가 있는 이 국토는 청정하다. 그러나 네가 보지 못할 뿐이다."라고 말씀하셨다.

그때 나계 범왕이 사리불에게 말하기를 "존자여, 이렇게 청정한 국토를 청정하지 않다 여기지 마시오. 내가 보기엔 이 석가모니 부처님의 국토가 청정함이 마치 자재천궁 같습니다."라고 하자, 사리불은 "내가 보기에는 구덩이 가시덩굴 자갈과 흙 돌 그리고 산들이 있는 이 국토는 더럽고 추악한 것들로 가득 차 있습니다."라고 대답하였다. 그러자 나계 범왕이 다시 "그것은 당신의 마음이 높고 낮은 차별(분별심)이 있기 때문에 청정하지 못하다고 보는 것입니다. 사리불이여, 마음이 청정하여 부처님의 지혜를 의지하면 곧 국토가 청정함을 볼 것입니다."라고 대답하였다.

이 〈유마경〉 내용으로 미루어 부처님의 말씀을 생각해 봅니다.

수보리여, 대부분 사람은 미진이나 세계에 대해 누가 설명한다면 이런 것이 실존한다고 믿으며 그 수량이 많고 적고를 헤아리게 된다. 그러나 수보리여, 세계나 미진이 실제 있다고 믿게 하는 것은 실은 중생의 무시겁으로 애욕과 증오를 연습한 결과로 인한 업보업장이다.

수보리여, 지금부터 그대들의 마음속에 사랑이나 미움을 부처님께 바쳐 보아라. 그때에도 미진이니 세계니 하는 말을 듣고 실재한다고 실감하며 많고 적음을 헤아리게 될까? 애증의 굴레에서 어느 정도 벗어난 사람이라면 미진이니 세계니 하는 이야기를 들을 때 그 내용을 따라가지 않음은 물론 분석하거나 궁리하지도 않는다. 미진이니 세계니 하는 이야기가 실감 나게 들릴 때는 '내가 방심하여 애증의 죄업이 다시 동해서 이 이야기가 실감 나게 들리는구나.'라고 생각할 뿐이다.

"매우 많습니다. 부처님이시여, 만일 미진중이 실제로 존재하는 것이라면 부처님께서는 이것을 미진중이라 말씀하시지 않았을 것입니다. 왜냐하면, 부처님께서 말씀하신 미진중이라 하는 것은 미진중이 아니고 그 이름이 미진중이기 때문입니다."
"甚多니다. 世尊하, 何以故오 若是微塵衆이 實有者ㄴ데는 佛이 則不說是微塵衆이니 所以者何오 佛說微塵衆이 則非微塵衆일새 是名微塵衆이니이다."

수보리 존자는 다음과 같이 알기 쉽게 대답할 것입니다.

부처님이시여, 마찬가지로 만일 어떤 사람이 "이 세계를 부수어 먼지를 만들면 그 먼지가 많을까?"라고 질문을 받았을 때, 그 사람의 마음속에 사랑과 미움이 있다면 "먼지가 참 많습니다."라고 할 것입니다. 그러나 그 사람이 사랑과 미움을 부처님께 잘 바쳐 애증을 해탈하였다면 "애욕 즉 아상이 있는 사람은 분별심이 있기에 미진이 퍽 많다고 생각하지만, 애욕이 없는 사람은 미진이 많다는 것이 한낱 분별심임을 잘 알기 때문에 많다고 보지 않습니다."라고 대답할 것입니다.

만일 부처님 같은 분이 "이 세계를 다 부수어서 먼지를 만든다면 그 먼지가 많겠는가?"라는 질문을 받는다면 "부처님의 인식 세계에 무슨 먼지나 세계가 존재하겠습니까? 부처님께서 먼지니 세계니 말씀하신 것은, 실은 중생을 먼지니 세계니 하는 애증과 고해의 세계에서 구제하여 극락세계로 가도록 일부러 중생의 용심으로 하신 말씀일 뿐입니다."라고 할 것입니다.

"부처님이시여, 부처님께서 말씀하신 삼천대천세계라고 하는 것은 삼천대천세계가 아니고 이름이 삼천대천세계이니,"

"世尊하, 如來所說 三千大千世界가 則非世界ㄹ새 是名世界니"

중생은 이 세계가 꼭 존재하는 것처럼 생각합니다. 하지만 중생이 생각하는 세계란 사랑이나 미움이 원인이 되어 이루어진, 분별심이 만든 가공의 세계일 뿐 실제로는 없습니다. 분별심이 이루어낸 것은 모두 참이 아니기 때문입니다. 그러나 부처님께서 말씀하신 세계는 가공의 세계가 아니고 분명히 그리고 영원히 존재하는 세계이며 즐거운 극락세계입니다. 따라서 수보리 존자는 다음과 같이 말씀하여 중생들에게 희망을 주고 부처님의 법식을 일깨워 주고 싶었을 것입니다.

부처님께서 말씀하시는 세계는 중생들이 생각하는 세계와 다릅니다. 그 세계는 중생들이 생각할 수 있는, 애욕으로 궁리하는 가공의 세계가 아닙니다. 형상이 없기에 중생으로서는 불가사의하지만 분명 존재하며 정말 즐겁고 실감 나는 영원한 극락세계입니다.

"왜냐하면, 만일 세계가 실제로 있는 것이라면 곧 하나로 합해진 모양 '일합상'이 될 것이니, 부처님께서 이야기하신 일합상은 곧 일합상이 아니고 그 이름이 일합상이기 때문입니다."

"何以故오 若世界가 實有者ㄴ데는 則是一合相이니 如來說 一合相은 則非一合相일새 是名一合相이니이다."

부처님이시여, 만일 중생들이 생각하는 세계가 그들의 생각처럼 참으로 존재한다고 생각해 보십시오―合相. 참으로 존재한다면 그것이 물건이든 마음이든 자신의 생각, 즉 인식 세계를 떠나서도 존재해야 하고 실체가 있어야 할 것입니다. 그러나 이처럼 인식 세계를 떠나 존재하고 실체가 있다면 그것은 분명 물건은 아닐 것이고 마음도 아닐 터이니 도道라 해야 옳습니다. 그러나 이 도란 모양이 없을 것이니 억지로 이름하여 도라 할 뿐입니다.

"수보리여, 일합상이라고 하는 것은 가히 말할 수 없는 것인데 범부들이 그것에 탐착하는구나."

"須菩提야, 一合相者는 則是不可說이언마는 但凡夫之人이 貪着其事니라."

부처님께서 잘 알아듣지 못하는 사람들을 위하여 이렇게 친절하게 풀어서 설명하시는 것을 생각해 봅니다.

수보리여, 대답 잘했다. 일합상이란 도道와 같다. 도란 그대들이 잘 실감하지 못하여도 영원히 존재하고, 깨친 사람에게는 참으로 실감이 난다. 일합상 또한 그러하다.

일합상이란 이처럼 우주 인생의 근본이니 어찌 애욕에 오염된 중생의 말로써 설명할 수 있으며, 미움으로 뒤덮인 생각의 잣대로 잴 수 있겠느냐? 중생들이 진리를 파악하는 도구라 할 수 있는 언어나 생각은 모두 애욕이나 미움의 산물이라. 언어와 생각으로는 일합상을 파악하기 어려우리라. 자신의 생각이 잘못된 줄 알고 그 생각을 부처님께 잘 바쳐 참회하라.

31

분별심을 내지 마라

知見不生分

"수보리여, 만일 어떤 사람이 부처님께서 아견 인견 중생견 수자
견을 말씀하셨다고 한다면, 이 사람은 부처님의 뜻을 제대로 해
석한 것이냐?"
"須菩提야, 若人이 言佛說 我見 人見 衆生見 壽者見이라하면 須菩
提야, 於意云何오 是人이 解我所說義不아?"

이 해석은 부처님의 진의를 제대로 전달하기 어렵다고 생각되기에
다음과 같이 해석해 보았습니다.

수보리여, 그대 마음속의 나와 남을 다르게 보는 분별심을 부처님
께 바치라고 하였다. 또 무주상 보시하라고도 하였다. 그리고 때로
는 화내는 모습, 병든 모습, 그 외 중생들이 이해하기 어려운 모습을

나타내기도 하였다.

수보리여, 만일 어떤 사람이 이런 모습을 보고 '부처님께서 나와 남이라는 생각을 없애는 방법을 말씀하셨구나. 또 때로는 화낸 모습, 병약한 모습 그리고 이해하기 어려운 모습도 나타내신다'고 생각한다면, 이 사람은 부처님의 뜻을 잘 이해하였다 할 수 있겠는가?

"그렇지 않습니다. 부처님이시여, 이 사람은 부처님께서 말씀하신 뜻을 제대로 해석하지 못했습니다. 왜냐하면, 부처님께서 말씀하시는 아견 인견 중생견 수자견은 우리가 생각하는 아견 인견 중생견 수자견이 아니고 이름이 아견 인견 중생견 수자견이기 때문입니다."

"不也니다. 世尊하, 是人은 不解如來所說義니 何以故오 世尊하, 說我見 人見 衆生見 壽者見은 卽非我見 人見 衆生見 壽者見일새 是名我見 人見 衆生見 壽者見이니이다."

수보리 존자는 '그렇지 않습니다'라고 하며 이어서 설명합니다.

부처님께서 비록 이런저런 용어를 쓰셨고 때로는 중생들이 이해할 수 없는 여러 모습을 보이시지만, 이것은 나와 남, '병이나 허약함'이 실제로 존재하기 때문에 그러한 말씀이나 행동을 하시는 것은 아닙니다. '나'와 남은 부처님에게는 다 꿈과 같으며 없습니다. 하지만 중생들을 이러한 견해에서 벗어나서 무한한 자유와 행복을 얻게 하려고, 부득이 꼭 있는 것처럼 그런 용어를 사용하셨을 것입니다.

또 부처님께서 화내는 모습을 보이시거나 병약한 모습을 보이시는 것은 부처님께서 진심이 있기 때문이 아니요, 그 병약의 원인이 스트레스도 물론 아닙니다. 탐진치의 모습을 나타내시어 중생을 밝게 해주시려는 자비심입니다. 부처님께서는 일체의 희로애락과 언어가 필요 없는 완전한 신神입니다. 그러나 부처님께서 일부러 애증의 감정을 나타내시고, 인간의 용어를 사용하시며, 인간답고 불완전한 모습을 보이시기에, 중생들이 친근하게 느끼고 믿는 마음을 내게 됩니다.

부처님의 다양한 말씀이나 인간 냄새가 물씬 풍기는 감정들은 다 중생들을 밝게 해주시려는 마음에서 꾸미신 연극일 뿐이며, 부처님의 본 마음과는 전혀 관계가 없습니다. 부처님께서 말씀하시고 행동하시는 모든 것은 실은 아무 근거가 없는 것인데, 중생들이 무량한 죄업으로 보는 눈이 어두워져 꼭 무슨 근거가 있는 것으로 착각하는 것입니다.

"수보리여, 아누다라삼막삼보리의 마음을 낸 사람은 모든 일을 대함에 있어 마땅히 이와 같이 알고, 이와 같이 보며, 이와 같이 믿고 해석하여 법상을 내지 말 것이다. 수보리여, 내가 법상이라고 했지만 법상이 있어서 법상이라고 한 것이 아니다. 없지만 그 이름이 법상이다."

"須菩提야, 發阿耨多羅三藐三菩提心者는 於一切法에 應如是知며 如是見이며 如是信解하야 不生法相이니라. 須菩提야, 所言法相者는 如來說 卽非法相이 是名法相이니라."

수보리여, 아누다라삼막삼보리의 마음을 낸 사람이란 자신과 부처님이 다르지 않음을 자각한 사람 또 자신과 중생이 다르지 않음을 자각한 사람을 말한다. 따라서 그들이 하는 일은 아상을 소멸하고 부처님을 시봉하는 일밖에 없다. 그는 대부분의 세상 사람처럼 부귀영화나 건강, 또 자신의 발전을 위해서 어떤 행위도 하지 않는다. 그들은 자신을 위하기보다는 부처님 기쁘게 해 드리기 위하여 일하며, 이것이 자신을 위해서도 최상의 선택임을 잘 안다.

겉으로 보기에는 아누다라삼막삼보리의 마음을 낸 사람도 열심히 생업에 종사하며 자신의 발전을 위해서 무엇을 추구하는 것처럼 보일 수도 있다. 그러나 생업에 종사하여도 자신의 영리를 취하기 위하여 경영에 참여하는 것이 아니라, 부처님 기쁘게 해 드릴 일을 하는 데 그 목적이 있다. 부처님을 기쁘게 해 드리는 일에는 중생을 밝게 하는 각종 불사도 있고 자신의 미진한 탐진치를 닦아 해탈하는 일도 있을 것이다.

수보리여, 아누다라삼막삼보리의 마음을 낸 사람은 경영에 참여하여 돈을 벌어도 경영이 분별이며 본래 없는 줄 알아 오만하지 않다. 부처님을 기쁘게 할 각종 불사를 하여도 불사 또한 분별이어서 실은 불사라 할 것도 없으며, 성취 또한 분별이니 성취했다거나 깨쳤다고 자만심을 낼 것이 하나도 없는 줄 잘 안다. 그는 항상 겸손하고 하심하며 모든 사람을 부처님으로 보아 어떠한 경우라도 조금의 자만심도 내지 않는다. 그의 마음에는 자만심이라는 법상法相은 아예 없는 것이다.

32
응신과 화신이 참이 아니다
應化非眞分

"수보리여, 만일 어떤 사람이 헤아릴 수없이 많은 세계에 가득
찬 칠보로써 보시하고,"
"須菩提야, 若有人이 以滿無量阿僧祇 世界七寶로 持用布施하고"

이 부처님 말씀을 구체적으로 풀어 해석해 봅니다.

수보리여, 보통사람들의 마음속에는 으레 사랑이 있고 미움이 있
다. 어떤 사람이 마음속에 사랑과 미움을 가지는 것이 재앙의 근본
임을 깊이 깨닫고, 부처님의 가르침이 참 좋은 것을 알아 수도의 마
음을 내며, 베푸는 선행을 수없이 많이 하였다고 하자. 그러나 수보
리여, 그 사람이 자신과 부처님, 자신과 남이 다르지 않다는 불이不
二의 진리를 깨닫지 못하였다면, 무량한 세계에 가득 찬 칠보를 베

푸는 선행을 많이 하였어도, 생로병사의 윤회를 극복하지 못함은 물론이며, 그 휘황찬란한 복 속에 항상 근심 걱정이 있으리라.

"또 어떤 보살의 마음을 낸 사람이"
"若有善男子善女人이 發菩薩心者"

수보리여, 보살이란 자신과 부처님이 다르지 않은 존재임을 깨달은 사람이기에 부처님을 자신의 생명처럼 여긴다. 그는 보시의 선행은 물론, 밥을 먹는 것이나 잠을 자는 것까지도 모두 부처님 기쁘게 해 드리기 위해서 할 뿐이다. 또 아상이 소멸하였기에 근심, 걱정을 평화와 다르지 않게 보고 괴로움과 안락함을 다르지 않게 생각한다.

"이 경 또는 사구게등을 수지독송하여 다른 사람들에게 이야기해 준다면, 이 사람의 복덕은 먼저 사람이 얻는 복덕보다 더 많다."
"持於此經에 乃至 四句偈等을 受持讀誦하야 爲人演說하면 其福이 勝彼니"

수보리여, 보살이 자신의 생각을 부처님께 잘 바칠 때 생사가 변해 열반이 되고 번뇌가 변해 보리菩提 즉 깨달음이 된다는 희유한 말씀이 담긴 금강경을 수지독송한다면, 더욱 아상이 소멸하고 마침내 그는 신인합일神人合一의 최고의 행복을 얻을 수 있게 될 것이니, 이 보살이 얻는 복덕은 한량없는 세계에 가득 찬 칠보를 보시한 복덕보다 훨씬 많다 할 것이다.

"다만 다른 사람에게 이야기하되 상에 집착하지 말고 흔들림이 없어야 한다. 왜냐하면, 우리의 모든 생각은 꿈이나 탈바가지와 같아 참이 아니며, 물거품이나 그림자 또는 이슬이나 번개처럼 허망하기 때문이니라."

부처님께서 이 금강경을 설하시니 장로 수보리와 비구, 비구니, 남자신도, 여자신도 그리고 하늘나라 사람, 아수라 등 모두 부처님의 말씀을 듣고 크게 환희심을 내어 수지독송하고 실천하였다.

"云何爲人演說고 不取於相하야 如如不動이니라. 何以故오 一切有爲法이 如夢幻泡影이며 如露亦如電이니 應作如是觀이니라."

佛說 是經已하시니 長老須菩提와 及諸 比丘 比丘尼 優婆塞 優婆夷 一切世間天人 阿修羅 聞佛所說하고 皆大歡喜하야 信受奉行하니라.

보살은 '나'라는 생각이 없기에 자신과 부처님이 다르지 않은 존재이며 자신과 남 또한 다르지 않은 존재임을 깨달았다. 남의 괴로움이 자신의 괴로움과 다르지 않으며, 남의 행복이 자신의 행복과 다르지 않음을 알기에, 그들의 마음에는 한량없는 자비심이 나온다. 그는 고통스러워하는 사람이나 밝아지고자 하는 사람을 만나면 불이不二의 진리가 담긴 가르침인 금강경을 이야기해 준다. 그는 지혜로워서 함부로 이야기하지 않으며, 마음이 받아들일 준비가 되었을

때 자연스럽게 이야기할 뿐이다. 들뜨거나 설쳐가며 법문할 이유도
없고 이것만이 진리이며 이것이 꼭 옳다고 주장하지도 않는다.

수보리여, 보살의 마음을 낸 사람의 용심을 보아라.
심각한 고민이나 역경이라 생각되는 것도一切有爲法
꿈과 같고 탈바가지와 같아 허망함을 알고如夢幻泡影
위험한 상황이 발전의 기회와 다르지 않음을 알아
위기가 올 때 오히려 빙그레 웃는다.

성공했다거나 평화롭다는 생각도
잠시 맺히는 아침 이슬과 같음을 알고如露亦如電
이를 가짐이 재앙의 근본이 됨을 알아
참회하고 단속하며 향상심을 가진다應作如是觀.

수보리여, 이 사람은 한량없는 물질적 복도 받으려니와, 정신적으
로 근심, 걱정 등 일체 재앙에서 벗어나 결국 부처님처럼 밝아지리라.

금강경의 마지막 장에 금강경의 결론이 담겨있다 할 것인데, 간단
한 시구로 금강경의 핵심 내용을 다시 정리해 봅니다.

부처님께서 금강경을 말씀하신 것은
중생 세계에서 정말로 획기적인 일
이 말씀으로 모든 범부가 성인되고

이 가르침으로 모든 괴로움이 사라지고
이를 실행하여 모든 빈곤 없어지네.

우리는 언제인가 제정신 잃어버리고
부처님 곁을 떠나 한량없이 고생했네.
탐욕, 성냄, 어리석음
힘써 부처님께 드리고 아상 소멸하여
제정신 찾고 참나를 발견하네.

제정신 찾고 보니
번뇌와 보리 다르지 않고
중생과 부처 다르지 않고
세속의 길, 열반의 길 달리 알고
그리스도교, 불교 다르다 본 것
다 꿈꾼 듯 착각임을 확실히 알겠네.

아상이 소멸한 곳, 부처님이 계신 곳我
무상함이 본래 없고 영원함이 함께하며常
모든 괴로움 사라지고 즐거움이 충만하며樂
길이길이 행복하여 극락세계 이룩하며淨
무지 모두 사라지고 밝은 지혜 충만하네.

不二의 가르침, 불경과 성경

●

불경과 성경의 불이의 가르침을 일일이 다 쓰거나 찾을 수는 없겠지만 아상소멸이나 기도의 힘, 자비의 마음 진실한 신심 등 적절한 예를 한곳으로 모아 정리하였습니다.

불경		성경	
금강경 3분	돌아온 탕자, 법화경	누가복음 15장	돌아온 탕자
금강경 6분	"지아설법 여벌유자" ■부처님의 가르침은 그대들을 밝게 해주고 구제하는데 필요한 수단일 뿐, 그대들이 지켜야 하는 목표가 될 수 없다. 밝아지는 데 도움이 되는 과정일 뿐이다 ■부처님의 자비정신과 위대성	〈침묵〉 로드리코 신부	■일본 천주교 박해 당시 예수님 성화를 밟고 지나가는 고통 "나도 밟고 지나가라, 나를 밟아도 좋다" ■성인의 마음, 자비의 정신
금강경 10분	"불설비신 시명대신" ■몸 아님이 큰 몸이라 ■불가사의한 위대한 일은 아상이 소멸된 마음으로 가능하다	〈기도의 힘〉 테니스 존스	테니스 존스의 내가 없는 기도 ■불타는 트럭에서 기도로 초인적인 힘을 발휘하여 사람을 구한 이야기
금강경 13분	금강경 수지독송의 공덕 ■밝은이가 가르쳐 주시는 아상소멸의 글귀를 믿음으로 쉬지 말고 염송하면 아상이 소멸하고 불가사의한 공덕을 체험하리라	영적 삶을 풍요롭게 하는 기도	체험수기 "주 예수 그리스도 나에게 자비를 베푸소서"를 하루에 만 번 이상 실천하여 기쁨과 지혜를 얻은 수기

	불경		성경
금강경 15분	대승과 소승 ■ 소승자는 자신의 문제와 고통, 구원에 관심 ■ 대승자는 부처님 뜻을 따라 기쁘게 해드리는 불사에 관심	출가의 의의 신부와 승려	"나를 위해 부모와 아내 자녀 형제자매를 떠나라"라고 하신 신부의 강설을 듣고 승려가 됨
금강경 17분	"아응멸도 일체중생" 자신의 생각이 모두 옳지 않은 줄 알고 부처님께 잘 바쳐라. 부처님께 바치는 순간부터 어두컴컴한 아상의 그림자는 사라지고 그 대신 밝은 부처님 광명이 함께 할 것이다	시편 55장 22절	네 짐을 여호와께 맡기라. 그가 너를 붙드시고 의인의 요동함을 영원히 허락하지 아니하시리로다
금강경 17분	원효 스님 이야기 "철저히 티 내지 말고 행동하라"	마태복음 6장 3절	자선을 베풀 때에는 오른손이 하는 일을 왼손이 모르게 하여라
금강경 17분	"구경무아究竟無我" 결국 나라는 것은 없다 아상을 소멸하여야 절대적 가치를 얻을 수 있다. 관념에 빠지지 마라. 관념이라는 아상이 소멸할 때 그것이 곧 실질적 가치가 있는 현실이 되리라	요한복음 12장 24~25절	내가 진실로 진실로 너희에게 이르노니 한 알의 밀이 땅에 떨어져 죽지 아니하면 한 알 그대로 있고 죽으면 많은 열매를 맺느니라 자기의 생명을 사랑하는 자는 잃어버릴 것이요. 이 세상에서 자기의 생명을 미워하는 자는 영생하도록 보전하리라

불경		성경	
금강경 18분	"과거심 불가득 현재심 불가득 미래심 불가득" 과거에 마음을 두지 않고 미래 또한 생각지 않고 현재에 올라오는 생각을 부처님께 바치는 연습을 하는 것은, 실질적 가치나 절대적 가치를 창조하는 것이며 이는 부처님 뜻을 받으며 사는 것과 다름이 없다. 따라서 그들의 미래는 완전하며 길이 행복하리라	마태복음 6장 31~34절	그러므로 염려하여 이르기를 무엇을 먹을까 무엇을 마실까 무엇을 입을까 하지 말라. 이는 다 이방인들이 구하는 것이라 너희 하늘 아버지께서 이 모든 것이 너희에게 있어야 할 줄을 아시느니라 그런즉 너희는 먼저 그의 나라와 그의 의를 구하라 그리하면 이 모든 것을 너희에게 더하시리라 그러므로 내일 일을 위하여 염려하지 말라 내일 일은 내일이 염려할 것이요 한 날의 괴로움은 그날로 족하니라
금강경 18분, 21분	"무법가설 시명설법" "무법가설 여래자 즉제법 여의" 아상이 없는 부처님이나 보살들은 부처님 뜻대로 살기를 권합니다	누가복음 22장 42절	아버지여 만일 아버지의 뜻이거든 이 잔을 내게서 옮기시옵소서 그러나 내 원대로 마시옵고 아버지의 원대로 되기를 원하나이다.

시로 보는 금강반야바라밀경

●

기수급고독원에서

새벽 3시 한밤중이지만
맑은 하늘에 수많은 별이 새롭고
휴대 전등을 가지지 않아도
숲속의 길 환히 보이고
촛불 켜지 아니하여도
금강경 글자 또렷이 보입니다.

기수급고독원의 옛 절 다 없어지고
수많은 대중이 들끓던 모습 사라졌으며
아난이 심었다는 보리수 사이로
원숭이들이 오르락내리락 하지만
그러나 그 중에
세월의 허무만 있지 아니합니다.

아무도 지나지 않는 고요한 아침
만리 이역의 고장인데도

낯선 것 같지 않습니다.
털옷 아니 입고 모자 아니 써도
서울처럼 춥지 아니한 것
남쪽 나라 때문만도 아닌 듯 합니다.

금강경 독송할 때
부처님과 수보리의 대화 속에
2500여 년 시간의 벽 조금씩 무너지고
무상의 발자취 사라져
기쁨이 넘칩니다.
하나가 됩니다.

– 제1분 법회인유분

모를 것도 괴로울 것도 없더라

수많은 걱정, 근심, 괴로운 일로
한순간도 편한 날이 없었습니다.
부처님께 바치라는 금강경 말씀 따라
바치고 또 바치고 쉴 새 없이 바쳤습니다.

도저히 아니 바쳐질 것 같은 근심, 걱정,
영원히 아니 되어질 것 같은 수많은 난제
바치면 또 튀어나오고 바치면 또 튀어나오고
그런데 정성이 통했던가 갑자기 문제가 없어졌습니다.

부처님의 선물도, 기적도 아니고,
진실한 신심과 성의 있는 실천으로
이기심이 줄어든 것, 탐진치 소멸한 것
아상이 없어진 것, 내가 바뀐 것

외부의 상황 하나 변한 것 없어도
근심 걱정 착각인 줄 알고 즐거워졌고
아니 될 일, 어려운 일 저절로 없어져
즐겁고 희망 넘치고 세상이 보입니다.

모든 화려한 보배, 구족한 부처님의 세계
마음속에 있다는 부처님 말씀 실감하고
바쳐야 할 각종 번뇌 또한 착각이니
실무중생 득멸도자 말씀 깨우칩니다.

– 제3분 대승정종분

부처님께 모든 생각을 바쳐라

아개영입 무여열반 이멸도지,
모든 생각 부처님께 바치라는 말씀일세.

근심 걱정 다 바치면 부처님은 다 받으시어
평안 얻고 법열 얻어 모든 고통 해탈하네.

부처님께 바치는 순간 부처님과 함께 하니
이는 그리스도교와 다르지 않아,
부처님을 절대 공경하니 무신론이라 할 수 없고,
부처님 뜻대로 이루어지니 자력 종교라 할 수 없네.

유신론이면 어떠하고, 타력이면 어떠한가.
탐진치와 멀어지고 마음이 평온하고
분별심이 줄어들면 이 아니 정법인가.

유신론 무신론 모두 정확한 답 아니며
자력 타력 모두 아상이 만든 허구의 작품.

아상이 없는 것만이 오직 진실이라면
두 손 모아 정성스럽게 부처님 공경하세.

– 제3분 대승정종분

부처님 기쁘게 해 드리려고 보시하라

무주상보시는 집착 없는 보시라 해석하는데
제 아무리 집착 없는 보시를 하려 하여도
집착심에 빙의憑依된 중생들에겐 불가능한 말씀이라.
이기심과 선입견의 뿌리 제거할 수 없고,
마침내 행복의 길 깨달음의 길 갈 수 없네.

어떤 밝은 선지식은
집착 없이 보시하여라 말씀하지 않으시고
내 생각에 따라 보시하는 것 다 상에 주함이니
부처님 뜻을 따라 기쁘게 해 드리려고 보시하여라.
결코 내가 한다 하지 말라 하셨네.

    – 제4분 묘행무주분

분별없이 일심으로 시봉하라

고통으로 신음하는 중생들에게는
고통을 면하도록 하셨고,
마음의 한이 많은 중생에게는
한을 풀어 주는 법비 내리시네.

극락세계 찬양하는
아미타불 염송을 권하시며
관음보살을 소개하여
자비심을 가르치시고
유마경을 통해
불이법문不二法門 제시하시지만

이 모든 법문, 실은 다 한 맛이라
본질적으로 다르지 아니하니,
중생들의 용심用心 따라
다르게 표현되나
부처님의 자비 광명 다르지 않네.

성경 말씀, 논어 이야기
다른 듯 보이지만

어두운 사람들 밝게 해 주시려는
성인의 뜻이
사람들의 용심과 분위기 따라
다르게 표현된 것

그 근본은 오직 하나, 밝음
아무 분별 내지 말고
일심으로 성인을 시봉하자.
옳은 것도 버리고, 진리도 버리고
모든 사람 다 부처님으로 보라는
금강경 가르침만 따른다면

종교의 모든 장벽 무너지고
마음에 걸림 없고
한없는 기쁨과 평화 속에
최고의 행복 도달하네.

   – 제7분 무득무설분

부처님 기뻐하실 일 즐거이 하여보세

천재가 따로 있나 즐겨 공부하세.
부자가 되려거든 일하기 즐겨하세.

외롭지 않으려면 남 돕기 즐겨하고,
행복 속에 살려거든 감사를 즐겨하세.

절대적 가치인 깨달음 원하여도,
다른 방법 있지 아니하네.

내가 깨닫겠다고 하지 말고,
부처님 기뻐하실 일 즐거이 하여보세.

- 제10분 장엄정토분

탐진치

탐貪

본능대로 사는 것 쉬운 일이지만 괴로우며,

부처님 뜻 시봉의 일, 희생이나 행복이네.

진嗔

불평하며 사는 일 자연스러우나 재앙이요,

모든 일에 감사함은 어려우나 축복일세.

치癡

나 잘난 것 과시하면 재미있으나 어두웁고,

부처님 기쁘게 해 드리면 기쁨 얻고 밝아지네.

— 제10분 장엄정토분

모두 기뻐하고 공경하네

부처님 잘 향하면
아상의 벽 허물어져,
법의 향기 진동하고
인연 중생에 전달되네.

나무들이 알아 듣고
산새들이 소식 알고,
들짐승도 알아 보고
모르는 사람들도 기뻐하네.

덕은 결코 외롭지 않아德不孤
반드시 이웃이 있다는 말씀처럼必有隣
일체의 천인아수라도
다 공경하네.

금강경 잘 읽으면
시공을 뛰어넘어,
온 누리에 두루 미치는 밝은 빛
모든 중생 찬양하네.

– 제12분 존중정교분

불경불포불외

경을 들으면 환희심 날 텐데
불경불포불외가 웬일일까?
사람들은 의아해하네.

아상은 몇 겹, 정체 알기 어려워
아상 속에 인상 있고
인상 속에 중생상 수자상 있네.

수도의 과정에서
한 껍질 한 껍질 벗을 때마다
이해하기 힘든 현상 나타나고,

큰 깨달음을 얻기 전에
죽음과 같은 큰 두려움
체험하는 사람 많네.

수행의 과정에서
공포를 체험함은 아상의 소멸과정
이상할 것 하나 없네.

부처님께 복 지은 사람
불경불포불외 실현하고
마침내 큰 깨달음 얻어
천·인·아수라 모두 찬탄하네.

  – 제14분 이상적멸분

무실무허

자꾸자꾸 달라 하면 더욱 얻지 못하고
두루두루 주려 하면 도리어 많이 얻네.
남 흉보기 좋아함은 마음속 진심의 탓
흉볼 때 시원해도 지나가면 허탈하네.

사람들에게 경천 당해도 여여부동하다면
성인들이 칭찬하고 무연환희無緣歡喜 샘솟네.
세상이 잘못이라 원인분석 하지 말고
제 마음에 분별 쉬면 도처가 극락일세.

잘난 마음 지속하면 지혜의 싹 소멸하며
배우는 맘 연습하면 지혜 광명 비추네.
세상의 모든 이치, 둘이 아니며
유실有實이 알찬듯해도 실로는 무력하며
무실無實이면 무력無力인 듯 한없이 위력있네.

무실무허 성인의 뜻 잘 받들어 실행하면
부처님을 닮아가며 드디어는 성불하네.

  - 제14분 이상적멸분

수지독송의 기쁨

뜻 모르고 경 읽어도 부처님 향해져
아상이 줄어들고 마음이 상쾌하네.
뜻 알고 경 읽으며 부처님 공경 함께하면

아상의 벽 무너진 틈 부처님 광명 비추고,
재앙은 소멸하고 소원이 성취되며
마음속은 항상 기쁨, 최상의 행복 얻네.

아상이 사라진 곳 선입견 소멸되어
지혜가 충만하고 큰 불사 이룩하며,
자비심 두루 갖춰 많은 중생 도와주네.

금강경 책만 보아도 마음 절로 쉬고,
부처님 더욱 닮아 무량공덕 이룩하며,
부처님의 결정 얻어 큰 밝음 성취하네.

– 제14분 이상적멸분

그대로 믿으면 공덕이 함께 하리

부처님께서 결정하신 법, 참으로 감사하여라.
어둠 속에서 광명의 빛 찾을 수 있고
불가능 속에서 '가능'의 희망 찾네.

논리가 없고 근거 없다 하여도
부처님의 말씀 분별의 대상 아니며
경험을 말씀하시면 그대로 믿고
비유로 설명하시면 즐겁게 받아들이고
자신의 경험과 다르고 상식과 달라도
의심하거나 분별심을 내지 마세.

본래 부처 모양이 영험한 것 아니요,
도인 계신 절에 부처님이 영험하듯,
좋은 말씀이 공덕이 아니라
부처님이 말씀하셨으니 공덕이라.

부처님 아니 계시면 불법 아니니
말이 화려해도 그 말만 따르지 말라.
'금강경' 하는 소리에도 신심 낼 때
참 공덕이 함께 하리.

- 제15분 지경공덕분

수도란 고향에 돌아가 부처님 만나기

죄가 많다고 참회하는 순수한 티벳의 스님
그 스님보다 더 나을 자신이 없다면
누구나 많은 죄를 지었을 것입니다.
이것이 무시겁 업보 업장이라 할 터인데
그리스도교의 원죄와 다르지 않아 보입니다.

이것 때문에 무상을 느끼고
이것 때문에 온갖 고통을 느끼고
이로부터 근심 걱정 생기며
종교의 필요성을 느끼고
수도를 하게 됩니다.

수도의 목표인 깨달음이란
자기 죄가 없어지고 아상이 소멸되는 것.
병적인 착각 증세가 사라지며
제정신 돌아와 정신이 건강해지고
고향에 돌아와 부처님 만나는 것입니다.

모든 생각 부처님께 바치는 일 실천하면
경천을 당함으로 경천인연 해탈하고

근심 걱정을 통하여 참 행복을 찾게 되고
아상 속에서 참나를 찾으니
승과 속이 다르지 않고
정법과 사법을 구분하지 않습니다.

– 제16분 능정업장분

실제로 공부하라

실제는 없는 '공부'라는 말을 만들고 그 이름에 집착하며,
'성취 하겠다' 말만 하며 실제로 공부하지 아니하고,
'왜 아니 될까' 하면서도 실제로 공부하지 아니한다.
약간 공부가 진행되는 것처럼 보일 때,
다 된 것으로 오인해 쉽게 자만해 버린다.

이 모두 실질 아닌 허구의 삶,
허구를 연습하면 지혜는 점점 어두워지고,
인생은 점점 모르겠는데 어느덧 죽음은 다가온다.
이것을 되풀이하는 것이 윤회의 삶,
지혜는 성장하지 아니하고 나의 진면목은 모른다.

그러나 공부를 참 좋아하는 사람은,
'하겠다' 설치지 않고,
'왜 아니 되느냐' 투정 부리지도 않는다.
공부라는 이름에 집착하지 않고 실제로 공부한다.
공부의 맛을 알게 되고 기쁨이 넘친다.
행복해진다.

사물의 윤곽이 점차 뚜렷이 드러나고 지혜로워져서,
즐거움 속에서 영적 성장 이룩한다.
이 큰일은 세상 사람들의 큰일과 다르다.
실제로 큰일이요, 참 지혜가 바탕이다.

부처님 사업은 실제로 큰일, 내 말을 굳게 믿고
부처님 전에 복 많이 짓기를 발원하여라.

– 제17분 구경무아분

그대 생애 최고의 시간, 지금

진선미성인眞善美聖仁
인간이 생각하는 최고의 가치이나
실로는 허구의 작품, 다 상대적 가치
무상하여 믿을 수 없네.

근심 걱정 우울한 짐 다 내려놓고
평화롭고 즐거우며 영원성 있는 이 맛을 보아라.
아상의 귀신 몰아내고 부처님과 함께하라.

이 밝은 빛이 보이느냐.
받을 준비를 하고 있느냐?
지금은 그대 생애의 최고의 시간
다시 그런 기회가 없으니
卽時現今 更無時節,

이 자리에서 주인공이 되어
영원한 행복 누리어라.
隨處作主 立處皆眞

- 제20분 이색이상분

모두 부처님께 바쳐라

그대들의 본래 모습, 참나를 찾으려면
겉모양 따르지 말고 자기 자신을 관찰하라.
근심, 걱정, 외로운 마음, 고달픈 마음, 열등감
모두 참나의 모습 아니니 부처님께 바쳐라.

금강경 지송하고 부지런히 바치는 연습하면
근심, 걱정, 외로운 마음 어느덧 사라지고
기쁜 마음, 씩씩한 마음으로 행복이 솟구친다.
주위 사람 항상 웃고 열등감 사라진다.

재앙이 소멸되며 하는 일이 잘 풀리고
마음은 언제나 푸르고, 온 세상 부처님 얼굴
내가 바뀌고 세상이 바뀌며
기적이 창조되고 금강경이 실감 난다.

그러나 좋은 감感이 남아 있는 한
본고장에 온 것 아니고
부처님과 함께하지 못한 것
금강경 읽고 또 읽으며 그 마음 바치어라.

기쁨의 감도, 행복의 감도 다 바치고
평화의 감도, 거룩한 감도 다 바쳐 무심이 되고
무심 또한 바쳐질 때 부처님과 함께 하는 것
참 본고장에 온 것이다.

– 제26분 법신비상분

보살의 마음은

수보리여, 보살의 마음을 낸 사람의 용심을 보아라.
심각한 고민이나 역경이라 생각되는 것도一切有爲法
꿈과 같고 탈바가지와 같아 허망함을 알고如夢幻泡影
위험한 상황이 발전의 기회와 다르지 않음을 알아
위기가 올 때 오히려 빙그레 웃는다.

성공했다거나 평화롭다는 생각도
잠시 맺히는 아침 이슬과 같음을 알고如露亦如電
이를 가짐이 재앙의 근본이 됨을 알아
참회하고 단속하며 향상심을 가진다應作如是觀.

- 제32분 응화비진분

금강경을 수지독송하라

부처님께서 금강경을 말씀하신 것은
중생 세계에서 정말로 획기적인 일
이 말씀으로 모든 범부가 성인되고
이 가르침으로 모든 괴로움이 사라지고
이를 실행하여 모든 빈곤 없어지네.

우리는 언제인가 제정신 잃어버리고
부처님 곁을 떠나 한량없이 고생했네.
탐욕, 성냄, 어리석음
힘써 부처님께 드리고 아상 소멸하여
제정신 찾고 참나를 발견하네.

제정신 찾고 보니
번뇌와 보리 다르지 않고
중생과 부처 다르지 않고
세속의 길, 열반의 길 달리 알고
그리스도교, 불교 다르다 본 것
다 꿈꾼 듯 착각임을 확실히 알겠네.

아상이 소멸한 곳, 부처님이 계신 곳我

무상함이 본래 없고 영원함이 함께하며常

모든 괴로움 사라지고 즐거움이 충만하며樂

길이길이 행복하여 극락세계 이룩하며淨

무지 모두 사라지고 밝은 지혜 충만하네.

Nirvana

니르바나,
번뇌의 촛불이 꺼지다 下

진심직설 강의

Nirvana

니르바나,
번뇌의 촛불이 꺼지다 下

진심직설 강의

월인越因 지음

HERENOW
히어나우시스템

차 례

제10장 진심출사眞心出死

제13장 진심험공眞心驗功

제14장 진심무지眞心無知

욕망을 만족시켰던 순간을 한번 떠올려봅시다. 여러분이 얻고 싶었던 것을 얻었던 때를 떠올려보세요. 그 순간의 마음에는 아무런 욕망이 없습니다. 왜냐하면 욕망이 이루어졌기 때문이죠. 최고의 축복은 바로 그 순간에 도달한 때 일어납니다. 오랜 추구가 이루어지면 충분히 만족하고, 기쁨에 들뜨고 황홀하죠. 축복의 순간입니다. 그때의 마음은 무욕의 상태입니다. 우리의 욕구를 이루기 위해서 열심히 달려가서 결국 얻어지는 마음의 상태가 바로 욕구가 없는 상태란 말입니다. 더 이상 어디론가 달려가지 않고 움직이지 않는 멈춘 마음이에요. 깨달음이라는 상태를 얻고자 하는 마음도 똑같습니다. 추구하는 마음 자체가 멈춘 무욕의 상태라는 것입니다.

그렇다면 아무것도 추구하지 않으면 될까요? 그렇게 마음을 먹지만 저 밑바닥에서 뭔가 자꾸 올라옵니다. 그렇게 올라오는 마음이 모두 멈춘 상태가 무욕의 상태이고 가장 만족한 상태입니다. 더 이상 추구할 무언가가 없는 상태가 바로 우리가 추구하는 최고의 상태입니다. 굉장히 아이러니하지 않습니까? 그럼 애초부터 추구하지 않으면 되는 것 아닐까요? 어린아이가 그렇죠. 어린아이는 아무것도 추구하지 않고, 그냥 그 순간을 즐깁니다. 이미 축복받은 존재입니다. 그런데 점차 마음의 구조가 형성되어서 나와 대상이 생겨나고, 내가 추구해야 할 목표가 생겨나면 이제 그것을 향해 평생 달려갑니다. 열심히 달려가서 그 목표를 이룬 사람도 있고,

목표를 이루고서 다른 목표를 정해놓고 또 열심히 달려가는 사람도 있죠. 대부분의 사람들은 그렇게 끊임없이 달려가는 마음만 경험합니다. 추구가 멈춘 무욕의 상태를 발견하지 못한 채 끝없는 욕망에 허덕이다가 떠나갑니다.

아무것도 욕망하지 말라는 말은 아닙니다. 경험하고 즐기면서 충분히 자유롭게 에너지를 쓰면서 살다가 가도 됩니다. 그것이 삶이니까요. 다만 매순간 욕망에 시달리지 말고 자유롭게 사용하라는 말이에요. 이미 우리는 그렇게 되어있습니다. 지금 이 순간 욕구만 멈추면, 이미 무욕의 상태에요. 욕구가 무엇입니까? 마음의 구조로 인해 생겨나는 흐름이에요. 이 말을 듣고 '아, 그래? 그러면 멈춰야지.'한다면 마음이 멈춘 상태를 상정해놓고 그만 달리겠다는 '의도'를 내는 것입니다. 그러면 이제 또다시 그 의도를 이루기 위해 달려가는 것이 됩니다. 모든 의도는 마음을 달리게 합니다. 의도를 멈추려는 마음 자체가 하나의 의도입니다. 지금 우리가 하는 공부 자체가 묘한 구조를 이루고 있습니다. 우리가 '얻으려고 하는 상태'가 '얻을 것이 없는 상태'라는 굉장히 묘한 구조 속에 있어요. 그러니까 하나도 어렵지 않으면서도 너무도 어렵습니다.

욕구가 충족되면 마음은 정지합니다. 더 이상 그 무엇도 원하지 않으며, 목표를 향해 달려가지도 않는 마음상태가 되죠. 즉 무욕의 상태입니

다. 가장 커다란 만족은 결국 욕망 없음에 이르렀을 때 얻어집니다. 아랫
배와 연관된 물질적인 욕망과 육체적인 욕망이 완전히 충족되면 이제 가
슴의 기쁨이 느껴지고 그것을 추구합니다. 그렇게 가슴의 욕망이 충족되
어 커다란 기쁨이 오면 가슴이 벅차죠. 그리고 다음은 지성적인 황홀감
으로 이어집니다. 인도에는 이런 에너지 흐름에 관한 차크라chakra 개념
이 있습니다. 최상의 누진통漏盡通을 '사하스라라 차크라가 열렸다'고 표현
합니다. 상징일 수도 있고 에너지 흐름일 수도 있는데, 어쨌든 중요한 것
은 물질적이고 육체적인 욕망이 아랫배에서 완전히 충족되면 가슴의 충족
으로 이어지고, 가슴이 충족되면 지성적인 황홀을 추구하게 된다는 것입
니다. 황홀감은 어떤 건가요? 간단히 말하면 '내'가 사라지는 느낌입니다.
그리고 빙 둘러 다시 처음으로 돌아온 무욕의 상태이지요. 그 무욕의 상태
를 발견하십시오.

2024년 9월

월인越刃

이 책을 낸 월인 거사와는 오랜 세월 전화로, 혹은 만나서 많은 법담을 나누어 왔다. 담박한 나눔 속에는 늘 정스러움이 있어 왔다. 월인 거사는 깨끗하고 바르며 사려가 깊다. 진국 중 진국이다. 나는 이 분을 이 시대의 현자 한사람으로 본다.

사람은 대체로 세 구동축으로 산다. 지성축, 감성축, 의지축이다. 곧 지정의知情意다. 많은 영성가들은 이 세 축 중 다른 두 축을 두루 아우르되 어느 한 축에 방점을 둔다. 석가모니는 단연 지성축에 방점을 둔다. 8정도의 1~2번을 정견正見과 정사유正思惟로 정하신 것을 봐도, 삼보, 5계, 사성제, 12연기, 3법인, 3학 등의 논리적인 체계를 봐도 지성축에 방점을 두고 있음을 알 수 있다. 그러함에도 불구하고 무수한 영성가들 중 지성축에 방점을 두는 분을 찾아보기가 어렵다. 그래서 이성理性으로 사유해서 깨닫는다는 지성축의 영성가들은 외로울 수밖에 없다. 월인거사와 나는 단연 지성축 명상문화를 가풍으로 삼고 있다는 점에서 의기투합하고 있다.

반야경이든 금강경이든 이성적 사유 없이는 수긍할 수 없듯이 진심직설도 그러하다. 사유력이 깊으신 월인거사가 보조지눌의 진심직설을 해설해 놓았다. 쾌거가 아닐 수 없다. 필독을 권한다.

이 책은 우리 마음의 본질이라 할 진심眞心에 대해 체계적으로 설파한 '진심직설'을, 체험에 기반해 쉽게 풀어쓴 강의록이다. 진심직설은 그 내용이 진심에 대한 바른 믿음인 진심정신眞心正信에서 시작하여 진심의 본체와 작용, 진심을 발견하는 10가지 방법인 진심식망眞心息妄 등을 거쳐 육신의 사후에는 진심이 어디로 돌아가는지에 대한 진심소왕眞心所往으로 끝난다.

또 불교는 마음의 작용을 표층에서 심층까지 깊이 있게 탐구하는 종교인데 그 불교의 핵심을 말한 진심직설에서 '바른 믿음'이라는 장으로 시작하는 것은 큰 의미가 있다. 탐구는 의문을 가지고 관찰하며 본성을 알고자 하는 작업인데 왜 의심없이 헌신하는 '믿음'으로 시작하는 것일까?

무언가를 이루려면 강력한 힘과 에너지가 필요하다. 부처님의 길을 따라가면 깨달음에 이를 수 있다는 강력한 믿음이 바로 그 에너지이다. 그래서 멈추지 않고 끝까지 이 길을 가겠다는 올바른 믿음이 필요한데, 그 올바름이란 정확한 방향을 의미한다. 특히나 어떠한 '앎'마저 넘어가는 선종禪宗에도 믿음이 있으니 그에 대해서도 시원한 깨침을 준다. "다만 자기가 본래 부처라는 것을 믿는다[只要信自己 本來是佛]는 말은 뭔가가 되기 위한 원인이 있음을 믿지 않는다는 것, 여러분은 이미 그것이라는 말입니다." 그것이 올바른 믿음이다.

진심식망을 설명하는 부분에서는 구체적인 연습을 곁들여 진행하는 것이 흥미롭다. 단순히 이론으로 끝나지 않는 것이다. 예를 들면,

질문자가 묻습니다, 어떻게 망심에서 나와 진심으로 가겠는가?

그런데 이렇게 묻는 그 마음이 바로 망심에 싸여있음을 볼 수 있습니까? 그는 차라리 이렇게 물어야 할 것입니다.

"지금 나는 어떤 질문을 하려 한다. 그런데 이 질문이 나온 곳은 어디지?"

여러분도 이렇게 자문해보십시오... (잠시 침묵)

그러면 여러분의 마음은 잠시 질문하는 마음을 '멈추고' 자신의 내면을 살펴볼 것입니다. 이때 질문하는 마음이 잠시 멈추는 순간, 그리고 '살펴보려는 마음이 나타나기 전', 바로 그 빈틈의 마음은 무엇이었을까요?

이렇게 질문할 때 우리는 글을 통해 자신의 마음을 살펴보게 된다. 그 빈 마음은 과연 무엇일까? 진심은 사실 찾아서 알 수 있는 것이 아니라 망심을 쉴 때 '드러나는 것'임을 진심식망眞心息妄이라는 글에서 보여준다. 10가지 망심을 쉴 수 있는 방법을 통해 진심을 드러낼 수 있도록 안내한다. 이러한 구체성이 또한 이 책의 한 장점이다. 그리고 저자인 월인은 단순한 이론으로 설명으로 하고 마는 것이 아니라 진심에 한발 더 다가갈 수 있는 실질적인 방편을 쓰고 있다.

거듭 이르거니와 필독을 권한다.

본질을 추구하는 많은 이들이 도움을 받으리라 여겨진다.

지리산 천령칠봉에서
용타 합장

미산 스님
상도선원 회주
KAIST 명상과학연구소 소장

월인 님의 《니르바나, 번뇌의 촛불이 꺼지다: 진심직설 강의》는 선어록의 백미白眉인 《진심직설》을 쉽고 명징하게 풀어 놓았습니다. 읽으면서 바로 진심에 접속하여 체화할 수 있는 방법으로 강설합니다.

《진심직설》은 첫 장인 진심의 바른 믿음[眞心正信]에서 시작해서 마지막 장인 진심이 이르는 곳[眞心所往]까지 진심의 구조, 체계, 이명, 본질, 쓰임 등 진심의 핵심을 직결하게 체계적으로 정리해놓은 선의 학술서입니다.

진심은 사람의 마음을 움직여 감동하게 합니다. 왜냐하면 번뇌와 열반이 둘 아님이 드러나는 순간이고, 이것과 저것, 안과 밖을 구분하는 경계가 사라지는 찰나이기 때문입니다. 있다/없다, 좋다/나쁘다, 옳다/그르다, 이분법으로 나누는 분별의 마음은 경계 구분의 기본값 설정default value set이 항상 켜져 있습니다. 삶을 왜곡과 불신의 수렁으로 빠져들게 합니다. 괴로움의 굴레에서 빠져나올 수 없게 만듭니다.

이 굴레에서 빠져나오는 방법은 "번뇌 망상이 바로 깨달음 성품[佛性]임이 사실이야!"라고 믿어 이 상태로 기본값을 재설정하고, 늘 바르게 유지되도록 합니다. 바른 믿음이 지속되면 균형을 잡아주는 정밀하고 치밀한 통찰이 일어납니다. 이 몸과 마음의 현상은 원인과 조건들에 의해서 형성되며 환화공신幻化空身임이 분명하지만 진여법신眞如法身과 다르지 않음의 확연한 앎이 현전합니다.

월인 님은 이런 과정을 다음과 같이 선명하게 정리해줍니다. "지식적인 앎이 청사진이라면, 믿음은 그 청사진을 실천하며 나아가는 에너지입니다. 청사진이 현상화되려면 에너지가 실려서 움직여져야 합니다."

바른 믿음은 안락安樂과 정락淨樂, 그리고 해탈락解脫樂을 선물해줍니다. 이러한 즐거움은 끊임없는 에너지를 제공해주어 왕성한 정진력精進力을 생성하게 합니다. 이 정진력은 몰입하게 하는 힘과 짝을 이루는데 믿음과 앎의 균형에 의해서 생성됩니다. 편안하고, 맑으며, 자유로운 즐거움의 보상 체계에 의해서 선정이 유지될 수 있는 조건이 만들어집니다. 진심을 알고자 하는 절실함의 지속이 집중력을 만들어 저절로 삼매에 들게 합니다. 그래서 정진력과 집중력은 균형과 조화를 이루게 됩니다.

중심축은 진심에 깨어있는 마음, 즉 정념正念입니다. 교문에서는 다섯 가지 힘[五力]의 균형 잡기라고 합니다. 정념이 중심축이 되어 믿음[信]과 지혜[慧], 그리고 정진과 삼매[定]가 힘의 균형을 잡아야 수행이 효과적으로 진전됩니다. 믿음과 정진은 정과 혜를 함께 수행할 수 있는 정혜쌍수定慧雙修 토대를 만들어 줍니다.

월인 님은 이러한 면을 다음과 같이 쉽게 정리해줍니다. "애쓰는 측면과 자기를 편하게 쉬게 하는 측면이 적당히 균형 잡혀야 된다고 해서 석가모니는 중도中道를 제창했습니다. 마찬가지로 이해와 믿음도 균형이 잡혀야 합니다. 이해만 너무 커서 아는 것이 많아지면 머리가 무거워서 어디 둘 곳이 없어요."

"태초에 느낌이 있었다. 그리고 이 모든 것을 이루었다!" 신경과학자 안토니오 다마지오는 《느낌의 발견: 의식을 만들어 내는 몸과 정서》, 《느낌의 진화: 생명과 문화를 만든 놀라운 순서》, 《느끼고 아는 존재: 인간의 마음은 어떻게 진화했을까》라는 3권의 저서에서 다양한 임상 사례를 근거로 몸과 정서가 긴밀히 상호 연관되어 느낌으로부터 우리의 의식과 자아가 어떻게 형성되는가를 밝힙니다.

월인 님은 《진심직설》 강설에서 진심에 접속하는 구체적인 방법으로 시종일관 느낌이 일어나는 곳에 유도합니다. 다섯 감각 정보와 생각과 감정들은 모두 접촉하는 순간에 일어나는 감지로부터 시작되고, 이 감지는 내면에서 몸, 에너지, 의식 세 가지 형태의 느낌으로 발현된다고 봅니다. 감지의 발견 과정 중 마지막인 미묘한 의식적 감지에 '나'라는 느낌이 포함되어 있음을 알아차리도록 합니다. 머리로 이해하는 차원에 머물지 않고 즉석에서 '나 없음'을 몸으로 체득할 수 있도록 구체적으로 안내합니다.

현대신경과학자들도 개념화된 언어를 해체하면 끝자락에서 느낌과 만난다고 말합니다. 언어에서 개념이 해체되면 범주화가 사라지고, 범주화가 사라지면 감각 이미지가 모습을 드러냅니다. 감각 이미지로 입력된 정보들은 느낌을 기반으로 하고 있습니다. 느낌은 주관과 객관을 나누고 느끼는 자와 느껴지는 대상을 만들어 이분화된 세상을 형성하는 시발점이라고 봅니다.

　마음챙김명상 혁명이라고 부를 정도로 세계화되어 있는 명상과학 Contemplative Science은 이러한 뇌신경과학적인 정보를 활용하여 날로 발전하고 있습니다. 하지만 항상 과학이라는 틀 안에서 한땀 한땀 검증을 통해서 진리의 세계에 접근합니다. 고대 지혜 전통이 현대 명상과학의 뿌리이고 자양분을 제공해주는 원천입니다. 《진심직설》은 아직 명상과학계에 알려지지 않은 선어록의 명저입니다. 월인 님의 《니르바나, 번뇌의 촛불이 꺼지다: 진심직설 강의》의 출판을 계기로 명상과학을 더 심화된 차원으로 이끌어 주기를 기대합니다. 명상과학을 연구하는 뇌신경과학자들, 현대 명상의 근원을 밝히고자 하는 분들과 불교수행과 심리치료의 접점을 모색하는 분들에게 일독을 권합니다. 좋은 이정표가 되리라 믿어 의심치 않습니다.

제10장

진심출사

眞心出死

진심출사眞心出死는 진심은 생사生死를 넘어서 있다는 뜻입니다. 진심은 죽음을 넘어서 있다는 말이죠. "우리가 경험하는 모든 세계는 내 느낌의 세계다."라고 자주 말했죠. 저 세상에는 분별이 없는데, 우리가 경험하는 세계는 수많은 분별로 가득 차 있기 때문에 우리 느낌의 세계인 것입니다. 우리가 경험하는 세계는 우리의 감각기를 거쳐 들어온 분별의 세계에요. 생사生死라는 것도 우리의 분별하는 개념 속에서의 일입니다. 우리는 진정으로 생生과 사死를 경험하지 못합니다. 만약에 경험한다면, 그것 또한 하나의 경험이기 때문에 경험하는 자가 따로 있을 것입니다. 내가 뭔가를 잡아서 경험하는 것처럼 그렇게 탄생을 경험한다면, 그리고 탄생이라는 것이 시간과 공간 속의 경험이라면 탄생하는 사람이 있겠죠. 그리고 탄생을 경험하는 누군가가 있겠죠. 그러면 탄생하는 사람과 경험하는 사람이 따로따로 있는 것입니다. 설령 직접 경험을 한다 해도 마찬가지에요. 직접 탄생과 죽음을 경험한다 하더라도 탄생과 죽음은 우리와 상관이 없습니다. 본질과 상관이 없어요. 그런데 심지어 탄생과 죽음을 우리는 경험조차 할 수 없습니다. 그런 것을 누가 경험합니까? 탄생하는 그 시점에 탄생하는 '나'가 있나요? 죽음의 시점에 죽는 '나'가 있습니까? 죽음은 '나'라는 느낌이 희미해져가는 과정이고, 탄생은 '나'라는 느낌이 생겨나는 과정이에요. 생과 사는 거기에 붙은 이름이죠. 그리고 우리가 경험하는 것은 느낌입니다. 그러므로 탄생과 죽음의 진정한 의미는 '느낌의 탄생과 죽음'이라고 할 수 있습니다. 그것마저도 직접적인 경험일 때 그렇다는 말이고, 우리는 그런 직접적인 경험마저도 할 수 없습니다. 그저 간접적으로 밖에서 볼 뿐이죠. 내가 아니라고 여겨지는 어떤 사람이나 생물이 '죽음'이라고 이름 붙여진 현상을 겪는 과정을 밖에서 보고 거기에 이름을 붙였어요. '저런 것이 죽음이야. 이런 것이 탄생이야.'라고. 우리는 죽음과 탄생을 직접 경험할 수는 없어요. 이렇게 기본적으로 파악을 하고나서 진심출사眞心出死를 살펴보도록 하겠습니다.

경험하는 모든 것은 내 느낌의 세계이다

或이 日 嘗聞見性之人은 出離生死라 하시니
혹   왈 상문견성지인   출리생사

然이나 往昔諸祖는 是見性人이로대 皆有生有死하시고
연   왕석제조   시견성인   개유생유사

今現見世間修道之人도 有生有死事하니
금 현 견 세 간 수 도 지 인   유 생 유 사 사

如何云出生死耶잇가
여 하 운 출 생 사 야

묻기를, 전에 듣기로 견성한 이는 생사를 벗어난다 했는데
그러나 옛날의 모든 조사는 견성인인데 모두 생사가 있었고,
지금 세간의 수도인도 생사가 있으니
어째서 생사를 벗어난다 했습니까?

이 사람은 벌써 생사를 분별하는 마음속에 있죠. 개념과 생각, 이름의 세계에서 이 질문을 하고 있습니다. 견성인도 수도인도 다 자기의 눈으로 보고 있어요. 자기가 보기에 이런 모습을 띠고 이렇게 변해가는 것은 탄생이고, 저런 모습으로 저렇게 변해가는 것은 죽음이라고 이름을 붙여놨거든요. 그래서 자기가 보기에는 생과 사가 다 있는 것입니다.

그럼 생사란 진정으로 무엇입니까? 생사가 무엇인지에 대한 내용을 떠나서, 생과 사가 분별되려면 일단 마음에 개념이 형성되어야 합니

다. 탄생과 죽음에 대해 말하려면 탄생은 무엇인지, 죽음은 무엇인지에 대한 분별이 있어야 하겠죠. 그러한 분별이 일어나기 전에는 탄생과 죽음이라는 이름을 붙일 수도 없는 것입니다.

매일 아침 함양에서는 '몸 느끼기'를 하는데, 어느 날 도건이 수련을 하면서 이상하다고 말합니다. 모두 다 내 느낌이라면 결국 저 밖이라는 것은 없는 건 아닌지 애매해진다는 것입니다. 우리가 공부를 시작하기 전에는 저 밖이 따로 있고, 나라고 느껴지는 안이 따로 있다고 여깁니다. 그런데 공부를 시작해서 모든 경험을 하고 있는 '나'에 대해 깊이 살펴보니까, 결국 밖이라고 여겨지는 것은 나의 감각기관의 안으로 들어와 내 마음에 쌓여진 구별되는 흔적들의 총화인 것입니다. 저 밖이라고 여겨지는 그 무엇을 감각해서 마음에 흔적을 쌓지 않으면 우리는 아무것도 분별을 하지 못합니다.

두 가지 단계가 있습니다. 첫 번째는 밖의 세상과 그것을 감각하는 나의 감각기관이 있는 단계입니다. 그렇지만 그 두 가지가 있어도 그것만으로 우리에게 분별이 일어나지는 않습니다. 구별을 못해요. 어린 애를 보면 그렇잖아요. 감각적으로는 구분합니다. 그러나 '세상이 있다' 또는 '없다', '이것과 저것은 다르다' 같은 개념이 없기 때문에 감각적 분별 속에서만 살아갈 뿐이죠. 그러한 세상이 있다는 것을 경험하지는 못합니다. '세상'이 우리 마음에 투영되어서 나누어지고 분별되어서 경험되는 것이 '세계'입니다. 경계로 나누어진 세계만 우리는 경험할 뿐, 저 밖의 경계 없는 세상을 우리는 경험하지 못합니다. 그냥 감각될 뿐이죠. 그러나 그렇게 감각될 때 감각하는 놈은 따로 없습니다. 감각을 통해 자연계와 그냥 하나가 되어있을 뿐입니다. 목마르면 물을 마시지만 '물을 마시고 있다'는 생각도 없죠. 그냥 목마르면 저절로 물에 끌려서 나도 모르게 손을 뻗어 마실 뿐이에요. 목마름이 물을 마시게 만들죠. 내가 목마르지도 않는데 물을 억지로 마시지는 않습니다. 자연계라는 세상은 몸을 포함한 모든 현상들이 하나로 엮여있는데, 거기에는 우리가 지금 경험하는 세계는 없어요. 분별되는 세계로서의 세상은 없다는 말입니다.

그런데 두 번째 단계인 감지의 세계로 오면, 즉 느껴지고 구별되고 '있다/없다'고 여겨지는 마음의 세계로 들어오면, 마음의 시뮬레이션이 일어납니다. 무언가를 감각적으로 경험하고 거기에 경계를 그리죠. 예를 들어 '이것은 자동차 문이고, 이것은 바퀴고, 이것은 몸체야.'라고 각각의 경계를 그리고 그것들의 총합에 '자동차'라고 이름을 붙입니다. 그런 방식으로 이루어진 것이 '세계'라면, 경계 없는 전체로서의 자동차는 우리가 감각적으로 경험하는 '세상'이라고 할 수 있습니다.

감각적인 세상은 하나로 연결되어있을 뿐이에요. 감지적인 세계에서부터 우리는 나누어 분별하고 이름을 붙이는데, 그러고 나면 이제 그것은 고정된 것처럼 여겨집니다. 감지의 세계는 차이와 분별이 있지만 그래도 변화가 무쌍한데, 이름의 세계로 넘어오면 변함없이 고정된 것들로 가득 찹니다. 생生과 사死라는 것은 바로 이름의 세계나 개념의 세계에서 형성된 것입니다.

지금 고정된 이름의 세계, 변화무쌍하지만 구별되는 느낌인 감지의 세계, 그리고 자연계 전체가 하나로 돌아가는 감각의 세계에 대해 말했어요. 그런데 우리는 감각의 분별마저도 없는 본질의 세상에 대해 공부하고 있습니다. 여기서 말하는 생사生死라는 것은 본질에서 한참 떨어진 분별과 나눔의 세계에요. 땅에는 중국과 한국이 따로 없고 경상도와 전라도가 따로 없는데, 땅에 금을 그어놓고 이름을 붙여놓으니 뭔가 있는 듯이 느껴지는 것과 똑같아요. 생과 사라는 것도 어떠한 과정의 일부에 우리가 붙인 이름이라는 것입니다. 전 자연계가 하나로 연결되어 끊임없는 변화가 일어나고 반복되고 또 새롭게 변화를 일으키는데, 그 과정의 일부를 잘라내어서 '생生'이라는 이름을 붙입니다. 이런 식으로 이름 붙여진 세계가 느낌의 세계이고 개념의 세계입니다. 그런 내부의 개념을 기반으로 하는 사람한테는 당연히 생과 사가 있다고 여겨집니다.

　그런데 이제 여러분은 "경험하는 모든 것이 내 느낌의 세계다."라고 말하죠. 저 밖은 없고 내 느낌의 세계만 있는 것 같습니다. 내가 감각적으로 경험하는 세계예요. "저 밖에는 뭐가 있는지 없는지 모르겠어."라고 말합니다. 그런데 한 발 더 들어가서 살펴보면 '내 느낌의 세계'라는 것은 뭡니까? 내 느낌의 세계라고 한다면 '나'라는 것이 있다는 소리 아닙니까? 그리고 '나'라는 것이 있다는 것은 '내가 아닌 것'도 상정해놓았다는 말이에요. 그렇죠? '나'라는 것은 '나 아닌 것'을 기반으로 하는 개념입니다. '내 느낌의 세계'라는 말에서의 '나'라는 것 자체가 '나 아닌 것'을 기반으로 두고 있기 때문에 그것도 하나의 개념이라는 말이죠. 그렇다면 그런 개념이 애매해지거나 개념으로부터 떠나버리면 어떻습니까? 저 밖이라고 하는 것과 이 안이라고 하는 것 사이에 아무런 분별이 없는 느낌의 세계입니다. 느낌의 세계마저도 없어요. 내 느낌이 없기 때문에 느낌마저도 사라집니다. 이렇게 모든 경계가 사라지면 어떨까요? 그래도 이상하게도 세상은 잘 굴러갑니다. 현상계는 끊임없이 움직이니 그것이 바로 감각의 세계입니다.

'나'를 들여다보고 관찰하며 느껴보면, 점차 저 밖이라고 여겼던 것이 모두 감각작용을 거친 2차적인 느낌의 세계라는 것이 와 닿습니다. 더 살펴보면 '나'가 사라지면서 감각만 남아서 하나로 얽혀있는 전체의 자연이 보이죠. 내 느낌의 세계마저 개념 속의 일이고 나누어 구별하는 마음의 일이라고 분명해지면, 자연계 전체는 안팎이 없는 무분별無分別만이 있습니다. 그런 무분별에 무슨 생사生死가 있겠습니까? 생과 사를 나누어서 분별하지 않는다면 더 이상 그런 것들은 없습니다. 이것과 저것을 분별하면 그것들은 두 개이지만, 그것들이 서로 분별되지 않는다면 두 개가 아닌 하나인 것입니다. 나누어서 보는 마음 때문에 두 개라고 여길 뿐, 사실은 그냥 한 덩어리라는 말이죠. 이 잎사귀와 저 잎사귀는 서로 다른 두 개에요. 잎사귀의 입장으로 보면 두 개죠. 그런데 그건 나누는 마음 때문이에요. 전체를 하나로 보는 마음한테는 두 개가 아닙니다. 하나의 식물일 뿐이죠. 뿌리와 줄기와 가지와 꽃은 하나입니다.

나누는 마음한테만 생生과 사死가 있습니다. 그러므로 원문의 질문은 이미 분별 속에서 일어나고 있다는 점에서 오류입니다. 오류라고 지금 쉽게 말을 하지만, 생사가 있는 것 같은 느낌은 어쩔 수가 없기 때문에 이런 질문들을 하는 것입니다. "견성見性한 사람들도 생사가 있는데 어째서 생사를 벗어난다고 했습니까?"라고 묻죠. 분명히 자신이 보기에는 태어나고 죽는 것 같은데, 어떻게 생사를 벗어난다고 했는지 묻습니다.

曰 生死가 本無어늘 妄計爲有니
왈 생사　본무　　망계위유

답하기를, 생사가 본래 없거늘 망령되어 있다고 여기니

　생사生死라는 것이 원래 없는데 우리가 있다고 여길 뿐이라고 대답
합니다. 생사가 있다는 것을 어떻게 압니까? 여러분이 자신의 생사를
직접 알 수 있습니까? 직접 자신의 탄생을 경험했나요? 또는 직접 자
신의 죽음을 경험해본 사람이 있습니까? 아무도 없습니다. 가끔은 죽
었다가 살아난 사람이 있죠. 그들은 자신이 죽었다가 살아났다면서 죽
음의 과정에 대해 말합니다. 깊은 터널을 뚫고 나가서 하얀 빛을 만나
고, 천사나 부처님 또는 이미 죽은 친지들을 만나고 돌아왔다고 하죠.
만약 그런 것들이 죽음이라면 디즈니랜드의 어둠의 방을 통과하는 것
과 뭐가 다릅니까? 대체 누가 죽은 겁니까? 그 사람은 죽은 것이 아니
잖아요. 우리가 말하는 죽음은 자신이 사라지는 것입니다. 그러나 그
들이 말하는 죽음은 의식적인 자아의 죽음이 아니라 이상한 경험 한
가지일 뿐입니다. 진정한 의미의 죽음이 아니에요. 개념에 맞지 않아
요. 죽음이라는 것은 사라지는 것인데 그들은 사라지지 않았죠. 그런
건 꿈속에서도 경험할 수 있습니다. 대체 뭐가 다른 거죠?

　우리는 결코 탄생과 죽음을 경험할 수 없습니다. 만약에 탄생을 경
험한다면 그것은 어떤 과정이겠어요? 탄생은 없던 것이 나타나는 과
정이에요. 자아自我가 점차 강해지고 진해져서 분명해지는 과정입니
다. 그런데 그런 탄생을 분명하게 경험한다면 그것을 경험하는 누군가
가 따로 있어야 합니다. 그렇다면 경험하는 누군가의 탄생은 아닌 것
입니다. 자기는 이미 있고, 그 자기가 어떤 탄생을 경험하는 것이니 자
신의 경험은 아니라는 말입니다. 만약에 어머니 뱃속에서 나오는 순간

을 자기가 다 의식한다고 해보자고요. 또는 다른 육체로부터 새로이 태어나는 육체로 영혼이 옮겨온다고 해보자고요. 그러면 옮겨온 그것이 탄생하는 건 아니죠. 그것은 이미 탄생되어있는 것 아니에요? 그러니까 진정한 탄생의 경험은 아니라는 말입니다. 육체가 탄생하는 경험일지는 몰라요. 그러나 우리 자아의, 우리가 '나'라고 여기는 마음이 탄생하는 경험은 아닌 것입니다.

잘 바라보면 이 마음은 점차 생겨나는 것입니다. '나'라는 느낌과 생각이 점차 생겨나는 것을 경험할 뿐입니다. 누가 경험하는지는 모르지만, 이상하게 그것들이 점차점차 강해지고 진해져서 지금은 '내가 있어'라고 하죠. 그 느낌과 생각은 확고하게 고정되기 전에는 희미하게 조금씩 생겨났던 것입니다. 그리고 그 과정을 우리는 경험하지 못했어요. 경험할 내가 그때는 없었으니까요. 나중에 생기고 나서 '내가 있네.'라고 하는 것입니다. 이처럼 우리는 우리의 생사를 직접 경험할 수 없고, 보거나 느낄 수도 없습니다. 우리가 말하는 생사는 어떤 느낌이 생겨나는 과정일 뿐입니다. 거기에 생生과 사死라는 이름을 붙여놓았을 뿐이죠. 느낌이 생겨나면서 경험할 내가 생겨나기 때문에 생生이라는 경험을 할 수가 없습니다. 또 경험해야 할 내가 사라져 가는데 어떻게 죽음을 경험하겠어요? 생사라고 이름 붙여진 간접적인 감지에 대한 간접적인 경험만이 있을 뿐, 우리는 결코 생과 사를 경험해 볼 수 없습니다. 해볼 수도 없는 것을 어떻게 안다고 말할 수 있겠어요? 단지 간접적으로 지각할 뿐입니다. 그래서 생사는 내가 태어나고 죽는 것이 아니라, 그것에 대한 지각인 앎이 생겨나고 사라지는 것입니다. 이것이 더 정확한 표현입니다.

如人이 病眼으로 見空中花어든
여 인   병안   견 공 중 화

마치 한 사람이 눈병이 들어 허공의 꽃을 보면

눈병이 났어요. 예를 들어 망막에 문제가 생긴 눈으로 하늘을 보니까 허공에 꽃이 보여요. 그래서 "저기 꽃 좀 봐라."라고 하니까 옆에 있는 사람은 "꽃이 어디에 있어? 없는데."라고 말합니다. "바보야, 저기 있잖아." 생사가 있다고 믿는 것이 이런 거나 똑같다는 것입니다. 허공의 꽃은 눈병이 난 사람의 눈에만 비치는 꽃입니다. 그 꽃이 진정으로 있는지 없는지는 알 수 없죠. 우리가 "저것은 느낌의 세계야."라고 말할 때도 저 밖에 무언가가 실제로 있는지 없는지는 알 수 없어요. "물物 자체는 우리가 건드릴 수 없다."는 것이 칸트의 순수이성비판에 나오는 말이죠. 만약 우리의 눈에 꽃이 보인다면 일단 그런 경험은 인정하지만, 꽃이 있는지 없는지는 알 수 없다는 것이 합리적인 마음이 하는 말입니다. 인간의 이성이 아주 순수한 상태까지 가서 할 수 있는 최종적인 말이에요. 그런데 여기서는 더 나아가서 그 꽃은 허공의 꽃, 있지도 않은 꽃, 너의 감각기관이 병들어서 만들어낸 꽃이라고 말해요. 눈병 때문에 생겨난 꽃일 뿐이지, 정말 있는 건 아니라고 말합니다. 그 꽃은 그저 그의 감각기관인 눈과 마음에 경험될 뿐이에요.

그와 마찬가지로 탄생과 죽음도 내 감각기관과 마음의 작용을 통해 나타난 어떤 모습일 뿐입니다. 감각기관의 간접적인 경험이에요. 간접적이라고 말하는 이유는, 내가 나의 직접적인 탄생과 죽음을 경험할 수는 없기 때문입니다. 그러니까 저 옆의 사람이 탄생하고 죽어가는 것을 보는 것입니다. 그런 허공의 꽃과 같은 일들이 내 눈에 경험은 되니까 그런 간접적인 경험을 인정하는 것입니다. 그러나 그 전말을 들여다보면 있지도 않은 허공의 꽃을 경험하는 것과 유사합니다. 눈에 보인다고 해서 그것이 진짜 있지는 않듯이, 마음에 분별이 된다고 해서 그것이 있는 것은 아닙니다. 생사는 직접적으로 경험될 수 없어요. 경험되는 것은 감각에 기반한 감지의 형성일 뿐이고, 생사는 감지가 형성되는 과정 속에 붙여진 이름이라고 말할 수 있죠. 소크라테스가 죽을 때의 일화를 통해 몸의 죽음이라는 현상에 직면한 상황을 알 수 있습니다. 그는 제자들에게 둘러싸인 채 자신이 경험하는 감각적 느낌과 감지적 느낌이 둔해지고 사라져가는 과정에 대해 말했습니다. 죽음이라는 허공의 꽃이 어떻게 자신에게 경험되는지 말하죠. 발이 점차 무감각해져서 하반신이 마비되어 걸을 수도 없다고 했어요.

무언가가 경험되려면 그것을 경험할 누군가가 있어야 합니다. 그런데 감각이 둔해지고 의식이 둔해지는데 어떻게 그것을 직접적으로 경험하겠어요? 여러분이 지금 저 밖이라고 여겨지는 곳에서 보는 현상도 일종의 허공 꽃과 같습니다. 여러분만의 경험이에요. 물론 우리는 모두 비슷한 감각기를 가졌기 때문에 비슷한 허공의 꽃을 보고는 있어요. 그렇지만 조금씩은 다른 자기만의 허공 꽃을 보고 있습니다. 그것은 여러분의 감각과 감지가 만들어내는 마음의 가상현실입니다. 그런 허공 꽃인데, 그 꽃과 같은 현상이 사라지거나 나타나는 것은 또 얼마나 허구이겠어요? 생과 사는 바로 그런 것입니다.

사람들은 자신이 탄생했고 나중에는 죽을 거라고 철저하게 믿고 살아갑니다. 자기의 믿음이에요. 믿음은 그렇게 경험되죠. 마음속에서 '죽음이 있다'는 것을 경험합니다. 그런데 과연 죽음 자체를 경험해봤냐는 말이죠. 사실 이미 우리는 매일 밤에 죽음을 경험합니다. '나'라는 것이 서서히 사라져가죠. 그리고 매일 아침에 탄생을 경험합니다. '나'라는 것이 서서히 나타나는 과정이 마음에 그려집니다. 그러나 경험자는 따로 없고, 경험만 있습니다. '나'라는 놈이 생겨나는 과정이 경험되는데, 대체 누구한테 경험됩니까? 개인적이고 개별적인 누군가에게가 아니라 마음의 원판에 그냥 경험됩니다. 그러나 '내가 아침에 깨어났어!'라고 말하죠. 마치 자기가 경험한 것처럼. 그건 원판이 경험한 흔적에 나중에 이름을 붙인 것입니다. '이것이 내가 경험한 거야.'라고 과거의 흔적을 보면서 이야기하는 중입니다. 또 밤에 잠들어 사라져가는 과정의 흔적이 마음에 남으면, 다음날 그걸 기억해내고 그 흔적을 바라보는 놈이 '내가 어제 잠들 때 이랬구나.'라고 이름을 붙이죠. 흔적을 가지고 이야기하는 것일 뿐, 이름붙이는 놈 자체가 탄생하거나 죽은 것은 아닙니다. 자기는 자기를 경험하지 못하니까요.

생사는 개념에 의해 남겨진 느낌

或無病人이 說無空花라 하면
혹 무 병 인   설 무 공 화
병이 없는 사람이 허공중의 꽃이 없다 말하면,

생사라는 것은 개념에 의해 남겨진 마음의 느낌이라고 말하면, 분별과 분리로 사고하는 차원의 의식은 그 말을 결코 믿지 못합니다. 이분법을 기반으로 하는 의식에게 가장 커다란 허공의 꽃은 고통입니다. 그래서 부처님은 '인생은 고해苦海'라고 말했으며, 그 고해를 해결하기 위해 고집멸도苦集滅道라는 사성제四聖諦를 드러내 보여주고 해결책을 알려주었습니다. 그런데 인생人生이란 말 자체가 '인간이 태어났다'

는 의미입니다. 즉 생사라는 분별 속으로 들어간 인간의 삶은 고해苦海라는 말입니다. 그러나 분별을 떠나 있는 사람에게는 고해가 없습니다. 생사가 없고 그 생사의 주체인 자아가 일종의 허공 꽃인데 거기에 어떤 고통이 있으며 윤회와 전생이 있겠습니까? 우리가 느끼는 고통은 무언가에 동일시되어 나타날 뿐입니다. 그 동일시에서 떨어져 나오면 모든 것이 자연계 전체가 흘러가는 과정 중의 일부일 뿐입니다. 내가 고통스럽지 않아요. 물론 몸의 아픔은 있죠. 그것은 자연이 우리에게 주는 경고이자 신호일 뿐입니다. 몸이 피곤하니까 쉬라는 뜻이죠. 통증은 자연이 우리에게 주는 일종의 보호막입니다. 그러한 자연의 일부로서의 감각적인 통증이 아닌 마음이 만들어 내는 고통이라는 것은, 우리가 실제로 있지도 않은 허공 꽃과 동일시 할 때에만 나타납니다. 그런 동일시가 끊어지면 허공 꽃과 같은 고통도 사라집니다. 원래는 있지도 않았던 것이죠. 아파할 내가 없는데 무엇이 아프겠어요. 몸의 통증은 있으나 마음의 고통이라는 것은 있지 않습니다.

결국 고통은 없애서 사라지는 것이 아니라, 분별과 분리로 인해 전체에서 고립된 자아自我라는 허공 꽃에 대한 착각을 고치면 저절로 사라집니다. 엄밀히 말하면 사라지는 것도 아니라 아예 없었던 것이죠. 허공 꽃을 보고 있는 병든 눈 때문에 있다고 여겼을 뿐이에요. 그래서 본무本無라고 했어요. 생사는 원래 있지도 않았다는 뜻이죠. 지금 보고 경험하는 모든 것이 마음의 드라마이고 허공 꽃이라면 죽음 이후에 일어나는 모든 일도 그렇습니다. 흔히 죽음은 꿈속의 일과 비슷하다고 하며 사후세계에 대해 많이들 말하는데, 죽음 이후에 어떤 드라마를 경험한다면 우리가 살아있다고 여기는 지금의 삶의 드라마와 무엇이 다르겠습니까? 아무런 차이가 없죠. 그래서 살아있을 때의 드라마로부터 벗어나면, 다시 말해 그것이 허공 꽃이라는 것을 알면, 죽음 이후의 세계에서도 전혀 상관없이 살아갈 수 있겠죠. 그런데 드라마로부터 벗어난 무언가가 있다면 그것은 대체 무엇일까요? 아무런 개별성이 없는 그것이 무슨 존재로 남아있겠습니까? 그러니 이 삶의 드라마에서 자유로워지면 "지옥 불에 떨어진다 해도 그곳은 천국"이라고 말합니다. 지옥도 그저 분별 때문에 생겨난 것이기 때문이죠. 괴로움은 왜 생겨납니까? 너와 나를 나누고 비교하는 마음의 드라마 속에서나 생겨나는 것이 바로 마음의 고통입니다. 그 고통은 주의를 어디에 쏟느냐에 따라서 나타나는 주체와 대상간의 관계 속에서 온다는 점이 분명하면, 그리고 주의의 움직임에서 가볍게 힘을 뺄 수 있다면, 꿈속에서도 그렇게 할 수 있다면, 죽음 이후의 더 진한 꿈속에서도 그렇게 할 수 있습니다. 그래서 깨어있는 낮의 드라마에서 먼저 벗어나라고 말합니다. 그러면 죽음이 있든 없든, 꿈속에서 죽든 말든 그 모든 드라마에서 벗어나게 되니까요. 왜냐하면 드라마에서 벗어난다는 말의 의미는 결국은 그 드라마가 허구임을 통찰한다는 말이기 때문입니다. 그러니 지금 여러분이 '삶'이라 부르는 것에 대해 철저히 살펴봐야 합니다. "생사가 없다"고 말하면 생사가 있다고 믿는 개념의 마음에게는 그 말이 결코 믿어지지 않습니다. 그러나 이것과 저것을 나누는 마음을 떠나고 나면 그저 '그것'이 있을 뿐입니다.

病者가 不信이라가
병자　　　불신

병자는 믿지 않는다.

생사는 당신 마음의 개념 속의 일이라고 말하면 병자는 믿지 않습니다. 눈병난 사람에게 허공 꽃은 실제적으로 경험되기 때문이죠. 그 경험은 그의 눈이 제대로 작동하지 않기 때문에 일어나는 일입니다. 지금 '실제적으로 경험된다'고 말했습니다. 그동안 눈은 자기 망막에 붙어서 꽃처럼 경험되는 그것이 실제라고 믿었죠. 저 밖이라는 세계의 탁자, 다리, 의자, 바닥, 천장이 구별되는 모습대로 따로따로 존재하는 경험을 우리가 하는 것과 같아요. 그 경험을 어떻게 부인하겠냐는 말입니다. 우리는 그런 경험만을 하면서 살아왔기 때문에 그 경험을 결코 부인하지 못합니다. 감각이 마음에 남겨 놓은 마음의 현상만 현실이라고 믿으면서 살아왔기 때문에 그것을 부인하기란 어렵습니다. 그 경험밖에 없기 때문이죠.

눈병난 사람은 허공 꽃이 자신에게 아주 절실하게 현실감으로 다가옵니다. 마찬가지로 마음의 개념 속에 빠져있는 사람에게는 생사가 현실감 있게 느껴지죠. 그의 주의는 생사의 경험과 느낌에 강하게 쏠려 있습니다. 그러나 본성을 본 사람은, 생사라는 것은 경험하는 사람의 오류로 인해 나타나는 부정확한 왜곡현상이라고 알아차립니다. 경험하는 사람이라는 것 자체가 하나의 허공의 꽃이고, 생사는 그 경험자에게 나타나는 왜곡된 현상임을 통찰해요. 그러나 그렇지 못한 사람은 생사란 결코 없다는 말을 믿을 수 없고 그것에서 벗어날 수도 없습니다. 절대로 믿을 수 없어요. 왜냐하면 그 사람에게는 허공 꽃이 실제로 경험되기 때문입니다.

그래서 여러분은 여러분이 하는 경험 자체를 다시 들여다보아야 합니다. 내가 하는 경험이 느낌의 세계이지 진정한 세계가 아니라는 것을 알게 되면, 내가 보고 듣고 느끼는 생사라는 것도 하나의 느낌의 세계가 되지 않겠어요? 여러분이 경험한 느낌의 세계에다가 붙여 놓은 이름일 뿐입니다. 분별된 개념에 의해 금이 그어진 경계에 붙은 이름이에요. 예를 들어서 씨앗에 싹이 틔어서 줄기가 자라고 꽃이 피고 열매로 자라납니다. 이 과정에 우리는 '성장'이라는 이름을 붙여 놓았습니다. 그리고는 열매가 땅으로 툭 떨어져서 새로운 싹이 트고 또 가지로 자라납니다. 우리는 거기에 '새로운 탄생'이라는 이름을 붙입니다. 그런데 만약 열매가 땅으로 떨어지는 것을 구분하지 못하는 분별없는 감각기관에게는 그런 일이 어떻게 여겨지겠어요? 그냥 새로운 나무가 자랄 뿐인 것입니다. 또 일년생 나무의 씨앗이 싹을 틔워서 줄기, 가지, 꽃, 열매로 자라고 그 열매가 땅에 떨어지면 기존의 가지와 줄기는 다 사라집니다. 그리고 겨울에는 잠잠하다가 봄에 다시 땅을 뚫고 올라와서 비슷하게 생긴 줄기와 꽃과 열매가 맺히면 우리는 그것을 하나의 과정이라 볼 수 있겠죠. 이 과정을 100년 동안 반복해요. 그것이 우리가 60-70년 동안 밤에 잠들었다가 아침에 일어나 활동하고 밤에 또 잠이 드는 것과 무슨 차이가 있습니까? 씨앗은 1년을 주기로 그 일을 반복하고, 우리는 매일 그것을 반복하고 있어요. 누군가는 이렇게 말할 수 있겠죠. "그 땅에 떨어진 씨앗은 원래의 씨앗이 아니지 않습니까?" 그 말이 맞는다면 왜 우리 자신에게는 그렇게 적용하지 않습니까? 어젯밤에 잠들기 전까지 경험했던 나의 모습과 나라고 여겨지는 경험의 흔적들은 오늘 경험한 것과는 다른데, 오늘의 나는 왜 '새로운 나'가 아닌 거죠? 우리는 그것에 '새로운 나'라고 이름붙이지 않아요. 왜? 느낌 때문입니다. 똑같다는 느낌이 있기 때문이에요. 그런데 그 느낌을 누가 느끼고 있습니까? 마음이 지금 이 순간 만들어낸, 주체와 대상을 분별하는 마음의 작용 중 일부가 '나는 영원해, 변함없어'

라고 느끼고 있어요. 그 느낌 때문에 우리는 '변함없는 나'라고 여기고, 그 '나'가 잠들어도 그것에 죽음이라는 이름을 붙이지 않아요. 어떻게 보면 24시간 중 8시간 동안은 죽어있는데, 죽음이라 하지 않고 '잠'이라는 이름을 붙여 놓았어요. 죽음과 잠은 거의 비슷하고 유사한데 이름만 조금 다를 뿐이죠. 어떤 면에서 다를까요?

눈병 난 사람은 자기에게 경험되는 느낌으로서의 허공 꽃을 결코 부인할 수 없기 때문에, 눈병 난 우리는 허공 꽃이 내 눈의 경험이란 것에 대해 끊임없이 연습을 해오고 있습니다. 그래서 감지연습을 통해 감지의 세계가 분명해지면, 내가 보고 느끼는 것이 내 느낌의 세계라는 것이 분명해집니다. 한 발 더 나아가서 '내 느낌의 세계'에서 '내'가 사라지면, 자연계 전체가 하나로 연결된 속에서 그저 움직일 뿐임을 알아챕니다.

目病이 若無하면
목 병   약 무

空花自滅하야 方信花無하나니
공 화 자 멸   방 신 화 무

그러다가 눈병이 나으면
허공의 꽃은 저절로 사라져 꽃이 없음을 믿나니

그러다 눈병이 나으면, 즉 눈이 다시 정상으로 돌아오면 허공 꽃은 즉시 사라지고 맙니다. 그러나 진정으로 사라진 걸까요? 허공 꽃은 원래부터 없었던 것이기 때문에 사라진 것도 아니죠. 원래 없었던 것이 없어졌을 뿐입니다. 아니, 없어진 것도 아니고 착각이 고쳐졌을 뿐입니다.

只花未滅이라도 其花亦空이라
지 화 미 멸　　　　기 화 역 공

꽃이 사라지지 않았다 해도 그 꽃은 역시 허공이라

눈병이 나은 사람에게도 약간의 허공 꽃의 흔적이 남아있습니다. 그러나 그에게 허공 꽃의 흔적은 바로 눈이 있다는 증명이 되어줄 뿐 아픔이 되지는 않습니다. 통찰이 일어나면 '나'라는 것이 마음의 작용에 따라 생겨난다는 것을 알지만, 여전히 '나'의 관성에 이끌려 화가 나기도 하고 슬프기도 합니다. 다양한 특성들을 여전히 경험하죠. 그렇다 하더라도 눈병의 흔적만 남은 사람은 '허공 꽃이 있다는 것은 눈이 있다는 증거야.'라고 말합니다. 그래서 그에게는 고통의 의미가 남들과는 다르죠. 본질을 보지 못한 사람에게는 사실로 느껴지는 현실적인 고통이지만, 본질을 본 사람에게는 본질을 증거 하는 하나의 수단입니다. 번뇌가 바로 보리菩提의 증거가 되는 것과 같습니다.

'내'가 존재한다고 믿는 마음이 없는 죽음을 두렵게 한다

但病者가 妄執爲花요 非體實有也니
단 병 자　　　망 집 위 화　　　비 체 실 유 야

다만 병자가 망령되어 꽃에 집착되어 있을 뿐이요, 실체로 있는 것은 아니다

생사가 있다는 착각을 믿는 물든 마음 때문에 생사에 집착할 뿐이지, 생사라는 것이 실제로 있지는 않습니다. 두 살짜리 아기에게 생사가 있을까요? 아기는 생사에 대한 두려움이 없습니다. 왜냐하면 생사를 구별하지 못하기 때문이죠. 생사의 개념이 없는 존재한테는 생사가

없습니다. 그저 변화가 있을 뿐이에요. 두 살짜리 아이에게는 '나'라는 것이 없는데 어떻게 죽음이 있겠어요? 현상의 변화만 있을 뿐이에요. 개념을 떠난 곳에서는 변화만 있습니다. 현상계의 변화죠. 그런데 '내가 존재한다'고 믿는 마음에는 죽음이 두려움으로 다가옵니다. 지혜롭지 않은 사람만이 두려워하는 법입니다. 불교에서는 과연 생사라는 것이 있는지 질문을 던집니다. 우리가 경험하는 안이비설신眼耳鼻舌身이 만들어낸 마음의 흔적에 붙은 이름이 아니냐고 묻고 있어요. 마음의 개념이 생성되지 않는 존재에게는 그저 그런 과정이 있을 뿐입니다.

如人이 妄認生死爲有어든
여인   망인생사위유
마치 사람이 망령되어 생사가 있다고 인정할 뿐,

사람들은 분별하는 마음인 망심으로 인해서 생사生死가 있다고 인정합니다. 무언가가 있다거나 없다, 또는 이렇다거나 저렇다고 인정되려면 그 전에 반드시 그것이 분별되어야 하겠죠. 분별이 먼저 일어나고 나서 그것이 어떠하다고 인정이 될 테니까요, 여러 번 말해왔듯이 모든 분별의 최초의 모습에는 좋고 나쁨이 없고, 그 분별들 간의 관계인 스토리도 없습니다. 바로 현식現識인데 우리는 이것을 감지라고 부르죠. 감지 중에서도 최초의 감지입니다. 다른 것과 구별되는 어떤 느낌은 마음에 자리 잡은 경계 지어진 현상이에요. 최초의 분별에는 좋고 나쁨도 없지만 그 분별들 간에 어떤 관계가 맺어지면 드디어 스토리가 형성됩니다. 그리고 이름과 생각이 생겨나죠.
　　생生과 사死를 분별하고 인과관계로 묶어서 마음의 스토리로 만든 것이 우리의 생각이고 마음의 작용입니다. 그러한 모든 마음 작용의 밑바닥에는 무엇이 있을까요? 기본적으로 분별을 일으키는 기초요소인 '주의'가 있습니다. 안이비설신眼耳鼻舌身을 통해 의식은 특정 기준에 물든 주의를 투사하여 분별해냅니다. 안이비설신眼耳鼻舌身은 우리가 내적으로 가지고 타고난 기질을 이용하여 감각을 해요. 그러나 우리 마음이 감각하는 것이 아니죠. 어떤 자극에 대해 감각 작용이 일어난다고 해서 우리 마음이 바로 알지는 못합니다. 그것을 알려면 마음에 감지가 쌓여야합니다.

막 태어난 아기가 눈을 뜨고 어떤 사물을 보아도 우리가 지금 보듯이 사물을 개별적으로 보지 못합니다. 그저 감각적인 자극만 와 닿죠. 그 자극 자체도 분별이기는 합니다. 왜냐하면 자극되지 않는 것이 있고 자극되는 것이 있으니까요. 우리의 눈은 적외선에는 자극받지 않지만 가시광선에 대해서는 자극을 받죠. 물리적으로 보면 우리의 시세포가 가시광선에 대해 자극을 받는데, 그 시세포를 우리는 타고나죠. 즉 기본적으로 갖추었다는 말입니다. 귀도 마찬가지죠. 귀가 반응하는 떨림의 특정한 기준을 타고 났어요. 마찬가지로 코도 냄새 맡을 수 있는 특정한 영역이 있습니다. 혀에서 느껴지는 맛도 마찬가지이고 촉감도 마찬가지입니다. 바이러스가 우리 몸의 표면을 수없이 지나가지만 일일이 감각되지 않습니다. 아주 미묘하게는 감각될지도 모르겠지만 의식되지는 않아요. 이렇게 안이비설신眼耳鼻舌身의 감각기준이 갖추어진 상태에서 이루어지는 감각적인 자극은 우리 마음에 흔적을 만들 수도 있고 그냥 지나갈 수도 있습니다. 그러나 여러 번 반복해서 감각적인 자극을 받으면 마음에 흔적이 남습니다. 그리고 우리는 그 흔적을 의식의 기준으로 삼아요.

의식은 결코 탁월한 기준을 가지고 있지 않습니다. 안이비설신眼耳鼻舌身과는 완전히 달라서 의식의 기준은 만들어집니다. 물론 만들어지는 과정에서 어떤 경향성은 있어요. 예를 들어 어머니 뱃속에서 피아노 소리를 자주 들었던 아이는 피아노 소리에 민감하고, 그 자극을 더 빠르게 마음의 흔적으로 남기겠죠. 그 흔적들이 바로 의식의 기준이 되는 것입니다. 그러니까 안이비설신이 남긴 감각의 흔적이 의식이라는 감각기관의 기준이 되는 것입니다. 그것에 우리는 '감지'라는 이름을 붙였습니다. 그렇다면 마음의 흔적인 감지는 무엇에 의해서 자극될까요? 예를 들면 눈은 빛이 자극하고, 귀는 소리가 자극합니다. 혀는 맛이 자극하고, 코는 냄새 분자나 향기의 파동이 자극하죠. 그렇다면 우리 의식의 기준인 감지는 무엇에 의해 자극될까요? 의식은 외부에서 들어오는 자극에 반응하지 않습니다. 의식적 자극은 돌고래가 외부로 초음파를 쏘아낸 후의 반향으로 사물을 인지하는 것과 유사하게 진행됩니다. 즉 감지는 투사됩니다. 주의에 감지가 물들어서 내가 기존에 알고 있는 사물의 영역에 투사되어 물든 주의가 다시 되돌아오면서 기존에 알던 것과 차이가 있으면 새로운 감지가 형성됩니다. 차이가 없으면 '이미 아는 거야.'하고 지나가죠. 그래서 주의가 약한 사람은 새로운 것을 발견하지 못합니다. 사실 늘 변하는데도 그것을 잡아내지 못하고 변함이 없다고 여겨요. 그래서 부주의한 사람의 내면에는 감지의 변화가 없습니다. 늘 그대로죠. 고지식하고 변화를 알아채지 못합니다. 부주의라는 것도 물든 주의이긴 하지만 민감하게 반응하지 못하는 것입니다.

돌고래는 시력이 약하기 때문에 물속에서 소리를 가지고 사물을 판단합니다. 그래서 삑삑 소리를 내죠. 돌고래가 쏘는 초음파가 사물을 치고 되돌아오는데, 이 주파수는 돌고래가 보낸 주파수와는 다른 변형된 주파수겠죠. 그러면 자기가 보낸 주파수와 사물에 부딪쳐서 돌아온 주파수를 비교하여 얼마만큼 떨어진 거리에 어떤 크기와 강도의 무엇이 있는지 인지해요. 고양이나 다른 야행성 동물도 마찬가지죠. 야간에는 빛이 없지만 그 동물들은 볼 수 있어요. 눈에서 자외선을 쏘아 부딪쳐 나오는 것을 봅니다. 한밤중의 CCTV같은 경우도 레이저를 쏘기 때문에 밤중에도 환하게 볼 수 있습니다. 반향되어 온 빛을 분석해서 보는 것입니다. 많은 동물들이 자기 안의 것을 투사하고, 반향되어 오는 것과의 차이를 인지하여 무언가를 구별해냅니다.

우리의 의식이라는 것도 그와 유사합니다. 의식은 외부로부터 자극받을 것이 없죠. 외부로부터 들어오는 것은 감각적인 자극일 뿐, 의식적 자극이라는 것은 없습니다. 의식적 자극은 투사의 반향과 유사합니다. 예를 들어 컵이라는 이미지에 물든 주의를 보냈는데, 보낸 것과 돌아온 것에 별다른 차이가 없으면 같은 것, 내가 아는 컵이라고 여깁니다. 내가 가지고 있던 정보를 보냈는데, 거기에 비추어져서 돌아온 정보가 내보낸 정보와 동일하기 때문에 같은 거라고 인식하고 지나쳐요. 그런데 약간 다른 정보가 돌아온다면 비슷하지만 다르다고 알겠죠. 이것이 우리가 감지를 통해 사물을 인식하는 과정입니다.

이렇게 우리의 의식은 마음에 경계 지어진 느낌인 감지를 투사해서 사물을 개별적으로 분별합니다. 좀 더 구체적으로 이야기해 봅시다. 450~750㎔에 이르는 아주 빠른 주파수의 빛이 우리의 눈을 통해 들어와서 원추세포와 관상세포를 흔들며 자극하면 그 흔들리는 패턴이 주변에 저장됩니다. 그렇게 저장된 것들이 조작되고 결합하고 섞여서 마음에 어떤 흔적을 남기면, 그 흔적들과 흔적들 사이에 관계가 맺어져서 이 '세상'이 우리가 경험하고 느끼는 '세계'로 분별이 됩니다. 지금 예로 들은 시각은 수동적인 감각이죠. 빛이라는 외부의 자극이 있으니까요. 그런데 의식적인 감각은 능동적인 감각입니다. 돌고래나 고양이가 자신이 초음파나 자외선을 쏘아서 반향을 가지고 판단하는 것과 마찬가지죠. 내적인 감지의 능동적인 투사를 통해 분별이 일어나게 됩니다. 내적인 흔적이 경계 지어져서 다른 흔적과 구별되는데, 이것을 통해 받은 자극의 흔적과 저것을 통해 받은 자극의 흔적이 느낌이 다르다는 것입니다. 감지가 다르기 때문에 우리는 이것과 저것을 구별해요. 눈이 아무리 이것과 저것을 구분한다 하더라도 마음의 흔적이 비슷하게 남는다면 우리는 그것들이 서로 다르다고 느끼지 못합니다. 흔적이 다르게 형성될 때만 다르다고 느끼죠. 눈에 초당 200만 비트bit의 정보가 들어오지만 우리가 의식적으로 다 구별하지는 못합니다. 흔적이 미미하게 남거나 남았다가도 금방 사라지기 때문이죠. 그렇지만 그 미묘한 흔적들이 무의식에는 남기 때문에 최면을 걸면 의식하지 못했던 것들을 기억해내기도 합니다.

의식적인 구별은 마음에 남겨진 흔적에 경계가 지어져서 느낌의 구별이 일어나기 때문이고, 그 분별된 느낌에 각각의 이름이 붙고, 그들 사이에 관계가 맺어지면 이제 스토리라는 것이 형성됩니다. 생각이 생겨나죠. 그렇게 관계에 의한 스토리가 붙은 개념 중의 하나가 바로 생生과 사死라는 개념입니다. 기본적으로 생사生死라는 것은 감지들 간에 인과 관계가 맺어지고 거기에 스토리가 붙으면서 생겨난 '개념'이라는 말이에요. 그런데 이런 개념을 마음이 인정하면 이제 그는 '생사가 있다'고 믿어버리는 것입니다. '생사가 있다'는 믿음은 '이 컵이 있다'고 여기는 마음과 똑같습니다.

　여기 컵이 있습니다. 술을 마시면 술컵이고 물을 마시면 물컵이 되는 건데, 어쨌든 컵으로 존재하다가 이렇게 연필을 꽂으면 어떻습니까? "이것은 이제부터 필통이야."라고 말하면 어때요? 필통으로 느껴집니까? 컵에 연필을 꽂으니 컵은 사라지고 필통이 되었어요. 필통이라는 느낌으로 바라보면 필통의 느낌이 나고, 연필을 빼내고 물을 마시면 컵이라는 느낌이 납니까? 여러분이 이 물체를 컵으로 바라볼지, 필통으로 바라볼지는 그 작용에 달려있어요. 작용에 따라 느낌이 다를 뿐이라는 것입니다. 연필을 꽂는 순간 컵이라는 느낌에서 필통이라는 느낌으로 바뀌는 것이 느껴집니까? 필통이라는 느낌이 나면 이것은 이제 필통이 되는 것입니다. 그렇다면 이 물체는 대체 컵입니까, 아니면 필통입니까? 여러분이 가진 내면의 느낌을 어떻게 적용하느냐에 따라 달라집니다. 즉 컵이라는 것은 '이런저런 작용과 기능이 있다'는 앎으로 이루어진 우리의 내적인 스토리이고 개념인 것입니다. 그리고 컵이라는 느낌은 그 모든 기능과 앎이 뭉뚱그려진 하나의 느낌이죠. 일종의 내적인 자극이에요. 컵이라는 개념이 우리한테 전해주는 내적인 느낌이 생겨나기 전은 뭔가요? 컵이라는 이름을 빼고 보는 형태감과 질감을 우리는 '감지'라고 했어요. 컵이라는 이름, 즉 개념을 빼면 우리는 형태감과 질감으로 그것을 구분하죠. 거기에 이름이 붙고, 그 이름 속에 다양한 개념이 포함되면 우리는 '이것은 무엇이다'라고 표현합니다.

　그러므로 우리가 컵으로 아는 것은 마음의 개념일 뿐이지, 고정적인 컵이란 건 없습니다. 이것을 보고서 여러분 마음속에 있는 컵이란 개념이 자극 받아서 떠올랐을 뿐이에요. 그리고는 컵이라는 느낌을 느끼는 것입니다. 옆면의 손잡이가 보이지 않는다면 그냥 필통으로 느껴질 수도 있어요. 즉 개념이라는 것은 실체가 없기 때문에 기능과 상황이 바뀌면 바로 힘을 잃고 사라집니다. 그리고 사라진 컵이라는 개념 대신에 필통이란 개념이 다시 자리 잡아요.

우리가 말하는 탄생과 죽음도 그와 같은 '개념'입니다. 여러분이 생을 경험해 봤습니까? 죽음을 경험해 봤어요? 그냥 안이비설신眼耳鼻舌身의 감각적인 자극을 마음이 붙들어 이름을 붙이고, 그것들을 인과 관계로 맺어놨어요. 탄생과 죽음으로 분별하고, 탄생이 있기에 죽음이 있다는 인과 관계로 엮어놨습니다. 다양한 스토리를 붙이죠. 그러한 개념이 일어나기 전에 먼저 감각적인 분별이 있었습니다. 무언가를 봐서 눈으로 자극이 들어왔고 마음에 흔적을 남겼죠. 죽음이라고 이름 붙여진 어떤 현상이 주는 시각적, 청각적, 후각적 자극을 마음에 흔적으로 남겨놓고 '이러한 현상을 죽음이라고 한다.'고 이름 붙였어요. 컵이나 필통이라는 이름을 붙이는 것과 뭐가 다릅니까? 그리고 이름들 간의 관계를 만들죠. 이 사람이 탄생하더니 저렇게 살다가 죽네. 그렇게 생과 사를 연결시키죠. 그리고 '사람이 태어나면 언젠가는 꼭 죽어.'라고 믿으며 삽니다. 감각적 분별이 있고, 거기에 이름이 붙고, 그 이름들 간에 관계가 맺어져서 생사라는 개념으로 발전했을 뿐인데, 생과 사가 있다고 인정해버립니다. 분별하는 마음으로 인정하기 때문에 "망령되어 생사가 있다고 인정할 뿐"이라고 말했습니다. 그러나 여러분이 그러고 싶어서 하는 것이 아니에요. 그런 과정들이 그냥 저절로 일어나죠. 우리의 탁월한 감각기관과 탁월한 의식이 저절로 작동하기 때문에, 받아들이고 경험한 흔적들에 작용이 일어나 탄생과 죽음이 있다는 믿음에 이르게 됩니다. 믿는다는 건 형성된 개념에 에너지가 붙어서 그것이 나를 좌우하게 된다는 의미입니다.

생사를 초월한다는 말의 의미

或無生死人이 告云本無生死라 하면
혹 무 생 사 인   고 운 본 무 생 사

생사초월인이 본래 생사란 없다라고 말하면

개념이 형성되고 그 개념 사이의 관계로 인해서 생사가 있다고 믿는 마음이 생겨난다는 전체 과정을 알려주면 사람들은 그 말을 믿지 못하죠. '생사를 초월한다'는 말은 생사가 없어진다는 의미가 아니라 원래 생사란 없다는 것을 발견하는 것입니다. 깨달음이죠. 흔히들 선사들은 깨닫고 나서 "내 인생의 일대사一大事를 해결했다."라고 말합니다. 그렇다면 그 사람의 생사가 없어졌는가? 태어나고 죽는 것이 없어졌는가? 보통사람이 믿고 있는 그런 생사가 없어지지는 않았어요. 애초부터 있지 않았다는 것을 깨닫는 것입니다. 물론 말로만 그렇게 이해해봐야 아무 소용이 없습니다. 철저하게 경험적으로 자신의 본질이 파악되면 그렇게 와 닿을 뿐입니다. 그럼에도 불구하고 우리는 생사가 있다고 느끼는데, 이 느낌을 잘 살펴봐야 합니다. 그 느낌은 어디에서 왔습니까? 그것의 기반은 마음의 분열이고, 그로 인한 분별이며, 거기서 생겨나는 개념들 때문에 그런 느낌이 있습니다.

彼人이 不信이라가
피인　불신

一朝에 妄息하야 生死自除하야사
일조　망식　　생사자제

그가 믿지 않다가
하루아침에 망심이 쉬어 생사가 스스로 제거되니

　망식妄息은 망령된 마음이 쉬는 것이니 망심妄心이 멈춘 것입니다. 망심은 개념을 만들어내는 분별하는 마음입니다. 감지와 분별과 개념을 잘 구별해보자고요. 개념은 느낌들에 이름이 붙고 그것들끼리 관계를 맺은 것입니다. 컵이라는 개념이 있죠. 컵은 뭔가요? '컵'하면 떠오르는 건 뭐예요? 도자기와 손잡이와 도자기를 굽는 가마, 도공, 내부의 빈 공간, 물이나 액체를 담아서 먹는 용도. 이런 것들이 통틀어져서 '컵'이란 말 속에 압축되어 하나의 느낌으로 다가오는 것. 그것이 바로 개념이에요. 이런저런 생각에 대해 말할 필요가 없죠. 그냥 '컵'이라고 하면 여러분은 다 압니다. '안다'고 여기는데 사실은 아는 것이 아니에요. 느낌이 오는 것입니다. 그 느낌에 하나의 이름이 붙었습니다. '컵'이라는 개념이 만들어진 것입니다. 개념이라는 것은 수많은 관계 맺음의 조합입니다. 만약에 손잡이, 도자기, 도공, 물, 빈 공간 같은 것이 없다면, '컵'이라는 말에 어떤 느낌이 오겠어요? 그냥 '1번' 이러는 거나 똑같죠. 1번이나 3570번이 뭐가 달라요? 그런 것들은 개념이 아니에요. '컵'은 여러분에게 어떤 느낌으로 다가오잖아요. 컵이라는 단어는 수많은 이름과 그것들에 연관된 느낌들이 조합되어 있는 거대한 덩어리입니다. 우리 마음에는 '컵'이란 단어가 다른 수많은 이름들과 거미줄처럼 연결되어 있어요. 그래서 컵이 흔들리면 많은 것들이 따라서 흔들립니다. 내 마음속에서. 저 끝에는 흙 알갱이도 있겠죠. 진흙이 구워져서 컵이 되니까. 그러면 '컵'이라고 하면 내 마음속에 있는 흙 알갱이도 흔들려요. 흙이 흔들리면 또 뭐가 흔들려요? 어딘가의 바닷가도 흔들립니다. 거기서 가져온 진흙일수도 있으니까요. 온 세상이 다 연결되어있죠? 컵 하나에 내가 알고 있는 온 세상이 연결되어있는 것입니다. 그런데 의식은 못하고 느낌이 있을 뿐이죠. 이렇게 '컵'이라는 것은 수많은 이름들의 조합이고, 그 조합이 하나의 느낌으로 다가오는데, 이런 것을 우리는 개념이라고 합니다.

분별이 드러나는 과정을 살펴보면 맨 처음에 감각적인 자극이 있고, 그로 인해 마음에 흔적이 남고, 그 흔적이 분별되고 거기에 이름이 붙습니다. 그리고 그것들이 연결되어서 개념이 생겨나는데, 탄생과 죽음도 그 개념의 일부입니다. 따라서 개념을 떠나는 것이 바로 생사를 벗어나는 것입니다. 그렇다면 생과 사라는 개념을 생각하지 않으면 생사를 떠나는 것인가? 그런 건 아니죠. 생각하지 않는 것과 개념에서 떠나는 것은 천지차이입니다. '개념을 떠난다'는 말의 의미는 내 의식세계를 떠난다는 것입니다. 의식세계는 만들어진 것임을 파악하고서 더 이상 거기에 영향 받지 않게 된다는 뜻입니다. 개념에 전혀 영향 받지 않을 때 곧 생사를 떠나는 것입니다. 그러니까 내가 하는 말을 이해한다고 해서 생사를 벗어나지는 않습니다. 개념에서 떠난 사람한테 생사는 저절로 사라질 뿐이죠. 생사를 벗어나는 것이 아니라, 생사라는 것이 원래 없다고 깨닫게 됩니다.

망심妄心이 쉰다는 말은 분별이 쉰다는 말이죠. 분별은 어떻게 쉬어질까요? 여러분이 어떤 사물을 보면 저절로 분별이 일어나잖아요. 분별이 일어나니까 구별을 하는 것입니다. 그런 의식 작용을 통해 우리가 이 세계를 살아가고 있습니다. 그러한 망심이 어떻게 쉬겠어요? 여러분의 눈이나 귀에 어떤 구별이 느껴진다면 여러분은 벌써 망심 속에 있는 것입니다. 망심이라는 것은 살아감에 있어 굉장히 쓸모 있는 것입니다. 그러나 자기를 들여다보는 면에서는 망령된 것이기에 망심이라고 이름을 붙였어요. 망심을 자기라고 믿기 때문에 망령되다고 할 뿐, 마음자체는 굉장히 유용한 도구입니다. 분별을 쉬려면 우선 분별이 어떻게 일어나는지를 명확하게 봐야합니다.

분별은 우리의 감각적 기준에 의해 필수적으로 일어나게 되어있습니다. 마음에 남겨진 감각적인 분별의 흔적이 지속되어 자리를 잡으면 거기에 이름이 붙고, 독립적이고 개별적인 사물이 생겨납니다. 그러니까 개별적인 사물은 원래 있는 건 아니라는 말이죠. 우리 마음이 어떤 한계를 두고 한정시켜서, 다시 말해 경계 지어서 느낌을 따로 떼어내고, 거기에 이름을 붙이기 때문에 우리는 개별적인 사물이 존재한다고 느낍니다. 이 꽃에 개별적인 사물이 존재하나요? 꽃잎 따로, 줄기 따로, 뿌리 따로 입니까? 그냥 꽃이죠. 우리 마음이 나누어 보고 있을 뿐이라는 것을 철저하게 파악해야 해요. 여러분의 몸은 한 덩어리죠? 그런데 얼굴과 가슴과 배. 이러면 갑자기 세 개로 느껴집니다. 우리는 그런 식으로 세상을 보고 있어요. 세상은 나누어져있지 않다는 말은, 자신이 개념으로 세상을 나누어 보고 있음을 철저하게 파악할 때 비로소 마음에 와 닿습니다. 마음의 과정을 적나라하게 파악하면 개별적인 사물이 따로 있지 않고, 그것에 관한 느낌이 우리 마음에 생겨났을 뿐이라는 것을 알 수 있어요. 그 느낌에 이름이 붙은 것이 개념입니다. 개념을 넘어서 따로 개별적인 사물이나 현상은 있지 않다는 것이 철저히 경험적으로 검증되면 이 때 망심은 저절로 쉬어집니다. "개별적인 사물은 실제로 존재하는 것이 아닙니다."라는 말을 듣고서 그렇게 믿으려고 한다고 해서 되는 건 아니에요. '마음의 작용이 나에게 사물이 개별적으로 존재한다는 느낌을 주는구나. 이 느낌은 내 느낌이지 실제 세상은 아니야.'라고 철저히 파악하면 분별하는 마음은 그냥 쉬어집니다. 내가 쉬려고 해서 쉬어지는 건 아니라는 말이에요. 왜냐하면 쉬려고 하는 그 의도 또한 하나의 망심이기 때문입니다.

方知生死가 本來是無니
방 지 생 사   본 래 시 무

그때 비로소 생사가 본래 없음을 안다.

생사가 원래 없다고 깨우치면 생사를 넘는 초월인이 되는 것입니다. 사실은 초월인이 되는 것이 아니라 이미 우리는 생사를 넘어선 초월인입니다. 깨우치기만 하면 그만이죠. 개념의 꿈에서 깨어나기만 하면 됩니다. 특별히 해야 할 것이 없어요. 열심히 수련하고 훈련해서 이전과 다른 내가 되었다면 그건 꿈에서 깬 것이 아니라 다른 꿈을 꾸고 있는 것입니다. '나는 이전과 달라졌어.'라고 믿는다면 그 '나'는 본질적인 내가 아닙니다. 본질은 변함이 없는 것입니다. 여러분이 발견하고 싶은 것은 늘 변함이 없는 본질이잖아요. 훈련하고 수련해서 달라진 내가 아니에요. 달라졌다고 느껴진다면 또 다른 꿈을 꾸고 있는 것입니다. 그런데 또 다른 꿈이라는 것을 모르죠.

只生死未息時에도 亦非實有로대 以妄認生死有
지 생 사 미 식 시   역 비 실 유   이 망 인 생 사 유

생사가 아직 없어지기 전에도 실재하지 않으나 생사가 있다고 그릇 인정할 뿐이다.

"생사가 있지, 왜 없어?"하는 사람한테도 생사는 없습니다. 원래 있는 것이 아니니까요. 그냥 그릇되게 인정하고 있을 뿐이에요.

故로 經에 云하사대
고   경   운

善男子야 一切衆生이
선 남 자   일 체 중 생

從無始來로 種種顚倒호미
종 무 시 래   종 종 전 도

그러므로 경전에 말하기를
선남자야 일체 중생이
끝없는 시작 이래로 수많이 전도된 생각을 하니

우주는 하나로 얽혀있다

시작이 없는 것으로부터 지금까지 수없이 많은 뒤바뀐 생각을 한다고 했어요. 끝없는 시작은 배경이고, 전도된 생각은 한정된 전경이라고 볼 수 있습니다. 원래는 본질적으로 끝이 없고 시작도 없는 분별없는 곳에 끝이 있고 시작이 있는 전도된 생각들이 나타났다 사라져갑니다. 나타났다 사라져가는 수많은 전도된 생각들을 자기라고 여기면 생사가 생겨나죠.

물리학에는 국소성localization과 비국소성non-localization이라는 용어가 있습니다. 어느 시간과 공간으로 딱 분리되어서 존재하는 것을 국소적이라고 해요. 이것이 지금 이 공간에만 존재합니다. 저기에는 없잖아요? 그리고 사라졌어요. 특정한 공간에만 있다거나 조금 전까지 있었는데 지금은 사라졌다면 그것은 국소적입니다. 부분적이라는 것입니다. 전 공간에 다 있지 않고, 특정하게 분리된 공간에만 있는 것, 여기에 있으면 저기에는 없는 것. 그에 비해서 비국소성은 공간 전체와 시간 전체에 늘 변함없이 있는 것입니다. 그러니까 비국소적이라는 것은 어딘가에 따로 존재한다고 말할 수 없고, 전 공간에 늘 있는 것이죠.

비국소성은 물리학자들한테 커다란 난제를 안겨주고 있습니다. 양자의 행태가 너무 놀랍고 신기해서 그렇습니다. 그래서 동양의 철학으로 돌아오고 있는 것입니다. 양자역학의 불확정성의 원리라는 것은 시간과 공간을 동시에 측정할 수 없다는 것입니다. 소립자의 속도와 위치를 동시에 측정할 수 없다는 것입니다. 속도를 측정하려고 하면 위치를 알 수 없고, 정확한 위치를 알려고 하면 속도를 알 수가 없어요. 왜냐하면 끊임없이 움직이거든요. 그런데 그보다 더 놀라운 일은 이것이 비국소적이라는 것입니다.

광자 하나를 쪼개면 전자와 양전자로 나누어지죠. 빛의 알갱이는 나누어 떨어지는 특정한 국소적인 존재라는 뜻입니다. 입자에요. 그래서 광자光子 · photon라는 이름이 붙었죠. '−on'이 붙은 모든 영어의 단어는 국소적인 입자를 의미합니다. 국소적이고 분리된 부분적인 존재라는 말이에요. 그런데 이런 광자의 비국소적인 특성이 발견된 사건의 시작은 EPR 패러독스입니다. EPR 패러독스는 아인슈타인Einstein과 물리학자 포돌스키Podolsky, 로젠Rosen이라는 학자의 이름 첫머리를 따서 이름 지어졌습니다. 이들은 1935년에 '물리적 실재에 대한 양자물리학적 기술은 완전하다고 할 수 있을까?'라는 제목의 논문을 통해 양자물리학의 불완전성을 부각시키려고 시도했습니다. 그들은 물리적 성질은 국소성을 가지고 있어서 특정한 시공간에 국한된다고 주장했습니다. 즉 멀리 떨어져 있는 두 체계는 동시에 서로 영향을 줄 수 없다는 말입니다. 서로 영향을 주고받기 위해서는 어떤 형태로든 정보를 주고받아야 하는데, 그런 정보의 전달은 상대성 이론에 의해 빛보다 빠른 속도로 이루어질 수 없다는 것입니다. 이 우주에서 가장 빠른 것은 빛이라고 증명되고 있으니까요.

그러나 1982년 프랑스 과학자인 알랭 아스페Alain Aspect가 실험을 통해 EPR역설이 틀렸음을 밝혀냈습니다. 아스페는 레이저로 칼슘원자를 때려 쌍둥이 광자를 만들어낸 다음 각각의 광자를 서로 반대방향으로 날아가게 하여 특수한 필터에 통과시켰습니다. 서로 반대방향으로 날아간 광자는 필터를 통과하여 두 개의 편광분석기 중 하나로 향하게 됩니다. 이때 방출된 한 쌍의 광자들은 동일한 스핀을 갖도록 완벽하게 연관되어 있어요. 이 실험에서 감지기를 동일한 축에 대한 스핀을 측정하도록 똑같이 세팅한다면 두 광자의 스핀은 항상 동일한 값을 나타낼 것입니다. 그리고 두 광자는 어떠한 물리적 작용을 통해서도 서로 교신할 수 없도록 했습니다. 자, 각자의 개별적인 국소적인 입자 두 개가 빛의 속도로 서로에게서 멀어져가요. 이 입자 두 개가 서로에게 영향을 미치도록 하는 빛보다 빠른 정보전달의 매개체는 없습니다. 그런데 이상하게 한 입자가 오른쪽으로 돌면 다른 한 입자는 반드시 왼쪽으로 돈다는 것입니다. 하나가 오른쪽으로 돌 때 떨어져있는 다른 입자도 오른쪽으로 돌 수도 있잖아요. 떨어졌으니까요. 그런데 아스페 팀은 광자가 그 자신의 짝이 되는 광자의 편광각과 자신의 편광각을 일치시킨다는 사실을 발견했습니다. 둘 사이를 연결하는 것을 빛이라고 할 수는 없어요. 이 둘은 지금 빛의 속도로 멀어지고 있으니까요. 빛의 두 배의 속도로 멀어지고 있어요. 물론 그런 두 배의 속도는 없어요. 빛보다 빠른 것이 없기 때문에. 아무리 빨라도 빛의 속도죠. 아무튼 두 입자는 빛의 속도로 멀어지고 있는데, 이 둘 사이를 연결해줄 수 있는 다른 매개체는 없습니다. 그런데도 이 둘 사이에 무슨 관계가 맺어져 있는 것 같은 실험결과가 나옵니다. 이것은 아인슈타인의 특수상대성이론이 불가능하다고 선언한 초광속 교신이 일어났거나, 두 광자가 비국소적으로 상호 연결되어 있음을 의미하죠. 그래서 결국 두 개의 입자가 하나처럼 얽혀있다고 결론을 내리게 되었습니다. 우주의 모든 입자들은 하나처럼 연결되어 있다는 것입니다. 그것이 바로 디바인 매트릭스Divine Matrix입니다. 최근에 나온 이론이죠. 매트릭스는 여기를 흔들면 저기도 흔들리죠, 하나처럼. 파동이라는 것입니다. 빛은 파동이기도 하고 입자이기도 해요. 입자처럼 행동하는 두 빛덩어리가 파동처럼 서로 연결되어 있습니다. 이처럼 우주는 하나로 연결되어 있음이 점차 드러나고 있습니다.

이제 우리의 내면에 이것을 적용해봅시다. 이 우주에서 일어나는 일은 모두 현상이죠. 우리 내면의 일도 우주의 세계에서 일어나고 있는 하나의 현상입니다. 물리세계의 현상도 이 우주에서 일어나고 있는 현상이고, 생각도 이 우주에서 일어나고 있는 현상이에요. 그렇다면 우리 내면의 일 또한 우주적인 법칙의 영향을 받겠죠. 생각과 정신과 물질이라는 것이 따로 있지 않습니다. 커다란 스펙트럼의 이 끝과 저 끝일뿐이에요. 우리가 개념으로 나눠놓았을 뿐, 이 스펙트럼은 같은 법칙 하에 움직입니다. 우주의 입장에서 보면 똑같이 우주적인 현상의 일부일 뿐이에요. 그런 의미에서 소립자에 적용되는 법칙은 당연히 우리 내면에도 적용될 수 있습니다. 어떤 스펙트럼의 차이는 있겠지만.

우리가 '감지'라고 이름붙인 내적인 현상은 일종의 국소성을 띠죠.

내면에서 부분적으로 느껴지잖아요. 눈을 감고 여러분이 사는 집을 떠올려 보세요. 안방에 있는 침대나 서재에 있는 책상, 그 위에 놓여진 연필, 무엇이라도 좋으니 사물을 하나 떠올려보세요. 그러면 어떻습니까? 마음속에서 어떤 느낌이 느껴지죠? 그 느낌은 마음 전체를 차지하고 있습니까, 아니면 마음의 일부를 차지하고 있나요? 마음의 일부를 차지하고 있죠? 그런 것이 바로 마음에 느껴지는 느낌의 국소성이라는 것입니다. 눈을 뜨고 돌아옵니다. 느낌은 마음의 한 일부만을 차지하기 때문에 느껴지는 것입니다. 마음의 일부를 차지하지 않으면, 즉 전체라면 느낌으로 느껴질 수가 없습니다. 모든 감지는 국소적이기 때문에 우리는 그 느낌이 존재한다고 느낄 수 있습니다. 그렇지 않으면 그것은 존재한다고 여겨지지 않을 것입니다. 존재한다고 여겨지는 모든 것은 국소적입니다. 그리고 그것은 내면의 세계에 있어서도 마찬가지입니다. 그런 국소적인 느낌에 이름이 붙은 것이 바로 개념입니다. 탄생과 죽음이라는 개념을 떠올려보세요. 그 각각이 가지고 있는 느낌이 다르죠? 느낌이 다르다면 그것이 국소적이라는 의미입니다. 이렇게 서로 다른 국소적인 느낌이 있기 때문에 우리는 구별을 해내고 있어요. 모든 개념은 이렇게 내면에서 국소적으로 존재합니다.

이런 국소적인 현상에서 국소성이 사라지면 우리는 충만함을 느끼거나 텅 빔을 느끼게 됩니다. 그리곤 자유를 향해 나아가죠. 무슨 말일까요? 대체 국소적인 느낌이 사라진다는 건 무엇을 의미할까요? 내면에서 어떤 특정한 느낌, 구분되어 일정한 부분을 차지하는 느낌이 없어진다는 것입니다. 그것이 바로 국소적이지 않다는 말의 의미입니다. 국소적이지 않으면 뭐겠어요? 온 내면이 하나의 느낌이라는 것입니다. 사실 하나의 느낌일 때는 '느낌'이라고 의식되지도 않겠죠. 분별이 안 되니까요. 또는 모든 느낌이 사라질 때도 역시 비국소적이 되겠죠. 텅 빈 느낌 자체는 국소적입니다. 여러분이 느낄 수 있다면 여전히 그것은 국소적이에요. 텅 빈 느낌이나 충만한 느낌은 마음의 많은 부분을 차지하고 있기는 하지만 그래도 느낄 수 있기 때문에 여전히 마음의 한 느낌입니다. 마음은 무한하기 때문에 여러분이 충만을 느끼든 텅 빈 느낌을 느끼든 그것은 여전히 국소적이에요. 그 텅 빈 느낌이나 충만한 느낌마저도 사라지면 그때 드디어 삼매로 들어갑니다. 삼매가 특별한 것이 아니에요. 마음이 비국소적이 되어 개별적인 느낌, 부분적인 느낌이 사라지면 드디어 자유가 들어서기 시작합니다. 국소적인 느낌이 모두 통합되면 황홀과 충만이 시작되는 것입니다. 거기에 부분적이고 분별되어 개별적으로 존재한다고 여기는 마음은 사라지고 없습니다.

이미 본질 속에 있음을 알아채라

猶如迷人이 四方易處인달하야
유 여 미 인   사 방 역 처

마치 미혹된 사람이 사방을 바꾸어서 혼동하고

동쪽을 서쪽으로 잘못 알고 있는 것이 사방역처四方易處입니다. 서쪽을 남쪽으로 잘못 알고 있어도 마찬가지죠. 동쪽을 보고 있으면서도 서쪽이라 생각하고 있기에 미혹迷惑되었다고 합니다. 그러나 그가 동쪽을 서쪽이라고 잘못 생각하고 있다 해도 그는 동쪽을 찾아 나설 필요가 없는 사람입니다. 바로 여러분이 처한 상황이죠. 여러분은 무언가를 찾아서 어디로 갈 필요가 없어요. 훈련해서 스스로를 바꿀 필요도 없습니다. 여러분은 이미 동쪽을 향해 서 있어요. 그렇지만 제대로 알지 못하고 동쪽을 찾고 있는 중이에요. 서쪽이라고 여기는 그 마음만 잘못되었을 뿐입니다. 찾아 헤매거나 따라갈 것이 아무것도 없어요. 그래서 '깨달음'이라고 하죠. 동쪽을 향해 서 있으면서 자신이 서쪽을 향하고 있다고 생각하기에 동쪽을 찾아 끊임없이 헤맵니다. 이런저런 수련이 다 필요 없어요. 자신이 이미 동쪽을 향해 서 있음을 알아차리면 됩니다. 그런데 그것이 제일 어렵죠. 왜냐하면 이때까지 여러분이 무언가를 알아차릴 때에는 마음이라는 손으로 붙잡아서 알아차렸는데, 깨달음에는 붙잡을 것이 아무것도 없기 때문입니다.

여러분 자신이 이미 본질이라는 것을 믿으면 사실 끝납니다. 그러나 믿음은 자칫하면 맹신이 될 수도 있습니다. 믿음의 종교가 그래서 큰 힘을 발휘하죠. 믿는 사람에게는 힘이 있어요. 그래서 대승기신론이나 진심직설은 맨 처음에 믿음으로 시작합니다. 신성취발심信成就發心이죠. 믿음이 성취된 발심은 드디어 불퇴전不退轉의 길에 들어서게 된다는 것입니다. 물러서지 않는 길에 들어섰으니 그 사람은 이미 제주도 가는 티켓을 사고 배 위에 올라탄 것이나 마찬가지예요. 믿음이 그렇게나 중요합니다. 믿음은 에너지에요. 그 길을 향해 포기하지 않고 끝까지 갈 수 있는 믿음만 있다면 그 사람은 이미 끝난 사람입니다. 그러나 그 믿음이라는 것이 쉽게 오지는 않기 때문에 탐구를 하는 것입니다. 또 잘못된 믿음은 맹신으로 가기 때문에 탐구를 해야 합니다. 그래서 진리를 찾는 절실한 마음이 필요하죠.

妄認四大하야 爲自身相하고
망 인 사 대　　　위 자 신 상

사대를 망령되이 인정해 자기 몸인 양 하고

인정은 그냥 관성적으로 일어납니다. 광고를 계속 보게 되면 '침대는 과학'이라고 알게 됩니다. 그와 같이 "너는 누구니?"라 물으면 "나는 이원규입니다."라고 대답하며 자신도 모르게 인정을 해버립니다.

사대四大는 지수화풍地水火風을 말하죠. 옛날에는 물질을 이루는 4가지 원소를 지수화풍이라고 했습니다. 몸이 지수화풍이라는 네 가지 원소로 이루어져 있다고 여겼어요. 몸을 구성하고 있는 것들, 지금으로 따지면 여러 원소들로 이루어진 것을 자기 몸으로 안다는 것은, 그 어떤 몸도 아닌 본질인 자기로 있으면서도 원소로 구성된 현상의 몸을 자기로 아는 착각입니다.

六塵緣影으로 爲自心相하나니
육 진 연 영   위 자 심 상
육진의 인연으로 인한 그림자를 자기의 마음인 양 하니

색성향미촉법色聲香味觸法이 감각기관을 통해 내 마음에 흔적을 남기죠. 그리고 그 흔적들이 서로 관계를 맺습니다. 인연을 맺어서 스토리를 만들어요. 이것이 바로 육진연영六塵緣影의 의미입니다. 육진의 인연으로 인한 그림자를 자기의 마음으로 여긴다는 말은 감지를 자기라고 여긴다는 의미입니다. 옛날 사람들도 마음을 들여다보았기 때문에 이런 말을 하는 것입니다. 안이비설신의眼耳鼻舌身意를 통해 마음에 남은 흔적인 색성향미촉법色聲香味觸法의 그림자들을 자기 마음으로 여기지만, 마음은 그 어느 것도 아닌 텅 빈 것입니다. 텅 빈 느낌마저도 아닌, 그 어느 것으로도 잡아낼 수 없는 것이에요.

譬彼病目이 見空中花하며
비 피 병 목　　見空中花

비유하자면 병든 눈이 허공중에 꽃을 보는 것과 같으며

　마음에 남겨진 육진의 그림자, 즉 작용의 흔적들을 자기의 본질이라고 여기는 것은 허공 꽃이 존재한다고 믿는 마음의 병이며, 생사가 있다고 믿는 착각된 마음입니다.

乃至如衆空花가 滅於虛空이라도
내 지 여 중 공 화　　멸 어 허 공

不可說言有定滅處니
불 가 설 언 유 정 멸 처

온갖 허공 꽃이 허공중에 멸해도
멸한 곳이 있다고 말할 수 없는 것과 같으니,

　허공에 보이는 꽃은 없는 것을 있는 것으로 보는 것이죠. 그래서 허공 꽃이 사라진다 해도 그 어떤 것도 사라진 적이 없습니다. 온갖 허공 꽃이 멸해도 아무것도 멸하지 않았듯이, 온갖 생사가 수없이 반복되어도 애초부터 아무런 생사도 없습니다.
　여기에 그릇 하나가 있습니다. 지금 이것을 보는 여러분 마음속에 역시 그릇이 있죠. 자 이것을 담장 경계석으로 쓰려고 깨뜨립니다. 지금 여러분 마음속에서도 그릇이 깨졌죠. 경계석으로 쓰려고 했다고 여기면 경계석이 생겨납니다. 지금 여러분 마음속의 개념이 깨졌어요. 그릇이 깨진 것이 아닙니다. 그것을 철저하게 느껴야 합니다. 우리가 있다, 없다고 말하는 것은 모두 개념상의 이야기입니다. 지금 사라진 것은 무엇입니까? 그릇이 깨져 사라진 것이 아니라 그것을 그릇이라고 여겼던 여러분의 개념이 깨져 나갔습니다. 이것은 그저 변했을 뿐이죠. 흙에서 도자기로, 그리고 그릇으로. 그리고 다시 담장의 경계석으로. 변화가 일어났어요. 변화하는 것들은 영원하지 않습니다. 항상 일시적이에요. 그런 변화 도중에 잠시 유지되는 기간의 어떤 모양에 우리는 '그릇'이라고 이름을 붙여 개념화하고, 그릇이 존재한다고 여기죠. 그리고 그런 개념이 깨지면 '죽는다, 산다.'고 말해요. 지금 여러분의 마음속에서 개념이 깨지는 것이 느껴졌나요? 이렇게 파괴되면 그릇이 사라졌다고 여기지만, 진정으로 사라진 것은 그릇이라 여긴 여러분의 개념이에요. 이것은 그저 변했죠. 이것은 이제 담장의 경계석으로 쓰일 것입니다. 그러면 뾰족한 경계석이 생겨났으니, 그릇은 죽었고 경계석은 탄생 했습니까? 아니면 그저 변화가 일어났을 뿐인가요? 여러분이 가지고 있는 개념의 죽음일 뿐, 실제로는 그저 어떤 변화가 일어났을 뿐입니다.

그렇다면 이제 여기에 자아自我를 대입해 봅시다. 자아, 즉 '내가 나라고 여기는 마음'은 언제 탄생했습니까? 언제 자아의 죽음을 경험합니까? 이미 말했듯이 자아의 탄생과 죽음을 우리는 직접적으로 경험하지는 못합니다. 경험한다 하더라도 안이비설신眼耳鼻舌身이라는 감각기관이 접한 자극이 남긴 마음의 흔적과 거기에 붙여진 이름들의 관계를 경험할 뿐이죠. 진정으로 무엇이 탄생했으며 무엇이 죽습니까? 여러분은 여러분의 탄생과 죽음을 경험할 수 있나요? 여러분이 두려워하거나 기뻐하는 것은 무엇입니까? 개념의 탄생과 개념의 죽음 아닌가요? 우리의 감각기관이 접하는 자극에 이름과 기능이 붙어 이루어진 개념들의 나타남과 사라짐일 뿐입니다. 그 개념이 의미하는 바를 느끼는 것에 우리는 '경험'이라 이름을 붙였죠. 그러나 우리는 자아에 대해서는 그런 경험마저도 할 수 없습니다. 그저 감각기관을 통해 바깥에서 일어나는 현상을 간접적으로 보고, 감각적인 마음의 흔적을 가지고 자아가 탄생했다거나 죽어간다고 말할 뿐입니다.

어쨌든 여러분이 말하는 '자기'라는 개념은 사실은 매일 밤 죽습니다. 매일 밤 사라지잖아요? 그리고는 약간 변화해서 다시 탄생하죠. 초등학교 4학년 때의 자아와 지금의 자아는 대단히 많이 변했죠? 그러나 끊임없이 죽고 새로 태어난 모습이죠. 개념의 탄생과 개념의 죽음일 뿐입니다. 어떤 느낌을 지닌 개념이죠. 그러나 그런 개념의 탄생과 죽음은 우리가 알고 있는 진정한 죽음과 탄생이 아니라 그저 변화일 뿐입니다. 여러분의 개념은 끊임없이 변화하고 진화하며 흐르고 있습니다. 고정된 그 무엇이 죽거나 탄생하는 일은 없습니다. 그래서 "멸한 것이 있다고 말할 수 없다."라고 했어요. 없는 것을 있다고 여겼기 때문에 그것이 사라진다고 하더라도 사라질 것이 없어요. 탄생이라는 것 자체가 하나의 허공 꽃과 같은 개념이기 때문에 그것이 사라진다고 해서 무언가가 죽은 것이 아니에요. 생사가 사라진 것도 아니죠. 왜? 생사는 원래 없었기 때문이죠.

태어난 것이 없기에 멸할 것도 없다

何以故오 無生處故라
하 이 고   무 생 처 고
어째서 그런가? 그것은 생겨난 곳이 없기 때문이다.

태어난 것이 없기 때문에 멸할 것도 없습니다. 오직 감각적 자극만 있을 뿐입니다. 물론 그 자극 자체도 일종의 허공 꽃이지만요. 감각적 자극이란 물리적 관계에 의해 잠시 존재하는 현상이라고 알아챈 이후에 그것을 기반으로 이야기해보겠습니다. 사실 그것마저 없음을 말해야 하지만 그렇게 되면 이야기를 전개할 토대가 없어집니다. 감각적 자극은 있되 그 자극에 의한 흔적이 남아 마음에 경계 지어진 어떤 개별적인 사물도 없고, 개별적인 사물이 없으므로 그 사물이 불러일으키는 느낌도 없고, 따라서 그것에 붙일 이름은 당연히 없습니다. 그리고 그것의 사라짐도 없겠죠.

사물이 어떻게 생겨나고 사라지는지 한 번 더 살펴보겠습니다. 여기 볼펜이 있습니다. 이 볼펜은 지금 하나의 대상입니다. 대상이라는 것은 무엇입니까? 전체에서 떨어져 나와 하나의 개별체로 존재하는 것이 대상이죠. '대상화'는 무엇입니까? 부분화 되었다는 의미죠. 일부가 되었다는 것입니다. 바다에서 파도로, 파도에서 물방울로 가면 어떻습니까? '물방울이 생겨났네?' 하며 대상이 생겨납니다. 그러다가 다시 바다로 들어가면 물방울은 사라지죠. 대상이 없어졌어요. 즉 대상화 되었다는 것은 부분적이고 개별적으로 나타났다는 뜻입니다. 이렇게 하나의 개별적인 대상을 보기 위해서는 감각이 자극을 받아야 하고, 그렇게 받은 자극이 마음에 흔적을 남겨서 그 흔적에 경계가 지어져야 합니다. 만약 그 흔적이 마음의 모든 부분과 섞여서 하나가 되면 어떨까요? 바다 속으로 들어간 물방울처럼 아무런 느낌이 없어요. 그러면 그것을 대상화하지 않습니다. 그런데 그 흔적이 마음에 감지로 남아서 대상화되고 그 감지에 개별적인 주의가 가면 '이것이 무엇이다'라는 앎이 생겨납니다. 이런 과정이 수상행식受想行識입니다. 감각적 자극 → 마음에 쌓인 감지 → 그 감지에 쓰이는 개별적인 주의 → 거기서 생겨나는 앎의 과정이에요. 그 과정을 거쳐서 마음에서 사물이 개별화됩니다.

이 펜을 보면 이 경계에만 주의가 가기 때문에 다른 것들과 구별이 됩니다. 그런데 경계 지어진 주의를 풀어버리면 어떻게 됩니까? 주의 제로 하면 어떻죠? 개별적인 사물은 여러분 마음속에서 사라집니다. 우리가 하는 감각연습은 이처럼 개별적인 주의를 풀어버리는 것입니다. 그래서 경계 없는 주의가 되죠. 그래서 '주의에 주의 기울이기'나 '주의제로'나 '전체주의'가 비슷하게 느껴지는 것입니다. 다 경계가 없는 주의이기 때문입니다. 주의가 없는 것은 아니에요. 알아차리긴 하잖아요. 그러나 개별적인 무언가를 알아차리지는 못합니다. 이때 우리는 확장감이나 자신이 사라지는 느낌을 느낍니다. '나'라는 것은 어떤 한정된 감지에 주의가 묶인 것이기 때문에 '나'라는 것에서 주의가 풀려나면 확장감을 느끼게 되어있어요. 그때 우리는 텅 빈 충만을 느끼죠. 주의로 가득 차 있지만 그 어떤 경계도 없기 때문이에요. 이때 사물은 사라지고 오직 알지 못할 알아챔만 남습니다. 하지만 그 알아챔은 개별적인 알아챔은 아니죠. 그럴 때 거기에는 생사가 없습니다. 분별하는 마음으로 보는 생사는 없어요. 생사란 경계 지어져서 개념에 물든 주의의 작용일 뿐입니다. 자, 그런데 누군가가 칼을 내 목에 갖다 대면서 "너한테는 죽음이 없다며?"라고 말하면서 찌르려 한다면 어떻겠어요? "죽음은 없지."하면서 내가 가만히 있겠습니까? 아니죠, 도망가야죠. 그러나 죽음과 탄생이라는 것은 개념을 가지고 주고받는 마음의 흔적들 사이의 관계일 뿐입니다.

一切衆生이 於無生中에 妄見生滅일새
일 체 중 생   어 무 생 중   망 견 생 멸

일체중생은 태어남이 없는 중에 생멸을 망령되이 보니

중생은 태어난 적이 없으므로 중생의 생멸을 말할 수도 없습니다. 그런데 거기에 어떤 윤회가 있겠습니까? 윤회라는 것은 태어남과 죽음이 돌고 도는 것을 말하잖아요. 생사 자체가 개념일 뿐인데 거기에 어떤 윤회가 있을 수 있겠습니까? 윤회는 생사가 끊임없이 돌고 돈다고 착각하는 마음에 헛되이 존재하는 허공 꽃과 같은 개념이에요. 물론 철저하게 생사를 믿는 마음에게는 윤회가 있으니 착하게 살아라는 말이 의미가 있을 수 있겠지만 본질적이지는 않다는 말입니다.

是故로 說名輪轉生死라 하시니
시 고   설 명 륜 전 생 사

그런 이유로 생사에 윤회한다고 말한다.

생사의 윤회가 있으려면 생과 사가 분별되어야 하는데, 그 분별 자체가 망령된 마음이니 어떻게 윤회가 있겠습니까? 이것이 바로 불교의 핵심이에요. 그런데 사람들은 불교가 윤회와 전생을 말한다고 하죠. 그런 얘기는 전체 마음 과정의 스펙트럼 중의 특정한 레벨에 속하는 사람들을 다음 단계로 도약시키기 위해 도구로 쓰이는 개념일 뿐입니다. "그렇다면 윤회라는 것이 없습니까?"라고 묻는다면 없는 것도 아니죠. 왜? 애초에 있는 것이 아니기 때문입니다. 있지도 않은 것은 '없다'고 말할 수도 없어요. '있다/없다' 자체가 우리 마음이 만들어 내는 개념일 뿐입니다. '있다/없다'마저도 개념인데 윤회와 전생이라는 것은 당연히 개념이겠죠. 그러나 단순히 머리나 생각으로 이해할 것이

아니라, 느낌으로 철저하게 와 닿아서 개념이 사라져야 합니다. 그것이 분명해지면 드디어 진심眞心에 닿게 되고, 그 진심은 생사를 넘어서 있으니 이것이 바로 진심출사眞心出死입니다.

據此經文컨댄 信知達悟圓覺眞心하면 本無生死니
거 차 경 문　　신 지 달 오 원 각 진 심　　　본 무 생 사
이 경에 의하면 원각의 진심을 환히 깨치면 생사가 본래 없음을 알지만

원각圓覺은 아주 원만하고 둥근 각성이니 하나의 빈틈도 없는 깨우침을 의미합니다. 진심을 원각하여 깨달음에 도달하게 되면 본래 생사가 없음을 안다고 했어요. 진심을 깨치고 나서 생사가 없음을 알게 되면 마음은 생사에서 벗어나게 됩니다. 여러분은 탄생과 죽음이 있다고 믿지만, 탄생하는 그 순간 여러분이 있었나요? 지금 여러분이 '나'라고 여기는 그 캐릭터와 마음의 패턴들이 태어났습니까? 지금 여기서 말하는 '나'라는 것은 자신이라고 여겨지는 '의식적인 나'를 얘기하죠. 몸은 그냥 몸입니다. 손가락 하나 잘린다고 해서 내가 죽는다고 여기지는 않으니까요. 자 그럼 우리가 '나'라고 여기는 그것이 과연 탄생했느냐는 말입니다. 그리고 그것이 과연 죽을까요? 우리는 죽음을 몸의 변화와 연계지어서 생각합니다. 그러나 몸은 의식적인 나의 죽음과는 큰 관련이 없어요. 우리는 사실 의식적으로는 매일 밤마다 죽어서 사라집니다. 그리고 무언가에 몰두할 때에도 의식적인 마음은 죽어요. 그리곤 즉시 다시 태어납니다. 의식적인 나라는 것이 변함없이 고정된 것은 아니라는 말이에요. '나'라는 것의 탄생과 죽음이 있으려면 기본적으로 죽고 태어날 내가 있어야 합니다. 그것이 있어야지 그것의 탄생과 죽음도 있지 않겠어요?

한 치의 빈틈도 없는 진심을 깨우치고 나면 생사에서 벗어나게 되는데, 진심에게는 생사라는 것이 따로 없기 때문입니다. 진심과 가장 가깝다고 할 수 있는 '투명한 존재감' 또는 '의식적인 있음'만 봐도 거기에 생사라는 것이 없잖아요. 여러분이 지금 존재감, 있음, 삼매상태에 들어가면 생각에서 이미 떠나기 때문에 생각과 감정과 느낌이 힘을 발휘하지 못합니다. 일시적으로 생각이 지워진 상태인 감각에만 들어가도 탄생과 죽음이라는 말이 우리한테 지금과는 다르게 다가옵니다. 생각 없는 상태에서 탄생과 죽음이 있는지 살펴보세요. 탄생과 죽음에 대해 생각을 할 수가 없어요. 탄생과 죽음이라는 것은 일종의 개념이기 때문에, 즉 어떤 상태와 상황에 붙여진 이름들의 관계이기 때문에, 이름과 그들의 관계를 떠난 곳에는 탄생과 죽음이란 것은 없습니다. 그래서 생사가 본래 없다는 거예요.

今知無生死호대 而不能脫生死者는
금 지 무 생 사   이 불 능 탈 생 사 자

功夫不到故也라
공 부 부 도 고 야

이제 생사가 없음을 알고도 생사를 벗어나지 못하는 것은
공부가 투철하지 않기 때문이다.

생사生死를 대하는 마음의 다섯 가지 단계가 있으니 무지無知-지知-계契-체體-용用입니다. 첫 번째 단계는 무지無知이니 생과 사가 없음을 전혀 알지 못합니다. 당연히 있다고 믿는 것입니다. 그런 믿음은 철저하게 자신을 들여다보지 않은 무지無知에서 비롯됩니다. 마음의 단계를 죽순과 대나무의 성장에 비유할 수 있는데, 무지는 '죽순은 죽순일 뿐'이라고 믿는 단계와 같습니다.

그 다음 단계는 지知입니다. 생사가 있으려면 우선 '나'라는 것이 있어야 하죠. 지知는 나와 대상이라는 것은 마음의 임시적인 작용이고, 그런 '나'라는 느낌의 생사는 마음의 개념일 뿐임을 아는 것입니다. 이는 죽순이 자라면 대나무가 된다고 아는 것과 같아요. 지금은 자그마한 죽순이 커다란 대나무로 자라난다는 것을 알죠. 그렇지만 무지한 자는 눈앞에 보이는 죽순이 큰 대나무로 자라난다는 말을 믿지 못하죠. 지知의 단계에 이른 사람은 이제 그런 앎이 생겼지만, 대나무를 잘라서 뗏목을 만들어 타고 강 건너편으로 넘어가지는 못합니다. 왜냐하면 아직은 대나무가 아니라 죽순이거든요. 앎이란 그런 것입니다. 여러분은 마음의 구조에 대한 설명을 자주 들었어요. 그래서 마음이 분열하여 나와 대상이 생겨나고, 그 사이에 일어나는 느낌이 주체감이며, 바로 이 주체감이 '나'라고 여겨지는 마음 작용의 핵심이라고 잘 알지요. 그러나 그런 내용이 정말 느낌으로 와 닿지 않고, 화가 나거나 슬프거나 두려울 때 그런 마음의 구조를 적용해서 경험하고 살펴보지 않는다면 그냥 앎일 뿐이에요. '이 죽순이 자라면 거대한 대나무가 될 거야.'라는 앎이 있다고 해서 대나무를 잘라서 뗏목을 만들어 강을 건너지는 못하는 것과 똑같습니다. 앎은 그다지 중요하지 않아요. 물론 무지보다는 낫습니다. 모르면 고통의 강을 전혀 건널 수가 없어요. 아픔의 강을 그냥 당연한 것으로 받아들이고 '인생은 그런 거야.'라며 살아갑니다. 40년 정도 살면 매일이 똑같은 빤한 인생이 되거나, 원하는 것과 이루지 못한 것이 많아서 밤잠을 설치거나 화를 내다가도 '인생이 그런 거야.'하고 말겠죠. 그러나 최소한 뭔가를 아는 사람은 이제 강을 건너갈 준비를 하는 것입니다. 그래도 여전히 이쪽 강가에 남아있다는 건 똑같아요. 아직도 감정과 생각과 느낌들에 휘둘리는 건 마찬가지입니다. 뗏목을 타고 강을 건너 저쪽으로 건너가야 하는데, 여전히 일상의 관계들에 부딪치고 힘들어하며 수많은 생각과 감정과 느낌들에 휘둘린다면, 대나무가 하늘 높이 자라난다는 것을 알아도 지금 눈앞에는 죽순이 보이는 것과 같습니다. '의식적 무능'이라고 할 수 있습니다. 의식적으로는 알지만 마음에 와 닿지 않고, 건너갈 능력이 없어요.

그 다음 단계는 계契입니다. 합일한다는 뜻이에요. 앎이 좀 더 명확해지고 아주 철저해졌습니다. 그렇지만 여전히 앎에 속합니다. 대나무가 자라긴 했지만 아직 뗏목을 만들 정도는 아니에요. 더 깊이 알게 됐지만 아직은 무능한 상태입니다. 이 단계 또한 의식적 무능이어서 강을 건너가기에는 역부족이에요.

그 다음은 체體입니다. 나와 대상은 동시에 생겨나는 것이고, 세상이 따로 있는 것이 아니라 마음속에 '나'라는 것이 있기 때문에 세상이 보인다는 것이 느낌으로 철저하게 체험되는 체득의 단계입니다. 그런 앎이 체득되면, '나'라는 것은 나타나고 사라지는데 거기에 생사라는 이름을 지었으니 생사는 마음의 개념일 뿐이라고 잘 알게 됩니다. 그래서 이제 뗏목을 만들어 보죠. 그런데 대나무는 말이에요, 싹을 틔우기가 매우 어렵습니다. 상추 같은 것들은 씨 뿌리고 2, 3개월이면 싹이 터서 자라납니다. 1주일이면 자라는 식물도 있어요. 그렇지만 대나무는 씨앗을 심고 오랜 기간 매일매일 물을 줘야 합니다. 일정한 양의 물을 1년 내내 줘도 싹이 안틉니다. 그럼 죽었나보다 하고 그만둘 수도 있지만 계속 하다보면 3, 4년 지나서 대나무 싹이 틉니다. 놀라운 건 싹이 한 번 트면 그 다음에는 하루에 1m씩 자랍니다. 함양에 5월에 와보세요. 대나무 싹이 올라오면 하루 만에 쑥 자라납니다. 일주일이면 4~5m가 되고, 한두 달쯤 지나면 30m가 됩니다. 그렇게 부쩍 자라난 대나무를 잘라서 쓰려고 하면 아직 탄탄하지가 않아요. 뗏목으론 못 씁니다. 아직은 물 덩어리에요. 잘라서 두면 바싹 말라서 수수깡처럼 됩니다. 키도 크고 두껍지만 아직 뗏목을 만들 정도는 아니라서, 앎이 완전히 체득되었지만 아직 쓸 수는 없는 단계이니 바로 체體이며 '의식적 유능'입니다.

다음은 드디어 앎을 사용하는 단계인 용用입니다. 생과 사가 마음의 개념에 불과하다는 앎을 드디어 쓸 수 있는 때입니다. 5년이 넘으면 대나무가 아주 튼튼해집니다. 우후죽순雨後竹筍이 그냥 생겨난 말이 아니에요. 비가 오면 대나무가 부쩍 큽니다. 그렇게 자라난 대나무가 이제 단단해지기까지 했으니, 앎이 굳건해져서 사용할 때와 같습니다. '무의식적 유능'의 단계죠. 어떤 생각과 앎이 정말로 쓰이려면 무의식적으로 체득이 되어야 합니다. 그래야 애써서 노력하지 않고도 사용할 수가 있어요. 그 전 단계인 의식적 유능 상태는 애쓰면 겨우 조금 쓸 수 있는 정도에요.

생사가 없음을 알고, 앎이 체득되고, 통찰이 일어나 생사라는 것이 마음의 개념일 뿐이라고 분명하게 각인이 되었어요. 그래도 여전히 죽음이 두렵고, 태어남이 기쁘고, 삶이 고됩니다. 여전히 희로애락喜怒哀樂에 휘둘려요. 그러니까 생사가 없음을 안다는 것은 이제 힐끗 본 정도에요. 지식적인 앎을 넘어선 통찰이 계와 체 사이 정도겠죠. 드디어 체험, 체득 쪽으로 가는 중입니다. 통찰이 일어나 언뜻 보고나면 자신의 본성은 마음의 개념이나 한정된 그 무엇이 아니라, 그런 것들을 넘어선 미지의 무한無限임을 알게 됩니다. 사실 말이 이렇지 무한이라는 것이 어디 있습니까? 무한이라는 것은 있는 것이 아니죠. 그런데 있지도 않은 것을 어찌 나라고 할 수 있겠어요? '나의 본질은 무한이다.'라는 말은 사실 말장난에 불과합니다. 한계 없음이 바로 무한인데, 그것을 어떻게 나라고 할 수 있겠어요? 그러나 우리의 본질은 굳이 말로 하자면 무한無限입니다. 미지未知에요. 어떻게도 한계 지어지지 않으니, 마음속에서 잡히고 한계 지어지는 그 어떤 것도 나의 본질이 아닙니다. 이를 파악하는 것이 바로 본질을 보는 것입니다.

마음에 나타난 그 어떤 느낌과 생각과 감정도 마음에 잡히는 한정된 것들입니다. 그러니까 여러분이 그것이 있다고 알죠. 무한한 느낌도 마찬가지입니다. 무한한 느낌도 하나의 느낌이에요. 황홀한 느낌과 우주와 합일된 느낌도 역시 느낌이죠. 그런 느낌들이 느껴진다면 그것을 느끼는 '나'가 생겨나 있는 것입니다. 물론 일상적인 사물을 보는 나와는 다르죠. 화분은 제한된 사물이니까 그것을 보는 나도 제한되어 나타납니다. 그러나 무한을 느끼는 마음은 대상이 무한이기 때문에 주체인 나도 무한합니다. 그렇지만 느껴진다는 측면에서는 여전히 마음에 한계 지어졌다는 것입니다. 그런 모든 마음의 구조로부터 벗어나 있는 것이 미지未知이고 본질입니다. 미지와 본질은 있지 않지만, 그렇다고 없다고 할 수도 없습니다. 그 미지와 무한한 마음에 모든 유한과 앎이 나타나니까요. 따라서 우리의 본질은 바로 그 무한이며 미지입니다.

이런 말을 들으면 코웃음을 치는 사람이 무지無知 단계에 해당합니다. '그렇구나.'하면서 이해하고 고개를 끄덕이는 사람은 지知에 해당하죠. 앎과 하나가 되어 깊이 체험하는 단계가 계契이고, 드디어 체득이 되면 그 앎에 걸리지 않고 사용할 수 있습니다. 생사에 대한 앎도 마찬가지입니다. 생사라는 것이 없다는 것을 알아도 벗어나지 못한다면 아직 지知나 계契에 머물고 있기 때문입니다.

내 몸은 감각적인 느낌에 기반을 둔
감지적 느낌의 덩어리

故로 敎中에 說하사대
　고　　교중　　설

菴婆女가 問文殊云호대
　암파녀　　　문문수운

明知生是不生之法이언마는
　명지생시불생지법

爲甚麼被生死之所流이닛고
　위심마피생사지소류

그러므로 경에 이르기를
암파라는 사람이 문수보살에게 묻기를
생이 생이 아닌 법을 분명히 아는데도
어찌하여 생사 속에 흘러 다닙니까?

생이 생이 아니라는 것은 무슨 뜻일까요? 우리에게 나타나는 세계의 모습은 감정, 생각, 감지, 감각의 네 가지 차원으로 드러납니다. 그네 가지 차원을 넘어선 것은 우리에게 접촉이 안 됩니다. 생각이 없고, 감정도 없고, 느낌과 감각도 없는데 어떻게 접촉이 되겠습니까? 여러분이 '나'라고 여기는 것도 네 가지 차원에서 그 무엇과의 접촉을 통해 생겨납니다. 그러니까 우리에게 나타나는 세계의 모습은 이 네 가지 차원에서 일어날 수밖에 없어요. 모두 그 범주 안에 포함되죠. 따라서 죽음에 대한 두려움과 같은 감정, 또는 자신이 이 세상에 존재한다는 생각이나 자신이 태어났고 나중에 죽을 것이라는 생각, 그런 생각들과 연결된 감지 등을 넘어선다면 그 어디에 탄생이라는 것이 있겠습니까? 여러분의 생각을 다 제거한다면 탄생에 대해 알 수 있는 방법이 있을까요?

지금 여러분은 여러분이 경험하는 세계 속에 있습니다. 여러분의 감각을 통해 들어오는 느낌을 기반으로 하여 거기에 붙여진 이름과 그 이름들끼리의 관계망인 사고, 그 사고의 정교하고 세련된 정의인 개념, 이런 것들로 인해 세계를 경험하고 있어요. 그것들이 다 제거된다면 어떻게 세계를 경험할 수 있겠어요? 그리고 그 세계에서 일어나는 탄생과 죽음을 어떻게 알고 경험하겠습니까? 결국 탄생이란 우리의 생각과 느낌을 기반으로 하는 하나의 개념일 뿐입니다.

눈을 감고 자기 몸이 있다는 것을 느껴봅니다. 눈을 감으면 촉감으로 몸이 느껴지죠. 보통 내 몸이 있다거나 주변에 누군가 있다고 여기는 건 시각적인 이미지죠. 시각적인 느낌이 끌어낸 시각적인 개념이에요. 관계망이 연결되어 있다면 시각적인 개념이라고 보면 됩니다. 시각적인 느낌들끼리 관계를 맺은 것이 바로 시각적인 생각이고 시각적인 개념이에요. 그런 시각적인 개념과 감지의 이미지들을 다 제거하고 촉감으로만 느껴보세요. 그러면 자신이 느낌 속에 있음을 더 철저히 알 수 있습니다. 여러분은 여러분의 몸을 하나의 느낌으로 느끼면서 살아가고 있을 뿐입니다. 지금 그 느낌이 없다면 몸이 있다는 것을 여러분이 어떻게 알겠어요? 시각적인 이미지를 뺀 촉각적인 느낌만으로 자신의 몸을 잘 느껴보세요. 물론 시각적 이미지를 느껴도 상관은 없지만, 그렇게 하면 '세상이 있다'는 기존의 사고에 빨려 들어가니까 시각적 감지를 빼버리는 것입니다. 촉감적인 감지만 가지고 자신의 몸을 바라보면 어떻습니까? 몸이 이러이러하게 생겼다는 경계선을 가지고 있다면 그것은 시각적 감지입니다. 경계선을 마음에서 지워버리세요. 시각적인 경계를 지워버리면 촉감적인 느낌만 주로 남습니다. 그

촉감적인 느낌에 자신의 몸이 어떻게 생겼다는 것이 있나요? 그냥 압력에 의해 어떤 부분은 진하게 느껴지고 어떤 부분은 약하게 느껴지고, 어딘가는 구멍이 있어요. 자신의 몸이 그런 얼기설기한 촉감의 느낌으로 형성되어 있다고 느껴집니까? 그렇다면 지금 촉각의 느낌으로 몸을 보고 있는 것입니다. 시각적인 느낌과 촉각적인 느낌을 다 제거하면 이제 후각적인 느낌으로 몸을 파악하겠죠. 코에만 집중하면 코에 들어오는 후각적인 냄새의 느낌으로 인해서 형성된 미묘한 분위기만 지각됩니다. 그러면 '나'라는 것은 그런 느낌으로 이루어진 모습이 되는 것입니다.

눈을 뜨고 돌아옵니다. 지금 경험해 봤듯이 내 몸이라고 여겨지는 것마저도 감각적인 느낌에 기반을 둔 감지적인 느낌의 덩어리일 뿐입니다. 만약 감각과 감지가 모두 사라진다면 그런 느낌이 없겠죠. 그렇다면 내 몸이 있다는 것을 어떻게 알겠어요. 그에 대한 앎이 없습니다. 감각과 감지를 기반으로 하여 내 몸이 어떠하다는 앎이 생겨납니다. 그런데 그런 몸을 떠난 생각과 감지들로 이루어진 의식적인 나는 더 변화무쌍하고 고정되어있지 않겠죠.

암파라는 사람은, 나의 탄생이 그간 알고 있던 탄생이 아니라는 것을 분명히 알겠는데도 어찌하여 나는 생사에서 벗어나지 못하고 헤매고 있는지 물어보는 것입니다.

文殊가 云하사대
문수　　운

其力이 未充故라 하시고
기력　　미충고

문수보살이 말하기를
그 힘이 충분하지 않기 때문이다.

그 힘은 통찰의 힘을 말하죠. 생사에서 벗어나게 하는 앎의 힘이 투철하지 않다는 것입니다. 힘 력力 자를 썼어요. 이 당시에 이 글자를 사용한 점은 아주 특별하다고 할 수 있습니다. 그 당시에는 에너지의 개념이 없었기 때문이죠. 지금의 시대라면 에너지라고 설명할 수 있을 것입니다. 어떤 에너지입니까? 앎이라는 통찰에 강하게 들러붙어있는 에너지. 일종의 믿음이죠. 그러니까 그냥 아는 것과 철저하게 믿는 것과 철저한 믿음을 넘어선 통찰은 다 다른 것입니다. 그냥 아는 것은 지식적인 앎입니다. 머리로 이해한 것입니다. 내가 알고 있는 여러 가지 이름들을 조합해서 스토리를 만든 것이 지식적인 앎입니다. 그 앎이 정말 진실을 반영해서 스토리에 강한 에너지가 붙으면 신념으로 작용합니다. 신념은 우리를 움직이게 하는 힘이 있어요. 그래서 신념이 강한 사람은 죽음을 불사하고 불속에 뛰어들기도 하죠. 그런 신념을 넘어선 통찰로 이어지면 그때는 되돌아올 수 없는 깊은 앎이 되는 것입니다.

　'믿음'은 참 흥미로운 단어입니다. 믿음에는 의심과 연관된 상대적인 믿음이 있습니다. "나는 이것이 난초라고 믿는다."라는 말은 "나는 이것이 풍란이라는 것을 알아."와는 느낌이 다르죠. 믿음의 밑에는 의심이 깔려있습니다. 그래서 '나는 ○○를 믿는다.'라는 말에는 의심이 깔려있어요. 우리가 말하는 믿음은 이런 의심을 깔고 있는 상대적인 믿음이 아니라, 에너지로서의 믿음을 의미합니다. 에너지로서의 믿음은 우리를 움직이게 만들죠. 그래서 그런 에너지로서의 믿음을 가지면 더 이상 흔들리지 않아요. 100% 믿으면 그것이 바로 앎입니다. 그리고 믿음이 강하면 통찰로 바로 이어지기도 하죠. 믿음은 단순한 지식적인 앎에 불과한 지知와 계契의 단계를 체득으로 바꾸는 힘을 가졌습니다. 우리 몸이 움직이는 과정을 보면 알 수 있어요. 하나의 생각이 강해지면 그 생각은 에너지를 갖게 되고, 그렇게 신념이 강해진 사람은 몸과 마음의 에너지가 굳건해져서 불퇴전의 용기를 갖게 됩니다. 여러분도 스스로 믿는 일에 대해 부동不動의 마음을 가질 때가 있지 않습니까?

예를 들어서 경부고속도로를 타고 운전할 때, 이 도로의 끝까지 달려가면 부산에 도착한다는 생각은 하나의 앎이고 강한 믿음이죠. 경부고속도로니까 그냥 길을 따라서 가기만 하면 부산이잖아요. 그런데 어느 국도를 달리면서 '이 길을 따라 계속 가면 부산에 도착한다.'라고 생각한다면 믿음이 좀 떨어지죠. 국도에는 여러 갈림길도 많고 잘못하면 다른 곳에 들어갈 수도 있으니까요. 그렇지만 경부고속도로를 달리면서 떠오르는 '부산에 간다'는 생각은 일종의 앎이죠. 부산에 한 번도 가보지 않은 사람이라 할지라도, 수많은 사람들의 경험담과 지도와 같은 데이터들이 있으니까, 부산에 도착할 거라는 생각에 일말의 의심도 없어요. 하지만 국도를 달릴 때는 정확하지 않죠. 의심이 든단 말이에요. 국도를 달려도 길을 잘 살피면서 가면 부산에 갈 수는 있겠죠. '경부선을 타고 달리면 부산에 도착한다'는 생각을 떠올려 보세요. 그 말에 대해 옆에서 누군가가 "그렇지 않아. 강원도로 가게 될 거야."라고 말하면 여러분의 마음은 코웃음을 치면서 흔들리지 않을 것입니다. 그렇지만 국도에 있을 때는 옆 사람이 "이 길로 계속 가면 부산에 도착할 거야."라고 말해도 약간은 미심쩍을 수 있어요. 신경을 많이 써서 길을 잘 골라가야 하니까요.

지금 이 순간에 마음에 어떤 감정이 일어난다면 이미 마음에 어떤 구조가 생겨난 것입니다. 옆 사람의 어깨를 잡아 보세요. 어떤 느낌이 있죠? 그 느낌이 일어나려면 다른 사람의 어깨와 내 손이 만나야하겠죠. 힘을 줘서 더 꽉 잡으면 느낌이 더 강합니다. 이런 것이 여러분의 마음에서 일어나고 있는 강한 느낌인 것입니다. 이제 손에서 힘을 빼 보세요. 옆 사람의 어깨를 잡고 있지만 힘을 다 빼면 아까처럼 강한 느낌이 없죠. 구조는 있어도 느낌이 없어요. 이것이 믿음이 없는 생각의 상태와 같습니다. 힘이 안 들어간 것입니다. 그러니까 힘을 다 빼버리면 구조가 있어도 힘을 발휘하지 못합니다. 느낌이 거의 안 일어난다는 말이에요. 마음의 현상으로 드러나지 않아요. 감정이든 생각이든 느낌이든 그 무엇이라도 마음에서 일어나려면 우선 분열된 구조가 있어야 합니다. 나와 대상, 즉 주체와 객체로 나누어져야겠죠. 그리고 그것들이 만나야 합니다. 그런데 그런 구조가 이루어져 서로 만난다 해도 느낌이 그다지 강하게 일어나지 않는다면 그것은 힘이 안 들어갔기 때문이에요. 미묘하게 올라오는 느낌들은 힘이 안 들어갔기 때문에 밑바닥에 깔려서 잘 의식이 되지 않습니다. 거기에 힘만 들어가면 즉각 수면 위로 올라와서 나를 휘두르죠. 정확히는 나를 휘두르는 것이 아니라, 그것 자체가 내가 됩니다.

마찬가지로 '생사라는 것은 없다'는 앎이 아무리 진리를 담고 있다 해도, 거기에 힘이 들어가지 않으면 그 사람을 움직일 수 없습니다. 습관적이고 관성적인 패턴에는 힘이 들어가 있어요. 그래서 누가 나에게 욕을 하면 순간적으로 화가 불쑥 올라옵니다. 그런 관성적인 힘은 사람을 움직입니다. 투철한 앎에도 힘이 들어가 있습니다. 통찰이 일어나는 건 아주 강한 힘이 들어갔기 때문이에요. 체득하고 체험하고 경험했기 때문이죠. 체득과 체험과 경험은 무엇을 말합니까? 느낌으로

와 닿은 것입니다. 힘을 썼다는 뜻이에요. 느낌이 강하면 강할수록 힘이 많이 들어간 것입니다. 마음의 에너지, 마음의 주의력도 일종의 힘이죠. 힘이 들어갈 때 드디어 마음의 구조가 작용합니다. 생사가 없다는 투철한 앎은 느낌과 경험을 통해 힘이 들어간 앎이에요. 그냥 지식적인 앎이 아닙니다.

지식적인 앎과 느낌과 경험을 통해 힘이 들어간 앎은 완전히 다르게 작동을 합니다. 옛날에 갈릴레오가 지구는 둥글다고 말했을 때, 사람들은 아직 그런 앎을 알지 못했어요. 그때 사람들이나 지금 사람들이나 지구 밖에 나가보지 못했다는 점은 똑같아요. 그런데 지금은 어떻습니까? 지구가 둥글다는 건 진리라고 여기죠. 누가 어떤 말을 해도 그 믿음은 흔들리지 않을 것입니다. 갈릴레오가 재판받고 와서 "누가 뭐라고 해도 지구는 둥글게 태양을 돌고 있어."라고 말한 이래로 사람들은 점차 그 말을 믿게 되었고, 지금은 그걸 사실이나 진리라고 여깁니다. 그러나 여전히 그건 믿음입니다. 여러분이 경험해보지 않았으니까요. 그렇다면 여러분이 경험했다고 해보자고요. 우주로 나가서 직접 눈으로 봤어요. 그렇다면 이제 그 말은 진리입니까? 여러분이 착각할 수도 있잖아요. 최초로 달 착륙을 했던 아폴로 1호의 비행사가 사실은 달에 착륙하지 않았다고 고백했죠. 그러나 그 당시에는 사람들이 다 믿었어요. 그 사람이 말하기 전까지는 의심하지 않고 믿었죠. 시청각적인 자료를 보고 믿어버린 것입니다. 지금 우주로 나가서 직접 본다 해도 그것은 믿음입니다. 감각적인 작용에 의해서 받아들여진 일종의 믿음이에요. 대체 앎이라는 것이 뭐냐는 것입니다.

앎이 무엇인지에 대해 깊숙이 들어가 보면 결국 앎은 믿음일 뿐입니다. 미지로 미지를 정의하여 탄탄하게 약속한 믿음이죠. 모든 앎이은 철저한 구조를 갖춘 믿음이라고 보면 됩니다. 수학은 어떻습니까? 수학은 믿음이 아니라 앎이라고 생각할 수 있어요. 1 더하기 1은 당연히 2라면서 앎이라고 여기죠. 그러나 물방울 하나에 물방울 하나를 더하면 어떻게 됩니까? 물방울 두 개가 되나요? 또 유클리드 기하학에서는 두 개의 나란한 평행선은 아무리 오래달려도 서로 만나지 않는다고 전제하고 있어요. 수학의 기본적인 밑바탕이죠. 그것을 토대로 하여 수학의 집이 지어졌어요. 그런데 두 개의 평행선을 지구처럼 둥근 것에 그려서 계속 이어가면 두 선은 만나게 됩니다. 그래서 '평면상에서'라고 전제를 하는데, 세상에 진정한 평면이라는 것이 있습니까? 지구는 평면이라고 말하지만 밖에서 보면 평면이 아니잖아요. 한 방향으로 쭉 금을 그으면 직선이라고 여겨지지만 공간은 휘기도 합니다. 수학의 그런 기본적인 전제가 일종의 가정이라는 말입니다. 가정을 전제해놓고 그 위에 집을 지은 것이 수학인데, 그 가정이 정말 그러한지 철저히 들어가면 그때부터 애매해집니다. 우리가 알고 있는 모든 지식세계가 그렇습니다. 수학을 기반으로 하는 것들이 다 애매하죠.

모든 앎은 약속과 믿음이에요. 즉, 미지로 미지를 정의하는 것입니다. X는 Y+Z에요. 그럼 Y는 뭔가요? X−Z입니다. Z는 X−Y죠. 이런 식이에요. 다 미지입니다. 관계일 뿐이죠. 15㎝는 뭔가요? 특정한 길이를 1㎝라고 정해놓고, 그것이 15개 있다는 의미입니다. 왜 1㎝라는 이름을 붙였을까요? 그냥 붙였어요. 그런 가정 위에 수학이 형성되어 있는 것입니다. 우리의 앎이라는 것은 이렇게 미지를 통해 미지를 정의해 놓고 믿는 것입니다. 사람이 뭔가요? 눈, 코, 귀, 입이 있으면 사람입니까? 생각할 줄 알면 사람인가요? 만약 그렇다면 생각이라는 것은 뭡니까? 생각이라는 것을 딱 정의할 수 있나요? 개는 생각을 못합니까? 개도 분간한다는 측면에서 보면 분별을 할 수 있죠. 그런데 생각의 기본은 분별이잖아요. 개도 주인과 주인 아닌 사람을 분별하기 때문에 개는 생각을 못한다고 할 수 없습니다. 어느 정도의 수준으로 정확하게 분별하는 것을 '생각'이라 하자고 정했을 때에만 개가 생각을 못한다고 말할 수 있겠죠. 그러면 개는 생각을 못한다는 말은 그렇게 정의한 가정을 상정했을 때에만 맞아떨어질 뿐입니다. 이렇게 우리의 모든 앎이라는 것은 가정에 기반을 둔 일종의 믿음이라는 것입니다. 그래서 소크라테스가 "너 자신을 알라."고 말한 것입니다. 소크라테스는 자신이 아무것도 모른다는 것을 아는데, 다른 사람들은 그걸 모르니 만나서 알게 해 주려고 했어요. 많은 똑똑한 사람을 찾아가서 논쟁을 벌여서 그들이 아무것도 모른다는 사실을 느끼게 만들어줬죠. 그래서 그들이 화가 나서 소크라테스를 고발했습니다. 우리가 알고 있는 모든 앎은 일종의 믿음이고, 생과 사가 있다고 여기는 것 또한 바로 그런 믿음중의 하나입니다. 아주 복잡한 스토리가 얽혀있는 개념에 에너지가 붙은 믿음이에요.

마음의 구조를 안다 해도 우리는 쉽게 감정에서 헤어나지 못하는데, 이는 생각에 들어간 힘을 빼지 못하기 때문입니다. 특히 기질적으로 빠르게 들러붙은 에너지는 떼어내기 어렵습니다, 예를 들면 기질적으로 불안과 초조를 많이 느끼는 사람이 있어요. 안전을 우선으로 하는 사람이 주로 그렇죠. 또 기질적으로 화가 많이 나는 사람이 있습니다. 에너지가 강하고 많은 사람이 주로 그렇습니다. 불안함과 초조함의 기질적인 습관이 쉽게 붙는 사람은 작은 일에도 금방 불안감이 올라오죠. 이처럼 기질적으로 빠르게, 또는 관성적으로 자동화된 에너지의 유입을 느끼지 못하기 때문에 그것이 하나의 사실로 와 닿는 것입니다. 불안할 일이 아니라고 알아도 자신도 모르게 불안해지는 겁니다.

　기질적으로 일어나는 일은 일종의 무의식적인 현상입니다. 맨 처음에는 의식적이지 않아요. 많은 일을 경험하면서 여러 해를 살면 경험되는 대부분의 것들을 '안다'고 여기게 되죠. 그리고 그때부터 세상이 재미없어집니다. 물론 먹고 살기 위해서 일상을 바쁘게 살아야 하는 사람에게는 재미없음 자체도 사치죠. 그러나 먹고 입는 일들에 크게 개의치 않는 사람들은 몇 십 년 살면 세상이 빤하게 느껴집니다. 어제나 오늘이나 똑같은 하루죠. 그러면 이 사람은 아침에 일어날 때마다 자기도 모르게 '오늘도 어제와 똑같은 하루가 되겠구나.'라고 생각합니다. 그런 생각을 자기가 한다는 것도 알지 못하죠. 그저 따분하고 지루하고 허무한 느낌을 느끼면서 아침에 깨어나요. 또 하고 싶은 것들이 많은데 다 이루지 못해서 늘 부족감을 느끼는 사람은 아침에 일어나면 짜증이 나고 화가 납니다. 자기도 모르게 짜증나는 기분으로 아침에 눈을 떠요. 그런 느낌들은 먼데서 오는 것이 아니에요. 눈을 떠서 깨어나는 그 순간, 마음의 구조가 생겨나고 에너지가 끼어들어서 그런 느낌이 만들어집니다. 이 손뼉 소리가 지금 이 순간 나는 것처럼 느낌도 지금 이 순간 생겨나는 것입니다. 감정도 지금 이 순간 일어나죠. 지금 이 순간에 마음의 구조가 생겼기 때문에 그런 느낌이 일어나는 것입니다. 먼 미래나 과거에 있는 것이 아니에요. 지금 이 순간 내가 마음의 구조를 만들었기 때문에, 그것들이 서로 부딪혀서 느낌이 생겨난다는 말입니다.

　기질적으로 쉽게 느껴지는 분노나 불안, 허무는 맨 마지막까지 남습니다. 그것이 왜 일어나는지 잘 느껴지지 않기 때문이에요. 지금 이순간의 느낌은 지금 이 순간에 구조가 생겨났기 때문이고, 그 구조에 힘이 들어갔기 때문입니다. 그건 믿음입니다. 마음의 구조에 들러붙은 힘을 탐구와 알아챔을 통해 파악할 수 있는데, 기질적인 것은 무의식에 깔려있기 때문에 잘 파악되지 않습니다. 그래서 공부를 해도 기질적인 감정은 몇 년간 겪기 마련입니다. 마음속에 그런 감정이 느껴진다면, 그런 마음의 구조가 있고 거기에 힘을 주고 있기 때문이니 지금 이 순간에 실시간으로 감지를 봐야합니다. 기질적인 것은 너무 빠르기 때문에 의식화하기 어렵습니다.

그와 똑같이 우리도 매 순간 태어나고 죽습니다. 구조가 생겨나서 주체감과 마음의 내용이 합쳐져서 '나'라고 여겨지는 기능이 생겨났다가 사라지죠, 그 기능 중 일부와 생명의 에너지가 동일시되면 그것이 탄생했다가 사라졌다고 여기겠지만, 동일시되지 않고 마음의 과정을 살펴본다면 그것은 그냥 기능일 뿐입니다. 그렇지 않고 '나'라는 것이 고정되어 존재한다고 믿으면 모든 환상이 펼쳐집니다. '나'라는 것은 허공의 꽃과 같아요. 눈병이 나서 보이는 허공의 꽃. '나'라는 것이 정말 있는지 살펴보지 않고 느껴지는 대로 살다보니, 생명의 힘이 동일시되어 '나'에 초점이 맞춰져서 내가 있다고 믿는 것뿐이죠. 그건 마음의 작용일 뿐입니다. 나와 대상으로 나누어지는 마음의 구조는 인간의식의 자동화된 패턴이고, 그 패턴에 에너지가 유입되어 '나'라는 것이 유지되고 있을 뿐 입니다. 그러나 에너지는 고정적이지 않고 계속 생겨나죠. 에너지도 생겨나는 과정이 있어요. 그런 에너지가 패턴화되어 생겨난 '나'는 하나의 모습입니다. 이 전체과정을 생과 사가 없다는 통찰에 적용해보면, 나의 탄생과 죽음은 마음의 작용에 의해 생겨난 스토리이고 개념이라는 것이 분명해집니다. 그러나 그런 앎이 있다 해도 나에게 영향을 미치지 못하는 이유는 통찰력이 투철하지 않기 때문입니다. 힘이 충분하지 않기 때문이죠.

'나'라는 것의 탄생 과정이 모두 마음의 작용임을 철저히 보라

後有進山主가 問修山主云하사대
후 유 진 산 주   문 수 산 주 운

明知生是不生之法이언마는
명 지 생 시 불 생 지 법

爲甚麼却被生死之所流이닛고
위 심 마 각 피 생 사 지 소 류

修가 云하사대
수   운

筍畢竟成竹去나
순 필 경 성 죽 거

如今에 作筏使인들 得麼라 하시니
여 금   작 벌 사   득 마

所以로 知無生死가 不如體無生死며
소 이   지 무 생 사   불 여 체 무 생 사

體無生死가 不如契無生死며
체 무 생 사   불 여 계 무 생 사

그 후에 진산주가 수산주에게 묻기를
생이 생이 아닌 법을 분명히 알았는데
어찌하여 생사에 잡혀 흘러 다닙니까?
수산주가 말하기를
죽순은 필경 커서 대나무가 되겠지만
지금 당장 그것으로 뗏목을 만들어 쓰려한들 되겠는가?
그러므로 생사 없음을 아는 것은 그것을 체득함만 못하고
생사없음을 체득하는 것은 생사 없음에 합일함만 못하다

생사 없음을 체득하는 것은 '나'라는 것의 탄생과정이 모두 마음의 작용임을 철저하게 보는 것입니다. 대상을 보면 즉시 내가 생겨나기 때문에 우리의 일상은 끊임없는 나의 강화인 셈입니다. 여러분이 길을 가다가 뭔가를 봅니다. 어떤 사물이 보이면 그 사물은 내가 아니죠? 이렇게 굳이 말로 하지 않아도 보는 순간 바로 사물이 대상으로 보입니다. 그리고 대상을 대상으로 보는 순간 내가 강화됩니다. 어떤 사물에 몰입했을 때는 내가 희미해지지만, 사물을 대상으로 볼 때는 '저것은 내가 아니다'가 밑바닥에 깔리기 때문에, 나와 대상이 끊임없이 나누어지고 내가 강화되는 것이 우리의 일상이에요. 그러나 그런 작용이 끊임없이 일어난다 해도 전혀 나눔 없는 미지의 세계가 변함없이 밑바닥에 깔려있음을 보아야 합니다. 이 점이 중요하지, 산 속에서 빈 마음으로 앉아서 마음의 분열을 멈추는 것은 의미가 없어요. 그것은 삶이 아닙니다. 삶이라는 끊임없는 움직임 속에서 움직이지 않는 절대를 발견해야 합니다. 체득은 나와 대상속의 관계 속에서 일어나야 해요. '나'를 강화시키는 일상 속에서도 그것이 하나의 작용이라고 항상 파악되는 것이 바로 체득입니다. 그러나 체득보다 중요한 것은 생사가 없는 합일입니다.

契無生死가 不如用無生死니
계 무 생 사   불 여 용 무 생 사

생사 없음에 합일함은 생사 없음을 쓰는 것만 못하다.

용用은 애쓰지 않고 무의식적으로 '나'라는 작용을 하나의 도구로 사용하여 자연스럽게 주변에 녹아들어가는 것입니다. 그러면 모든 일은 저절로 일어나죠. 무지無知는 무의식적인 무능입니다. 지식이 생겨나면 의식적 무능입니다. 알긴 아는데 힘이 되지 않으니 무능이에요. 그 다음의 의식적 유능은 애써 의식하면 알게 되는 단계입니다. 의식이 철저해져서 일상에 녹아들면 무의식적 유능입니다. 이때는 애씀 없이 사용할 수 있어요. 생사가 없으면 내가 상처받는 것에 대한 두려움이 없어지죠. 상처받을 내가 없는데 무엇이 두렵고, 자랑할 내가 없는데 왜 오만하겠어요? 아직도 하고 싶은 것이 많다면 그리고 싶은 누군가가 있는 것입니다. 그런 것이 바로 '나'죠. 일종의 압력에 의해, 경험과 데이터를 통해 그쪽으로 가고 싶은 것입니다. 기질적으로 그쪽으로 가고 싶은 압력이 있어요. 하고 싶은 일이 많은 사람은 그런 압력이 많은 것입니다. 하고 싶은 느낌, 욕을 들으면 아파지는 마음은 체體와 계契의 상태일 때도 간간히 일어납니다. 관성은 그렇게 깊이까지 파고들어 있습니다. 그러나 그런 느낌이 일어나도 괜찮아요. 그럴 때는 잘 사용하면 됩니다. 그 뗏목으로 사람들을 저쪽 강가로 옮겨주기도 하는 것입니다. 자기의 생사로부터 벗어났지만 다른 사람을 위해서는 사용하지 못하다가 용用의 단계로 오면 비로소 남을 위해 사용할 수 있습니다.

今人은 尙不知無生死어든
금 인　　상 부 지 무 생 사

況體無生死하며 契無生死하며 用無生死耶리요
황 체 무 생 사　　　계 무 생 사　　　용 무 생 사 야

故로 認生死者는 不信無生死法이 不亦宜乎아
고　　인 생 사 자　　불 신 무 생 사 법　　불 역 의 호

그런데 요즘 사람들은 생사가 없음을 알지도 못하는데
어찌 그것을 체득하고 합일되며 사용까지 하겠는가?
그러므로 망령되이 생사를 인정하는 마음이 생사 없음을 믿지 못하는 것은 당연하지 않겠는가?

'나'라는 기능이 나타나고 사라지는 것이 바로 생사입니다. 이는 그저 마음의 개념일 뿐이니, 죽음은 그릇이 깨져나가는 것이나 마찬가지입니다. 사실 그릇도 아니었잖아요. 빚어지기 전에는 흙덩어리였죠. 깨지면 담장 위에 놓일 수 있으니 경계석의 탄생이겠네요. 마찬가지로 수많은 원소로 이루어진 육체도 나는 아니죠. 몸은 원래 왔던 곳으로 돌아갈 뿐인데, 마치 새로 산 자동차에 동일시되어 차에 흠집이 생겼을 때 마음 아픈 것처럼 아파합니다. 장자는 죽은 사람 앞에서 북 치고 장구 치면서 그 사람이 더 좋은 곳으로 갈지 누가 아느냐고 했어요. 삶이라는 것이 한낱 꿈일지도 모르잖아요. 누가 알겠습니까? 잠이 들면 여러분은 어디로 갑니까? 모르잖아요. 의식적인 나는 죽었다 살아나는 거 아닌가요? 마치 북극의 빙산이 조금 녹았다가 다음날 다시 얼어붙는 것과 비슷하죠. 그런 유사한 일이 마음속에서 일어납니다. 그 과정이 보이지 않으니까 어제와 나와 오늘의 내가 똑같다고 생각하죠.

앎이라는 기능은 없앨 필요가 없습니다. 그러나 그 기능이 주인 노릇을 한다면 압력은 풀어내야 합니다. 하고 싶은 일, 해야 하는 일이 아무것도 없는 사람이 무사인無事人입니다. 자기를 위해서는 할 일이 없어요. 왜? 자기 자신은 하나의 상相에 불과하니까요. 무엇을 위해서 생명의 힘을 써야할지 자연에 맡기면, 에너지가 어떻게 쓰이고 어떻게 흘러가야할지 보입니다. 자신의 몸과 마음의 기능이 제일 잘할 수 있는 일을 전체에 조화롭게 쓰이도록 하면 됩니다. '내가 있다'고 믿고 살다가, '나'라는 것이 일종의 작용임을 알면 자신이 존재한다는 믿음에 균열이 가기 시작합니다. 생사를 인정하는 마음은 아직 그런 균열이 나지 않아서 환상으로 가득한 마음이니 생사가 없다는 것을 믿지 못합니다. '나'라고 여겨지는 것이 진짜 태어난 것인지, 앞으로 죽을 것인지, 진정으로 태어나고 죽는 것은 무엇인지, 그것의 핵심은 무엇인지 자문해 볼 필요가 있습니다.

제11장

진심정조
眞心正助

투명하게 비추는 거울은 이미 사용되고 있다

或이 曰 如前息妄하면 眞心이 現前이어니와
<small>혹　왈　여전식망　　　진심　　현전</small>

묻기를, 앞에서 말한 바와 같이 망심을 쉬면 진심이 나타나지만

진심眞心을 찾아 발견하는 것이 아니라 망심妄心을 쉬면 진심이 나타난다고 하였습니다. '본질을 찾아가는 길'이라고 하면, 보통 사람들은 늘 하던 방식으로 본질을 찾으려고 합니다. 우리가 의식을 가지고 살아가는 전 과정이 대부분 무언가를 찾고 얻고 구하는 과정입니다. 의식을 그런 식으로 사용해 왔죠. 그래서 본질을 찾는 데 있어서도 그렇게 하려고 하지만 그렇게 해서는 결코 본심을 찾을 수 없습니다. 왜냐하면 우리 자신이 이미 본심이기 때문입니다. 이미 있기 때문에 찾을 필요가 없어요. 그렇지만 아무리 이렇게 말해도 마음의 내용 속에 머무는 사람에게는 이런 말이 와 닿지 않습니다.

"망심을 쉬면 진심이 나타난다"는 말이 핵심입니다. 진심은 밝은 거울과 같아서 위에 쌓인 먼지를 닦아내면 거울은 저절로 빛이 납니다. 투명하게 비추는 거울의 능력이 어디 다른 곳에 가 있지 않아요. 이미 사용되고 있습니다. 먼지가 끼었기 때문에 빛을 발하지 못하고 있을 뿐이에요. 그 먼지만 닦아내면 빛을 발하게 되니, 그 먼지가 바로 망심입니다.

그러면 어떻게 거울을 닦아야 할까요? '거울을 닦는다'는 말은 하나의 비유일 뿐인데, 그것을 마음에 적용하여 마음에 낀 오염과 같은 여러 감정과 생각들을 지우고 닦아낸다고 생각하기 쉽습니다. 물론 초기에는 그렇게 합니다. 마음에 일어나는 수많은 생각과 감정과 느낌들을 가라앉히는 작업을 하죠. 그것이 바로 사마타, 곧 집중입니다. 하나에 집중하면 다른 먼지들은 가라앉습니다. 왜냐하면 마음의 먼지가 생기는 데에도 에너지가 필요하기 때문입니다. 한 가지에 집중을 하면 다른 먼지들이 일어나는 데 쓰일 에너지도 집중에 쓰이게 됩니다. 그래서 사마타를 하면 다른 먼지들이 가라앉고 또 힘도 생깁니다. 레이저 같은 강한 힘인 집중력이 키워지죠. 사마타의 문제는 마지막 남은 하나는 어찌 할 수 없다는 데 있습니다. 다른 먼지들을 가라앉히며 집중했던 그 한 가지를 없애기 위해서 다른 곳에 집중하면 또 다른 대상이 생겨나죠. 이처럼 사마타의 한계는 집중되는 대상이 있다는 점입니다. 거울을 닦아내는 방식으로 마음의 먼지도 닦아내려면 닦아내는 손이 있어야 하는 것입니다. 여기에 최종적인 난점이 있습니다. 마음의 거울을 닦는 것은 사물인 거울을 닦는 것과는 다릅니다. 마음을 닦으려는 그 의도 역시 하나의 먼지인 것입니다. 마음의 거울을 닦는 방법은, 지금 마음에 일어나는 모든 것은 먼지이며 그것을 닦으려는 의도 역시 먼지임을 알아채는 것입니다. 망심은 그렇게 해서 쉬어집니다. 그러니 끊임없이 무언가를 하려고 하지 마세요. 그렇다고 쉬려고 한다면 그것 역시 쉬는 것이 아니죠. 쉬려고 하는 것 또한 하나의 마음이고 의도에요. 그러니 그 역시 마음의 먼지인 것입니다. 그래서 망심을 쉬는 것이 참으로 어렵습니다. 그래서 '망심이 쉬어진다.'고 표현하는 것입니다. 쉬어지면 진심이 나타납니다. 사실 진심이 나타날 필요도 없어요. 진심은 늘 그 자리에 있기에, 망심이 쉬어지면 드디어 그것이 있다고 와닿을 뿐이에요. 그러나 지금 하는 말은 모두 말일 뿐입니다. 진심은 우리의 '있다'와 '안다'의 개념 속에 있지 않습니다.

진심을 구하려는 마음도, 망심을 지우려는 마음도 모두 망심이니 그런 것들마저도 쉬어야 합니다. "그러면 대체 어떻게 하라는 말입니까?"라고 말하는 사람은 말만 듣고 이해하려는 사람입니다. 실제로 자기 마음을 가지고 실험을 해보면 이 말이 어떤 말인지 와 닿아요. 마음에 일어나는 일을 보고 구조를 보는 것은 어느 한 개인적인 마음이 하는 일이 아닙니다. 한정된 마음이 보는 것이 아니에요. 우리가 의식적으로 무언가를 할 때에는 한정된 내가 합니다. 경험의 흔적으로 덧씌워진 부분적인 마음이 '내가 한다.'라고 여기죠. 그런데 알아차림은 그런 개인적인 마음이 하는 일이 아니에요. 그러나 마음을 가지고 진지하게 실험을 하면 알아차릴 가능성이 있습니다. 내가 무언가를 찾고 얻고자 한다면 순수하게 실험하는 것이 아닙니다. 그런 의도가 바로 가장 커다란 먼지인데, 그놈이 있으면서 어떻게 먼지를 닦을 수 있겠습니까? 물론 이런 말은 최종적인 단계에서 필요한 말입니다. 마음을 어느 정도 가라앉히고 나면, 가라앉히려는 의도마저도 먼지에 속한다는 것을 알아차리기만 하면 됩니다.

且如妄未息時에는 但只歇妄做無心功夫아
차 여 망 미 식 시   단 지 헐 망 주 무 심 공 부

更有別法可對治諸妄耶이닛가
갱 유 별 법 가 대 치 제 망 야

만일 망심이 쉬지 못하면 단지 망심이 쉬고 무심해지는 공부만 해야 합니까? 아니면 망심을 다스릴 다른 법이 있습니까?

망심을 쉬려고 하니 잘 되지 않으니 다른 방법은 없는지 묻고 있어요. 맨 처음에는 쉽지 않죠. 사실 자기 마음을 보는 것 자체도 어렵습니다. 마음을 보는 것은 바로 마음에서 일어나는 느낌을 느낀다는 말

입니다. 생각과 논리로 하는 이해가 아니에요. 우리가 사물을 볼 때는 감각적으로 시각적으로 느끼고 있는 것입니다. 절대 생각이 아닙니다. 마음에서 일어나는 일을 관찰할 때도 그것이 망심이라고 느끼면 망심은 저절로 가라앉아요. 왜냐하면 그것이 대상인 줄 알면, 즉 나의 진정한 모습이 아니라고 알면 거기로 에너지가 가지 않아 저절로 힘이 빠지기 때문입니다. 그것을 '나'라고 여기니까 자꾸만 힘이 가는 것입니다. 상처받은 모습이나 잘난 모습이 자신이라고 여기기 때문에 힘이 가는 것입니다.

알아챈다는 것은 일종의 느끼기입니다. 그래서 망심을 느껴서 알아채면 망심은 저절로 쉬어집니다. 알아채지 못하니까 쉬어지지 않는 것입니다. 아는 것과 느끼는 것은 전혀 다릅니다. 그래서 우리가 감지연습을 하는 것입니다. 감지연습을 하기 전에는 마음속에서 일어나는 의도나 불편한 마음을 자기라고 여깁니다. 그런데 이제는 어떻습니까? 불편한 마음 또한 하나의 느낌으로 느껴지고 결국은 떨어져 나가죠. 아는 것과 느끼는 것은 그렇게 다릅니다. '이것은 책상이야'라고 아무리 머리로 안다 해도 느낌은 희미하지만, 책상 위에 손을 대면 '이것은 내 손이 아니구나!'라고 바로 알죠. 느낌 자체가 그것은 손이 아니라고 즉각 알아차리게 합니다. 그래서 지금 이 순간의 불편한 느낌도 느껴지는 순간 즉시 떨어져 나가는 것입니다. 물론 아주 고질적이거나 무의식적이고 관성적인 것은 그렇게 쉽지는 않습니다. 관성이 떨어져나가기 위해서는 지금 이 순간에 마음의 구조가 형성되어서 에너지가 들어가는 중이라고 즉각적으로 느껴져야 합니다. 어쨌든 관성적인 것이든 그렇지 않은 의식적인 것이든 망심을 쉬는 아주 기본적인 방법은 느끼기입니다.

망심을 쉬면 진심이 나타난다고 하니까 우리 마음은 어떻게 하려고 하겠어요? '이제 망심을 쉬어야겠다'는 의도를 또 만들어내죠. 그런 의도를 내려놓을 필요도 없고 없앨 필요도 없습니다. 쉬려는 마음을 내려놓으려고 하면 그것이 또다시 하나의 의도가 되기 때문이에요. 끊임없는 꼬리 물기를 하면서 마음이 움직입니다. 그럴 일이 아니라, 쉬려는 놈이 마음에 나타난 의도라고 느끼면 됩니다. 느끼기는 수동적이에요. 우리 마음 자체는 무엇이든 느끼도록 되어 있습니다. 눈에 어떤 자극이 와 닿듯이 의식적인 느낌은 마음에 그냥 와 닿게 되어있어요. 그런 구조가 형성되었기 때문이지만, 어쨌든 우선 마음에 느껴지는 모든 것들을 하나의 느낌이라는 것을 파악하세요. 그럴 때에는 그런 느낌이 사라지지 않더라도 전혀 문제가 되질 않습니다. 왜냐하면 그런 느낌 자체가 그것이 진정한 내가 아님을 의미하기 때문입니다. 느껴진다면 그것은 곧 경험되고 있는 중입니다. 그러나 쉬려는 마음을 알기만 하고 느껴지지 않는다면 마음의 내용 속에 있기 때문입니다. 일종의 그림자 속에 있으니 바로 생각 속에 있는 것입니다. 생각으로 하는 이해는 아무런 도움이 되지 않아요. 전체적인 청사진을 이해한다는 측면에서는 약간의 도움이 되겠지만, 구체적으로 자신의 행동을 제어하지 못합니다. 마음의 구조를 바꾸는 데에 아무런 도움이 되지 않아요.

분별의 기능은 쉬어도, 마음이 잠들게 하지는 말라

曰正助가 不同也니 以無心息妄으로 爲正하고
왈 정 조　　　부 동 야　　　이 무 심 식 망　　　위 정

以習衆善으로 爲助라
이 습 중 선　　　위 조

답하기를, 정과 조가 다르니 무심으로 망심을 쉬는 것으로 정을 삼고

많은 선을 행함으로 조를 삼는다.

망심은 분별하는 마음입니다. 기본적으로 나와 너를 나누고서 '내가 무엇을 어떻게 한다', '저 대상이 어떻다'라는 끊임없는 망상을 일으키는 분별심이에요. 그 분별심은 너와 내가 나누어질 때 생겨나죠. 모든 사물에 대한 분별은 사물과 내가 나누어진 이후에 일어나는 일입니다. 그래서 곧 사물이 나이기도 합니다. 왜냐하면 나와 사물로 나누어지고, 그 사물들을 내가 분별하기 때문입니다. 내가 분별하는 사물은 곧 나 자신이라고 말할 수 있어요.

망심을 쉬는 것이 가장 중요하지만, 부차적인 방법으로 수많은 선善을 행하라고 했습니다. 마음을 다루는 모든 수련법은 마음의 가장 기본적인 기능인 분별을 쉬게 만드는 것입니다. 수련을 통해 분별의 기능은 쉬게 하지만 마음이 잠들지는 않게 만들죠. 원래 분별이 쉬어지면 마음은 잠듭니다. 마음은 끊임없이 이것과 저것을 분별하면서 움직이며 살아있습니다. 그런 분별을 쉬면 더 이상 할 일이 없으니 마음이 졸아요. 졸지 않으려면 주의를 끊임없이 기울여야 합니다. 그런데 주의를 기울이다보면 또 생각이 일어나죠. 생각은 분별 기능입니다. 그래서 우리는 생각 없이 주의를 기울이는 연습을 하죠. '주의에 주의 기울이기' 같은 것이죠.

망심을 쉬는 것이 정법正法이라면, 부차적으로는 착한 행동을 하는 방법이 있습니다. 이는 그냥 도덕적인 얘기가 아닌지, 선善을 행하는 일이 어떻게 진심을 밝히는 수행이 되는지 반문할 수 있겠죠. 선善은 기본적으로 개인인 나를 넘어서 있습니다. 자신만 생각하는 사람을 우리는 선하다고 말하지 않죠. 이기적인 인간을 선하다고 하지 않아요. 우리는 이타적인 사람을 착하다고 합니다. 이타적인 사람은 나와 남을 구별하지 않습니다. 선함은 개인보다는 전체를 위한 일을 하고 안목이 전체에 가 있다는 뜻입니다. 대승大乘의 육바라밀六波羅蜜의 많은 부분이 선善과 연관이 있습니다. 보시布施는 내가 베푼다는 생각 없이 남을 위해 자기가 가진 것을 베푸는 일입니다. 또 남들이 나를 욕하거나 무시할 때 참으며 어려움을 겪어내는 것은 인욕忍辱이에요. 이런 것도 개별적인 한계를 넘어서게 만드는 수련법이라고 할 수 있습니다. 이처럼 육바라밀의 많은 부분이 선과 관련이 있습니다.

자기주장을 하지 않거나 또는 지켜야 할 규칙에 묶여 있는 사람을 착하다고 말하는 사람들도 있습니다. 사회의 규칙을 철저하게 지키는 착한 사람들은 규칙을 지키지 않는 사람을 보면 화가 나요. 여기서 말하는 선善은 그런 착함이 아니라, '나'라는 개별적인 한계를 넘어서서 전체를 보는 안목을 가지고 행동하는 것입니다. 이것이 바로 선의 핵심이에요. 자신을 남보다 특별하게 대하지 않고, 남을 더 생각하거나 전체적인 면을 보고 행동하는 것이 선한 행동입니다. 그런 행동은 자아를 약화시키죠.

착한 일을 무심히 하지 않고 의도를 가지고 행한다면 그것은 행위입니다. 행위와 행동을 구별해 봅시다. 행동行動은 움직임이 일어나는 것이고, 행위行爲는 자신이 뭔가를 하는 것입니다. 마음의 기준에 따라서 착한 일을 한다면, 겉보기엔 착해 보이지만 마음속에서는 오히려 자기를 강화시킵니다. 착한 일을 했는데 남들이 알아주지도 않고 따라오는 보상도 없으면, 또는 오히려 욕을 들으면 막 화가 나죠. '내가 이렇게 착한 일을 했는데 이것이 뭐야. 아무 소용없네.'하는 것입니다. 그러니까 착한 일을 하겠다는 의도는 자기를 강화시켜요. '나는 착하다'가 마음에 끊임없이 떠오르는 것입니다.

　뇌 과학자들에 따르면 뇌는 크게 두 가지 활동을 한다고 합니다. 하나는 문제를 해결하기 위한 몰입입니다. 마음의 네트워크가 문제를 해결하기 위한 일을 하고 무언가에 마음을 쓰는 것입니다. 그렇다면 아무 일도 없고 문젯거리도 없을 때 뇌는 무엇을 할까요? 별다른 일이 없을 때의 뇌의 상태를 디폴트 모드 네트워크Default mode network라고 합니다. 디폴트 모드 네트워크는 기본적으로 활성화된 상태입니다. 뇌과학 연구에 의하면 어떤 것에도 주목하지 않고 어떤 일도 하고 있지 않을 때, 뇌의 뉴런들은 끊임없이 사람들과의 관계를 떠올리는 활동을 한다고 합니다. 즉 사회적인 마음을 끊임없이 되뇌는 것입니다. 아무 일도 없을 때 제일 많이 떠올리는 것이 사람과의 관계라는 말이에요. 그러면 관계라는 것은 뭡니까? 관계는 기본적으로 나와 나 아닌 것의 분리를 전제로 합니다. 둘 이상으로 나누어져야 그것들 사이에 관계가 맺어질 것 아니에요. 분리되지 않으면 관계란 것이 성립되지 않습니다. 디폴트 모드 네트워크는 이런 관계를 끊임없이 확인하는 작업입니다. 그래서 끊임없이 자신의 행동과 다른 사람에 대해 생각해요. 내가 어떤 말을 했는데 상대가 기분 나빠했어요. 그러면 '그때 이랬어야 했는데.' 또는 '내가 왜 그 말을 했을까?'하면서 후회를 하죠. 그런데 내가 한 말에 대해 아무 반응이 없었다면 그 일은 생각이 안 납니다. 그러니까 상대의 반응이 안 좋았을 때 후회를 한다는 것입니다. 이처럼 후회도 관계에 의해서 생겨나는 것입니다. 상처를 받거나 언짢아하는 상대방의 표정이나 행동이 느낌으로 내게 전달됐을 때, 나중에 그걸 곰곰히 생각하죠. 이처럼 뇌의 디폴트 모드 네트워크는 끊임없이 나와 남을 나누고 그 사이의 관계를 학습하는 상태 속에 있습니다. 이 활동은 대상과 관계하는 나를 강화시키는 역할을 하죠. 관계라는 것은 항상 주객분리를 기반으로 해서 생겨나기 때문입니다. 어떤 대상을 본다는 것 자체가 나를 강화시키는 것이니까요. 무심無心으로 들어가면 내가 없어지죠. 그러나 A를 보면서 '이것은 A야.'라고 할 때는 그렇게 아는 내가 강화되고 있는 중입니다. 그래서 눈을 뜨고 귀를 열고 냄새를 맡으며 모든 대상을 감각하는 일상은, 우리가 말하는 감각상태가 아니라 감지적인 느낌들을 느끼는 상태라면 끊임없이 자기를 강화시킵니다. 자신을 확인하는 것입니다. 이렇게 알고 하는 것은 괜찮지만, 모른다면 대상을 대상으로 보는 나와 동일시됩니다. 그래서 우리의 일상은 끊임없이 대상과 관계하는 나를 강화시키죠. 성인이 된 뇌의 기본 활동은 나와 남을 나누고, 그 사이의 사회적 관계망을 끊임없이 되뇝니다.

그래서 착한 일도 '나는 착하다'를 되뇌며 한다면 오히려 자아가 강화될 뿐입니다. 이런 행위는 무심無心으로 가는 데 아무 도움도 되지 않으며 도리어 장애가 됩니다. 그래서 양무제梁武帝가 수많은 절을 세운 자신의 공적에 대해 물었을 때, 달마대사가 "무無"라고 대답했지요. 도리어 장애만 잔뜩 쌓았다는 것입니다. '내가 이렇게 했어.'만 가득하니까요. 양무제는 자신이 불교를 위해 절을 지었다는 의도 속에 들어있었던 것입니다. 진정한 착한 행동은 자아를 강화시키지 않아요. 나와 대상을 나누지 않고, 전체를 위한 일을 하는 것이 진정한 착함이에요. 내가 했다는 생각 없는 베풂입니다. 이런 선행이 무심으로 가는 길에 도움이 됩니다. 많은 사람들이 착함의 기준을 마음속에 붙들고서 그에 따라 행동하고, 그렇게 하지 않을 때는 죄의식을 느끼기도 합니다. 죄의식을 느끼는 것 또한 자기를 강화시켜요. 자기가 잘났다고 생각할 때도 자아가 강해지지만, 자신이 못났다고 여길 때도 자아가 강화됩니다. 끊임없이 자기를 탓하잖아요. 그러면서 어떻게 무심으로 가겠습니까? 여기서 말하는 선함은 무위無爲의 선입니다. 내가 한다는 생각 없이 착함을 행하는 것입니다. 그렇게 많은 선을 행함으로써 도를 닦습니다.

사랑과 자비는 조화이며 중용

譬如明鏡이 爲塵所覆어든 雖以手力으로 揩拭이나
비 여 명 경   위 진 소 복   수 이 수 력   개 식

要須妙藥磨瑩하야사 光始現也니
요 수 묘 약 마 영   광 시 현 야

비유하면 거울이 먼지에 덮였을 때 손으로도 닦아낼 수 있으나
묘한 약으로 문질러야 광명이 비로소 나타나는 것과 같으니

우리 마음의 거울을 덮고 있는 것은 대개 의식적인 먼지들입니다. 그나마 쉽게 닦이는 것들이죠. 그것들을 의식해서 관심을 기울이고 힘을 빼면 의식적인 먼지들은 잘 닦입니다. 가라앉아요. 후 불면 날아가는 거울에 낀 먼지와 같습니다. 그러나 미묘하게 자기강화를 할 때에는 반투명한 때가 낍니다. 오래된 묵은 때는 아무리 손으로 닦아도 잘 안 없어지죠. 그럴 때는 광약을 발라서 열심히 문질러야 합니다. 그렇다고 거울이 새롭게 깨끗해지는 건 아니에요. 거울은 때가 끼어있을 때나 때가 제거되었을 때나 변함이 없습니다. 그래서 여러분이 '나

는 변했어. 나는 이제 알았어. 나는 경험했어. 나는 훌륭해졌어.'라고 믿는다면 때를 자기라고 믿고 있는 것입니다. 그래서 자기가 변했다고 여기죠. 정말로 거울을 발견한 사람은 '변한 건 아무것도 없구나.'라고 느낍니다. 깨닫기 전이나 후나 아무런 차이가 없어요. 다만 '이거였구나. 본질이란 것이 이런 거야.'하는 느낌이 들 뿐이죠. 그때나 지금이나 별 차이가 없음을 발견하는 것입니다. 그래서 헛웃음을 웃죠. 물론 알아챈 이후의 인생은 이전과는 완전히 다릅니다. '나'에 묶여서 동일시된 삶을 살다가 그렇지 않은 삶으로 바뀌어요. 그렇지만 본질 자체는 전혀 변함이 없습니다.

제자들을 깨우치기 위해서 임제臨濟는 크게 소리를 지르고, 덕산德山은 몽둥이로 때렸어요. 마음을 이 순간으로 돌아오도록 하기 위해서죠. 깨달음에 관한 답을 기대하고 있다가 꽥~하는 소리를 들으면 깜짝 놀라서 이 순간으로 돌아올 것 아니에요. 이 순간으로 돌아오면서 바로 알아챈다면 그 사람은 끝나는 건데, 대부분의 사람들은 '이것이 뭔가' 하는 마음에 멍해집니다. 치심癡心에 빠져요. 마음은 끊임없이 과거를 끄집어내어 분석하며 따지고, 또는 미래를 끌고 와서 유추하고 예상하려고 합니다. 이 순간에 있으면 멍하기만 하죠. 이 순간의 데이터가 없으니까 멍할 수밖에 없어요. 현재가 아니라 이 순간의 '지금'으로 돌아와야 하는 것입니다. 현재는 과거와 미래에 대비되는 용어에요. 반면에 '지금'은 과거, 현재, 미래를 다 포함하는 영원한 순간을 말합니다. 지금으로 돌아온다면 그 사람은 깨어나는 것입니다. 대부분 현재로 돌아옵니다. 덕산의 방망이에 맞거나 임제의 괴성을 들어도 그냥 현재로 돌아와 멍해지기 때문에 어리석은 마음인 치심癡心이라고 합니다.

의식적인 먼지들은 손으로 닦아내고, 자기강화가 된 묵은 때는 광약으로 닦으면 거울에 빛이 납니다. 사람들은 얼핏 알아채고 나서도 자기만을 위한 행동을 계속해요. 그러면 때가 그대로 남아있습니다. 때가 묻어있어도 거울이라는 것을 알기는 했지만, 그래도 때가 묻을 행동만 계속해서 해요. 자기의 관성을 다루지 않죠. 자기 하고 싶은 것을 그대로 하면서. 하고 싶은 건 뭔가요? 때가 가지고 있는 스트레스, 곧 압력이에요. 자기를 풀고 싶은 것입니다. 그것을 아직도 자기라고 믿고 있기 때문인데, 그때는 광약으로 닦아야 합니다. 덕산의 몽둥이 같은 광약을 바르거나 착한 행동을 하면서 나를 벗어난 행동을 할 때, 거울은 진정한 원래의 빛을 발하게 됩니다. 마음의 거울에 묻은 때 중에는 아주 오래되고 착 달라붙어서 무의식적인 업業도 있습니다. 전체를 염두에 둔 선한 행동을 하다보면 그런 업도 깨끗해집니다. 대부분의 사람들은 축소된 의식의 한 부분을 자기라고 믿으며 살아갑니다. 그러나 의식은 이렇게 축소된 작은 것이 아니에요. 여러분이 '나'라고 믿고 있는 것은 하나의 틀입니다.

어렸을 때 집에서 학교로 가는 길이 다섯 갈래쯤 있는데, 눈이 오나 비가 오나 바람이 부나 한 길로만 다녀요. 그런데 사실 눈이 올 땐 이 길이 좋고, 바람이 불 땐 저 길이 좋고, 꽃이 필 땐 또 다른 길이 좋아요. 그러나 질척질척 비가 오는데도 아스팔트길을 두고 늘 다니던 길로 갑니다. 길이 진흙탕이어도 그대로 가요. 완전히 틀이 잡혀서 옆에 다른 길이 없지도 않은데 그 길만을 고집해요. 빨리 갈아타면 되는데, 에너지를 옮기면 되는데 틀이 잡혀서 에너지가 옮겨지지 않습니다. 이런 것처럼 틀에 박힌 정해진 방식으로 행동하고, 생각하고, 느끼고, 감정을 표현합니다. 그래서 어떤 사람은 어느 상황에서든 화를 잘 내고,

어떤 사람은 어느 상황에서도 화를 못 냅니다. 해야 할 때와 하지 말아야 할 때를 즉각 구분해서 행동해야 하는데 마음대로 안돼요. 자기라는 틀 때문에 그렇습니다. 어떤 사람은 무조건 "예"만 합니다. 화날 땐 화도 내고 슬플 땐 슬퍼할 줄도 알아야 하는데, 화도 안 내고 슬퍼하지도 않고 기뻐지도 않아요. 이런 건 감정을 제대로 사용하지 못하는 것입니다. 그렇다고 무조건 화내라는 것은 물론 아닙니다. '나'라고 여겨지는 틀을 벗어나면 뭔가 어색하고 느낌이 이상한 것입니다. 어색하고 이상한 '느낌'입니다. 늘 해왔던 패턴을 벗어나니까 올라오는 느낌이죠. 그러나 필요가 생기면 이렇게도 하고 저렇게도 할 줄 알아야죠. 늘 자기가 선택할 줄 알아야 합니다. 주변 사람 신경 안 쓰는 사람은 늘 제 마음대로 하고, 주변 사람 눈치를 너무 보는 사람은 매번 눈치만 봐요. 눈치 봐야할 땐 보고, 그럴 필요가 없을 때는 마음대로 하면서 자유롭게 자기 패턴을 넘어서야 합니다. 그런데 매번 눈치만 살피던 사람이 처음으로 눈치를 안 보고 하고 싶은 대로 하고 나면 그 후에는 무조건 눈치를 안 보고 막 아무렇게나 행동해요. 규칙이고 뭐고 필요 없습니다. 그러면 새로운 관성으로 들어가기 쉽습니다. 따라서 중용과 균형, 조화가 아주 중요합니다. 부처님 가르침의 최종적인 핵심은 중도中道입니다. 유교의 핵심은 중용中庸이죠. 기독교의 사랑과 불교의 자비는 모두 조화입니다. 중용과 중도를 통해 이루어지는 조화.

축소된 의식의 한 부분을 자기라고 여기며 살아가는 동안 그 틀 속에 움직임이 완전히 고착화 됩니다. 의식의 전체 내용은 전 인류의 경험인데, 우리는 관계 속에서 그것을 경험합니다. 우리가 관계를 맺을 때 내 속에 틀지어진 모습들이 반영되어 나타납니다. 그래서 "타인은 나의 거울이다."라고 말하는 것입니다. 다른 사람에게서 보는 것이 결국은 내가 보는 것이기 때문에 내 모습이기도 한 것입니다.

　인간은 감정을 아주 정밀하게 느끼고 또 그렇게 경험한 것을 잘 쓰게 되어있어요. 관계를 맺는데 있어 감정은 아주 훌륭한 도구입니다. 상대가 슬퍼하는데 내가 슬퍼하지 않는다면 나는 몰인정한 인간이고 관계 맺고 싶지 않은 인간이 되는 것입니다. 같이 슬퍼하고, 함께 기뻐해주고, 내 일처럼 분노할 때 아주 깊은 관계가 맺어지죠.

　백아와 종자기라는 사람이 있었어요. 백아는 가야금을 잘 타는 명인이었고, 종자기는 음악을 잘 알아듣는 사람이었습니다. 쏟아져 내리는 폭포를 생각하며 백아가 가야금을 뜯으면, 종자기는 그 음악을 듣고 시원한 폭포소리 같다고 말합니다. 그렇게 마음에 경험되는 감탄과 기쁨을 틈 없이 진하게 나눌 때 개별성이라는 것은 더 이상 없습니다. 내가 경험하고 느끼는 것을 저 사람도 그대로 느끼면 저 사람과 내가 다르다는 느낌이 자꾸 희미해지죠. 아주 진솔한 대화를 나누거나 내 마음을 저 사람이 정말 잘 안다는 마음이 들 때, 또는 저 사람의 마음이 나에게 투명하게 느껴질 때 개별성은 희미해집니다. 예를 들어 강의 준비를 위해서 프린트를 하려고 하는데 잘 안될 때 옆에서 바로 도와주고, 커피를 마시려고 찾는데 옆에서 바로 건네주면 어떻습니까? 서로 눈치를 살피는 것처럼 보일 수도 있지만, 이것은 마음이 하나가 되어가는 과정이에요. '내가 이렇게 안 하면 저 사람이 나를 어떻게 생각할까?'하면서 해 준다면 눈치를 보는 것이어서 자기를 강화시켜요. 그러나 서로 모자라고 부족한 것을 채워주는 관계는 하나가 되어가는 과정이죠.

　감정은 그런 관계 속에서 하나가 되는 느낌을 증폭시킵니다. 같이 기뻐하고 슬퍼하고 같이 분노하면서 우리는 하나 된 느낌을 느낍니다. 개별성을 넘어서는 경험이죠. 2002 월드컵 때 여러분도 느껴봤을 것입니다. 누군지도 모르면서 서로 얼싸안고 기쁨을 함께 했던 그 순간 우리는 하나가 된 것입니다. 근데 일본은 무조건 적이 되죠. 스포츠의 문제가 그것입니다. 가릴 것 없이 모두 다 하나 되는 것이 아니고 일부끼리만 하나가 되는 것입니다. 종교도 그렇습니다. 울타리 안에 들어오는 사람과만 하나가 됩니다. 울타리 밖의 사람들과는 하나가 되려고 하지 않아요. 종교의 창시자들은 울타리를 세우지 말라고 얘기했는데, 후대의 종교인들은 울타리를 세워놓고 자기들 안으로 들어와야만 하나가 됩니다. 울타리 안의 사람들이 하나가 될 수 있는 이유는 밖을 적대시하기 때문이에요. 만약 일본이 우리나라를 침략한다면 우리 국민은 나라를 위해 목숨을 바치는 하나가 되겠죠. 이것은 적이 있기 때문인 것입니다. 대상을 만들어 놓고 작은 하나가 되는 것입니다.

사람들은 보통 '나'라는 축소된 의식 속에서 살아갑니다. 그러나 축소된 의식을 이루는 경험들, 즉 마음의 내용에는 이 몸과 마음이 경험한 것뿐만 아니라 인류 전체의 경험이 다 들어있습니다. 그래서 마음을 연다면 우리는 그것들을 전부 활용할 수 있어요. 그러므로 자신의 개인적인 경험에 한정하지 않고 전체의 경험차원에서 행동하는 것이 바로 선善입니다. 선한 행동을 통해 더 넓은 나를 경험하면, 작은 나는 점차 희미해지고 전체 본성의 빛이 드러나기 시작합니다. 선한 행동이라는 묘한 약을 통해 광명이 드러납니다.

무심공부를 하면 왜 마음거울의 먼지가 잘 닦일까?

塵垢는 煩惱也요 手力은 無心功也요
진구   번뇌야   수력   무심공야

磨藥은 衆善也요 鏡光은 眞心也라
마약   중선야   경광   진심야

먼지와 때는 번뇌요 손의 힘은 무심공부며,
닦는 약은 온갖 선이요, 거울빛은 진심이다.

마음의 먼지와 때는 마음속에 일어난 번뇌라고 했습니다. 번뇌는 불타는 것입니다. 옛날에는 불을 피우려면 부싯돌을 치거나 나무를 비벼 마찰시켜서 불을 일으켰죠. 번뇌는 두 개가 끊임없이 부딪혀서 불타면서 우리를 괴롭힙니다. 왜 괴롭습니까? 마음이 둘로 나누어져서 서로 부딪히며 끊임없이 싸우기 때문이에요. 나누어진 일부분은 나라고 여기고, 저쪽 부분은 내가 아니라고 여기니까 부딪히는 것입니다. 둘 다 내 마음에서 잠깐 일어난 환상입니다. 그냥 신기루 같은 나눔이라고 알면 즉각 나눔이 사라지고 하나가 됩니다. 다 내 마음속에서 일어나는 일이에요.

감지를 잘 살펴보면 내가 느끼는 느낌들은 다 내 마음속에서 일어나는 일들이죠. 보기 싫은 사람이 저기에서 걸어온다 해도 감각이나 주의제로 상태라면 어떨까요? 보기 싫은 느낌이 전혀 없을 것입니다. 그런데 저 사람에 대한 좋지 않은 기억, 마음에 안 드는 인상 같은 것이 마음에 떠오르면, 내 마음속의 '싫은 느낌'과 내 마음속의 '싫어하는 나'로 마음이 나누어지죠. 그래서 자꾸 밀어냅니다. 내 마음속의 번뇌에요. 감각으로 볼 때는 전혀 기분 나쁘지 않은데, 과거 기억을 떠올리면 번뇌가 일어납니다. 번뇌가 있으려면 이렇게 마음이 둘로 나누어져야 합니다. 나뉘어 싸워야지 번뇌가 일어나요. 그래서 번뇌는 기본적으로 망심에 기초하고 있습니다. 분별하는 마음이죠. 마음이 분열되어 있는 상태입니다. 먼지와 때는 과거의 경험인데, 그 경험이 자꾸 자기를 주장합니다. 이것이 옳아, 저건 틀려. 이렇게 해야 해, 그렇게 하면 안 돼. 그런데 상황이 자신의 그런 주장과 맞지 않으면 마음속에서 싸웁니다. 문제를 해결하고 싶다면 해결방법에 초점을 맞추어야 하는데, 그러지 않고 '이래야 하는데 지금 왜 이런 거야?'라면서 싸우고 있는 것이 바로 번뇌입니다. 불타는 이유가 그거에요.

거울을 닦는 손의 힘은 무심공無心功이라고 했습니다. 무심공부를 많이 한 사람은 먼지를 닦는 힘이 세다는 말이에요. 무심공부를 하면 왜 먼지를 잘 닦을 수 있을까요? 먼지가 일어나려고 하면 바로 힘을 빼기 때문이에요. 먼지가 일어나려면 에너지가 필요합니다. 방바닥에 있는 먼지를 일어나게 하려면 훅 불면 됩니다. 바람이라는 에너지가 필요해요. 먼지 자체는 아무런 문제가 안 됩니다. 먼지를 일으키는 건 에너지에요. 그래서 감지, 과거의 경험, 마음의 구조, 청사진이 있어도 상관없다고 말하는 것입니다. 그것이 일어나서 먼지가 되고 번뇌가 될 때는 거기에 에너지가 가해질 때입니다. 주의, 즉 의식적인 에너지가 가야한다는 말이에요. 지금 여러분의 엉덩이가 의자바닥에 붙어있어요. 내가 이렇게 말하니까 그렇다는 것이 의식이 되죠? 주의가 거기로 향했다는 뜻이에요. 이렇게 관심을 기울여야지 의식되지 않습니까? 어제 누군가 나한테 욕을 해서 기분이 아주 나빴어요. 잊고 있다가 어제 일이 갑자기 떠오르면 그 일에 다시 관심이 기울고, 그러면 다시 화가 나요. 즉, 마음의 에너지를 기울여야 화난 감정의 먼지가 일어난다는 말이에요. 어떤 사건이 있고 나서 다음에 그 사건이 떠오르면 에너지가 붙는다는 것을 알아채야죠. 그런데 무의식적인 관성들은 내가 떠올리기도 전에 그냥 에너지가 바로 붙습니다. 그럴 때는 광약이 필요하니 바로 선한 행동입니다. 하루에 한 가지씩 착한 행동을 하거나, 하루에 한 가지씩 감사하기 같은 것을 해보세요. 그런 방법이 때를 닦아내는 광약이 될 수 있습니다. 그리고 때를 닦을 때는 힘을 주어 닦아야 합니다. 진하게 달라붙은 때는 가볍게 밀어서는 제거되지 않아요. 그런 힘이 바로 무심공부입니다. 정正과 조助를 같이 쓰라는 말은 무심공부와 선한 행위를 같이 하라는 말입니다.

진정한 선한 행동은 '내가 착한 일을 한다'는 생각 없이 하는 행동입니다. 내가 착한 행위를 한다는 생각을 가지고서 한다면 그것은 도움이 되지 않고 오히려 장애가 됩니다. 차라리 안하는 편이 나아요. 자기한테도 안 좋고 상대한테도 안 좋습니다. 상대방은 안중에 없는 것입니다. 내가 도와줘서 저 사람이 정말 잘되는지 그렇지 않은지도 살피지 않고, 무조건 자기가 기분이 좋아서 도와줄 뿐이죠. 왜 기분이 좋습니까? 내가 더 잘났다고 여겨지거든요. 그래서 옛날에 이런 일화가 있죠. 쌍둥이 고아 중에 한 아이는 부잣집으로 입양을 갔고 다른 아이는 가난한 집으로 입양을 갔어요. 부잣집에 입양된 사람은 가난한 집에 간 쌍둥이 형제를 자꾸 도와줬어요. 그런데 나중에 도움을 받은 형제가 고마워하기는커녕 도리어 욕을 하고 화를 냅니다. 도와준 사람은 굉장히 섭섭해서 내가 너를 그렇게 도와줬는데 대체 왜 그러냐고 묻자 "너는 나를 도와준 것이 아니라 너의 자만심을 채웠을 뿐이다. 넌 내가 주는 거나 먹고 살라는 태도였다."라고 말합니다. 도움을 받는 사람은 위축되기 때문에 언젠가는 치고 올라오고 싶어집니다. 그래서 무조건 도움만 준다고 좋은 것이 아니에요. 진정으로 이 사람이 성장하도록 도와주는 것이 돕는 거지, 그렇지 않고 내가 기분 좋아서 도와주는 것은 자기강화를 시킬 뿐입니다. 상대방은 더 위축되죠. 그런 선함은 진정한 선함이 아닙니다. 선한 행동이 조助라면 정正은 무심공부입니다. 그러니 무심공부가 될수록 선행도 더 잘 되겠죠? 내가 한다는 생각을 가지고 하는 사람은 무심공부가 안된 사람이에요. '내가 이만큼 도왔으니 너도 이만큼 도와야지.'하는 생각을 끊임없이 하면서 하니까요.

거울을 닦는 약은 여러 선한 행동이고 거울의 빛은 진심이라고 했는데, 이는 우리의 의식의 본질을 비유한 말입니다. 선한 행동은 진심이라는 거울에 끼인 때를 닦는 약이 됩니다.

起信論에 云하사대
기 신 론   운

復次信成就發心者는 發何等心고
부 차 신 성 취 발 심 자   발 하 등 심

기신론에서 말하기를
신성취발심이란 어떤 마음을 발하는 것인가?

믿음이 성취된 사람은 '이 길로 가면 내가 무심의 길에 도달한다'는 믿음이 이루어진 사람입니다. 그런 믿음이 성취된 사람은 강한 에너지가 쌓였기 때문에 힘들어도 뒤돌아서 돌아가지 않아요. 믿음이 강한 사람은 어디라도 갑니다. 발심發心은 마음을 내는 것입니다. 그렇다면 믿음이 이루어진 사람은 어떤 마음을 낼까요?

위도 없고 아래도 없는 것은 평등한 마음이 아니다

略有三種하니 云何爲三고
약유삼종　　　운하위삼

一者는 直心이니 正念眞如法故요
일자　 직심　　 정념진여법고

대략 세 가지가 있으니 그것은 무엇인가?
하나는 직심이니 진여법을 바르게 생각하는 마음이요,

직심直心은 구부러지지 않은 곧은 마음이죠. 다른 마음이 들지 않는 것입니다. 원효는 대승기신론소大乘起信論疏에서 이를 평등한 마음이라고 했어요. 평등한 마음은 나누지 않고 분별하지 않는 마음이에요. 그래서 이 사람과 저 사람을 차별하거나 구별하지 않습니다. 그러나 이를 잘못 해석해서는 안 됩니다. 드러난 현상계에서 아무것도 구별하지 않는다는 의미가 아니에요. 현상은 구별되고 분별되어야지만 현상으로 존재합니다. 무조건 똑같이 대하는 것은 게으른 마음입니다. 분별하기 귀찮은 것입니다. 초등학교에 갓 입학한 학생과 대학생을 대하는 행동은 달라야죠. 팔순 노인과 스무 살 청년을 대하는 행동도 달라야 할 것 아니에요? 윗사람도 없고 아랫사람도 없는 것은 평등한 마음이 아닙니다. 단지 분별이 없는 마음이에요. 그러나 현상계의 형식을 그대로 따르되, 마음속에서는 평등하기란 참 힘듭니다. 어린애가 지금 장난감을 원하는데, 그 아이에게 비싸고 커다란 BMW를 사주면 무슨 소용이 있어요? 평등하게 하겠다고 어린애에게도, 90 넘은 노인에게도, 20대 젊은이에게도 BMW를 한 대씩 사준다면 그것은 평등이 아닙니다. 세 살짜리한테는 장난감 차, 노인한테는 운전사가 딸린 차가 좋겠죠. 이렇게 구별을 할 줄 알아야 하지만, 기본적으로 그 사람을 위하는 마음 자체는 평등해야 합니다. 사람에 대한 존중이 곧 평등입니다. 또 한편으로 평등함은 이리저리 끌려 다니지 않는 마음입니다.

진여眞如에는 모든 인간이 아무런 차별이 없기 때문에 굽은 마음이 없습니다. 평등한 물은 움직이지 않습니다. 물은 언제 움직입니까? 높낮이의 차이가 있을 때 위에서 아래로 흐르죠. 평등함은 여러 갈래를 만들지 않습니다. 높이의 차이가 있을 때만 수백만 갈래로 갈라져서 물이 흘러내리죠. 그와 같이 마음에 대상이 일어나고 그들 사이에 차이가 만들어지면 이미 분별이 생겼기 때문에, 그때부터 진여는 가려지고 먼지가 가득해집니다. 그러나 평등한 마음은 분별없는 마음, 분별을 넘어선 마음이에요. 분별 못하는 마음이 아니에요. 현상을 넘어선 곳에 분별을 넘어선 분별없는 마음이 있습니다. 그러나 현상에서는 아주 치밀하고 정밀하게 분별하여야 합니다.

二者는 深心이니 集一切善行故요
이 자　　심 심　　　집 일 체 선 행 고
둘째는 심심이니 일체의 선행을 모아 이루는 마음이요,

두 번째는 깊은 마음이니, 일체의 선행을 모아 이루는 마음이라고 했습니다. 깊은 마음이란 근본을 찾고 실험하는 마음입니다. 대승기신론소에서는 근원을 찾는 마음이라고 했어요. 마음을 통해 실험하고 근본을 찾는 것이 심심深心인데, 이 실험에 만 가지 선행이 다 포함되기 때문에 하나의 선도 빼놓을 수 없다고 말했습니다. 모든 선이 궁극의 마음에서 나오기 때문에, 선 하나하나가 떼어놓을 수 없는 본질의 표현이라는 말입니다. 따라서 그 결과인 모든 선행을 다 할 때 궁극을 알아채기가 더 쉬워진다는 것입니다. 착한 행동은 한정된 내가 좋아하고 싫어하는 것과는 상관이 없습니다. 그래서 대승기신론소에서 만행萬行이 다 포함된다고 말했어요. 그래서 좋아함도 싫어함도 다 떠나게 되는 것입니다. 우리의 근본은 좋아함도 싫어함도 아닙니다. 그 모두를 넘어서있어요. 좋음과 싫음은 어디에서 나옵니까? 내 마음에 쌓인 기준에서 나와요. 내가 좋아하지 않는 선함도 있을 수 있습니다. 내가 보기에는 선함이 아니고, 내가 보기엔 이해가 안 되는 그런 선함이 있을 수 있어요. 내 마음의 기준에 맞지 않는 선행을 행할 때 '나'라는 테두리를 넘어설 수 있습니다.

무언가를 좋아하거나 싫어한다는 것은 이미 마음이 나뉘어서 구도를 형성했다는 뜻이죠. 그 구조 속에서 좋고 싫은 느낌이 일어나기 때문입니다. 그렇다면 느낌이라는 것은 구조가 이루어졌기 때문에 생겨난다고 알아채거나 느끼면 어떤 일이 벌어집니까? 그때 우리 에너지의 중심은 좋고 싫음이 아닌 그것을 일어나게 하는 텅 빈 공간으로, 또는 무심의 순수한 의식 자체로 옮겨오게 됩니다. 지금 이 순간 여러분의 느낌은 어떻습니까? 지금 이 순간 어떤 느낌이 있나요? 아무리 미묘하더라도 느낌이 있다면 그 느낌을 일으키는 마음의 구조가 형성되어 있습니다. 구조 없이는 느낌이 일어나지 않죠. 느낌은 다시 말해 부딪힘이에요. 감각적인 기준과 대상이 만났을 때 생겨나죠. 모든 느낌은 만남입니다. 여러분의 마음에 어떤 느낌이 있다면 그것은 마음의 구조가 형성되어 있다는 뜻이라는 것만 알아채보세요. 그러면 저절로 그 느낌에서 떠나있게 됩니다. 에너지가 거기에 안 들어간다는 말이에요. 그걸 모르면 에너지가 계속해서 유지됩니다.

내가 착한 일을 한다는 생각 없이 전체를 바라보는 입장으로 모든 선행을 한다면, 그 마음은 분열 속에 있으면서 분열없음을 기반으로 하고 있습니다. 선한 행동이라는 것은 뭔가요? '선한 행동'이라고 하는 순간 이미 선함과 악함을 나누는 분별 속에 있게 됩니다. 분별이 없다면 어떤 선이 있고 어떤 악이 있겠어요? 그러니까 인간의 입장에 있을 때 선과 악이 있습니다. 또 동물의 입장에서는 그들의 선과 악이 있겠죠. 식물의 입장에서도 그들의 선과 악이 있을 것입니다. 자기 부류의 선과 악에 묶여있는 존재는 분별 속에 있습니다. 선과 악이 없는 절대에 기반을 둔 채로 분별을 하는 것이 바로 절대 속에서 상대를 사용하는 것입니다. 그렇지 않고 '내가 하는 선행'은 분별 속의 선행입니다. 그래서 자기의 기준에 맞지 않는 행동을 하는 사람을 미워하는 것입니다. 그런데 자기 기준에서만 악일 수 있어요. 프랑스인은 한국 사람들이 개고기를 먹는 것을 나쁘게 바라보죠. 그들의 기준일 뿐이에요. 또 한국인은 프랑스의 달팽이 요리를 징그럽다고 여깁니다.

그런 기준을 넘어서 절대에 뿌리를 박은 다음에 선행을 정밀하게 해나가는 것이 바로 분별없음 속에서 분별을 사용하는 것입니다. 내가 한다는 생각 없이 선함을 행하면 점차 진심을 향하게 되고, 자신이 하는 선함 속에 있으면 계속 분별 속에 있게 됩니다. 분별에 묶이면 아주 축소된 '나'라는 테두리 내에서만 살게 되죠. 그래서 일체의 선행을 모으라는 것입니다. 만 가지 선행을 다 하는 것입니다. 내가 선이라고 여기지 않는 선은, 전체의 입장에서 보면 선인 것입니다. 내가 보기엔 선이 아닌 그런 선도 행할 수 있다면 나를 내려놓을 수 있겠죠. 나를 고집하지 않을 때, 그때 진정한 선이 무엇인지 알게 됩니다. 높은 안목이 있는 사람, 더 넓게 보는 사람은 바로 이런 선을 행할 수밖에 없어요.

간단하게 예를 들어보겠습니다. A라는 사람은 누가 무슨 말을 해도 다 오케이인데 돈을 매우 중시하는 사람이에요. B라는 사람은 약간만 마음에 안 들어도 화를 냅니다. A는 화를 내봐야 얻는 것이 없다고 생각해서 다른 사람과 절대 말싸움을 하지 않아요. 이런 사람은 돈 문제만 넘어가면 다 넘어갈 수 있는 사람인 것입니다. 일체의 선행을 하는 것이 바로 이런 효과를 가져 옵니다.

三者는 大悲心이니 欲拔一切衆生苦故니라
삼 자   대 비 심   욕 발 일 체 중 생 고 고

셋째는 대비심이니 일체중생의 고뇌를 구제하려는 마음이다.

대비심大悲心은 크게 자비로운 마음이니, 일체 중생의 괴로움을 뽑아내기를 바라는 마음입니다. 모든 중생이 나와 다르지 않음을 알고 그 고뇌를 구제하고자하는 마음이에요. 이 역시 나누어진 마음의 분별을 넘어가는 수련입니다. 세상이 나를 이해하지 못 한다고 하면서 자기세상으로 가는 사람은 자기강화를 하는 사람입니다. 겉으로 보이는 반발이 없다 해도 속에서는 강한 자기강화가 일어나요. 대비심은 세상과 나를 나누지 않습니다.

'지금'이라는 것은 안목이 높아질수록
그 범위가 점차 넓어진다

問曰上說法界一相이라 佛體無二어시늘
문 왈 상 설 법 계 일 상   불 체 무 이

何故로 不唯念眞如하고 復假求學諸善之行이닛고
하 고   불 유 념 진 여   부 가 구 학 제 선 지 행

答曰譬如大摩尼寶가 體性이
답 왈 비 여 대 마 니 보   체 성

明淨이나 而有鑛穢之垢하니
명 정   이 유 광 예 지 구

若人이 雖念寶性이나 不以方便으로
약 인　수 념 보 성　불 이 방 편

種種磨治하면 終無得淨인달하야
종 종 마 치　종 무 득 정

묻기를, 위에서 법계는 일상이요 부처의 본체는 둘이 없거늘
어찌하여 오직 진여만 생각하지 않고 다시 온갖 선행에서 그것을 배워야
하는가?
답하기를, 비유컨대 큰 마니보물구슬이 있어 그 본체와 본성이
맑고 깨끗한 것이나 광석의 더러움이 있으니
사람이 그것이 보물임을 생각해도 여러 방법으로
종종 갈고 닦지 않으면 끝내는 깨끗해질 수 없나니

　우리의 마음은 마니구슬과 같아 더러워질 수 없는데, 그 본체와 본성의 먼지를 닦아낼 필요가 있을까요? 그런데 진흙이 묻은 마음을 닦으라고 했어요. 잘 이해가 안 되죠? 본질은 더러울 수 없다고 했잖아요. 신수神秀는 "몸은 보리의 나무요 마음은 밝은 거울과 같나니 때때로 부지런히 털고 닦아서 티끌과 먼지 묻지 않게 하라."라는 게송을 지었어요. 이에 혜능慧能은 "깨달음은 본래 나무가 아니고 명경에는 틀이 없다네. 본래 한 물건도 없는데 어디에 때가 끼고 티끌이 낀단 말인가."라고 하죠.

　자, 앞의 문장을 시간으로 비유해보겠습니다. 마니보주摩尼寶珠는 지금 이 순간입니다. 그런데 우리 마음은 과연 지금 이 순간을 잡을 수 있나요? 마음으로는 결코 이 순간을 잡을 수 없어요. 잡히는 것은 모두 과거나 미래일 뿐입니다. 우리는 과거를 회상할 수 있죠. 바로 방금 전에 있던 일이라도 마음은 잡아낼 수 있고, 아무리 먼 미래라 할지라도 떠올릴 수 있어요. 그렇지만 지금 이 순간을 잡을 수는 없어요. 잡았다고 여기는 순간 이미 지나간 과거일 뿐이죠. 그렇다고 해서 '지금

이 순간'이 없다고 할 수 있을까요? 결코 그렇지는 않아요. 왜냐하면 그것이 지나가면 과거요, 그것이 아직 오지 않았다면 미래이기 때문입니다. 이 '지금'이라는 것은 안목이 높아질수록 그 범위가 점차 넓어집니다. 그래서 '현재'라 하지 않고 '지금'이라고 합니다. 예를 들면 63빌딩 꼭대기에 사는 사람과 1층에 사는 사람의 현재는 다릅니다. 1층에 사는 사람이 창밖으로 반경 100m만 볼 수 있다면, 맨 꼭대기에 사는 사람은 반경 10㎞를 볼 수 있어요. 만약 700m 전방에서 자동차가 달려오고 있다면, 꼭대기 층의 사람에게는 그것이 현재 일어나는 일이지만 1층에 사는 사람에게는 아직 보이지 않기 때문에 미래의 일인 것입니다. 한 가지 사건이 누구에게는 현재이고 누구에게는 미래이지만, 사실 그 일은 '지금' 일어나고 있는 일이에요. 그래서 지금은 누군가의 과거, 현재, 미래를 다 포함하고 있습니다.

그러나 우리의 마음은 지금 이 순간에 있지 못하고 늘 과거의 패턴이나 미래의 계획에 머뭅니다. 여러분은 계속 지금 이 순간으로 오려고 해야 해요. 자신이 늘 영원한 지금 속에 있음을 알아챈 사람은 과거와 미래에 사로잡히지 않습니다. 그것을 사용할 뿐이에요. 그에게는 과거도 미래도 개인적인 현재도 없습니다. 그저 영원한 지금만이 있을 뿐입니다. 아직 알아채지 못했다면 계속 지금으로 돌아오도록 하세요. 모든 일은 바로 지금 일어납니다. 모든 느낌도 지금 일어나요. 지금 마음의 구조가 형성되어서 모든 것이 일어난다는 것을 알게 되면 마침내 과거와 미래의 관성에서 벗어납니다. 또한 관성을 벗어나려는 갈고 닦음이 지금으로 가는 길이기도 하죠. 갈고 닦지 않으면 깨끗해질 수 없다는 말은 그런 의미입니다.

如是衆生의 眞如之法도
여시중생　　진여지법

體性이 空淨이나 而有無量煩惱染垢하니
체성　　공정　　이유무량번뇌염구

이와 같이 중생의 진여법도
본체와 본성은 비고 깨끗하나 무량한 번뇌로 오염되니

　지금 이 순간은 비어있고 깨끗합니다. 지금 어떤 느낌이 있다면 그 것은 과거의 데이터로 인한 느낌입니다. 심지어 투명한 존재감에도 과 거의 데이터가 사용됩니다. 지금 이 순간은 오직 비어 있는데, 아무런 마음의 내용이 없기 때문입니다. 그리고 거기엔 어떤 한계도 없습니 다. 모든 한계는 개인에게 일어나죠. 과거로 가면 수많은 회한과 굴욕 이나 자랑이 올라오고, 미래로 가면 수많은 불안과 기대와 초조가 올 라옵니다. 아무런 내용이 없는 이 순간을 잡는다면 이 순간이 곧 모두 를 포함하는 영원임을 알게 됩니다. 과거, 현재, 미래의 수많은 마음 의 내용은 무량한 번뇌가 되니 그것에 사로잡히면 번뇌에 빠지는 것이 요, 그것을 사용하면 번뇌가 곧 지혜가 됩니다. 사용한다는 말은 도구 로 이용한다는 뜻입니다. 어린아이는 그것이 도구인지를 모르고, 어른 에게는 그 도구가 없습니다. 도구가 있지만 도구에 사로잡혀 놓지 못 해서 도구로 사용하지 못해요. 본체는 깨끗하지만 무량한 번뇌로 오염 되어 있다는 말이 이런 의미입니다.

若人이 雖念眞如나
약인　　수념진여

不以方便으로 種種熏習하면 亦無得淨하리라
불이방편　　　종종훈습　　　역무득정

사람이 진여를 생각하나

여러 방법으로 익히고 닦지 않으면 또 깨끗해질 수 없나니라

내가 착한 일을 한다는 생각 없이 하는 선한 행동은 좋은 수련 방법입니다. 행위를 하지 말고 행동을 하세요. 행위는 내가 하는 것이지만 행동은 일어나는 움직임입니다. 행동 중에서도 많은 사람을 위한 행동이 좋은 훈련법이 되죠. 진심의 길을 가는 주된 방법인 무심공부와 함께 보조적인 방법 중의 하나로 선행을 얘기하였습니다.

以垢無量하야 徧一切法故로
이 구 무 량   편 일 체 법 고
번뇌가 헤아릴 수 없이 두루 한 모든 법을 덮었기에

번뇌가 왜 진리인 법法을 덮는지는 번뇌가 생겨나는 구조를 보면 당연하게 이해할 수 있습니다. 마음이 나와 대상으로 나누어져서 그중의 일부인 '나'라는 것에 주의가 쏠리면 그것과 동일시됩니다. 그런 나와 대상 간의 관계 속에서 일어나는 모든 불안과 초조와 고통이 바로 번뇌죠. 따라서 괴로움은 분열에 기반을 두고 있기 때문에 분열이 없는 진리인 법을 덮을 수밖에 없습니다. 분열 이후에 일어나는 번뇌는 분열 이전인 진리를 덮어버려서 발견될 수 없게 만들어요. 이와 같이 분열이 일어난 상태에서는 분열 없음을 알 수 없다고 보통은 말합니다. 분열의 레벨에 있으면 그 분열이 전부라고 느껴지기 때문에 분열 이전이 지금 동시에 있음을 발견하지 못합니다. 그러나 분열 없음의 레벨에 있다면 분열 있음 속에서도 분열 없음이 동시에 있다는 것이 분명해집니다.

비유하자면, 모양 수준의 파도에 있으면 모양만 보이기 때문에 물은

보지 못합니다. 그러나 물의 입장이라면 파도도 물이고 파도가 일어나기 전인 바다도 물이겠죠. 물의 입장에서는 파도와 바다가 모두 분열 없음이에요. 그러나 모양인 파도의 입장에 있으면 어떨까요? 모양은 끊임없이 변합니다. 이 파도와 저 파도가 구별되는 모양의 세계에서는 오직 분열만 보이죠. 우리의 초점이 모양에 맞춰지면 분열과 끊임없는 변화 속에 있게 되고, 변화하는 과정 속에서 일어나는 불안과 초조함과 괴로움이 모두 다 실재하는 것처럼 여겨집니다. 그러나 물의 입장에서 보면 파도가 이런 저런 모양으로 생겨나고 사라져도, 그것이 변함없는 물이며 아무런 차이도 없다고 알기 때문에 번뇌가 진리를 덮을 수 없습니다. 그러니까 정리하자면 번뇌가 진리를 덮는 상태는 모양에 사로잡혔을 때에요. 번뇌가 헤아릴 수 없이 두루 한 모든 법을 덮었다고 말한 이유는, 지금 질문을 하는 사람이 모양의 차원에 있기 때문입니다. 그런 사람들은 선법善法을 닦는 것이 도움이 된다는 말입니다.

진정한 선의 모습

修一切善行하야 以爲對治니
수 일 체 선 행   이 위 대 치
일체의 선을 행해 닦아 그것을 다스리는 것이니

일체의 선법善法을 닦아 오염을 제거한다는 말은 '내가 착한 일을 한다'는 의미가 아닙니다. 보통 선한 일을 할 때는 내가 선한 일을 하는 것이죠. 그리고 그 선이라는 것도 선과 악으로 나누어진 것 중의 선입니다. 한정된 것이에요. 그런 선한 행동을 하는 주체는 분명한 분별 속에 있습니다. 진정으로 선한 일은 분별없음으로 가는 것입니다. 그렇다면 선한 법을 수행하면 어떻게 분별없음으로 갈까요? 선행의 진정한 의미는 내 몸과 내 마음, 내 생각에만 한계 지어진 주의를 주변으로 돌리고 전체를 바라보게 하는 데 있습니다. 더 선한 마음일수록 더 큰 부분이나 전체를 고려합니다. 자신만을 고려하면 악행에 쉽게 빠지죠. 나만을 위하면 왜 악해질까요? 자신만을 위하다 보니까 다른 사람에게 피해를 주고 힘들게 만들기 때문이죠. 어느 누구도 다른 사람에게 일부러 피해를 주려고 하지는 않아요. 자기에게만 손해가 나지 않으면요. 자기만 잘 살 수 있다면 다른 사람을 괴롭힐 사람은 없습니다. 그런데 자기가 더 잘 먹고 잘 사는 커다란 욕망을 채우려고 하다 보니까, 그 길의 장애물을 치우는 과정에서 다른 사람에게 해를 끼치죠. 그래서 악행을 하게 됩니다. 결국 초점이 자기에게만 있기 때문이에요. 나와 남을 나누고, 그중 한 부분에 해당하는 나한테만 주의를 쏟는 것이 결국 악행으로 이어집니다. 선함은 나와 남을 똑같이 고려하고 동등하게 바라보는 것입니다. 선한 사람일수록 더 큰 전체를 바라봅니다. 나와 남을 나누지 않는 쪽으로 가요. 그런데 "선한 행위를 하라."고 하면 보통은 착한 일을 하고 나서 '내가 착한 일을 했다.'고 마음에 새기죠. 이는 자기를 더욱 더 강화시킵니다. 또다시 부분을 강화시키기 때문에 결국 아무런 도움도 되지 않는 선한 행위인 셈이에요. 진짜 선한 행위가 아닙니다. 자신이 베풀었다는 마음을 가진다면 그 선행은 잘난 척하는 행동에 불과합니다. 나에게만 맞춰져 있던 주의를 전체에 퍼트려서 전체를 동등하게 보고 같이 고려하는 것이 바로 진정한 선입니다.

예를 들어 왼손이 아프면 오른손이 왼손을 감싸고 따뜻하게 해주는데, 이는 같은 몸이기 때문이죠. 왼손이 아프면 곧 나도 아프다는 것을 알고 전체를 고려하는 과정이라고 할 수 있어요. 그런데 오른손이

'내가 너에게 착한 일을 해주고 있는 거야.'라고 생각한다면 어떻겠어요? 자기가 더 위에 서는 것입니다. 이는 선한 행위가 아니라 도리어 업業이 되는 자기 강화입니다. 여기서 말하는 선을 닦는 수행과는 거리가 멀어요.

그런데 전체를 보려면 대체 어떻게 해야 할까요? 전체를 본다는 말은 '보려고 애쓰라'는 의미가 아니에요. 전체에서 일어나는 일들에 마음을 열어 놓고 느끼면 됩니다. 느낌은 그냥 받아들여지는 것입니다. 어떤 울타리를 가지고서 보면 부분만 보이지만, 내 울타리를 내려놓는다면 모든 것에 마음이 열립니다. 감지에서 감각으로 갈 때 그렇죠. 모든 것이 보이고 들리고 느껴지지만 특별한 하나를 보지 않을 때에는 특별한 하나를 보는 '나'도 없어지잖아요. 그런 것처럼 전체를 보는 마음에는 결국 부분적인 내가 희미해지고 사라집니다. 그런데 그 과정에서 생각으로 전체를 보는 것이 아니라 느낌으로 느껴야 합니다.

어떤 사람을 바라봤는데 어딘가가 아파 보일 때가 있죠. 상대를 느끼고 있으면 그 사람의 아픈 느낌이 나에게 고스란히 전달되어 나도 그대로 느낄 수 있습니다. 물론 그 느낌이 본인보다는 약하겠지만 느껴지기는 해요. 그러면 어떤가요? 불편함이 강하게 느껴지면 균형을 잡아주려는 마음이 나도 모르게 나오게 되어 있습니다. 뜨거운 찻잔을 손으로 잡으면 바로 손에서 내려놓게 되죠. 상대가 고열로 괴로워하고 있으면 어떨까요? 마음속에서 경계를 지어서 '저 사람과 나는 달라!'하는 생각이 없고, 상대의 느낌이 그대로 느껴진다면, 고열로 괴로워하는 사람을 편안하게 해주고 싶은 마음이 저절로 일어납니다. 왜냐하면 나에게도 느껴지기 때문이에요. 선한 행동을 하려는 생각이 없어도 저절로 그런 행동을 하게 됩니다. 그럴 때 나와 남의 구분이 없어지죠. 대상에 대한 불균형과 불편함이 진하게 느껴지면 우리 마음은 그런 불균형을 균형으로 바꾸려는 작용을 저절로 하게 됩니다. 그런데 생각이 경계 지어서 '저건 내 일이 아니야.'라고 해버리면 마음이 움직이지 않아요. 그렇지만 않다면 우리는 저절로 도와주게 되어있다는 말이에요.

그래서 주변을 면밀하고 민감하게 느끼는 것이 중요한데, 대부분의 사람들은 자기에게만 주의가 쏠려있습니다. 그래서 주변에 관심이 가지 않고 느껴지지 않을 뿐, 느껴지면 나도 모르게 하게 됩니다. 그럴 때 하는 행위가 진짜 선한 행위입니다. 나에게 묶여 있던 주의가 풀려나 전체를 향해서 퍼져나가면서 주변이 세밀하게 느껴지고 그에 따른 행위가 저절로 나옵니다. 개별적이라고 여겨지는 몸과 마음에 주의가 집중되어 있다가 전체로 퍼져 나가면서 '나'라는 것이 약화되는 효과를 얻게 됩니다. 이것이 바로 선을 행할 때 다가오는 효과에요. 그런 의미에서 선을 행하라는 말이지, 착한 행위를 해야만 복을 받는다는 생각으로 선행을 한다면 오히려 자기가 강화될 뿐 수행이 전혀 되지를 않습니다.

진정한 선함은 옳다/그르다의 분별을 떠나있다

若人이 修行一切善法하면
약 인   수 행 일 체 선 법
自然歸順眞如法故라 하시니
자 연 귀 순 진 여 법 고

만약 사람이 모든 선법을 수행하면
자연히 진여의 법으로 돌아가게 될 것이기 때문이다.

왜 선법을 수행하면 진여(본질)로 자연스럽게 돌아가게 될까요? 선행은 분리된 개별체로서의 나를 넘어선 행동입니다. 사람들은 자기 자신만을 위하는 사람을 선하다고 하지 않지요. 더 많은 사람들, 나아가 전체를 위한 일을 할 때 선하다고 말합니다. 그런데 사실 진정한 선함은 우리가 말하는 선한 행위를 넘어서 있습니다. 선행은 선과 악을 나누는 분별 속의 일이에요. 그러나 진정한 선함은 이런 분별을 넘어서는데 있습니다. 모든 분별과 나눔, 그리고 그것을 기반으로 하여 형성된 개념에서 자유로워지면 그때 진정한 '위함'이 일어납니다. 무엇을 위한다는 생각이 없는 위함이 일어납니다.

마치 왼손이 가려우면 오른손이 자연스럽게 왼손을 긁는 것과 같습니다. 그런 때 '내가 너를 위해 긁어줄게.'라는 생각이나 느낌이 일어나지 않잖아요. 왼손에게 일어난 가려움이 오른손에게도 느껴지기에 자연스럽게 왼손을 긁게 되죠. 만약 오른손이 아무것도 느끼지 못한다면 어떨까요? 예를 들어 오른손이 몸에 붙어 있긴 하지만 신경이 차단되어 오른손으로 정보전달이 안된다고 해 봅시다. 그러면 오른손은 왼손에게 일어난 가려움을 전혀 느낄 수 없어서 왼손을 긁지 않겠죠. 느껴지지 않기 때문이죠. 만약에 이런 상태에서 뇌가 오른손에게 왼손을 긁으라는 명령을 내린다고 해봅시다. 일단 뇌가 하라고 하니까 억지로 가서 긁겠지만 왼손의 가려움이 해소된다는 것 또한 느끼지 못할 것입니다. 이때 오른손이 하는 행동은 자기를 강화시킬 뿐이에요. '내가 착한 일을 하고 있어'라는 생각과 같아요. 그것은 선한 수행이 아닙니다. 왼손이 느끼는 것을 오른손도 그대로 느껴서 '내가 한다'는 생각 없이 자기도 모르게 하는 것이 진짜 수행입니다. 왜냐하면 그때는 왼손과 오른손이라는 분별이 없기 때문입니다.

분별이 없어진다는 것이 바로 본질로 가고 있음을 의미합니다. 나와 나 아닌 것을 나누어놓고 '내가 너에게 도움을 준다.'고 생각하는 것은 오히려 분별을 강화시킵니다. 나는 더 높아지고 상대는 더 낮아지죠. 매일 도움만 받는 사람은 행복하지 않습니다. 처한 상황은 나아지겠지만 마음은 얼마나 비참하고 힘들겠습니까? 그 사람도 분리가 더욱 더 강해지죠. 도움을 준 사람은 자신이 도움을 줬다는 생각이 강해지고, 도움을 받는 사람은 자신은 매번 도움을 받기만 한다는 생각이 강해집니다. 둘 다 자기가 강해져요. 따라서 그러한 관점에서 도움을 주는 행위는 선한 행위가 아닙니다. 진정한 선한 수행은 분별을 넘어서는 데 있어요. 모든 나눔과 개념에서 자유로울 때 진정한 선함이 일어납니다. 보상에 집착하지 않으며 내가 베푼다는 생각이 없는 베풂이 보시바라밀의 핵심입니다. 내가 무언가를 해준다는 생각으로 베풀면 베푸는 사람과 받는 사람 모두 죄를 짓는 거나 마찬가지여서 둘 다 인과因果를 받게 되죠. 베풀었다는 생각이 있는 사람은 다른 보상이 없으면 화가 날 것이고, 자신은 도움을 받기만 하는 존재라는 생각을 하는 사람은 비참함을 받게 되니 이것이 업業이 됩니다. 분별 속에서 일어나는 선한 행위는 항상 업을 만들어요. 이것이 바로 인과입니다. 그렇지만 분별이 없는 곳에서는 인과가 없습니다. '내가 한다'는 생각 없이 할 때에는 분별없음 속에서 행위가 일어나기 때문에 인과가 없어요. 인과는 항상 관계 속에서 일어납니다.

오른손이 왼손의 가려움을 느껴서 도와줄 때는 그 어떤 경계도 없습니다. 느낌상의 경계가 없다는 말이에요. 생각 차원에서는 오른손과 왼손이 따로 있지만 느낌의 차원에서는 한 몸이기 때문에 아무런 경계가 없는 하나입니다. 간단한 실험을 한번 해보겠습니다. 오른손으로 왼손을 잡아보세요. 눈을 감고 한번 느껴봅니다. '오른손이 왼손을 잡았다'는 느낌이 있습니까? 그렇게 느끼는 마음은 지금 오른손과 왼손을 나눠놓고 있습니다. 그리고 오른손이 왼손을 잡았다는 느낌을 느끼고 있어요. 그러나 그것은 실제 일어나고 있는 일이 아니라, 마음에 이미지를 떠올려 경계를 그려놓은 것입니다. 사실은 흰 도화지 위에 하나의 느낌 덩어리가 있을 뿐인데, 거기에 경계를 지어서 오른손과 왼손을 그려놓았어요. 그냥 촉감으로만 느껴보면 한 덩어리 아닌가요? 촉감이 나누어져 있습니까? 그저 하나의 느낌이 있을 뿐입니다. 생각의 경계를 내려놓으면 거기에는 개별적인 두 가지가 있지 않습니다.

이번에는 손으로 컵을 잡고서 눈을 감고 느껴보세요. 생각으로는 '손이 무엇을 잡았다'는 경계와 나눔이 있지만 실제의 느낌은 어떤가요? 그저 하나의 느낌이 나타났을 뿐입니다. 손에 더 주의를 기울이면 손이 무언가에 닿은 느낌이 느껴진다고 생각하기 쉽지만, 사실은 과거의 손의 느낌을 불러 일으켜서 '여기까지만 손이고 새롭게 닿은 것은 컵의 느낌이야!'라고 경계를 지었을 뿐이에요. 그저 촉감 자체에만 집중하면 지금 여러분이 느끼는 느낌은 오직 하나입니다. 분별없는 하나의 느낌이죠. 그렇지만 생각은 느낌에 경계를 지어서 여기서부터 저기까지는 손이라고 여깁니다.

마음속의 경계와 분별을 내려놓고 오직 느낌에만 집중하는 연습을 더 해보겠습니다. 바로 앞에 있는 사람의 눈을 들여다보세요. '저 사람은 내가 아니야.'라는 생각을 내려놓고 눈에서 느껴지는 느낌만을 온전히 느껴보세요. 어떻습니까? 어떤 하나의 느낌이 있죠? 그 느낌만 느끼면서 '나와는 다른 사람'이라는 생각을 지워보세요. 생각은 경계

짓는 역할을 합니다. 느낌을 고정시킨 파도와 같아요. 그렇지만 느낌은 물과 같은 것입니다. 느낌은 끊임없이 바뀌죠. 옆 사람의 눈을 들여다볼 때도 조금만 각도가 틀어져도 느낌이 달라집니다. 그러나 '나는 저 사람을 보고 있어'라는 생각을 통해 느낌을 느끼고 있으면 느낌이 고정되어 버립니다. 생각을 내려놓고 온전히 느낌만을 느낄 때, 그 눈 속에서 어떤 불편함이 느껴질 수 있습니다. '지금 저 사람이 뭔가 불편하구나.'라는 생각이 떠오르지 않으면 그 불편함은 내 불편함이겠죠. '나'와 '너'가 없이 불편함이 그대로 느껴져요. 그러면 그 불편함을 없애려는 움직임이 일어나고 균형을 맞추려는 행동을 하게 됩니다. 이것이 바로 분별없는 느낌으로 하나가 된 두 사람이라는 환상 사이에서 일어나는 일입니다. 느낌은 하나가 되기도 하고 나뉘어 둘이 되기도 하면서 매순간 끊임없이 변화합니다. 이것이 느낌의 속성이에요. 마음은 이것과 저것을 나누어놓고 시각적인 경계를 그려서 구분합니다.

무지개는 다채로운 한 덩어리의 빛일 뿐이지만 마음은 그것을 일곱 가지 색으로 나눕니다. 또 자신의 가족 구성원이 일곱 명일 때, '우리 가족은 할아버지, 할머니, 아버지, 어머니, 나, 동생, 형. 이렇게 7명이야.'라는 생각을 빼면, 느낌으로 가족이 모두 연결되어 있습니다. 그래서 누군가가 아프면 자신이 아픈 것처럼 느껴져서 그 아픔을 해소해 주려고 나도 모르는 행동이 일어나죠. 그렇다면 그때 가족은 그저 한 덩어리 아니겠어요? 오른손이 왼손을 긁어주려고 하는 것처럼 느낌으로 연결되어 있다면요. 서로에 대한 느낌에 민감해지면 그에 대한 반응을 통해 우리는 하나가 됩니다.

내 몸이 하나의 몸이라고 여겨지는 이유는 발가락에 아픔이 생겨나면 즉각 알아차려서 어떻게든 해결하려는 행동이 일어나기 때문입니다. 만약에 오른쪽 엄지발가락에서 피가 나고 있는데 한 시간이 지나서야 그런 상태를 느낀다면 과연 한 몸이라고 할 수 있을까요? 즉각적으로 반응이 일어나고 느낌이 곧바로 느껴질수록 하나라고 느낄 것입니다. 지금 세계가 그렇게 되어가고 있죠. 인터넷이 발달함으로 인해서 아프리카에서 재난이 일어나면 먼 나라에서도 도움의 손길이 일어납니다. 아픔이 느껴지기 때문이에요. 느끼지 못했을 때에는 각자 살아갔지만 느껴지니까 하나가 되어갑니다.

느낌의 세계에서는 사실 다 하나예요. 그저 생각이 나눌 뿐입니다. 느낌이 정교해지고 반응이 빨라질수록, 또 느낌이 진해질수록 하나처럼 되어갈 것입니다. 느낌의 세계 속에서만 살아간다면 그냥 그렇게 하나인 것입니다. 마음속에서 생각이 경계 지어서 나누어놓고 행동을 막고 있을 뿐입니다. 동생의 아픔이 느껴지는데도 '저건 내 일이 아니야.'라는 생각이 든다면 그 생각은 나의 행동을 막죠. 생각이 막아서지만 않는다면 나도 모르게 도움을 주려는 행동을 할 것입니다. 이런 반응은 어떤 경우에는 빠르게, 어떤 경우에는 늦게 이루어집니다. 예를 들어 뺨에 뭔가 묻은 느낌은 아주 진해서 손이 즉시 얼굴로 향하겠지만, 발뒤꿈치에 뭔가 묻으면 그 느낌은 약하기 때문에 나중에 알아차리고 천천히 손이 가는 것과 같습니다. 느낌은 상황의 변화를 알려주고 그에 대해 반응하도록 신호를 줍니다. 반응의 속도는 달라질 수 있지만 느낌의 차원에서 반응을 주고받는 점에서는 같으니 결국은 모두 하나이기 때문입니다.

선법善法을 수행하면 경계 지어진 개별적인 '나'를 넘어 느낌으로 대상과 하나가 되어서, 개별적 대상이라는 생각 없이 느낌에 반응하여 나의 에너지를 그를 위해 사용합니다. 보통은 '나'라는 것의 아주 제한된 경계 안에 주의가 갇혀있습니다. '나'라고 여겨지는 생각이 일어나면서부터 모든 감각적인 느낌을 그 안에 한정시키죠. 어린 아기들은 옆의 아기가 울면 자기도 같이 울어요. 쟤가 아픈 것이 곧 내가 아픈 것처럼 느끼기 때문인데, 점차 나이가 들어 '저 아이의 아픔은 내 아픔이 아니구나.'하고 알면 더 이상 따라 울지 않아요. 너와 나를 분별하는 것입니다. 그렇다고 어린 아기 시절처럼 분별을 못하는 상태로 돌아가자는 말은 아닙니다. 분별을 넘어가자는 말이죠. 분별을 하되, 분별은 마음의 경계 때문이지 실제 분별이 있지는 않다는 점을 파악하라는 의미에요. 그렇게 함으로써 에너지를 내 몸과 마음에만 한정지어 가두지 않고, 자연스럽게 필요한 곳으로 흘러가도록 내버려 두는 것이 바로 진정한 선법의 수행입니다. '나'라는 것은 아주 제한된 경계 안에 에너지를 가둔 것입니다. 그 경계를 넘어서 전범위로 확대되고 제한 없이 에너지가 나아가도록 하는 것이 바로 선을 베푸는 진정한 의미입니다. '나'라는 것의 좁은 울타리, 제한된 에너지 틀 속에서 벗어나면 자연히 분별없는 진여로 돌아가게 될 것이라고 진심직설은 말하고 있습니다.

據此所論컨댄 以休歇妄心으로 爲正하고
거 차 소 론   이 휴 헐 망 심   위 정
이 기신론에 의하면 망심을 쉬는 것으로 정을 삼고

대승기신론에서 망심을 쉬는 것으로 정正을 삼는다고 했어요. 그러니까 진심에 이르는 길 중에 가장 올바르고 핵심적인 길은 망심을 쉬

는 것입니다. 망심은 분별하는 마음이고, 최초의 분별은 나와 나 아닌 것을 나누는 것이라고 했습니다. 그런데 지금 '나'라고 생각되어지는 이 마음자체가 나와 나 아닌 것으로 나누어진 그 마음이란 말이에요. 그 속에 들어있는 거예요 지금. 마음이 나와 너로 나누어졌는데, 그중의 일부에만 몰려있는 느낌이 바로 '나'라고 느껴지는 마음이라는 것입니다. 그러니까 일부분에만 동일시되어있는 마음입니다. 왜 그렇죠? 내가 경험하는 세계는 다 내 느낌의 세계이기 때문에 그렇습니다. 지금 여기 컵이 있어요. 그런데 저 컵이 어째서 내 느낌의 세계입니까? 내가 알고 있는 컵, 내가 경험한 컵, 내가 컵이라고 여기는 어떤 느낌은 다른 사람이 보는 것과는 다르기 때문이에요. 지금 아주 뜨거운 물이 컵에 담겨 있는데, 다른 사람들은 그런 줄을 모릅니다. 그 사람이 컵을 볼 때는 그냥 컵이기 때문에 컵을 건네주면 자기도 모르게 덥석 잡겠죠. 그런데 뜨거운 물이 담겨있다고 나는 알기 때문에 그 컵을 볼 때의 나의 느낌은 다른 사람의 느낌과는 다르겠죠. 즉, 내가 보는 컵은 내가 받아들이고 경험해서 알고 있는 지식과 느낌과 경험의 정보들이 다 포함되어있는 내 느낌의 컵입니다. 그 컵은 어디 있습니까? 여기 있는 거예요? 여기 있는 것이 그 컵이라면 다른 사람도 나와 똑같이 그렇게 봐야죠. 어떤 사람은 손이 아주 두꺼워서 이 컵도 뜨겁게 느껴지지 않지만, 나는 피부가 얇아서 이 컵이 너무 뜨거워요. 내 느낌의 세계이고, 내가 경험하는 세계죠. 그 경험이 컵에 들어와 있는 것입니다. 그리고 그것을 아는 내가 있는 것입니다. 그 부분적인 마음이 지금 여러분들이 '나'라고 여기는 그 마음입니다. 그리고 '이 컵은 내가 아니야.'라고 여기고 있어요. 그런 데서 오는 모든 느낌들은 대상이라고 여깁니다. 이것이 가장 기본적인 마음의 분열입니다. 그리고 그 분열로 인해서 생겨나는 모든 것들이 다 망심이죠. 망심의 기본은 나와 나 아닌 것의 분열이에요. 그 분열된 마음을 쉬는 것이 진심으로 들어가는 올바른 방법입니다.

더 높은 안목을 가진 사람만이 진정한 선을 이룬다

修諸善法으로 爲助니 若修善時엔
수제선법   위조   약수선시

與無心相應하야 不取着因果니
여무심상응   불취착인과

若取因果하면 便落凡夫人天報中하야
약취인과   변락범부인천보중

難證眞如하야 不脫生死요
난증진여   불탈생사

온갖 선법을 닦는 것으로 조를 삼으니 선을 닦을 때엔
무심으로 상응하여 인과에 집착하지 않아야 하니
만약 인과에 집착하면 곧 범부나 인천의 과보에 떨어져
진여를 증득하기 어려우며 생사를 벗어나지 못할 것이요

선善을 닦을 때에는 무심無心으로 상응하여 인과에 집착하지 말라고 했습니다. 그런데 여기에는 모순이 좀 있어요. 선법善法이라는 것 자체가 뭡니까? 이미 선과 악을 나누고서 거기서 선한 것만 골라놓은 것입니다. 그런데 진정한 선함은 줄타기와 같습니다. 딱 고정된 선이 있는 것이 아니에요. 목마른 사람한테는 물을 주는 것이 선함이지만, 강에 빠져서 물을 잔뜩 먹고 겨우 빠져나온 사람한테 물을 주는 것은 선한 행동이 아니겠죠. 그 사람한테는 물을 토하게 해주는 것이 선한 행동이 될 것입니다. 그러니까 물 한 컵을 주는 것은 선하지도 악하지도 않습니다. 상황에 맞추어서 행동해야 하는데, 상황에 따라 선도 되고 악도 되기 때문입니다. 선과 악은 관계 속에서 규정지어집니다. 저 사람의 상황을 잘 보고 거기에 맞춰주는 것이 선이지, 무조건 내가 옳고 착한 행위라고 생각하는 것을 해주는 것이 선행은 아니라는 말이죠. 아이들은 피자를 먹고 싶어 하는데, 아버지는 건강을 생각해서 한식을 먹으러 가자고 합니다. 물론 건강을 고려하는 거니까 정말로 아이들한테 좋은 일일 수 있죠. 그러나 진정으로 아이들이 원하는 일을 하게 해주거나 아이들이 진정으로 필요로 하는 것을 찾아서 맞춰주는 것이 선함이지, 내가 생각한 옳고 좋은 것을 해주는 것이 선함은 아닙니다.

고정된 선은 없어요. 관계 속에서 필요를 맞춰주는 것이 바로 선입니다. 저 사람에게 부족한 것이 무엇인지를 보고 채워주는 것입니다. 선법을 닦을 때 고정된 선을 행하는 사람은 분별을 하고 있는 것입니다. 착한 일과 나쁜 일을 나누었어요. 이런 고정된 선의 애매함을 얘기했던 사람이 있죠. 예를 들어 물에 빠져서 허우적거리며 죽어가는 사람을 건져줬어요. 그리고서 자신이 착한 일을 했다고 생각하고 지냈는데, 나중에 그 사람이 살인을 했다는 것을 알게 됐어요. 열 명을 총으로 쏴죽였대요. 그러면 이 사람은 선한 행위를 한 걸까요? 자신이 생명을 구해준 사람이 열 명을 죽였습니다. 그대로 물에 빠져죽게 됐으면 그 열 명은 안 죽었을 텐데. 이런 예를 들면서 선의 애매함을 얘기했던 사람이 있습니다. 그러니까 착한 일을 한다는 것은 결코 쉬운 일이 아닙니다.

선행의 핵심은 내가 남을 돕는다는 측면이 아니라, 나를 내려놓은 채 주변에서 일어나는 모든 일을 세심하게 느껴서 불균형을 해소하여 조화로움을 회복하는 데 있습니다. 그러니까 더 높은 안목을 가진 사람만이 진정한 선함을 이룰 수 있습니다. 부조화와 불균형과 빈틈을 채워야 하니까요. 그런 일에 주의를 사용하기 때문에 '나'라는 것이 특별히 개입될 여지가 줄어듭니다. 왜냐하면 느껴지는 대로 바로 행동하기 때문이죠. 이것이 바로 "환경이 나한테 명령한다."는 말의 의미입니다. 환경의 부족함이 보이면 그 빈틈을 채웁니다. 오직 나한테만 주의가 몰려있을 때는 주변이 잘 안 보여요. 지금 내가 부족한 것을 채우기에도 바쁘거든요. 자기의 부족함이 없어진 사람만이 드디어 밖을 보는 눈이 생기고, 밖의 부족한 부분을 채워가기 시작합니다.

여기서 말하는 선한 행위의 수행법은, 비록 자기로부터 완전히 자유로워지지는 않았더라도 '내가 착한 일을 한다'는 생각 없이 오직 주변을 섬세하게 느끼고 살피며 주의를 쏟는 것을 말합니다. 그럼으로써 내가 약화되고 주변에 대한 느낌이 민감해져서 나도 모르게 행동이 일어납니다. 저 사람이 배고파하면 너무 불쌍해서 나도 모르게 일어나서 쌀을 씻고 밥을 해줍니다. 나를 위해서 밥을 하려면 귀찮아서 안 할 수도 있는데 저 사람의 배고픔이 느껴지기 때문에 내가 움직여요. '나는 착한 사람이니까 밥을 해줘야지.'하는 것이 아닙니다. 주변에 대한 느낌에 민감해져서 일어나는 선한 행동이 진짜 선한 수행입니다. 그럴 때는 '나'라는 것이 개입될 여지가 줄어들죠. 주의가 자신에게만 쏠려서 내가 선을 베푼다는 생각을 하면, 결과를 바라는 마음이 생기고 거기에 집착하여 인과가 생겨납니다. 그렇게 인과에 떨어지면 진여를 증득하지 못하죠. 왜 그렇습니까? 인과라는 것은 경계 지어진 세계이기 때문이에요. 원인과 결과가 나누어져서 '내가 했으니까 내가 보상을 받아야지.'하는 것입니다.

반면 진여는 모든 경계가 허물어져서 하나도 아닌 불이不二의 세계입니다. 생각은 오른손과 왼손을 나누었지만 느낌은 나누어져있지 않습니다. 오른손이 왼손한테 해주는 자연스러운 일과 같은 것이 진정한 선의 수행이고 진정한 보시입니다. 그렇지 않고 내가 베풀었다는 생각에 빠지면 자기강화가 일어나고 인과에 빠져서 진리를 증득證得할 수 없습니다. 증득이라는 표현을 다시 한 번 살펴보겠습니다. 진리는 직접적으로 터득할 수 있지 않아요. 본질은 직접적으로 우리가 경험하거나 알거나 느끼거나 잡아낼 수 있는 것이 아닙니다. 왜 증득이라는 표현을 썼겠어요? 현상을 통해 본질을 보라는 의미입니다. 선한 수행을 통해 우리는 자신도 모르게 나와 대상을 넘어가게 됩니다.

若與無心相應하면 乃是證眞如之方便이며
약 여 무 심 상 응   내 시 증 진 여 지 방 편

脫生死之要術이라 兼得廣大福德하리니
탈 생 사 지 요 술   겸 득 광 대 복 덕

만약 무심으로 상응하면 곧 진여를 증득하는 방편이 되는 것이고
생사를 벗어나는 중요한 방법이 되는 것이며, 겸하여 광대한 복덕을 얻
을 것이다.

무심無心으로 상응한다는 것은 나누어진 마음 없이 선한 행위를 하는 것입니다. 베푼다는 생각 없이 베푸는 것입니다. 느껴지지 않으면 그렇게 되질 않습니다. 정말 저 사람이 안타까우면 나도 모르게 뭔가 하게 돼요. 저 사람에 대한 안타까움이 조금도 느껴지지 않는데, 착한 일을 해야 해서 억지로 베풀면 '내가 너에게 베푼다'는 생각을 할 수 밖에 없고, 그러면 수행이 전혀 되질 않습니다. 무심으로 선업을 수행하면 그것이 곧 진여를 얻는 방편이 된다고 했습니다. 그렇지만 '내가 한다'는 생각으로 하는 선행은 진여를 얻는 방법이 되지 못합니다. 다른

사람들한테 도움은 될 수 있겠지만 자기한테는 독이 될 뿐이에요. 자꾸자꾸 자기가 커지니까요. 하루하루 선한 행위를 하면 할수록 자기는 독화살을 맞는 것입니다.

자아를 강화시키는 잘못된 보시

金剛般若經에 云하사대
금강반야경   운

須菩提야 菩薩이 無住相布施하면
수보리   보살   무주상보시

금강반야경에서 말하기를
수보리야 보살이 상에 머물지 않는 보시를 하면

　수보리는 부처님의 제자입니다. 무주상보시無住相布施라는 말을 많이 들어봤죠? 바로 금강반야경에 나오는 이야기입니다. 주상住相은 상相에 머무는 것입니다. 나와 너를 나눠놓은 그런 분리의 상에 머무는 것입니다. 서로 상相이라는 글자를 쓴다는 데서 알 수 있듯이, 이것과 저것 사이의 관계에서 오는 것이 바로 상입니다. 이것이 무거운 느낌이 나는 이유는 뭔가요? 내 마음속에 가벼운 느낌의 상이 있고 그것을 배경으로 두고 이것을 보니 무겁다고 느껴지는 것입니다. 매끄러운 상은 어디에서 옵니까? 내 마음속에 있는 거친 것에 대한 경험을 기반으로 이것을 느끼니까 매끈하다고 느껴집니다. 이처럼 모든 상은 서로가 서로를 정의하는 관계 속에 있습니다. 따라서 보살이 '상이 있는 보시[住相布施]'를 한다면 내가 있고 너가 있는 것입니다. '내가 이 사람한테 보시를 한다'는 말이에요. '이 사람'이 의미하는 건 이미 나 또한 있다는 것입니다. '나'라는 상에 기반해서 저 사람한테 보시를 하는 행위가 일어나는 것이니, 그런 것은 진짜 보시가 아닙니다. 자기를 강화시켜서 오히려 악도惡道에 떨어지는 일이에요. 그런 상에 머물지 않는 보시가 바로 무주상보시無住相布施입니다.

　상相이 있는 베풂의 가장 커다란 함정은 '나'라는 임시적인 현상에 주의가 머물러서 그것이 실체인 것처럼 느낀다는 점입니다. 임시적인 느낌의 '나'라는 것은 우리가 가진 데이터에 반응하여 매 순간 나타나는 일시적인 현상이에요. 그래서 이 사람을 볼 때 느껴지는 나의 느낌과 저 사람을 볼 때 느껴지는 나의 느낌이 다릅니다. 그런데도 '변함없는 내가 본다'고 생각해요. 나라는 것과 이 사람 사이에서 느껴지는 느낌은 이렇고, 저 사람과의 사이에서 느껴지는 느낌은 저렇습니다. 그러면 저런 느낌과 이런 느낌이 있을 뿐이지, 변함없는 내가 있는 것은 아닙니다. 아버지를 대한 때의 느낌과 아들을 대할 때의 느낌이 다르잖아요. 상황에 따라 내가 달라지는데, 사람들은 변함없는 내가 있다고 여깁니다. 몸을 기준으로 삼고 있기 때문이죠. 몸에서 생겨나는 주체감에 의한 현상입니다. '나는 여기 있고, 너는 저기 있지. 여기에 있는 나는 변함이 없고, 저쪽에 있는 것들은 내가 아니야.' 이렇게 마음에 그려놓은 경계에 기반 해서 의식이 발생합니다. 그러나 나와 대상은 임시적인 느낌에 생각으로 경계를 그려놓은 것에 불과합니다. 그래서 생각을 개념이라고 말하는 것입니다. 마음이 만든 것입니다. 수많은 느낌의 경험에서 공통점을 추출해서 추상적인 무엇을 정해놓고, 그것이 있다고 이름을 붙인 것이 바로 개념이에요.
　느낌은 그보다 근본적입니다. 그런데 느낌을 잘 살펴보면 느낌은 항상 변합니다. 이 사람을 대할 때의 느낌과 저 사람을 대할 때의 느낌은 서로 다른데, 이렇게 느낌이 달라지는 것은 교향악단의 연주가 매순간 다른 소리를 내는 것과 같습니다. 바이올린, 첼로 등의 여러 악기들은 내가 살아가며 쌓은 경험적인 데이터, 타고난 유전적인 데이터, 또는 에너지적인 데이터 같은 것들이라고 할 수 있어요. 악기들은 서로 다른 대상과 만나서 매순간 다른 소리를 내죠. 어떤 때는 플루트가 소리를 내고, 어떨 때는 피아노와 첼로가 같이 협연을 합니다. 이를 마음에 적용해 보면 내 안에 있는 데이터들이 대상에 따라 각기 다른 나를 형성해서 작용을 한다고 할 수 있어요. 피아노가 소리를 낼 때는 자기를 피아노라고 여기고, 바이올린이 주축이 될 때는 스스로를 바이올린이라고 여기죠. 누군가를 도와주고서 '나는 이렇게 착한 사람이야.'라고 여기고, 또 자신도 모르게 남한테 해를 끼치는 일을 했으면 '내가 나쁜 짓을 했네.'라고 여깁니다.

마음의 내용들은 대상에 따라 반응하는 데이터입니다. 그리고 이 반응을 통해 또 다른 데이터가 형성되기도 하죠. 문제는 이렇게 매 순간 반응하며 변하는 내용들에 이름을 붙여서 고정화시키는데 있습니다. '나는 이런 사람이야.'라는 것은 개념이죠. 나는 착한 사람이야, 나는 능력 있는 사람이야, 나는 어리석은 사람이야. 어리석고 못났다고 여기는 것도 자기를 강화시키고, 잘났다고 여기는 것도 자기를 강화시킵니다. 부분적이고 임시적인 현상인 '나'를 고정시킨다는 말이에요. 정말로 당신은 그런 사람인가요? 항상 그렇게 반응하는 것은 아니잖아요. 사실 매 순간 나를 움직이는 것은 느낌입니다. 그리고 그 느낌은 대상을 만났을 때 순간적으로 나타나고, 대상이 달라질 때마다 달라집니다. 따라서 '나' 또한 매 순간 바뀌는 것입니다.

그렇게 순간마다 달라지는 부분적인 나에서 초점을 조금만 옮겨보면 어떻습니까? 내가 경험하는 드라마속의 주인공들은 매순간 나타났다가 사라지지만, 모든 드라마를 보는 자는 누구입니까? 사실 본다기보다는 모든 마음의 드라마가 일어나고 있는 곳은 어디냐는 말이죠. 한 편의 드라마가 펼쳐졌다가 사라지도록 하는 그 공간이 계속 있습니다. 마음의 내용이 일어나고 있는 곳은 어떤 드라마에도 묶여있지 않고, 어떤 마음의 내용에도 고정되지 않으며, 그 무엇보다 더 넓고 더 크고 더 무한합니다. 모든 마음의 내용을 감싸 안고 받아들이며, 늘 이 순간 모든 것의 바탕이 되죠. 그것의 속성은 수용이고 현존이고 관심이고 사랑이에요. 그런데 '나'라는 울타리에 갇혀져 있으면 그것이 제 역할을 하지 못합니다. '저건 내가 아니야.'라고 경계 지은 마음이 자연스러운 행동이 일어나지 못하게 막아요. '나'라는 한계 지어진 울타리가 생명의 에너지가 펼쳐지는 것을 막고 있는 것입니다. 그래서 그러지 않도록 나라는 생각 없이 자꾸 보시를 하라는 것입니다. 내가 할 수 있는 모든 것을 가지고 돕고 베푸는 것입니다.

그러면 어떻게 베푼다는 생각 없이 보시를 할까요? 우선 세심하게 느껴야 합니다. 무슨 일이 벌어지고 있는지 주의가 밖으로 쏟아져야 해요. 이 몸과 마음에만 주의가 묶여있지 않고 주변으로 돌아가야만 느껴지겠죠. 느낌은 주의가 쏟아져야만 강하게 느껴집니다. 이 컵을 향해서 주의를 쏟으면서 바라보세요. 이제 주의를 컵에서 거둬서 자기 쪽으로 옮겨 보세요. 눈은 그대로 컵을 쳐다보지만 주의를 자신에게로 거두면 컵이 흐릿해지죠? 잘 안 느껴져요. 즉 시각적으로 컵을 보고는 있지만 느낌은 안 느껴진다는 말이죠. 내 주의가, 내 생명의 핵심이, 의식의 핵심이 밖으로 쏟아져나가야지만 강하게 느껴지게 되어 있어요. 내 마음이 주변에서 일어나는 모든 일을 느끼려면, 내 마음이 나가서 그것에 닿아야만 합니다. 그렇게 예민하게 느껴질 때 나도 모르게 행동이 일어나죠. 내가 한다는 생각 없이 행동이 일어납니다. 그러나 잘 느끼지도 못하면서 생각으로만 착한 일을 하려고 하면 오히려 자기가 강화됩니다. 상에 머물지 않는 보시라는 것은 생각으로 경계를 그리지 않고 느껴지는 대로 반응하여 도움이 일어나게 하는 것입니다.

본성을 잠깐 맛본 것이 진심을 이룬 것은 아니다

其福德을 不可思量이라 하시니
기 복 덕   불 가 사 량

今見世人이 有參學者가 纔知有箇本來佛性하면
금 견 세 인   유 참 학 자   재 지 유 개 본 래 불 성

乃便自恃天眞하고 不習衆善하나니
내 변 자 시 천 진   불 습 중 선

그 복덕이 한량없을 것이라 하시니
지금의 세상 사람들이 공부하는 것을 보면 한낱 본래불성을 알고는
곧 그 천진한 본성만 믿고 갖가지 선업을 닦거나 익히지 않으니

한낱 본래불성을 알았다는 말은 견성見性과 비슷한 것입니다. 잠깐 본성을 봤어요. 수영으로 치자면 물에 뜨는 맛을 본 정도라고 할 수 있습니다. '내가 없다는 것이 이런 거구나.'하고 경험적으로 와 닿았어요. 그 정도만 맛보고서 갖가지 선업을 닦거나 익히지 않아요. 본질을 봤더니 좋고 나쁨도 없고, 부처도 중생도 따로 없이 다 원래 부처였고, 선업과 악업도 없는데 뭘 닦을게 있냐는 것입니다. 그런데 잠깐 맛을 봤다 해서 이 사람이 정말 진심에 이른 것은 아닙니다. 왜냐하면 여전히 관성에 휘둘리기 때문에 파도가 덮쳐오면 다시 물에 빠져서 허우

적거립니다. 그리고 옆에 있는 사람을 돕지도 못하죠. 물에 뜰 줄 아는 정도로는 물에 떠내려가는 강아지 한 마리 건져내지 못해요. 그렇다면 물에 뜨는 것이 무슨 소용입니까?

본성을 본다는 것은 그리 크게 중요하지 않다고 말하고 있기도 합니다. 본래부터 있던 우리의 천진한 본성을 발견한 일일 뿐이에요. 원래부터 그랬던 것입니다. 지금 엉덩이가 의자 바닥에 닿아있는 것이 느껴지죠? 원래부터 엉덩이가 바닥에 닿아있었어요. 다만 거기에 주의가 안가서 느껴지지 않다가, 이제 주의가 가니까 느껴질 뿐이에요. 변한 건 하나도 없죠. 우리의 본성을 보는 것도 마찬가지입니다. 본성은 원래부터 한 치의 흔들림도 없이 늘 있었어요. 내가 어리석을 때나 똑똑할 때나, 내가 본성을 봤을 때나 무지에 휩싸여 있을 때나 상관없이 본성은 늘 나와 함께 있었습니다. 그것이 본성이라는 말의 진정한 의미 아니겠어요. 잠깐 잠들었을 뿐이죠. 나는 동쪽을 향해 서있는데, 서쪽을 향해 있다고 믿고 있었어요. 그렇다고 해서 내가 동쪽을 향해 서 있지 않은 건 아니죠. 계속 그렇게 서 있었지만 까먹고 있었을 뿐이죠. 그러다가 누군가가 알려줘서 자신이 지금 동쪽을 향해 서있다는 것을 알아챘어요. '아, 이것이 동쪽이었구나!'하고 드디어 알았는데 뭔가 달라진 것이 있습니까? 아무것도 없습니다. 아무런 차이가 없어요. 본성을 본다는 건 이와 유사합니다.

"한낱 본래불성을 알고는"이라고 했어요. 대단하죠? 이 부분이 소승小乘은 보지 못하는 부분입니다. 본성을 보는 것은 소승의 지상과제입니다. 그렇지만 대승大乘은 이 몸과 마음이 나의 전부가 아니라는 것입니다. 무생물에서 생물에 이르기까지, 그리고 유기체에서 전우주적인 현상까지, 존재하는 모든 것이 전부 다 나와 다르지 않아요. 그 모든 것들이 본래불성의 세계로 건너갈 때까지 나는 멈추지 않겠다는 것이 바로 대승의 서원입니다. 보살의 서원이죠. "모든 중생이 극락에 들어간 이후에 내가 극락 들어가겠다."고 합니다. 여기서 말하는 중생은 인간만을 말하는 것은 아니에요.

豈只於眞心에 不達이리요
기 지 어 진 심   부 달

亦乃翻成懈怠하야 惡道도 尚不能免이어든
역 내 번 성 해 태   악 도   상 불 능 면

그것은 진심에 도달하지 못할 뿐 아니라,
또 반대로 게을러져 악도에 떨어짐을 면치 못하리니

본성을 본다는 것은 본래부터 있던 우리의 천진한 본성의 발견이에요. 그 이후에는 천변만화千變萬化하는 이 현상계의 관성에 묶이지 않고 수많은 분별들을 잘 사용하여, 울타리에 갇힌 사람들을 풀어주고 그들이 본질에 도달할 수 있도록 돕는 작업을 하라는 것입니다. 이것이 진심에 도달하는 것입니다. 왜냐하면 진심에는 중생과 중생 아님이 없기 때문에 한 티끌이라도 여기서 헤매고 있다면, 아직 진심에 이른 것이 아닙니다. 오직 알아챔만을 가지고 그대로 남아있다면, 다시 관성에 빠지거나 게으름의 악도에 떨어지게 되고 생사해탈을 이룰 수 없습니다. 진심에 이르지 못할 뿐 아니라, 게을러져서 도리어 악도惡道에 떨어져버린다고 했어요. 자신이 본질을 알아채거나 봤다고 믿는 마음이 함정에 빠지는 첫 발입니다. 자기 자신의 감정과 괴로움으로부터는 자유로워졌어요. 그런데 이 사람이 '나는 이제 경험했어.'라고 여긴다면, 그 경험한 나는 누구냐는 것입니다. 본질을 본다는 것은 내가 없음을 아는 것이잖아요. 미묘하게 그렇게 다시 내가 생겨나는 것이 바로

악도에 떨어지는 것입니다.

況脱生死아　此見이　大錯也니라
황 탈 생 사　　차 견　　대 착 야

하물며 생사를 벗어날 수 있겠는가? 그런 소견은 큰 착각이다.

불성佛性을 보는 것이 전부라고 여기는 견해는 커다란 착각입니다. 대승에서 보는 진심의 개념은 굉장히 포괄적이고 넓습니다. 소승은 자신의 마음의 구조와 본질을 보는데 초점이 맞춰져있어요. 그런데 그 작업이 끝나고 나면 더 이상 할 일이 없기 때문에 당연히 주의가 밖으로 나오게 되어있습니다. 에너지는 머물지 않고 끊임없이 움직이는 것입니다. 이 몸과 마음에 흘러 들어와서 자기의 욕구를 채우느라 바빴던 그 에너지는, 자기라는 것이 하나의 임시적인 현상이고 헛되다고 알게 되면 더 이상 거기에 쏟아져 들어가지 않고 밖으로 흘러나옵니다. 안팎이 없어지는 것입니다. 그래서 너와 나의 구별이 없이 쓰이기 시작합니다. 그러나 무작정 쓰이지는 않고 적절히 쓰입니다.

마음의 기본적인 구조를 보고 망심을 쉬게 하는 것이 진심에 이르는 길입니다. 그리고 선업을 행하는 것은 부차적인 길입니다. 이 두 가지 길을 같이 가라는 말을 하고 있습니다.

제12장

진심공덕

眞心功德

진심공덕은 현상으로 드러난 진심의 모습들을 말하니 진심이 펼쳐내는 덕을 의미합니다.

점수의 세계에는 있지만,
무심無心에는 그 어떤 변화와 도약이 없다

或이 曰 有心修因은 不疑功德矣어니와
혹   왈 유심수인   불의공덕 의

無心修因은 功德이 何來이닛고
무심수인   공덕   하래

묻기를, 유심으로 인을 닦는 것은 그 공덕을 의심할 바 없지만 무심으로 인을 닦는 것은 공덕이 어디서 옵니까?

유심有心은 분리된 마음이라고 보면 됩니다. 나와 너가 있고, 나와 세상이 있고, 이것과 저것이 있는 마음은 나누어진 마음이고 곧 유심의 마음입니다. 그러한 분리된 마음으로 어떤 원인을 닦으면 그 공덕을 의심할 바가 없다고 했어요. 무언가를 얻고자 하는 마음은 인因을 닦아서 과果를 얻으려는 마음입니다. 원인을 닦았기 때문에 그 결과가 더불어 나타나는 것은 의심할 필요가 없습니다. 유심의 세계는 분별의 세계이기 때문에 원인이 있으면 결과가 있는 인과의 세계예요. 어떤 지점에서 수련을 해서 다른 지점으로 올라가거나 다른 상태로 변하는 것도 인因을 통해 과果를 얻는 세계의 일입니다. 그럴 때에는 항상 행위의 주체가 있어서 수행을 통해 다른 상태로 변하는 경험을 하게 되죠. 이처럼 유심의 세계에는 주체와 대상이 있고, 그 사이의 경험이 있는 세계입니다. 여러분이 공부를 통해 뭔가를 얻거나 경험했다고 여기거나 변화했다고 여긴다면 그것은 유심의 세계에서의 변화입니다. 불교에서 자주 말하는 돈오頓悟와 점수漸修 중에서 점수에 해당하죠. 변화하는 단계의 층이 있어서 차례로 층을 오르거나, 수련을 통해 뭔가를 발견하면 한 단계 오르는 것이 바로 점수의 세계입니다.

점수의 세계에는 항상 변화와 도약이 있지만, 무심無心에는 그 어떤 변화도 도약도 없습니다. 왜냐면 우리 모두가 이미 그것이기 때문이죠. 즉각 깨닫는 돈오頓悟가 바로 무심의 길이에요. 돈오가 대체 어떻게 가능할까요? 아무것도 배우지 않은 사람이 어떻게 한순간에 깨우치고 알아챌 수 있을까요? 그 사람은 이미 그것이기 때문에 가능한 일입니다. 아무것도 하지 않아도 알아챌 수 있는 이유는 이미 그것이기 때문이에요. 점수漸修는 하나하나 단계를 밟아서 변해가고 달라집니다. 이와는 다른 즉각적인 깨우침은 이미 내가 그것이기 때문에 가능해요. 만약 내가 그것이 아니라면 그것을 이루기 위해서 애를 쓰고, 시간을 들여서 노력을 해야 합니다.

유심으로 인을 닦으면 그 공덕은 의심할 바가 없다고 했어요. 어떠한 원인을 닦으면 그에 따른 결과가 일어난다는 말이죠. 그런데 무심으로, 즉 분별없는 마음으로 인을 닦아도 어떤 결과가 나타나는데 그 공덕은 어디서 오는지 묻고 있습니다. 무심은 분별이 없는 마음이고 '내가 한다'는 생각이 없는 마음이어서, 무언가를 이루고자 하는 마음이나 어떤 결과를 추구하는 마음 없이 그저 행동할 뿐인데, 그런 행동 때문에 나오는 결과의 공덕은 어디서 오느냐는 것입니다. 무심이 된 사람은 뭔가를 이루려는 마음이 없는데 어찌 열심히 하겠으며 무엇을 이루겠냐고 생각할 수 있어요. 어떤 목적이 있어야 열심히 하고, 그 목적을 이루기 위한 방향이 맞아야만 목표를 향해 나아가서 거기에 도달하지 않겠습니까. 그런데 무심은 여기도 저기도 없고, 목적도 원인도 없으며, 결과에도 개의치 않는 빈 마음인데 그 사람이 어떻게 목적을 이루겠습니까? 무심으로 인因을 닦는데 어떻게 과果가 일어나겠어요? 또 무심에는 분별이 없는데 어떻게 인을 닦을 수 있으며 그 과보인 공덕은 어디서 옵니까? 이렇게 물어볼 수 있죠. 무심으로 원인을 닦는다는 말은 얻을 것 없음을 얻기 위해 닦는 것과 같기 때문입니다. 즉 우리가 이미 그것이면서 그것을 얻으려고 닦는 것입니다. 이미 지구 위에 서 있으면서 지구에 도착하려고 지구 위를 열심히 뛰어가는 것과 같죠. 그러나 아무리 달려도 내가 도착한 곳은 이미 지구입니다. 그러니 애써 다른 데로 갈 필요가 없어요. 이미 내가 지구 위에 있다는 것을 알아채면 그만이에요. 아무리 열심히 해봐야 결국 지구 위에 있는 것입니다. 이와 같이 아무리 애써봐야 그것이 나를 위한 것이란 말입니다. 나와 남이 없는 무심의 마음이므로 열심히 누군가를 돕는다 하더라도 그건 돕는 것이 아니에요. 이미 손이 있는데 손을 얻으려고 수련하면서 열심히 손을 움직입니다. 그렇지만 발견하는 것은 결국 손이라면 그런 수련이 아무런 소용이 없는 짓이겠죠. 과연 그 수련은 무엇을 위한 것이며, 그 수련을 통해 얻은 것이 과연 진짜 얻은 것인가요?

유심으로 하는 행동으로 얻는 결과가 손을 사용하는 스킬이라고 해봅시다. 손을 정교하게 사용하는 기법을 훈련해서 목공에 필요한 기계를 다루는 기술을 얻을 수 있겠죠. 시간을 들여 노력을 쏟아 부어서 일정한 단계를 거쳐 손으로 기계를 다루는 스킬을 얻을 수 있을 것입니다. 이런 것이 유심의 인과라고 할 수 있어요. 그런데 무심의 인과는 손으로 열심히 수련하고 닦기는 하는데, 그 목적이 손을 발견하기 위함이에요. 아무리 내가 애써 노력한다 하더라도 내가 한 무언가가 있습니까? 또 거기서 어떤 스킬을 얻었다 하더라도, 예를 들어 황홀경을 얻고 우주와 합일된 느낌을 느낀다 하더라도 그것이 새롭게 발견된 건가요? 그냥 손을 발견했을 뿐입니다. 한 것이 아무것도 없어요. 그러니까 '나는 경험했어. 나는 얻었어.'라고 말할 수 없는 것입니다. 내가 나를 발견했을 뿐이기 때문이죠. 그런데도 '나는 경험했어.'라고 말한다면, 경험하지 못했던 상태를 자기라고 여기고 새로운 경험을 또 새로운 자기로 만들고 있는 것뿐입니다.

유심이 손을 사용하는 스킬을 얻는 과정이라면 거기에는 단계가 있고 변화와 도약이 있습니다. 그런데 무심의 세계는 손이 손임을 알기 위한 닦음과 같아서, 아무리 손으로 교묘한 기능을 수행한대도 손 자체가 변화한 것은 아닙니다. 또 그 교묘한 기능도 이미 손이 가진 무한한 기능을 잘 현상화해서 사용하는 것에 불과하지, 따로 손을 만들어서 변화를 일으킨 것은 아니죠.

무심에 이르면 그 무엇이라도 못할 게 없이 다 해내지만 '내가 했다'라고 할 만한 것은 따로 없습니다. 그래서 무심으로 인(因)을 닦는 것은 이유 없는 정성을 기울이는 것과 똑같습니다. 어떤 이유가 있어서 정성을 들일 때는 그 이유를 향해서 자신의 온 심혈을 기울이죠. 이유를 향한 정성들임이 우리의 일반적인 유심의 노력입니다. 유심의 정성은 이유에서 나오는 것입니다. 그렇다면 무심의 정성, 이유 없는 정성은 어디에서 나옵니까? 잘 생각해보면 우리가 어릴 때는 특별한 이유 없이도 정성을 기울이곤 했어요. 이유 없이도 내 모든 에너지와 노력이 무언가에 쏟아져 들어가죠. 그처럼 무심은 이미 정성 그 자체입니다. 그런데 그동안 우리는 무심의 무한한 힘을 어떤 이유가 있을 때만 꺼내서 써온 것입니다. 틀에 가둔 채 이유라는 문을 열 때만 정성이 나오도록 했다는 것입니다. 그런데 이유 없는 정성을 기울이다보면 그 틀이 부서져 나가서 언제든지 정성이 나올 수 있게 됩니다. 왜냐하면 무심은 이미 정성 그 자체이기 때문입니다. 그래서 무심으로 인因을 닦으면 무한한 공덕이 드러날 수가 있습니다. 사실은 모든 공덕의 원천이 무심인 거죠.

曰有心修因은 得有爲果하고
왈 유 심 수 인   득 유 위 과

유심수인은 유위의 과보를 얻고

유심으로 어떤 목적을 향해 수련하거나 원인을 닦으면 유위有爲의 결과를 얻습니다. 이것과 저것이 분별되고 호오가 구별되는 결과를 낳아요. 이유 있는 닦음은 그 이유에 대한 얻음이 있어요. 무언가를 원하면 그것이 이루어진다는 말입니다. 그런데 얻음이 있다는 말은 누군가가 얻는다는 말이죠. 얻는 자가 있고, 얻어지는 것이 있고, 얻음을 통한 기쁨이나 행복이 있습니다. 다시 말해 주객분리의 마음을 기반으로 하는 일이란 말입니다. 수련에 있어서도 마찬가지여서 닦음을 통해 내가 성장하고 더 깨끗해지고 마음이 맑아진다고 여긴다면, 내가 있고 깨끗함이 있고 성장이 있는 것입니다. 여전히 마음을 나눠놓고 그 중 일부분과 자기를 동일시하고 있는 것입니다. 더러워진 자기에서 깨끗해진 자기로, 낮은 수준의 자기에서 성장한 자기로 동일시가 바뀌었을 뿐이죠. 물론 수련을 통해 모습의 차이와 만족감이 생겨날 수는 있지만, 분열되고 나누어진 일부분을 자기라고 여기는 동일시에서 빠져나간 건 아닙니다. 이미 우리는 손인데 손짓을 통해 무엇을 얻겠어요?

얻을 것이 아무것도 없습니다. 마음을 여러 수준의 단계로 나누어놓고 순서를 정한 수련들이 있습니다. 우리도 '감지 인텐시브'라고 해서 여러 단계로 나누었지만 사실은 모두 마음의 장난입니다. 그 장난 속에서 빠져 나오려고 그런 작업을 하는 것일 뿐, 단계를 따라서 높이 올라가려는데 목적이 있지 않아요. 그래서 어느 단계에 있어도 사실은 상관이 없어요. 단계라는 것 자체가 마음의 상相이기 때문입니다.

불교에서 점수漸修를 주장하는 파는 분리를 통한 수행과 얻음의 과정을 중요하게 여깁니다. 이처럼 노력에 대한 결과를 얻는 것을 유위有爲의 과보라고 합니다. 황홀함과 우주심과의 일체 같은 경험들이 다 포함되는데, 이 모든 것은 기본적으로 주체와 대상이 나누어진 상태에서 일어나는 느낌이고 경험입니다. 때문에 자신이 경험했다고 여기는 마음은 여전히 나와 대상을 나눈 마음의 분리 속에 들어가 앉아있는 것입니다. 경험의 세계를 변화시키기 위해 노력하고 그 과보를 즐기는 것은 좋습니다. 그러나 매 순간 어떠한 변화도 없고 얻어지는 것도 없는 무위無爲의 세상을 알아채야 합니다. 무위無爲의 세상은 알아채지는 것이고 유위有爲의 세계는 경험하고 즐기는 것입니다. 유위와 무위를 나누지 말고 동시에 맛보면서 가라는 말이에요. 물론 엄밀히 말하자면 무위는 맛보아지는 것이 아니고 알아채지는 것이지만요. 모든 단계와 변화의 과정은 마음의 모습의 변화입니다. 그러나 본질은 마음 그 자체이기에 마음의 모습이 수많은 변화를 겪는다 해도 마음 자체에는 어떤 변화도 없습니다. 이를 알아채는 것이 가장 귀한 것입니다.

상태가 변함으로써 일어나는 기쁨에는 '나'라는 자기 이미지가 필요하다

無心爲因은 顯性功德이니
무 심 위 인   현 성 공 덕
무심으로 인을 삼으면 본성의 공덕을 나타낸다

무심으로 인因을 닦으면, 즉 이유 없이 정성을 다하면 곧 본성이 정성 그 자체임을 발견하게 됩니다. 이미 본성에 정성이 가득 차 있어서, 어떠한 이유라는 것으로 막지만 않으면 정성이 무한히 넘쳐흐르는 것을 발견할 수 있어요.

여러분이 무언가를 얻고 변화를 경험하면 기뻐집니다. 그런데 그런 기쁨은 그렇지 않은 상태에서 그런 상태로 변화했을 때 생겨나는 일시적인 현상이에요. 항상 있지는 않다는 말입니다. 어떤 이유 때문에 생겨난 기쁨은 그 이유가 멈추거나 그 이유가 당연한 것이 되면 곧 사라집니다. 왜죠? 애초에 그 이유에 새로 도달했기 때문에 생겨난 기쁨이기 때문에 그래요. 공부를 하는 과정에서 변화가 느껴지면 기쁨이 일어나죠. 그 기쁨은 왜 일어납니까? 안되다가 되니까요. 그런데 이제 매일 그러면 별로 기쁘지 않습니다. 옛날에는 희로애락에 이리저리 휘둘렸는데 이제는 그렇지 않아요. 처음으로 감정에 휘둘리지 않게 되었을 때는 자신이 변했다고 여기면서 정말 기뻐하죠. 그런데 늘 희로애락에 휘둘리지 않게 되면 이제 별다른 일이 아니어서 기쁨은 사라집니다. 기쁨은 어떤 변화의 단계에서 오는 그런 느낌일 뿐이에요.

상태가 변함으로써 일어나는 기쁨을 맛보기 위해서는 계속해서 상태가 바뀌어야 하겠죠. 그런데 상태가 바뀌려면 바뀌어야 될 무언가가 필요합니다. 무언가가 변화하는 거잖아요. 그 무언가가 바로 '나'라는 자기 이미지입니다. 나는 매일 감정에 휘둘리는 사람이었는데 훈련을 통해 감정에 휘둘리지 않는 사람으로 바뀌었어요. 그럴 때 기뻤던 것처럼, 어떤 상태로 바뀌려면 바뀔 무언가가 필요하니 이것이 바로 주체입니다. '나'라고 얘기했던 주체죠. 틀에 갇혀있던 모습에서 자유로운 모습으로 바뀌었어요. 그러나 달라진 건 없습니다. 뭐가요? 이런 모습의 나를 자신으로 여길 때나 저런 모습의 나를 자신으로 여길 때나, 무언가를 자신으로 여기는 동일시는 바뀌지 않았어요. 그러니까 내가 변화했다고 여긴다면 항상 무언가와 동일시된 상태에 있다고 보면 됩니다. 동일시된 대상이 바뀌었을 뿐 마음의 동일시 자체는 그대로입니다.

동일시는 마음의 작용입니다. 그리고 동일시의 내용은 마음의 내용이죠. 그래서 마음의 내용에 집중하지 말고 마음의 작용에 집중하라고 말했죠. 그것이 진짜 관찰입니다. 그런 관찰의 과정에서 수많은 느낌과 경험들이 일어나지만 모두 일시적인 현상입니다. 지속되지 않아요. 지속될 수가 없습니다. 왜냐하면 모든 느낌은 변화 속에서 일어나기 때문이죠. 어떤 상태에서 다른 상태로 변화해서 기쁨을 느꼈다면 변화된 새로운 상태와 동일시되었기 때문에 기쁜 것입니다. 다른 상태로 바뀌었는데 그것과 동일시되지 않는다면 별로 기쁘지 않습니다. 그것을 나라고 여기지 않기 때문이죠. 상태가 바뀌기 위해서는 바뀔 무언가가 필요한데, 그 바뀔 무언가는 바로 '나'라는 일시적인 자기입니다. 임시적인 그 현상을 고정된 실체로 믿는 마음이 동일시된 마음이죠. 그것을 자기라고 믿으면 당연히 기쁘고 황홀해 집니다. 그러나 변화는 결국 '나'라는 일시적인 현상에게 일어나는 일이지, 무심의 본질에게 일어나지는 않습니다. 그럼에도 불구하고 황홀과 기쁨은 무심에 바탕을 두고 있기 때문에 무심의 공덕이고 본성의 공덕이라고 말합니다. 무심의 본질에 나와 대상의 분별이 일어나고 그 사이에서 기쁨과 황홀이 일어나기 때문에, 모든 아름다운 현상들은 무심에 바탕을 두고 있는 것입니다. 그래서 현상을 숨 막힐 듯 아름다운 허상의 세계라고 말하곤 하죠. 그 아름다움을 충분히 즐겨도 돼요. 그러나 그것이 임시적인 현상이라는 것은 잊지 마세요. 모든 아름다운 공덕들은 무심을 기반으로 나타나기 때문입니다. 그런 현상에 머물게 되면 본질을 잊어버리고 현상을 실체로 여기는 함정 속에 빠지게 됩니다.

此諸功德이 本來自具로대
차 제 공 덕   본 래 자 구

이것은 모든 공덕이 본래 다 갖추어 있으나

모든 공덕이 드러날 수 있는 원천이 본래 무심 속에 있습니다. 현상계의 에너지와 그 안에 있는 무한한 에너지로 설명을 해 보겠습니다. 모든 에너지는 무한 공간속에서 어떤 조건이 맞아 떨어질 때 만들어지죠. 예를 들어 지구에는 중력에너지가 있습니다. 우리는 태어날 때부터 중력을 기반으로 하는 환경에서 살아왔기 때문에 그런 무게의 힘이 있다는 것을 잘 모릅니다. 그러나 시소에 쇠구슬을 떨어뜨리면 떨어지는 그 힘에 의해 반대편이 위로 올라오는 것을 확인할 수 있습니다. 에너지가 현상으로 드러난 것이죠. 중력을 현상화하는 도구와 조건이 필요했을 뿐인데, 이와 마찬가지로 무심도 조건과 상황만 만들어지면 언제든지 드러날 수 있는 준비가 되어있습니다. 모든 공덕이 무심 속에 갖추어져있어서 나와 대상이 나누어지면 희로애락이 일어날 가능성이 열리는 것입니다. 이 얼마나 놀라운 현상의 세계입니까? 아무것도 없는 세상에 모든 진선미가 나타나니 그 모든 진선미의 바탕은 바로 무심이며, 따라서 무심에 모든 공덕이 본래 갖추어져 있다고 말할 수 있습니다.

妄覆不顯이라가 今旣妄除일새
망 복 불 현 　　　　　금 기 망 제

功德이 現前이니
공 덕 　　현 전

망심이 덮고 있어 나타나지 못하다가 이제 망심을 제거하니
그 공덕이 앞에 나타나는 것이니

그런데 그것이 공덕이 될 때는 마음이 분리 속에 빠져있지 않을 때입니다. 만일 분리에 빠진 채 사실이라 여기면 그 사람은 분리라는 환상 속에서 허우적거릴 뿐이니, 이를 자유 속에서 경험하는 공덕이라고 말하기는 힘듭니다. 분리 속의 경험이라는 점은 같지만, 무심의 자유를 기반으로 하는 경험과 분리를 사실이라고 여기는 경험은 완전히 다릅니다. 하나는 현상에 빠진 허우적거림이고 하나는 무심의 공덕을 경험하는 것입니다.

희로애락에서 빠져나와 아름다운 현상으로 바라보면 그렇게 볼 수 있는 힘이 공덕이 되지만, 희로애락에 빠져 동일시되면 고통의 굴레가 되니 결코 공덕이라 할 수 없습니다. 그래서 망심을 제거해야만 공덕이 나타난다고 했어요. 망심 속에 있을 때는 분열된 것 중의 일부에만 동일시되니 공덕이 아니라 착각과 환상 속에 헤맬 뿐입니다.

故로 永嘉가 云하사대
고   영가   운

三身四智體中圓이요
삼 신 사 지 체 중 원

그러므로 영가대사가 말하되

삼신과 사지가 체體 안에 원만히 갖추어져 있고

법신法身은 본질적인 법을 말하고, 보신報身은 과보와 수행의 결과로
이룩한 공덕의 몸이며, 화신化身은 중생을 교화하기 위해서 현상계에
드러난 형상인데, 이 세 가지를 삼신三身이라고 합니다. 사지四智는 대
원경지大圓鏡智(커다랗고 원만한 투명한 거울과 같이 모든 진리가 비춰지는 지혜),
평등성지平等性智(분별심을 떠나 만물 평등성을 갖추어 대자 대비한 지혜), 묘관
찰지妙觀察智(중생의 근기를 알아 법을 설하는 묘한 관찰의 지혜), 성소작지成所
作智(나와 남 모두에게 유익한 갖가지 업을 베푸는 지혜)를 말합니다. 부처님의
삼신三身과 사지四智가 본체 안에 다 갖춰져 있다고 했습니다. 지혜와
어리석음은 분별의 망상이지만 이런 분열의 망상을 사실로 여기지 않
고, 무심에 뿌리를 두고 지혜라는 현상을 사용하는 것이 사지四智의 본
래 뜻입니다. 무심에 그런 지혜가 다 완만히 갖춰져 있어요.

모든 신기한 능력은 무심에 나타난 표지일 뿐이다

八解六通이 心地印이라 하시니
팔 해 육 통   심 지 인

팔해탈과 육신통이 심지의 인이로다 하였다.

팔해탈八解脫은 번뇌의 속박에서 벗어나는 여덟 가지 선정을 말합니

다.* 육신통六神通은 신족통神足通(마음대로 갈 수 있고 변할 수 있는 능력), 천안통天眼通(모든 것을 막힘없이 꿰뚫어 보는 능력), 천이통天耳通(모든 소리를 마음대로 들을 수 있는 능력), 타심통他心通(타인의 마음을 아는 능력), 숙명통宿命通(자신과 남의 전생을 아는 능력), 누진통漏盡通(모든 번뇌를 끝내고 다시 태어나지 않을 능력)을 말하는데, 이 모든 신기한 능력도 모두 무심의 경지에서 나타난 표지일 뿐입니다.

점수漸修의 함정

乃是體中에 自具性功德也라
내 시 체 중   자 구 성 공 덕 야

古頌에 若人이 靜坐一須臾하면
고 송   약 인   정 좌 일 수 유

勝造恒沙七寶塔이라
승 조 항 사 칠 보 탑

이것은 진심의 체 안에 성공덕이 갖추어져 있다는 말이다.
옛 송에 사람이 누구든 잠깐이라도 고요히 앉으면

---

* 팔해탈: ①내유색상관외색해탈內有色想觀外色解脫: 마음속에 있는 빛깔이나 모양에 대한 생각을 버리기 위해 바깥 대상의 빛깔이나 모양에 대하여 부정관不淨觀을 닦음. ②내무색상관외색해탈內無色想觀外色解脫: 마음속에 빛깔이나 모양에 대한 생각은 없지만 그 상태를 유지하기 위해 부정관不淨觀을 계속 닦음. ③정해탈신작증구족주淨解脫身作證具足住: 부정관을 버리고 바깥 대상의 빛깔이나 모양에 대하여 청정한 방면을 주시하여도 탐욕이 일어나지 않고, 그 상태를 몸으로 완전히 체득하여 안주함. ④공무변처해탈空無邊處解脫: 형상에 대한 생각을 완전히 버리고 허공은 무한하다고 주시하는 선정으로 들어감. ⑤식무변처해탈識無邊處解脫: 허공은 무한하다고 주시하는 선정을 버리고 마음의 작용은 무한하다고 주시하는 선정으로 들어감. ⑥무소유처해탈無所有處解脫: 마음의 작용은 무한하다고 주시하는 선정을 버리고 존재하는 것은 없다고 주시하는 선정으로 들어감. ⑦비상비비상처해탈非想非非想處解脫: 존재하는 것은 없다고 주시하는 선정을 버리고 생각이 있는 것도 아니고 생각이 없는 것도 아닌 경지의 선정으로 들어감. ⑧멸수상정해탈滅受想定解脫: 모든 마음 작용이 소멸된 선정으로 들어감.

항하의 모래보다 많은 칠보탑을 세우는 것보다 낫다.

　무심히 앉아 있는 마음은 목적과 목표가 없는 마음이어서 그 어디로
도 가지 않습니다. 그때 이미 그는 본질에 도달해 있어요. 왜냐하면 모
든 곳이 본질이기 때문이죠. 무언가를 향해 계속 나아가는 마음은 목
적을 향한 마음이어서, 그 사람은 늘 목적을 향해 나아가는 '무엇'으로
존재하게 됩니다. 여기에 점수漸修의 함정이 있습니다. 스스로를 향상
시키기 위해 부단히 움직이는 주체로 계속 남는 것입니다. 그러나 주
체는 마음의 일부에 불과합니다. 마음의 일부분과 동일시되어 있으
면 아무리 많은 경험을 쌓는다 하여도 여전히 그 사람은 부분으로 남
을 뿐입니다. 황홀한 경험과 쿤달리니 체험, 타심통이나 대자대비大慈
大悲한 마음의 경험들은 아름다운 칠보탑과 같아요. 그런 경험 중에서
최고의 단계는 텅 빈 무한과 같은 마음입니다. 이 무한한 마음을 투명
한 경험자가 경험하죠. 우리가 경험할 수 있는 최후의 것은 바로 순수
의식이라 불리는 내용 없는 마음, 텅 빈 마음입니다. 그러나 이 텅 빈
마음을 경험하는 자로 계속해서 남아있는 한 그는 허무함으로 들어갈
뿐입니다. 칠보탑의 꼭대기에는 바로 이 허무함이 존재하죠. 텅 빈 사
막과 같고 변함없는 허공과 같아요. 그러나 본질은 이 허공마저 아닙
니다.

　갠지스강의 모래알만큼이나 무한히 많은 탑을, 그것도 정성스레 하
나하나 보물로 탑을 쌓아올린다 하여도, 여전히 마음의 주객관계 속
의 주체에만 동일시된 마음을 자기라 여긴다면 그 자기가 아무리 자유
를 갈망하여도 자유를 갈망하는 자로 남을 뿐입니다. 또는 자유를 얻
은 자로 남기도 하겠지만 이 역시 경험자로 남은 것이니, 모든 경험자

는 마음의 일부분임을 터득하지 못했기 때문입니다. 그러므로 칠보탑이 아무리 귀하다 해도 분열된 마음에서 일어나기 때문에 아무런 분별없는 깨끗한 한마음만 못합니다. 한마음은 도약하여 한마음도 없는 불이不二의 정각正覺을 이루기 때문입니다.

寶塔은 畢竟化爲塵이어니와
보 탑   필 경 화 위 진
보탑은 필경 먼지가 되겠지만

모든 경험은 사라지기 때문에 이렇게 말했습니다.

一念淨心은 成正覺이라 하시니
일 념 정 심   성 정 각
한생각의 깨끗한 마음은 정각을 이룬다 하니

우리의 감각기관을 사용하는 경험은 사물을 지각하는 과정이라는 패턴 속에 존재합니다. 예를 들어 눈은 사물을 보고서 지각하죠. 마음도 이와 비슷하게 항상 무언가를 잡으려고 하니, 그렇게 하는 마음의 작용을 봐야 합니다. 무언가를 잡으려고 하면 마음의 작용은 곧 '무언가'와 '잡으려는 의도'로 나뉘게 됩니다. 이런 나뉨은 결코 마음을 한생각의 고요한 마음으로 존재할 수 없게 해요. 이런 과정은 의식이 일어나면서 끊임없이 반복되어온 패턴이기 때문에 주객의 분열은 자동화되어서 빠져나오기가 무척 힘듭니다. 사실 빠져나올 누군가가 없기도 합니다. 빠져나올 누군가가 있다고 하면 또다시 주와 객으로 나누어지는 것이죠. 내가 경험하는 이 세계는 나의 느낌의 세계인데, 사람들은 그 세계가 나와는 다른 그 무엇이라고 믿고 있어요. 이렇게 주객 개념의 패턴에 빠져있을 때에는 절대로 공덕이 일어나지 않습니다. 그러나 주객의 패턴이 없는 깨끗한 마음은 정각正覺을 이루게 되죠.

故知無心功이 大於有心也로다
고 지 무 심 공　　대 어 유 심 야

그러므로 무심의 공덕이 유심의 그것보다 큰 줄 알 것이다.

　마음을 나누어놓으면 아무리 자비를 베푼다한들 유심有心의 분열 속에 있기 때문에 그중의 일부에 머물러 있습니다. 그러한 마음이 하나의 현상임을 알면 모든 유심의 공덕이 현상계에 잘 쓰이것이 됩니다. 석가모니가 수보리에게 "경전의 설법이 정말 내가 한 것이냐? 내가 진리를 설했느냐?"라고 물었을 때 수보리가 "그런 것은 없습니다."라고 말했어요. 본질의 입장에서 얘기하는 것입니다. 이것이 바로 '없지만 있는 것'입니다. 무심에 무슨 공덕이 있겠습니까? 그렇지만 수많은 공덕은 무심을 기반으로 하고 있기 때문에 무심의 공덕이 유심의 공덕보다 더 큽니다. 이것이 바로 진심의 공덕입니다.

그 모든 의문과 아픔마저 보이는 찰나의 순간

洪州水潦和尙이 參馬祖問하사대
홍 주 수 료 화 상　　참 마 조 문

如何是西來的的意이닛고
여 하 시 서 래 적 적 의

홍주 수료화상이 마조스님에게 묻기를,
　"달마스님이 서쪽에서 오신 뜻이 무엇입니까?"

달마스님이 서쪽에서 오신 뜻이란 '불법의 대의가 무엇입니까?'라고 묻는 것과 같습니다. 부처님께서 깨달은 바가 무엇입니까? 진리가 무엇입니까? 라는 물음과 같습니다.

被馬祖의 一踏踏到하야 *忽然發梧*하사
피 마 조   일 답 답 도   홀 연 발 오

마조선사에게 발길로 채여 거꾸러지고는 갑자기 깨쳤으니,

그 말을 듣고 마조선사가 수료화상을 발로 걷어차버렸습니다. 그러자 수료화상이 어이쿠 하면서 꺼꾸러져 넘어지고 말았습니다. 그때 그는 홀연히 깨닫게 됩니다. 그는 무엇을 깨달은 것일까요? 그는 덕산에게 얻어맞고 못 알아챈 임제와는 무엇이 달랐을까요?

그는 그렇게 발길에 채여 넘어질 때조차도 자신의 의문을 놓지 않고 있었던 것입니다. 임제는 덕산에게 맞는 순간 질문을 잊어버리고는 아픔으로 주의가 가버리고 말았지만, 그래서 대우화상에게 가서야 '네 선생이 그렇게나 진리를 몇번이고 알려주었는데 넌 그것을 몰랐구나!'라는 대우선사의 말을 듣고서야 깨달았지만, 수료화상은 마조선사에게 걷어채이는 순간에도 자신의 의문을 붙들고 있었기에 강력한 통찰로 이어졌던 것입니다.

起來撫掌大笑云하사대 也大奇也大奇라
기 래 무 장 대 소 운   야 대 기 야 대 기

일어나 박장대소하고는 '기이하다 기이하다'

그래서 일어나 손뼉을 치며 시원하게 웃으며 말합니다. "기이하다 기이하다."

무엇이 기이하다는 말일까요? 그의 마음 저변에서는 진정한 불법의

의미가 무엇인지 알고 싶은 절실함이 있었고, 또 마조의 발길에 채이는 순간에도 그 진리를 마조스님에게서 얻으리라는 기대가 있었습니다. 그의 마음은 밖을 향하고 있었던 것입니다. 그는 몇십번의 삼매도 체험하고 많은 경전을 읽어 지혜를 닦아 분별에도 통달했건만 무엇이 진리인지 알 수 없었기에 부처님이 터득한 불법을 밖에서 얻으려는 마음이 되어 있었습니다. 또 마조스님을 신뢰하는 마음이 '이 발길질은 무엇을 의미하는가, 스님은 내게 무엇을 알려주시려고 이 발길질을 하는 것일까?'라는 의문을 놓지지 않고 있었습니다. 그런데 발길에 채이는 순간 주의가 자신 안으로 들어왔고, 동시에 그 모든 의문과 아픔마저 보였습니다. 그리고 그 짧은 찰나의 순간에 보고있는 마음의 작용이 알아채졌습니다. 그는 아픔도 의문도 아니었습니다. 그러자 마음이 시원해지며 모든 번뇌로부터 벗어났습니다. 사실 그 어디에도 번뇌는 없었습니다. 지나가는 강물처럼 번뇌는 현상적으로 흐를 뿐, 자신의 본성은 그 어느것에도 물들지 않고 있음을 발견했던 것입니다. 그리고 그것은 아주 짧은 순간에 일어났습니다.

百千三昧와 無量妙義를 只向一毛頭上하야
백 천 삼 매　　무 량 묘 의　　　지 향 일 모 두 상

便一時에 識得根源去라하시고 乃作體而退 하시니
편 일 시　　식 득 근 원 거　　　　　내 작 체 이 퇴

백천삼매와 한량없는 묘한 이치를 단지 한 털끝 위에서
단박에 근원을 알아차렸다 하고는 곧 예배하고 물러났다.

몇천번 삼매에 들어가고, 아무리 많은 이치를 발견했다 해도 이 근본적인 하나를 알지 못하면 다른 모든 경험은 아무런 의미가 없습니다. 그런데 이 근본은 터럭보다 작은 시간인 찰나간에도 알아챌 수 있

습니다. 왜냐하면 우리는 이미 그것이기 때문입니다. 그래서 근원입니다. 근원이란 우리 모두가 이미 거기에서 발현되어 나온 것이며, 그 근원은 오랜 옛날에도 현재에도 아주 먼 미래에도 우리와 함께했고, 또 함께할 것이기 때문입니다. 하니 함께 한다기보다는 이미 그것이기 때문입니다. 우리는 한시도 그것을 떠나 있을 수 없습니다. 그러하기에 근원인 것입니다.

據此則功德이 不從外來하야 本自具足也라
거 차 치 공 덕   불 종 외 래   본 자 구 족 야

이로써 보면 공덕이란 밖에서 오는 것이 아니요,
본래 자기에게 다 갖추어져 있는 것이다.

따라서 진정한 공덕은 밖에서 오는 것이 아니라 본래 스스로에게 갖추어져 있다고 말하는 것입니다. 어디 멀리 갈 필요가 없습니다. 그렇다면 우리는 왜 늘 밖에서 찾으려 하는 것일까요? 그것은 우리의 감각이 밖을 향해 있기 때문입니다. 감각이란 외부대상을 파악하기 위해 존재합니다. 그러므로 우리는 늘 밖에서 무언가를 '감각'하고 또 '감지' 하며 '알아왔습니다'. 그래서 근본은 '안다' 하지 않고 '알아챈다' 하는 것입니다. '앎'은 늘 '대상'을 알도록 되어있습니다. 앎의 주체는 결코 앎의 대상이 되지 못합니다. 여기에 어려움이 있습니다. 그러므로 근본을 '알려고' 하지말고 그것이 '알아채지도록' 해야 합니다. 환경과 조건이 필요합니다.

그 조건이란, 먼저 근본을 알고자 하는 '의도'가 무의식에 깔려있어야합니다. 그래야 어떤 상황에서도 그 의도가 작동하여 관찰이 일어나게 됩니다. 자신의 마음을 관찰할 관찰기능이 무의식적으로 늘 살아

있어야 한다는 말입니다. 그를 위해서는 평소에 자신을 관찰하는 것이 습이 되도록 해야합니다. 그 다음으로 불의의 사건이 필요합니다. 이 불의의 사건은 마음의 관성적인 상태를 벗어나게 해줄 비상상태를 만듭니다. 관성적인 상태에서는 결코 새로운 통찰이 일어나기 어렵습니다. 왜냐하면 마음이 습관에 젖어 잠들어있기 때문입니다. 세번째로 필요한 것은 마음이 비일상적으로 대응하는 반응이 필요합니다. 그때 의식의 초점이 근원으로 옮겨올 수 있는 가능성이 있습니다. 그것을 수료화상의 사건을 통해 살펴보겠습니다.

먼저 수료화상은 마조선사에게 걷어채일 때 관찰력이 살아있었습니다. 그래서 자신에게서 일어나는 일을 살펴볼 수 있었습니다. 둘째, 마조선사에게 발로 차이는 불의의 사건을 만났습니다. 그냥 평범하게 말로하는 대답을 들었다면 수료화상도 습관적으로 이해하려는데 주의가 갔을 것입니다. 셋째, 발로 채이는 순간 주의가 자신에게 돌아오면서 아파하고 마는 것이 아니라 아파하는 마음과 의문을 가지고 찾으려는 마음 자체가 보였습니다. 넷째, 그렇게 보고 있는 마음이 한시도 쉬지 않고 작용하고 있음을 알아챘습니다.

이것이 바로 통찰이 일어나기 위한 상황이며 필요한 조건입니다. 그리고 그것은 모두 이미 자신에게 갖추어진 것을 통해 일어납니다.

四祖가 謂懶融禪師日
사 조　　위 라 융 선 사 왈

夫百千法門이 同歸方寸 하고
부 백 천 법 문　　동 귀 방 촌

河沙功德이 總在心源하야
하 사 공 덕　　총 재 심 원

사조 도신선사가 나융선사에게 말씀하시기를,
대개 백천의 법문이 모두 마음으로 돌아가고,

　그래서 4조 도신선사는 모든 스승들의 설법은 결국 마음 하나로 초점이 맞춰진다 하였습니다. 그것 하나를 알아채게 하기 위함이므로 아무리 많은 공덕을 대상에 쏟아붓는다 해도 이 마음 하나 알아채는 것만 못한 것입니다. 그래서 달마대사는 양나라 무제가 수많은 사원을 짓고 계율을 엄격히 지켰다 해도 아무 공덕이 없다 한 것입니다. 사원을 지은 것은 수많은 중생들이 수행을 할 수 있도록 그 장을 열어주었으므로 큰 공덕이 될 것이나 그렇게 외부에 아무리 많은 일을 했어도 스스로의 마음에는 도리어 '내가 했다'라는 아상만 쌓을 수 있으니 공덕이 없으며, 계율을 엄격히 지킨 것도 상황에 맞게 중도적으로 계율을 지키는 것이아니라 '이래야 한다'라는 믿음과 신념에 묶여서 계율을 지킨다면 그것은 옳다는 믿음에 힘을 더하여 자아를 강화하는 역할만 할 뿐입니다. 그러므로 진정한 공덕은 마음으로 돌아가 그것을 알아채는 것만 한 것이 없다 한 것입니다.

一切戒門定門慧門과 神通變化가
일 체 계 문 정 문 혜 문　　　신 통 변 화

悉自具足하야 不離汝心이라 하시니
실 자 구 족　　　　불 리 여 심

일체의 계율과 선정, 지혜 문 등도 신통변화가
다 자기에게 갖추어져있어 마음을 떠나지 않는다 하시니

　그렇게 일체의 계 · 정 · 혜, 즉 계율, 선정, 지혜라는 깨달음으로 가는 도구는 이미 자신에게 다 갖추어져 있으니 거기에서 떠나지 않으면 진리로 향하는 발걸음이 헛되지 않을 것입니다.

據祖師語컨댄 無心功德이 甚多언마는
거 조 사 어　　무 심 공 덕　　심 다

但好事相功德者는 於無心功德에 自不生信耳니라
단 호 사 상 공 덕 자　　어 무 심 공 덕　　자 불 생 신 이

조사의 말에 의하면 무심의 공덕이 한없이 많건만
단지 사상의 공덕만을 좋아하는 사람은 무심의 공덕에 대하여 스스로 믿
음을 내지 않을 뿐이다.

이렇게 무심의 공덕은 한없이 많지만 그것을 볼 줄 모르면 오직 무
언가를 행하고, 끊임없이 생각하고 분별하는 사상事相만을 일삼으니
이 모든 사상의 공덕은 무심의 일말을 맛보는 공덕에 비하면 티끌보다
못하다고 할 수 있습니다.

제13장

진심험공

眞心驗功

진심이 드러나는 방식

或이 曰 眞心이 現前에
<small>혹   왈 진 심   현 전</small>

묻기를, 진심이 앞에 나타날 때

진심을 발견하거나 얻는다고 하지 않고 "앞에 나타날 때"라고 표현한 것은 묻는 사람이 진심의 속성을 이미 알고 있다는 의미입니다. 진심은 나타나는 것이지 결코 경험되거나 알 수 있지 않음을 질문에서도 보여주고 있어요.

如何知是眞心의 成熟無碍也이닛고
<small>여 하 지 시 진 심   성 숙 무 애 야</small>

어떻게 해야 진심이 성숙하여 걸림이 없음을 압니까?

진심, 즉 우리가 말하는 본질이라는 것은 한 번 터득되면 그렇게 끝날까요? 아닙니다. 예로부터 그것이 터득된 후에 성숙되어야 한다고 말해왔습니다. 진심은 어떤 형태를 띠거나 부분적인 그 무엇도 아닌데 어떻게 성숙되거나 걸림이 없어질까요? 약간 모순이 있어 보이지 않나요? 진심의 성숙을 나는 어떻게 알 수 있습니까? 나라고 느껴지는 이 마음이 진심이 충분히 성숙되게 드러났는지를 어떻게 아느냐고 묻고 있어요. 아는 것은 누구입니까? 바로 내가 알죠.

그런데 과연 진심은 성숙해질 수 있는 것일까요? 만약 진심이 성숙해지는 것이라면 성숙한 진심과 미숙한 진심으로 나뉠 것인데, 그렇게 구분되는 것이 진정한 진심일까요? 마치 진심의 단계가 있는 것처럼 말하지 않습니까? 어떤 분별이 있듯이 말하고 있죠. 항상 변함없고 영원한 것이 진심인데 어찌 이렇게 변하겠어요? 이는 진심 자체가 아니라 진심이 드러나는 방식에 대한 얘기입니다. 진심이 두텁고 짙게 가려져 있어서 잠깐 잠깐 드러나다가, 이제 그 가림이 옅어져 언제나 필요할 때 걸림 없이 드러나는 상태를 '성숙한 진심'이라 표현했습니다.

그렇다면 진심이 드러날 때 성숙되어 드러나는지 아직 덜 성숙된 채로 드러나는지를 우리는 어떻게 발견할 수 있을까요? 진심이 '나'에 의해서 발견된 (말이 그렇다는 거예요.) 이후에 우리가 느끼는 측면으로 얘기해 보자면 이렇습니다.

지금 '나'라고 느껴지는 이 마음은 마음의 한 현상입니다. 그런데 이 '나'가 일상생활에서 아주 강하게 작용하여 매번 자기를 주장한다면, 진심이 드러난다 하더라도 잠깐 잠깐만 드러납니다. 아주 두터운 기존의 습관과 패턴이 작용하고 있기 때문이죠. 그래서 '나'의 느낌이 강하다면 두터운 먹구름이 하늘을 가리고 있다고 볼 수 있습니다. 그러나 그렇다고 해서 하늘이 달라지는 건 아니죠. 그저 먹구름이 끼어있을 뿐이에요.

그러다가 삼매나 주의에 주의기울이기, 또는 전체주의로 들어가면 어떻습니까? '나'라는 것이 점차 옅어져서 거의 느껴지지 않죠. 그래서 마음이 텅 빈 것 같다가 어느 순간 아주 명료해진다면 그때가 바로 진심이 밝게 드러난 상태입니다. 그렇지 않고 텅 빈 마음이라 할지라도 마음이 멍하다면 그것은 여전히 먹구름으로 가려져 있는 상태에요.

아주 분명하게 자기가 느껴지고 강한 자기주장이 올라온다면 그 순간에는 강한 먹구름이 진심을 가리고 있으니 그렇게 확인이 가능합니다. 점차 성숙해져서 강하게 분별은 하지만 그런 분별 자체가 하늘에 떠 있는 구름이라는 점이 분명해지면, 그래서 강한 주장이 쓰이다가 언제라도 툭 멈춰질 수 있다면, 구름이 짙게 있으면서도 성숙된 진심이 드러났다고 할 수 있습니다.

曰學道之人이 已得眞心現前時에
왈 학 도 지 인   이 득 진 심 현 전 시

답하기를, 도를 배우는 사람이 진심의 나타남을 경험하더라도

"진심의 나타남을 경험한다"고 하였습니다. 진심은 사람이 발견하거나 얻는 것이 아니라는 말을 또 하죠. 우리가 경험할 수 있는 것은 진심의 나타남일 뿐입니다. 그저 그 자리에 있는 진심이 나타나서 우리는 그것의 드러남을 경험하죠. 이 차이를 아주 분명하게 살펴보아야 합니다. 내가 진심을 얻는 것이 아니고, 내가 진심을 경험하는 것도 아닙니다. 내 마음이 진심을 잡을 수는 없다는 의미에요.

그렇다면 진심의 드러남을 경험한다는 것은 무엇일까요? 진심이 드러나면 자신이 전체 공간의 전부가 아니라고 자기가 알아차립니다. 자기가 전체의 일부분임을 아는 것입니다. 그러면 어떻게 되겠습니까? 마음의 중심은 마음에서 올라오는 느낌에서 떨어집니다. 그래서 옛날에 크리슈나무르티는 자신을 지칭할 때 'I'가 아닌 'He'를 사용했어요. '나'라고 여겨지는 이 마음이 마음의 전부가 아니라, 마음에 나타난 부분적인 현상이라고 명확하게 파악했기 때문이죠. 진심의 드러남을 경험하면, 일단 지금 나라고 느껴지는 느낌, 이 마음의 현상이 점점 더 객홍으로 느껴집니다. 마음의 일부로 느껴지고, 하나의 대상으로 느껴져요. 그 느낌이 점차 약해져서 그저 하나의 대상이나 물건처럼 여겨진다는 말입니다. 본질은 하나의 물건이 아니지만 '나'라는 것은 하나

의 물건이에요.

물건이란 무엇을 의미할까요? 따로 떨어져 있는 그 '무엇'이 바로 물건이에요. 분명히 내가 있고 내가 아닌 다른 사람이 있다면 '나'라는 것은 마음의 전체가 아니죠. '나'라는 것이 마음의 일부로 느껴진다면 마음의 중심이 점차 '나'에서 떠나고 있음을 의미합니다. 진심이 무엇인지 아직 알지는 못하지만, 점차 이 '나'라는 것에서 멀어지고 있다는 것만은 분명해요. 그렇게 되면 '나'에게 일어나는 상처, 공포, 슬픔이 강 건너의 불처럼 느껴집니다. 그렇게 될수록 진심이 성숙해지고 있는 것입니다.

사실 성숙해질 진심이라는 것은 따로 없습니다. 우리 마음의 중심이 이동할 뿐이죠. 그렇다면 우리 마음의 중심은 어디로 향하게 될까요? '나'에서 알 수 없는 미지未知로 옮겨갑니다. 표현은 이렇지만 무언가가 미지로 가는 건 아니에요. 이상하죠? 우리는 지금껏 마음에 잡히는 무언가를 기준으로 삼아서 이야기를 해 왔기 때문에 이렇게 말하면 이상하다고 느낍니다. 미지로 간다면 가는 무언가가 있지 않겠습니까? 그런데 가는 무언가가 있지는 않대요. 이 말의 의미는 '나'에게 몰려있던 에너지가 옅어진다는 것입니다. 에너지가 '나'에 뭉쳐 있다가 풀려나면 어디로 가겠어요? 알 수 없는 미지로 갑니다. 이를 마음의 중심이 미지로 간다고 표현한 거예요.

비유를 들어봅시다. 하늘에 구름이 떠 있는데 그것이 중심이 되어 있습니다. 그런데 자신은 공중에 떠 있는 일부분이라고 구름 스스로가 점차 느끼기 시작합니다. 그러면 그 중심은 이미 하늘로 옮겨가는 것이나 마찬가지예요. 구름 스스로가 느끼는 느낌이 그것을 증거하고 있습니다. 그러나 구름에게 하늘이 느껴지지는 않아요. 구름에게 느껴지는 것은 오직 다른 구름뿐입니다. '나'라는 구름이 다른 '객'이라는 구름을 만나 부딪쳐서 느낌이 생겨나죠. 구름이 어떻게 하늘을 느끼겠어요? 어딘가로 흘러가서 하늘에 닿을 수도 없어요. 왜냐하면 이미 자기가 있는 곳이 하늘이기 때문입니다. 그래서 알기 힘들어요.

이와 마찬가지로 '나'라고 여겨지는 구름은 마음에 잡히는 다른 구름들만 알 수 있을 뿐입니다. 그러나 그 느낌을 통해 '나'라는 구름이 빈 공간에 떠 있다고 알아차릴 수 있어요. 하늘은 결코 직접 느껴지지 않습니다. 느낌은 무언가에 의존해야만 해요. 그 말은 무엇을 의미할까요? 앞에 있는 화분이 나에게 시각적으로 느껴지려면 내 눈에 의존해야죠. 내 눈이 있어야만 그 화분이 느껴지잖아요. 마찬가지로 하늘이 느껴지려면 느끼는 무언가에 의존하여야 하는데, 그렇다면 하늘은 본질이 아닙니다. 무언가에 의존하는 것이 어떻게 본질일 수 있겠어요? 본질은 그 어디에도 의존하지 않습니다. 성경을 보면 모세가 하나님에게 "당신은 누구입니까?"라고 물으니 하나님이 "I Am that I Am.(스스로 존재하는 자)"라고 답했는데, 이것도 같은 의미입니다.

존재란 무엇입니까? "존재는 관계"라고 여러 차례 말했습니다. 탁자는 손에게 매끄럽게 느껴지지만, 바이러스에게는 울퉁불퉁하여 험난한 히말라야처럼 느껴집니다. 따라서 탁자는 매끄럽지도 울퉁불퉁하지도 않아요. 그것을 감지하는 것에 따라 매끄럽기도 하고 울퉁불퉁하기도 하죠. 때문에 탁자의 존재는 손이나 바이러스에게 의존합니다. 이렇게 존재는 서로간의 관계 속에서 일어납니다. 그러나 본질은 결코 어디에도 의존하지 않기 때문에, 느껴지는 것이 아닙니다. 존재하는 것도 아니죠. 본질은 관계를 맺지 않고, 모든 관계의 기반이 되어 줄 뿐입니다. 존재는 어딘가에 의존하지 않고 스스로 존재하기에 결코 다른 것을 필요로 하지 않습니다. 그렇지만 모든 현상은 어떻습니까? 서로가 서로에게 의존하죠. 책상이 존재하기 위해서는 책상을 인식하거나 경험하거나 느낄 수 있는 감각기가 있어야 합니다. 이처럼 모든 현상은 다른 것에 의존하지만 본질은 다른 것에 의존하지 않고 스스로 있습니다.

비유컨대 종종 먹구름이 나타나 하늘을 가리면 먹구름이 내 마음의 주인처럼 느껴집니다. 온통 하늘을 가리고 있기 때문이죠. 그래서 하늘이 나타나지 않는데 어찌 다른 주인을 경험하겠습니까? 그저 먹구름이 주인으로 여겨집니다. 진심이 드러난다는 것은 하늘을 직접 보거나 하늘을 느끼는 것이 아니라, 먹구름이 줄어들어 마음에 여백이 생겼다는 의미입니다. '나'라고 여겨지는 먹구름 외의 마음의 다른 부분이 비어있다고 느껴져요. 그동안 '나'라는 먹구름은 다른 구름들만을 느끼고 경험하며 살아왔어요. 다른 구름들이 자기 몸에 부딪혀서 느껴졌다가 다시 사라지면서 경험되죠. 그러니 구름이 떠있는 빈 공간, 또는 늘 있는 하늘을 어떻게 경험하겠습니까? 먹구름은 하늘에 결코 닿을 수 없어요.

그러나 다른 구름들의 오고 감을 통해 '나'라는 먹구름 또한 경험된다는 것을 눈치 챌 수는 있습니다. 자신도 다른 구름들과 다르지 않기에 그들과 부딪힌다고 알아채는 순간, 자신도 구름의 한 종류임을 경험하게 되죠. 이때부터 자신이 강하게 나타나 가득 찰 때도 있고, 자신이 옅어져 흐려질 때도 있다는 것을 경험합니다. 주의에 주의 기울이기를 할 때나 무언가에 몰입할 때, 또는 아침에 막 일어났을 때는 '나'라는 먹구름이 옅은 상태죠. 그럴 때 자기 자신을 잘 느껴보세요. 아침에 막 일어났는데 누군가가 나에게 욕을 한다고 해도 그때는 강한 느낌이 느껴지지 않습니다. 그처럼 자신이 옅을 때는 마음의 여백이 많다는 것을 알게 됩니다. 그 여백을 직접적으로 경험하지는 못하지만 자신이 옅어지고 흐려질 때 일어나는 변화를 눈치 채기 시작하는 것이 바로 진심의 나타남입니다. 진심에는 아무런 변화가 없지만, 온갖 번뇌와 마음의 현상들이 옅어지면서 마음의 여백을 경험합니다. 여기에 진심이 나타나는 양상이 있습니다.

성숙, 습기의 나타남을 겪어내다

但習氣를 未除하야
단 습 기   미 제

若遇熟境하면 有時失念하나니
약 우 숙 경   유 시 실 념

다만 습기를 아직 제거하지 못하여
만약 성숙한 경우를 만나도 때로 그 마음을 잃는다.

습관적인 기운을 제거하지 못하면, 나타난 하늘을 습기가 종종 뒤덮고 진심은 다시 잠기게 됩니다. 진심이 나타났다 하더라도 밀려오는 감정의 쓰나미에 빠지게 되면 진심은 가리어지죠. 초기에는 그런 일이 종종 발생합니다. 습기習氣는 감정, 생각, 느낌이 마음속에 가득 차서 또다시 헤매는 것을 말합니다. 물론 이 경우에도 진심이 어디로 가지는 않죠. 습기에 가려질 뿐입니다. 그러나 습기에 가려지면 진심이 어딘가로 가버린 것처럼 느껴지고, 예전처럼 내가 강하게 올라옵니다.

그래도 진심의 나타남을 언뜻 경험한 사람은 아무리 세찬 쓰나미가 밀려와도 그것은 그저 강한 나타남이라고 알아요. 강한 먹구름이 나타났다고 명확하게 압니다. 무언가를 명확하게 본 사람과 보지 못한 사람의 차이는 그렇습니다.

초기에는 습기에 끌려 다니죠. 그것이 습기인 줄 모르고 자기라고 여기는 사람은 그것으로부터 벗어나기 힘들겠지만, 이 습기 또한 나타났다가 사라지는 구름이라고 아는 사람은 아픈 마음과 함께 멈추어서 기다릴 수 있습니다. 그렇게 겪어내는 사람한테는 진심을 본 사람과 유사한 일이 벌어지기 시작하죠. 겪어내기는 어려움을 피하지 않고 내려 누르지도 않으면서 그 아픔을 그대로 느끼며 함께 가는 것입니다.

성숙한 경우란 무엇을 말할까요? 하늘에 구름이 옅어진 상태를 말합니다. 그런데 그렇다 하더라도 때로 그 생각을 잃는다고 하였습니다. 진심을 잃는다는 말이 아닙니다. 진심은 잃을 수 있는 것이 아니에요. 생각을 잃는다고 했어요. 대체 어떤 생각을 잃을까요? 우리가 진심을 발견하면 '이 먹구름은 진정한 내가 아니라 일시적인 현상이구나.'라고 알게 되는데, 바로 그 생각을 언뜻 언뜻 놓치는 것을 말합니다. 진심을 명확히 발견한 사람은 무언가가 마음에 일어나면 즉각 '이것은 하나의 느낌이지'라는 생각을 통해 그것에 빠지지 않습니다. 여러분도 감지가 명확해지면서 모든 것이 마음에서 일어나는 느낌이라고 분명히 알게 되었잖아요. '이것은 마음에 일어난 하나의 구름이구나.'라는 생각으로 느낌을 철저히 바라볼 수 있다면, 점차 그 생각을 하나의 푯대로 삼아 진심으로 가는 길에 오릅니다.

그런데 때때로 그 생각을 잃어버려요. 습기가 완전히 제거되지 않앉는데 강한 쓰나미가 덮치면, 다시 물에 빠집니다. 성숙해졌어도, 즉 '나'라는 것이 옅어졌어도 상황과 조건에 따라서 종종 강한 쓰나미가 몰려온다는 말이죠. 그러면 가끔 그 생각을 잃어버립니다. 그는 하늘이 무엇인지 눈치를 챘지만 간혹 먹구름이 나타나서 하늘을 휘젓고 다니면, 이 모든 것들이 하늘에 나타난 모습이라는 생각을 잊고서 그것들에게 주인자리를 내줍니다. 이것이 바로 유시실념有時失念의 의미입니다. 그래서 '성숙한 진심'이라 하지 않고, '성숙한 경계[熟境]'라고 표현했어요. 진심은 결코 성숙해지는 것이 아닙니다. 진심은 성숙하지도 미숙하지도 않아요. 진심은 변함이 없기 때문에 그렇습니다. 성숙과 미숙은 마음의 현상, 즉 마음의 먹구름들이 진함과 옅음을 말합니다. 그래서 성숙한 경계라고 말했어요.

경계라는 것은 이것과 저것을 나누는 경계선일 뿐이죠. 마음에 이것과 저것을 나누는 일은 물 을 칼로 이리 저리 갈라놓는 것과 같습니다. 칼이 지나가는 동안은 잠시 달라질 수 있겠지만 곧 다시 합쳐져 하나가 되죠. 우리 마음의 모든 상태는 그렇게 나타났다 사라집니다. 저 사람이 미울 때는 내가 있고, 저 사람이 있고, 둘 사이의 관계가 있어서 마음의 물이 갈라져있는 상태에요. 그리고 그 마음의 파도가 서로 싸우죠. 그러다가 시간이 지나면 스르르 가라앉아서 전체적인 바다가 되어버립니다. 이것이 바로 마음의 현상입니다. 현상은 오래도록 유지되지 않습니다. 누군가에 대한 미움이 평생 가지 않잖아요. 그러면 힘들어서 지쳐 쓰러집니다. 그런데 이런 점을 알아채지 못하고 미워하는 순간의 내가 실질적으로 존재한다고 믿는다면 현상 속의 경계에 빠진 것입니다.

그렇게 경계에 빠지면 대상이 존재합니다. 저 사람과 나의 경계를 지음으로써 저 사람이 존재하는 것입니다. 즉 대상이 존재하게 됩니다. 대상이란 마음의 경계선일 뿐이에요. 그런 경계선이 옅어지고 흐려져서 지워지면 늘 그곳에 있는 진심이 드러납니다. 물속의 경계선이 옅어지고 흐려지는 것이 바로 내가 옅어지고 흐려져서 진심이 드러나는 과정이라고 보면 됩니다. 나와 대상이 명확히 구분이 되지 않으면 그 사람에게는 이미 진심이 드러난 것입니다. 그래서 어린아이는 이미 진심입니다. 아주 어린 아기는 다른 애가 누구한테 맞아서 울면 자기도 울어요. 그 아이와 자신과의 구분을 아직 못하는 것입니다. 아직 진심이 많이 있는 상태입니다. 그러나 서너 살 정도 되면 옆의 아이가 울어도 더 이상 따라 울지 않습니다. '나는 나, 너는 너'라는 구분이 지어졌기 때문인데 이때부터 진심이 가려지기 시작합니다. 어릴 때는 진심의 경계에 대한 흔적들이 거의 없지만, 20년 이상 살다보면 진심의 경계선이 아주 많아져서 수없이 많은 패턴들로 바다가 얼룩집니다. 평상시에는 가라앉아있지만 어떤 대상 하나, 다른 파도가 하나 올라오면 즉각 올라와서 대응하니, 이것이 바로 습기習氣입니다. 습관적인 경계 지음이 바로 습기에요.

진심은 늘 그곳에 있지만, 마음에 경계가 지어지면 먹구름 속에 머뭅니다. 마음의 경계를 지워보면 분명했던 무엇인가가 옅어지고 흐려지죠. 감지에서 감각으로 들어가면 어떻습니까? 명확하게 구별되던 것들이 점차 옅어지고 흐려져요. 눈의 초점은 여전히 사물에 가 있어도 이상하게 사물이 흐릿해집니다. 마음의 경계가 흐려지기 때문에 그렇습니다. 즉, 마음의 경계가 흐려지면 마음이 불분명해집니다. 그렇지만 주변의 모든 것이 들리고 느껴지죠. 명료하게 다 알아채기 때문에 그저 멍한 마음상태와는 차이가 납니다. 멍한 마음은 기본적으로 흐린 상태입니다. 그래서 잘 구분이 안 되고 즉각적인 반응이 일어나지 않습니다. 그렇지만 감각으로 들어가면, 경계는 흐려졌지만 진심은 드러나는 그런 상태로 가면 명료하면서도 구분이 없어요. 거기에 바로 진심의 나타남이 있습니다.

진심이라는 것이 분명하게 나타나서 보인다는 말이 아닙니다. 마음의 현상을 나타내는 경계가 흐려지고 모호해지지만 마음이 멍해지거나 둔해지지 않고, 도리어 더 명료하고 민감해지고 정교해지는데, 이것이 바로 진심이 더욱 성숙되어 나타나는 것이라고 볼 수 있습니다. 마음의 중심이 느껴지는 것에서 느껴지지 않는 것으로 옮겨가는 것이 바로 성숙입니다. 그래서 처음에는 감각으로 들어가면 뭔가 분명하지 않게 느껴져요. 분별에서 분별없음으로 넘어가기 때문에 그렇게 느낍니다. 예를 들어 흰색 벽에 그려진 검은색, 빨간색, 노란색의 그림을 볼 때는 아주 명료하게 그림이 구분됩니다. 그러다가 흰색 그림이 그려진 벽을 보면 어때요? 전체가 하나로 보여서 구분되지 않을 것입니다. 경계가 없어졌기 때문이죠. 그럼 내가 그림을 보고 있는지 아닌지도 모르죠. 빛 하나 없는 캄캄한 밤중에 소나무 숲을 가보면 소나무가 전혀 구분이 안 됩니다. 그렇지만 마음은 명료할 수 있습니다. 구분은 안 되지만 명료할 수 있어요. 이런 상태가 바로 성숙된 상태입니다. 그런 성숙한 경우를 맞는다 하더라도 때때로 습기의 쓰나미를 만나면 마음을 잃어버립니다.

자아는 없애야 할 골칫거리가 아니라
진리가 드러난 한 모습이다

如牧牛에 雖調到牽拽隨順處라도
여 목 우   수 조 도 견 예 수 순 처

猶不敢放了鞭繩하고 直待心調步穩하야
유 불 감 방 료 편 승   직 대 심 조 보 온

赶趁入苗稼中하야도 不傷苗稼하야사
간 진 입 묘 가 중   불 상 묘 가

소를 치는데 비록 길이 잘 들어 마음대로 어디나 끌고 다녀도
아직 채찍과 고삐를 풀지 못하는 것과 같다. 그래서 마음이 잘 다스려지
고 걸음이 순하여 곡식 심은 곳에 들어가도 곡식을 손상시키지 않아야

여기서 곡식이란 우리의 몸과 마음을 살려주는 것들을 의미합니다.
고삐를 풀어놓아도 이 곡식밭을 망치지 않는 소는 잘 조련된 자아를
상징해요. 마음의 본성을 찾아가는 과정을 동자승이 소를 찾는 과정에
비유하여 묘사한 그림인 십우도十牛圖가 있습니다. 여기에 나오는 소는
진리를 의미합니다. 만약 소가 진리인 본질을 의미한다면 소는 결코
발견되지 않을 것입니다. 그러나 십우도를 보면 동자승은 소를 발견하
고 잡아서 코뚜레를 걸고 길들여서 소에 올라타고 자유롭게 노니다가
집으로 돌아옵니다. 그리고 그 다음은 소도 없고 나도 없는 그런 그림
이 이어지죠. 붙잡아서 올라타고 집으로 돌아온 그 소는 진리가 아닙
니다. 뭐가 잡힌 거죠? 드러난 진리에요. 움직이는 소는 바로 나타난
현상으로서의 진리입니다. 진리가 드러난 모습 중의 하나인 자아라고
할 수 있어요. 자아를 마음의 현상, 골칫거리, 없애야 할 에고Ego로 보
는 사람들이 있지만, 실제로는 자아는 진리의 드러난 모습입니다.

모든 현상에는 진리가 내재되어 있습니다. 그래서 현상이 곧 본질

이며 중생이 곧 부처입니다. 여래장如來藏이 의미하는 바도 그렇습니다. 여래장은 모든 데이터들이 저장되어있는 곳이에요. 수많은 고통과 기쁨과 슬픔이 저장된 그곳에 여래가 숨어있다는 말이에요. 우리의 업業, 수많은 마음의 데이터, 눈에 보이는 모든 현상, 느껴지는 모든 것들 속에 여래가 들어있어요. 그것들이 다 여래의 표현이라는 말입니다. 십우도의 소는 그러한 진리의 표현을 의미하니, 그중의 하나인 우리의 자아도 바로 진리의 표현입니다. 자아는 본질과 아무 상관없는 것이 아니에요. 본질인 물이 없다면 자아라는 파도가 어떻게 생겨나겠어요? 따라서 모든 파도는 곧 물인 것입니다. 모든 번뇌 또한 본질의 표현이죠. 거기서 우리는 본질의 작용을 봐야합니다. 기쁘고 슬프고 괴롭고 아픈 마음의 내용인 파도의 모습만을 보지 말고, 파도의 모습을 만드는 물 자체를 봐야합니다.

진리가 현상으로 드러난 모습 중의 하나인 자아의 고삐를 풀어도, 즉 의식적으로 조절하려는 의도를 내려놓고 있어도, 과거의 습관으로 제멋대로 행동하지 않는 상태가 바로 고삐를 풀어도 곡식을 망치지 않는 소의 상태입니다. 곡식은 우리의 몸과 마음을 잘 길러주는 것을 말합니다.

공자가 60세를 이순耳順이라고 말했죠. 귀가 순해져서 그 어떤 소리를 들어도 귀에 거슬리지 않는 나이라는 뜻입니다. 그 다음에 70세를 종심소욕불유구從心所欲不踰矩라고 했어요. 마음이 욕구하는 대로 따라가도 규칙에 어긋나지 않음을 말합니다. 내 마음이 바라는 대로 마음껏 해도 도에 어긋나지 않으니, 소의 고삐를 풀어놓아도 소가 곡식밭을 망치지 않는 상황이라고 볼 수 있습니다. 예전에는 제멋대로 날뛰어 자기 죽는 줄도 모르고 남 다치게 하는 줄도 모르고, 마음대로 말하고 함부로 행동해서 상대도 망치고 나도 망쳐서 나중에 끊임없이 후회하고 그랬는데, 이제는 내 마음껏 해도 곡식밭을 망치지 않습니다. 잘 길러지고 다스려진 상태라고 볼 수 있죠. 바른길을 가기 위해서 스스로를 옥죄며 애써 자제해온 자신의 의도를 자유롭게 풀어놓아도 몸과 마음은 멈춰야 할 때 멈출 줄 압니다. 그때 드디어 바른길을 갈 수 있어요.

'바를 정正'을 살펴보면, 위에 일一자가 있고, 그 밑에 멈출 지止가 있죠. 멈춤을 아는 것이 바로 '바를 정正'의 의미입니다. 아무리 내 안의 일어남이 강해도, 상황 전체를 바라보고 멈춰야 할 시기라면 딱 멈출 줄 아는 것이 바름의 시작입니다. 종심소욕불유구從心所慾不踰矩는 자동으로 그렇게 되는 것입니다. 멈춰야 할 때라고 알면 마음에서 일어나는 욕구, 움직임, 충동, 마음의 흔들림이 저절로 멈춥니다. 모든 충동이 없어져야 된다는 말이 아니에요. 충동은 일종의 에너지원입니다. 하고자 하는 욕구가 없으면 죽은 인간이나 다름없어요. 전체적인 상황을 파악하여 충동을 멈춰야 할 때를 알면 언제든 쉽게 멈출 수 있는 상태가, 고삐를 풀고 채찍을 쓰지 않아도 소가 곡식밭을 망치지 않는 그런 상태입니다. 습기가 제거되었다는 의미죠. 습기라는 것은 자동적인 충동이 제 멋대로 날뛰는 상태입니다.

方敢撒手也라 到此地步하야는
방 감 살 수 야   도 차 지 보

便不用牧童鞭繩이라도 自然無傷苗稼니
편 불 용 목 동 편 승   자 연 무 상 묘 가

如道人이 得眞心後에 先且用功保養하야
여 도 인   득 진 심 후   선 차 용 공 보 양

비로소 감히 놓아줄 수 있는 것과 같다. 이런 경지에 이르면

목동이 채찍과 고삐를 쓰지 않아도 자연히 곡식을 해치지 않을 것이다.
그같이 도인은 진심이 드러난 후에 먼저 공들여 보호하고 잘 길러

　도인은 진심이 드러나면 공들여서 보호하고 잘 길러야 한다고 했습니다. 그래서 예로부터 선가仙家에서는 견성을 하면 5년, 10년 동안 깊은 산골짜기 아무도 없는 곳에서 현상인 자아를 본질 속에 뿌리박도록 하는 보임의 기간을 갖게 했죠. 그러지 않으면 자꾸 나서게 됩니다. 뭔가를 알고 경험하면 자꾸 도와주고 싶고, 알려주고 싶고, 가르치고 싶어요. 이러면 다시 습기에 빠지게 됩니다. 알려주면 상대방은 좋을 수 있지만, 자기는 또다시 '내가 알아' 속에 무의식적으로 들어가요. 그렇게 한번 빠지면 다시 '나와 대상'이라는 함정 속으로 들어갑니다. 함정 속에 빠졌음을 의식하지 못하면 그 패턴이 차츰 진해지면서 의식화됩니다. 옅을 때는 잘 모르다가 진해지면 다시 올라와서 마음을 흔들어요. 흔들림은 옛날이나 지금이나 똑같은데, 무의식 속에서 나와 대상으로 나뉘어 올라온 흔들림은 이상하게 나를 고통스럽게 해요.

　고통의 근본은 자신이 고립되어 있기 때문입니다. '나'라는 것이 분리되어 존재한다고 믿는 마음이 모든 고통의 시발점이에요. 왜 그러겠어요? 고통 받을 내가 있으니까 고통이 있는 것입니다. 그래서 다시 나와 대상으로 나뉘면 고통도 다시 시작됩니다. 여러분의 마음을 잘 살펴보세요. '힘들어 미치겠다, 힘들어 죽겠다'는 마음은 '내가 있다'는 믿음을 기반으로 일어나는 현상이에요. 대체 고통 받을 내가 누구입니까? 고통 받을 내가 있다고 믿으니까 괴로운 거 아니에요? 그런데 그것이 하나의 믿음이라는 말입니다. 어린애도 고통스럽죠. 뺨을 맞으면 아파서 울잖아요. 그런데 그 애는 90초 지나면 잊어버리고 다시 웃어요. '나'가 형성되지 않은 어린애에게는 통증이 있을 뿐, 고통이 없습

니다. 그런데 우리가 하려는 일은 그 '나'를 없애는 것이 아니라, '나'가 형성되어서 강력하게 존재한다 할지라도 그것은 대상에 따라 나타나는 일시적인 현상임을 명확하게 파악하고 느껴서 마음의 한 일부분인 것을 알아서, 필요에 따라 쓰고 필요 없을 때는 즉각 멈추는 것입니다. 그것이 정正의 의미이며, 그런 삶이 바른 삶입니다.

"진심이 드러난 후에 먼저 공들여 보호하고"라는 말은 현상이 일어나는 순간순간마다 그 현상을 통해 진심을 확인하고 습관화한다는 뜻입니다. 왜? 진심은 직접 확인할 수 없기 때문이죠. 본성을 언뜻 보고 나면 마음에 일어나는 모든 것은 느껴지기 때문에 진짜 나는 아니라고 끊임없이 확인해야 합니다. 공들여 확인하고 습관화하는 것입니다. 점차 미지에 뿌리를 박아서, 자아는 느껴지기 때문에 마음의 주인이 아닌 손님이며, 본질을 잘 표현하고 드러내도록 사용될 뿐임을 확인합니다. 자아는 본질의 도구로 쓰이는 일부분임을 잊지 않으며, 그 부분적인 느낌이 완전히 자리 잡도록 하는 것이 바로 자아를 잘 기르는 일입니다.

有大力用하야사 方可利生이니
유 대 력 용   방 가 리 생
큰 힘을 쓸 수 있어야 바야흐로 중생을 이롭게 할 수 있으니

큰 힘이 나타나면 그냥 거기에 쓸려가기 쉽습니다. '나'라는 것이 강한 사람은 에너지가 강해서 무엇이든 잘 성취해내죠. 그런데 그것을 자기라고 믿고 성취해내는 사람과 마음의 도구로 여기며 사용하여 성취하는 사람은 완전히 다릅니다. 자기라고 믿고 성취하는 사람은 성취한 것을 보상으로 여기기 때문에, 그것이 사라지거나 헛된 일이 될 때 급격한 좌절에 빠지고 심지어는 자살까지 생각합니다. 그런데 자기는 하나의 도구일 뿐이라고 분명히 아는 사람은 급격한 에너지를 쓰고 난 이후에 멈추어서 그 결과를 그냥 기다립니다. 어떤 결과로 돌아온다 하더라도 인정하고 받아들여요. 그런데 정성을 들여서 에너지를 다하면 결과는 좋게 나오도록 되어있어요. 그렇지 않습니까? 설사 그렇지 않더라도 그냥 천명을 기다리니 이것이 바로 진인사대천명盡人事待天命입니다. 그러니까 진인사대천명은 오직 본질을 본 사람만이 할 수 있는 일입니다. 보통 사람 같으면 그렇게 정성을 기울이고서 아무런 보상도 기대하지 않을 수 있겠어요? 여러분이 그럴 수 있다면, 정말 마음속 깊은 곳의 무의식에서도 그럴 수 있다면 끝난 것입니다. 더 이상 공부 안 해도 돼요.

강한 힘을 쓸 수 있게 되었다는 말은 강한 도구로써의 자아를 명확히 확인했다는 의미입니다. 그때 비로소 중생을 이롭게 할 수 있어요. 분명하지 않을 때 중생을 이롭게 한다고 돕는다면 그 과정에서 자기가 더 강화됩니다. 동일시를 강화시켜서 결국은 또다시 함정에 빠지죠. 그래서 사람을 돕는 일은 쉽지 않습니다. 남을 가르치면 이상하게 '나는 잘났어.'하는 마음이 붙어요. 말은 안 해도 다 붙습니다. 그러면 작은 일에도 부딪히고, 화도 더 나고 그래집니다. 겉으로는 웃으면서도 '감히 네가 나한테?'하는 생각이 들죠. 그런 일이 벌어진다면 여러분은 또다시 자기라는 동일시의 함정에 빠지고 있다고 보면 됩니다. 그렇지 않고 자아를 도구로 정확히 사용할 때, 드디어 큰 힘을 쓸 수 있고 중생을 이롭게 할 수 있습니다.

진심의 성숙도를 시험하기

若驗此眞心時에 先將平生所憎愛底境하야
약 험 차 진 심 시   선 장 평 생 소 증 애 저 경

時時想在面前호대 如依前起憎愛心하면
시 시 상 재 면 전   여 의 전 기 증 애 심

則道心이 未熟이요
즉 도 심   미 숙

그 진심을 시험하려면 먼저 평시 애증의 대상을 가져다
때때로 면전에 있다고 생각해보아 여전히 애증심이 일어나면
즉 아직 도심이 성숙하지 않음이요,

진심이 성숙되었는지에 대한 시험입니다. 사실 진심에는 성숙도 미
성숙도 없습니다. 그러나 진심을 알 수 있는 방법이 없기 때문에 현상
을 가지고 진심을 테스트하는 것입니다. 미워하거나 좋아하는 사람이
눈앞에 있다고 상상해 보아서 마음이 일어나는지 보는 것이죠. 끌리거
나 저항하거나 미워하는 마음이 일어나는지를 살펴봅니다. 애증의 대
상이라고 표현했는데 마음이 어떤 특정한 대상에 초점을 맞춘다는 뜻
이에요. 그렇게 대상을 떠올려서 그에 초점을 맞췄다면 벌써 마음이
분별심으로 들어간 것이죠. 마음이 나누어졌어요. 그래야만 마음이 움
직이기 시작합니다. 마음에 시간과 공간이 나타나야지만 어떤 움직임
이 일어나요. 마음의 시공간 속에서 애증의 대상이 일어났다는 것은
의식적인 에너지가 그것에 초점을 맞추었음을 의미합니다. 잘 살펴보
면 우리가 무언가를 상상하거나 떠올릴 때에는 항상 시간과 공간이 먼
저 나타난다는 것을 알 수 있습니다. 최소한 지금 이 순간이라는 현재
의 시간이 나타나죠.

눈을 감고 여러분이 미워하거나 좋아하는 사람을 한 명 떠올려 보세

요. 그러면 그 사람이 있던 장소나 시간대가 같이 떠오를 것입니다. 그렇지 않더라도 최소한 지금 이 순간이라는 시간과 내 마음이라는 공간이 필요하지요. 그 어떤 시간도 공간도 없이 마음의 대상을 떠올릴 수 있는지 한 번 해보세요. 어떤 대상이 떠오르면 그 대상이 담겨있는 공간이 있기 마련입니다. 그래서 시간과 공간이 먼저 있고 난 이후에 대상이 생겨난다는 것입니다. 즉 모든 마음의 분별이 일어나는 기초 단계가 바로 시간과 공간이에요. 그렇기 때문에 분별을 떠나 감각 상태로 가면 시공간이 없어집니다. 시간이 있는지 없는지도 모르고 공간이 있는지 없는지도 모르기 때문에 무시간적인 경험이라고 말하죠. 삼매三昧와 무아無我의 체험 같은 것들이 무시간적인 경험이고 무공간적인 체험입니다. 내면에서 그 어떤 시간도 공간도 발견할 수 없는 상태에요.

진심이 성숙한 사람은 애증이 일어난다 해도 그 바탕이 진심임을 알기에 전혀 개의치 않습니다. 대상을 떠올릴 때 나타나는 움직이는 마음인 애증심을, 그 마음이 일어나는 시공간의 본 바탕에 대한 증거로 바라봅니다. 애증심을 나의 것으로 여기지 않고 본질을 가리키는 하나의 지표로 알아요. 애증심이 일어난다 해도 진심이 성숙된 사람은 그것을 진심의 증거로 바라본다는 말입니다. 그리고 애증심 자체를 보지 않기 때문에 애증심에 끌려가지도 않습니다. 모든 애증심은 그것이 일어나는 바탕을 가리키는 역할을 합니다. 눈에 보이는 모든 것은 눈을 가리키고, 귀에 들리는 모든 소리는 그것의 바탕인 침묵을 가리킨다고 알아채는 것과 같아요.
이처럼 마음에 일어나는 현상에 휘둘리는지를 보고 진심의 성숙도를 시험합니다. 이에 대한 이해가 부족하면 애증심을 일으키는지 일으키지 않는지에만 초점을 맞출 수가 있어요. 애증심이 전혀 일어나지 않는다면 마음의 데이터가 완전히 힘을 잃고 잊히고 사라졌을 때라고 할 수 있겠죠. 그럴 수도 있습니다. 무심이나 삼매로 들어가면 애증심이라고 할 만한 것이 일어날 수가 없어요. 마음의 분별을 떠났기 때문에 그렇습니다. 그러나 그런 상태로는 일상을 살아갈 수 없습니다. 삼매나 무심의 상태는 그저 텅 빈 마음으로 존재할 수 있다고 보여주는 면에서는 가치가 있을지 몰라도, 일상에서는 아무런 쓸모가 없는 마음입니다. 정말로 중요한 점은 애증심이, 그것을 일어나게 하는 바탕이 되는 진심의 증거라는 것을 발견하는 것입니다. 상대相對가 절대絶對를 증거한다는 의미죠. 그럴 때 드디어 모든 일상이 절대가 됩니다.

애증의 대상이 면전에 있다고 생각해봐서 여전히 애증심이 일어나면 도심이 성숙하지 않은 것이라고 말했어요. 애증심이 마음의 전부가 되어 그것에 휘둘린다는 의미입니다. 아까 말했듯이 애증심은 시간과 공간이 생겨난 후에 일어납니다. 대상과 그 대상을 좋아하거나 싫어하는 나로 나뉘어져서 두 가지가 동시에 마음의 공간과 시간 속에 나타나요. 그런데 마음의 시간과 공간이 나타나게 해주는 본바탕에 대해서는 잊어버리고, 오직 그 애증심에 끌려 다니는 상태가 바로 여기서 말하는 "애증심이 일어나면"의 의미입니다.

모든 마음의 대상은 시공간이라는 한계 내에서 존재하는 현상이고, 그 현상은 영원토록 변치 않고 일체의 걸림이 없는 바탕에 기반을 두고 있습니다. 이 점을 모르면 그는 시공간에 사로잡혀버립니다. 이처럼 시공간에 사로잡힌 마음을 떠나게 되면, 일시적으로 때로는 상당히 오래도록 무시간적인 마음에 있게 됩니다. 삼매나 무無의 상태, 또는 우리가 지칭하는 감각상태로 가면 거기에는 어떤 분별도 없고 어떤 공간과 시간도 없어요. 이 분별없는 마음의 상태가 바로 경계 없는 마음이며, 모든 경계 지어진 마음의 본바탕이며 기초입니다. 그것을 알아챌 때 애증심이 일어나도 그것에 휘둘리지 않고 애증의 마음을 바라볼 수 있습니다. 분별없음 속에서 분별을 볼 수 있게 되는 것입니다. 그렇다고 분별없음을 느낀다는 말은 아닙니다. 또 분별없음 속에 있다고 느낀다는 말도 아니에요. 분별없음 자체이기 때문에 그 자리에서 모든 분별을 볼 뿐입니다. 그렇게 하지 못한다면 애증심이 일어난다고 보면 됩니다.

싫어하는 마음은 쉽게 사라지기도 하지만 좋아하는 마음은 오래 가죠. 끌리는 마음, 뭔가를 하고 싶고 원하는 마음은 더 오래도록 우리를 붙잡습니다. 애증심에 휘둘리면 아직 진심이 성숙하지 않은 것이라고 했습니다. 그러나 본질적으로 진심에는 성숙도 미성숙도 없습니다. 그런 특정한 상태가 따로 있지 않아요. 다만 모든 현상을 얼마나 부분적인 것으로 바라보는가에 대한 차이가 있습니다. 어떤 것은 좋아하고 어떤 것은 미워하는 마음이 전부가 되어버리면 그 마음에 휘둘리고 끌려 다닙니다. 그러나 그런 마음이 일부분으로 느껴진다면 그는 그 애증심, 즉 분별된 마음에서 떠나있는 것입니다. 아주 작은 부분으로 느껴져요. 여러분의 마음에서 일어나는 그 어떤 느낌이라도, 이성적인 사고나 감정이나 뭐라 말하기 힘든 미세한 느낌도 다 마음에 일어나는 작은 부분으로 느껴질 때, 그때 여러분은 이미 진심에 가 있는 것입니다. 진심의 자리에서 그것들을 바라보는 것입니다. 그러지 못하고 마음에 나타난 현상에 끌려 다닌다면 그것은 아직 미성숙한 마음입니다. 진심이 완전히 성숙하지 않았어요. 모든 현상이 점차 더 작은 부분으로 보인다면, 분별없음이 주인이 되어가는 과정이라고 할 수 있습니다. 여기에 성숙과 미성숙이 있는 것이지, 분별없음 자체가 더 성숙한 것이고 분별은 덜 성숙한 것이라는 말이 아니에요. 본성을 봄에 있어서는 성숙과 미성숙의 구분이 없지만, 드러나는 현상적인 모습에 본성이 많이 가려졌는지 덜 가려졌는지를 살펴서 성숙과 미성숙이라는 이름을 붙여서 분별할 뿐입니다. 돈오頓悟는 분별 있음에서 분별없음으로 넘어가는 것 자체를 말하죠. 반면에 점수漸修는 분별없음이 얼마나 덜 가려져서 나타나는지에 대한 얘기입니다. 바라보는 각도가 다를 뿐, 둘 다 맞는 말이에요. 그러나 분별이라는 측면에서 보면 돈오도 점수도 마음이 만들어낸 개념일 뿐입니다. 무슨 돈오가 있고 점수가 있겠어요.

若不生憎愛心하면 是道心이 熟也라
약 불 생 증 애 심   시 도 심   숙 야
애증심이 일어나지 않으면 도심이 성숙한 것이라.

애증의 대상을 상상했을 때 애증심이 일어나서 주인 노릇을 한다면 마음 속 감지의 영향을 받는 것이죠. 마음속의 감지가 끌리고 밀치는 현상을 일으키는데, 그런 애증의 마음이 주인이 되면 그놈한테 영향을 받게 됩니다. 이는 애증인을 직접 만나서 영향 받는 것과는 다릅니다. 애증인을 떠올렸을 때 좋아하거나 싫어하는 마음이 일어나는 것은 내 감지만이 영향을 받는 상태에요. 그러나 애증인이 실제로 눈앞에 있어서 좋아하는 마음과 싫어하는 마음이 일어나는 것은, 감각적 자극이

끊임없이 내안의 자극을 흔들어 깨우는 상태죠. 아주 강렬한 자극입니다. 그냥 상상만 했을 때는 감각적인 자극은 없어요. 그러나 감각적인 자극까지 있다면, 즉 애증인이 눈앞에 있다면, 눈이라는 감각기관으로 자극이 계속 들어오고 그 자극이 내 마음의 감지들을 자꾸 건드려서 불러일으킵니다. 만약 그럴 때마저도 애증심이 일어나지 않는다면 그 사람은 성숙한 인간이라 할 수 있습니다. 이처럼 애증인을 직접 만나도 영향 받지 않는 것과 단순한 상상은 다릅니다. 감지에 영향을 받을 때와 감각에도 영향 받지 않는 경우를 각각 네 단계로 나누어 설명해 보겠습니다.

먼저 애증인이 면전에 있다고 상상할 때를 살펴보죠. 애증인을 생각만 해도 즉각 무의식적으로 애증의 마음이 일어난다면 이는 '무의식적 무능'의 단계입니다. 무의식적으로 그냥 마음이 일어나요. 감지가 영향을 받아서 주인 노릇을 하기 시작하는 것입니다. 그 사람만 떠올려도 미워하거나 싫어하는 마음이 확 올라옵니다. 무의식적으로 감지가 영향을 받아서 그 감지가 내 마음의 주인이 되어버리죠. 이제 마음을 살펴보기 시작하면 마음의 느낌이라는 것이 무엇인지 발견하게 됩니다. 그래서 어떤 사람을 떠올릴 때 마음에 일어나는 것이 하나의 느낌이라는 것을 알아요. 그런데도 좋고 싫은 느낌을 떠날 수가 없다면 이는 '의식적 무능'의 단계입니다. 의식적으로 느낌을 알아채지만 그 느낌에 끌려 다니는 것은 여전하죠. 의식적이긴 하지만 그 느낌에 대해서는 무능한 상태입니다. 세 번째 단계는 애증인을 생각하면 마음이 올라오지만 즉각 가라앉힐 수 있는 상태이니 '의식적 유능'의 단계입니다. 의식적으로 느낌을 알아차려서 거기에 주의를 기울이면 즉시 힘이 빠지는 것입니다. 의식함으로써 느낌을 다룰 수 있다는 측면에서 의식적으로 유능한 상태입니다. 그런데 느낌이 느껴진다는 것은 대체 뭔가요? 도자기에 손을 대면 차갑고 매끄러운 느낌이 느껴져요. 그렇게 느껴진다면 그것은 손이 아니라는 뜻입니다. 손이 아니라고 즉각적으로 알 수 있어요. 보통은 차가운 느낌에만 주의를 보내고 말지만, 그런 느낌은 그것은 손이 아니라는 것을 간접적으로 알려줍니다. 차가운 느낌과 손이 아니라는 점이 동시에 의식되죠. 그래서 도자기가 손이 아님을 알기 위해서 애쓸 필요가 없습니다. 그처럼 애증인을 생각해도 마음이 더 이상 올라오지 않는다면 바로 '무의식적 유능'의 단계입니다. 이상이 애증인을 상상으로 떠올렸을 때 일어나는 감지적인 측면의 네 가지 단계입니다.

雖然如此成熟이나 猶未是自然不起憎愛니
수 연 여 차 성 숙   유 미 시 자 연 불 기 증 애
비록 이같이 성숙했으나 아직 자연스레 애증심이 일어나지 않은 것은 아니다.

애증인을 생각했을 때 미워하고 좋아하는 마음이 일어나지 않으면 진심이 성숙했다고 말할 수 있지만 아직 자연스럽지는 않습니다. 왜냐하면 생각으로 떠올린 마음의 상相으로 살펴봤기 때문에 그래요. 그렇다면 자연스럽게 애증심이 일어나지 않는다는 것은 무엇을 말할까요? 바로 애증인을 직접 대면했을 때의 반응입니다. 이때는 감각적인 자극이 지속적으로 내면의 감지를 불러일으키는 순간인데, 이때도 애증심이 올라오지 않는다면 비로소 그는 자연스러워졌다고 할 수 있습니다.

又再驗心호대 若遇憎愛境時에
우 재 험 심　　　약 우 증 애 경 시

　다시 마음을 시험하되 애증의 대상을 만났을 때

　　애증의 대상을 만났을 때는 감각적 자극이 끊임없이 내 안의 애증인
에 대한 경험을 자극하여 감지를 불러일으키는 순간입니다. 이 경우
또한 네 가지 단계로 나누어 살펴보겠습니다.

　　첫 번째는 애증인을 보면 즉각 무의식적으로 애증의 마음이 일어납
니다. '무의식적 무능'의 단계죠. 의식이 알아차리기 이전에 그의 무의
식이 알아채기 때문에 자신이 어찌할 수 없습니다. 그 느낌을 일어나
지 않게 할 수 없어요. 두 번째는 애증인을 보면 마음이 올라오는 것을
알아차립니다. '이것은 올라온 마음이야, 느끼는 마음이지.'라고 알아
요. 무의식적일 때는 올라오는 것조차도 모르죠. 그리고 올라온 그것
에 그냥 휘둘립니다. 좋은 느낌이 일어나면 끌려가고 싫은 느낌이 올
라오면 밀쳐내는데, 무의식적으로 그렇게 해요. 그러다가 자기를 살피
는 공부를 하기 시작하면 애증인을 만났을 때 마음 깊은 곳에서 뭔가
올라오는 것이 느껴지죠. 상상이 아니라 애증인이 눈앞에 직접 있으면
끊임없이 자극들이 내 감각기관을 통해 들어옵니다.

　　시각적인 모습과 행동, 청각적인 말투 등이 내 감지를 자극하죠. 애
증인은 꼭 특정한 인물이 아닐 수 있습니다. 예를 들어 어떤 소리에 대
해 애증심을 가질 수 있죠. 어렸을 때 특정한 말투로 끊임없이 욕을 먹
었다면 그런 말투를 가진 사람이 하는 말은 다 듣기 싫어요. 아버지한
테 매일 혼나고 자란 사람은 나이가 들어서 남자의 특정한 목소리를
못 듣기도 합니다. 귀가 막아 버려요. 왜 그런지 살펴봤더니 아버지에
게 하도 혼나서 그 소리가 듣기 싫어 무의식적으로 그 주파수를 차단

했어요. 그러다보니 아버지의 목소리와 비슷한 남자의 목소리는 귀에서 안 들려요. 또 그런 소리가 안 들리면 목에서도 그런 소리가 안 나오기도 합니다.

이런 경우를 치유하는 방법으로 토마티스 기법이 있습니다. 청지각 훈련인 토마티스 기법이 어떻게 탄생했는지 잠깐 얘기하겠습니다. 한 이탈리아 가수가 특정 음을 소리를 못내요. 왜 그런지 연구를 하다가 그 가수가 그 주파수를 못 듣는다는 것을 발견합니다. 예를 들어 도레미파솔라시도 중에서 레가 안 들려요. 그러니까 레에 해당하는 음의 목소리를 못 내는 것입니다. 우리도 잘 알듯이, 소리를 못 듣는 사람은 말도 못하잖아요. 귀가 멀면 말을 못 해요. 그런데 들리긴 들리는데 말을 못하면 또 답답해 미칩니다. 귀에 들리면 말을 해야 해요. 안 그러면 귀를 막아야 하는 것입니다. 이것이 자연스런 현상입니다. 그런데 정말 자기 자신을 괴롭히는 사람 중에는 귀가 열려있는데 말을 못하는 사람이 있어요. 어떤 상황에서도 화도 못 내고, 어떻게 해달라고 말도 못합니다. 그럼 얼마나 답답하겠어요. 흔히들 '복장이 터진다'라고 하죠. 배안의 장이 터지는 것입니다. 말을 못하니까 안에서 그냥 폭발해요. 원래 자연적으로는 듣지 못하면 말을 못하게 되어있기 때문에 놓아는 말을 못합니다. 그와 비슷하게 특정한 주파수를 못 들으면 그 소리를 못 내는데, 그에 대한 해결 방법이 그 특정한 소리를 자꾸 들려주는 것입니다. 막힌 귀를 먼저 뚫어주는 것입니다.

다시 돌아와서 이어서 설명할게요. 애증인을 봤을 때 마음이 올라오는 것을 볼 수 있다면 이제 의식적으로 다룰 수 있습니다. 느낌을 다룰 수 있는 첫 단계에요. 내 마음에 올라오는 느낌을 알아채기 시작하는 '의식적 무능'의 단계입니다. 느낌을 알아채기는 하지만 좋고 싫음을 어찌하지 못하는 단계입니다. 느낌이 느껴진다면 그 다음에는 관찰된 마음이 아니라 관찰하고 있는 '나'에 주의를 쏟는 공부를 합니다. 그러면 마음에 올라오는 느낌이 즉각 의식되고 거기에서 힘이 빠지게 되니, 이는 '의식적 유능'의 단계입니다. 점차 자연스럽게 더 깊어지면 애증인을 보아도 더 이상 마음이 올라오지 않습니다. '무의식적 유능'의 단계죠. 그렇다고 애증인을 봐도 싫고 좋음이 결코 느껴지지 않는다는 말은 아닙니다. 분별 자체를 못하면 어리석은 바보일 뿐이죠. 애증의 대상을 만났을 때는 이런 단계를 거칩니다.

모든 속임수는 사실 자신이 스스로를 속이는 것

特然起憎愛心하야 令取憎愛境界하야도
특 연 기 증 애 심   영 취 증 애 경 계

若心不起하면 是心無碍호미
약 심 불 기   시 심 무 애

특히 애증심을 일으켜 그 대상을 취하게 하여도
마음이 일어나지 않으면 이 마음은 걸림이 없어

상대적인 현상계가 일어난다 해도 나타난 그 현상계에 걸림이 없다면 자연스런 성숙이라고 얘기합니다. 애증의 마음이 전혀 일어나지 않는다면 목석이나 마찬가지죠. 애증인을 보면 애증의 마음이 일어나기 마련인데, 그런 현상이 소용돌이칠 때 끌어당기거나 밀치는 회오리 속에 빠지지 않는 것이 바로 자연스러운 성숙입니다. 모든 현상과 함께 그것이 나타날 수 있는 공간이 동시에 있습니다. 그래서 현상은 그런 바탕의 증거가 되는 것입니다. 그러니 애증심이 감지된다면 그것은 그

것이 일어나는 공간에 대한 증거임을 발견해야합니다. 어떤 마음이 올라오려면 그런 공간이 있어야 합니다. 현상을 본질에 대한 증거로 사용하여 마음에 올라오는 모든 것은 현상임을 확인하세요. 그것이 바로 마음이 대상을 취해도 마음이 일어나지 않고 걸림이 없는 것입니다.

이와 비슷한 의미로 공자는 70세를 종심소욕불유구從心所慾不踰矩라고 말했습니다. 15세는 학문에 뜻을 둔다 하여서 지학志學이라 하였고, 20세는 약관弱冠이라 칭했습니다. 20세는 몸은 어른이어서 관을 쓰지만 마음은 아직 어려서 약한 나이죠. 30세는 이립而立이라 하니, 이제 진정한 어른이 되어 몸도 마음도 홀로 서는 완전한 성인을 의미합니다. 40세는 불혹不惑이니, 미혹됨이 없어 속는 일이 없습니다. 남에게도 속지 않지만 자신에게도 속지 않아요. 자신의 마음에 일어나는 것들에도 속지 않으니 그것이 바로 불혹不惑의 의미입니다. 모든 속임수는 사실 자신이 스스로를 속이는 것입니다. 누군가 적은 돈으로 많을 돈을 벌게 해주겠다는 말을 하는데, 그 말은 믿는 건 결국 자신이에요. 믿고 싶어 하죠. 왜냐하면 적은 노력으로 큰 결실을 얻으려는 욕심에 눈이 어두워졌기 때문입니다. '나'의 욕심을 기반으로 하여 일어나는 속임수에 더 이상 속지 않는 나이가 바로 불혹입니다. 50세는 지천명知天命입니다. 천명을 아는 나이에요. 자신에게서 올라오는 마음의 걸림에서 자유로워지면 드디어 밖이 보이고, 자기라는 도구가 쓰일 사명이 나타나니 이것이 바로 천명天命입니다. 하늘이 나에게 명령한 일이죠. 그 사명을 알게 되면 나의 모든 에너지는 이제 그 사명을 향합니다. 그러나 그렇게 천명을 알았다 하더라도 여전히 사람들이 거슬리고 환경이 거슬리며 불편함이 올라오죠. 그것마저도 자유로워지는 나이가 60세이니 이순耳順이라고 합니다. 귀에 거슬리는 것이 없어져서 어떤 말을 들어도 그냥 수용하죠. 사실 귀는 하나의 통로일 뿐이에요. 귀를 통해 소리가 들어와 마음의 감지가 건드려지면 그 감지가 일어나서 주인노릇을 하게 되는데, 이순耳順은 더 이상 감지가 주인노릇을 하지 않음을 의미합니다. 이렇게 귀가 순해졌지만 여전히 때때로 놓치는 일이 생깁니다. 그러다가 70세에 이르면 마음에 무엇이 일어나도 걸리지 않게 되며, 도道에 거스르지 않으니 이를 종심소욕불유구從心所慾不踰矩라고 합니다. 이때부터는 그 무엇을 해도 상관이 없어요. 그 사람은 더 이상 현상계에서 거슬리는 일이 없습니다. 그의 마음은 어떤 일에도 좌충우돌 하지 않아요.

如露地白牛하야 不傷苗稼也니라
여 로 지 백 우   불 상 묘 가 야
노지의 흰 소가 곡식을 상하게 하지 않는 것과 같으니라.

길바닥에 내놓은 흰 소가 곡식을 상하지 않게 하는 것은 공자의 종심소욕불유구從心所慾不踰矩와 의미가 상통합니다. 노지의 흰 소는 풀어놓은 자아를 의미합니다. 이 자아는 진리의 표현인 현상으로서의 자아인데, 자유롭게 풀어놓아도 스스로 도道의 법칙을 어기지 않는 상태에 이른 자아입니다. 이 자아는 본질에 바탕을 둔 자아이며, 현상으로 사용되는 자아이니 종심소욕불유구從心所慾不踰矩가 뜻하는 바와 같습니다. 이때가 되면 의식과 감지에 걸리지 않고 감각에도 걸리지 않으니, 그의 지성과 감성과 감각이 더 이상 그를 올가미에 가두지 못합니다. 그것들은 그냥 작동하는 기능이지 더 이상 나의 주인이 아니에요. 그런 무중력 상태의 자아는 주변을 살피고 전체를 알아채는 안목이 생겨난 자아이기에, 필요할 때는 중심을 가지고 하나의 방향을 향해 나아갈 줄 압니다. 그러나 고정된 중심은 없어요. 그래서 일이 끝나면 다시 중심도 한계도 없는 무중력 상태로 돌아갑니다. 중심은 어딘가를 향하는 토대가 되죠. 자아의 핵심은 텅 비어있지만 그것을 중심으로 모든 경험이 한 덩어리로 모입니다. 대기권 안의 모든 것이 지구 중심을 향하듯이, 나의 모든 경험들은 일시적인 자아를 중심으로 모여서 특정한 방향을 향해 갑니다. 그래서 겉으로는 석가모니도 무언가를 위해 애쓰는 것처럼 보이죠.

석가모니는 평생을 중생들을 공경하며 살겠다고 했습니다. 무중력적인 자아이지만 그의 마음은 중생에 대한 평화平和로운 관심으로 가득 차 있습니다. 평平은 공평하여 치우침이 없다는 의미로서 원리적인 측면을 말하고, 화和는 조화롭다는 의미로 드러나는 현상적인 측면을 말합니다. 그러한 평화로운 관심은 모두에게 열려있는 관심입니다. 다른 말로 하면 조건 없는 관심이고 조건 없는 사랑이에요. 그러한 마음 속에 있는 소는 절대 곡식을 망치지 않습니다. 그 관심이 섬세하여 곡식을 상하게 하지 않아요. 이것이 바로 종심소욕불유구從心所慾不踰矩를 대체할 수 있는 말입니다.

古有呵佛罵祖者는 是與此心相應이어늘
고 유 가 불 매 조 자   시 여 차 심 상 응
옛날에 부처를 꾸짖고 조사들을 꾸짖은 것은 이 마음과 상응했다.

부처와 조사를 꾸짖는다는 말은 내 마음 속에 올라온 부처와 조사를 꾸짖는다는 의미입니다. 부처와 조사를 높이고 그들에게 나를 낮추는 마음은, 여전히 높고 낮음을 분별하는 상대적인 마음에 주인 자리를 내주고 있는 마음입니다. 마음속에 올라온 부처와 조사는 일종의 투사

된 감지이며, 이것은 '있는 그대로'를 왜곡합니다. 그래서 이 감지들을 꾸짖을 수 있을 때 드디어 그는 마음의 본바탕에 다다르게 되는 것입니다. 오직 감각만 남아있고 감지적 투사는 사라진 상태에 이른 자만이 성숙된 흰 소로서, 감지들로 가득한 현상 속에서 걸리지 않고 자유로울 수 있습니다.

今見纔入宗門에 未知道之遠近하고
금 견 재 입 종 문　　미 지 도 지 원 근

便學呵佛罵祖者는 太早計也니라
편 학 가 불 매 조 자　　태 조 계 야

오늘날 종문에 들어온 사람이 도의 원근을 잘 알지 못하고
곧 부처를 꾸짖고 조사를 꾸짖는 것만 배우는 것은 지나친 속단인 것이다.

그런데 오늘날 종문에 들어온 사람은 도道에 다다른 깊이에 상관없이 무조건 꾸짖는 일에 빠지기도 합니다. 마음의 감지에서 빠져나오지도 못한 채 이런 일을 저지른다면 그는 어리석은 감지의 노예일 뿐이지, 결코 부처와 조사로부터 자유로워진 사람은 아니에요. 알았다거나 경험했다고 여기는 사람이 다른 이를 낮추어보거나 경시하는 마음을 가진다면, 그것은 그가 여전히 감지의 투사 속에 있다는 증거입니다. 감지가 없는 곳에 오직 경계 없는 평화와 자유가 있습니다. 이런 원리를 모르면서 "부처를 만나면 부처를 죽이고, 조사를 만나면 조사를 죽여라."라는 말만 듣고서, 모든 것을 인정하지 않는 독단적인 자기강화로 들어가는 경우가 허다합니다. 그것은 오히려 '나'라는 감지는 최고로 높이고, 그 외의 모든 것을 아래로 낮추는 감지 불평등의 현상입니다. 그 현상 속에 빠져있는 것입니다. 그에게는 위아래도 없고 그저 자기밖에 없습니다. 이는 무지함이지 초연함이 아니에요. 어떤 면에서는

평등하다고 할 수 있지만 실제로는 '자기'라는 감지 속에 빠져있는 상태입니다. 진심이 얼마나 익었는지를 시험하는 과정을 이처럼 자기 자신에 대해서도 똑같이 적용해 볼 수 있습니다.

제14장
진심무지
眞心無知

진심은 분별하는 앎이 없다는 의미입니다. 그렇다고 해서 전혀 모르지는 않아요. 진심의 앎은 무지이지無知而知입니다. 즉 분별없는 앎을 말해요. 그런데 무지無知의 지知는 논리적으로 보면 모순적으로 들립니다. 어떤 앎이 있으려면 항상 대상이 있어야 하는데, '앎이 없는 앎'이라니 대체 뒤에 있는 앎은 무엇일까요? 질문을 살펴봅시다.

앎이 없는 앎 – 모든 지식과 경험은
사용되는 데이터일 뿐 그 주인이 따로 있지 않다

或이 曰 眞心與妄心이
혹   왈 진심여망심

對境時에 如何辨別眞妄耶이닛가
대 경 시   여 하 변 별 진 망 야

묻기를, 진심과 망심이
대상을 대하였을 때 그것의 진망을 어떻게 구분할 수 있습니까?

대상이 되는 사람이나 사물을 대했을 때, 우리 마음이 진심으로 반응하는지 망심으로 반응하는지를 어떻게 구분할 수 있느냐고 묻고 있어요. 지금 이 사람은 대상을 대하는 중생의 마음과 부처의 마음이 다르다고 여기고 있습니다. 부처는 진심으로 대하고 중생은 망심으로 대한다고 짐작하고서, 그 둘의 차이를 어떻게 구분하는지 물어보고 있는 것입니다.

그런데 이 질문에는 뭔가 들어맞지 않는 말이 있습니다. '대상을 대하였을 때'라고 했잖아요. 부처의 마음이 진심이라면 거기에는 대상이라는 것이 없습니다. 아무 인식과 분별이 없는 진심에는 대상이 없습니다. 그런데 부처가 늘 그런 건 아닙니다. 석가모니가 아무 인식도 없는 빈 마음으로, 어린아이처럼 아무것도 분별하지 못하는 마음으로 지내지는 않았잖아요? 모든 것을 치밀하게 분별하면서 살았습니다. 팔만대장경이나 대승기신론을 보면 알 수 있어요. 여기서 말하는 '대상을 대할 때의 진심'이라는 것은 바로 진심의 표현된 모습을 의미합니다. 대상을 대하는 진심의 표현된 모습과 망심의 모습이 어떤지 묻고 있는 것입니다. 그리고 질문에 이어서 진심이 표현되어져서 대상을 분별하는 것과 망심이 대상을 분별하는 것과의 차이에 대해 나옵니다.

　그래서 진심의 '앎이 없는 앎'이라는 모순된 이야기를 할 수밖에 없습니다. 진심무지眞心無知란 순수한 의식의 자연스러운 드러남이라고 보면 됩니다. 우리의 용어로 말하자면, 감지적인 투사를 하지 않고서 모든 것이 저절로 감각되는 상태와 같습니다. 감각 상태에서는 내면의 흔적인 감지를 투사하지 않기 때문에 그냥 있는 그대로가 보이죠. 구별은 되지만 무엇인지 알거나 느껴지지 않습니다. 앎이 구체적으로 나타나지 않아요. 그러나 감각적인 앎은 있습니다. 마음의 앎과 상相을 다 빼면, 또는 주의제로를 하면 이것과 저것을 구별하기는 하지만 마음에는 구별에 대한 생각과 느낌이 없습니다. 그저 감각적인 구분일 뿐이에요. 그런데 다시 감지로 나오면 이것과 저것이 다르다는 느낌이 서서히 다가오죠. 그 느낌은 대상의 감지적인 분별입니다. 초기의 분별이죠.

　의식의 전개과정에 대해 다시 한 번 살펴보겠습니다. 처음으로 나와 나 아닌 것(대상)으로 나누어지는 것이 전식轉識입니다. 그리고 나 아닌 것이 이것과 저것으로 분별되는 과정이 현식現識입니다. 대상이 하나

하나 나누어지죠. 그 다음에는 대상 사이에 비교가 일어나서 좋고 나쁨이 나타납니다. 이렇게 비교하여 좋고 나쁨이 일어나기 직전, 대상들이 구분만 되는 시점에서 감지적인 호오好惡에 투사를 하지 않으면 감지에 묶이지 않는 알아챔이 생겨납니다. 이때 우리는 좋고 싫음이나 끌림과 밀침 없이 분별을 합니다. 맨 처음에는 감각적인 분별만 있다가 그 분별에 의해서 내적인 기준이 하나 둘 생겨나기 시작하면, 모든 분별을 하나로 통합해서 주인 노릇을 하려고 '나'라는 것이 나타납니다. 그것이 나타나면 '이것은 나야'라는 생각이 생겨나면서 끌리고 밀치는 현상이 벌어지죠.

그저 대상을 분별하고 구별하는 것이 바로 무지이지無知而知입니다. 이런 '앎이 없는 앎'은 의식이 전개되는 과정의 초기에 일어납니다. 나와 대상이 구분되고 나서 대상이 자세히 구분되는 단계에 분별만을 하는 앎이 있어요. 그런데 모든 것을 조절하려는 '나'가 생겨나면 그것은 호오好惡를 일으키고 거기에 묶이기 시작합니다. '나'가 중심이 되어 끌리고 밀치는 감지가 작용하기 시작하고, 이 느낌으로서의 '나'에 이름이 붙어서 생각으로서의 '나'가 나타나 작동하면 복잡한 의식의 세계가 펼쳐지고 집착이 일어납니다.

각자 필기구 두 개를 꺼내서 여러분 앞에 있는 백지 옆에 두세요. 이제 여러분이 좋아하는 인생의 신조 하나를 적어 봅니다. 다 적으셨나요? 글을 쓰기 전에 필기구 두 자루 중에서 어떤 것을 선택했는지 확인해 봅니다. 그것을 선택할 때 의식적으로 선택했나요? 의식적으로 선택하신 분은 손을 들어주세요.

월인: A와 B는 왜 의식적으로 그 연필을 선택하게 되었나요?

A : 빨간색으로 쓰고 싶지는 않았기 때문에 나머지 다른 펜을 선택했어요.

B : 얇고 필기감이 좋은 펜을 선택했습니다.

월인: 다른 분들은 어땠나요?

C : 손이 가는 대로 선택했다고 생각했는데, 지금 보니 하나는 샤프고 하나는 볼펜인데 샤프는 뒤쪽을 눌러가면서 써야하기 때문에 귀찮아서 볼펜을 선택한 것 같아요.

D : 둘 중에 집기 편한 것을 고른 것 같아요.

E : 처음 집었던 펜이 글씨가 써지지 않아서 이 펜을 사용했어요. 맨처음에 골랐던 펜은 좋은 느낌이 들었기 때문입니다.

지금 의식적으로 필기구를 선택한 사람이 있고, 생각 없이 골랐다고 했지만 의식의 밑바닥에는 어떤 생각과 느낌이 있었다고 뒤늦게 알아차린 사람이 있고, 무의식적으로 골랐다는 사람도 있습니다. 의식적으로 보는 사람은 명확한 비교의 기준이 있었던 것입니다. '비교하는 나'가 사용되었습니다. 또 C의 경우에는 당시에는 명확하게 의식하지 못했지만 이면에는 선택의 이유가 있었죠. 그냥 고른 사람은 느낌에 따라 선택을 한 경우인데, 이는 내가 하지 않고 그냥 반응한 것입니다. 무의식적으로 또는 습관적으로 말이죠. 의식이 거의 사용되지 않았어요. 의식적으로 비교하여 선택했던 경우에는 '나'라는 것이 사용되었습니다. 그렇지 않고 무의식적으로 갈수록 내 안의 기준인 감지가 명확하게 투사되지 않은 상태로 선택을 합니다. 그냥 투명하게 쓰인 것입니다.

그런데 만약 이런 필기구의 선택이 아니라 의식적인 자기가 아주 중요하게 여기는 것을 선택하는 상황이었다면, 여러분 모두 의식적인 '나'를 사용했을 것입니다. 또 만약 오직 대상에만 초점을 맞추거나 전체적인 상황에 초점을 맞춰야 하는 경우였다면, 내 안의 모든 데이터가 엄밀하게 사용되지만 '나'를 기준으로 삼아서 선택하지는 않았을 것입니다. 뒤에 이어서 나올 무지이지無知而知와 유지이지有知而知에 대해 말하고 있습니다. '앎이 없는 앎'과 '앎이 있는 앎'이라고 표현해보죠. 앎이 있는 앎은 '나'라는 기준이 사용되었을 때를 말합니다. 그리고 앎이 없는 앎은 '나'라는 기준이 사용되지 않을 때를 말해요. 전체의 상황 속에서 저절로 앎이 일어나기 때문에 특별히 내가 선택했다는 느낌도 없습니다. 그러나 나의 데이터가 쓰이긴 했지요. 얼마나 많은 데이터에 접속되었느냐, 또는 얼마나 많은 경험이 불러일으켜졌는지에 따라서 더 엄밀하고 지혜롭게 앎이 사용됩니다.

우리의 일상에서 앎이 일어날 때는 주로 '나'라는 것이 사용됩니다. 그래서 나에게 익숙한 것, 내가 좋아하는 것, 나한테 편한 것을 선택하죠. 여기에 고집불통이 되어버린다면 상황은 보지 못하고 그저 내 주장만을 우기기 시작하죠. 예를 들어봅시다. 벤츠를 타고 다니는 사람이 벤츠를 타고 사막에 왔어요. 그런데 사막에서는 낙타를 타야 자유롭게 이동할 수 있겠죠. 그러나 이 사람은 몇 억이나 하는 벤츠를 차마 낙타와 바꾸지 못해서 벤츠를 타고 사막을 횡단합니다. 그러다 모래바람을 만나 모래에 빠져 죽어요. 상황과 조건이 변하면 때에 따라서는 '나'라는 것을 내려놓아야 합니다. 그렇지 못하고 무언가가 더 귀하다고 여기는 자기의 주장을 숙이지 않으면 사막에서 벤츠를 타고 죽는 그런 일이 벌어지게 되는 것입니다.

유지이지有知而知, 즉 내 기준이 사용되는 앎이라는 것은 내 감지의 투사가 아주 고집스럽게 사용되는 경우를 말합니다. 반면에 무지이지無知而知는, 모든 지식과 경험과 앎은 사용되는 데이터일 뿐 그 주인이 따로 있지 않음을 아는 마음이에요. 그래서 어떤 것에도 머물지 않고 그저 필요에 따라 데이터를 사용합니다. 그렇다면 그때는 누가 데이터를 쓰겠어요? 쓰는 누가 있지 않고, 상황이 그 데이터가 쓰이게 만듭니다. 상황에 알맞은 데이터가 쓰이면 그만이에요. 그럴 때에는 주인이 따로 없습니다. 이런 것이 바로 앎이 없는 앎, 진심이 기반이 되는 앎이에요.

다시 앞의 지문으로 돌아가서 살펴보겠습니다. 질문을 하는 사람은 진심과 망심을 구분하고 싶어 하죠. 그러나 아까 말했듯이 진심에는 대상이 없으므로, 대상이 있는 모든 마음은 망심입니다. 나누어 보는 마음은 모두 망심이에요. 그런데도 대상을 대하여 일어나는 마음을 진심과 망심으로 구분한다는 것은, 이때 일어나는 마음이 진심에 뿌리를 두고 있는지 아닌지를 보고 싶기 때문입니다. 그렇다면 진심과 망심을 나누는 기준은 무엇일까요? 바로 분별심입니다. 분별심 중에서도 좋고 싫음과 옳고 그름을 나누어 그에 얽히고 매이는 마음이 바로 망심이고, 분별하되 그에 묶이지 않는 것이 진심의 발로라 말할 수 있습니다.

日 妄心은 對境하야 有知而知하야
왈 망심   대경   유지이지

답하기를, 망심은 대상에 대해 분별지로 알아

무언가를 아는 마음은 '나'라는 기준을 가지고 분별하는 마음입니다. 분별되는 것들은 실체적이며 항구적으로 서로 다르다고 전제하고, 모든 것을 나누어 '안다'고 여기는 마음이죠. 그에 반해 무지이지無知而知는 모름을 기반으로 일어나는 분별을 통한 앎입니다. 그래서 뭔가를 주장하지 않아요. 모름을 기반으로 아는 앎은, 모든 분별이란 뿌리 없는 개념에 기초하기 때문에 근원 없는 허상임을 파악한 채로 사용되는 앎입니다. 소크라테스가 죽음을 각오하면서까지 끝까지 주장한 내용이죠. 소크라테스는 "나는 내가 아무것도 모른다는 것을 안다."고 주장했어요. 그래서 뭔가를 잘 안다는 사람들을 찾아가서 그 무지를 깨뜨리는 일을 하다가 사약을 받고 죽죠. 소크라테스의 주장처럼 우리의 모든 앎에는 뿌리가 없습니다. 그러니 어떻게 자신의 앎을 주장할 수 있겠습니까? 무엇을 옳다고 여길 수 있을까요? 그냥 즐겁게 지내는 것이 최고입니다. 사람들이 화목하고 기쁘게 관계 맺고 지내면 그만이에요. 옳고 그름을 따지고 자신의 의견을 주장하면서 싸울 필요가 없습니다. 무지이지無知而知를 통해 분별은 하되, 그 근본에는 모름이 자리하고 있으며 분별은 임시적인 편의에 따른 것이라고 철저히 자각하고서 분별을 사용하면 됩니다.

於順違境에 起貪嗔心하고
어 순 위 경   기 탐 진 심

순경과 역경에 탐심과 진심을 일으키고

우리는 끌리는 것에는 다가가려 하고, 역경을 만나면 힘들어하고 싫어하여 그로부터 멀어지려고 애씁니다. 그래서 쉽고 기분 좋은 일에는 탐심貪心을 일으키고, 어렵고 기분 나쁜 일에는 진심嗔心을 일으키며, 그 중간의 좋지도 싫지도 않은 일에는 지루해하며 어리석은 치심癡心을 냅니다. 그런데 정말로 순경과 역경이라는 것이 있을까요?

100m 달리기를 할 때는 온 힘을 다해 뛰어야 하죠. 두 번 뛰라고 한다면 그만 하고 싶은 마음이 생길 것입니다. 역경을 대하는 마음이 나타나기 시작해요. '한 번 뛰었는데 또 뛰어야 해? 그냥 앉아서 쉬고 싶다.'는 마음이 생깁니다. 그런데 어떤 사람은 100m 달리기를 두 번 하라고 해도 쉽게 받아들여요. 왜 그럴까요? 조금 전까지 마라톤 코스를 절반 정도 뛰고 있다가 이 제안을 받았다면 어떻겠어요? 100m를 두 번만 뛰면 끝이라니 얼마나 편할까요? 똑같은 100m를 뛰더라도 이 사람 마음은 훨씬 가볍겠죠. 고정된 역경과 순경이 어디에 있습니까? 다 자기 마음이 정하는 것 아닌가요? 관악산 다람쥐한테는 나무타기가 아주 쉬울 텐데 황산의 멧돼지한테는 매우 어렵겠죠.

모든 것은 바라보는 내 마음속의 기준에 달렸으니 어렵고 쉬운 일이 따로 있지 않습니다. 쉬움과 어려움은 결국 내 안에 가지고 있는 감지적인 기준 때문에 생겨납니다. 이를 모르른 사람들은 쉬운 일을 만나면 웃고, 어려운 일이 생기면 울고 투덜대죠. 임시적인 마음의 기준 때문에 생겨나는 쉬움과 어려움이라는 것을 모르고 말이죠. 우리는 이런 얘기를 늘 해왔습니다. 세상에는 따뜻하거나 차가운 온도라는 것은 없다고 했었죠. 온도에는 다양한 스펙트럼이 있을 뿐입니다. 내 몸의 온도인 36.5℃가 기준이 될 때에만 따뜻함, 뜨거움, 시원함, 차가움이 생겨나죠. 그 기준이 사라지면 그냥 온도가 있을 뿐이에요. 순경과 역경도 기준 때문에 생겨난다는 것을 철저하게 파악한 마음이 바로 무지이지無知而知예요. 유지이지有知而知는 고정시켜 놓은 자신을 기준 삼아서 쉽고 어려움을 분별하여 탐심과 진심을 일으킵니다.

역경과 순경으로 나누는 것은 마음의 병일 뿐

又於中容境에 起癡心也니
우 어 중 용 경   기 치 심 야

旣於境上에 起貪嗔癡三毒인댄 足見是妄心也라
기 어 경 상   기 탐 진 치 삼 독   족 견 시 망 심 야

또 중간경계에는 치심을 일으키니
이미 경계에 대하여 탐진치 삼독을 일으키니 이것이 망심임을 알 수 있다.

경계를 나누는 마음은 서로 비교하여 좋거나 싫거나 또는 덤덤한 탐진치貪嗔癡를 일으키니 이것이 바로 망심입니다. 분별되는 것들이 고정되고 실체적이라고 믿는 마음을 기반으로 탐진치가 일어납니다. 모든 현상은 가변적이고 임시적이라고 분명히 파악한다면 탐진치는 일어나지 않아요. 좋고 나쁜 것이 어디에 있습니까?

중국 고서에 새옹지마塞翁之馬라는 유명한 얘기가 있죠. 변방에 사는 노인이 말 한 마리를 키우고 있었는데, 어느 날 그 말이 집을 나갔어요. 동네 사람들이 와서 위로를 하자 그 노인은 "저는 슬프지 않습니다. 이로 인해 좋은 일이 일어날지 어떻게 알겠습니까?"하며 덤덤한 태도를 보였죠. 그리고 얼마 후에 그 말이 돌아왔는데 아주 멋지게 생긴 말을 데리고 왔어요. 그러자 동네 사람들이 몰려와서 경사가 났다며 축하하자, 노인은 "좋기는 뭐가 좋습니까. 이 일이 화가 될지 어떻게 알겠어요?"라고 말합니다. 며칠 후에 노인의 아들이 그 말을 타다가 떨어져서 다리가 부러졌어요. 동네 사람들이 다시 위로를 하자, 노인은 "괜찮아요. 이것이 또 좋은 일이 될지 어떻게 알아요?"라고 말합니다. 얼마 지나지 않아 전쟁이 나서 젊은이들이 군대에 끌려갔는데, 노인의 아들은 다리가 부러져서 집에 남게 되었다는 얘기입니다. 어떤

기준을 명확하게 붙잡고서 상황을 바라보면 좋음과 나쁨이 분명해 보이지만, 상황은 항상 변합니다. 멀리 10년, 50년을 놓고 보면 여러 번 굴곡이 있어서 전반적으로는 늘 평균 상태입니다. 아주 짧은 시기의 분명한 기준을 마음속에 세운다면, 우리는 늘 울고 웃는 강한 파도 속에 빠져 살 수 밖에 없습니다. 이것이 바로 망심입니다. 뭔가를 기준으로 삼아서 좋고 나쁜 분별이 고정되고 실체가 있다고 믿는 마음이죠.

祖師가 云하사대
조 사   운

逆順相爭이 是爲心病이라 하시니
역 순 상 쟁   시 위 심 병

조사가 말씀하시되
역경과 순경이라 하여 서로 다투는 것은 이것이 바로 마음병이다

역경과 순경은 마음의 병病일 뿐이라고 했습니다. 우리의 마음이 기준에 따라 역경과 순경을 나누어 놓고 움직임을 시작하기 때문입니다. 기준이 끌리고 밀침을 일으키고 모든 병은 이로부터 시작되죠. '나'라는 기준이 주인이 되기 시작하면 이때부터 모든 고통이 시작되므로 이를 마음병이라 했습니다.

고통은 어떻게 시작될까요? 느낌의 세계는 가변적이라는 것은 분명합니다. 우리 집 개 태풍이는 느낌의 세계 속에 살아요. 느낌에는 이름이 붙지 않았기 때문에 고정되어 있지는 않습니다. 그래서 개는 주인에게 한 대 맞아도 그 다음날 아무렇지 않게 주인을 반겨요. 물론 기억력이 좋은 개는 슬금슬금 피하기도 하겠지만요. 그래서 느낌의 세계 속에서 사는 사람은 이름의 세계에 사는 사람보다 훨씬 문제를 덜 일으킵니다. 아직 생각이 자리 잡지 않은 어린아이는 울다가 웃고, 웃다

가도 금방 울어요. 어른들보다 느낌의 세계에 더 가까이 살고 있기 때문입니다.

느낌의 세계와 거기에 이름이 붙은 생각의 세계는 결코 동시에 우리 의식을 점유하지 못합니다. 느낌인 감지에 초점을 맞추면 이름과 생각이 잊혀요. 사물을 감지로 보면 어떻습니까? 이름과 생각이 잊힙니다. 그런데 이름과 생각에 초점을 맞추게 되면 또 감지가 느껴지지 않죠. 물론 이름과 생각에도 각각의 느낌이 붙어있지만, 우리의 주의는 고정화된 느낌인 이름과 생각에 사로잡힙니다. 비유하자면 이름과 생각은 '컵'이고, 느낌은 그 안에 들어 있는 '물'과 같습니다. 물을 컵에서 쏟아내면 형태가 달라지듯이 느낌은 금방 달라집니다. 좋고 나쁜 느낌에 이름만 붙지 않으면 바로바로 달라져요. 우리가 느끼는 느낌은 '물'이지만, 그것이 변함없는 느낌으로 여겨지는 이유는 바로 '컵' 때문입니다. 컵은 그 물의 형태를 유지하게 만들죠. 컵과 같은 역할을 하는 것이 바로 이름과 생각입니다.

감지의 세계로 내려가면 이름은 잊히고, 이름의 세계로 올라오면 감지의 세계는 잊힙니다. 그런데 이름이 문제가 되는 이유는 임시적인 분별의 느낌을 고정시키기 때문입니다. 느낌이 고정되면 항구적으로 존재한다고 착각하게 되어서, 고정된 느낌이 더 쌓이고 고착되어 그에 묶이기 시작합니다. 고정된 기준이 생기면 이것에 부딪히는 일이 잦아져서 마음의 문제가 일어나죠. 모든 대상은 그것 자체로 존재하지 못합니다. 그저 의식의 나눔 기능, 즉 분별이라는 기능을 통해 존재하는 임시적인 현상일 뿐이에요. 지금 눈앞의 사물을 보세요. 그것이 느낌이라는 것을 바로 알겠습니까? 그 느낌에 이름을 붙이고서는 실제로 존재한다고 여기는 마음이 바로 모든 병의 근원입니다.

故知對於可不可者가 是妄心也요
고 지 대 어 가 불 가 자　　 시 망 심 야

그러므로 옳다 그르다 대립시키는 것이 망심인 것이다.

하나의 이름 안에 주의가 경직되어 고정되어버린 상태에 대해 말하고 있습니다. 옳다고 여기면 그 생각에 에너지가 꽉 몰려서 굳어버려요. 그러면 더 이상 그 마음을 바꾸지 못합니다. 망심妄心에 기반을 두었기 때문이죠. 망심은 '고정된 무엇이 있다.'라고 여기는 마음입니다. 그 믿음에서 힘만 뺀다면 흐물흐물 사라져 버릴 텐데 말이죠. 그러나 진심으로 뿌리가 옮겨갈수록 주의는 유연해집니다. 국소성에서 비국소성으로 바뀌죠. 국소성은 어느 공간의 일부를 점유하고 있는 현상을 말합니다. 공간 전체에서 이 꽃병이 차지하는 부분은 지엽적이죠. 즉 국소적이라는 것은 무언가가 어느 부분에 있으면 다른 곳에는 없다는 것을 의미합니다. 예를 들어 '연필'이라고 내가 말하면 여러분의 마음 한 부분을 연필의 이미지와 느낌이 차지합니다. 마음의 다른 부분에는 그 연필이 없어요. 즉 마음의 일부분만을 차지한다는 것이 바로 국소성입니다.

모든 고정화된 느낌은 마음에 이렇게 국소적으로 존재합니다. 결코 마음 전체에 널리 퍼져있지는 않아요. 일전에 현상계의 기본 입자인 광자光子가 비국소적으로 존재한다는 실험에 대해 말한 적이 있습니다. 광자를 둘로 나누어 서로 다른 방향으로 달리게 만들었는데, 이상하게 두개의 광자가 마치 하나인 것처럼 행동하죠. 사실 나누어진 두 개의 광자가 정말 두 개인지는 알 수 없습니다. 각자 입자적인 현상을 보이니 그렇게 말할 뿐이죠. 즉 전자총으로 쏘아 둘로 나누어 양방향으로 달리게 하면 각자의 입자처럼 행동합니다. 그런데 나누어진 것처럼 보이는 이 두 개의 광자가 결국은 하나같이 행동한다는 것입니다. 그렇다면 이 입자들은 결코 나누어진 둘이 아니라는 결론을 내는 실험이었습니다.

 이를 우리 마음에 적용해 보면 어떨까요? 광자의 특성은 우리 마음의 작용과 유사합니다. 예를 들어 내가 '연필'이라고 말하면 여러분 마음의 한 부분에 연필의 이미지와 느낌이 떠오르고, 마음의 다른 부분에는 그 연필이 없습니다. 즉 그 연필은 여러분 마음에 현재 국소적으로 존재하고 있어요. 연필이라는 마음의 상相이 국소적으로 존재한다고 느껴집니다. 연필 옆에 종이가 있다면 연필과 종이가 여러분의 마음을 한 부분씩 차지하고 있죠. 그러니까 연필과 종이가 다르게 느껴지는 것입니다. 만약에 연필도 마음의 전체를 차지하고 종이도 마음의 전체를 차지한다면, 결코 마음은 이 둘을 둘이라고 느끼지 못할 것입니다. 두 개의 느낌을 두 개로 느끼기 위해서는 둘 사이에 공간이 있어야만 합니다. 내 손이 좌우에 둘이 있다고 여겨지는 이유는 왼손과 오른손 사이에 공간이 있기 때문이죠. 마음의 공간도 마찬가지에요. 여러분이 연필을 떠올릴 때의 느낌과 종이를 떠올릴 때의 느낌을 분별하는 이유는 마음에 나타난 상相들이 국소적이기 때문입니다.

 여러분은 한강에 가본 적이 있나요? 지금 여러분 마음에 한강이 떠올랐나요? 그러면 조금 전에 떠올렸던 연필과 종이도 그대로 있습니까? 내 말을 듣고 한강을 떠올렸을 때는 연필과 종이가 사라졌다가 지금 말하니까 또 나타났죠. 이렇게 마음에는 두세 개의 분별되는 느낌이 생겨났다가 즉각 사라지고 또 다른 것이 즉각 나타납니다. 이 분별되는 느낌들은 굉장히 가변적입니다. 그저 느낌일 뿐이라고 파악하며 바라보면, 바다에 이는 물결처럼 금세 사라지고 맙니다.

연필이라는 이미지와 감지는 마음에 이처럼 국소적으로 존재하는 것 같지만, 결코 고정된 개별체가 아닙니다. 바다에 잠시 떠오른 파도와 같아요. 드러나는 윗부분은 서로 나누어져서 여러 개의 파도로 보이지만 아랫부분은 바다에 닿은 하나입니다. 우리가 '나'라고 여기는 느낌과 '대상'이라고 여기는 느낌 또한 밑바닥에서는 서로 닿아있는 하나의 마음이에요. 이것이 바로 비국소성입니다. 옳거나 그르다는 느낌도 표면적으로는 국소적으로 나누어진 것 같지만, 바탕에서는 한마음의 두 가지입니다. 여러분이 대상을 대할 때 '나'라고 여겨지는 마음이 매번 달라진다는 점을 통해 알 수 있어요. 그러나 사람들은 마음 자체를 보지 못합니다. 대상에 따라 나타났다 사라지는 자기가 끊임없이 변하는 것만이라도 즉각적으로 알아차려 보세요. 그러면 '나'라는 느낌은 대상과 떼려야 뗄 수 없는 불가분의 관계에 있는 일란성 쌍둥이임을 알 수 있습니다. 대상이라는 마음의 파도와 '나'라는 마음의 파도가 동시에 일어나는 이유는, 밑바닥에서는 둘이 연결되어 있기 때문이에요. 그래서 또 동시에 사라집니다.

주체와 대상은 비국소적인 특성을 지닌 한마음의 하나의 현상입니다. 나와 대상은 결코 둘이 아니에요. 내가 바라보는 저 사람은 바깥에 있는 저 사람이 아니라, 내 마음에 떠오른 또 다른 파도입니다. 나도 저 사람도 모두 마음에 떠오른 것이에요. 이를 알고 마음의 대상을 바라본다면 진심에 기반을 둔 분별이고, 대상을 실체라고 여긴다면 망심에 기반을 둔 분별입니다. 똑같은 분별 같지만 절대로 같지 않아요. 대상을 대하는 마음이 망심의 표현인지 진심의 표현인지는 이렇게 구분할 수 있습니다.

내가 대상을 바라본다는 그 느낌이
일어나고 있는 침묵의 공간

若眞心者인댄 無知而知하야
약 진 심 자   무 지 이 지

만약 진심이라면 분별없음으로 알아

진심의 발로는 분별없음을 기본으로 분별이 일어나고 있음을 놓치지 않는 것입니다. 모든 분별은 감지에 기반을 두고 있고, 감지는 주의의 움직임을 필요로 하며, 주의는 마음의 움직임을 통해 작용합니다. 지금 자신이 살고 있는 집의 안방을 떠올려 보세요. 마음속에 안방이 탁 떠오르고 내가 안방을 바라봅니다. 떠오른 안방으로 주의가 향하는 것이 느껴집니까? 마음의 움직임이죠. 마음이 움직여야만 '내가 대상을 보고 있다'는 느낌이 듭니다. '나'와 '대상'과 '보고 있다'가 동시에 일어나죠. 이것이 의식의 한 단위입니다. 따라서 그렇게 움직이는 주의 자체도 마음의 변화무쌍한 부분 중의 하나이기에 분별없음의 기초가 되지는 못합니다.

그렇다면 분별없음의 기초는 대체 무엇일까요? 나와 대상과 내가 대상을 바라본다는 느낌이 일어나고 있는 그 침묵의 공간이 바로 분별없음의 기초입니다. 즉 움직임 없는 마음의 침묵만이 주의의 기반이며, 이 침묵을 통해 우리는 의식의 근본을 알아챌 수 있습니다. 움직임 없는 의식의 근본이 알아채진 후에, 그것을 기반으로 일어나는 앎이 바로 분별없음을 기반으로 하는 앎이며 무지이지無知而知입니다.

平懷圓照故로 異於草木하고
평 회 원 조 고　　이 어 초 목

공평하고 원만히 비추므로 초목과 다르고

의식의 빛인 앎은 공평하고 원만하게 비추니 초목과는 다르다고 했습니다. 누군가 물어본 것입니다. 그렇게 분별이 없다면 초목하고 다를 것이 뭐가 있습니까? 그러자 공평하고 원만하게 비추긴 하지만, 알아챔이 있다는 측면에서 초목과 다르다고 답합니다. 우리는 항상 감지를 이용하여 무언가를 파악하려고 합니다. '이것은 꽃병이야, 매화가 꽂혀 있네.', '저건 산수유 꽃이네.' 이렇게 내가 경험했던 감지를 기반으로 파악합니다. 파악把握이란 '손으로 잡아서 쥔다'는 의미에요. 무언가를 정의내리거나 알기 위해서 기준이 되는 마음의 손을 내밀어서 잡으려고 합니다. 이것이 바로 '감지의 투사'라고 이름을 붙인 현상입니다.

이런 감지를 다 멈추면 이제 감각이 살아납니다. 감각에는 내적인 투사가 전혀 없기에, 그저 진동하는 주체에 무언가가 다가와서 느껴지는 것과 같은 일입니다. 우리가 카메라를 보면 어떻습니까? '저건 카메라네.' 하면서 내 주의가 쏠려가죠. 즉 카메라에 대한 경험의 흔적이 투사되어 나가서 대상을 잡는데, 이것이 바로 감지의 투사입니다. 느낌의 투사죠. 그런데 그런 투사를 멈춘다고 해서 우리가 아무것도 알지 못하는 건 아닙니다. 왜냐하면 기본적으로 우리의 감각은 자극을 수용하기 때문이에요. 빛이 들어와서 내 망막을 건드리면 내 마음의 흔적들이 마음의 스크린에 닿아서 무언가가 보입니다. 소리가 고막을 흔들면 소리가 들리죠. 듣는 것이 아니라 들리는 것입니다. 혀에 맛이 느껴지고, 코에 향기가 느껴집니다. 촉감도 마찬가지로 어떤 자극이 와서 느껴집니다.

　이처럼 의식적인 기준이 쌓인 상태에서 뭔가 와 닿아서 느껴지는 것이 바로 직관적인 앎입니다. 내 기준을 투사해서 알려고 하지 않고, 쌓여있는 경험을 그대로 둔 채로 그냥 열려있으면 자극이 와서 건드려지고 조합이 일어나서 앎이 일어납니다. 그러니까 여러분들이 내 말을 들을 때도 자신이 알고 있는 경험을 기준으로 삼아서, '저건 무슨 뜻이지? 저건 이런 뜻인가?'하고 있으면 이해가 잘 안 됩니다. 나의 경험을 온전히 전달받지 못해요. 여러분의 경험을 토대로 왜곡해서 듣기 쉽습니다. 그러지 말고 그냥 가만히 듣고 있으면 여러분의 경험적인 데이터가 내면에서 튀어나오지 않습니다. 그렇게 그냥 가만히 있는 상태에서 들으면, 내 말이 다가와서 여러분의 마음을 이리저리 흔들고 여러분이 경험하지 않은 앎을 불러일으킵니다. 이것이 바로 직관적인 무지無知의 앎입니다. '아~ 저 말은 이런 뜻이지?' 한다면 유지有知의 앎이에요. 이렇게 유지有知로 듣는 사람은 결코 새로운 것을 들을 수가 없습니다. 오직 자기가 경험하면서 나가야합니다. 자신이 경험한 것만 들려요. 그런데 그런 유지有知의 지知, 투사의 지知가 아니라 그냥 마음을 열고서 아무런 비판이나 판단 없이 무심하게 듣고 있으면, 자신의 모든 무의식적인 데이터와 의식적인 경험의 데이터가 재조합을 일으켜서 새로운 마음을 일으킵니다. 그래서 '아하~'하는 앎이 일어나니 이것이 바로 무지無知의 지知입니다.

　그렇게 바라볼 때 비로소 공평하고 원만하게 비출 수 있습니다. 그렇지 않으면 '난 이것이 더 좋아, 저것에 더 끌려.'하게 되는데 이것이 바로 불공평이에요. 모든 말에 대하여 공평하게 열려있는 마음, 모든 사물을 공평하게 수용하는 눈. 이런 것들이 공평한 비춤이며, 그럴 때 알아채지는 것이 있습니다. 내가 투사하지 않을 때 말이죠. 투사는 굉장히 좁은 시야로 바라보기 때문에 자신의 경험적인 앎에 한정된 것들만 보입니다. 그건 진짜 보는 것이 아니죠. 그냥 열려있어서 공평하게 보여 알아채지는 것이 바로 진심으로 보는 것입니다. 망심은 무엇이라고 정해서 한정해서 보죠. 어쨌든 이렇게 진심으로 볼 때도 역시 알아챔이 있기 때문에, 분별이 전혀 일어나지 않는 초목草木과는 다릅니다. 공평하고 원만히 열려있는 마음에 의한 앎에는 좋고 나쁨도 없고 옳고 그름도 없습니다. 그냥 상황에 맞게 잘 쓰일 뿐입니다.

드러난 마음의 두가지 원천

不生憎愛故로 異於妄心하니
불 생 증 애 고　　　　이 어 망 심
증애하는 마음을 일으키지 않으니 망심과 다르다.

또 증애憎愛하는 마음을 일으키지 않아서 망심과는 다르다고 했습니다. 초목과 달라서 마음에 뭔가 움직임은 있어요. 그러면 망심에 해당하지 않느냐고 반론을 제기할 수 있습니다. 망심은 움직이는 마음이니까요. 초목에는 움직이는 마음이 없으니, 진심이 초목과 다르다면 움직인다는 뜻이고, 그렇다면 망심에 해당하지 않겠느냐는 말이죠. 그러나 마음이 움직이기는 하지만 미워하고 애착하는 마음으로 떨어지지는 않기 때문에 모든 괴로움의 원천인 망심과는 다릅니다. 여기서 우리는 드러난 마음의 두 가지 원천을 볼 수 있습니다. 하나는 모든 괴로움의 원인인 망심이고, 또 다른 하나는 지혜의 원천인 진심이죠.

괴로움은 기준을 고정화시켜서 보기 때문에 생겨난다고 했습니다. 옳고 중요하다고 여겨지는 것을 기준으로 삼아 보기 때문인데, 그 기준이 바로 동일시되어 '나'라고 여겨지는 것입니다. 그 기준을 고정화시켜서 거기에 절대적인 힘을 부여하면 모든 괴로움이 나타나기 시작합니다. 그러나 지혜로운 마음은 그 기준이 가변적이며 임시적이어서 상황에 따라 바뀐다는 것을 알고 그에 맞춰 자신의 감지를 사용합니다.

백일학교에는 20가지의 주제가 있는데, 그중 하나가 〈모든 것을 비교하되 그 어떤 것도 주인삼지 않는다, 모든 것을 비교하여 최고의 것을 추구하되 그 어떤 것도 주인삼지 않는다.〉에요. '진심을 기반으로 바라보라'는 의미를 가진 주제입니다. 예를 들어봅시다. 이 꽃병과 저 꽃병을 잘 살펴서 비교하여 하나를 선택했어요. 그러면 '이것이 더 좋아.'라는 생각이 생긴 상태겠죠. 그런데 옆에 누가 와서 "저게 더 좋으니 저걸 꽃병으로 쓰자."라고 한다면 내 마음에 뭔가 불쑥 올라옵니다. "무슨 소리야? 이것이 더 나은데. 내가 잘 살펴봤는데 저것보다는 이게 나아."라고 하겠죠. '이것이 좋아'가 마음의 기준이 되어버렸어요. 무언가를 주인으로 삼은 마음입니다. 그런데 누군가 내가 선택하지 않았던 꽃병이 더 좋다고 말할 때, 내 주장을 고집하면 전체 분위기가 안 좋아질 것 같으니, '이 꽃병이나 저 꽃병이나 꽃을 꽂기만 하면 그만이지. 내가 보기엔 이것이 낫지만 저걸 사용해도 괜찮아.'라고 하면서 자신의 판단을 숙일 수 있다면 이는 진심에 기반을 둔 분별입니다.

온전히 나를 숙이는 것은 중요하게 여기거나 옳다고 여기는 것, 심지어 내가 믿는 진리마저도 숙이는 것입니다. 자기라는 것이 숙여질 때 진정으로 진심에 기반을 둔 행동을 할 수 있습니다. 전체를 볼 수 있는 안목과 자기를 숙일 수 있는 지혜가 갖춰진 사람은 굳이 다른 것을 할 필요가 없습니다. 그걸로 끝이에요. 모든 믿음의 종교가 최종적으로 추구하는 것도 바로 자기를 온전히 숙여서 헌신하고 믿고 바치는 것입니다. 그러니 자기로부터 자유로워집니다. 그래서 믿는 사람은 기쁘고 행복하죠. 믿음과 헌신의 종교를 진심으로 믿는 사람은 항상 기쁘고 즐겁습니다. 의심하는 사람은 그렇지 못하죠. '내가 이렇게 믿었는데 하나님이 복도 안내려주네,'하는 사람은 진짜 믿는 사람이 아닙니다. 성경의 욥기를 보면 하나님이 자기 재산을 다 빼앗고 자식들까지 다 죽게 하였는데도 "나는 원래 빈 몸으로 태어났으니 빈 몸으로 돌아가리라."라고 하면서 원망하지 않습니다. 슬퍼서 울며 통곡하면서도 '하나님이 내게 주었던 것을 하나님이 데려갔으니 어쩔 수 없다.'는 마음이 바로 온전히 내 모든 것을 바치는, 피와 살 같은 자식마저도 바치는 마음입니다. 그렇다고 여러분도 진짜 그러라는 말은 아니고, 내 마음에 있어서 자식과도 같은 것을 주라는 말이에요. 여러분이 자식을 독립시킬 때도 마찬가지입니다. 자식을 세상에 주는 것입니다. 자식은 내 것이 아니잖아요. 사실 내 것이 뭐가 있습니까? 나라는 것 자체가 허상인데. 나의 모든 것을 내려놓고 숙일 수 있을 때, 내가 중요하게 여기는 것, 나의 주장, 진실이라고 여기는 것마저도 내려놓을 수 있을 때 그 사람은 진정 자유롭습니다. 그것이 바로 '나로부터 자유롭다'는 말의 진정한 의미입니다.

증애憎愛하는 마음이 왜 생기겠어요? 나의 기준 때문에 생깁니다. 기준에 맞으면 예쁘고, 기준에 안 맞으면 밉고 싫죠. 좋고 나쁨은 언제나 기준이 있기 때문에 생깁니다. 그 기준을 나와 동일시하기 때문에 생겨요. 그런 증애하는 마음을 일으키지 않으려면 기준이 있어서 그에 따라 분별은 하되, 이 기준을 절대적으로 여기지는 않으면 됩니다. 증애가 일어나지 않게 하면서 지혜롭게 기준을 사용하는 마음이죠. 그래서 망심과는 다릅니다. 망심은 그 기준을 절대적으로 믿는 마음이에요. 그래서 좋고 싫음이 나타나면 그것도 진짜라고 믿습니다. 기준 때문임을 모르고, 그 기준이 임시적이라고 파악하지도 못하죠. 백일학교에서는 모든 것을 비교하여 최고의 것을 추구하되 그 어떤 것도 마음의 주인으로 삼지 않는 주제를 연습하고 있습니다.

卽對境虛明아야 不憎不愛하야
즉 대 경 허 명   부 증 불 애

無知而知者가 眞心이라
무 지 이 지 자   진 심

즉 대상을 대하여 텅 비고 밝아 증오하거나 애착하지 않아
분별없음으로 아니 이것이 진심이다.

분별없음으로 아는 것이 바로 진심입니다. 마음의 기준은 상황과 조건에 따라서 나타났다가 사라집니다. 하나의 느낌이기 때문이죠. 마음에 하나의 파도가 일어나서 기준의 역할을 하다가 다시 파도 속으로 사라져갑니다. '나'라는 기준도 마찬가지예요. 모든 기준들을 한데 엮어서 거기에 '나'라는 이름을 붙였습니다. 그러나 그것은 이름에 불과하고, 진짜 '나'의 역할을 하는 것은 느낌으로서의 기준입니다. 그런 느낌과 생각의 기준 없이 분별을 사용하는 것이 바로 진심에 기반을 둔 앎입니다.

故로 肇論에 云하사대
고 조 론 운

夫聖心者는 微妙無相이라 不可爲有요
부 성 심 자   미 묘 무 상   불 가 위 유

그러므로 조론에 말하기를
무릇 성인의 마음은 미묘하여 상이 없으니 있다고 할 수 없고,

사실 상相이 없다기보다는 '상에 머무르지 않는다'는 말이 더 정확한 표현입니다. 상이 없으면 바보나 마찬가지죠. 분별 자체를 못하니까요. 상이 있되 어떤 상에도 머무르지 않고, 주인삼지 않는 것이 바로 성인의 마음입니다. 금강경에서 말하는 머물지 않는 마음이죠. 경험을 조금 하면 마음속에 '나는 알았어!'가 일어납니다. 머무르는 마음이죠. 그 어디에도 머물지 않는 마음이 바로 상이 없는 마음이라고 보면 됩니다.

상相이 없기 때문에 직접적인 인식인 '있는 그대로 보기'가 가능합니다. 개별적인 상이 없는 돌고래의 의사전달과 유사합니다. 돌고래는 사람처럼 자기 개별적인 마음의 감지를 사용하지 않아요. 돌고래는 초음파를 쏘아서 반향되어 돌아오는 초음파를 파악합니다. 사물에 부딪혀서 돌아온 초음파는 처음에 쏘아 보낸 초음파와는 조금 다릅니다. 내보냈던 초음파는 기준파이고 부딪혀서 돌아오는 것은 변형파인데, 기준파와 변형파를 비교하여 어느 정도 떨어진 거리에 어떻게 생긴 물건이 있는지 느낌으로 파악합니다. 눈으로 보아서 아는 것이 아니에요. 그리고 그렇게 파악한 내용을 다른 친구들에게도 그대로 초음파로 쏘아줍니다. 그러면 그 주파수를 받은 돌고래는 직접 경험하지 않았어도 그대로 똑같이 느낄 수 있습니다. 이것이 돌고래의 의사전달 방법이에요.

그렇지만 사람은 자신의 직접적인 경험을 통해서만 바라봅니다. 서울에서만 살았거나 사과나무를 직접 보지 않은 사람들은 사과나무가 얼마나 불쌍한지 모를 것입니다. 여기 살다보니까 사과나무가 너무 불쌍해요. 사과나무가 어떻게 생겼는지 알아요? 과수원의 사과나무는 바오밥 나무처럼 생겼어요. 왜 그러냐면 나무가 높이 자라면 사과를 따기 힘드니까 자꾸 잘라서 그렇습니다. 위로 자라나지 못하게 잘라내고, 옆으로 가지만을 뻗게 합니다. 사과가 많이 열리라고. 그리고는 비료를 잔뜩 주니까 과일이 많이 열리겠죠. 그래서 사과나무는 요만한데 가을에 거기에 매달린 과일은 너무 많아서 휘청휘청하죠. 사과를 만들어내는 공장이에요. 너무 불쌍합니다. 이렇게 과수원을 본 사람의 사과에 대한 느낌과 마트에서만 사과를 본 사람이 느끼는 느낌은 서로 다르겠죠. 내가 아무리 이렇게 말해도 여러분들은 사과에 대한 나의 느낌을 그대로는 못 느낍니다. 그런데 돌고래들 사이에서는 그대로 정확히 전달된다는 것입니다. 이것이 바로 개별적인 상이 없이 왜곡하지 않고 전달하는 것입니다.

사람으로 따지면 직지인심直指人心라고 할 수 있습니다. 직접적으로 사람의 마음에 지혜를 전달하는 일은, 자신의 주장과 경험을 기준으로 삼지 않고 그냥 열린 마음상태로 있을 때 가능합니다. 개별성에 매몰된 경험에서 벗어나고 기준에 사로잡힌 투사된 감지에서 벗어나서, 오직 구별만 되는 초기의 투명한 감지를 사용할 때죠. 그러려면 두 사람 모두 투명한 감지상태여야 합니다. 모든 데이터가 그대로 열린 상태의 투명한 감지상태일 때 직지인심이 가능해요. 생각과 개별적인 감지상태에서 내려와서 투명한 데이터로서의 감지만 남아있을 때, 두 사람이 서로 통할 수 있는 기반이 마련되고 한 마음이 될 수 있어요. 이것이 바로 우파니샤드Upaniṣad의 의미입니다. '스승과 제자가 가까이 마주하여 앉아있다'는 뜻이죠. 육체적으로 스승의 옆에 앉는다는 말이 아니에요. 투명한 마음상태로 두 사람이 서로 통한다면 아무리 멀리 떨어져있어도 우파니샤드라고 할 수 있습니다. 그럴 때 진정한 경험이 느낌으로 전달됩니다. 투명한 감지 속에서 하나가 되어서 분별을 전달하고 전달받는 상태이니 이때는 상相이 없습니다.

쓰면 쓸수록 활기차니 없지 않다

用之彌勤이라 不可爲無며
용 지 미 근   불 가 위 무

쓸수록 더욱 활기차니 없다고 할 수 없다.

분별하는 마음은 쓰면 쓸수록 더 세밀하고 정교하게 사용되고 활기차기 때문에 없다고 할 수 없습니다. 부처에게 마음이 없는 건 아니에요. 오히려 일반인보다 더 정교하고 치밀하게 사용됩니다. 그렇지만 마음이 있다고도 할 수는 없는 이유는 어느 상에도 머물지 않기 때문입니다.

乃至非有故로 知而無知요
내 지 비 유 고   지 이 무 지

非無故로 無知而知라 하시니
비 무 고   무 지 이 지

나아가 그 마음이 있는 것이 아니기에 알되 알지 못함이요,
그 마음이 없는 것이 아니기에 모르지만 안다

알기는 알지만 알지 못한다고 했습니다. 즉 임시적인 분별을 통해 알지만, 그것을 진정으로 안다고 고정시켜서 믿지는 않는다는 의미입니다. 그러므로 그는 결코 안다고 주장하지 않아요. 상황에 따라 사용되는 임시적인 앎만 있을 뿐이니 어떻게 안다고 하겠습니까? 그렇다고 앎이 없는 것도 아니죠. 마음이 작용하고 있잖아요. 직지인심도 그렇고 염화미소拈華微笑도 그렇습니다. 부처님이 연꽃을 들어서 대중에게 보이니 가섭迦葉 존자만이 그 뜻을 알아채고 미소를 지었습니다. 두 사람 사이에 이심전심以心傳心의 마음이 통했어요. 지혜의 본질이 전달되었죠. 그러면 부처님의 마음과 가섭 존자의 마음에 아무런 자극이 없었을까요? 아닙니다. 어떤 작용이 있었어요. 분별이 있었다는 말입니다. 그렇지만 그 분별은 고정되어서 뭔가를 주장하는 분별이 아니라 사용되는 분별이었습니다. 없다고 할 수 없는 마음의 작용으로 인해 분별이 일어나고, 그 분별로 인해 만상萬象이 일어납니다. 그러나 그것은 만상의 일어남일 뿐 존재하는 것은 아닙니다.

是以로 無知卽知를 無以言異於聖人心也니라
시 이　　무 지 즉 지　　무 이 언 이 어 성 인 심 야
그래서 분별없는 앎을 성인의 마음과 다르다고 말할 수 없다.

분별없는 앎, 또는 앎이 없는 앎을 성인의 마음과 다르다고 말할 수 없다고 했어요. 분별에 묶이지 않는 앎, 머무르지 않는 상相을 사용하는 앎이 바로 성인의 마음입니다. 성인의 마음은 아무것도 분별하지 못하는 바보의 마음이 아니에요. 그러니 분별을 하지 않는 바보가 되려고 하지 말고 분별에 묶이지 않음이 중요하다고 파악해서, 자신이 어딘가에 머물거나 묶여있지 않는지 항상 스스로를 살피도록 하세요.

분별없는 앎이 바로 진심에서 나온 무지無知의 앎입니다.

又妄心은 在有着有하고 在無着無하야
우 망 심   재 유 착 유   재 무 착 무
또한 망심은 유에서는 유에 집착하고 무에서는 무에 집착하여

망심은 유有에 있어서는 유有에 집착하고 무無에 있어서는 무無에 집착한다고 했습니다. 망심은 기본적으로 나누는 마음이죠. 분리시켜서 이것과 저것을 구별하는 마음인데, 이런 분별기능은 쓸모도 많지만 그것에 집착하고 머물러서 문제가 되기 때문에 망심이라고 합니다. 따라서 분별하여 나누는 마음이라기보다는 나누어서 머무는 마음이라고 이해하면 됩니다. 나눔과 분별 그 자체는 아무런 문제가 되지 않습니다. 오히려 아주 유용한 도구죠. 그런데 나눈 것 중의 어느 하나를 실체화해서 거기에 머물면 모든 문제가 생겨납니다. 유有가 있으면 유有에 머물고, 무無가 있으면 무無에 머무는 것이 망심의 기본적인 특성이에요.

보통의 일반적인 마음은 유有에 머물고 집착합니다. 무언가를 얻거나 이루려고 하고, 어딘가를 향해서 달려가고, 욕망을 이루기 위해서 애쓰고 노력하며, 뜻대로 되지 않으면 애달파하고 괴로워하죠. 모두 어딘가에 머물고 집착하는 마음 때문에 생겨나는 일들입니다. 그러다가 마음공부를 시작하고 정진하여 무심無心의 상태를 느끼거나 발견하면 이제 거기에 머물기 시작합니다. '있음'이나 '주의에 주의 기울이기'를 통해 나와 대상이 사라진 상태, 매일매일 새로운 상태 등의 예전과 다른 맛이 느껴지는 마음을 경험하고 나면 이제 거기에 머무르고 집착하는 것입니다. 무심無心에 머무는 것 역시 집착입니다. 유有에 대한 집

착보다는 가볍고 편안하지만 그래도 집착이에요. 무無를 체험한 후에 좋다고 여기고 옳다고 주장한다면, 그 역시 유有와 무無를 분별하여 그 중의 일부인 무無에 머무는 마음이고 집착하는 마음일 뿐입니다. 그래서 편안한 마음을 추구하지 말라고 합니다. 편안한 마음은 불편한 마음과 대비되는 하나의 마음상태일 뿐이에요. 마음의 본질은 편안하지도 불편하지도 않습니다. 어디에도 머물지 않는 것이 중요합니다. 모든 마음의 상태는 그냥 쓰일 뿐이에요. 필요에 따라 나타났다 적절하게 쓰이고 사라지죠.

우리가 공부하면서 한 모든 연습은 유有나 무無에 속해 있습니다. 이름과 생각과 감지에 대한 연습은 다 유有에 속하죠. 왜냐하면 모두 마음에서 잡히니까요. 주의제로나 전체주의, 그리고 '있음'은 무無에 속하거나 무無로 향하는 연습입니다. 보통의 명상도 이와 같이 유有를 떠나서 무無로 가는 연습을 많이 시키죠. 그래서 삼매나 빈 마음이나 무심無心을 강조합니다. 그렇지만 우리는 유有에 해당하는 감지를 더 강조해 왔어요. 다만 유有에 대한 집중이 아니라 감지의 쓰임새를 강조했고, 감지라는 것은 느껴지는 대상임을 파악하게 했습니다. 감지를 강조한 이유는, 이름을 떠난 감지의 세계가 모든 유有의 기본이고, 감지를 통해 의식이 작동하기 때문입니다. 여러분은 감지를 발견한 후에 그것은 유용한 도구이고 모든 감지는 마음의 현상임을 알았습니다. 그렇게 하기 위해서 감지를 없애려 하지 않고 감지를 감지로 파악하거나 느낌을 느낌으로 파악하는 연습에 중점을 두었죠. 만일 감지를 떠난 감각을 강조하거나 '있음'이나 무심無心을 강조했다면 무無에 머무르려는 마음이 생겼을 것입니다.

보통의 사회활동은 우리를 늘 유有에 머물게 하죠. 그래서 끊임없이 마음의 능력을 신장시키고 자기개발을 합니다. 믿음을 키우고 의지를 불태우며 원하는 것을 얻기 위해 애쓰는 일은 모두 유有에 머물러 집착하는 것입니다. 사회에서 하는 연습은 유有에만 머무는 연습이고, 명상을 위주로 하는 연습들은 무無에 머물게 하는 연습이죠.

우리는 유有에도 무無에도 머물지 말라고 합니다. 그런데 사실 모든 연습은 유有에 머무는 것이라고 할 수 있습니다. 왜냐하면 무無에 머물게 하는 연습조차도 어떤 의도를 갖고 있기 때문입니다. 무無를 경험시키고 무無를 향해 가게 하는 의도가 있어요. 모든 의도는 마음에 나타난 움직임을 중요하게 여겨서 그것에게 주인 자리를 내어주게 합니다. 유有에도 무無에도 머무르지 않는 연습이란 없습니다. 연습으로 될 일이 아니에요. 연습이라는 것 자체가 유有에 해당하기 때문이죠. 그러므로 마지막에는 통찰을 해야 합니다. 모든 의도는 일종의 머무름을 유발시킨다는 것을 통찰할 때 의도는 스스로 멈추게 됩니다. 의도가 스스로 멈추어야 해요. 그렇지 않고 자신이 의도를 멈추려고 한다면 그 또한 하나의 의도가 됩니다. 모든 연습에는 밑바닥에 항상 의도가 깔려있기 때문에 연습은 유有에서의 일입니다. 결코 진정한 무無가 아니에요. 무無의 느낌과 경험마저도 다 유有에 속합니다.

석가모니가 6년간 해볼 수 있는 유有의 일을 다 해보고도 깨달음을 얻지 못해서, 모든 것을 포기하고 보리수나무 아래에 앉았을 때 비로소 마음의 모든 의도가 내려놓아졌어요. 그리고 아무런 의도가 없는 빈틈이 나타났습니다. 어떤 의도로 인해서 의도가 없어진 것이 아니에요.

망심은 유有의 상태에 가면 유有에 집착하고 무無의 상태로 가면 또 무無에 집착합니다. 망심도 묘한 망심은 무無의 상태 속에 있는 것입니다. 나누어 분별해서 어느 한 부분에 머무르는 마음이 망심이기 때문에, 무심無心이나 무無의 경험에 머무르려는 마음도 결국 망심입니다. '나는 됐어. 나는 경험했어.'라고 여기는 마음이 바로 망심이에요. 그렇게 편안한 마음의 상태를 계속해서 추구하고 집착하여 머물게 됩니다. 결코 진심이 아닌 망심입니다. 진정한 마음은 무無에도 유有에도 머무르지 않는 마음입니다.

중도中道, 순간순간 마음을 내어 쓰는 것

常在二邊하야 不知中道하나니
상 재 이 변   부 지 중 도

항상 두 극단에 치우쳐 중도를 모르니

사람들은 항상 두 가지 극단 중의 하나에 치우칩니다. 그것이 삶이기 때문에 그래요. 살아있음은 불균형에서 균형으로 이동하려는 움직임입니다. 균형 잡힌 상태는 결코 더 이상 움직이지 않아요. 에너지는 어디서 나옵니까? 에너지는 항상 불균형 상태에서 나타납니다. 물은 높은 곳에서 낮은 곳으로 흐르잖아요. 살아있음은 곧 움직임인데, 그런 움직임은 항상 불균형한 상태에서 균형 잡힌 상태로 가려고 합니다. 물이 높은 데서 낮은 데로 흐르는 이유는 낮은 곳으로 떨어져서 평평해지려고 하기 때문입니다. 균형을 잡으려는 것입니다. 고기압에서 저기압으로 공기가 흐르는 것도 마찬가지죠. 마음 또한 주체에서 대상을 향해 주의가 움직이죠. 주의가 강하게 뭉친 곳에서 그렇지 않은 쪽으로 흐르면서 느끼고 관찰합니다. 주체와 대상이 나뉘지 않은 마음은 결코 움직이지 않기 때문에 안다거나 인식한다거나 느끼는 마음의 상相이 만들어지지 않습니다. 마음이 평평한 상태에요. 어떤 차이가 있으면 차이 없음을 만들고자 하는 움직임, 즉 불균형 상태에서 균형 상태로 옮겨가려는 움직임이 바로 삶이고 현상계입니다. 이처럼 두 극단에 치우쳐 중도를 모르는 것이 바로 일반적인 마음의 상태입니다. 그 마음을 통해 우리는 모든 것을 분별하고 구분하고 의식하면서 살아갑니다.

 불균형을 해소하기 위해서 다른 극단으로 나아가다가 언뜻 중도를 경험할 때가 있지만 그런 균형 잡힌 상태를 유지하지 못하고 바로 다른 극단으로 치우치죠. 운전을 맨 처음 배울 때 S자 곡선도로를 가면 어떻습니까? 길이 왼쪽으로 꺾일 때는 핸들을 왼쪽으로 돌렸다가 중간쯤에 다시 돌려서 오른쪽으로 가야하는데, 초보 운전자의 마음에는 아직 균형 잡힌 마음의 중심선이 생겨나지 않았기 때문에 핸들을 왼쪽으로 더 꺾어야 할 것 같은 느낌이 들죠. 그래서 왼쪽으로 핸들을 너무 꺾었다가 급하게 오른쪽으로 돌립니다. 그러면 또 오른쪽으로 너무 치우치죠. 아직 균형감이 없어서 그래요. 핸들을 왼쪽으로 돌리다가 곡선 도로의 중간쯤에서 서서히 핸들을 놓으면 천천히 풀리면서 저절로 중심이 잡힙니다. 운전을 계속하다 보면 저절로 익숙해지는데, 초보 운전자들은 급하게 이 끝과 저 끝을 왔다 갔다 하다가 결국은 길을 이탈하기도 합니다. 중도中道를 모르기 때문이죠. 중도란 정확한 중간지점을 의미하는 말이 아니고, 길의 상황에 맞춘 균형점을 말합니다. 초보자는 정확한 가운데 지점을 맞추려고 애써요. 상황에 따라서 중앙에 맞추려고 하지 않습니다.

우리가 마음의 현상을 다룰 때도 마찬가지입니다. 유有나 무無에 머물지 않고, 그 어디에도 머물지 않으며, 순간순간 마음을 내어 쓰는 것이 바로 중도中道를 지키는 일입니다. 유有에 너무 치우쳤다가 다시 무無로 가려고 애쓰는 도중에 잘못하면 무기공無記空에 빠집니다. 아무것도 하지 않고 텅 빈 마음으로 있으려고만 하죠. 그렇게 무기공에 푹 빠져 있던 사람은 다시 지겨워지면 유有로 움직여서 또 유有에 빠져 버립니다. 이렇게 유有와 무無 사이를 왔다 갔다 하는 것이 바로 두 극단에 치우친 마음입니다. 그리고 유有에 갔을 때는 유有에 머물고 무無에 갔을 때는 무無에 머물러 집착하는데, 중도를 모르기 때문에 그렇습니다. 중도란 중간 지점을 의미하는 것이 아니라, 상황과 때와 조건에 맞춰서 적절하게 마음을 쓰는 것을 의미합니다.

永嘉가 云하사대 捨妄心取眞理하면
영 가   운   사 망 심 취 진 리

取捨之心이 成巧僞라
취 사 지 심   성 교 위

영가대사가 말하되 망심을 버리고 진리를 취하면
취사하는 마음이 교묘한 거짓을 이룬다.

이제 막 마음공부를 시작한 사람들은 '분별하고 나누는 마음은 망심이니까 그런 분별심을 내지 않고, 항상 평등하고 변함없고 고요한 마음을 내야지. 분별에서 빠져 나와야지.'하는 마음을 가집니다. 망심과 진심으로 나누었어요. 이런 분별 자체가 바로 망심의 작용이에요. 지금 말을 하기 위해서 진심과 망심을 나누었지만, 실제로는 진심에 속한 마음은 결코 망심과 진심을 나누지 않습니다. 망심에 속한 마음만이 망심과 진심을 나누어 진심을 찾으려고 하죠. 진심으로 있으려는 마음은 참된 마음이라고 생각하기 쉽지만 사실은 망심의 일종이라는 것입니다. 아주 교묘해서 속기 쉬운 망심입니다, 진심에 있으려는 마음 자체가. 왜죠? 진심과 망심을 나누고서 그 일부분에 머물기 때문입니다.

망심의 기본은 취사선택이에요. 취하고 버리는 마음. 삼조三祖 승찬대사僧璨大師의 저서인 《심신명信心銘》에 "지도무난 유혐간택至道無難 唯嫌揀擇"이라는 문장이 나옵니다. 지극한 도道는 어렵지 않으니 오직 간택을 꺼린다는 말이에요. 취사선택하는 마음만 버리면 그 마음이 도道에 이른 마음이라는 뜻입니다. 내가 파악할 수 있는 취사선택뿐만 아니라 마음이 잡아내는 모든 취사선택을 다 포함합니다. 망심과 진심을 구분하여 망심을 버리고 진심을 취하려는 마음, 중생을 벗어나 부처가 되려는 마음도 다 망심이에요. 이것과 저것을 나누어서 그중의 하나를 버리고 다른 하나를 취하는 마음이 바로 망심의 근본입니다. 따라서 진리를 취하려는 마음도 망심이에요. 지눌知訥은 이런 취사하는 마음이 교묘한 거짓이라고 했습니다.

어떤 진리나 평화로운 마음을 발견하면 그 흔적이 마음에 남아서 진리를 주장하기 시작합니다. 그래서 그 사람은 망심과 진리를 나누고 진리를 편드는 분별에 다시 떨어지고 말죠. 진리라는 것이 뭡니까? 지금 여러분의 마음속에 진리가 무엇인가에 대한 상相이 막 떠오르죠. 그렇게 진리 아닌 것과 진리를 나누는 마음이 바로 망심입니다. 이것이 바로 마지막에 걸리는 함정입니다. 함정에 빠지면 자신이 무언가를 발견했거나 경험했다고 여기죠. 그렇게 여기는 마음이 머물 자리를 만들어요. 마음이 말뚝을 만드는 것입니다. 그래서 '나는 경험했어. 드디어 해냈어. 내가 경험한 것이 진리야.'라고 여기는 마음에 묶입니다. 묶일 무언가를 만드는 것이 바로 망심이 하는 일이에요. 아무리 진리라 할지라도, 그것을 주장하여 묶인다면 그 사람은 이내 다시 망심에 빠지고 맙니다. 그래서 진리를 취하지도 말고 망심을 버리지도 말라고 합니다. 우리의 마음 그 어디에도 진리나 망심은 없습니다. 그것은 그저 마음의 분별일 뿐이에요. 마음이 일어나서 형태를 이룬 어떤 모습입니다.

이 공부를 하면서 일원론一元論 → 이원론二元論 → 불이론不二論의 과정을 거친다고 했지요. 부처와 중생이 다르지 않다는 믿음, 나도 부처가 될 수 있다는 믿음을 가지고 공부를 시작합니다. 부처처럼 마음을 초월해서 자유로운 사람이 될 수 있다고 믿어요. 부처와 중생은 다르지 않다는 일원론으로 시작하는 것입니다. 아무리 노력해도 부처가 될 수 없다고 생각한다면 공부를 시작조차 하지 않겠죠. 그러나 그런 일이 가능하다고 믿으니까 시작하는 것입니다. 그런데 일단 공부를 시작하면 이원론 속에 들어가게 됩니다. '부처는 이미 된 사람이고, 나는 아직 안 됐으니 애쓰고 노력해야 해.'하는 이원론의 믿음 속에서 수행을 해나가죠. 그러다 맨 마지막에 진리가 발견되면 어떻게 됩니까? 다시 일원론으로 돌아가는 것이 아닙니다. 중생이 부처가 되는 것이 아니에요. 애초에 중생과 부처가 없었음을 발견할 뿐이죠. 부처와 중생을 나누는 마음이 망심이었음을 깨닫고 그 망심에서 벗어나니 이는 불이론不二論입니다. 부처와 중생은 애초에 둘이 아니었어요. 그렇다고 하나도 아니에요. 하나와 둘이라는 것 자체가 없습니다. 나누어지지 않았어요. 부처와 중생을 나누고 있다면 아직 망심 속에 있는 것입니다. 진리와 망심을 나누는 마음, 진리와 진리 아닌 것을 나누는 마음은 교묘한 망심입니다. 물론 공부의 중간 과정에서는 그런 분별이 필요하지만, 공부의 마지막에 가까이 가면 그러한 나눔과 분별마저도 일종의 마음의 함정이라는 것을 파악해야 합니다.

취사하는 마음이 있다면 이는 이미 선택할 두 가가지가 나누어져 있다는 의미입니다. 나눔은 분별이고 망심의 근본이기 때문에, 진리와 거짓의 분별이라 할지라도 이 또한 망심에 속하니 그는 비록 진리를 주장하지만 이미 마음의 교묘한 거짓에 속고 있습니다.

學人이 不了用修行하야 深成認賊將爲子라 하시니
학인   불 료 용 수 행   심 성 인 적 장 위 자
배우는 사람이 수행을 잘 몰라 심히 적장을 자식으로 삼는다 하니

수행을 잘 몰라서 수행하는 마음이 적군을 인정하는 꼴입니다. '이것은 되고 저것은 안 돼.'라고 한다면 걸림과 걸리지 않음으로 마음이 나누어진 것입니다. 훌륭한 존재가 되려고 하는 마음도 마찬가지에요. 안된 상태와 된 상태가 나누어진 마음입니다. 진정한 수행은 분별없음으로 향하게 하지만, 분별없음은 우리의 마음으로는 도저히 갈 수 없는 곳입니다. 그러니 무언가가 되려는 그 마음을 봐야합니다. 그 마음이 나누어진 마음이라는 것을 통찰해야 해요. 여러분이 해야 할 일은 마음의 과정을 보고 관찰하는 일입니다. 그러니 무언가가 되려고 노력할 필요는 없습니다. 분별없음은 이미 있고, 그 위에서 분별이 작동하고 있음을 알아채세요. 분별없음으로 가려고 하지 않고, 분별을 떠나려고도 하지 않으며, 오직 분별이 분별임을 알아서 자유로이 떠날 수 있다면 그 사람은 이미 분별을 떠난 절대絶對에 있습니다. 그렇지 못하고 분별에서 멀어지려고 한다면 이미 분별을 인정한 것입니다. 허상일

뿐인 분별을, 마음의 일시적인 현상일 뿐인 분별을 고정된 실체로 인정하는 꼴이니 적장을 자식으로 삼는 것과 같습니다.

若是眞心인댄 居有無而不落有無하야 常處中道일새
약 시 진 심　　 거 유 무 이 불 락 유 무　　　상 처 중 도
만일 이것이 진심이라면 유무에 있어도 유무에 떨어지지 않으니

진심은 유무有無에 있어도 유무有無에 떨어지지 않는다고 하였습니다. 어느 하나에 머무르지 않는다는 말이에요. 예를 들어 자신이 어떤 사회적 위치에 있다고 믿는다면 그는 유有에 떨어진 상태입니다. 그 사회적인 위치는 언제든지 사라지거나 변할 수 있어요. 또 자신이 텅 빈 마음속에 있거나 삼매에 있다고 안다면 무無에 떨어진 상태입니다. 그렇게 아는 자는 대체 누구인가요? 알거나 경험하거나 느끼는 자가 없다면 유무有無에 떨어질 누군가도 없습니다. 또한 진심은 늘 변함이 없으므로 그러한 누군가 있다 해도 유무에 떨어지지 않습니다.

진정한 공은 있음에도, 없음에도 속하지 않는다

故로 祖師가 云하사대
고　　조 사　　운
不逐有緣하며 勿住空忍하야
불 축 유 연　　물 주 공 인
그러므로 조사가 말하되
인연을 따라가지 말고, 공이라는 생각에도 머무르지 않아

이것과 저것이 서로 의지하는 것이 인연因緣이죠. 인연을 실체로 인정하여 믿고 따라가면 그 인연의 결과가 존재하는 듯이 여겨집니다.

'아무리 해도 나 같은 느낌은 도저히 어쩔 수 없어.'라고 여기지만 그 것은 주먹을 쥐고 펴는 것과 같은 하나의 느낌일 뿐입니다. 잠시 잠 깐 나타난 인연에 의한 현상이에요. 마찬가지로 빈 마음도 하나의 상 태입니다. 그 모두를 떠난 공空에 머무르면 이제 마치 공空이 존재하 는 것처럼 여겨집니다. 그래서 공空을 주장하죠. 그런데 잘 보세요. 만 약 공空이 없다면 공空을 주장할 수 있겠어요? 그러면 공空이 있다고 한다면 그것이 진정한 공空이겠어요? 진정한 공은 있음에도 속하지 않 고, 없음에도 속하지 않습니다. 그러므로 마음이 머무를 곳이 없어요. 지금 바로 '있는 것에도 속하지 않고 없는 것에도 속하지 않는 곳' 속으 로 들어가 보세요.

一種平懷하면 泯然自盡이라 하시며
일 종 평 회　　　민 연 자 진

肇論에 云하사대 是以로
조 론　　운　　　　시 이

聖人은 處有不有하고
성 인　　처 유 불 유

居無不無하나니
거 무 불 무

한결같이 마음을 공평히 품으면 망심이 스스로 다하게 된다.
조론에 말하기를 그러므로
성인은 유에 있어 유에 집착하지 않고
무에 거하여 무에 집착하지 않으니

명상을 하다가 텅 빈 마음에 들면 묘한 상태를 왔다 갔다 하게 됩니 다. 텅 빈 마음을 느끼는 상태에서 그런 느낌조차 전혀 없는 미지의 상 태를 오가죠. 이때 느껴지는 텅 빈 마음에 '텅 빈 마음'이라는 이름을 붙이면 거기에 머물러 그것을 주장하기 시작합니다. 그러나 미지로 가

버리면 거기엔 주장할 그 무엇도 없고 마음에 잡히는 것도 없기에, 그는 미지를 체험했다고도 할 수 없고 아니라고도 할 수 없는 지경에 이릅니다. 이것이 바로 진정한 텅 빔입니다. 그는 그 무엇도 주장할 수 없고, 무엇을 설명하거나 안다고 말할 수 없습니다.

雖不取於有無나 然이나 不捨於有無일새
수 불 취 어 유 무   연   불 사 어 유 무

비록 유무를 취하지 않으나 유무를 버리지도 않으니

취함은 유有에 머물거나 무無에 머무는 것입니다. 대상을 취하지도 버리지도 않는다면 그렇게 하는 나도 없습니다. 그래서 대상이 있든 말든 상관이 없어요. 취사선택하는 마음은 주체가 만들어져 있는 마음입니다. 그래서 유혐간택唯嫌揀擇이라고 했어요. 오로지 간택하는 마음을 미워하세요.

所以로 和光塵勞하며 周旋五趣하야
소 이   화 광 진 로   주 선 오 취

寂然而往하고 忽爾而來하야
적 연 이 왕   홀 이 이 래

그러므로 마음의 번뇌를 빛으로 조화하며 5취를 두루 다녀도
고요히 갔다가 홀연히 오고

진로塵勞는 번뇌가 만들어내는 괴로움을 말해요. 유무有無에 집착하지 않으면 이 진로를 빛으로 조화시킵니다. 오취五趣는 다섯 가지의 취함인데, 우리의 마음이 다섯 가지의 상태로 끊임없이 움직인다고 하여서 오취라고 했어요. 불교에서는 사람의 선악의 업業에 따라 다섯 곳의 세계로 간다고 말하죠. 천상天上, 인간人間, 축생畜生, 아귀餓鬼, 지옥地

獄. 이렇게 여러 단계의 세계가 있지만 인간이 천상계로 가기 위해서 공부를 하는 것은 아닙니다. 이 다섯 단계가 모두 마음의 장난이고 마음의 분별임을 발견하고자 하는 것입니다. 성인에게는 분별이 없기 때문에 그 세계를 두루 다닌다 해도 어떤 번뇌에도 걸리지 않고 빛으로 조화시켜 고요히 갔다가 홀연하게 자유로이 나올 수 있습니다. 밖에서 보기에는 자유롭게 나오는 것 같아요. 그러나 성인의 마음에는 분별 자체가 없기 때문에 사실은 자유롭게 나오는 것도 아닙니다. 나오지도 안 나오지도 않아요. 그런 세계 자체가 이미 허상입니다. 마음의 꿈이라는 것을 발견했기 때문입니다.

왜 무욕의 상태가 최고의 황홀한 상태일까?

恬淡無爲호대 而無不爲라 하시니
염 담 무 위   이 무 불 위
담담하게 아무 일 하는 바 없어도 하지 않음이 없다고 하니

아무 일도 하지 않고 그냥 담담하게 가만히 있는 것 같은데 하지 않음이 하나도 없어요. 모든 것을 한다는 말입니다. 이 말이 바로 "함이 없이 한다"의 어원입니다. 아무 일 하는 바가 없다는 말은 무엇을 하는 누군가가 없다는 의미에요. 누군가가 없기 때문에 그 누군가가 해야 할 일 또한 없습니다. 마음의 분별이 없는 함이 저절로 일어나고 있는 것입니다. 일이 저절로 된다는 의미죠. 일은 자연스럽게 되어가지만 일을 하는 주체도 없고, 전체와 분리된 특정한 대상도 없습니다. 우리가 뭔가에 몰입하여 일할 때는 사실 주체와 대상 없이 일이 되어갈 뿐이죠. 최초의 의도는 있었을지 몰라도 하나의 방향이 정해져서 몰입

한 이후에는 축적된 마음의 데이터가 자동으로 그 방향으로 쓰이게 됩니다. 그 순간에는 '누가 무엇을 한다'가 없고, 그저 데이터가 사용되어 일이 진행되고 있을 뿐입니다. 그런데 일이 다 끝나고 나면 '내가 했어.'라고 이름을 붙이죠. '내가 하고 있다'는 생각이나 느낌이 있다면 아직 몰입이 덜 된 상태입니다. 그래서 자기라는 것을 붙들고 그 놈이 하고 있다고 여기고 있는 것입니다. 일의 중간 중간에 의식이 개입해서 '내가 한다'는 이름표를 붙이기도 하지요. 모든 문제는 분리된 이름표가 이렇게 붙여지는 데서부터 시작됩니다.

사람의 욕망을 대입해서 설명해보겠습니다. 욕망은 무언가를 향해 달려가는 마음입니다. 그런데 달려가려면 그 이전에 뭐가 필요하겠어요? 달려가서 도달해야 할 대상이 필요하고, 달려갈 내가 필요합니다. 그렇게 분별된 마음속에서 욕망이 작동하죠. 이런 분리의 상태에서 하는 바 없이 모든 것을 할 수 있을까요? 욕망이 있는 사람은 '함이 없는 함'을 할 수가 없습니다. 아무것도 원하지 않을 때만 '함이 없는 함'이 일어날 수 있어요. 무언가를 얻고자 하는 마음인 욕망의 대상은 물리적인 사물일 수도 있고 의식적인 마음의 상태일 수도 있습니다. 그러나 욕망의 마음은 주체와 대상으로 분리되어 대상을 향해 달려가기 때문에 결코 분리 이전의 상태를 깨우칠 수가 없습니다.

그럼 도대체 어쩌란 말인가요? 욕망을 만족시켰던 순간을 한번 떠올려봅시다. 여러분이 얻고 싶었던 것을 얻었던 때를 떠올려보세요. 그 순간의 마음에는 아무런 욕망이 없습니다. 왜냐하면 욕망이 이루어졌기 때문이죠. 그랬던 순간을 잘 떠올려보세요. 최고의 축복은 바로 그 순간에 도달한 때입니다. 오랜 욕망이 이루어지면 충분히 만족하고, 기쁨에 들뜨고 황홀하죠. 축복의 순간입니다. 그때의 마음은 무욕의 상태입니다. 우리가 뭔가를 이루기 위해서 열심히 달려가서 결국 얻어지는 마음의 상태가 바로 욕구가 없는 상태란 말입니다. 더 이상 어디론가 달려가지 않고 움직이지 않는 멈춘 마음이에요. 깨달음이라는 상태를 얻고자 하는 마음도 똑같습니다. 추구하는 마음 자체가 멈춘 무욕의 상태라는 것입니다.

그렇다면 아무것도 추구하지 않으면 될까요? 그렇게 마음을 먹지만 저 밑바닥에서 뭔가 자꾸 올라오죠. 그렇게 올라오는 마음이 모두 멈춘 상태가 무욕의 상태이고 가장 만족한 상태입니다. 더 이상 추구할 무언가가 없는 상태가 바로 우리가 추구하는 최고의 상태입니다. 굉장히 아이러니하지 않습니까? 그럼 애초부터 추구하지 않으면 되는 거 아니에요? 어린애가 그렇죠. 어린애는 아무것도 추구하지 않고, 그냥 그 순간을 즐깁니다. 이미 축복받은 존재지요. 그런데 점차 마음의 구조가 형성되어서 나와 대상이 생겨나고, 내가 추구해야 할 목표가 생겨나면 이제 그것을 향해 평생 달려갑니다. 열심히 달려가서 그 목표를 이룬 사람도 있고, 목표를 이루고서 다른 목표를 정해놓고 또 열심히 달려가는 사람도 있죠. 대부분의 사람들은 그렇게 끊임없이 달려가는 마음만 경험합니다. 추구가 멈춘 무욕의 상태를 발견하지 못한 채 끝없는 욕망에 허덕이다가 떠나갑니다.

아무것도 욕망하지 말라는 말은 아닙니다. 경험하고 즐기면서 충분히 자유롭게 에너지를 쓰면서 살다가 가도 됩니다. 그것이 삶이니까요. 다만 매순간 욕망에 시달리지 말고 자유롭게 사용하라는 말이에요. 이미 우리는 그렇게 되어있습니다. 지금 이 순간 욕구만 멈추면, 달려가는 마음만 멈추면 끝이에요. 욕구가 무엇입니까? 마음의 구조로 인해 생겨나는 흐름이에요. 이 말을 듣고 '아, 그래? 그러면 멈춰야지.'한다면 마음이 멈춘 상태를 상정해놓고 그만 달리겠다는 의도를 내는 것입니다. 그러면 이제 그 의도를 이루기 위해 달려가는 것입니다. 모든 의도는 마음을 달리게 합니다. 의도를 멈추려는 마음 자체가 하나의 의도입니다. 지금 우리가 하는 공부 자체가 묘한 구조를 이루고 있습니다. 우리가 얻으려고 하는 상태가 굉장히 묘한 구조 속에 있어요. 그러니까 하나도 어렵지 않으면서도 너무도 어렵습니다.

욕구가 충족되면 마음은 정지합니다. 더 이상 그 무엇도 원하지 않으며, 목표를 향해 달려가지도 않는 마음상태가 되죠. 즉 무욕의 상태입니다. 가장 커다란 만족은 결국 욕망 없음에 이르렀을 때 얻어집니다. 아랫배와 연관된 물질적인 욕망과 육체적인 욕망이 완전히 충족되면 이제 가슴의 기쁨이 느껴지고 그것을 추구합니다. 그렇게 가슴의 욕망이 충족되어 커다란 기쁨이 오면 가슴이 벅차죠. 그리고 다음은 지성적인 황홀감으로 이어집니다. 인도에는 이런 에너지 흐름에 관한 차크라chakra 개념이 있죠. 최상의 누진통漏盡通을 '사하스라라 차크라가 열렸다'고 표현합니다. 상징일 수도 있고 에너지 흐름일 수도 있는데, 어쨌든 중요한 것은 물질적이고 육체적인 욕망이 아랫배에서 완전히 충족되면 가슴의 충족으로 나아가고, 가슴이 충족되면 지성적인 황홀을 추구하게 됩니다. 황홀감은 어떤 건가요? 간단히 말하면 '내'가 사라지는 느낌입니다.

내가 원하는 모든 것이 이루어지면 만족감이 느껴지면서 욕망이 없는 상태가 됩니다. 무욕이 결국 깊은 충족감의 원천이라고 할 수 있는

데, 그것은 마음이 나누어지지 않은 상태를 의미합니다. 비이원성非二元性 · non-duality이죠. 지난번에 물리적인 세계의 국소성locality과 비국소성non-locality에 대해 얘기했었죠. 공간의 한 부분을 차지하는 것이 국소성이고, 공간 전체에 퍼져있는 것이 비국소성입니다. 이와 비슷하게 마음의 한 부분을 차지하는 것이 이원성二元性 · duality이고, 그런 마음을 넘어서서 나누어지지 않은 마음이 비이원성입니다. 물리적인 세계의 비국소성과 마음 세계의 비국소성은 유사한 개념입니다. 물리세계에서 일어나는 일이 마음속의 일과 다르지 않아요. 물리세계에서는 한 공간을 차지하고 있으면 전체 공간에 존재할 수는 없습니다. 국소적으로 존재하는 사물이 결코 비국소적으로 존재할 수 없어요. 마음도 마찬가지죠. 이원성은 나와 대상이 각자 마음의 한 부분으로 존재한다는 의미를 가집니다. 전체적인 마음으로 존재하는 것이 아니라 일부로 존재하는 것입니다. 그렇다면 비이원적인 마음은 무엇입니까? 나와 대상을 초월한 마음, 나누어지지 않은 마음, 마음의 일부로 존재하지 않는 마음입니다. 여러분은 마음의 일부가 아니라 마음의 전체입니다. 마음 전체는 사실 전체라고 할 수도 없는 마음이에요. 나눌 수가 없기 때문입니다.

그런 상태가 되면 이제 자기를 위한 욕구는 모두 사라진 상태입니다. 왜냐하면 자기라는 것은 나와 대상으로 나누어진 마음의 일부분이었기 때문이죠. 비이원적이 되면 자기라는 것은 부분에 불과함을 알기 때문에 그것에 휘둘리지 않아요. 그래서 내부의 스트레스가 없어집니다. 스트레스는 어딘가로 터져 나가려는 압력이에요. 스트레스를 받는 마음은 뭔가를 하려고 하고 애써야 할 방향이 있는 마음입니다. 이루어야 하고, 터트려서 풀어야 하는 마음이죠. 비이원적인 사람은 그런 스트레스가 있어도 괜찮습니다. 왜냐하면 마음에 나타나는 파도이고 전체 마음의 일부분이라는 것을 잘 아니까요. 그러나 대부분의 사람들은 그런 파도를 자기라고 여깁니다.

하고 싶은 무언가가 있고, 피하고 싶은 무언가가 있는 마음은 내부적인 스트레스로 인해 움직이는 힘과 동일시되어있는 마음입니다. 그리고 국소적인 마음이죠. 비국소적이고 비이원적인 마음에는 이루고자 하는 바가 없습니다. 그럼에도 생명의 힘은 펄펄 살아서 움직이죠. 결코 가라앉은 마음이 아니에요. 마음은 끊임없이 요동치고 움직입니다. 그러나 그중의 일부와 동일시되지 않기 때문에 펄펄 살아서 움직여도 괜찮습니다. 마음의 일부와 동일시된다면 그것이 움직이는 대로 끌려가지만, 마음 전체가 자신이기 때문에 결코 어느 하나의 스트레스에 사로잡히지 않고, 끊임없이 생동하는 마음 그 자체가 됩니다. 그렇다면 마음의 힘은 이제 어떻게 쓰이겠습니까? 더 이상 자기라고 여겨지는 마음의 스트레스를 푸는 데 힘이 쓰이지 않습니다. 자그마한 자기의 스트레스에서 자연스레 벗어나 커다란 생명계, 자연, 인류 전체의 스트레스를 발견하고 불균형을 바로잡기 위해 쓰이기 시작하죠. 그러나 내가 나서서 뭘 하려고 하지는 않아요. 나에게 다가오는 모든 것을 받아들이고 거기서 발견되는 불균형을 채워나가는 데 스스로가 쓰일 뿐입니다.

더 이상 개별적인 '나'는 없습니다. '나'라는 것은 이 몸과 마음에 쌓인 스트레스를 풀어버리고자 하는 국소적인 에너지 덩어리입니다. 벡터에요. 벡터는 어딘가를 향해 달려가는 힘입니다. 어딘가를 향해 달려가려면 전체적인 공간이 있어야 하고, 목적지로의 방향이 있어야 하고, 그 방향을 향해 달려가는 힘이 필요합니다. 이런 내면의 벡터의 흐름을 감지하여 달려가는 데 마음의 힘이 사용되는데, 개별적인 내가 없으면 이제 인류와 생명계 전체, 우주 전체를 위해 그 힘이 사용됩니다. 우주라고 해서 꼭 거대한 것만을 의미하지는 않아요. 내 눈앞에 일어나는 작은 일들도 모두 우주적인 일입니다. 그런 것들이 모여서 우주가 이루어지니까요. 자기 집 청소도 못하는 사람이 어떻게 우주의 일을 이야기하겠어요? 개별적인 내가 하는 일이 아니라, 전 우주적인 흐름 속에 편입되어 일이 되어가는 것이 바로 '함이 없이 함'입니다. 움직임은 있지만 움직이는 개체는 없어요. 무언가를 하는 자는 없고 그저 우주적인 작용이 있을 뿐입니다.

모든 움직임은 평평하지 않을 때 일어난다

此는 說聖人의 垂手爲人하야 周旋五趣하야
차 　 설 성 인 　 수 수 위 인 　 　 주 선 오 취

接化衆生하야 雖往來而無往來相이라
접 화 중 생 　 　 수 왕 래 이 무 왕 래 상

이는 성인이 사람을 위해 손을 내밀어 5취를 두루 다니며
중생을 교화하는데 비록 오고감이 있어도 오고간다는 상이 없음을 말한
것이다.

오취五趣를 두루 다니면서 개별성이 사용되긴 하지만, 그 개별성은 결코 마음의 주인이 아닙니다. 성인이 하는 모든 행동은 개별적인 상相이 없는 행동이기 때문에, 수많은 일을 해도 아무런 일도 하지 않은 것과 같습니다. 누가 했어요? 한 사람이 없는데. 그는 아무것도 하지 않았습니다. 무언가를 할 누군가가 거기에 없었기 때문이죠. 그런

데도 모든 일이 자연스럽게 행해지고, 만상이 잘 자리 잡고 조화롭게 움직입니다.

자연을 보십시오. 누가 자연을 움직입니까? 자연은 조화롭게 더불어서 흘러갑니다. 인간도 자연의 일부여서 자연스럽게 일이 이루어지는데, 끝나고 나면 '내가 했어.'라고 이름을 붙입니다. 여러분 마음의 데이터가 저절로 일을 하게 만들지 않습니까? 여러분 자신이 합니까? 여러분이 10초 후에 무슨 생각을 할지 알 수 있어요? 10초 후에 무슨 행동을 할지 정해져 있나요? 그냥 일어납니다. 그러면 그때의 행동과 말은 누가 하느냐는 말입니다. 끝나고 나서는 '내가 했다'고 해요. 매일 뒷북을 치죠, 앞 북은 못 치면서. 이렇게 말하면 10초 후에 무슨 일을 할지 안다고 할 수도 있어요. 꽃병의 물을 갈아야겠다고 마음을 먹으면 10초 후에 갈아주는 행동을 하겠죠. 그런데 물을 갈아야겠다는 그 생각은 자기가 의도적으로 했나요? 탁해진 꽃병의 물을 보고서, 불균형을 발견해서 그런 생각이 일어나는 것 아니에요? 아무 이유도 없이 꽃병의 물을 갈겠다는 생각이 일어나지는 않아요. 물이 부족하거나 더럽거나 시들시들한 꽃이 발견됐으니까 그런 생각이 떠오르는 것입니다. 자연적인 움직임이에요.

그런데 자기의 욕망에 사로잡혀있을 때는 이런 것들이 안 보여요. 꽃이 시들었는지, 물이 부족한지 어떤지 하나도 안 보입니다. 지금 자기 스트레스에 묶여있기 때문에 주변이 안 보입니다. 그런 사람은 '내가 무언가를 한다.'고 여기는 사람입니다. 그러나 모든 욕망이 멈추면 이제 주변에 보이는 것들이 나에게 명령합니다. 시든 꽃이 "물을 갈아줘."라고 명령을 해요. 이런 것이 바로 내가 한다는 생각이 없이 하는 일입니다. 베풂도 마찬가지입니다. '저 사람 불쌍하니까 내가 베풀어야지.'가 아니라 너무나 힘들어하고 아파하는 모습을 보고 안쓰럽게 여겨져서 도와주려는 마음이 저절로 일어났어요. 그래서 뭘 좀 사다가 줍니다. 내가 했습니까? 안쓰러워하는 마음이 한 것입니다. 이런 것이 진짜 보시布施입니다. 내가 하는 것이 아니에요. 안쓰러워하는 마음은 발견하지 못하고, '오늘 착한 일 좀 해야지,'하는 생각으로 베푼다면 그 것은 진정한 보시가 아닙니다. 자기 강화일 뿐이죠. 겉으로는 불쌍한 사람을 돕겠다고 하지만, 속으로 착하고 잘난 자기를 강화시키는 이런 짓은 자신을 속이는 일입니다. 그래서 우리는 자기를 속이지 않되 전체의 조화를 망가트리지 않는 연습을 합니다. 참 모순되는 말이죠. 화가 나면 화를 풀어야 하는 것이 나를 속이지 않는 일인데, 내가 화를 풀면 주변이 망가지고 조화가 깨져요. 그래서 이러지도 저러지도 못합니다. 나를 속이지도 않아야 하고, 전체의 조화를 망가트리지도 않아야 하잖아요. 그럼 대체 어떻게 해야 할까요? 이럴 때 전체구조를 보면 그런 함정에서 빠져나올 수 있습니다.

중생을 돕지만 그렇게 한다는 마음의 상相 없이 '함이 없는 함'을 하고, 자연의 흐름 속에 오고감이 있지만 오고간다는 상相이 없으면, 거기엔 부처도 중생도 없습니다. 교화도 교화되지 않음도 없죠. 그저 일어나고 있는 일이 있을 뿐입니다.

妄心은 不爾故로
망심 불이고

眞心妄心이 不同也니라
진심망심 부동야

망심은 그렇지 못하기에
진심과 망심은 같지 않으니라.

그런데 망심은 '내가 했다'고 합니다. 밖에서 보면 똑같아요. 누군가를 위해서 뭔가를 합니다. 그런데 속을 들여다보면 시커먼 망심과 투명한 진심은 완전히 다릅니다. 진심이 터득된 사람만이 잘 알 수 있을 뿐, 그렇지 않고 밖에서 보면 다 훌륭한 사람 같아요. 그러나 그런 행동 속에서 일어나는 마음의 구조는 천지 차이일 수가 있습니다. 우리는 겉모습보다는 진심과 망심의 구조를 더 중요하게 여깁니다. 망심을 가지고 있으면 아무리 덕스러운 행동을 한다 하더라도 그는 함정에 빠져 있는 사람일 뿐입니다.

又眞心은 乃平常心也요
우 진 심　　　내 평 상 심 야

妄心은 乃不平常心也니라
망 심　　　내 불 평 상 심 야

진심은 평상심이요,
망심은 불평상심이다.

진심은 평상의 마음이라고 했습니다. 평平은 평평하다는 말이니, 균형을 잡으려는 마음이고 전체를 똑같이 보는 마음입니다. 우주 전체를 균등하게 보는 마음이에요. 이 꽃잎과 그릇과 내가 다르지 않습니다. 그런데 꽃잎과 그릇과 내가 있다고 여긴다면 이미 분별하는 마음이죠. 그리고 기본적으로 분별된 마음은 모두 망심이에요. 그렇지만 망심에 묶이지 않고 잘만 사용한다면 절대絶對에 근본을 둔 상대相對입니다. 분별하되 분별에 머물지만 않으면 되는 것입니다. 그것이 바로 평상심입니다. 모든 인간과 모든 생명체와 우주에 존재하는 모든 현상을 평등하게 보는 마음, 다르지 않게 보는 마음이 바로 평상심입니다. 분별은 하되 분별에 묶이지 않고 잘 사용하는 마음이죠. 나누어지지 않았다면 평등하게 볼 마음도 없을 것 아니에요. 평상심은 분별하되 분별에 빠지지 않고 모두를 평등하게 보고, 균형을 잡아서 잘 쓰이는 마음입니다.

或이 曰 何名平常心也이닛고
혹   왈 하명평상심야

묻기를, 무엇을 평상심이라 합니까?

"평상심平常心이 도道"라고 흔히 말하는데, 대체 평상심이란 무엇일까요? 일상을 살아가면서 평상시에 사용하는 마음이 평상심일까요? 그 마음은 끊임없는 희로애락喜怒哀樂의 괴로움에 빠져 요동치는 파도 속에 있는 마음인데, 그런 마음이 여기서 말하는 평상심일 것 같지는 않잖아요. 평상심의 한자는 평평할 평平에 항상 상常이에요. 평평하다는 말은 높낮이가 없다는 의미죠. 모든 움직임은 평평하지 않을 때 생겨납니다. 물은 높은 곳에서 낮은 곳으로, 바람은 고기압에서 저기압으로 흐르죠. 어떤 차이가 있어야만, 다시 말해 불평상不平常해야만 움직임이 일어나서 흐르게 되어 있습니다. 그러나 평상심은 움직이지 않는 마음, 흐르지 않는 마음, 흔들리지 않는 마음입니다. 다르게 말하면 움직일 필요가 없는 마음이며 이미 가장 조화로운 파동 속에 있는 마음이기도 합니다.

지금 여러분의 마음은 어떻습니까? 지금은 아무런 감정적인 동요가 없죠. 그냥 평평해서 어떤 움직임도 없고 흔들림도 없는 마음이에요. 가장 조화로운 파동 속에 있는 마음이어서 잔잔하고 평화롭게 진동하죠. 그렇기 때문에 지금 여러분은 어떤 부족감도 느끼지 않습니다. 무엇이 더 필요하지도 않고, 어떤 일 때문에 애달파하지도 않아요. 이렇게 평상심이란 더 이상 그 무엇도 필요하지 않은 축복의 상태라고 말할 수 있습니다.

움직임이 없다는 것은 무엇을 의미합니까? 모든 분별은 움직임을 만들어냅니다. 나쁜 것과 좋은 것을 나누어 놓으면 어떻습니까? 구분하고 비교하면서 나쁜 것에서 좋은 것으로 가려고 합니다. 추한 것과 아름다운 것을 나눠놓으면 추한 것에서 아름다운 것을 향해 가려고 애쓰고 노력해서 움직이죠. 생멸과 생멸 없음, 더러움과 깨끗함, 선과 악 등을 나누면 더 좋다고 여겨지는 곳을 향해 끊임없는 움직임이 일어납니다. 차이가 나기 때문이죠. 모든 분별하는 마음에는 호오好惡가 붙습니다. 좋고 나쁨이 붙기 때문에 나쁜 곳에서 좋은 곳으로 가려고 애쓰죠. 이렇게 끊임없이 움직이는 마음은 평상심이 아닙니다. 불평상심이에요.

마음이 움직이려면 두 가지 이상으로 분열된 형태를 취해야 합니다. 그래야 마음이 움직일 수 있는 구조가 형성되는 것입니다. 여러분의 마음에 뭔가 느껴졌다면 지금 마음이 분열되어 움직이고 있음을 의미합니다. 가장 기본적인 마음의 분열은 나와 나 아닌 것으로의 나뉨이죠. 지금 살고 있는 집의 안방을 떠올려 보세요. 안방이 보이고, 안방에 있는 물건들이 보입니다. 나로부터 안방에 있는 물건으로 향하는 주의가 느껴지죠. 주의가 움직여요. 마음속 주의의 움직임은 마음이 주체와 대상으로 나누어질 때 시작됩니다. 밖이라고 여겨지는 세계에서도 어딘가를 향해서 계속 움직이죠. 이렇게 움직이는 마음은 모두 분열 속에 들어있는 마음이며 이미 진심을 떠난 마음입니다. 불평상심不平常心이에요.

진심은 평상심입니다. 움직이지 않고 흔들리지 않는 마음. 가지길 원했던 물건을 얻었을 때나 이루고 싶은 일을 이루었을 때를 떠올려 보세요. 아주 작고 단순한 것이라도 좋습니다. 갖고 싶었던 물건을 마침내 샀어요. 그럼 기분이 매우 좋죠. 내가 원하는 것을 얻었으니까 내 마음은 충족된 상태입니다. 더 이상 원하는 것이 없는 그때의 마음은 움직이지 않습니다. 그 마음이 바로 평상심이에요. 뭔가를 가지고 싶고 이루고 싶은 마음은 불평등한 마음입니다. 마음이 둘로 나뉘어서 불평등이 일어났기 때문에 더 좋은 곳으로 가려는 움직임이 일어납니다.

여러분이 이루고 싶은 것을 다 이루었다면 무엇을 위해서 움직임이 일어나겠습니까? 완전히 충족된 순간에는 마음이 움직이지 않아요. 그리고 충족감으로 가득해 아주 기쁩니다. 이것이 바로 움직이지 않는 마음의 속성이에요. 움직이는 마음은 기대감으로 들떠서 기분 좋음이 느껴질 수는 있지만 충족과 만족은 없는 상태입니다. 아직 이루어지지 않았기 때문이죠. 원하던 것을 이룬 마음은 충족과 만족 상태이면서 동시에 더 이상 움직이지 않는 마음입니다. 그냥 그 자리에서 진동할 뿐이에요. 기쁨은 진동입니다. 전율이죠. 그래서 평상심은 축복이고 기쁨이라고 말하는 것입니다. 마음은 어디로도 가지 않고 그 자리에 멈추어서 그저 축복을 즐길 뿐입니다.

분별이 없는 우주의 평상심은 바로 지금 이 자리에서 이미 그러한 상태로 있습니다. 움직임이 없는 마음이죠. 이 움직임 없는 마음을 잊어버리고 끊임없이 무언가를 찾아서 나아가면, 뭔가를 얻으리라는 부푼 기대감은 있을지 모르지만 평상심은 놓치게 됩니다. 그리고 분별에 끊임없이 끌려 다닙니다. 뭔가를 이루거나 터득하길 원하고 얻고자 한다면 벌써 마음은 둘로 나누어진 것입니다. 물론 아무것도 터득하지 말라는 말은 아니고, 마음의 메커니즘을 알아채라는 말이에요. 뭔가를 얻고자하는 마음속에 있을 때, 부족하고 미진하다는 마음속에 있을 때, 마음은 둘로 나누어진 채 그렇지 않은 곳에서 그런 곳을 향해서 움직이고 있습니다. 그리고 움직이지 않는 마음은 깨끗이 잊혔어요.

'나'라는 것은 일종의 저항

日 人人이 具有一點靈明하여
왈 인인   구유일점영명

답하기를, 사람은 누구나 한 점 신령한 밝음을 갖추고 있어

누구나 갖추고 있는 신령한 밝은 마음은 움직이는 마음이 아니고, 추구하고 찾는 마음도 아닙니다. 지금 이미 그러함 속에서 전율하고 있는 마음이며 평상의 마음이에요. 그 마음을 누구나 똑같이 가지고 있습니다. 그래서 대승기신론에서도 부처의 마음은 누구에게나 평등하다고 했습니다. 평등심이라고 했어요. 그래서 중생과 부처가 따로 없다는 것입니다.

평등한 마음은 움직이지 않습니다. 레벨이 똑같으면 움직이지 않다가 레벨에 차이가 생기면 움직입니다. 물이 그렇고 전기도 그렇죠. 전선에 배터리만 연결해 놓는다고 해서 전기가 흐르지는 않습니다. 그냥 꽉 차있을 뿐이에요. 그런데 전구를 하나 달면 그 부분에 저항이 커지면서 압력이 높아집니다. 그리고 전압의 차이가 생겼기 때문에 전류가 흐르기 시작하죠. 전구가 저항의 역할을 하는 것입니다. 물이 흘러가는 길에 바위가 있다고 생각해보세요. 그러면 어떻습니까? 물이 막 밀

려오다가 바위에 부딪쳐서 멈추다가 어느 정도 쌓이면 바위 위로 넘쳐 흐르죠. 그런 것처럼 저항이 없는 상태에 전구를 하나 달면 저항이 생겨나면서 전압이 세지죠. 걸리적거리잖아요. 우리도 스트레스를 받으면 어떻습니까? 마음이 그냥 흘러 다니고 있었는데, 해야 할 일이 많아지고 짜증나는 일도 생기면 스트레스가 생기죠. 스트레스는 압력이에요. 그런 압력이 강해지면 곧 폭발하는 시기가 옵니다. 평등하지 않고 레벨의 차이가 생길 때 모든 움직임이 생겨납니다. 이것과 저것으로 나누고 좋고 나쁨을 비교하면 나쁜 곳에서 좋은 곳으로 달려가는 마음이 시작됩니다. 불평상심은 그렇게 움직이는 마음입니다.

평상심을 누구나 다 똑같이 가지고 있어요. 다만 알아차리지 못할 뿐이죠. 어린 시절을 되돌아보세요. 그때는 얻어야 할 것도 없고 알아야 할 것도 없습니다. 아는 것도 없지만 그렇다고 모르는 것도 없어요. 그렇기 때문에 알려고 애쓰지 않습니다. 그냥 어떤 일 하나를 할 때마다 즐거울 뿐이에요. 어린아이는 땅 바닥을 기어가는 개미를 멍하니 쳐다보면서도 즐거워합니다. 알고 싶은 것도 없고, 모른다고 비굴하지도 않고, 안다고 자랑하지도 않아요. 그래서 아는 것도 없고 모르는 것도 없다고 말하는 것입니다. 그런 것이 아무 의미가 없어요. 근데 나이가 들면서 아는 것이 좀 생기면 잘 모르는 사람을 무시하고, 자기보다 더 많이 아는 사람 앞에서는 스스로를 낮추죠.

차이와 분별이 없어서 움직이지 않는 평등한 마음을 누구나 똑같이 가지고 있지만, 마음에 여러 경험과 지식이 쌓이면 그 흔적들이 장애물이 되어 압력을 만들어 내서 불평상심이 만들어집니다. 그렇다 해도 우리의 마음은 여전히 평상심입니다. 그런 흔적들이 올라와서 저항하여 불평상심을 만들어낼 뿐이지, 그 밑바닥은 늘 평상심이에요. 그러나 평상심을 잡을 수는 없습니다. 잡히려면 저항이 있어야 합니다. 저항이 없는 마음은 잡히지 않아요.

마음에 올라오는 느낌들은 일종의 저항이라고 볼 수 있습니다. '나'라는 것도 일종의 저항인 셈인데, 그로 인해 통찰이 일어나고, 본질적인 마음을 알아채게 됩니다. '나'라는 것이 없으면 본질적인 마음을 알아챌 마음 자체가 없어요. 그러니까 통찰이 일어나는 것 자체가 저항이 있기 때문에 가능한 일이에요. 전구와 같은 역할을 하는 '나'라는 저항이 빛을 만들어내죠. 전구가 저항으로 작용해야만 전압의 차이가 발생하고 전류가 흘러서 빛이 만들어지는 것과 같습니다. '나'라고 여겨지는 것도 똑같아서 그것이 없으면 자기 마음의 본질을 통찰해내는 앎도 없습니다.

어린애가 깨달았다는 말을 들어봤습니까? 티베트의 달라이 라마는 그랬다고는 하지만 정말 깨달은 건 아니에요. 그 아이에게 전생에 달라이 라마였다는 표식이 있다는 것일 뿐, 마음의 본질을 통찰해냈다는 의미는 아닙니다. 자아는 극심한 고통과 괴로움을 지나가면 신기하게도 빛을 발합니다. 마음의 작용을 통찰해낸다는 말이에요. 자아의 훌륭한 점은 자기 자신도 일종의 장애임을 안다는 것입니다. 이것이 통찰의 위대한 점입니다. '나라는 것 역시 마음의 흔적이고 흔들림이고 장애구나.'라고 자기가 알아요. 그래서 "깨달은 사람은 아무도 없다."고 말하는 것입니다. 깨달았다고 여기는 마음 자체가 일종의 장애인데, 그마저도 알아채는 것이 바로 장애 덩어리인 자아입니다. 그래서 자아는 우리 마음에 커다란 문제를 만들어 내기도 하지만 또 커다란 지혜의 원천이 되기도 합니다. 중생심이 바로 지혜의 원천이에요.

여래장如來藏이죠. 중생의 마음에 더럽고 깨끗하고 맑고 치사한 수많은 데이터들의 흔적이 다 들어 있는 것이 여래장이죠. 그 안에 여래의 씨앗도 들어있습니다.

'나'라고 여겨지는 마음은 하나의 점이고 잡히는 마음이지만, 평상심은 잡히는 마음이 아닙니다. 원문에서 "누구나 한 점 신령한 밝음을 갖추고 있다."고 했는데 한 점點이라고 말했다고 해서 잡힌다는 의미는 아니에요. 그냥 표현일 뿐입니다. 실제로 이 평상심은 어떻게도 잡히지 않는 마음이에요.

어떤 것이 마음에 잡히려면 최소한 두 개의 점이 있어야 합니다. 대상과 그것을 대상으로 잡아내는 마음인 주체죠. 여러분이 밖의 대상을 볼 때 그 대상은 이미 마음속에 떠올라 있습니다. 비록 마음속의 대상이라고 알아채지는 못해도 마음에 이미 대상이 생겨나 있는 상태죠. 그릇을 보면서 그릇인 줄 안다면 마음에 벌써 그릇의 상相이 떠올라 있는 것입니다. 밖에 있는 사물을 보는 순간 여러분의 마음은 대상과 주체라는 두 개의 점으로 나누어집니다. 내면의 대상, 즉 '나'라는 느낌이나 주체의 느낌, 또는 관찰자의 느낌마저도 일종의 한 점이어서 마음에 의해 잡히는 대상입니다. 이렇게 마음에 잡히는 대상이 있을 때도 역시 그것을 대상으로 삼는 주체의 마음도 생겨나 있습니다.

대상이 밖에 있든 마음속에 있든 간에 대상이 있는 마음은 늘 두 개 이상으로 분열된 마음입니다. 그리고 그 대상에 사로잡히거나 대상을 밀어내거나 하는 어둠에 빠져있죠. 나누어지지 않은 마음은 밝은 마음입니다. 그러나 두 개로 나누어지면 이미 마음의 상相에 사로잡혔기 때문에, 그 상相은 보이지만 그 외의 모든 것에 대해 어두워집니다. 그래서 그 대상을 끌어당기거나 밀어내는 데 빠져버리고 말죠. 그러나 대상이 마음 전체의 빈 공간에 나타난 한 점이고 하나의 현상에 불과하다는 것이 분명해지면 결코 거기에 빠지지 않습니다. 그러면 그 마음은 더 이상 어둡지 않습니다. 그럴 때는 대상이 있어도 대상에 걸리지 않아요.

대상에 머무르지 않는 마음이 바로 밝은 마음입니다. 어린아이에게는 대상이 없습니다. 그러나 무지하죠. 나이가 들어 자아를 경험한 사람은 자꾸 대상이 있는 마음을 드러내는데, 그런 마음은 어두운 마음입니다. 대상이 있어도 그 대상에 걸리지 않는 마음이 바로 밝은 마음입니다. 그런 신령하고 밝은 마음을 우리 누구나 다 갖추고 있습니다. 국소적으로 한 부분을 차지하는 마음이 아니라 마음 전체를 통괄하여 모든 것에 있는 마음이에요. 특별하게 한 곳에 존재하지 않기 때문에 마치 없다고 여겨지는 그런 마음을 우리 누구나 다 가지고 있어요. 그 마음에 '나'라는 것이 느껴져서 여러 현상을 일으킬 수 있는 것입니다. 그 마음이 아니라면, 없는 듯하지만 있는 그 마음 전체가 여러분의 본질이 아니라면 '내 마음이 지금 이렇구나. 이것이 나라는 느낌이지.'라고 결코 알 수가 없습니다.

湛若虛空하야 遍一切處하나니
담 약 허 공　　편 일 체 처
그것은 맑고 허공과 같아 모든 곳에 두루 있으니

그 마음은 어떤 특정한 부분에만 있고 다른 부분에는 없는 국소적인 현상이 아니라 모든 곳에 두루 있습니다. 이 꽃병은 여기에 있고 저기에는 없죠. 이런 것이 바로 국소적인 현상입니다. 부분적인 현상이에요. '나'라는 느낌은 어떻습니까? 특정한 느낌으로 느껴지잖아요. 그래서 국소적인 현상인 것입니다. 그러나 평상심, 즉 마음의 본질은 국소적이지 않습니다. 전 마음의 공간에 널리 퍼져있어요. 또 온 우주에 널리 퍼져 있습니다. 그래서 여러분의 마음이 곧 우주의 마음이라고 말하는 것입니다. 개인적인 마음에서 벗어나면 우주의 마음이에요. 이 말은 단순한 상징이 아닙니다. 에너지적으로 그래요. 에너지 훈련을 해 보면 자신의 에너지가 곧 우주 에너지라는 점이 와 닿습니다. '나'라고 여겨지는 개별적인 에너지의 느낌은 우주 전체의 에너지에 동화되어 사라져버려요. 그때 황홀감을 경험하게 되죠. 개별성이 사라지기 때문입니다. 이처럼 우리의 마음은 절대로 개별적이지 않습니다. 개별적이고 국소적인 현상은 당연히 일어나죠. 그리고 그것을 자신이라고 여겨서 동일시하여 믿지만, 그 현상이 일어나고 있음을 아는 앎이 있습니다. 그런 앎이 있다는 것 자체가 본질적인 나는 그 현상에 국한되지 않는다는 것을 의미합니다. 여러분이 뭔가에 몰입해 있을 때는 '나'라는 것을 잊어버리잖아요. 그 말은 '나'라는 것이 전부가 아니라는 것을 의미합니다. 그것이 전부라면 자기가 있다는 것을 알 수도 없고, 몰입했을 때 잊어버리지도 않아요. 나의 본질은 국소적인 현상을 캐치해 낼 수 있는 비국소적인 존재입니다.

마음의 본질인 평상심은 국소적이지 않고 전 공간에 퍼져 있습니다. 이 한 몸에 해당하는 마음의 공간이 아니라 전체 인간의 마음의 공간, 또는 우주 전체의 마음의 공간에 두루두루 있어요. 그런데 이 평상심은 개별적인 현상으로 바뀌기도 합니다. 마음에 쌓인 흔적들이 장애물이 되고 점차 힘을 받아서 압력이 세지면 자기주장을 하게 되고 개별적인 현상이 드러납니다. 몸으로 따져 봐도 비국소성을 확인할 수 있습니다. 우리는 눈에 보이는 신체적인 현상까지만 나라고 여기지만, 사실 에너지적으로 따지면 더 넓게 퍼져있습니다. 인체의 전자기장 Electromagnetic field을 측정하는 일렉트로 마그네틱 디텍터는 인체 표면의 1m 이상 너머까지 인체의 전자기장이 퍼져나가는 것을 측정했습니다. 우리가 느끼고 눈으로 보는 몸의 경계는 촉감과 가시광선의 경계선일 뿐이에요. 사람에게 전자기장을 측정할 수 있는 기관이 있었다면 자신의 몸을 더 넓은 범위로 여겼을 것입니다. 숲처럼 넓은 공간에 있을 때 전혀 모르는 사람이 1m 이내로 가까이 다가오면 불쾌한 느낌이 드는 것을 경험해 본 적이 있죠? '이렇게 넓은데 왜 굳이 나한테 가까이 오는 거야?'하면서 기분이 나빠집니다. 내 영역을 침범했기 때문에 그렇습니다. 에너지적으로는 신체 표면 외부의 2~3m까지도 자기의 영역으로 느끼면서 우리는 살아갑니다. 그보다 더 미세한 에너지 차원으로 접근한다면 전 우주는 우리의 몸과 연결되어 있습니다. 저기 5m쯤 떨어져서 서 있는 사람하고도 연결되어 있는 것입니다.

루퍼트 쉘드레이크Rupert Sheldrake는 "마음은 뇌 안에 한정된 것이 아니며 우리 주변 세상으로 확장된다."고 하였습니다. 형태형성장 Morphogenetic Field 이론인데, 이와 관련된 실험을 한 가지 살펴보겠습니다. 호주에 있는 엄마의 방과 영국에 있는 딸의 방에 카메라를 설치하고, 엄마에게 다음 날 아침 7시에 걸려오는 전화를 받으라고 했습니다. 딸이 건 전화일 수도 있고 다른 사람이 건 전화일 수도 있는데, 전화벨이 울리면 딸의 전화인지 아닌지를 예측하여 카메라 앞에서 말하고 전화를 받게 했어요. 아침 7시 경에 10번의 전화가 오는데, 그때마다 엄마는 딸에게서 온 전화인지 아닌지를 예측하고 말하면서 전화를 받았습니다. 이런 실험을 통계 내어 보니 모녀간에 감정적으로 진한 유대감이 있는 경우에는 딸에게서 오는 전화를 70~90% 이상 맞추더라는 것입니다. 그리고 엄마와 딸 사이가 좋지 않으면 잘 예측하지를 못했습니다. 쉘드레이크는 이런 실험을 통해 "정서적인 유대감이 강한 사람들 사이에 보이지 않는 에너지장이 연결되어 있다."고 주장했어요. 호주에서 영국까지도 연결되어 있는 것입니다. 생물학자인 쉘드레이크의 형태형성장 이론이에요. 이 사람이 이런 생각을 어떻게 하게 되었을까요?

우리 인체의 DNA에는 손가락 길이의 성장을 멈추게 하는 정보가 없다고 합니다. 그런데 이상하게도 손가락이 어느 정도 길어지면 더 이상 자라지 않아요. 생물학계의 미스터리입니다. 성장을 멈추는 DNA의 정보가 없기 때문에 계속 자라야 하는데 어떻게 성장이 멈추는지 연구하다가, 인체에는 에너지 거푸집이 있어서 성장할 때 그에 맞추어 자란다는 가설을 세웠습니다. 이 형태형성장 안에는 부모로부터 물려받은 정보와 전 인류의 조상으로부터 물려받은 정보도 다 들어있다는 이론입니다. 단순한 에너지뿐만 아니라 정보가 같이 들어있다는 것입니다. 동양의 이론으로 말하자면 기氣라는 에너지 작용 안에 리理가 들어있는 것입니다. 이처럼 몸이라는 것은 한정되어 있지 않습니다. 더 미세하게 들어가면 우리가 아직 알지 못하는 상태로 우리 모두가 연결되어 있음이 밝혀질 날이 멀지 않았습니다.

육체적인 측면에서 이런데 마음은 어떻겠어요? 마음의 측면에서 보면 집단 무의식이라는 것이 있습니다. 인류의 집단 무의식이 있고, 그 아래에는 동물계의 무의식이 있고, 더 아래에는 생명계의 무의식이 있고, 존재계의 무의식이 있습니다. 존재계의 마음까지 있는 것입니다. 이 휴대폰은 현대 물리학의 관점에서 보면 소립자의 진동입니다. 소립자의 움직임이죠. 끊임없이 움직이는데도 형태가 그대로인 이유는 소립자가 어떤 패턴을 유지하면서 움직이고 있기 때문이에요. 움직이지 않는 것이 아닙니다. 끊임없이 움직이지만 이 형태를 패턴적으로 유지하고 있다는 말입니다. 패턴은 일종의 정보이고 마음입니다. 사물이라고 해서 마음이 없지는 않아요. 표면의 차원에서는 인간의 마음, 동물의 마음, 식물의 마음, 광물의 마음이 모두 다르지만 저 밑바닥으로 내려가면 하나의 마음으로 연결됩니다. 우주적인 마음이죠. 그런 마음은 결코 국소적이지 않습니다. 그 마음은 한 마음이고 평상심이어서 허공과 같아 두루두루 없는 곳이 없습니다. 그러니 특별히 있다고도 할 수 없어요. 우리가 쉽게 말하는 '있다'와 '없다'를 넘어선 개념입니다.

분별을 얻고 기쁨을 잃다

對俗事하야 假名理性이요
대 속 사   가 명 이 성

對行識하야 權號眞心이라
대 행 식   권 호 진 심

無分毫分別호대 遇緣不昧하며
무 분 호 분 별   우 연 불 매

세속의 일에 대해서는 가명으로 이성이라 하고
행식에 대해서는 진심이라고 부른다.
털끝만큼의 분별이 없지만 인연을 만나서는 어둡지 않고

밝음은 모든 것을 분별합니다. 빛이 있을 때는 많은 사물들이 분별되지만, 빛이 사라지고 어두워지면 사물들은 분별되지 않고, 있는지 없는지조차 알 수 없어요. 이처럼 밝음은 분별 속에 있다는 의미인데, 원문에서 "분별이 없지만 인연을 만나서는 어둡지 않다."고 했어요. 이것은 무슨 의미인가요? 바로 분별이 고정적이지 않다는 뜻입니다. 비교와 구분은 되지만 그런 분별이 임시적이고 가변적이에요. 그러면 명확하게 분별하지는 못하지만 거기에 더 이상 어둠도 없습니다. 그래서 금강경에서는 "어디에도 머물지 말고 마음을 내서 쓰라."고 했습니다. 머물지 않는 마음이 바로 분별에 묶이지 않은 마음입니다. 그리고 마음을 내서 사용하면 결코 어둡지 않습니다.

두꺼운 입술은 아마존 부족의 사람들에게는 아름답게 보이겠지만 우리에게는 그렇지 않습니다. 조선시대까지는 치마가 발목까지 내려와서 신체가 잘 보이지 않았기 때문에 그 당시의 남성들은 여성의 발목만 봐도 아름답다 여기며 마음이 들떴습니다. 그러나 지금 사람들은 발목을 보는 것 정도로는 아무런 느낌이 없겠죠. 길고 짧음도 비교에 의한 것이니 상황에 따라 언제든 달라질 수 있습니다. 이처럼 모든 것은 가변적이에요. 좋고 나쁨도 상황에 따라 달라지죠. 머물지 않는 마음은 고정적인 분별에 묶이지 않지만 어둡지도 않으니 이것이 바로 진심입니다.

無一念取捨호대 觸物皆周하야
무 일 념 취 사   촉 물 개 주
한 생각도 버리고 취하는 마음이 없지만 사물을 대해 모두 두루하여

한 생각도 버리고 취하는 마음이 없는 이유는 무엇일까요? 더 이상 자신을 지키거나 더 높게 보이려는 의도가 없기 때문입니다. 무언가를 취하고 버리는 것은 궁극적으로 자신의 안녕과 평화, 풍요와 행복을

이루기 위해서입니다. 그러나 그런 성취가 어렵고 힘든 이유는 대상을 통해 이루려고 하기 때문입니다. 대상은 끊임없이 변하고 나타났다 사라지며 의타적이기 때문에 그것으로부터 안정을 얻을 수 없는데, 그렇게 하고자 하니 어려움이 생겨요. 상황과 조건에 내가 맞추면 되는데 그렇게 하지는 않으면서 끊임없이 스스로를 괴롭힙니다.

　지구가 갖고 있는 진동 주파수의 영향아래 우리가 살아가기 때문에 이와 비슷한 알파파를 사람들은 가장 편안하게 느낍니다. 따라서 진동수의 좋고 나쁨은 지구의 주파수에 따른 것입니다. 이렇게 좋음과 나쁨은 가변적입니다. 모든 분별은 임시적이고 가변적이라고 철저히 통찰한 사람에게는 그 무엇을 취하거나 버리는 마음이 없습니다. 상황에 따라 분별을 적절하게 사용할 뿐이니 사물에 대해 두루두루 지혜롭습니다.

　　不逐萬境遷移하며 設使隨流得妙라도
　　　　　　　　　설 사 수 류 득 묘

　만 가지 경계를 따라가지 않으며, 설사 흐름에 따라도 묘한 작용을 일으켜

　만 가지 경계를 따라가는 마음은 축복과 만족과 행복을 떠난 마음입니다. 지금 이 순간 더 이상 바라는 것이 없으면 그것이 바로 축복입니다. 우리는 지금 이 순간 축복 속에 있어요. 우리의 불행은 무언가를 알면서 시작됩니다. 아무것도 모르는 어릴 때는 그저 기뻤고 떨어지는 낙엽을 보면서도 배꼽이 빠져라 웃었습니다. 그런데 이제 자동차를 알고, 더 비싸고 좋은 것이 무엇인지를 배우고, 더럽고 깨끗한 것과 아름답고 추한 것을 알게 되었어요. 그러면서 어느 샌가 어린아이의 빈 마음에서 멀리 떠났습니다. 많은 것을 욕망하고 추구하면서 얻고자 하

죠. 그래서 얻으면 행복해하고, 얻지 못하면 불행하다고 여깁니다.

그런데 잘 살펴보면 원하던 것을 얻어서 기뻐하는 상태는 아무것도 모르는 어린아이의 상태와 유사합니다. 뭔가를 더 바라거나 추구하려고 하지 않잖아요. 쉽게 기뻐하지 못하는 논리적인 마음이, 그냥 있는 그대로를 떠나서 우리가 새롭게 얻은 마음입니다. 우리는 분별하고 비교하는 논리적인 마음을 얻었지만, 기쁨과 축복과 이 순간에 에너지를 분출하는 생명의 힘을 잃었습니다. 경계를 따라가는 마음은 불행을 일으키는 논리적이고 분별하는 마음입니다. 그러나 이미 매순간 만족하여 더 이상 얻을 것이 없는 마음, 아무것도 알지 못하는 마음, 어떤 의도도 일어나지 않는 마음은 만 가지 경계에 전혀 끌리지 않습니다. 그저 임시적으로 일어나는 경계의 흐름에 묘한 지혜로 올라타서 서핑을 할 뿐이에요. 경계의 파도에 빠지지 않으며 그 흐름을 타고 즐길 뿐입니다.

不離當處常湛然하야
불 리 당 처 상 담 연

마땅한 그 자리를 떠나지 않고 항상 맑고 그러하다.

진심은 결코 어딘가로 떠난 적이 없습니다. 그 어떤 분별과 경계에도 끌려가거나 따라가지 않아요. 그렇기 때문에 그것을 찾으려 하면 도리어 찾아지지 않습니다. 왜냐하면 찾으려는 마음이 바로 진심에서 멀어지게 하기 때문입니다. 찾으려는 마음은 분별을 일으키고 경계 속으로 들어가게 하니 제자리를 떠나버린 진심이 되어버립니다. 마음이 움직이기 시작하면 기쁨에서 멀어지기 때문에 지금 이 자리에서 기뻐할 줄 알아야합니다. 지금 이 순간 아무런 부족함이 없는 자신을 바라보면 무한한 기쁨을 느낄 수 있습니다. 무언가를 더 바란다면 분별로 떨어지게 되죠. 이미 다 갖추어져 있음을 모르고, 눈을 감고서 스스로의 분별에 속아 부족하다고 여기며 가상의 구렁에 빠져 스스로 괴로워합니다. 있지도 않은 가상의 구렁텅이에요. 지금 이 순간의 완벽한 조화와 기쁨을 느껴보세요. 여러분이 무언가를 찾아 어디론가 떠나려고 하지 않는다면, 손끝의 작은 움직임과 저 나무에 새잎이 돋는 모습, 꽃봉오리가 전율하면서 피어나는 그 순간이 모두 이미 완벽한 축복 속에 있음을 발견하게 될 것입니다. 여러분의 축복은 그 어디로 달아난 적이 없습니다. 늘 여러분 존재의 중심에 있어왔으며, 현재에도 있고, 앞으로도 변함없이 있을 것입니다. 마땅한 그 자리, 항상 맑고 축복으로 그러한 그 자리에 언제나 있습니다.

覓卽知君不可見이 乃眞心也니라
멱 즉 지 군 불 가 견　　내 진 심 야

그래서 찾으면 곧 그대는 보지 못할 것임을 알라 하니 그것이 진심이다.

찾으면 도리어 보지 못한다고 그토록 많은 현인과 성자들이 말해왔어요. 여러분은 진심을 대상으로 발견하려고 찾지만, 그것은 이미 존재 자체의 핵심으로 구비되어 있습니다. 이 진실을 발견하는 것이 바로 깨달음이에요. 따라서 깨달음이란 특별히 있는 것이 아닙니다. 있는 것은 환상에 속아 분별하는 마음이에요. 찾지 않는다는 것이 정말 어렵죠. "하늘의 뜻대로 하소서."하면서 자기의 환상에 속고 있는 분별하는 마음만 내려놓으면, 이미 그 자리가 축복이 넘치는 진심의 자리입니다.

진심무지眞心無知의 무지無知는 우리가 평소 사용하는 '무지하다'의 의미가 아니라 '앎이 없다'는 뜻입니다. 왜 앎이 없을까요? 앎은 마음이 움직일 때 일어납니다. 따라서 '뭔가를 알았다.'고 할 때는 빈 마음이 아닙니다. 마음에 무언가가 생겨났어요. 생겨난 마음, 이미 움직인 마음은 진심이 아닙니다. 물론 현상적인 마음 자체가 진심의 발현이라는 측면에서는 진심이 아닌 것은 없습니다. 그렇지만 진심 자체는 아니기 때문에 그런 의미를 가지고 진심무지에 대해 살펴보고 있습니다.

이미 늘 있는, 갈 데가 없는 마음, 여기서 순간적으로 깨어남을 경험한다

或이 曰 何名不平常心耶이닛가
혹 왈 하 명 불 평 상 심 야
묻기를, 평상하지 못한 마음은 무엇입니까?

불평상심不平常心은 기본적으로 분별에 둘러싸인 마음입니다. 그러나 진심은 분별이 없는 무분별한 마음이죠. 우리가 흔히 사용하는 '무분별하다'는 표현은 '분별을 잘 하지 못하여 어리석다.'라는 의미를 가집니다. 그러나 핵심에 가 닿은 진심이야말로 바로 진정한 무분별한 마음입니다. 불평상심은 그런 무분별한 마음이 움직여서 분별의 마음으로 바뀐 것입니다. 그래서 여러 가지의 차이가 생겨나기 시작하죠. 평상심은 차이가 없는 마음이고, 불평상심은 차이가 생겨난 마음입니다. 차이가 생기면 드디어 흐름이 생겨나죠. 우주는 항상 균형을 잡으려는 속성을 갖고 있어요. 그래서 차이가 없는 마음은 움직이지 않지만 차이가 생기면, 예를 들어 좋고 나쁨의 차이, 선하고 악한 차이, 아름답고 추한 차이, 귀하고 천한 차이, 부처와 중생의 차이와 같이 마음이 나누어져서 차이가 생기면 그때부터 마음은 움직입니다. 바로 이것이 불평상심이에요.

차이와 분별과 구별은 마음을 움직이게 만듭니다. 여러분이 끊임없이 애쓰고 움직이는 이유가 뭘까요? 뭔가 불만족스럽기 때문이에요. 만족에 대한 이미지와 불만족에 대한 이미지가 마음에 있는데, 그 둘 사이에 차이가 있기 때문에 불만족에서 만족을 향해 마음이 움직입니다. 우리는 지금 이 공부를 통해 움직이는 마음을 움직이지 않는 마음으로 바꾸려는 것은 아닙니다. 움직이지 않는 마음은 사실은 더이상 마음으로서 작용하지 않아요. 작용이 없는 마음은 현상계에서 아무 쓸모가 없습니다. 우리는 그런 구조로 인해 움직이는 마음을 보려고 할 뿐입니다. 움직이지 않는 마음으로 만들려는 것이 아니에요.

움직이는 마음은 움직이지 않는 마음을 기반으로 일어납니다. 불평상심은 수많은 이분법적 경계인 좋고 나쁨, 친절과 불친절, 적군과 아군 등에 의해 흐려졌지만, 여전히 투명한 무분별함을 바탕으로 깔고 있어요. 다만 중생은 분별에 영향을 받아 자동적으로 반응하는 기계와 같아서 끊임없이 움직이는 마음속에 있습니다. 움직이는 마음과 함께 여전히 투명함이 있음을 인식하는 마음이 바로 평상심입니다.

여러분이 지금 바로 평상심을 맛보는 일은 그다지 어렵지 않습니다. 정확히 말하자면 평상심 자체는 맛을 볼 수 없지만 평상심의 그림자는 맛을 볼 수 있어요. 우리가 그동안 해왔던 연습인 '주의에 주의 기울이기', '전체주의', '주의제로', '침묵 느끼기' 중에서 자신이 가장 잘 하는 것을 지금 해보세요. 생각도 감정도 느낌도 다 일어나지만 그와 상관없이 함께 있는 투명함을 봅니다. 언제나 지금 이 순간의 투명함으로 돌아오도록 하세요. 탁한 생각의 세계와 함께 있는 투명함에 초점을 맞추면 됩니다. 탁한 마음이 특별하게 따로 있지 않습니다. 잠시 바람이 불어서 투명함의 바탕에 분별의 파도가 일어났을 뿐이니, 그 분별의 파도에 빠지지 않으면 물은 투명하게 늘 그대로 있습니다. 투명함을 잊고 모양과 차별과 구별이 있는 분별의 파도 속에 중심을 두는 것이 바로 불평상심입니다.

曰境有聖與凡하며 境有染與淨하며
왈 경 유 성 여 범   경 유 염 여 정
답하기를, 성인과 범부로 경계를 나누고 더럽고 깨끗함을 나누며,

성인과 범부, 더러움과 깨끗함을 나누는 마음의 기본 작용인 분별은 어떻게 진행될까요? 분별은 의식의 기본입니다. 주체와 대상의 분별에 대해 늘 얘기하니까 그에 대해 잘 안다고 여기기 쉽지만, 진짜로 체득했다면 여러분은 이미 주체와 대상의 분별로부터 떠나있을 것입니다. 마음이 주체와 대상으로 분할되면서 시작하는 마음의 작용에 대해 안다면 여러분의 주의는 주체와 대상으로부터 떠나게 됩니다. 그리고 여러분 존재의 중심이 작용으로부터 벗어나죠. 중심이 옮겨집니다. 그런 상태가 바로 주체와 대상이 알아차려진 상태입니다. 그렇지 않고 머리로만 주체와 대상의 분열을 아는 것은 마음의 상相으로 그림을 그리는 것입니다. 주체와 대상이 나누어져 작용한다는 것을 지금 즉각적으로 알아차린다면, 이미 여러분 존재의 중심은 그 나누어진 작용에서 벗어납니다. 한 발 물러나요. 물러날 곳이 따로 있지는 않지만요.

경계로부터 풀려날 때는 어떤 과정을 거칠까요? 우리가 사물이라고 여기는 외적인 대상에 대해 의식이 어떻게 작용하는지를 감지 연습을 통해 살펴보겠습니다. 감각기관에 대상이 들어오면 내면의 감지가 자극되고 주의의 에너지를 통해 외부로 투사되면 '안다'는 개념의 세계가 펼쳐집니다. 그런데 이 과정에서 감지에 붙은 이름과 생각의 경계를 풀어버리고 느낌만 남게 하면 개념적인 경계에 머물던 주의는 점차 확장되어 분리감이 옅어집니다. 왜냐하면 느낌의 세계는 이름과 생각의 세계에 비해 변화무쌍하고 경계가 모호한 세계이기 때문이에요. 물론 감지라는 느낌의 세계 역시 구별된다는 의미에서 경계를 가지고 있지만 그래도 이름과 생각에 비해 많이 확장된 세계입니다. 경계가 풀어졌기 때문이죠. 그렇지만 뿜어져 나오는 느낌은 더 선명합니다.

느낌만 남으면 마음이 확장된 것처럼 여겨지는데 왜 그럴까요? 이름과 생각의 경계는 아주 명확하고 제한적이에요. 그래서 꽃잎과 그 옆의 사물을 칼로 자르듯 나누고서 '이것은 꽃이고 저것은 꽃이 아니지.'라는 생각으로 경계를 짓습니다. 그래서 명확하지만 매우 한정적이죠. 그런데 이름과 생각의 경계선을 풀어버리고 나면 남은 느낌의 감지의 경계는 애매합니다. 그래서 좀 더 확장된 것 같은 느낌이 들어요. 그러면 감지의 경계마저도 풀어버리면 어떻게 될까요? 꽃과 꽃이 아닌 것의 구분 자체가 사라지죠. 마음의 경계가 모두 사라지면, 생각과 이름의 경계와 감지의 경계가 다 사라져버리면 드디어 감각의 세계가 펼쳐집니다. 감각의 세계는 완전히 확장되어 모든 것이 다 하나입니다.

이름과 생각의 경계가 풀어진 느낌의 세계는 변화무쌍해요. 물론 죽어있는 감지의 경계로 보면 느낌이 정해져 있죠. 그래서 언제나 그 느낌인 것 같아요. 그러나 살아있는 감지로 보면 늘 생생하고 새로운 느낌이 듭니다. 느낌은 변화무쌍하기 때문에 그렇습니다. 꽃에 대한 느낌은 이쪽에서 볼 때와 저쪽에서 볼 때가 다르고, 빛의 각도에 따라 달라지고, 바람이 불어서 흔들리는 정도에 따라서도 달라지죠. 끊임없이 매순간 달라지기 때문에 감지는 늘 신선하고 변화무쌍한 경계를 지니게 됩니다. 생각의 굳어진 경계와는 많이 다르죠. 물론 감지라는 느낌의 세계도 구별된다는 의미에서 경계를 가지고 있지만 비교적 많이 확장된 세계라고 할 수 있습니다.

거기서 한발 더 나아가 마음의 상相에 의해 생겨난 느낌의 경계마저 풀어버리면 이제 주의는 갈 곳을 잃어버리게 됩니다. 잘 보세요. 우리의 주의가 움직이려면 항상 도착해야할 대상이 필요하죠. 여러분이 어디를 가야한다고 해보세요. 그러면 '어디'를 향해서 가지, 그냥 일단 막 가지는 않잖아요. 여러분이 움직인다면 어딘가를 향해서 가는 것입니다. 서성대는 것이 아니고. '이제 집에 가야 해.'라고 한다면 '집'을 향해 가죠. 우리의 주의도 마찬가지입니다. 이름과 생각이라는 경계가 있으면 주의는 그곳을 향해 움직여요. 이름과 생각의 경계가 풀어지고 감지의 경계만 남아있으면 주의는 이제 감지의 경계를 향해 움직입니다. 그런데 그 느낌의 경계마저도 풀어지면 주의는 갈 곳을 잃어버리죠. 더 이상 경계가 없기 때문에. 그래서 감각으로 들어가면 갑자기 온 대상이 퍼져버린 듯, 개별적인 대상이 없는 것처럼 느껴지게 됩니다. 그러면 어떤 현상이 일어날까요? 주의가 갈 곳을 잃었다가 차차 주의 자체를 인식하게 됩니다. 더 이상 갈 곳이 없기 때문에 자기 자신을 인식해요. 마땅히 갈 곳을 찾지 못해서 모든 곳으로 퍼져서 확장되거나 주의 자체에 집중하게 됩니다.

개별적인 대상을 보는 마음이 멈추면 감각의 대상에서 주의자체나 주의를 일으키는 우리 본질 자체로 우리의 주의가 옮겨가는데, 이럴 때 순간적으로 깨어남을 경험하죠. 갈 데가 없는 마음이에요, 사실은. 갈 데가 없지만 더 이상 찾지 않는 마음입니다. 갈 데가 없는데도 계속해서 뭔가를 찾는다면 마지막으로 붙들고 있는 의도에 묶여있는 마음이에요. 그러나 갈 데가 없고 더 이상 찾지도 않습니다. 찾는 마음은 어딘가 갈 곳이 있다고 여기는 마음이죠. 뭔가 있을 것 같으니까 계속해서 움직이려고 하는데, 자기가 보고 듣고 느끼던 것들의 경계가 다 풀어져버려서 더 이상 갈 곳이 없어요. 그런데 그동안 살아온 관성에 의해서 어디로든지 가야한다고 믿는 무의식적인 마음이 끊임없이 제자리를 맴도는데, 이것이 바로 마지막에 여러분이 맞닥뜨리는 마음의 상태입니다.

더 이상 갈 곳이 없으면 개별화된 국소적인 마음에 머물던 주의가 분별없는 비국소적인 것으로 도약합니다. 국소성과 비국소성에 대해 몇 번 이야기했었죠. 국소성은 어느 한 공간과 시간을 차지하는 특성이고, 온 시간과 공간에 전부 다 가득 차있는 것이 비국소성이라고 했습니다. 이를 우리 마음에 적용해봅시다. 물리 세계, 빛의 세계에서는 적용되고 있어요. 빛은 비국소적이어서 이곳에도 있고 저곳에도 있습니다. 다른 말로 하면 모든 곳에 있고, 이미 가득 차있고, 어떤 곳에도 따로 있지 않아요. 빛의 이런 특성이 비국소성인데 우리 마음의 본질도 사실 이와 같습니다.

여러분이 마음속에 하나의 이미지를 떠올리면 그 이미지는 마음의 한 공간을 차지합니다. 마음의 상相은 이렇게 국소적이어서 마음의 어떤 부분에 나타났다가 사라지죠. 마음의 상相이 느껴지는 이유가 마음의 한 부분에 나타났기 때문이에요. 그래서 느껴지고 잡히는 것입니다. 마음의 모든 상相은 국소적이기 때문에 여러분이 알아챌 수가 있어요. 우리의 앎은 이런 국소적인 것들 사이의 관계에서 일어납니다. 그러나 마음 전체에 가득 차있거나 마음의 어느 한 곳에만 있지 않은 것, 또는 없지 않은 것에 대해서는 마음은 결코 알거나 느낄 수 없어요.

경계 지어진 것들은 모두 국소적이죠. 한 부분이라는 말입니다. 이 화분은 방 전체의 공간에서 여기에만 존재하죠. 내 마음에 나타나는 어떤 느낌과 생각이나 경험들도 마찬가지입니다. 느껴지는 것은 마음의 어느 한 부분만 차지하고 있는 국소적인 것입니다. 우리의 주의는 그렇게 경계 지어진 것을 향해서 움직여요. 그것들이 바로 대상이에요. 목적하는 곳이 있으니까 주의가 움직일 수 있는 것입니다. 갈 데가 없는 사람은 움직이지 않겠죠. 움직이는 사람들은 갈 곳이 있으니까 움직여 가고요. 이 지구상의 어떤 부분을 향해서 모든 사람들은 각기 움직이고 있습니다. 그런데 땅을 찾아가려는 사람들은 구태여 움직일 필요가 없어요. 그런데 땅이 무엇이지 잘 모르니까 늘 하던 대로 계속해서 움직이면서 찾으려고 해요. 이것이 바로 움직여서 자기의 본질을 찾으려는 마음의 어리석음입니다.

모든 경계가 다 풀어져버리면 개별화된 국소적인 대상에 머물던 주의가 비국소적인 것으로 도약하는 시기가 옵니다. 그래서 더 이상 분별 작용이 일어나지 않아요. 그럼에도 의식은 사라지지 않습니다. 모든 경계가 풀어짐으로써 개별적인 것을 의식하던 의식이 비국소적으로 되었어도 의식이 사라지지 않을 때 드디어 도약이 일어납니다. 비국소적인 상황에서 여러분은 어떤 것도 의식하지 못해요. 그런데도 의식은 죽지 않았으니 텅 빈 삼매나 공호이라고 여겨지는 마음이 이런 마음입니다. 여기에 의식의 신비함이 있습니다.

보통 의식되는 모든 분별은 국소적입니다. 여러분이 무언가를 알 때는 의식이 국소적인 것에 머물 때입니다. 그러나 이 국소적인 의식local consciousness이 비국소적인 의식non-local consciousness 또는 순수한 의식pure awareness으로 변하면, 다시 말해 하나의 장소나 개별사물이나 느낌에 머무르지 않으면, '나'라고 여겨지는 마음도 사라지고 맙니다. 의식의 비국소성을 체험해보십시오. 여기에 본질로 도약하는 다리가 있습니다.

어쨌든 주의가 국소적인 것에 머물면 이것과 저것을 나누는 분별하는 마음이 되는 것입니다. 거기에는 성인과 범부가 있고, 깨끗함과 더러움이 있습니다. 그리고 차별하는 마음이 생기죠. 어느 하나를 좋아하고 어느 하나를 싫어해서, 싫어하는 것은 멀리하고 좋아하는 건 끌어당깁니다. 좋아하는 것을 위해서 애쓰고 노력하고 가까이 가려고 해요. 그러면서 마음이 움직입니다. 우리가 발견하려고 하는 것은 움직이지 않는 마음이에요. 그런데 발견이라는 기능 자체가 움직임을 통해 일어납니다. 여기에 딜레마가 있습니다. 우리는 움직이는 마음을 통해 움직이지 않는 마음을 발견하려는 어리석은 짓을 하고 있어요. 하지만 그렇게 어리석은 일을 하다가 움직이는 마음이 움직이지 않는 마음과 본질적으로 다르지 않음을 발견하게 되죠.

단견은 묶이게 하고, 상견은 움직이게 한다

境有斷與常하며 境有理與事하며
경 유 단 여 상　　　 경 유 리 여 사

단멸과 상존을 나누고 이판과 사판을 나누며

경계에는 단견斷見과 상견常見이 있습니다. 단견斷見이란 끊어져서 완전히 멸해 버린 것을 말하고, 상견常見은 항상 영원히 존재하는 것을 말합니다. 대승기신론 강의에서 단견론과 상견론에 대해 말한 적이 있습니다. 단견론은 우리의 본질이 존재하지 않는다고 말하며, 상견론은 우리의 본질이 존재한다고 합니다. 그래서 단견에 빠진 사람은 허무주의에 빠지고, 상견에 빠진 사람은 아트만이나 참나와 같은 영원히 변치 않는 존재가 있다고 믿죠. 영원한 존재가 있다고 믿는 순간 우리 마음은 그것을 향해 달려가기 시작합니다. 그것을 얻고 추구하려고 해요. 그렇게 상견은 움직이는 마음을 만들어 버리죠. 그렇다면 아무것도 얻을 것이 없고 텅 비어있는 무無일 뿐이라는 단견에 빠지면 어떻게 될까요? 단견은 하나의 결론입니다. 그런데 마음은 결론을 내면 거기에 묶이기 시작해요. 단견과 상견은 모두 마음을 움직이게 만드는 하나의 견해입니다. 그래서 대승기신론에서는 "단견도 아니고 상견도 아니다."라고 했습니다.

단견과 상견은 어떤 결론을 정해놓았기 때문에 그에 따라서 움직이는 집착이 일어납니다. 단견과 상견에 의해서 생겨난 마음이 의지하고 머물기 때문이에요. 단견과 상견은 하나의 분별된 마음이고, 우리 마음이 집착하기 딱 좋은 하나의 결론입니다. 영원불멸한 아트만이 있다는 상견이나 죽으면 아무것도 남지 않는다고 말하는 단견은 모두 마음의 분별일 뿐입니다. 그래서 이 둘을 다 경계하기 위해서 대승기신론에서는 단견과 상견을 모두 부정했습니다.

　이판理判과 사판事判은 뭘까요? "이판사판이다"라는 말을 들어봤죠? 막다른 데 이르러 어찌할 수 없게 된 지경을 의미하는 말로 다 포기하고 멋대로 하는 마음을 말하죠. 여기 나오는 이판사판은 그런 의미는 아니에요. 참선을 하고 공부를 하는 승려를 이판승理判僧이라고 했습니다. 그런데 이판승만 있으면 절이 유지가 안 되잖아요. 그래서 절을 유지하기 위해서 관리하는 일을 하는 승려를 사판승事判僧이라고 했습니다. 이치를 추구하고 공부하는 이판승과 일을 하는 사판승으로 나누어졌죠. 그런데 조선시대에는 불교를 억제했기 때문에 이판승이든 사판승이든 승려가 됐다하면 인생이 끝난 거나 마찬가지였어요. 인생의 가장 낮은 나락으로 떨어지는 것이니까요. 그 정도로 불교와 승려를 배척하고 무시했습니다. 그래서 '이판승이든 사판승이든 승려가 된 사람의 인생은 이미 끝났다'는 의미에서 우리가 지금 사용하는 이판사판이라는 말이 나왔습니다.

　이판과 사판을 나누는 것, 즉 세속의 일을 떠나서 이치를 공부하는 이판과 이치는 내버려두고 오직 세속적인 일만 관리하는 사판으로 나누는 것도 모두 마음이 하는 일입니다. 이판과 사판이 따로 있는 것이 아니라 모두 마음의 분별이에요. 세상의 일을 할 때는 이미 이치가 들어있습니다. 본질의 이치가 들어있다는 말이에요. 본질의 이치가 드러나서 작용을 하면 사판이 되고 세상의 일이 되는 것입니다. 지금 우리는 이理와 사事가 다르지 않은 세계에 살고 있습니다. 옛날에는 이판과 사판을 나누어서 공부하는 사람은 세상일 다 내려놓고 오로지 공부만 했는데 지금은 그런 때가 아닙니다. 원래부터가 그런 나눔도 없어요. 그러나 불평상한 마음은 이렇게 이판과 사판을 나누고 단멸과 상존을 나눕니다.

境有生與滅하며 境有動與靜하며
경 유 생 여 멸　　　 경 유 동 여 정
생과 멸로 나누고 동과 정으로 나눈다.

대승기신론의 생멸문生滅門에서 생과 멸이 다 허상이라고 얘기했었죠. 모든 사물과 마음은 인연에 의한 것이기 때문에 본질적으로 무언가가 있지 않다는 것이 대승기신론의 생멸에 대한 관점입니다. 분별은 되지만 의타적인 현상이라는 것입니다. 그리고 본질은 생멸상을 떠나있기 때문에 항존하는 것이 없으며, 모든 것은 인연을 따라 움직이므로 본질 자체라는 것이 있지 않다고 말합니다. 본질 자체라는 것이 있지 않고, 그렇다고 생하고 멸하는 마음도 없다고 하니 그러면 '본질은 대체 무엇인가?'라는 의문이 들죠. 결국은 이 모든 말들이 목적하는 바는 마음이 어디에도 머물지 않게 하는 것입니다. 생멸하는 것도 아니고 항존하는 것도 아니라고 대승기신론에서 말했어요. 그러나 범부의 마음은 항상 생生과 멸滅을 나누어서 분별하고, 생을 좋아하고 멸을 싫어하죠. 또 동動과 정靜을 나누어서 동動을 추구하기도 하고 고요한 정靜에 집착하기도 합니다. 이런 분별이 끊임없이 일어나고 있는데 이는 본질적인 특성을 통찰하지 못했기 때문이니 모든 분별은 착각에 불과합니다.

동정動靜으로 예를 들어 보겠습니다. 움직임은 움직이지 않음을 기본 배경으로 삼을 때만 인식이 가능합니다. 깨어있기 기초과정에서 흐르는 폭포의 물을 계속 바라보다가 움직이지 않는 바위를 보면 바위가 움직이는 것처럼 느껴지는 것을 여러분 모두 경험했었죠? 흘러내리는 물의 움직임을 우리 눈의 기본 배경으로 삼아버리니까 흐르지 않고 움직이지 않는 바위도 움직이는 것처럼 느껴졌어요. 그러면 바위는 움직이는 겁니까, 움직이지 않는 겁니까? 바위는 움직이는 것도 움직이지 않는 것도 아니에요.

바위가 움직이지 않는다고 느껴질 때는 바위를 보는 순간에 어떤 움직임을 기준으로 삼았기 때문이에요. 그래서 움직이지 않는다고 느껴집니다. 또 물이 흐른다고 느껴질 때는 내 마음속에 움직이지 않는 바위 같은 것들이 기준 삼아져서 배경으로 떠올랐기 때문입니다. 그래서 흐르는 움직임이 느껴지는 것입니다. 그렇다면 움직임과 움직이지 않음이 실제로 있느냐는 말입니다. 서로 대비되지 않으면 존재하지 않잖아요. 두 가지 현상이 서로에게 의존하면서 구분되고 있습니다. 움직임은 움직이지 않음에 의존하고, 움직이지 않음은 움직임에 의존한다는 것을 통찰할 수 있죠. 둘은 서로가 없으면 느껴지거나 파악될 수 없는 의존적인 관계이므로 사실 동動과 정靜은 본질적으로 존재한다고 말할 수 없습니다.

이 막대는 길어요, 아니면 짧아요? 이렇게 물어보면 마음속에 뭔가를 떠올려서 그것을 기준삼아 막대의 길고 짧음을 말할 것입니다. 그러니 막대 자체에는 길고 짧음이 없습니다. 그것은 모두 우리의 개념이에요. 마음속에 배경을 세워놓고 바라보는 개념이죠. 좋고 나쁜 것도 다 마찬가지입니다. 그런데 우리는 항상 그런 분별을 하고서 더 낫다고 여겨지는 것을 향해서 죽을 듯이 달려갑니다. 길고 짧음은 결코 본질적으로 존재하지 않습니다. 우리가 마음속으로 만들어낸 개념일 뿐입니다. 비교 대상을 가져다 붙이지 않는 이상 세상에는 긴 것도 짧은 것도 없어요.

그런데도 마음은 생生과 멸滅로, 동動과 정靜으로, 길고 짧음으로 끊임없이 나누고, 그런 방식으로 자기 자신도 괴롭히죠. 훌륭한 나와 못난 나를 나누고서 잘난 내가 되려고 끊임없이 애쓰며 자기 자신을 괴롭혀요. 잘남과 못남은 어디서 나타나는 겁니까? 그림을 아주 잘 그리는 사람이 피리 연주자를 보고서는 '나는 피리를 저렇게 못 부네. 나는 못 났어.'하면서 스스로 위축됩니다. 그런데 그림을 그리면서는 뿌듯해하면서 으쓱해요. 이렇다면 과연 잘남과 못남이 있는 것일까요? 결론적으로 이 사람은 잘난 사람인가요, 못난 사람인가요? 그림 그리는 데 가면 잘난 사람이고 피리 부는데 가면 못난 사람인데, 그렇다면 이 사람 자체는 잘 났습니까, 못 났습니까? 그런 것이 없다는 말이죠. 그런데도 우리는 늘 이것과 저것을 나누어놓고 어느 한쪽 편을 들고 있습니다.

과거, 현재, 미래가 지금 이순간 함께 흔들리고 있다

境有去與來하며 境有好與醜하며
경 유 거 여 래   경 유 호 여 추
과거와 미래를 나누고 곱고 미움을 나눈다.

과거와 미래는 무엇인가요? 과거는 시간이 없는 무한 배경 위에 마음의 움직임이 남긴 자취이며, 미래는 마음이 움직여갈 예상경로입니다. 배는 지금 물 위에 떠있습니다. 뒤쪽으로는 배가 지나온 자취가 보이고, 계기판에는 앞으로 향할 예상경로가 잡힙니다. 그러나 중요한 것은 이 모든 것들이 '지금 바다 위에서' 일어나고 있다는 점입니다. 거기에는 과거도 없고 미래도 없이 그저 무한한 배경이 있을 뿐입니다. 우리 마음의 바탕 위에 과거와 현재와 미래가 지금 이 순간에 일어나고 있습니다. 과거와 현재, 미래가 지금 이 순간 속에 있어요.

곱고 미운 모습 또한 길고 짧은 개념이 상대적으로 나타났다 사라지는 것과 같습니다. 지금 이 볼펜은 짧은가요, 긴가요? 볼펜은 짧지도 길지도 않습니다. 무엇이 기준이 되느냐에 따라 길기도 하고 짧기도 하죠. 따라서 길고 짧음은 끊임없이 변화하는 상황과 조건에 달려 있으니 볼펜은 길지도 짧지도 않습니다. 그저 모든 것이 개념일 뿐입니다.

境有善與惡하며 境有因與果하니
경 유 선 여 악　　　경 유 인 여 과

선과 악을 나누며 원인과 결과를 나누니

선과 악, 원인과 결과는 어떠한가요? 이것들은 나누어질 수 있는 것인가요?

여러분이 바닷물로 이루어진 혀를 가지고 있다고 해보죠. 그 혀로 바다 표면에 솟아올라온 가시 모양의 악한 파도와 솜털 모양의 선한 파도를 구분할 수 있을 것입니다. 그러나 바닷물로 만들어진 혀로 바닷물을 맛볼 수 있을까요? 과연 짜다고 느낄 수 있을까요? 이 비유와 마찬가지로 여러분이 느낄 수 있는 것은 모두 본질의 모양일 뿐, 본질 자체는 아닙니다. 본질 자체가 소금물이라면 소금물로 만들어진 혀로는 결코 마음의 본질을 맛볼 수 없어요. 느낄 수 있는 건 오직 모습일 뿐입니다. 여러분의 핵심으로 본질을 경험할 수는 없어요.

境有를 細論하면 則萬別千差어니와
경 유   세 론   즉 만 별 천 차

今乃且擧十對호니 皆名不平常境也라
금 내 차 거 십 대   개 명 불 평 상 경 야

心隨此不平常境而生하고 不平常境而滅하나니
심 수 차 불 평 상 경 이 생   불 평 상 경 이 멸

**경계를 자세히 논하면 천차만별이 있거니와
지금은 10가지만 열거하니 이 모두가 평상치 못한 경계이다.
마음은 이 평상치 못한 경계를 따라 일어나고 또 사라진다.**

마음은 경계를 따라 일어나고 사라집니다. 즉 우리가 마음이라고 여기는 것은 일어났다 사라지는 마음이에요. 그렇게 일어나기 이전, 일어났다 사라진 이후의 마음에 대해서는 우리는 알지 못합니다. 마음의 속성상 움직이지 않는 마음은 알아지지 않으니, 오직 통찰로 알아챌 수 있을 뿐입니다. 경계 지어진 마음이 움직이는 현상을 맛볼 수 있다는 작용을 통해 맛보아지지 않는 본질 자체를 통찰해낼 수 있습니다.

不平常境心을 對前平常眞心일새
불 평 상 경 심   대 전 평 상 진 심

所以로 名不平常妄心也요
소 이   명 불 평 상 망 심 야

眞心은 本具하야
진 심   본 구

不隨不平常境生하야 起種種差別일새
불 수 불 평 상 경 생   기 종 종 차 별

所以로 名平常眞心也니라
소 이   명 평 상 진 심 야

평상치 못한 경계의 마음은 앞의 평상심에 대비한 것으로

그래서 불평상 망심이라 이름 한다.
진심은 본래 갖추어져 있어
불평상심을 따라 일어나지 않으며 여러 차별을 일으키지 않으므로
그래서 이름하여 평상진심이라 한다.

불평상심을 따라 일어난 마음은 진심이 아닙니다. 여러 차별을 일으켜 분별을 하는 마음은 이미 진심을 떠나있어요. 평상진심平常眞心에는 아무런 차이가 없으며, 불평상심에는 차이가 있어서 구별이 이루어집니다. 탁자에 손을 대보면 손과 탁자에는 차이가 있어서 어떤 느낌이 느껴지는데 그것이 바로 불평상심이며, 그것들을 모두 떠나있는 것이 바로 평상진심입니다.

或이 曰 眞心은 平常하야 無諸異因이어늘
혹   왈 진심   평상   무 제 이 인

묻기를, 진심은 평상하여 여러 가지 다른 원인이 없거늘

일단 나누어지고, 그 나누어진 것들 사이에 차이가 있어야 움직임이 시작됩니다. 우주에는 크게 두 가지 속성이 있습니다. 불균형하면 균형을 잡기 위해 끊임없이 움직이고, 그렇게 하여 균형이 잡히면 다시 새롭게 변화하려고 하죠. 따라서 우리가 끊임없이 무언가가 되고자 노력하며 변하려고 하는 것은 자연스러운 일입니다. 한편으로는 우리가 그렇게 우주의 속성에 묶여있기 때문에 현상 속에 있을 수밖에 없습니다. 그러나 끊임없이 움직이려는 마음의 본질은 전혀 움직이지 않으니 그것이 바로 평상심입니다. 진심은 이와 같은 평상심이에요. 우리는 늘 나타난 모습인 현상에만 초점을 맞추기 때문에 본질을 잊기 쉽습니다. 마음은 움직이면서 작용하는데, 그런 움직임이 없을 때가 바로 마

음의 본성이에요. 그러나 움직이지 않는 마음은 의식적이지 않고 따라서 보이지도 않습니다.

의식현상이 일어나려면 보이는 것과 보는 자가 있듯이 분열 상태여야 합니다. 그리고 의식현상이 일어난 앎에는 스펙트럼이 있는데, 즉각적으로 알아챌수록 본질에 가까운 앎이라고 할 수 있습니다. 그것이 바로 진심의 묘한 작용이죠. 이 끝에서 저 끝까지의 앎이 있다고 해봅시다. 이 끝에는 굳어서 고집스러운 앎이 있는가 하면, 저 끝으로 가면 끊임이 없고 즉각적인 앎이 있어요. 후자가 진심에 가까운 앎입니다. 스펙트럼 이내의 모든 앎은 분별을 통해 일어납니다.

奈何佛說因果善惡報應乎이닛가
내 하 불 설 인 과 선 악 보 응 호
어찌하여 부처는 인과와 선악의 응보를 말했습니까?

움직임이 없는 마음은 평상平常하여 원인과 결과가 따로 없는데 왜 부처는 인과와 선악의 응보를 말했는지 물었습니다. 인과응보와 윤회 등은 불교의 핵심교리죠. 공空에 대해 말하는 부처가 왜 인과와 선악과 응보를 얘기했는지 묻고 있어요.

日妄心이 逐種種境하야
왈 망 심   축 종 종 경
답하기를, 망심이 갖가지 경계를 쫓아다니며

왜 망심은 갖가지 경계를 쫓아다니는 것일까요? 망심은 분별을 기반으로 일어난 마음이기 때문입니다. 분별을 기반으로 일어난 마음은 그 태생적인 속성상 더 나은 특정한 상태狀態를 추구하게 되어있습니다. 상狀은 상황이고, 태態는 모습입니다. 어떤 상황에서 취하는 특정한 모습이 상태인데, 더 나은 상태를 추구하는 것이 바로 망심의 기본입니다. 그리고 모든 상태는 상황에서 생겨나기에 그 상황이 사라지면 상태도 사라집니다.

내 주변의 실화를 예로 들어 얘기해보겠습니다. 한 여인이 자신의 삶을 비관하며 죽겠다고 산 속에 들어가서 하늘을 원망했어요. 그러다가 언뜻 비난하는 마음이 깨져버리더니 마음이 열렸습니다. 모든 괴로움이 사라졌죠. 그래서 산에서 내려와 다른 사람들에게 설법을 하고 아픈 사람들을 치료해주는 능력도 발휘했습니다. 시간이 지나니 욕심이 생겨서 환자들에게 돈을 요구하게 되었고, 곧 다시 마음이 어두워지고 능력이 모두 사라졌어요. 이 사람의 능력은 어떤 상황에서 생겨난 마음의 상태입니다. 그러나 그 상태가 진리는 아니에요. 평상심은 그런 상태가 아닙니다. 상태는 왔다 가기에 놓칠 수도 있고 잊을 수도 있지만, 평상심은 잊을 수가 없습니다. 진심의 바탕에 경계가 지어져서 일어난 파도에 의해 생겨난 작용이 바로 망심이기에 망심은 갖가지 경계를 쫓아다닐 수밖에 없습니다.

不了種種境하고 逐起種種心일새
불 료 종 종 경   축 기 종 종 심
그 경계들을 알지 못하고 갖가지 생각을 일으킨다.

우리는 항상 몸과 마음이라는 구조에 동일시되어 그것을 기반으로 모든 것을 감지합니다. 그리고 이름을 붙여 '안다'고 여기며 수많은 생각들을 일으키죠. 그러나 정작 우리가 동일시하는 이 몸과 마음 또한 하나의 감지이며 일종의 마음의 상相입니다. 그러나 그것을 알아채지 못합니다. 예를 들어 시각적인 몸을 살펴보죠. 눈에 보이는 피부가 이루는 경계선까지가 내 몸이라고 여겨지죠. 그 시각적인 경계선에는 빈틈이 없습니다. 그러나 시각을 모두 내려놓고 오직 촉감으로만 느껴보면 빈틈이 많이 느껴져요. 또 촉감으로 느껴지는 몸에는 어떤 기운이 있습니다. 전자기장 같은 느낌이 있어요. 촉감으로만 느껴보면 어깨가 어디서 끝나는지 잘 모릅니다. 눈을 감고 잘 느껴보세요. 애매하죠. 어딘가에서 느낌이 딱 끝나지 않습니다. 이렇듯 몸이라는 것도 마음의 감지입니다. 마음의 상相이에요. 그러나 우리는 그렇게 알아채지 못하고 살아가죠. 투명한 무無라는 것도 느껴집니다. 느낌을 빼고 나면 대체 뭐가 있겠습니까?

몸과 마음뿐 아니라 느껴지는 투명한 무無조차도 모두 상相임을 알아차릴 때 깊은 도약이 일어납니다. 이것들이 일종의 분리된 경계임을 알아차리면 이제 각종 파도가 아무리 오르내려도 개의치 않을 수 있어요. 왜냐하면 파도란 그저 지금 움직이는 무언가일 뿐이고, 그 움직임은 지금 이 순간 살아있다는 증거일 뿐이기 때문이죠. 내용이 펼쳐지는 파란만장한 스토리는 모두 허구라는 것을 알면 모든 생각은 힘없이 가라앉아요. 그런데 그런 경계들을 알지 못하고 각각의 스토리에 빠져있으면 온갖 생각이 일어납니다.

佛說種種因果法하사 治伏種種妄心하야 須立因果也어니와
불 설 종 종 인 과 법   치 복 종 종 망 심   수 립 인 과 야

부처는 인과법을 설하여 갖가지 망심을 다스리려 인과를 세운 것이다.

불교에는 12연기설十二緣起說이 있습니다. 그러나 이는 분별에 빠진 망심을 다스리기 위해 12가지 현상으로 구분한 것일 뿐입니다.

〈잡아함경雜阿含經의 12연기설 설법〉

1. 비구들이여, 무명無明이란 무엇인가.

과거를 알지 못하고,

미래를 알지 못하고,

안[六根]을 알지 못하고,

밖[六境]을 알지 못하고,

업業을 알지 못하고,

보[果報]를 알지 못하고,

불. 법. 승 삼보三寶를 알지 못하고,

고. 집. 멸. 도 사성제四聖諦를 알지 못하고,

인因을 알지 못하고,

인을 일으키는 법法을 알지 못하고,

선하고 선하지 못함을 알지 못하고,

죄가 있고 없음을 알지 못하고,

습習(集)과 습 아닌 것을 알지 못하고,

훌륭한 것과 훌륭하지 못한 것을 알지 못하고,

깨끗하고 깨끗하지 않은 것을 알지 못하고,

분별과 연기를 알지 못하고,

모든 사상을 알지 못하고,

보지도 못하고,

참다운 지혜가 없어 어둡고 어리석어 밝지 못한 것,

이것을 무명이라 하오.

2. 무명으로 말미암아 행行이 일어나니 행이란 어떤 것인가.

행은 곧 업이며,

업은 몸으로 짓는 업,

입으로 짓는 업,

뜻(마음)으로 짓는 업,

세 가지가 있소.

3. 행으로 말미암아 식識이 일어나니 식이란 무엇인가.

식에는 눈의 식[眼識],

귀의 식[耳識],

코의 식[鼻識],

혀의 식[舌識],

몸의 식[身識],

뜻의 식[意識] 이렇게 6식이 있소.

4. 식으로 말미암아 명색名色이 있으니 명색이란 무엇인가.

명은 정신, 색은 물질이오.

정신이란 어떤 것인가.

형상이 없는 네 가지 작용

곧 수受, 상想, 행行, 식識의 사온四蘊을 말하오.

물질이란 어떤 것인가.

지地, 수水, 화火, 풍風의 사대四大(4가지 원소)와 이 사대로 이루어진

물질을 말하오.

이와 같은 정신작용과 물질을 명색이라 하오.

5. 명색으로 말미암아 육처六處가 있으니 육처란 무엇인가.

우리 몸의 6가지 감관感官을 통한 인식을 말하오.

곧 눈을 통한 인식,

귀를 통한 인식,

코를 통한 인식,

혀를 통한 인식,

몸을 통한 인식,

뜻을 통한 인식,

이렇게 6가지 인식이 있소.

6. 육처로 말미암아 촉觸이 있으니 촉이란 무엇인가.

우리 몸의 6근根을 통한 접촉을 말하오.

눈을 통한 접촉,

귀를 통한 접촉,

코를 통한 접촉,

혀를 통한 접촉,

몸을 통한 접촉,

뜻을 통한 접촉의 6가지요.

7. 촉으로 말미암아 수受가 생기니 수란 무엇인가.

괴롭다는 느낌[苦受],

즐겁다는 느낌[樂受],

괴롭지도 즐겁지도 않은 느낌[不苦不樂受]

3가지를 말하는 것이오.

8. 수로 말미암아 애愛가 있으니 애란 무엇인가.

애란 욕망을 이르는 말이오.

욕망에는 욕계欲界(六道)의 모든 것을 탐내는 마음[慾愛]*,

색계色界의 모든 것을 탐내는 욕망[色愛],

무색계無色界의 모든 것을 탐내는 욕망[無色愛]의 삼애三愛가 있소.

9. 애로 말미암아 취取에는

욕망에 대한 집착[欲取],

견해에 대한 집착[見取],

계에 대한 집착[戒取],

나에 대한 집착[我取],

이렇게 4가지 집착[四取]이 있소.

10. 취로 말미암아 유有가 있으니 유란 무엇인가.

유는 존재라는 뜻이니 존재에는 3가지[三有]가 있소.

욕계에 있는 존재[欲有],

색계에 있는 존재[色有],

무색계에 있는 존재[無色有]가 그것이오.

11. 유로 말미암아 생生이 있으니 생이란 무엇인가.

태어남이오. 생명이 있는 것[衆生]이 태어나서 오온과 삶의 바탕과

육처와 명근命根을 얻는 것, 이를 생이라 하오.

---

* 욕애에는 식욕, 수면욕, 음욕의 육체적인 욕구와 명예욕, 재물욕의 정신적 욕구가
  있는데 이를 5욕이라 한다.

12. 생으로 말미암아 노사老死가 있으니 노사란 무엇인가.

늙음과 죽음이오.

늙으면 머리가 세고, 대머리가 되고,

살갗이 늘어지고, 모든 기관이 낡고,

사지四肢의 힘이 빠지고, 등이 굽고,

몸져 누워 앓고, 숨이 가쁘고,

몸이 굽어 지팡이를 짚고, 몸이 검어지고,

검버섯이 피고, 정신이 흐려지고,

행동이 부자유스러워지고, 힘이 쇠약해지면

이를 늙었다고 하는 것이오.

죽음이란 산 것으로 태어났다가 수명이 다하여 몸이 무너지고,

더운 기운이 식어 목숨이 끊겨 오온을 벗어날 때,

이를 죽음이라 하오.

이것이 연기의 뜻이오.

이런 12연기설도 마음의 분별입니다. 우주 전체적인 하나의 현상을 시작과 끝으로 나누는 것처럼, 12연기설도 무명부터 시작하여 죽음에 이르는 인연의 고리를 마음으로 나눈 것에 불과합니다. 이렇게 나눈 이유가 망령된 마음을 다스리기 위한 방편이라고 진심직설에서 말하고 있습니다.

느낌이 있다는 것이, 이미 거기서 떨어져 나왔다는 의미

若此眞心인댄 不逐種種境일새 由是로 不起種種心이라
약 차 진 심   불 축 종 종 경   유 시   불 기 종 종 심
그러나 진심은 경계를 좇아가지 않으므로 갖가지 생각을 일으키지 않는다.

진심은 나누어져 있지 않습니다. (한동안 침묵) 지금 한참을 아무 말
도 하지 않고 있으니 여러분 마음에 별별 생각이 다 일어나죠? 컴퓨터
가 멈췄나? 가만히 있다가 또 무슨 말을 하려고 하나? 이런저런 마음
이 마구 일어나요. 아무 생각도 없이 멍한 사람도 있었겠죠. 마음이 나
누어졌어요. 그냥 별 생각 없이 듣고 있을 때는 마음이 열려있어서 하
나가 되어 흐름을 따라갔는데, 이제 이상한 일이 벌어지니까 마음이
막 오르내리거나 멍해지면서 다양한 분별을 일으키지 않습니까? 진심
이 막 나누어지기 시작한 모습을 지금 여러분이 경험한 것입니다. 그
런 생각들은 진심이 나누어져서 나타난 모습이라는 말입니다.

진심 자체는 나누어져 있지 않습니다. 그러므로 알 수 없는 미지未
知예요. 우리가 뭔가를 알고 관찰하려면 그것에서 떨어져 나와야 합니
다. 그리고 떨어져 나오려면 그것과 나로 나누어져야 하겠죠. 진심을
알기위해서 뭔가 진심이 아닌 것으로 떨어져 나와 그것을 보는 작업을
되풀이하다가, 언뜻 보는 작업이 없는 상태로 들어가게 되고, 다시 나
와서 보면서 '보고 느끼고 안다는 것이 이런 거구나.'하고 본성을 알아
차립니다.

이것이 진심을 아는 방식이에요. 다시 말해 진심 자체를 알 수는 없
다는 말입니다. 왜냐하면 진심은 나누어지지 않기 때문이죠. 만약에
진심이 꽃이나 꽃병을 보아서 알 듯 그렇게 알 수 있다면 깨우침이 얼

마나 쉽겠어요? 그렇지만 보아서 알 수 있다면 그것은 곧 진심이 아닙니다. 보아서 알 수 있는 것은 눈에 보이는 대상일 뿐이지 나눔이 없는 진심이 아니에요. 이미 대상과 눈으로 나누어져버렸기 때문에 결코 그것은 진심이 아닙니다. 자신의 마음을 들여다보면 뭔가 존재한다는 느낌이 있고, 또 그것을 관찰하고 들여다보는 느낌이 있어요. 관찰하는 마음도 느껴지잖아요. 그렇다면 관찰하는 마음과 그걸 보고 있는 나로 나누어진 상태인 것입니다. 자기마음을 들여다보는 의도 자체가 벌써 마음을 나누고 있어요. 이런 마음의 구조를 알아채야 합니다. '꽃병을 관찰하려면 내가 꽃병에서 떨어져 나와야 하고, 내 몸을 관찰하려면 몸에서 떨어져서 봐야하고, 내 마음을 관찰하려면 마음에서 벌어지는 일에서 떨어져 나와야 하네.'하면서 자꾸 해보는 것입니다. 마음에 느껴지는 어떤 느낌이 있다면 그것으로부터 떨어져 나와서 보았다는 것이니 마음은 나누어진 상태입니다.

마음으로 살펴볼 수 있는 최종적인 것은 '있음'의 느낌입니다. 형태가 갖춰진 것들이 보이고 경험된다면, 마음은 이미 나누어졌다고 아는 작업을 끊임없이 해 봅니다. 나누어진 마음을 나누어진 마음으로 바라보는 것입니다. 그러다가 언뜻 나누어지지 않은 마음으로 갑니다. 최종적인 '있음'을 느끼다가 그것을 느끼는 느낌에서 떨어져 나와서 삼매에 들어요. 무심無心으로, 나눔이 없는 마음으로 갑니다. 그러다가 언뜻 나눔이 있는 마음으로 다시 돌아옵니다. 나눔이 없는 마음에는 어떤 앎도 없습니다. 그러다가 옅게라도 나눔이 있는 마음으로 나오면 그때 알아채죠. 뭔가 생겨났음을 알아채요. 그런 상태들을 오가다가 드디어 보고 느끼고 아는 기능의 속성을 알아차리는 것입니다. 모든 작용들은 분리를 기반으로 하고 있음을 알아차리죠. 모든 분리는 하나의 상태를 형성합니다. 그래서 아무리 높은 마음의 경지라 할지라도 그것은 늘 한결같지는 않기 때문에 결코 본성이 아닙니다. 진심이 아니라는 말이에요.

본성에는 결코 낮은 경지나 높은 경지라는 것이 따로 없어요. 그래서 평상심이라고 합니다. 또는 평등심이라고도 하죠. 평등한 마음이 바로 본성의 마음이에요. 그러나 일반적인 마음은 늘 어떤 경지 속에 들어있습니다. 낮은 경지든 높은 경지든 상관없이 마음은 하나의 상태에 머물며 그것을 자신이라고 동일시합니다. 우리의 생명은 그처럼 동일시되기 쉬워요. 왜냐하면 현상이 나타나있기 때문에 그렇습니다. 그러나 여러분의 진심은 그 어느 것도 아닙니다. 그러니 나눔이 없는 거기에 어떤 원인과 결과가 있으며, 그 둘의 관계인 인과관계가 있고, 12연기와 윤회와 전생이 있겠습니까? 그러나 그런 분별을 믿고, 그 속에 머물며, 분별의 괴로움을 당하고 있는 마음에게는 12연기가 있고, 윤회가 있습니다. 그러나 깊숙이 들여다보면 참으로 놀랍고 묘하게도 진심은 분별과 분별없음 사이를 왔다 갔다 하거나 동시에 있습니다. 그래서 진공묘유眞空妙有라고 하죠.

佛이 即不說種種法하시리니 何有因果也리요
불   즉 불 설 종 종 법   하 유 인 과 야
부처는 갖가지 법을 설하지 않았으니 무슨 인과가 있겠는가?

질문하는 사람이 "진심은 평등하여서 아무런 인과나 인연이 없거늘, 어째서 인과와 선악과 응보에 대해 부처는 이야기했습니까?"라고 물었죠. 그 물음에 지금 대답을 하고 있습니다. 그런 것들이 실제로는 없

지만 망심妄心한테는 그것이 있어서 괴로움에 빠지니, 괴로운 망심을 다스리기 위해서 분별을 통해 이해시켰다는 거예요.

옛날에 온갖 상상을 하면서 괴로워하는 사람이 있었어요. 어느 날은 자기가 뱀을 삼켰다고 상상을 하고는 그것을 믿어서 자기 뱃속에 뱀이 들었다며 괴로워하고 있었습니다. 뱀을 먹은 적도 없고 뱀을 먹었다면 저렇게 멀쩡할 리가 없는데도, 자기는 그랬다고 믿으며 괴로워해요. 당신은 뱀을 먹지 않았다고 아무리 설득하려고 해도 안 됩니다. 요즘 같으면 엑스레이라도 찍어서 보여주겠지만 그때는 그런 것이 없으니까요. 그때 한 지혜로운 의사가 그 사람에게 병을 하나 보여주고서는 눈을 감고 입을 벌리게 합니다. 그리고 병을 그 사람 입에다 대고 등을 툭 치고서는 그 사람 입에 손을 넣었다가 뺍니다. 그 병에는 미리 뱀 한 마리를 넣어놨어요. 눈을 뜨게 하고 병 속의 뱀을 보여주면서 입으로 빼냈다고 말해주니 그 사람의 증상은 다 사라졌어요. 뱀을 삼키지 않았지만 그렇다고 믿고 있기 때문에 그 믿음을 반대로 희석시켜버렸을 뿐이죠.

12연기도 이런 것과 똑같습니다. 있지도 않은 것을 믿으면서 괴로워하고 있는 마음을 12연기라는 트릭으로 설득하고 풀어줘서 편하게 해주는 방편입니다. 아까 의사는 진짜로 뱀을 꺼내준 것이 아니었죠. 뱀이 진짜로 있는 것도 아니었고요. 마찬가지로 부처님은 설법을 통해 사람을 자유롭게 한 것이 아니었습니다. 그냥 그 사람의 착각을 깨우쳐주었을 뿐이니, 거기에 무슨 인과가 있겠습니까? 또한 한 일이 없기 때문에 과보도 없습니다.

或이 曰 眞心이 平常不生耶이닛가
혹   왈 진심   평상 불생 야

묻기를, 진심은 평상하여 일어나지 않습니까?

수영할 줄 모르는 사람이 처음 물에 들어가서 허우적거리기만 하다가 물에 뜰 줄 알게 되면 아주 좋아하죠. 그러나 큰 파도가 몰려오면 다시 허우적거리고 물에 푹 빠지죠. 그러다가 파도가 가라앉으면 다시 물에 떠서 괜찮아집니다. 수영을 잘 하게 될 때까지 세 단계를 거쳐요. 첫 번째는 물에 빠져서 허우적거리는 단계입니다. 두 번째는 물에 조금 뜰 줄 알게 되어 '나는 이제 수영할 줄 알아.'라고 믿는 마음의 단계에요. 그러나 그 마음은 큰 쓰나미가 몰려오면 이내 무너지고 물에 빠져서 허우적거립니다. 마지막 단계에는 수영을 아주 잘하게 되어서 쓰나미가 몰려와도 잘 빠져나갑니다.

이와 같은 세 가지 상태가 있다고 해보면 이 사람이 세 가지 상태 각각에 머물렀을 때에는, 그런 상태들이 각각 있는 것처럼 느껴집니다. 물속에 빠지는 상태가 있고, 물에 떴지만 다시 가라앉기도 하는 상태가 있고, 아주 수영을 잘해서 더 이상 가라앉지 않는 상태로 분별할 수 있어요. 그러나 물고기라면 어떻습니까? 물고기는 물속에 있으나 머리를 수면 위로 내어놓고 떠 있으나 아무런 차이가 없습니다. 온갖 고난과 희로애락의 파도 속에 잠겨있으나 물 밖으로 얼굴을 내놓고 초연하게 있으나 아무런 차이가 없어요. 세상의 온갖 풍파에 허우적거리는 중생의 눈에는 물에 빠진 상태와 물에 뜬 상태는 서로 다릅니다. 그러나 물속에 잠겨 세상의 풍파를 겪는 것과 물 밖에 있어서 초연한 것이 결코 다르지 않음을 안 이에게는 아무런 구별도 차별도 없습니다. 물고기가 물속에 있든 물위에 고개를 내밀고 있든 아무 차이가 없는 것과 같아요. 이와 같이 평상심은 물의 안과 밖을 왔다 갔다 하지만 그 둘 사이에는 아무런 차이가 없습니다.

바닷속은 일어난 마음이고 물 밖은 일어나지 않은 마음이라고 한다면, 진심에게는 그 두 마음이 아무런 차이가 없습니다. 그러나 지금 질문하는 사람은 어떻습니까? "진심은 평상하여 일어나지 않는 마음입니까?"라고 묻고 있어요. 진심은 일어나는 마음도 아니고 일어나지 않는 마음도 아닙니다. 또 일어남이 있다 해도 실제로 일어난 것도 아니에요. 물속에 빠졌지만 물속에 빠진 것이 아니고, 물 위에 떠있지만 떠있는 것이 아닙니다. 물고기에게는 아무런 차이가 없듯이, 진심을 터득한 사람에게는 끝없이 움직이는 마음과 전혀 움직이지 않는 마음이 아무런 차이가 없어요. 왜죠? 물 자체에는 차이가 없기 때문에 그렇습니다. 일어난 마음과 일어나지 않는 마음을 구별하는 질문자는 "진심은 평상하여 일어나지 않습니까?"라고 구별하는 마음속에 있습니다. 그에게 대답하는 사람의 말을 잘 들어보세요.

'되어감becoming'의 함정에서 벗어나라

曰 眞心이 有時施用이나 非逐境生이요
왈 진심 유시시용 비축경생

답하기를, 진심이 베풀어져 작용할 때가 있지만 경계를 좇아 생기는 것이 아니요

진심이 작용할 때가 있지만 경계를 좇아서 생기지는 않는다는 말은 무슨 뜻일까요? 아까도 말했듯이 의식의 모든 움직임은 경계를 따라 생겨납니다. 경계 지어진 분별로 인해서 차이가 생겨나고, 그 차이를 없애어 균형 잡기 위해서 움직임이 일어나죠. 크리슈나무르티는 끊

임없이 그런 이야기를 했습니다. "우리의 마음은 무언가를 이루기 위해서 항상 되어감becoming의 과정 속에 있다. 무엇인가가 되려고 하는 마음이 끊임없이 있지만, 진정한 변화는 되어감 속에서 일어나지 않는다." 진정한 변화는 '지금 이 순간, 즉각적으로' 일어납니다. 왜냐하면 변화될 것이 없기 때문이에요. 알아채기만 하면 되기 때문이죠. 정말로 뭔가가 되어야 하는 거라면 차근차근 단계를 밟아야 하기 때문에 시간이 걸리고 애씀과 노력이 필요합니다. 그렇지만 알아챔은 즉각적으로 일어납니다.

내 뱃속에 뱀이 없다는 것을 알기 위해서 어떤 노력이 필요한 것이 아니죠. 즉각 알아차릴 수 있어요. 내가 지금 동쪽을 향하고 있지만 그 방향이 서쪽이라고 믿고 있어요. 그러면 동쪽을 향하기 위해서 애써 움직일 필요가 없습니다. 왜? 바라보고 있는 쪽이 사실 동쪽이거든요. 서쪽이라는 착각만 내려놓으면 즉각 동쪽을 향해 서있는 것입니다. 원래부터 동쪽을 향하고 있었지만 그 방향이 서쪽이라고 믿고 있다가 동쪽임을 알게 되었다면 그때 뭐 변한 것이 있나요? 동쪽으로 향하기 위해서 애썼습니까? 뭔가 된 거에요? 아무것도 없죠.

의식은 항상 저 멀리에 목표를 정해두고, 그것이 되기 위해 되어감becoming의 여정을 계속 합니다. 더 훌륭한 사람이 되겠다거나 화내지 않는 사람이 되겠다는 그런 목표를 정해요. 그렇지 못한 현재와 그런 미래를 나누어놓고서 미래를 향해 달려가는 것이 바로 되어감의 의식입니다. 그리고 이것은 명백한 함정입니다. 진정한 변화는 지금 여기서 일어난다고 크리슈나무르티는 역설했어요. 그러나 그런 변화가 어떻게 일어나는지에 대한 구체적인 방법은 말하지 않았습니다.

어떻게 하면 되어감becoming의 함정에서 벗어나 경계 없는 작용으로 갈 수 있을까요? 지금 나는 '경계 없는 작용'이라고 했습니다. 작용은 항상 경계를 통해 일어난다고 말했었죠. 경계 지어진 두 개 사이에 차이가 생겨나고, 이것이 저것보다 더 낫다는 인식이 생겨나면서 더 나은 것을 향해 달려가는 것이 바로 작용입니다. 그래서 작용은 항상 두 개 이상으로 나누어진 경계에서 생겨나죠. 그런데 좀 전에는 내가 뭐라고 했습니까? 어떻게 하면 '경계 없는 작용'으로 갈수 있느냐고 했어요. 되어감의 함정에서 벗어나 경계 없는 작용으로 가는 일은 진심을 터득할 때 저절로 일어납니다.

진심이 터득되면 불행한 사람에서 갑자기 행복한 사람으로 바뀝니다. 바뀐다기보다는 이미 그는 행복한 사람이었지만, 그동안 모르고 있었음을 그냥 알아챌 뿐이죠. 지금 이미 주어진 것들만으로도 넘치게 행복하다는 자각이 일어납니다. 마음이 빠져있던 기준에서 벗어나면, 어때야 한다는 기준이 없기 때문에 만상과 만물을 볼 때 마음에 축복이 넘칩니다. 그래서 마음이 축복을 경험하려면 즉각적으로 자기 마음속의 기준을 제로화 해버리면 됩니다. 그러나 마음의 기준은 스스로를 보존하려는 힘을 가지고 있기 때문에, 우리가 그것과 동일시되어있는 한 거기에서 벗어날 수는 없습니다. 그래서 모든 문제의 핵심은 동일시에 있다고 말하는 것입니다.

진심은 전혀 움직이지 않았지만 불행에서 행복으로 마음은 작용했습니다. 자, 그러나 진정으로 작용했다고 할 수 있나요? 아무 일도 일어나지 않았어요. 진정으로 변한 건 아무것도 없습니다. 불행에서 행복으로 가기 위해서 실제로 움직인 것은 전혀 없어요. 그렇지만 마음의 현상은 어떻습니까? 불행한 마음에서 행복한 마음으로 바뀌었어요. 이것이 바로 '움직이지 않는 것을 토대로 한 움직임의 작용'입니다. 진심의 묘한 작용이에요.

또 한 가지 예를 들어볼까요? "사람은 자기 안에 있는 것만 본다."는 말을 들어보았죠? 밖에서 보이는 것은 바로 자기 내부에도 있는 모습이라는 의미입니다. '저 인간 보기 싫어. 왜 이렇게 이기적이야?'라고 한다면, 그는 사실 자기 안에 있는 이기적인 모습을 보고 있는 것입니다. 자기 안의 그런 모습을 경험해보지 않았다면 어떻게 남의 모습을 보고 이기적이라고 판단하겠어요? 어린애는 아주 이기적인 사람을 보아도 싫어하지 않아요. 그런 모습이 무엇을 의미하는지 모르거든요. 자기의 이기적인 마음을 아직 경험을 못했어요. 그러니 타인이 아무리 이기적인 행동을 한다 해도 그 사람을 비난하거나 판단하거나 비평하지 않습니다. 내안에 있는 것만 밖에서도 볼 수 있습니다. 그래서 자신이 보는 세상은 바로 자신의 거울입니다. 내 모습을 비춰주고 있는 것입니다.

종로를 걷다가 좌판을 벌이고 있는 사람이 호객행위를 하고 있는 것을 봅니다. "자, 오세요. 아주 질 좋은 물건을 싸게 팝니다." 이렇게 소리쳐서 그 사람을 언뜻 봤는데 그 사람 눈빛이 초조해보이고 물건을 팔려고 애쓰고 있다고 느껴져요. 싼 물건이라고 사람들을 속이려고 하는 것 같아 보입니다. 만약 다른 사람을 속여서 나의 이익을 취하려는 불안하고 애쓰는 마음을 자기가 경험해보지 않았다면, 종로의 그 사람을 보아도 그런 마음이 안 느껴질 것입니다. 또 종로거리를 걷다가 몸이 불편한 할머니의 짐을 들어주고 부축하는 젊은이를 봤습니다. 그 젊은이의 얼굴에서 선함을 보면서 마음이 따뜻해져요. 이때도 마찬가지로 내 마음속에 그런 선함이 없다면 그 모습을 보고도 선함이 경험되지 않습니다. '할머니 가방을 훔쳐 달아나려고 하는 거 아냐?' 이렇게 볼 수도 있는 것입니다. 그런데 나에게 그 모습이 선하게 느껴진다면 내안에 그런 선함이 있기 때문이에요. 즉 내가 보는 모든 것은 내 내면에 자리 잡고 있는 경험과 앎이 그대로 드러난 투영입니다. 우리가 '밖'이라고 부르는 데서 일어나는 일은 내면에 있는 것이기도 합니다.

그렇다면 그 일은 실제로 밖에서 일어나고 있을까요, 안에서 일어나고 있을까요? 우리가 어떤 대상을 보려면 그 대상에서 떨어져 나와야 합니다. 내면의 현상을 대상으로 삼을 때도 마찬가지에요. 슬픈 마음을 보려면 슬픔에서 빠져나와야 하고, 분노하는 마음을 보려면 분노에서 빠져나와야 합니다. 즉 마음을 보려면 그 마음에서 벗어나야 해요. 그러나 한편으로는 그것을 정확히 보기위해서는 우리는 그것이 되어야합니다. 분노하는 마음을 보려면 분노에서 벗어나야 하지만, 분노를 정확히 경험하고 느끼기 위해서는 분노 자체가 되어야 해요. 이것이 바로 '분노이면서 분노가 아닌 것'이라는 말의 의미입니다. 무언가를 볼 때 그것이면서 또 그것이 아니기도 해야만 '정확하게 보는 일'이 가능합니다. 이것이 바로 둘 사이의 경계가 명확히 분리되어 그것을 따라다니는 것이 아니라, 경계를 좇아 생겨나지 않는 묘한 작용이에요.

거기에는 관찰자도 관찰대상도 없습니다. 이 둘은 둘이 아니고 불이不二의 세계 속에 있어요. 관찰자로만 남으면 항상 무언가를 대상으로 삼는 마음속에 있는 것입니다. 또, 그것이 되는 마음은 대상과 내가 따로 없이 하나가 된 마음이죠. 그런데 이 두 가지가 동시에 있을 때 정확하게 볼 수 있습니다. 관찰자와 관찰대상으로의 나눔도 결국은 마음의 작용이죠. 나누는 마음이 없다면 관찰도 관찰대상도 관찰자도 다 한 덩어리입니다. 내가 손으로 이것을 만지면 여기에 꽃병이 있고, 손이 있고, 꽃병을 만질 때 느껴지는 차가운 느낌이 있습니다. 그렇게 분별하면 손은 결코 꽃병이 아니죠. 관찰자는 관찰대상이 아니라는 말이에요. 그런데 잘 느껴보면 그냥 느낌만 있을 뿐입니다. 손과 꽃병이 만들어낸 느낌만이 있어요. 손과 꽃병은 그냥 한 덩어리인데, 시각적인 경계로 둘을 나누고 있을 뿐이에요. 촉감으로 따지면 그냥 하나의 느낌만 있습니다. 관찰자도 관찰대상도 없습니다. 경계지어놓은 마음과 개념에 의해 작동하는 마음에게만 경계를 좇은 작용이 생겨나지, 그러한 개념에 사로잡히지 않은 마음에는 경계를 따라다니지 않는 작용이 일어나고 있을 뿐입니다.

但妙用遊戲하야 不昧因果耳니라
단 묘 용 유 희   불 매 인 과 이
단지 묘한 작용이 유희하여 인과에 어둡지 않을 뿐이다.

유희遊戲는 즐긴다는 의미죠. 묘한 작용은 인과因果에 어둡지 않고 게임을 하듯이 놀아요. 인생은 게임이에요. 그렇게 목숨 걸면서 처절하게 살아갈 일이 아닙니다. 이렇게 말하면 "지금 네팔에 지진이 일어나 사람들이 죽어가는데도 게임이라는 말이 나옵니까?"라고 할지도 모르겠어요. 그러나 나누어 인식하는 마음을 떠난 곳에서는, 어떤 일이 닥쳤을 때 도울 일이 있으면 너나 구분 없이 도울 뿐입니다. 정말 불쌍하고 안타까워서 도우려는 마음이 자비롭다고 여길지 모르지만, 그런 자비로움은 나와 남을 나눈 마음에서 일어납니다. 그래서 진심에는 자비라는 것도 없어요. 그렇지만 묘한 작용을 일으켜서 인과에 어둡지는 않습니다.

진심은 분별없음과 분별 있음을 왕래하여서 앎을 경험하기도 하고 미지로 남기도 하지만, 그 어떤 곳에도 머물지 않고 묶임 없이 유희하며 생명을 펼쳐냅니다. 그렇다고 아무런 분별이 없이 무지하지는 않아요. 결코 무명에 빠지지 않기 때문에 인과에 어둡지도 않습니다. 즉 원인과 결과를 모르지 않는다는 말이에요. 그러나 그 앎이 고정된 실체라고 여기지도 않습니다. 인과에 너무 밝기만 하면 그것에 묶입니다. 왜냐하면 인과는 분별의 세계이기 때문이에요. 그러나 진심은 분별에 머물지 않습니다. 분별을 하긴 하지만 그것에 머물지 않기 때문에 인과에 어둡지 않고 인과에 묶이지도 않아요.

수피 이야기 중에 '설명할 수 없는 인생을 산 사나이, 모주드'라는 일화가 있습니다. 모주드라는 이슬람 용어는 '현재를 사는 사람'이라는 뜻을 가집니다. 과거나 미래가 아니라 지금 이 순간을 사는 사람이죠. 모주드의 일대기를 살펴보죠. 그는 평범한 관리로 살아가고 있었는데, 어느 날 어떤 신비로운 사람이 나타나서 "애야, 너는 이제 집을 떠나거라."라고 말합니다. 그런데 갑자기 왜 떠나라는지 모르면서도 그 신비한 명령을 거부하지 못해요. 그래서 불안과 초조함, 미래에 대한 암울함을 그대로 느끼고 경험하면서 집을 떠나죠. 아주 편안하고 안정된 직장을 내버려두고 떠납니다. 그렇게 한참 가다 보니까 마음속에서 소리가 들려요. "애야 저 강물에 뛰어들어라." 힘센 물살에 뛰어들라고 하는데 또 그 강한 마음의 명령을 거부하지 못해서 뛰어들었어요. 그래도 수영을 할 줄은 알아서 빠져죽지는 않고, 헤엄쳐서 기슭으로 향하며 떠내려가다가 강에서 낚시를 하던 어부에게 끌어올려졌어요. 어부가 "당신 어디 갈 데 없으면 나와 일하면서 같이 삽시다."라고 해서 어부와 같이 2년을 삽니다. 물고기에 대해서 많이 배우면서 고기 잡는 달인이 될 정도가 되니까 한밤중에 또 마음에서 소리가 들려요. "얘야, 빨리 일어나서 당장 떠나라. 다른 누군가를 만날 것이다." 그래서 또 떠납니다. 아무 이유도 없어요. 그렇게 가다가 소 팔러 장에 가던 농부를 만났는데, 일손이 부족하다 하여 그 농부 집에 가서 또 2년을 일하면서 돈을 모으며 살아요. 그랬더니 또 마음이 명령을 합니다. "얘야 거기서 모은 돈을 가지고 도시에 가서 가죽장사를 해라." 그래서 이번에는 가죽 장사에 나섭니다. 그렇게 가죽을 사고파는 상인이 되어서 거부가 되었어요. 그러던 어느 날 아침에 신비한 옷을 입은 사람이 나타나서, "네가 번 돈을 다 나에게 주고, 너는 빈털터리로 다른 도시로 가서 어느 가게 점원이 되어라." 그래서 돈을 다주고 또 갑니다. 이제 나이가 많이 들어서 하얀 머리에 수염까지 났는데 식료품가게의 점원으로 일했습니다. 그렇게 점원으로 살아가던 도중에 한 두 사람이 삶의 조언을 구하러 오기도 하고, 환자에게 손을 대면 병이 낫는 일이 생기기도 하고, 마음을 치유해 주기도 했어요. 차츰 제자가 생겨나서 "선생님, 어찌하여 그런 지혜를 얻게 되셨습니까?"하고 물으니, "모르겠다. 나는 그냥 마음이 시키는 대로 했을 뿐이네."라고 답하죠. "뭘 하셨는데요?" "그냥 강물에 뛰어들고, 어부를 만나 고기를 잡고, 농부를 만나 일을 하고, 가죽상인이 되었다가 여기까지 온 거란다." 그러니까 제자들이 위대한 스승이 되려면 신비한 얘기가 있어야 한다면 스토리를 꾸며냅니다. 그리고는 절대로 그런 엉뚱한 말을 하지 말라고 당부하고 신비한 스승에 대한 이야기책을 만들죠. 그 이야기는 다 가짜지만 이 사람의 삶은 지혜로운 삶이었어요. 현상적으로 드러나서 이슬람의 전통 속에서 알 수 없는 인생을 산 사나이 모주드. '지금 현재를 산 사람'이라는 뜻입니다.

이 사람은 분별없는 삶, 어떻게 보면 바보 같아 보일 수도 있는 삶을 살았고, 맨 나중에는 지혜로운 깨달음으로 많은 사람들을 도우면서 부족함 없이 풍족하게 살았습니다. 또 걸림이 없고 괴로움도 없이 자유로웠죠. 자유로움이 뭔지도 모르고, 구속이 뭔지도 모르고, 주변 사람들에게 지혜를 나누어주고 몸과 마음의 병을 치유해주면서 살았다고 합니다. 진심이 분별을 통해 드러나지 않으면서도 묘한 작용을 일으켜서, 인과에 어둡지도 않으면서도 진심의 나타남 그대로 산 사람이라고 할 수 있습니다. 묘한 작용이 유희하며 인생을 게임처럼 살아가는 삶이 바로 이런 삶 아니겠어요? 물에 뛰어들라니까 뛰어들고, 떠나라니까 한밤중에 일어나서 떠나고. 인생이 그냥 목적 없는 게임이니 이것이 바로 유희입니다. 이렇게 유희하며 살았지만 결코 인과에 어둡지는 않았어요. 농부를 할 때는 농작물을 잘 키웠고, 거기서 수많은 지혜들이 생겨났겠죠. 그렇지만 그렇게 번 돈을 가지고 떠나라고 하니까 이제 막 농부로서 자리를 잡았는데도 무작정 떠나요. 가죽 상인할 때는 돈을 많이 벌었어요. 그렇지만 그렇게 번 돈을 그냥 다 내주고 또 떠나죠. 빈털터리가 되어서 인생의 마지막 즈음에 식료품가게의 점원이 되었지만, 많은 사람들이 그를 찾아와 삶에 대해 묻고 몸과 마음을 치유받아요. 이것이 진심의 묘한 작용입니다. 진심에는 어떤 앎도 없지만, 분별의 수많은 앎을 잘 사용할 수 있는 묘한 작용을 일으킵니다.

제15장

진심소왕

眞心所往

진심소왕眞心所往은 '진심이 가는 바'라는 뜻입니다. 진심은 어디로 가는가? 선한 행동을 많이 한 사람은 죽어서 선한 세계로 가고, 악한 행동을 많이 한 사람은 악한 세계로 간다는데 진심에 도달한 사람은 어디로 가는지 물어봅니다.

파도가 일어나는 것이 아니라 거기에 머무는 것이 문제

或이 曰 未達眞心人은
혹   왈 미 달 진 심 인

由迷眞心故로 作善惡因이니
유 미 진 심 고   작 선 악 인

묻기를, 진심에 도달하지 않은 사람은
진심에 미혹한 고로 선악의 원인을 만드니

진심이 가는 바를 말하기 전에 먼저 진심에 도달하지 못한 사람이 가는 곳에 대해 말합니다. 바로 선한 세계와 악한 세계에요. 그렇다면 선한 세계와 악한 세계는 왜, 누구에 의해서, 어떻게 나누어지는지 살펴봐야 하겠습니다. 관성을 다루는 부분에서 정情에 대해 소개했었습니다. 무의식적으로 쌓인 흔적들 사이의 미묘한 끌림과 밀침이 정情인데, 이것이 실존한다고 여기는 마음이 바로 허망한 마음입니다. 그리고 거기에 미혹된 사람이 바로 중생이죠.

진심에 도달하지 않은 사람은 진심에 어두워서 선악善惡의 원인을 만든다고 했습니다. 진심에 어두운 사람이 착한 일과 악한 일을 한다는 뜻이에요. 선악의 과보를 받을 원인을 만드는 것입니다. 진심에 도달하지 않았기 때문에 진심에 미혹迷惑하다고 했습니다. 그리고 진심에 미혹하기 때문에 선악의 원인을 만들어요. 진심은 인과관계를 떠나있고, 과거와 미래라는 시간도 떠나있고, 이것과 저것이라는 분별을 떠나 있습니다. 잘 살펴보면 결국 '투명하고 청정한 마음'이라고 표현할 수밖에 없어요. 물론 그것마저도 아니지만. 지금 이 순간에 진심에 있는 사람은 선하지도 악하지도 않습니다. 그리고 선善과 악惡이라는 것도 없으며, 선악이 없다는 것마저도 없습니다.

기본적으로 선과 악은 무엇을 의미할까요? 그것의 전제 조건은 나눔입니다. 이것과 저것으로 나눈 후에 어떤 것은 선이라고 하고, 어떤 것은 악하다고 정의합니다. 그러나 그 나눔의 기준은 대체로 모호합니다. 엄밀하게 들어가면 모호해요.

감방에 있는 죄수가 젊은 여자의 젖을 빨고 있는 유명한 그림이 있습니다(루벤스의 〈노인과 여인〉). 그 그림을 처음 본 사람은 자기 마음을 투사해서 보겠죠. '저런 쾌락과 욕망의 덩어리. 감방에서조차 저러고 있구나.' 이렇게 생각할 수 있어요. 그림에 대한 사정을 모르면 대부분 그렇게 생각하고 악한 행동이라고 마음이 결정해버릴 것입니다. 그런데 그 그림에 담긴 사연은 이렇습니다. 그림 속의 아버지는 내일 사형될 상황이어서 아무도 그에게 먹을 것을 주지 않았습니다. 면회를 갔던 딸이 굶주리는 아버지를 보고 너무 애달파서 아버지에게 젖을 주었어요. 딸의 효심과 죽어가는 사람의 마지막 고통을 덜어주려는 인간적인 진한 정이 그림에 배어있죠. 이 사연을 알고서 그림을 본다면 이제는 딸의 행동이 선하다고 말할 것입니다.

하나의 상황과 조건만을 보고 판단하는 것은 누구입니까? 선과 악의 판단은 그것을 보는 사람 안에 쌓여있는 허망한 정情과 과거 경험의 흔적들, 사회적이고 문화적인 패턴들에 달려 있습니다. 그런 것들이 없다면 선과 악이 어디에 있겠어요? 어린애한테 선과 악이 있습니까?

선과 악의 기본적인 조건은 이것과 저것으로 나누는 분리이고, 더 나아가 그 나뉜 것들 사이의 관계입니다. 자신의 기준을 가지고 그것들을 비교하여 판단하고 분별하죠. 그런 분별이 일어나기 이전, 판단과 평가가 일어나기 이전의 단순한 분별은 좋고 싫음이 없는 구별일 뿐입니다. 그런데 거기에 좋고 싫음이 붙고 선악이 붙으면 많은 일들이 벌어지죠. 모든 욕망과 슬픔의 원인이 되는 마음의 상相이 생겨나서 희로애락의 인생이 펼쳐집니다.

진심이 한 번 움직여 일어난 파도는 곧 사라질 텐데, 그것을 알지 못하고 고정적으로 존재한다고 여기는 마음이 바로 진심에 미혹한 마음이에요. 모든 일은 바로 이 미혹한 마음에서 시작됩니다. 일어났다 사라지는 현상을 그냥 바라보면 지나가버리고 말아요. 그렇지만 어제 있었던 일, 1시간 전의 일을 끊임없이 붙들고 늘어지며 거기에 묶여있다면 그것이 바로 진심에 미혹한 마음입니다. 지금 이 순간 여러분의 마음은 어디에 묶여 있습니까? 지금은 아무것에도 묶여있지 않더라도 생각과 감정이 일어나고, 여러 느낌과 앎이 생겨나서 거기에 머물기 시작하면 그때부터 진심은 어두워져버립니다. 마음에 이런 저런 현상들이 일어나는 것은 전혀 문제가 안 돼요. 그런 것들이 일어났을 때 거기에 묶여서 머무는 것이 문제예요. 고정화된 실체라고 믿어서 에너지를 쏟아 그 모습을 유지하며 살아있게 만드는 것이 문제이지, 그런 것들이 일어나는 건 아무런 문제가 되질 않습니다.

지금 여러분의 마음에 일어나는 모든 것에 대해 '마음의 작용이 일어났구나.'라고 여겨보세요. 마음의 작용은 무엇입니까? 마음작용의 기본 구조는 이미 여러 번 밝혔습니다. 나와 대상, 주체와 대상의 관계가 작용의 기본이며, 그것들은 어느 하나가 먼저 생기고 다른 하나는 후속적으로 생겨나는 인과관계가 아니라 동시에 발생한다고 했습니다. 나와 대상이 명확히 인정되면 대상들이 세세하게 구분되어 이 세계가 생겨나고, 대상에 호오好惡가 붙고 애락哀樂이 생겨나 집착이 일어납니다. 나와 대상을 인정하는 마음 때문에 세계의 모든 현상들이 생겨나죠. 그러므로 나를 다루면, 나와 대상의 발생에 의해서 생겨나는 모든 과정과 집착까지 저절로 해결됩니다. 여러분이 봐야 할 것은 최초의 분열인 나와 대상이며, 특히 '나'라고 여겨지는 것을 잘 살펴야 합니다. 나와 대상의 분열이 고정된 실체라고 믿으며 미혹되지만 않으면 오직 투명한 세상일 뿐입니다. 그러나 최초의 분열에 미혹되면 그 후에 선악이 발생하게 됩니다. 그래서 진심에 미혹하기 때문에 선악의 원인을 만든다고 했어요. 진심에 어두우면 선악의 원인이 되는 분별을 고정시키기 때문입니다.

由作善因故로 生善道中하고
유 작 선 인 고　　생 선 도 중

由作惡因故로 入惡道中
유 작 악 인 고　　입 악 도 중

逐業受生은 其理不疑어니와
축 업 수 생　　기 리 불 의

선인을 지으면 좋은 세계에 나고
악인을 지으면 악한 세계에 들어가
업을 따라 생을 받는 것은 그 이치가 의심할 바 없는데

선한 원인을 지으면 착한 세계에 태어나고, 악한 원인을 지으면 악한 세계에 태어난다고 했어요. 이렇게 선인善因에 의해 선과善果를 받

고 악인惡因에 의해 악과惡果를 받는 것은 업을 따라 생生을 받는 것이
니 그 이치가 의심할 바가 없다고 했습니다.

若達眞心人인댄 妄情이 歇盡하야
약 달 진 심 인   망 정   헐 진
진심에 도달한 이라면 망령된 생각과 느낌이 다하고

　진심에 도달한 사람은 망령된 생각과 느낌이 끝나버립니다. 정말 깨
끗이 사라졌을까요? 그래서 진심에 도달한 사람에게는 아무 일도 일
어나지 않을까요? 정말로 마음에 파도가 전혀 일어나지 않는다면, 흔
들림 없이 고정되었다면 그 마음은 살아있지 않은 마음입니다. 죽은
마음이에요. 악한 마음이 일어날 때 악함을 알고, 선한 마음이 일어날
때 선함을 알면 그만입니다. 마음에 생겨나는 일들은 마음에 쌓인 기
준 때문에 자연스럽게 일어납니다. 그것을 자기라고 여기는 마음이 문
제가 될 뿐이에요. 자기라고 여기면 점차 그 현상들이 강해지고 구체
화되고 실체화됩니다.
　한밤중에 공동묘지에 가면 두려움이 일어나고 무서움이 생기겠죠?
누군가가 뒤에서 나를 치지 않을까? 이런 공포심은 기본적으로 무엇
때문입니까? 나를 지키려는 마음 때문이에요. 그럼 나를 지키려는 마
음 밑에는 뭐가 있습니까? 나라는 것이 있다고 믿는 마음이 있어요.
나라는 것이 있다고 믿는 마음이 나를 지키려고 합니다. 그리고 나를
지키려는 마음이 강하면 강할수록 누군가가 나에게 해를 가할 것 같은
마음도 더 강하게 느껴져요. 그래서 아무도 없는데도 두려운 느낌이
일어나죠. 그런 모든 느낌은 허상입니다. 즉 지금 이 순간 마음이 움직
여서 작용하여 만들어 낸 느낌이에요. 손뼉소리와 같은 것입니다. 왼

손과 오른손처럼 마음이 둘로 나누어진 그 자체가 그냥 경계 지어진 분별일 뿐입니다. 그럴 때 '마음이 또 작용하고 있구나.'라고 해보세요.

마음의 작용은 나와 대상의 분별을 기본으로 합니다. 그러나 그런 것에 대해 명확히 몰라도 괜찮아요. 일단 한번 되뇌어보라는 것입니다. 마음이 일어난다고 느껴지면 '이것 또한 마음의 작용이구나.'라고 해보세요. 다들 마음의 구조는 한 번 봤잖아요. 설사 명확히 보지는 못했어도 머리로는 충분히 이해했을 것입니다. 나와 대상이 동시에 발생한다는 말이 믿어진다면 구조가 마음에 와 닿은 것입니다. 그렇게 구조가 와 닿았다면 마음이 일어났을 때 한 번 되뇌어 보세요. '아, 마음이 일어났구나. 또 작용해서 지금 마음이 일어나고 있구나.' 그러면 그 마음은 금방 사라지고 맙니다. 거기에 집착하거나 두려워하거나 애착하거나 머물지 않으니까요. 그런 의미에서 마음의 현상들은 있으나 없으나 괜찮습니다. 나중에는 그것이 있어도 아무렇지 않아요. 처음에는 마음이 일어나면 힘드니까 없애려고 하겠지만요.

수영에 서툰 물고기가 물속에서 자꾸 파도에 휩쓸리고 그래요. 그런데 수영을 잘하면 어때요? 아무리 강한 파도가 친다 해도 아무렇지도 않잖아요. 물고기가 허리케인에 빠져 죽는 것 봤습니까? 아무렇지도 않아요. 그런 것처럼 나중에는 온갖 감정이 일어나도 상관없고, 그 감정들이 가볍게 느껴집니다. 있어도 없어도 괜찮은 것입니다. 지금 여기에 나온 "망령된 생각과 느낌이 다했다"는 말이 바로 그런 뜻입니다. 아예 사라져서 없어졌다는 의미가 아니에요. 모두 없어지면 그는 더 이상 사람이 아닙니다. 그래서 참으로 미묘한 점이 있는 것입니다.

진심에 도달하면 그 사람의 중심은 점차 옮겨집니다. 바다의 표면에서 거친 파도가 일어날 때 그 표면에서 수직으로 깊이 들어가 살펴보면, 지금 이 순간의 파도는 표면의 거친 파도이면서 동시에 바다 깊숙한 곳의 흔들림이 전혀 없는 물이기도 한 것입니다. 진심에 도달한 사람의 중심은 표면에 있지 않고 깊은 바닥에 가 있습니다. 바다의 표면에 거친 파도가 일어나지만 중심은 거기에 머물지 않아요. 바다 밑 깊은 심층은 나와 너라는 파도가 존재하지 않는 곳, 또는 나타났다가도 즉시 사라지는 곳입니다. 은근하게 미묘하게 있는 듯 없는 듯 나타났다 사라지죠. 진심에 도달한 사람은 거친 표면과 깊은 심층의 움직임 없는 곳에 동시에 수직적으로 존재하지만, 표면은 아주 작은 부분에 해당하죠. 망령된 생각과 느낌은 모두 표면에 머무는 것들이기 때문에 그것들이 있어도 그는 아무런 상관이 없습니다. 그의 중심은 밑바닥에 가있기 때문이죠. 그러나 그것들이 있으니까 현상 세계의 움직임이 느껴집니다. 그것들마저 없다면 그 사람은 고립된, 또는 존재하지도 않는 사람이겠죠. 여기서 말하는 '존재'라는 것은 관계 맺는다는 의미에서의 표현입니다. 다른 것과 전혀 관계를 맺지 않으면 존재하지 않는 것입니다. 모든 존재하는 것은 관계이기 때문에 그렇습니다.

허무라는 것조차도 분별 속의 일이다

契證眞心하야 無善惡因이니
계 증 진 심   무 선 악 인
一靈身後에 何所依託耶잇가
일 령 신 후   하 소 의 탁 야

진심에 계합하여 선악의 원인이 없을 것이니
죽은 뒤에 그 영혼은 어느 곳에 의탁합니까?

진심에 도달한 사람은 망령된 생각과 느낌이 다하고 진심에 계합하여 선악의 원인이 만들어지지 않습니다. 질문자는 그런 사람은 영靈을 가진 몸이 죽은 후에 어느 곳으로 가는지 묻고 있어요. 선한 행동을 한 사람은 선한 세상에 태어나서 행복한 천국에서 살고, 악한 행동을 한 사람은 지옥에 가서 고통스럽게 살 텐데 진심에 도달한 사람은 선악의 원인을 짓지 않았으니 그는 도대체 어디로 가는지 물어보는 것입니다. 어쨌든 그들은 갈 곳이 있지만 진심에 도달한 사람은 갈 데가 없이 떠도는 영혼이 되는 것 아닌지 묻는 것입니다.

曰莫謂有依託者가 勝無依託耶아
왈 막 위 유 의 탁 자   승 무 의 탁 야

답하기를, 유의탁자가 무의탁자보다 낫다고 말하는 것 아닌가?

그러니까 이렇게 대답하죠. 당신이 그렇게 묻는 것은 의탁할 곳이 있는 자, 즉 갈 곳이 있는 자가 갈 곳이 없는 자보다 낫다고 여기기 때문인가? 의표를 찌릅니다. 질문하는 사람은 그래도 언젠가는 갈 곳이 있어야 하지 않느냐고 묻는 것입니다. 구천을 떠돌면서 방랑하는 영혼이 되느니 악한 세계라도 가서 머무는 편이 낫지 않은가? 또는 선한 행동을 해서 선한 세계에 가야되지 않는가? 이렇게 묻는 것입니다. 그러나 의탁은 의탁하는 자와 의탁하는 대상으로 나뉘어서 의존하고 관계 맺는 현상의 세계로 돌아간 것입니다. 분별과 관계 속에서 일어나는 일이죠.

그렇다면 아무런 분별도 관계도 없는 곳으로 가라는 말인가? 그렇지는 않습니다. 진심이 묘한 작용을 일으켜 다양하고 다채로운 현상 세계를 이루는 것만 살펴봐도 알 수 있어요. 다만 다채로운 이 세계가 실존한다는 마음에 걸리지 않고, 자신이 진정으로 영원한 불멸의 존재라는 마음에 걸리지 않으면서 다채로움을 충분히 누리면서 역동적인 삶을 살라는 말입니다. 진심에 도달한 사람에게 그런 삶의 즐거움마저 없다면 이 세상에서 아무런 재미도 느끼지 못하고, 할 일도 없고, 갈 곳도 없지 않겠습니까? 그마저도 없는 온통 허무한 마음이라면 그는 갈 데가 없는 사람이에요. 스스로가 진심에 도달했다고 여기는 사람 중에 더 이상 할 일이 없어 허무하고 무력하다면 그는 정말 진심에 도달한 것이 아닙니다. 그는 선악의 인因에서 벗어나기는 했지만 선악이 있다는 것에 여전히 머무르며 미묘한 분별 속에 있습니다. 그러기에 허무하다고 여기는 것입니다. 모든 것이 아무 의미가 없다고 여기죠. 의미라는 것이 대체 어디에 있습니까? 의미 자체가 분별의 세계에 속해 있어요. 따라서 허무라는 것 자체도 분별의 세계 속에 있습니다.

又莫將無依託者하야 同人間飄零之蕩子하며
우 막 장 무 의 탁 자　　　　동 인 간 표 령 지 탕 자

使鬼趣無主之孤魂하야
사 귀 취 무 주 지 고 혼

特爲此問하야 求有依託耶아
특 위 차 문　　　구 유 의 탁 야

또 무의탁자를 사람사이를 떠도는 탕자나
귀신세계의 임자 없는 고독한 혼과 같다고 여겨
특히 이렇게 물어서 의탁할 곳이 있기를 구하는 것 아닌가?

그의 질문은 '항상 무언가가 있다'고 여기는 마음을 기반으로 하고 있습니다. 있는 것도 아니고 없는 것도 아닌 미지의 신비함에 뿌리박고 있는 진심을 터득하지 못하면 이런 질문이 나오죠. 의탁할 곳이란 어딘가 갈 곳을 말합니다. 진심소왕의 의미처럼 이 생애를 지나면 진

심이 어디로 가느냐고 묻죠. 그러나 진심은 영원한 현재이기 때문에 어딘가에서 온 것도 아니고 어딘가로 가는 것도 아닙니다. 온 곳도 없고 갈 곳도 없는 것이 바로 진심이니, 그 어디에 윤회가 들어설 자리가 있겠습니까? 진심은 그 모든 것이며 또 그 어떤 것도 아니기에, 오지도 가지도 않고 태어나지도 멸하지도 않습니다. 그 모든 분별을 넘어서 있는 것이 바로 진심입니다.

或이 曰 然하니이다
혹　　왈　연

曰達性則不然也니
왈 달 성 즉 불 연 야

一切衆生이 迷覺性故로 妄情愛念으로
일 체 중 생　　미 각 성 고　　망 정 애 념

結業爲因하야 生六趣中하야 受善惡報하나니
결 업 위 인　　생 육 취 중　　수 선 악 보

묻기를, 그렇습니다.
답하기를, 본성에 도달하면 그렇지 않다.
일체중생이 각覺의 본성을 모르기에 허망한 정과 애착하는 생각으로
업을 짓고 인을 삼아 육취에 나서 선악의 과보를 받는다.

각覺의 본성을 모르기에 허망한 정情과 애착하는 생각으로 인과 속으로 들어간다고 하였습니다. 각覺의 본성은 무엇이고, 허망한 정과 애착하는 생각은 왜 인과를 일으킬까요?

각覺의 본성은 시공간을 넘어선 영원한 현재입니다. 그러기에 아무런 분별이 없어요. 모든 현상은 시공간을 전제로 합니다. 우리가 물리적인 시공간이라 부르는 것이든 심리적인 시공간이든 마찬가지입니다. 심리적으로도 시공간이 있어요. 우리가 자신이라 여기는 자아감각은 바로 내적인 시공간 속에 존재합니다. 지금 이 순간 존재감을 빼면

나는 어떤 시간대, 어떤 공간에 존재하는 느낌을 기반으로 하고 있음을 알 수 있습니다. 눈을 감고 '나'라고 여겨지는 느낌이 어디에 존재하는지 느껴보세요. 그 심리적인 시공간을 넘어서면, 그 시공간에 존재하는 허망한 정과 애착하는 생각에 에너지가 사로잡히지 않게 됩니다.

허망한 정情이란 무엇인가요? 이 정情이라는 것은 다분히 무의식적입니다. 마음이 나와 너로 나뉘어 움직이기 시작하면 온 세계가 나타나죠. 이때 움직이는 무엇은 무의식적으로 쌓여있는 마음의 흔적들이고, 이런 마음의 흔적들 사이에 미묘한 끌림과 밀침이 정情인데, 거기에 강력한 에너지가 투입되면 감정으로 증폭됩니다.

바다가 움직여 파도를 만들어내듯이 마음이 움직여 희로애락을 만들어내는데, 무의식적인 흔들림은 인류 전체가 집합적으로 경험하는 정情의 관성이기도 합니다. 우리는 그것을 감지들 간의 미묘한 끌림이나 밀침이 오랜 패턴으로 쌓인 것이라고 말해왔습니다. 이 무의식적인 정情이 증폭되어 의식적으로 강하게 느껴지는 것이 바로 감정입니다. 감정은 자신을 보호하기 위해 형성된 오래된 지혜이지만, 한편으로는 베이기 쉬운 날카로운 칼날과 같습니다. 또한 강력한 에너지의 움직임이기도 하죠. 이런 허망한 정情에 이름이 붙고 고집이 생겨나면 애착하는 생각이 됩니다. 이것은 《관성을 넘어가기》에 자세히 나와 있기에 오늘은 이 정도만 간단히 하고 지나가겠습니다.

어쨌든 모든 마음의 파도들은 잠시 나타났다 사라진다고 알지 못해서 고정되어 존재한다고 여기는데, 바로 이런 마음이 각覺의 본성을 모르는 상태입니다. 마음의 프로세스를 알면 투명한 밝음인 각성이 어둡지 않기에, 아무리 많은 정과 생각이 회오리친다 하여도 마음에는 한 줄기 바람조차 일지 않습니다. 거기에 무슨 업業과 선악과 과보가 있을까요?

이렇게 진심에 통달하면 진심이 움직여서 일어나는 모든 현상들을 일시적인 모습으로 볼 수 있는 힘이 생깁니다. 그렇지 않으면 우리는 항상 일시적인 모습에 머물고, 그 머묾은 일시적인 현상을 더 공고하게 만듭니다. 나타나고 사라지는 것은 아무런 문제가 되지 않습니다. 오히려 아름다운 현상이죠. 그러나 거기에 머물면 큰 문제가 됩니다. 현상에 머물거나 묶여 있지 않은지 철저하게 봐야합니다.

내가 있다고 여기는 마음 또한 머무는 마음이죠. 지금 바라보면 자신이 있다고 여겨지나요? 내가 있다고 여기는 마음 밑바닥에 나는 임시적인 현상이라는 앎이 기반으로 깔려있다면 아무런 문제가 되질 않아요. 그러나 그런 기반 없이 '나는 존재한다'고 여긴다면, 비록 마음이 투명해졌다 해도 여전히 머물고 있는 마음입니다. 결국은 마음의 작용이 일으킨 현상에 머무는 것이 가장 큰 문제죠. 그러면 그 현상은 힘을 얻어서 주인 노릇을 하려고 합니다.

그렇다면 어디에도 머물지 않으면서 도대체 무엇을 중심으로 삶을 살아가라는 말일까요? 강도가 내 지갑을 빼앗아 가려고 하면 다 내주고, 칼을 들고 찌르려고 해도 가만히 있으라는 말일까요? 그렇진 않죠. 강도가 나타났으면 도망가고 신고를 해야죠. 그렇지만 그러면서도 그 어디에도 머물지 않는 것입니다. 그래서 그는 아무것도 아니라고 말하는 것입니다. 마치 아메바처럼, 특정한 모습을 띠지는 않지만 끊임없는 움직임을 하고 있죠. 아메바는 어떤 특정한 모습이 없습니다. 아메바에게는 '나는 이런 모습이야!'라고 주장하는 '나'가 없어요. 우리의 마음도 그와 똑같이 끊임없는 변화와 흔들림과 현상 속에서 나타났다가 사라짐을 반복하고 있습니다. 그런데 어떤 특정한 마음을 고집하면서 '난 이것이 싫어, 난 이것이 좋아.'라고 여긴다면, 결국은 '나'라는 것이 존재한다고 여기는 거예요.

진심을 터득하는 일은 참 미묘합니다. 사실 우리는 이미 진심이기 때문에 진심을 터득할 필요가 없어요. 현상에 머물지만 않으면 그는 이미 진심을 터득한 사람입니다. 그렇다고 해서 '나는 진심을 터득했어!'라고 여긴다면 그는 또 다시 현상을 뒤집어 쓴 것이죠. '나는 그래도 도저히 모르겠어!'라고 한다면 그 역시 '모른다'에 머무는 현상을 자기라고 여기는 중이에요. 모를 것이 뭐가 있습니까? 이제 여러분들은 모를 것이 없어요. 모른다고 고집하지 말고, 안다고 고집하지도 마세요. 모르고 알고가 따로 없다는 말이니, 이것이 바로 진심의 묘한 작용입니다.

그러면 진심은 아무것도 아니기 때문에 결국 아무것도 없는 걸까요? 그러나 그런 것도 아니에요. 왜냐하면 그 진심을 기반으로 해서 우리 마음의 모든 현상들이 지금 일어나기 때문입니다. 내 눈 앞에 모든 현상들이 펼쳐지고 세계가 다양한 모습으로 내 눈에 들어오고 있지 않습니까? 그래서 모든 것을 없애고 깨끗하게 처리해 버릴 일이 아니라, 있지만 거기에 머물지 않는 것이 바로 진심에 대한 터득입니다.

머물지 않음은 참 미묘한 현상입니다. 파도가 일지 않는다는 의미가 아니라, 끊임없이 파도가 일어도 저 밑바닥에는 꿈적하지 않는 물이 있다는 의미에요. 나의 중심은 표면의 파도에서 밑바닥의 고요한 물까지 걸쳐있으며, 역동적인 파도에도 물로서의 나의 본성이 쓰이고 있음을 파악하는 것, 이것이 바로 진심에 대한 파악입니다. 그렇기 때문에 진심은 어디에도 가지 않아요. 과거나 미래로 가지도 않고, 태어나지도 않고 사라지지도 않죠. 인간적인 수준의 측면에서만 진심이 있는 것은 아닙니다. 저 밑바닥에서는 탁자를 이루고 있는 에너지의 패턴 역시 진심의 한 모습입니다. 그래서 우주는 진심으로 가득 차 있다고 말할 수 있어요.

내 마음에 쌓여있는 흔적들을 인정하고 그것들이 실체한다고 믿는 것이 결업結業입니다. 예를 들어 어제 친구한테 말을 함부로 했어요. 그리고 집에 돌아와서 후회를 하고 있다면 그 사람은 업을 짓고 있는 중이에요. 왜냐하면 그런 일을 자기가 했다고 믿기 때문이죠. 이렇게 말하면 "그러면 나쁜 짓을 하고서 '나쁜 짓을 한 사람이 없다'고 말하는 것과 무엇이 다릅니까?"라고 물을 수 있죠. 머리로만 이론으로만 아는 사람은 이런 질문을 합니다. 하지만 실제로 체득하게 되면 애초에 그런 행동은 일어나지 않아요. 저절로 멈춰집니다. 상대방을 아프게 하면서까지 자신의 즐거움을 취하지 않습니다. 전체를 보고 조화와 균형을 중요하게 여기기 때문입니다. 그러나 그렇게 전체를 본다고 하더라도 '나는 그래서는 안 돼.'라는 마음이 있다면 그 역시 업을 짓고 있는 중입니다. 왜냐하면 자기가 한다고 믿기 때문이죠. 이렇게 업을 지으면 드디어 원인이 지어집니다. 믿으면 에너지가 거기에 머물러요. 믿음은 일종의 에너지입니다.

자신이 나쁜 일을 했다고 믿으면 꿈에 나타나기도 하죠. 마찬가지로 죽어서도 나타나는데 이는 에너지의 잔존 현상입니다. 이런 것들이 다 업業이에요. 그것을 믿으면 믿을수록 업은 계속 이어집니다. '이제 내 문제는 다 해결되었어.'라고 믿는 사람에게 누군가가 "너의 문제들은 아직 다 해결되지 않았어."라고 말하면 싫은 마음이 올라옵니다. 에너지의 머묾은 업의 기본 요소입니다. 그 어떤 것에도 머물지 않는 것이 바로 진심이에요. 진심이 일으킨 파도는 끊임없지만 진심은 그 어떤 모습으로도 머물지 않아요. 여러분의 마음에 올라오는 모든 것들이 파도라면 그 파도는 결코 어떤 특정한 모습으로 머물지 않습니다. 그런데 우리의 착각과 생각이 특정한 요소로 머물게 만들죠. 그래서 그렇게 머문 모습이 선악의 과보를 받게 됩니다.

그러면 "선한 과보를 받으면 좋은 일이 아닌가요?"라고 누군가가 질문을 합니다. 이슬람은 자기들 나름대로 착한 일을 하고 있고, 기독교 또한 자기들 나름대로 착한 일을 하고 있습니다. 선악에 대한 기준은 아주 미묘하고 애매합니다. 자기가 착하다고 믿으면 착한 것입니다. 그래서 전체를 보는 눈을 갖추고 균형과 조화로 가야하죠. 균형과 조화를 불교에서는 중도中道, 유학에서는 중용中庸, 기독교에서는 사랑이라고 표현했습니다. 살아있는 균형이 바로 사랑입니다.

假如天業爲因하야는 只得天果하야
가 여 천 업 위 인   지 득 천 과

除合生處코는 餘竝不得受用이라
제 합 생 처   여 병 부 득 수 용

가령 천상의 업을 지어 천상에 나는 과보를 받고
그가 마땅히 날 곳을 제외하고는 그 이외의 과보는 받지 못한다.

업식業識에 의해 생겨난 고락苦樂에 대해 얘기하고 있습니다. 고락에 집착하는 마음에 의해서 또 다시 업의 씨앗이 심겨지죠. 무명無明의 힘에 의해서 밝지 못한 마음이 일어나 움직이는 것이 업식業識입니다. 그 업식에 의해 움직여진 마음이 능히 볼 수 있는 주체인 능견能見과 대상인 상견相見으로 나누어지죠. 이처럼 둘로 나누어지는 것이 전식轉識입니다. 의식의 전개과정은 업식業識, 전식轉識, 현식現識, 지식智識, 상속식相續識, 의식意識으로 이어지죠. 여기서는 고락에서부터 시작합니다.

생각이나 감정은 있는 것도, 없는 것도 아니다

諸趣皆爾하야 旣從其業故로
제 취 개 이   기 종 기 업 고

合生處로 爲樂하고
합 생 처   위 락

不生處로 爲非樂하며
불 생 처   위 비 락

다른 세계도 다 그와 같아서 이미 그 업을 따르기 때문에
그가 마땅히 날 곳을 낙으로 삼고
나지 않을 곳은 낙이 아니라 하며

낙樂으로 삼는 것이 있으면 낙으로 삼지 않는 것이 있겠죠. 우리가 뭔가를 의식할 때는 항상 그것과 분별되는 다른 것이 있음을 전제로 합니다. 모든 의식되는 대상은 그것 아닌 것을 바탕으로 깔고 있어요. 그렇기에 분별되어 의식됩니다. 우리가 이것을 '꽃'이라고 지칭할 때는 꽃이 아닌 것이 있다는 의미입니다. 그러니까 '꽃'이라고 이름을 붙이죠. 이 부분도 꽃이고 저 부분도 꽃이라면 서로 분별이 안 되겠죠. 그냥 다 꽃이니까. 둘 다 같은 꽃이라면 분별이 안돼요. 그런데 그 꽃 안에서도 꽃잎을 살펴보면 이 꽃잎과 저 꽃잎은 또 다릅니다. 그러면 그 꽃잎들도 분별이 된다는 의미죠. 이 꽃잎이 있다는 것은 이 꽃잎이 아닌 다른 꽃잎이 있다는 의미입니다.

마찬가지로 낙樂이 있다는 것은 낙이 아닌 것이 있다는 뜻입니다. 낙과 낙 아닌 것, 즉 고락苦樂을 분별하고 낙樂에 더 끌려 집착함으로써 상속식이 시작됩니다. 망념에 의해 끊임없이 이어지는 마음이 상속식이에요. 좋고 나쁨이 구별되면 마음은 좋은 것에 끌리도록 되어 있어 있습니다. 그 전의 분별을 바라보는 것이 중요하지, 좋은 것에 끌려가지 않으려고 애쓰는 일은 헛된 노력이 되기 싶습니다. 그러니까 좋고 싫은 것이 나타나면 싫은 것을 피하려고 하지 말고, 싫은 것과 좋은 것을 나누는 마음 쪽으로 들어가야 해요. 그것이 바로 근본적인 뿌리를 다루는 방법입니다. 그렇지 않으면 끝이 없어요. 여기 함양 잔디밭에 클로버가 많아서 계속 뽑고 있는데, 이파리를 아무리 뽑아봐야 소용이 없습니다. 뿌리가 남아있기 때문에 클로버가 번지는 것을 도저히 우리가 감당할 수 없어요. 클로버 뽑기는 좋은 일은 아니지만, 만약 뽑으려고 한다면 뿌리를 뽑아야 합니다.

　우리가 이 공부를 하면서 뽑아내려는 뿌리는 무엇입니까? 우리의 모든 의식에 깔려있는 분별이에요. 분별은 나눔이고, 그런 분별은 업식業識에서 시작합니다. 업식은 나도 모르게 이전부터 전해져 내 몸과 마음에 장착된 것입니다. '나도 모르게'라고 말하는 것 자체가 하나의 식識입니다. 그래서 마땅히 날 곳, 내가 쌓은 업에 상응하는 곳에 나겠다고 낙으로 삼아요. 의식의 전개 과정에 따라 간단하게 살펴보면 무명, 즉 밝지 못한 마음에 의해서 일어나는 최초의 움직임이 업식이고, 그 움직인 마음에 의해서 드디어 시작점과 도착점 사이의 구별이 생깁니다. 움직이려면 항상 어디에서 어디로 움직이죠. '어디에서'가 시작점이 되고 '어디로'가 도착점이 되는데, 다른 말로 하면 '어디에서'가 주체가 되고 '어디로'가 대상이 됩니다. 능견과 상견으로 나뉘는 것인데,

이렇게 나뉘는 것이 바로 전식轉識입니다. 그렇게 주체와 대상이 생기면 끊임없는 움직임 속에서 드디어 뭔가를 분별하고 의식하게 되죠. 즉 여러분이 뭔가를 보고, 알고, 느낄 때에는 항상 마음이 움직일 때라는 말입니다. 텅 빈 마음 상태, 움직이지 않는 마음 상태, 잠든 마음 상태일 때는 뭔가를 안다거나 느낀다거나 하지 않죠. 움직이지 않기 때문에 그렇습니다. 마음이 작용하지 않아요. 마음의 파도가 움직이지 않을 때는 의식 작용 자체가 없습니다. 그러니까 의식이 작용하는 동안 마음은 끊임없이 파도가 치는 상태입니다. 그래서 여러분이 의식을 하면서도 마음이 고요해지기를 바란다면 이는 애초에 불가능한 일입니다.

그러면 우리가 해야 할 일은 뭘까요? 끊임없는 마음의 파도 자체가 물의 움직임이라는 것을 발견하는 일입니다. 파도라는 것은 그냥 물의 움직임이기 때문에 파도는 있는 것도 아니고 없는 것도 아니에요. 왜 있는 것도 아니냐면 물이 없으면 파도도 없기 때문이죠. 물의 움직임에 '파도'라는 이름을 붙여 놓았을 뿐이지 물과 상관없는 파도라는 것이 있지 않습니다. 그런데 또 없다고도 할 수 없어요. 왜죠? 매번 다른 모습으로 나타나니까 당연히 없다고 할 수는 없습니다. 마음에 어떤 생각이나 감정이나 느낌이 올라오니까 그것이 없다고 할 순 없어요. 뭔가 나타났으니까요. 그러나 있다고도 할 수 없는 이유는 잠시 후면 사라지기 때문이죠. 고정된 실체가 아니라 어떤 흔들림이라서 그렇습니다. 마음의 흔들림이지 뭔가 있는 것이 아니라는 말이에요.

업식에 의해 마음이 움직이고, 마음이 움직이면 주체와 대상이 생겨나는 전식이 일어나고, 대상이 하나하나 세밀하게 구분되는 현식이 일어납니다. 세상이 나타나는 과정이 이때인데, 우리는 '아주 맑은 거울이 세상을 비춘다.'라고 표현합니다. 현식의 단계에서는 모든 것을 있는 그대로 비추죠. 우리가 말하는 감지에 해당합니다. 좋고 싫음이나 선하고 악함 없이 오직 분별되고 구별되는 상태이니, 깨끗한 거울이 비추는 상태와 같습니다. 오직 분별만 일어납니다. 거기에 호오好惡가 붙으면 이것은 좋고 저것은 나쁘다는 판단이 일어나는 지식智識입니다. 그래서 이것이 저것보다 좋으면 이것에 집착하게 되죠. 더 좋은 이것을 낙으로 삼고 좋아하면 집착이 일어나고, 집착이 일어나면 이것을 더 추구하고 이것이 아닌 것들은 멀리하는 과정 속에서 망령된 마음이 끊임없이 이어집니다. 그것이 바로 상속식이에요. 이런 단계를 거쳐 의식이 작용합니다.

상속식은 괴로움을 멀리하고, 즐거움에 집착하면서 생겨납니다. 내가 이러한 좋은 업을 지었으니까 누리며 즐기겠다고 합생처合生處를 낙으로 삼아요. 또 자기가 이런 업을 지었으니까 여기에 해당하지 않는 곳은 내가 날 곳이 아니라 해서 싫어합니다. 내가 있고 싶은 곳을 분별해서 거기에 머물고 집착하죠.

以合生處로 爲自己依託하고
이 합 생 처 　 위 자 기 의 탁

不生處로 爲他人依託하나니
불 생 처 　 위 타 인 의 탁

마땅히 날 곳을 자기의 의탁할 곳으로 삼고
나지 않을 곳을 타인의 의탁할 곳이라 한다.

낙으로 삼는 것이 있으면 그곳에 의탁하며, 그 외의 곳은 자신이 아닌 타인이 의탁할 곳이라 여깁니다.

所以로 有妄情則有妄因하고
소 이   유 망 정 즉 유 망 인

그러므로 허망한 정이 있으면 허망한 인이 있고

그러므로 허망한 정情이 있으면 허망한 인因이 있다고 했습니다. 정情은 미묘한 감지 사이의 밀침과 끌림이 패턴화해서 오래도록 자리 잡은 것을 말합니다. 그래서 '미운 정, 고운 정'이라는 말이 있죠. 마음의 흔적들 사이에 밀치고 끌리는 패턴들이 오래도록 자리 잡은 것이 정인데, 그런 허망한 정이 생겨나면 이것이 원인이 되어 그에 맞는 결과가 생겨납니다. 우리 모두는 그런 인因들을 가지고 태어났습니다. 그리고 살아가면서도 끊임없이 인因을 만들죠. 그런 인因이 있으면서 과果가 없기를 바라지는 말아야 합니다. 그런데 우리는 그런 허망한 인因이 생겨나면 그중에서 좋은 것만 붙잡으려 하고 싫은 것은 밀쳐냅니다. 그리고 좋은 것이 계속 유지되지 않으면 괴로워하고, 싫은 것이 떠나지 않으면 괴로워하죠. 그럼 어떻게 해야 합니까? 싫은 것을 떠나보내지 않고 지니고 좋은 것을 붙잡지 않고 그냥 떠나보내라는 뜻이 아니라, 싫은 것과 좋은 것을 만들어내는 그 기준을 보라는 것입니다. 싫고 좋은 것 그 자체를 다루면 현상에 묶여버립니다. 좋고 싫음이 생겨나는 그 뿌리를 보세요. 그 뿌리 자체가 일종의 파도와 같습니다. 왜냐하면 어떤 조건과 상황에서 생겨나기 때문이죠.

예를 들어 고요함과 시끄러움은 정해져 있지 않습니다. 조용한 산사에 있다가 도시의 카페에 들어서면 아주 시끄럽게 느껴지고, 시장통에 있다가 카페에 들어오면 아주 조용하게 느껴지겠죠. 그러면 카페는 조용한 곳입니까, 시끄러운 곳입니까? 카페는 조용하지도 시끄럽지도 않아요. 그래서 조용함과 시끄러움은 있는 것이 아닙니다. 내가 무언가에 물들어 있다가 그것에 대비되는 곳으로 갔기 때문에 그런 현상이 일어났을 뿐이죠. 뭔가 느껴진다면 무언가에 물든 내가 있기 때문인데, 그것은 물든 모습이지 진짜 내 모습이 아니에요.

좋고 나쁨의 분별이 붙어서 이들 간의 밀침과 끌림이 쌓인 것이 정情인데, 그 정으로 인해 또 다른 과보를 받을 원인을 쌓게 되니, 이것이 바로 인因입니다. 그러나 이러한 인因은 허망하여 실제로는 있지 않은데 있다고 믿고, 그 원인에 따라서 결과를 받으려고 합니다.

有妄因則有妄果하고 有妄果則有依託하고
유 망 인 즉 유 망 과　　　 유 망 과 즉 유 의 탁
망인이 있으면 망과가 있으며 망과가 있으면 의탁할 곳이 있고

망령됨은 원래 분별이 없는 것을 분별하는 마음 때문에 생겨납니다. '꽃'이라고 하면 되는데 좋은 꽃과 나쁜 꽃을 분별하고, 또 그 꽃을 꽃받침과 꽃잎 등으로 나눠요. 또 그냥 '존재'라고 하면 되는데 이 존재와 저 존재로 나눕니다. 사실 엄밀하게는 존재라는 것도 없는데 이 존재와 저 존재를 나누었으니 얼마나 망령되었습니까?

허망한 인因이 있으면 그로 인한 망령된 과보가 있다고 했습니다. 있지도 않은 것을 분별하는 마음이 '내가 착한 일을 했으니까 나는 보상을 받아야 해.'라고 인정하죠. 말로는 "내가 한 거 없어."라고 하지만, 내가 한 일에 대해 알아주지 않거나 고마워하지 않으면 섭섭하고 불편해요. 그렇다면 망령된 인과 과보 속에 빠져있는 마음입니다. 그때는 어떻게 해야 하겠습니까? '내가 했다'는 마음을 들여다봐야죠. 정말 누가 했는지를 보세요. 내가 뭔가를 할 때 정말 나라는 마음으로 했냐는 말이죠. 청소를 할 때 '내가 청소를 한다.'는 생각을 끊임없이 하면서

하지는 않잖아요. 그냥 자기도 모르게 하고 있어요. 내 몸에 익혀진 빗자루를 사용하는 습빨이 하고 있어요. 그런데 청소가 끝나면 '내가 했다'고 이름을 붙이죠. 그런 과보에 의탁하게 된다는 말입니다. 과보를 인정하니까 거기에 의존하는 것입니다. '내가 있다'고 인정하니까 그 다음에는 '내가 했는데 누가 고맙다고 인사 안하나?'하면서 기다립니다. 내가 한 것이 맞는지 먼저 보세요. 그리고 나와 나 아닌 것이 정말 있는지 보세요. 그런 것들이 인정되니까 '내가 했어'가 되고, 그 다음에는 보상을 받고 싶어지는 거예요.

그러니까 가장 밑바닥에 깔려있는 기원적인 벽돌이 실체인지를 봐야 하는데, 그것이 바로 나와 대상이라는 분별입니다. 이 최초의 벽돌이 허상이라면 그 벽돌로 지어진 집은 신기루겠죠. 그런데 그 벽돌은 바라보지 않고, 그 벽돌로 지어진 지붕과 벽체만 자꾸 다루고 있어요. 그것들을 다루는 것은 일시적인 해결책입니다. 이렇게 과거에 의탁하면 또 다시 업식의 원천인 업상業相을 만들어냅니다.

有依託則分彼此하고 分彼此則有可不可也어니와
유 의 탁 즉 분 피 차   분 피 차 즉 유 가 불 가 야
의탁할 곳이 있으면 피차를 나누며 피차가 나뉘면 가불가가 있게 된다.

업식은 움직이는 마음의 기초입니다. 움직임이 있으면 이쪽은 차此가 되고 저쪽은 피彼가 되어 구분이 되죠. 주체와 대상으로 나뉜다는 말입니다. 이렇게 또 다시 업의 굴레 속으로 들어가서 다람쥐 쳇바퀴가 돌아갑니다.

피차彼此, 즉 나와 대상으로 나누어지면 나한테는 기준이 생겨서 가可와 불가不可가 생겨납니다. '나한테 이러면 안 되지. 나한테 이럴

수 있어? 너도 나한테 이렇게 해야 해.' 이러는 것입니다. 그러니까 탐구하고 공부를 할 때에는 항상 뿌리가 무엇인지를 봐야합니다. 그렇지 않고 자꾸 현상에 매어서 현상을 처리하려는 것은 헛된 노력일 뿐이에요. 진정한 원인이 무엇인지, 현상의 가장 밑바탕이 되는 뿌리가 무엇인지에 대해 관심을 쏟고 초점을 맞춰야 합니다.

각覺의 본성

今達眞心하야 契無生滅之覺性하야
금 달 진 심   계 무 생 멸 지 각 성
지금 진심에 도달하여 생멸이 없는 각의 본성에 계합하면

각성覺性은 각覺의 본성이라는 뜻이지 술에서 깨듯 깨어난다는 그런 뜻이 아닙니다. 진심에 도달하면 생멸이 없는 각覺의 본성에 합체된다고 했어요. 생멸의 세계는 분별의 세계입니다. 이것과 저것으로 나누어져서 무언가가 태어나고 사라지죠. 태어난다면 '무언가'가 태어난다는 것입니다. 그런데 '무언가'는 무언가가 아닌 것이 있을 때 비로소 무언가라고 말할 수 있습니다. 꽃이 태어나서 피어났어요. 그러면 꽃이 아닌 것이 있을 때 비로소 이것을 꽃이라고 할 수 있고, 그럴 때 '꽃이 태어났다'는 생生이 있고 꽃이 사라지는 멸滅이 있는 것입니다. 즉 꽃의 생멸은 그 밑바닥에 꽃과 꽃 아닌 것의 분별이 있을 때 가능해요. 그래서 생멸은 모두 분별을 기반으로 하고 있습니다.

이렇게 이것과 저것으로 나누어진 후에 무언가가 태어나고 사라지기 때문에 생멸의 세계는 분별의 세계입니다. 그런데 모든 분별의 세계는 하나의 기준을 중심으로 펼쳐져요. 이것과 저것을 나누는 기준이 있기 때문이죠. 수직은 수직이 아닌 수평을 전제로 합니다. 또 수직이라는 기준이 있으니 수평도 있고, 수직도 수평도 아닌 것도 분별할 수 있어요. 항상 모든 분별은 하나의 기준을 중심으로 펼쳐집니다. 우리의식의 세계에서는 모든 대상이 '나'라고 여겨지는 가상의 중심을 기준으로 펼쳐지죠. 모든 대상은 나 아닌 것이에요. 나를 기준으로 삼으니까 그 외의 모든 것은 대상이 되는 것입니다. 만약 내가 없으면 대상이 어디에 있겠어요? 우리가 대상으로 삼는 모든 것은 나라는 기준을 전제로 하고 있습니다.

지금부터 "아~" 하고 길게 소리 내어 보세요. 그렇게 하면서 막대기로 책상을 딱딱 치면 어떻습니까? 두 소리가 구분이 됩니다. 딱! 하고 치는 소리는 입에서 나오는 아~ 소리에 대비되어서 구분되죠. 막대를 치는 소리는 아~ 소리에 비해서 뭔가 딱딱하고 마디마디 끊어지듯이 들립니다. 아~라는 소리를 기준으로 삼으면 딱! 하는 소리는 그와 비교가 되어서 구별됩니다. 이와 유사하게 우리는 '나'라고 여겨지는 마음이 다른 모든 것을 의식한다고 여깁니다. 그런데 실제로는 어떻습니까? 실제로 아~가 모든 소리의 기준인가요? 실제로는 아~조차도 침묵에 대비되는 소리일 뿐이죠. 그와 똑같이 '나'라는 것도 침묵의 마음에 대비되어 나타난 어떤 모습입니다. 그러니까 '나'라는 것이 의식되는 것 아닙니까?

그런데 이상하지 않아요? '나'라는 것이 의식된단 말입니다. 그 말은 나의 본질은 '나'가 아니라는 의미에요. 아까 실험했듯이 아~ 소리도 의식이 된다는 말이죠. 그러면 아~의 본질은 침묵인 것입니다. 침묵을 바탕으로 아~가 느껴지고 의식되잖아요. 그런데 우리는 아~를 자기라고 생각하고 기준으로 삼고서는 막대를 치는 소리를 듣고 있다는 말이에요. 그런데 아~라는 소리도 들리죠. 누가 듣고 있어요? 침묵이 듣고 있습니다. 아~ 소리나 딱! 소리나 모두 침묵에 나타난 현상이에요. 그런데 아~를 자기라고 여기고 있는 이상은 아~라는 소리를 들을 수 없습니다. 사실은 듣고 있으면서도 그것을 자기라고 여기지, 하나의 소리라고 여기지 않죠. 하나의 현상이라고 여기지 않아요. 침묵을 바탕으로 드러난 어떤 소리 현상이라고 여기지를 못 한다는 말입니다.

지금 여러분이 '나'를 의식하면서도 '이것이 나지. 왜 이것이 마음의 하나의 현상이라는 거야?'라고 말하는 이유는, 마음에 나타나 의식되는 '나'를 끊임없이 자기라고 믿고 살아왔기 때문입니다. 그건 아~를 기준 삼는 것과 똑같은 것입니다. 아~ 소리도 침묵에 나타난 현상이듯이, 의식되는 '나'라는 느낌도 텅 빈 마음의 본질에 나타난 하나의 모습이고 현상입니다. 소리로 비유하면 이해가 되는데 '나'라는 것에 대해 같은 방법으로 얘기하면 이해가 잘 안돼요. 한 번도 '나'를 떠나본 적이 없기에 그렇습니다.

아~ 소리를 멈추면 어떻게 됩니까? 기준이 없어지죠. 그러면 모든 소리들이 있기도 하고 없기도 합니다. 무슨 말이죠? 여태까지는 아~ 소리를 기준으로 삼아서 다른 소리를 들어 왔습니다. 그러니까 다른 소리가 있는 것 같았어요. 그런데 그런 기준이 없어지면 다른 소리도 안 들립니다. 더 이상 딱딱하거나 끊어진다고 여겨지지 않아요. 왜냐하면 아~라는 파동처럼 이어지는 소리를 기준으로 삼고 있었기 때문에 막대를 치는 소리는 딱딱하거나 끊어진다고 느껴졌는데, 그 기준이 사라지면 더 이상 딱딱한 소리도 아니고 끊어진 소리도 아닙니다. 그냥 소리죠. 더 나아가면 더 이상 소리도 아닙니다. 그래서 기준이 없어지면 모든 것들이 있기도 하고 없기도 하고, 또 다른 말로는 있는 것도 아니고 없는 것도 아니게 됩니다. 있는 것도 아닌 이유는 그 소리에 대해 딱딱하다거나 똑똑 끊어진다고 말할 기준이 없기 때문에 더 이상 '딱딱한 소리'라는 이름을 붙일 수 없기 때문이에요. 이름이 붙지 않은 것은 항상 끊임없이 변하는 현상일 뿐입니다. 더 이상 '이것은 딱딱 끊어지는 소리야.'라고 말할 수 없어요. 딱딱 끊어지는 소리는 이어지는 소리를 기반으로 하고 있기 때문에, 그 기반이 사라지면 끊어지는 소리도 없는 것입니다. 따라서 그것은 존재하는 것이 아니에요. 그러나 뭔가 현상으로 나타났기 때문에 없다고 할 수도 없습니다. '있는 것도 아니고 없는 것도 아니다'라는 말은, 또 다른 말로 하면 '있기도 하고 없기도 하다'는 말입니다. 기준이 없기에 있지도 않지만, 아무런 현상이 없는 것은 아니기에 없지도 않습니다. 고정된 실체가 있다고 의식되지는 않지만, 그렇다고 아무것도 아닌 것은 또 아니죠. 여기에 바로 '개별적인 생멸이 있지는 않지만 묘한 작용이 없는 것은 아니다.'라는 의미가 있습니다. 그래서 진공묘유眞空妙有는 '진정으로는 텅 비어있지만 묘하게 있다.'는 의미입니다.

起無生滅之妙用이니
기 무 생 멸 지 묘 용

생멸이 없는 묘한 작용을 일으키니

생멸이 없는 묘한 작용이란 무엇일까요? 우리는 기쁨과 평화, 자유 등을 갈망합니다. 그런데 이 모든 것들은 움직이는 모습들입니다. '기쁨'이라는 것이 정말 있는 것 같습니까? '평화'라는 것이 정말 있나요? '자유'가 있을까요? 여러분들은 자유를 언제 느낍니까?

얼마 전 여기 함양에 복분자를 심었습니다. 그런데 그중에서 한 그루가 말라 죽었어요. 그걸 보는 우리 마음은 아프고 슬픕니다. 그런데 그 옆의 나무는 아주 무성히 자라 크게 번성하고 있어요. 또 그걸 보면 기쁘죠. 우리 마음에 복분자가 들어오기 전에는 기쁨도 슬픔도 없었는데, 이 애들이 들어와서는 기쁨과 슬픔을 줍니다. 이는 무슨 현상인가요? '기쁨'이란 흘러가는 상황 속에서 나타난 잠시 잠깐의 모습이에요. 조건에 상관없이 항상 있는 기쁨이 아닙니다. 복분자 나무가 들어오기 전에는 기쁘지도 슬프지도 않았는데, 하나가 죽으니까 슬프고 또 다른 나무는 왕성하게 잘 자라니까 기쁘죠. 그 슬픔과 기쁨은 원래 있던 것이 아닙니다. 그리고 계속해서 기쁘거나 슬프지도 않을 것입니다. 어제는 기뻤지만 오늘도 내일도 왕성하게 잘 자라는 모습을 매일 계속해서 보면 언젠가는 더 이상 기쁘지 않습니다. 당연하게 여겨지죠. 즉, 기쁨과 슬픔이라는 것은 어떤 상황과 조건이 만들어 내는 하나의 파도라는 말입니다. 잠시 나타났다가 사라지죠. 그래서 나타났을 때 충분히 즐겁게 누리고, 지나가면 잊어버리면 그만입니다.

그런데 우리는 어떻게 합니까? 기쁨이 나타나면 그 느낌을 계속 붙잡으려 하고, 슬픔이 나타나면 어떻게든 맛보지 않으려고 피하죠. 이런 마음이 바로 머무는 마음입니다. 실체가 있지도 않은 기쁨과 슬픔의 파도를 그대로 유지하고 끊임없이 붙잡아 놓으려고 하거나 피하려고 합니다. 파도는 계속 치고 있는데 말이죠. 지금은 어떤 모습을 띠면서 파도가 치지만 조금만 있으면 가라앉을 것입니다. 그러나 일시적으로 나타난 모습을 그 모습으로 계속 고정시키려고 한다면 그것이 바로 머무는 마음입니다. 마음이라는 현상 자체가 머물지 않기 때문에 붙잡아 놓을 수 없어요. 그런데도 우리는 마음의 상태를 붙잡으려고 하기 때문에 고통이 생겨납니다. 그냥 흘러가도록 내버려 두세요. 그런 흐름 속에서 기쁨과 슬픔이 불쑥 나타났다가 사라지는데, 사람들은 그것을 어떤 특정한 모습으로 고정된 무언가로 여깁니다. 기쁨은 있는 것도 아니고 없는 것도 아니에요. 만약에 있는 것이라면 어떤 실체로 계속 우리가 붙잡을 수 있어야 해요. 또 없는 것이라면 그것은 맛보아지지 않아야 해요. 실체처럼 붙잡을 수 없기 때문에 그것은 있다고 할 수 없지만, 또 맛보아지기 때문에 없다고도 말할 수 없습니다.

이처럼 생멸은 있지도 않고 없지도 않습니다. 그렇게 있지도 않고 없지도 않기 때문에 '묘한 작용'이라고 이름을 붙였어요. 그런데 우리는 너무 쉽게 기쁨이 있고 슬픔이 있다고 말합니다. 엄밀히 살펴보면 있지도 않고 없지도 않지만, 느껴지기는 하죠. 그러면 어떤 사람은 묻습니다. "있지 않다면서 어떻게 느껴진다는 겁니까?" 어떠한 조건 속에 들어가 있기 때문에 느껴지는 것입니다. 분별된 어떤 것이 존재한다고 믿는 마음 때문에 있다고 느껴집니다.

평화와 자유는 어떻습니까? 아주 바쁘게 여러 가지 문제에 시달리다가 그 문제들이 가라앉으면 평화로움이 느껴지고 문제들로부터 자유롭다고 여겨집니다. 그런데 그 문제들이 아예 없던 이전으로 돌아가 보면 그때는 평화도 자유도 느끼지 못했어요. 지금 여러분 마음은 어떻습니까? 지금 어떤 문제도 없는 상태에서 평화와 자유가 느껴지나요? 그저 덤덤하죠. 별 느낌이 없습니다. 그런데 지금 고민거리가 생겨서 머리가 아프다고 해봅시다. 그러다가 문제가 해결되면 어떨까요? 문제로부터 자유로워져서 기쁘고 평화롭고 안도감이 느껴지겠죠. 그런데 그 마음은 실제로는 그저 문제가 없어진 마음일 뿐이에요. 아무 문제가 없는 지금하고 똑같잖아요. 지금 여러분에게 아무 문제가 없는데 왜 지금은 그런 평화와 자유를 못 느끼는 걸까요? 평화와 자유가 정말 있는 걸까요? 평화와 자유가 실제로 있다면 아무 문제가 없는 때에도 느껴져야 하고, 문제가 있을 때에도 항상 평화와 자유를 느껴야 해요. 그런데 지금은 안 느껴진단 말이죠. 그러니까 평화와 자유는 있는 것도 아니고 없는 것도 아닙니다. 없는 것도 아닌 이유는 특정한 상황과 조건이 되면 나타나기 때문입니다.

기쁨과 평화와 자유는 끊임없이 변화하는 상황과 조건 속에서 느껴지는 일종의 마음의 파도입니다. 그러니 고정화된 실체로서의 기쁨이나 평화와 자유는 있다고 할 수 없어요. 그러나 상황과 조건에 따라서 느껴지기도 하니 없다고도 할 수 없어서 '묘한 작용'이라고 말하는 것입니다. 그러나 실재하는 것으로서의 그 어떤 생멸도 없습니다. 그래서 진심에 도달하여 생멸이 없는 각의 본성에 계합하면 생멸이 없는 묘한 작용을 일으킨다고 표현했습니다.

妙體는 眞常하야 本無生滅이나
묘 체   진 상   본 무 생 멸
묘한 본체는 진실하고 한결같아 본래 생멸이 없으나

말은 이렇게 했지만 묘한 본체라는 것은 있는 것도 아니고 없는 것도 아니겠죠. 왜냐하면 생멸이 없는 것은 구분이 되지 않기 때문입니다. 있다고 여겨지지도 않고 없다고 여겨지지도 않아요. 생멸이 없다는 것은 분별이 없다는 뜻입니다. 그러니 분별이 없는 본체를 어떻게 우리가 구별해 내겠습니까? 또 구분도 안 되는 것을 어떻게 있다거나 없다고 말할 수 있겠습니까? 그래서 묘한 본체는 있는 것도 아니고 없는 것도 아니며, 우리는 그것을 알 수도 없고 모를 수도 없습니다.

 말도 안 되는 소리를 왜 자꾸만 하냐고 생각할 수도 있겠지만, 말로는 그렇게밖에 표현할 수가 없습니다. 왜냐하면 없다고 하면 찾을 필요가 없다고 여기고, 있다고 하면 찾아서 잡으려는 마음을 갖기 때문이죠. 무언가를 찾는 모습 자체가 마음의 하나의 파도입니다. 찾으려는 마음 자체가 마음에 일어난 현상이고 모습이에요. 그런데 우리는 움직이는 '모습'을 찾으려는 것이 아니라 움직임의 본성을 발견하려고 하기에 딜레마가 있습니다. 마음으로 잡을 수 없는 본질을 찾아보려고 애쓰는 그 마음이 얼마나 안 됐습니까? 불가능한 일을 하고 있죠. 그런데 그렇게 찾으려고 애쓰고 애쓰던 마음이 어느 순간 툭 내려놓아질 때, 찾으려는 마음이 끊임없이 파도쳐서 해볼 것 다 해보고 끊임없이 괴로워하다가 '이것이 애쓴다고 되는 것이 아니네.'하고 스스로 툭 가라앉을 때 비로소 문득 알게 됩니다.

 그러나 한다고 해서 될 일이 아니라고 하니까 처음부터 아예 찾을 생각조차 하지 않으면 그저 멍청한 마음이 되는 것입니다. 해보지도 않고 툭 가라앉은 마음은 멍청한 마음이에요. 왜? 또 어떤 파도가 일어나면 그때마다 그것이 자기인 줄 알기 때문입니다. 그런데 일어난 마음들을 다 살펴보고 따져보고 해보면, 어떠한 파도가 친다 해도 자신이 아님을 알게 되고, 그런 사람의 찾으려는 마음이 툭 가라앉았을 때 드디어 빈 마음을 자신의 본질로 볼 수 있습니다. 석가모니가 6년 동안 온갖 고행을 하고 나서 '이것은 내가 할 수 있는 일이 아니구나.'라고 생각하며 새벽별을 바라보는 순간, 툭 하고 알아차렸죠. 그러나 해보지도 않고 '그래? 마음을 찾을 수 없어? 그러면 노력해서 찾아봤자 아무 소용이 없겠네.'라고 여기는 사람은 마음에 어떤 파도가 모습을 드러낼 때마다 그것을 자기라고 여깁니다. '찾아봐야 소용없네.'하는 마음도 일어난 마음이기 때문이죠. 일어난 마음과 동일시되었어요. 일어난 파도를 자기로 여기는 마음이 여전히 존재하고 있습니다. 찾지 않는다고 없어지지 않아요. 찾지 않으려고 하는 마음 자체가 또 다른 파도입니다.

"묘한 본체는 진실하고 한결같아 본래 생멸이 없으나"라고 했는데, 이는 어폐가 있는 말입니다. 진실하고 한결같다는 말 자체가 진실하지 않음과 한결같지 않음을 기준으로 한 대비되는 말이에요. 그러나 생멸이 없는 분별없음은 결코 말로 할 수 있는 것이 아닙니다. 생멸이 없고 분별이 없는데 어떻게 진실이 있겠습니까? 거기에는 진실과 진실 아닌 것이 있지 않아요. 여러분은 끊임없이 말에 속고 있습니다. 그러나 어떻게든 표현을 해야 하기 때문에 어쩔 수 없이 이렇게 표현했을 뿐이에요.

움직임의 루트, 존재가 아니라 현상인 이유

妙用은 隨緣하야 似有生滅이라
묘 용　　수 연　　사 유 생 멸
묘한 작용은 인연을 따르므로 생멸이 있는 듯하다.

있다고 말하지 않고 "있는 듯하다"라고 했습니다. 모든 움직임은 무작위로 아무렇게나 일어나지 않고 움직이는 길이 정해져 있습니다. 그것을 인연因緣이라고 하죠. 움직이는 현상은 인因과 연緣에 따라 움직입니다. 파도도 아무렇게나 움직이지 않죠. 항상 산과 골의 모습을 띠고 파도가 일어나요. 마찬가지로 마음은 아무렇게나 작용하지 않습니다. 늘 주체와 대상이라는 파도를 기반으로 움직입니다.

이렇게 인연을 따라 움직이기에 어떤 특정한 현상이 있는 듯이 보입니다. 인연을 따라 움직이는 일관성이 있어요. 그렇지 않고 무작위하게 움직인다면 질서도 없고, 일관된 모습을 보이지도 않겠죠. 그럴 때에는 어떤 무엇이 있다고도 할 수 없습니다. 완전한 혼돈과 무지라면. 그러나 현상은 무작위적이지 않으며 질서 있는 움직임을 보이기 때문에 인과관계가 있다고 여겨집니다. 그러나 그 질서 있는 움직임은 모두 움직임일 뿐이지, 멈추어 고정되어 있는 실체로서의 존재가 아닙니다. 꽃이 계속 활짝 핀 모습으로 존재하나요? 조금 있으면 시들고 땅에 떨어지고 썩어서 흙이 되겠죠. 또 그렇게 흙이 되어서도 가만히 있지 않고 또 다른 식물의 뿌리에 흡수되어서 다시 꽃이 될 수도 있습니다. '꽃'이라고 이름 붙은 현상은 계속 유지되지 않고, 시간이 지나면 힘이 없어지고 바람에 흩날리고 또다시 흙이 되면서 끊임없이 움직입니다. 움직임의 루트가 있어요. 그래서 존재가 아니라 현상이라고 말합니다.

우리 마음속에서 느껴지는 것들도 똑같습니다. '기쁨'이 정말 있는건가요? 생겨났다가 사라지는 마음의 움직임의 일부를 끊어놓고 그것에 '기쁨'이라고 이름붙이지 않았나요? 마음은 끊임없이 분노하고, 기뻐하고, 두려워하고, 때로는 무덤덤한 파도를 만들어냅니다. 그 파도 중의 일부를 자기라고 여기지 마세요. 주의하더라도 때로 느낌이 강하게 느껴지면 그것을 자기라고 여기기 쉽죠. 강한 파도는 강한 움직임일 뿐입니다. 그렇게 강한 움직임도 조금 있으면 사라져버리죠. 끊임없이 움직일 뿐이지, 고정된 실체로서 존재하지 않습니다. 따라서 생멸도 없습니다. 생멸하는 것들은 그저 움직임일 뿐입니다.

然이나 從體生用이라
연   종 체 생 용

그러나 체에서 작용이 생기는지라

움직이는 현상은 고정되어 있지 않은 흔들리는 모습입니다. 그런데 그것은 본체를 따라서 생겨난 작용이에요. 따라서 본체의 움직임이라고 할 수 있습니다. '물과 파도'는 정말로 아주 탁월한 비유입니다. 의식의 본질은 물이 있듯이 '있다'고 할 수 없습니다. 있음 자체가 하나의 파도이기 때문이죠. 그러나 비유적으로 살펴봅시다. 물은 결코 파도가 아닙니다. 그러나 모든 파도는 물이죠. 따라서 파도는 물이 아니라고 말할 수 없습니다. 그러나 파도를 물이라고 명확하게 말할 수도 없어요. 왜냐하면 파도가 물이라고 한다면, 굉장히 다양한 모습의 파도가 있는데 그 각각의 모습들이 물 자체는 아니기 때문이죠. 그렇지만 또 물이 아니라고 할 수도 없어요. 왜냐하면 물이 어떠한 모습을 띤 것이 바로 파도이기 때문입니다. 물이 그런 모습으로 움직인 것입니다. 그래서 모든 작용, 즉 모든 움직임은 본체에서 생겨나는 것입니다.

用卽是體니 何生滅之可有아
용 즉 시 체   하 생 멸 지 가 유

작용이 곧 본체이니 어찌 생멸이 있을 수 있겠는가?

본체에는 생멸이 없습니다. 또 모든 작용은 본체이기 때문에 작용 역시 생멸이 없습니다. 작용은 일시적이고 임시적인 본체의 모습이에요. 그래서 "모든 번뇌가 곧 진리인 보리菩提"라고 말했습니다. 모든 번뇌는 보리가 잠시 어떤 모습을 띤 현상이에요. 그런데 보리는 보이지 않고, 잡히지 않아요. 마음에 잡히는 것은 모두 번뇌입니다. 즉 보리의 모습이죠.

"작용이 곧 본체이니 어찌 생멸이 있을 수 있겠는가?" 이 문구가 전체 문장의 핵심입니다. 파도는 거칠게 일어나기도 하고 부드럽게 일어나기도 했다가 이내 사라집니다. 이런 파도를 어찌 없다고 말할 수 있을까요? 이 파도는 생겨났다가 사라지지 않습니까? 그러니 생멸이 있다고 말할 수 있겠죠. 파도의 모습을 존재하는 고정된 실체로 보는 마음에게는 당연히 파도의 생멸이 있습니다. 그러나 파도는 그냥 스쳐지나가는 바람과 같습니다. 바람에게 고정된 모습이 있습니까? 바람은 그가 스쳐지나가는 대상에 따라 모습을 바꿀 뿐 고정된 모습이 없어요. 그처럼 파도도 그저 일시적인 모습일 뿐이죠. 사실 '파도'라는 것도 하나의 이름일 뿐, 그것은 바다를 떠나서 홀로 존재하지 못합니다. 파도는 그저 바다의 다른 이름일 뿐이에요. 그래서 수많은 작용이 있다 해도, 그 작용은 생멸 없는 본체와 따로 있지 않기에 작용에도 생멸이 있을 수 없습니다. 그렇지만 개별적인 파도만 보는 마음에게는 파도의 생멸이 있는 듯이 여겨지죠. 생멸이 없는 바다를 바로 본다면 그때 파도에도 생멸이 없음을 알게 될 것입니다. 파도만 보는 마음은 생멸이 있다고 느끼지만, 파도 속에서 물을 보는 사람은 파도가 태어나고 죽는 것이 아님을 압니다. 파도는 그저 물의 어떤 모습입니다.

'나'라고 여겨지는 마음이 정말로 존재합니까? 그 마음이 24시간 내내 변함없이 똑같은 모습으로 존재하나요? 사실 그 마음은 매 순간 죽고 다시 새로운 마음이 태어나죠. 정말 마음을 철저하게 살펴보면 매 순간 새로운 마음이 태어나고 죽는다는 것을 발견합니다. 그러나 우리는 마음이 태어나고 죽는다고 말하지 않아요. 다른 모든 것의 생멸에 대해 말하려면 여러분 마음의 생멸에 대해서도 말해야 합니다. 왜냐하면 그것이 서로 다른 현상이 아니기 때문입니다.

達人은 卽證眞體어니 其生滅이 何干涉耶리요
달 인   즉 증 진 체   기 생 멸   하 간 섭 야

본성에 도달한 이는 진체를 증득하였으니 생멸이 어찌 간섭하겠는가?

파도의 생멸이 물의 존재에 대해 어떻게 간섭을 하겠느냐는 말입니다. 파도는 물을 어떻게 할 수 없어요. 파도의 생멸이 물에 전혀 영향을 미칠 수 없습니다. 아무리 파도가 나타났다 사라진다 해도 물은 전혀 영향을 받지 않고 늘 그대로입니다. 그런 의미를 표현한 문구에요.

파도가 없다는 말이 아닙니다. 파도가 정말로 있는 거냐는 말이죠. 우리 마음의 파도는 인연에 따라 생겨난 어떠한 모습입니다. 그래서 우리는 내면의 인연을 넘어가려고 하죠. 내면의 인연을 깨달으면 그 인연을 넘어갈 수 있습니다. 인연이라는 것도 일종의 파도라고 알게 되죠. 그리고 물을 발견하고 물로서 파도를 살아갑니다. 삶은 물로서 물을 살아가는 것이 아니에요. 물에는 삶도 없고 죽음도 없습니다. 우리는 수많은 희로애락의 파도를 물로서 살아가고 있는 중입니다. 그런데 특정한 파도의 모습으로 삶을 살아가려고 하다 보니까, 그 파도가 사라지면 자신이 죽는 것 같고 그 파도가 생기면 기쁘게 느낍니다.

如水가 以濕性爲體하고 波浪爲用이니
여 수   이 습 성 위 체   파 랑 위 용

濕性은 元無生滅故로 波中濕性인들 何生滅耶리요
습 성   원 무 생 멸 고   파 중 습 성   하 생 멸 야

然이나 波離濕性코 別無故로 波亦無生滅이니라
연   파 리 습 성   별 무 고   파 역 무 생 멸

그것은 물과 같아 습한 성을 체로 하고 파도를 용으로 하니
습한 성은 원래 생멸이 없으니 파도 속의 습한 성질인들 어찌 생멸이 있으리요.
파도가 습성을 떠나서 따로 존재치 않으므로 파도 역시 생멸이 없다.

습한 성질 자체에는 생멸이 없으니, 파도를 모습으로 보지 않고 습한 성질로 본다면 파도에게는 생멸이 없습니다. 파도의 생멸은 습한 성질이 생겨나거나 사라지기 때문이 아닙니다. 그래서 파도를 모습으로 보느냐, 습한 성질로 보느냐에 따라 생멸이 있는지 없는지도 달라집니다. 파도의 모습은 생겨났다가 사라지지만, 파도의 습한 성질은 생겨나지도 않고 사라지지도 않으며 늘 그러합니다.

지금 앞에 있는 사람을 보면서 의식해보세요. 그리고 주체를 느껴봅니다. 내가 상대방을 보고 있다는 느낌이 있다면 손을 들어 봅니다. 우리가 일상에서 상대를 볼 때의 느낌이죠. 이번에는 상대를 바라보면서 주의를 나와 상대에게 50:50으로 두어봅니다. 그러면 주체와 대상의 느낌이 사라지는 것이 느껴지나요? 만약 이런 실험이 잘 안 된다면 기초로 내려가서 다시 연습하시기 바랍니다. 그렇게 하면 주체의 느낌이 사라져요. 그렇다면 '나'라는 느낌은 어떤 조건에 따라 달라진다는 의미겠죠. 주체라는 것도 하나의 파도여서 나타났다가 사라집니다. 이번에는 '주의 제로'를 해보세요. 이때는 마음이 순일해지죠. 이렇게 상대와 나를 하나로 보는 것 역시 하나의 상태입니다. 이번에는 '주의에 주의 기울이기'를 합니다. 그러면 '있음'의 상태가 점차 깊어져 있음마저 없는 곳으로 갑니다.

이 모든 과정에서 변치 않는 것은 무엇인가요? 그것이 바로 습한 성질과 같은 것입니다. 마음은 나와 대상이라는 모습을 띨 수 있고, 투명

해지면 '있음'의 모습을 띠며, 더 투명해지면 삼매로 들어갑니다. 그러나 아무리 투명할지라도 모든 마음의 상태는 물의 모습인 파도와 같으니 습한 성질 그 자체는 아니에요. 모든 물의 모습을 떠나서 모습이 아닌 것으로 가야만 비로소 습한 성질을 보게 되는데, 이때가 되면 마음의 작용으로 인한 모든 모습도 마음의 본질과 다르지 않다는 것 또한 볼 수 있습니다.

   여기에 찔레꽃이 있습니다. 이 꽃을 볼 때 여러분은 즉시 자신의 감지로 바라봅니다. 그리고는 찔레꽃에 대한 개념으로 넘어가겠지요. 어떤 모습이고 어떤 향이 나며 어떤 감촉을 지녔는지, 감지로 보고 향기를 맡고 촉감으로 느끼며 이름을 붙입니다. 여러분에게 이 찔레꽃은 그런 감지와 이름과 생각으로 다가와서 존재합니다. 그것들은 모두 여러분 자신에게 쌓여있는 것이고, 더 나아가 인류가 쌓아온 감지가 여러분에게 전달된 모습이며, 전 생명계와 존재계가 쌓아온 모습입니다. 그 모든 모습이 여러분의 '찔레꽃'이라는 감지에 포함되어 있어요. 그러나 여러분은 이 찔레꽃의 진정한 모습을 결코 보거나 느낄 수 없습니다. 진정한 모습은 우리의 감각기관과는 전혀 상관이 없어요. 오히려 그것은 우리 자신의 진정한 모습과도 같습니다. 그러므로 찔레꽃의 진정한 모습을 보고자 한다면 여러분 자신의 본모습이 되면 됩니다. 어떠한 생멸도 없는 하나의 본질이지요. 찔레꽃은 곧 여러분 자신이며, 전 우주에는 오직 하나의 본질만이 있을 뿐입니다.

각성覺性은 경험이 아니다

所以로 古人이 云하사대
소 이   고 인   운

盡大地가 是沙門一隻正眼이며
진 대 지   시 사 문 일 척 정 안

그래서 고인이 말하기를
온 대지가 이 사문의 한 쌍의 바른 눈이요.

일척정안一隻正眼은 '한 쌍의 올바른 눈'이라는 의미로, 선가仙家에서
는 어리석은 사람과 대비되는 진리를 터득한 사람의 눈을 말합니다.
온 대지가 '한 쌍의 바른 눈'이라고 했습니다. 무슨 뜻일까요? 눈이란
무엇이죠? 모든 것을 시각적으로 경험하는 기관입니다. 그러나 우리
는 그 눈 자체를 경험할 수는 없습니다. 우리가 눈으로 보는 모든 것은
시각적인 경험이에요. 시각적인 대상에 대한 경험이죠. 그러나 우리
는 눈 자체만은 시각적으로 경험할 수 없습니다. 눈은 결코 시각적으
로 경험되지 않아요. 이와 유사하게 본질에 대한 체험도 결코 경험이
아닙니다. 여러분의 내적인 경험과 외적인 경험, 또는 몸과 마음의 모
든 경험들, 텅 빈 마음이나 삼매 등의 특별한 경험도 눈에 보이는 사물
과 같은 대상입니다. 텅 빈 삼매는 아주 깨끗한 유리창과 같고, 현란한
황홀경은 아름다운 꽃밭과 같습니다. 그것들에 대한 경험이에요. 그러
나 본질에 대한 체험은 그런 경험이 아닙니다. 눈에 보이는 것들은 눈
자체가 아니듯 그런 경험들은 본질이 아닙니다. 깨달음은 알아챔이지
경험이 아니에요.

만약 여러분이 어떤 경험을 추구하고 있다면 이 공부에 대해 오해를

하고 있는 것입니다. 모든 레벨의 경험은 다 경험일 뿐입니다. 눈에 보이는 모든 것은 그것을 봄으로써 경험되지만, 여러분 자신인 눈은 결코 볼 수 있는 것이 아니며, 경험되지도 않습니다. 어떻게 눈이 자기 자신을 시각적으로 경험할 수 있겠어요? 이미 그것인데. 따라서 모든 시각적인 경험은 바로 눈의 증거일 뿐입니다. 지금까지 겪어온 여러분의 모든 경험도 눈에 보이는 대상과 마찬가지의 것입니다. 본질에 대한 추구와 경험도 눈으로 보듯이 하려고 하는 데에 가장 큰 오해와 딜레마가 있습니다.

눈에 보이는 것은 결코 눈이 아닙니다. 그러면 눈은 어떻게 경험되는가? 눈에 보이는 모든 것을 통해 이미 눈이 경험되고 있어요. 시각적인 경험이 이루어지는 것이 바로 눈의 증거입니다. 눈에 보이는 것이 있을 때마다 이미 눈이 사용된다는 말이죠. 마찬가지로 모든 마음의 번뇌와 희로애락을 통해 마음의 본질이 경험되고 있습니다. 여러분의 마음에 감정과 생각과 느낌들이 일어날 때마다 마음의 본질은 사용되고 있어요. 그런데 그 모습에만 집착하면 결코 본질은 보이지 않습니다. 바로 그걸 알아채면 그만입니다. 우리가 마음으로 경험하는 모든 것들은 마음에 떠오르는 현상입니다. 마음의 본질 자체는 결코 경험할 수 없으니, 우리 자신이 바로 마음의 본질이기 때문에 그렇습니다. 경험적인 방법을 통해 여러분이 알 수 있는 것은, 모든 현상이 여러분 자신이 아니라는 것뿐입니다. 여러분이 경험을 통해 본질을 파악해가는 유일한 방법은, 경험되는 모든 것은 나의 본질이 아니라고 계속 알아채는 것입니다. 눈에 보이는 모든 것은 눈이 아니라는 것과 같습니다.

'한 쌍의 바른 눈'이란 바로 이렇게 경험할 수 없는 본질을 나타냅니다. 바른 눈에 보이는 모든 대지가 진심의 표현이고, 그 대지를 바라보는 한 쌍의 눈이 바로 진심과 같습니다. 눈에 보이는 모든 것들은 나타났다가 사라지지만 눈 자체는 결코 나타나거나 사라지지 않습니다.

盡大地가 是箇伽藍이며
진 대 지　　시 개 가 람

온 대지가 이 한개 가람이며

가람伽藍은 승려들이 모여서 진리를 추구하는 곳을 말합니다. 따라서 이 말은 온 대지가 이미 진리의 장소라는 의미입니다. 온 대지는 경험되는 대상이고, 그 대상은 이미 진리의 표현입니다. 진리의 표현은 곧 진리 자체이며 따라서 무한한 평화가 바로 온 대지위에 있습니다. 그래서 온 대지가 한 개의 가람이라고 표현했어요. 왜 그렇습니까? 내가 보는 모든 현상이 이미 진리의 표현이기 때문입니다.

是悟理人의 安身立命處라 하시니
시 오 리 인　　안 신 입 명 처 라

이것이 이치를 깨친 이의 안신입명처이다.

안신입명처安身立命處란 '영원한 평화의 안식처'의 다른 이름입니다. 이치를 깨친 사람은 그 어떤 현상이 다가온다 하더라도, 그것은 진리의 또 다른 표현일 뿐이며 그런 현상들에 아무런 차이가 없음을 알아요. 황금으로 만든 왕관을 쓰든 황금으로 만든 돼지우리에 갇히든 그는 황금 속에 있습니다.

진심에 도달했다는 것은 표현일 뿐

旣達眞心인댄
기 달 진 심

四生六道가 一時消殞하고
사 생 육 도　　　　일 시 소 운

이미 진심에 도달했다면
사생육도가 한 번에 사라지고

사실 우리가 어딘가에 도달하는 건 아니에요. '진심에 도달했다'는 말은 표현이 그럴 뿐입니다. '도달'은 출발하는 이쪽이 있고 도착해야 할 저쪽이 있을 때 쓰는 말이죠. 그러나 '진심에 도달했다.'는 말은 그런 뜻이 아니고 이미 진심인 우리 자신의 본질을 알아챘다는 의미로 쓰입니다.

사생四生이란 생명체가 몸을 받는 네 가지 형태를 말하니 태생胎生, 난생卵生, 습생濕生, 화생化生이 있습니다. 습생은 지렁이처럼 습하게 태어나고, 난생은 알에서 태어나며, 태생은 모태母胎에서 태어나고, 화생은 애벌레가 나비로 바뀌듯이 변화하여 태어납니다. 태어나는 방식의 네 가지 과정이에요. 육도六道는 중생이 쌓은 업業에 따라 죽은 후에 가는 세계를 말합니다. 지옥地獄, 아귀餓鬼, 축생畜生, 아수라阿修羅, 인간人間, 천상天上의 여섯 가지 세계가 있어요.

모든 생명의 표현들은 사실은 생명력의 드러남입니다. 그 개별적인 모습들은 드러난 표현일 뿐이니, 본질을 본 사람은 파도와 같은 개별적인 표현을 이미 떠났기 때문에 그에게 사생육도四生六道는 아무런 의미가 없습니다. 결국 우리가 느끼고 경험하는 지옥과 아수라와 천상은 모두 마음이 경계를 그려놓은 느낌의 세계이며, 그런 느낌의 세계는 모두 본질의 표현입니다. 황금으로 빚어놓은 천상계나 황금으로 빚어놓은 지옥에 비유될 수 있어요. 천상계나 지옥이나 모두 황금의 표현일 뿐이에요. 그런 사생육도가 일시에 사라진다는 말은 무슨 의미입니까? 누가 이것을 경험하죠? 경험하는 자가 허상임을 발견한 사람에게 지옥계나 인간계, 천상계가 어떤 의미가 있겠습니까?

山河大地가 悉是眞心이라
산 하 대 지   실 시 진 심

산하대지가 모두 진심이라.

그렇게 되면 이제 눈에 보이는 산과 강과 대지가 모두 진심의 표현입니다. 그런 대상 자체가 진심의 드러난 모습입니다.

不可離此眞心之外에 別有依託處也니
불 가 리 차 진 심 지 외   별 유 의 탁 처 야

旣無三界妄因이라 必無六趣妄果요
기 무 삼 계 망 인   필 무 육 취 망 과

진심을 떠나 의탁할 다른 곳이 없으니
이미 삼계의 허망한 인이 없으니 육도의 허망한 과보가 없을 것이요,

삼계三界란 욕계欲界, 색계色界, 무색계無色界를 말합니다. 욕계는 욕망의 세계이며, 색계는 형태의 세계이고, 무색계는 형태가 없는 세계를 의미하죠. 그 모든 세계, 우리 인간이 살고 있는 세계가 다 허망한 인因을 짓는데, 그 허망한 인이 다 본질의 표현이라고 알게 되면 그는 그 모습에서 떠나게 됩니다.

눈을 감고 지금 자신이 방 안에 있다는 것을 떠올려 보세요. 지금 어떤 방 안에 어떤 사람들과 어떤 의자에 앉아있죠. 그 공간을 차지하는

대상들로 가득한 방에 내가 앉아있다고 여겨집니다. 그런데 그것들이 다 마음의 상相이라는 것을 알겠어요? 마음의 스토리라는 것을 알겠어요? 지금 눈을 감고 있어도 그 스토리가 느껴지고 눈을 뜨면 좀 더 생생하게 느껴지는데, 그처럼 생생한 느낌의 세계가 마음으로 지어낸 세계라는 것입니다. 물론 그렇다고 해서 아무것도 아니라는 말은 아닙니다.

여러분이 어릴 때 보던 세계와 지금의 세계가 다르게 느껴지는 이유는 마음에 쌓인 현상이 달라졌기 때문입니다. 대여섯 살 때 보던 세계와 중학교 때 보던 세계, 그리고 지금 나이가 들어서 바라보는 세계는 완전히 다르죠. 또 감각기가 예민할 때와 둔감할 때의 세계가 다릅니다. 나이가 들면 혀의 감각이 둔해져서 더 자극이 강한 맵고 짜고 신 음식을 맛있게 먹는다고 합니다. 그래서 나이 드신 분들은 요리할 때 간 맞추기를 힘들어하죠. 감각의 세계도 그렇게 달라지고, 그렇게 변하면 맛의 세계도 달라집니다. 예전에는 맛없다고 여겼던 음식이 어느 순간 맛있어지고, 맛있다고 좋아하던 음식에 덤덤해지죠.

우리가 '세계'라고 부르는 것은 이처럼 모두 경험의 세계입니다. 모든 경험들을 기반으로 여러분의 느낌의 세계가 형성되죠. 그런 세계가 '마음에 의해서 만들어진 세계'라는 것을 알면, 마음에 의해 이루어진 원인에 의해서 받는 과보 역시 마음의 세계에서 일어날 뿐이라고 알 수 있습니다. 마음의 세계는 허망한 파도의 세계일 뿐 습한 파도의 본질이 아니므로, 그것으로 인해 받는 과보 역시 허망한 느낌의 세계입니다. 실체가 없어요.

妄果既無인댄 說甚依託이리요.
망 과 기 무   설 심 의 탁

허망한 과보가 없어졌으니 무슨 의탁을 말하겠는가?

 허망한 과보가 없다는 말은 어떤 의미입니까? 모든 인과는 경험을
통해 쌓이고 결과로 남으며, 그 결과가 또 다른 원인을 형성합니다. 그
래서 나쁜 행동을 하면 지옥에 태어나고, 그보다 조금 나은 행동을 하
면 축생에 태어난다고 하죠. 그리고 아수라나 인간을 거쳐 가장 훌륭
한 행동을 한 사람은 천상에 태어납니다. 이런 순서는 경험의 세계가
달라지고 진보한다는 것을 의미합니다. 그런데 여러분의 본질은 결코
변화 가능한 어떤 상태가 아니에요. 또한 경험되는 것도 아니죠. 경험
되는 모든 것들은 시작과 끝이 있고, 늘 변화하며 나타났다가 사라집
니다.

 그러나 여러분의 본질은 변함이 없고 영원해요. 따라서 어떤 경험을
통해 더 나아짐으로써는 결코 본질에 도달할 수 없습니다. 지금 상태
에서 더 나아져서 될 일이 아니라는 것입니다. 그러니 늘 변함없는 것
이 무엇인지를 찾아보세요. 그렇게 해서 본질이 발견되면, 이제 경험
이나 발전을 통해 달라지는 모든 모습들은 그저 표현일 뿐이며 그 핵
심은 전혀 변화하지 않는다는 것을 보게 됩니다. 따라서 모든 과보는
사라지죠. 금으로 만든 왕관이 아무리 멋있어도 금일 뿐이고, 금으로
만든 돼지우리가 아무리 초라해 보여도 그것은 금입니다. 금이라는 점
에서는 아무런 차이가 없는데, 금덩어리가 돼지우리나 왕관에 의탁하
겠습니까? 금의 입장에서는 돼지우리나 왕관이나 아무런 차이가 없기
때문에 의탁할 것이 아니죠. 그러한 모습들에는 의탁하지 않습니다.
본질인 금에 의탁할 뿐이지, 금의 모습에 의탁할 바가 없어요.

別無彼此하니 旣無彼此인댄 則何可不可也리요
별 무 피 차　　기 무 피 차　　　즉 하 가 불 가 야

이것과 저것이 따로 없으니, 이것과 저것이 따로 없다면 무슨 옳고 옳지
않음이 있겠는가?

　이것과 저것이 없는 세상에 무슨 옳고 그름의 차이가 있느냐고 말합
니다. 모든 것을 대상화하려는 의도는 이것과 저것을 넘어선 세상을
보지 못하게 합니다. 우리는 항상 무언가를 대상화하여 경험하려고 하
죠. 마찬가지로 깨달음도 그렇게 경험하려고 합니다. 그래서 텅 빈 마
음이나 삼매를 경험했다고, 또는 어떤 체험을 했노라고 떠들고 다니는
것입니다. 그러나 복잡한 일상에서 마음을 체험하는 것과 무아無我의
경험이 결코 다르지 않음을 발견할 때 비로소 본질이 발견됩니다.
　모든 것은 본질의 표현이에요. 텅 빈 마음의 체험이든 시끄러운 분
노와 두려움과 슬픔의 체험이든 다 같습니다. 여러분은 모든 체험에서
같은 것을 발견할 수 있습니까? 모든 체험이 각기 다르다고 여긴다면
여러분은 파도만을 보고 있는 것입니다. 파도의 모습만을 보고 있죠.
마음은 항상 모든 것을 대상으로 만듭니다. 심지어는 삼매까지도 대상
화하여 '삼매란 이런 느낌이고 이런 상태거나 이런 모습이야.'라고 말
하죠. 이렇게 말로 표현되고 마음에 의해 잡히는 모든 것은 대상인데,
여러분은 본질까지도 대상으로 삼으려 하기 때문에 텅 빈 마음이나 텅
빈 상태가 마음에 의해 잡히고 경험되는 것입니다.
　그러나 마음에 의해 잡히고 경험되는 것은 그것이 아무리 텅 빈 삼
매라 할지라도 결국은 마음의 대상일 뿐입니다. 마음에 대상이 있을
때는 이것과 저것이 있는 피차彼此로 나뉜 상태입니다. 옳고 그름 또한
있기 마련이죠. 만약 깨달음에 이런저런 차이가 있다면 그것은 피차

의 차이에서 빠져나오지 못한 경험의 세계일뿐입니다. 어떤 차이가 있다면 경험을 넘어선 진심이 아니에요. 여러 레벨과 그에 따른 경험을 말하는 사람들이 그것을 하나의 방편으로 여긴다면 상관없지만, 그렇지 않고 실제라고 여긴다면 커다란 함정에 들어있다고 진심직설은 말하고 있습니다. 진심은 그 어떤 경험으로도 말하여질 수 없습니다. 거기에는 이것과 저것이라는 차이나 옳고 옳지 않음이라는 판단, 그리고 어떤 레벨이 없어요. 예를 들어 보살의 단계에 대한 설명들은 하나의 방편일 뿐이지, 실제 본질적인 측면에서 그렇다고 여기는 사람이 있다면 그는 함정에 빠져있는 것입니다.

即十方世界가 唯一眞心이라
즉 시 방 세 계   유 일 진 심

全身受用하야 無別依託이요
전 신 수 용   무 별 의 탁

즉 이 온 세계가 오직 진심일 뿐이니
온몸으로 수용하므로 따로 의탁할 곳이 없고

모든 세계, 눈에 보이고 들리며 경험되는 아픔과 기쁨과 두려움과 공포가 만연한 세계가 오직 진심이라는 황금으로 만들어졌습니다. 그러니 그 어디에 황금의 모습이 따로 의탁할 일이 있겠으며 이것과 저것으로 나눌 수 있겠습니까?

마음에 경험되는 것은 모두
본질의 변화가 아니라 모습의 변화일 뿐

又於示現門中에
우 어 시 현 문 중

隨意往生하야 而無障碍니
수 의 왕 생   이 무 장 애

또 시현문 중에 가서
마음대로 가서 태어나도 아무 장애가 없다.

시현문示現門은 부처님이나 보살이 중생을 구제하기 위해 갖가지 몸으로 나타낸 법法에 관한 교리입니다. 온 세계가 오직 진심이라는 것을 아는 사람은 갖가지 몸으로 나타나는 시현문을 지나 그 어떤 세계에 난다 해도 상관이 없습니다. 황금으로 만든 궁이든 황금으로 만든 돼지우리든 그에게는 같은 황금의 세계죠. 그래서 마음대로 아무 곳에나 태어나도 아무런 장애가 없습니다.

마음에 경험되는 수많은 차이와 레벨의 변화들은 모습의 변화일 뿐 본질의 변화가 아니라고 철저하게 알아챌 때 우리는 진심에 도달한 것입니다. 또는 이미 그것인 진심으로 있는 것입니다. 그렇지 않고 변화와 차이를 바라는 마음, 이렇기를 바라고 저렇기를 바라는 마음은 모습에 사로잡힌 마음입니다. 그 어떤 자리에 있어도 아무런 차이가 없으니, 모두가 마음의 작용에 의해 나타난 모습일 뿐입니다.

옳고 그름을 따지거나 기쁘고 즐거운 일을 경험할 때 대체 누가 그것을 경험합니까? 나와 대상으로 나누는 마음의 작용에 의해서 만들어진 느낌의 세계가 경험되고 있어요. 모두 마음의 작용에 의한 세계이니, 체體가 아니라 용用입니다. 본체의 나타남이죠. 본체가 특정한 원리나 메커니즘에 의해서 나타나 보이는 작용에 의해서 경험되는 세계가 바로 우리가 경험하는 느낌의 세계입니다. 감각과 감지의 세계인 것입니다.

故로 傳燈에 云하사대
고　　전등　　운

그러므로 전등록에 말하기를

전등傳燈은 '빛을 전한 기록'이라는 뜻입니다. 옛날 선사들이 깨우침을 얻었던 순간의 일화들을 모아 놓은 책이에요.

溫操尙書가 問圭峯曰
온조상서　　문규봉왈

悟理之人이 一期壽終에 何所依托이닛고
오리지인　　일기수종　　하소의탁

온조상서가 규봉스님에 묻기를
이치를 깨달은 이는 수명이 다하면 어디에 의탁합니까?

이치를 깨닫지 못한 사람은 착한 일을 하면 착한 세상에, 악한 일을 하면 악한 세상에, 이도저도 아니면 중간계에 다시 태어납니다. 업業에 따른 6가지 단계의 세상이 있다고 했어요. 그런데 이치를 깨달은 사람은 어떤 세상에 가게 되는지 묻고 있습니다.

圭峯이 曰一切衆生이
규봉　　왈일체중생

無不具有靈明覺性하야 與佛無殊하니
무불구유령명각성　　여불무수

규봉이 말하기를 일체중생이
신령히 밝은 각의 본성을 갖추고 있어 부처와 다름없으니 여기서 말하는 각覺의 본성은 무엇입니까? 마음에 일어나는 모든 것은 마음의 작용이기에 수많은 현상들은 모두 하나의 똑같은 현상입니다. 좋은 느낌이든 싫은 느낌이든 모두 마음의 작용에 의해서 일어남을 알아차리는 것이 바로 각覺이에요. 옳고 그르다는 판단이나 귀하고 천한 느낌처럼 다양한 현상이 느껴진다고 해도 그 모든 것이 마음의 작용이라는 점에서는 아무런 차이가 없습니다. 마음이 움직인 모습이라는 면에서는 다 같아요. 그 점을 명확하게 알아차리면 그 사람은 마음의 본성에 자리 잡았다고 할 수 있습니다. 마음의 본성은 특별히 알거나 깨달아지는 것이 아닙니다. 모든 것이 마음의 작용이라고 분명히 알면 더 이상 그런 작용에 머물 필요가 없겠죠. 그래서 머물지 않고 작용에서 떠나게 됩니다. 그런데 작용에서 떠나면 어디로 가겠습니까? 작용 외에 갈 곳이라곤 본체뿐인데, 그 본체는 특별히 있지는 않아요. 우리가 마음으로 잡아낼 수 있는 모든 것은 작용이기 때문입니다. 다르게 말하면 마음에 나타나는 것은 모두 작용이고 모습입니다. 우리가 의식할 수 있거나 느낄 수 있고 무의식적으로 직감할 수 있는 것들은 모두 마음에 나타난 것들이고 마음의 작용이에요. 아무리 지혜롭거나 바보 같아도, 또는 아무리 좋은 기분이나 나쁜 기분을 동반해도 마음의 작용이라는 측면에서는 한 치의 다름이 없습니다.

그러면 그 모든 마음의 작용을 작용으로 아는 것은 대체 누구일까요? 아는 누군가가 따로 있는 것이 아니라 아는 작용이 알게 됩니다. 여기에 아주 깊은 딜레마가 있습니다. 자기 자신이 작용이라고 알아요. 자신이라고 여겨지는 느낌이나 의식현상 자체도 마음의 작용에 속한다고 자기가 알아차립니다. 그러면 이제 남은 것은 무엇이겠습니까? 그 모든 작용에 결코 머물지 않는 마음만 남게 됩니다. 무엇인지 정확히 알 수도 없고, 있다고도 없다고도 할 수 없는 마음의 근본적인 체體에 자리 잡게 되죠. 특별히 자리 잡는다고 느껴지지는 않지만 마음에 나타나는 모든 작용에 더 이상 머물지 않는다면 그는 이미 체에 가 있는 것입니다. 그런데 이상하게도 간접적으로 다 알 수 있어요. 체에 자리 잡고 있다는 느낌이 들지는 않지만, 체에 자리를 잡았다는 것을 알아요. 왜냐하면 작용이 다 보이기 때문입니다. 모든 것이 마음의 작용이며, 그러한 작용들은 모두 한 치의 다름도 없음을 알아채면 드디어 마음의 본성에 자리를 잡은 상태입니다. 지금 여러분 마음에 일어나는 것을 잡아보세요. 그리고 그것이 무엇이든 '이것은 마음의 작용이야.'라고 해보세요. 그 무엇이더라도 계속해서 그렇게 해보세요.

신령하게 밝은 각의 본성은 모든 것을 알아채기 때문에 부처와 다름 없다고 표현했습니다. 또 각의 본성은 모든 작용을 넘어서 있음을 의미하기도 하죠. 모든 마음의 작용을 넘어서 있으니 그 모든 마음의 작용이 일어나는 토대가 됩니다. 만약에 마음의 작용 중의 일부라면 다른 작용의 토대가 되지는 못하겠죠. 그런데 그 어떤 마음의 작용에도 속하지 않으니 이미 모든 작용을 떠나 있는 것입니다. 작용은 마음이 움직이는 모습인데 작용 이전이 있어야 작용도 있을 수 있겠죠. 그래서 작용을 작용으로 볼 때 그는 신령한 밝음을 본 것이며, 그때 이미 그는 본성의 자리에 가 있으므로 부처와 다름이 없습니다.

若能悟此性이 卽是法身하면
약 능 오 차 성   즉 시 법 신

이 본성이 곧 법신임을 깨달으면

자신이 보고 경험하는 모든 것들이 누구에게 나타나는지 자문해 보십시오. 현실 세계라는 삼라만상森羅萬象과 희로애락喜怒哀樂이라는 마음의 경험들이 '누군가'에게 경험되어집니다. 그런데 이 '누군가'가 무엇인지 모른다면 모든 경험의 진위와 실상을 어떻게 장담할 수 있겠습니까? 그러니 먼저 이 모두를 경험하고 있는 '나'라는 것이 무엇인지부터 알아야 합니다. '나'라는 것에는 현상으로서의 '나'와 본질로서의 '나'가 있습니다. 현상으로서의 '나'는 우리가 무의식적으로 '이것은 나야.'하고 의식하는 그것입니다. 특히나 현상적인 '나'는 성격이나 개성으로 나타나죠. 본질로서의 나는 이 모든 성격과 개성의 특성이 드러나는 빈 공간이라고 할 수 있습니다. 그 공간에 꽉 찬 텅 빔이나 진공의 묘한 있음이 작용하여, 그러한 성격과 성격이 있음을 아는 마음의 작용이 일어나죠. 또 옳고 그름을 판단하는 마음 같은 것들이 모두 일어나고 있습니다.

모든 마음공부에 있어서 기본적으로 요구되는 사항은 일어나는 모든 일을 판단하거나 비판하지 말고 관찰하라는 것입니다. 판단과 비판은 마음의 기준이 주인 노릇을 할 때 일어납니다. 판단하지 않는 관찰이 1차 단계라면 두 번째는 한발 더 나아가서 관찰하는 의도, 즉 깨닫기 위함이나 또는 무언가를 얻기 위한 숨은 의도 없이 그저 마음의 작용만을 통한 투명한 관찰입니다. 의도가 있다면 그 의도가 바로 또 다른 현상적인 '나'를 구성해요. 그 어떤 의도도 없이 그저 마음의 작용으로 투명하게 관찰이 이루어져야 합니다. 관찰을 하는 것이 아니에요. 관찰은 우리의 기본적인 속성입니다. 맨 처음에는 관찰하려는 의도를 가지고 바라볼지 모르지만, 바라봄에 몰입되면 어느 순간 관찰하려는 의도는 사라집니다. 그런데 초기에는 관찰하고 나서 '내가 관찰했어!'

라는 이름표를 붙이죠. 그럴 때에 관찰자가 있으니, 그런 이름표를 붙이지 않는다면 그저 하나의 마음의 작용으로 관찰이 사용되고 사라질 뿐입니다. 관찰이 끝나면 관찰자조차도 남지 않을 때가 바로 순수하게 관찰의 작용이 나타났다 사라진 때이죠. 이런 관찰이 바로 통찰을 일으키는 관찰입니다. 의도 없는 관찰이 최종적으로 사용되는 마음의 도구에요. 사용하는 자 없이 쓰이는 도구죠. 이런 작용으로 마음이 쓰일 때 주인 노릇을 하는 놈은 없는 상황이 되고, 드디어 작용을 일으키는 마음 자체가 곧 진리의 본체, 즉 법신임을 알아차리게 됩니다.

탄생과 소멸은 모두 마음의 상相임을 보라

本自無生이어니 何有依託이리요
본 자 무 생   하 유 의 탁
본래 생함이 없으니 어찌 의탁할 곳이 있으리오.

지금 눈을 감고 자신이 앉아있는 공간을 떠올려 봅니다. 공간이 어떤 모습이며 어떤 느낌인지 떠올려지면 손을 들어 표시합니다. 자 이제 눈을 뜨고 자신이 있는 공간을 바라보세요. 조금 전에 마음으로 바라보았을 때보다 공간의 모습이 조금 더 선명하고 생생할 뿐 거의 유사합니다. 눈을 감고 본 마음의 상相이나 눈을 떠서 바라본 현실이라고 여겨지는 공간이 다르지 않아요. 생생함과 선명도에서 약간의 차이가 날 뿐이죠. 그렇다면 지금 눈에 보이는 것 역시 마음의 상相과 다르지 않다는 것을 알겠습니까? 지금 보이는 것들은 눈을 뜬 채로 보는 마음의 상相이에요. 눈을 감았을 때와 눈을 떴을 때 본 공간이 크게 차이가 나지 않는다면 둘 다 마음의 상相이라는 말이 와 닿을 것입니다.

그러면 이제 눈을 감고서 싫어하는 사람 한명을 떠올려 봅니다. 그 사람을 싫어하는 '나'가 마음에 생겨나 있다는 것을 알겠습니까? 그리고 싫은 사람과 '나'라는 것이 둘 다 마음의 상相이라는 것도 알겠습니까? 왜냐하면 지금 마음에 떠올랐기 때문이죠. 그렇다면 이제 미운 사람을 실제로 만났다고 생각해 봅시다. 싫은 사람을 눈앞에 두고 볼 때에도 그 사람에 대해 마음에 올라오는 저항감은 비슷하겠죠. 그러면 눈을 감고 그 사람을 떠올렸을 때나 실제로 만났을 때, 나와 그 사람과 그리고 둘 사이에 올라오는 불편한 느낌이 모두 자신의 마음의 상相이라는 것을 알겠습니까? 왜냐하면 떠올린 모습과 크게 다르지 않기 때문이죠. 자신이 앉아있는 공간을 눈을 감고 마음속에 그렸을 때나 눈을 뜨고 보았을 때나 둘 다 마음의 상相이었던 것과 마찬가지입니다.

　보고 있는 모든 것들이 자신의 마음의 상相임을 알았다면, 이제 그것이 마음에서 생겨났다가 사라지는 것을 살펴보세요. 무엇을 보든 마음에 떠오른 상相을 보는 것이고, 그 상相들은 마음의 작용에 따라 생겨났다가 사라지는 마음의 대상이라고 분명히 안다면, 칠판에 그려진 고운 그림과 거친 그림처럼 그 대상들에 무슨 차이가 있겠습니까? 둘 다 마음에 그려진 그림일 뿐이죠. 개별적인 그림을 넘어서 작용만이 있다는 알아차림, 모든 그림들은 어떤 작용에 의해서 하얀 스크린 위에 그려진 그림이라는 알아차림이 바로 진심을 보는 것입니다. 진심의 자리에서 작용을 보는 것입니다. 그의 중심이 하얀 스크린으로 가버렸기 때문에 그 위에 그려진 모든 그림이 그림이라고 알 수 있습니다. 그림 중의 일부에 에너지가 머무는 것이 바로 동일시입니다. 그러면 그것을 자기라고 여기고 현실이라고 믿게 되어 점차 희로애락에 빠져 헤맵니다.

탄생과 소멸도 다 마음의 상相이에요. 조금 전에 나타났던 마음은 벌써 사라지고 없습니다. 그렇게 마음의 상相은 탄생하고 잠시 후에 사라질 것이니 그 상相이 어디에 따로 의탁할 곳이 있겠습니까?

靈明不昧하야 了了常知라
영 명 불 매　　　　　료 료 상 지

無所從來며 亦無所去다.
무 소 종 래　　　　역 무 소 거

신령스레 밝아 어둡지 않으며 항상 분명히 알며
온 곳이 없고 갈 곳이 없다.

마음의 작용은 항상 나타나서 마음을 휘젓다가 사라집니다. 신령스레 밝은 마음이 작용하면 모든 마음의 대상이 나타난다는 것을 알아요. 그렇지만 어두운 마음이 작용하면 관찰을 하려고 하죠. 잘 들으세요. 신령스러운 마음이 작용을 하면 모든 마음의 현상들이 나타났다가 사라진다는 것을 압니다. 그런데 어두운 마음이 작동하면 관찰하려는 의도를 가져요. 의도를 지닌 채 대상을 관찰하려고 하지 말고 관찰이 일어나도록 해야 합니다. 즉 관찰 대상은 마음에 나타나는 것이지 누군가 그 대상을 관찰하는 것이 아니에요. 여러분이 생각을 하려고 하지 않아도 마음에 불쑥 어떤 생각이 떠오르듯이, 계속 바라보고 있으면 그저 관찰이 이루어집니다. 누군가가 관찰을 하는 것이 아니에요. 처음의 의도가 마음 작용의 방향성을 결정합니다. 관찰하겠다고 방향을 지었죠. 그런 이후에는 관찰이라는 작용이 저절로 일어납니다.

모든 마음의 대상은 마음에 나타나고 관찰된다는 것을 알아채면 드디어 신령스럽게 밝아서 분명히 아는 때라고 할 수 있습니다. 마음의 과정을 살펴보는 공부의 가장 어려운 점은 자꾸 내가 뭔가를 하려는 것입니다. 하려는 의도가 필요한 때는 시작 단계뿐입니다. 시작할 때는 그런 의도가 있어야 하지만 그 다음에 일어나는 일들은 그저 일어나요. 그러나 자꾸 자기가 한다고 여기고 판단하면서 엉뚱한 짓을 한단 말입니다. 잘하고 못하고가 없어요. 그저 관찰만이 일어납니다. 나타나는 것들이 그저 보일 뿐이죠. 내가 하는 것이 아닙니다. 아주 철저하게 관찰에 몰입하는 사람은 그렇게 되지만, 그렇지 않으면 자꾸만 생각으로 들어가서 의도가 생겨납니다. 신령스레 밝아서 항상 분명히 안다는 것은 바로 이렇게 관찰의 일어남을 알고 몰입하는 것입니다. 반면에 어둡다면 내가 관찰한다고 여기고 자꾸 무언가를 해보려고 합니다. 신령스럽고 밝은 관찰이 일어나면 관찰자는 온 곳도 없고 간 곳도 없습니다. 그저 대상에 대한 관찰이 일어나고 있을 뿐이니, 거기에 무슨 관찰자가 생겨나고 사라지겠습니까? 그러니 관찰자의 생멸도 없습니다. 누군가가 관찰을 하는 것이 아니기 때문입니다.

但以空寂으로 爲自體언정 勿認色身하며
단 이 공 적   위 자 체   물 인 색 신

다만 비고 고요함을 자기 체로 삼되 육신이 그것이라고 인정하지 말며

다만 고요하고 빈 마음을 본체로 삼고서 육신이나 마음의 현상, 최종적으로는 관찰자마저도 자신으로 인정하지 말라는 말입니다. 보통 공부를 시작하고 조금 지나면 육체와 마음의 대상이 마음에 나타난 현상이라고 알아차리지만, 관찰자에 대해서는 잘 알지 못합니다. 관찰자라는 것은 따로 있지 않고 관찰 대상과 함께 나타났다 사라지는 마음의 작용이에요. 끊임없이 나와 대상에 대해 말하는 이유가 무엇이겠습

니까? 나와 대상이 있기 때문이 아니에요. 마음이 움직이고 금 그어져서 나와 대상으로 나누어질 뿐이지, 특별하게 나와 대상이 있는 것이 아닙니다. 그런데도 우리는 끊임없이 '내가 무언가를 한다.'고 여기죠.

관찰자는 관찰 대상과 함께 나타났다가 사라지는 작용이고, 더 자세히 바라보면 오직 관찰이라는 작용만이 있음을 알게 됩니다. 그러면 텅 비고 고요한 본체가 되죠. 왜냐하면 그 어떤 존재가 있는 것이 아니라 움직이는 작용만이 있기 때문입니다. 텅 비고 고요한 본체에 모든 것들이 나타났다가 사라진다는 것을 알게 되니, 그때 그는 이미 의심할 바 없는 본체의 자리에 있습니다. '나'라고 여겨지는 마음마저도 마음의 작용에 의해 잠시 나타난 모습이라고 파악한 사람에게 그 어디 머물 곳이 있겠습니까? 처음 한동안은 금단 현상 때문에 두렵고 헤매기도 하지만, 끊임없는 변화와 흐름만이 전부임을 본 마음에게는 그런 흐름이 곧 보금자리가 됩니다. 끊임없는 변화가 가장 안정된 상태라는 뜻입니다. 역설적이게도 말이죠.

'나'라고 할 만한 그 무엇도 없다는 것은 모든 것이 끊임없이 변한다는 뜻입니다. 한 치도 한 순간도 머물지 않아요. 돌아서면 사라져가니 그것을 붙들고 있는 마음이 없습니다. 선사와 제자가 강물을 건너는 일화가 있죠. 강에 이르니 어느 여인이 강 앞에서 발을 동동 구르고 있기에 스승이 여자를 업고 강을 건넜습니다. 뒤에서 얼굴이 붉어져서 따라오던 제자가 바로 말은 못하고, 한참을 걷다가 스승에게 묻죠. "선생님 도저히 못 참겠습니다. 아까 왜 그러셨나요? 수도하는 사람이 여자를 업으면 되겠습니까?" 그러니까 스승이 말합니다. "너는 아직도 그 상相을 붙들고 있느냐?"

以靈知로 爲自心이언정 勿認妄念이니
이 령 지   위 자 심   물 인 망 념

신령스런 지혜를 자기 마음인 줄 알되 망념을 그것이라고 인정하지 말라

텅 빈 밝음이 바로 영지靈知이니 이를 자신의 본체로 알고, '나'라고 여겨지는 감정, 생각, 느낌의 실타래들을 자기라고 인정하지 말라는 말입니다. 왜냐하면 그런 망념들은 일어나는 것들이지 늘 그 자리에 있지 않기 때문입니다. 또 그것들은 '하나'라고 할 수도 없습니다. 대상에 따라 수많은 것들이 산발적으로 나타나는데 거기에 '나'라는 이름을 붙였을 뿐입니다. 그것들을 다 '나'라고 여기는 이유는 주체감 때문이죠. 내용은 계속 달라져도 거기에 붙은 주체감은 늘 같다는 느낌을 일으킵니다. 이 느낌 때문에 고정된 '나'가 있다고 여겨져요. 그렇게 고정된 '나'가 있다고 여겨지면, 이제는 이 '나'라는 것이 생겨나고 사라지며 후생에까지 이어진다고 믿죠. 이런 믿음 때문에 '죽어서 갈 곳이 있다'는 개념이 형성되고, 의탁할 곳이 필요하다고 믿게 됩니다.

妄念이 若起어든 都不隨之則
망 념   약 기   도 불 수 지 칙

臨命終時에 自然業不能繫요
임 명 종 시   자 연 업 불 능 계

망념이 일어나도 그것을 따르지 않으면 곧
임종 시에 저절로 업에 얽매이지 않을 것이요,

나라는 주체가 있어서 생각하고 감정을 느낀다고 믿고 그 흐름에 따르면, 그에게는 '나'라는 것이 생겨납니다. 새벽 12시에 공동묘지에 간다고 생각해 보세요. 뒤에서 누군가가 나를 쳐다보고 따라오는 느낌이 들죠. 그 느낌에 영향을 받는 나를 보호하려는 마음이 강할수록 두려운 느낌도 강해집니다. 왜 그럴까요? 스스로 만들어낸 느낌일 뿐인데, 끊임없이 자기를 보호하려는 마음이 그 느낌의 실체를 강화시키기 때문이에요. 그와 마찬가지로 '나'라는 것이 있어서 생각하고 감정을 품고 느낀다고 믿고 그 흐름에 따른다면 '나'가 생겨납니다. 그리고 그 '나'에게 온갖 일들이 일어나죠. 그리고 그 '나'가 사라져서 소멸되는 것을 '죽음'이라고 말합니다. 그러나 그것이 사실이라면 여러분들은 매일 밤 죽음을 맞는 것입니다.

'나'라는 것이 어제에서 오늘로, 그리고 다시 내일로 이어져서 존재한다는 망념에 따라가지 않으면, 쌓여있는 그동안의 경험의 흔적들에 얽매일 내가 없기 때문에 임종 시에 그로부터 자유롭습니다. 어제 한 일을 후회하는 사람은 어제의 행동을 자기가 했다고 여기는 것입니다. 그러니 오늘 괴롭죠. 그런 자기가 있다고 믿고 있습니다. 그저 어떤 상황과 조건에서 그동안 쌓여왔던 내 마음 속의 경험의 흔적들이 작용해서 그런 일들을 만들어 냈을 뿐입니다. 이렇게 말하면 나쁜 일을 많이 해도 괜찮다고 여기는 사람이 있을지 모르겠지만, 전체를 보는 눈이 있다면 그런 일은 일어나지 않습니다.

모든 나타남은 의식의 장에 나타나는 잠시의 현상

雖有中陰이나 所向自由하야
수 유 중 음   소 향 자 유
중음이 있다 해도 향하는 바가 자유로워

중음中陰은 여기서 죽어 저기서 태어나기 전까지 받는 몸이라고 알려져 있습니다. 사람이 죽은 뒤 49일 동안은 중음의 상태로 있다가 다음 생의 몸을 받는다고 하죠. 그 몸을 음신陰身이라 하는 이유는 오음五陰, 즉 오온五蘊의 몸이기 때문입니다.

잠에서 깨어날 때를 비유하여 살펴보겠습니다. 여러분들은 아침에 일어나면 '잠에서 내가 깨어났다'고 생각합니다. 그러나 잘 살펴보면 내가 깨어났다고 알지 않습니까? 즉 내가 깨어나기 전에 이미 앎이 있었다는 것입니다. 앎의 장이 형성되고 거기에 '나'라는 것이 나타나죠. 그렇기 때문에 내가 깨어났다고 알 수 있습니다. 이미 '나'라는 것이 깨어날 의식의 장이 생겨나 있고, 거기에 '나'가 나타납니다. '나'가 나타날 장이 있어야 '나'가 나타날 수 있습니다. 진심을 터득한 사람은 '나'라는 현상이 나타날 의식의 장이 이미 있고, 그 의식의 장은 잠들었을 때도 계속해서 있으며 앞으로도 계속 변함없을 것이라고 알아차립니다. 그러나 이를 알아차리지 못하면 '내가 깨어난다.'고 여기고 그 이후에 벌어지는 모든 마음의 현상을 자신이 경험한다고 여깁니다.

중음中陰이라는 것은 명확히 깨어난 상태와 잠의 중간의 의식이 흐릿한 상태라고 비유할 수 있습니다. 너와 내가 잘 구별도 안 되죠. 업業이라고 할 수 있는 경험에 얽매이면 어제 기분 좋은 일이 있었으면 다음날 아침이 상쾌하고 천국에 태어난 느낌이 들기도 합니다. 하지만 어제 좋지 않은 일이 있었다면 지옥이나 축생에 태어나거나 괴로운 인간계에 태어나는 것과 같겠죠. 모든 나타남이 의식의 장에 나타나는 잠시의 현상이라고 알아차리면 그는 기분 나쁜 아침을 맞이해도 괜찮고, 기분 좋은 아침을 맞이해도 괜찮습니다. 왜냐하면 그런 좋고 나쁨은 자신의 본질이 아니라 본질에 나타난 일시적인 화두이기 때문이죠. 진심을 터득한 이는 그 어떤 아침을 맞이해도 아무 상관이 없습니다. 그러니 지옥에 가도 괜찮고 축생에 가도 괜찮은 것입니다. 어떤 세상에 태어나도 마음대로 의탁합니다. 왜냐하면 진심은 밑바탕에 있는 것이지 나타난 모습에 있지 않기 때문입니다.

天上人間에 隨意寄託이라 하시니
천 상 인 간　　 수 의 기 탁

此卽眞心의 身後所往者也니라
차 즉 진 심　　 신 후 소 왕 자 야

천상이나 인간세계에 어디에나 마음대로 의탁한다 하시니
이것이 곧 몸이 다한 후에 진심이 가는 곳이다.

아침에 일어날 때 만약 기분 나쁜 느낌이 있다면 여러분은 지옥 속에 빠진 것이고, 기분 좋음에 한껏 부풀어 있으면 천국에 난 것이라고 할 수 있습니다. 그러나 기분 나쁨도 기분 좋음도 마음의 현상 중의 하나라고 여긴다면 진심 속에서 일어나는 것입니다. 그러니 지옥을 피하지도 말고 천국을 추구하지도 말고 오직 진심의 터득에 몰두하십시오. 이것이 진심직설의 마지막 말입니다. 오랫동안 진행된 진심직설을 이제 마치도록 하겠습니다. 수고하셨습니다.

감사의 말

　이 책은 많은 분들의 도움으로 출간이 이루어졌습니다. 먼저 한결같은 정성으로 녹취해준 온비, 시유, 우리, 은빛과 그것을 취합해 정리하고 다듬어 준 해연, 거위 그리고 원문 대조와 2차 교정을 해준 쎄이, 최종적으로 3차 교정을 해준 다르마, 마지막으로 4차 교정과 레이아웃 등으로 책의 모습을 갖추게 해준 연주, 그리고 책 발간 비용을 후원한 오인회 회원들인 강병석, 김규선, 김선화, 남인숙, 다르마, 문대혁, 민은주, 박치하, 송미경, 송정희, 신주연, 엄해정, 이경아, 이도연, 이미숙, 이미영, 이상진, 이승구, 이지연, 전영지, 종익스님, 최진홍, 황정희 님(이상 가나다 순)의 도움으로 이 책이 나오게 되었습니다. 모든 분들께 깊이 감사드립니다.

　여러분의 진심眞心이 드러나 번뇌의 촛불이 말끔히 꺼지고 자유로운 새 불빛으로 환히 빛나기를 소망하며...

이 책은 아래 오인회 회원님들의 후원을 받아 제작되었습니다.
강병석, 김규선, 김선화, 남인숙, 다르마, 문대혁, 민은주, 박치하, 송미경,
송정희, 신주연, 엄해정, 이경아, 이도연, 이미숙, 이미영, 이상진, 이승구,
이지연, 전영지, 종익스님, 최진홍, 황정희 (이상 가나다 순)

니르바나,
번뇌의 촛불이 꺼지다 下

진심직설 강의

지은이 월인越因
펴낸이 이원규
발행일 2024년 9월 15일
펴낸곳 히어나우시스템
출판등록 제 1-24135호 1998.12.21
주소 경남 함양군 서하면 황산길 53-70
전화 (02) 747-2261~2, 팩스 (0504) 200-7261
홈페이지 www.herenow.co.kr
이메일 cpo@herenow.co.kr

ISBN 978-89-94139-31-9, 04190